U0540751

天下
Borderless

中华法制文明史

（修订版）

| 近代卷 |

HISTORY OF
CHINESE LEGAL CIVILIZATION

张晋藩 著

北京

图书在版编目（CIP）数据

中华法制文明史. 近代卷 / 张晋藩著. -- 修订版.
北京：法律出版社, 2025. -- ISBN 978 - 7 - 5244 - 0271 - 8
I. D929
中国国家版本馆 CIP 数据核字第 2025RU0670 号

中华法制文明史（近代卷）（修订版）　　　　张晋藩　著　　　　责任编辑　黄倩倩
ZHONGHUA FAZHI WENMINGSHI　　　　　　　　　　　　　　　装帧设计　李　瞻
（JINDAI JUAN）（XIUDINGBAN）

出版发行　法律出版社	开本　710 毫米×1000 毫米　1/16
编辑统筹　学术・对外出版分社	印张　29.25　　　字数　499 千
责任校对　王　皓	版本　2025 年 6 月第 2 版
责任印制　胡晓雅　宋万春	印次　2025 年 6 月第 1 次印刷
经　　销　新华书店	印刷　三河市兴达印务有限公司

地址：北京市丰台区莲花池西里 7 号（100073）
网址：www.lawpress.com.cn　　　　　　　　　　销售电话：010 - 83938349
投稿邮箱：info@lawpress.com.cn　　　　　　　　客服电话：010 - 83938350
举报盗版邮箱：jbwq@lawpress.com.cn　　　　　　咨询电话：010 - 63939796
版权所有・侵权必究

书号：ISBN 978 - 7 - 5244 - 0271 - 8　　　　　　　　定价：118.00 元

凡购买本社图书，如有印装错误，我社负责退换。电话：010 - 83938349

作者简介

张晋藩

1930年出生,辽宁沈阳人,1949年7月参加工作,1950年7月在中国人民大学法律系就读中国法制史研究生,1952年至1983年先后任中国人民大学法律系讲师、副教授、教授、博士生导师。1983年7月调至中国政法大学,先后任研究生院院长、副校长兼研究生院院长兼中国法制史研究所所长,1983年5月被国务院学位委员会评为博导,1987年被评为中国法制史重点学科带头人,1991年享受国务院特殊贡献津贴,2001年被聘为中国政法大学终身教授,2012年被授予首届"全国杰出资深法学家"称号,2021年被评为北京市优秀共产党员,2024年9月被授予"人民教育家"国家荣誉称号。现为中国政法大学终身教授、博导、法律史学研究院名誉院长。1986年为中共中央书记处讲授法制课,1996年、1998年两次为人大常委讲授法律课。曾出版独著、合著60余部,其中代表作为《中国法律的传统与近代转型》《中华法制文明史》。主编大型学术著作:《中国法制通史》《中华大典·法律典》《中国少数民族法史通览》,其中《中国法制史》由日本中央大学译成日文出版,《中国法律的传统与近代转型》第三版、《中华法制文明史》由德国Springer出版社译成英文出版。此外,迄今发表法律史学论文300余篇,主编中国法制史教材20余部。

目　　录

绪论 /1

第一章　鸦片战争前后改制与更法思潮的兴起 /4
一、鸦片战争前的中国 /4
二、主张改制更法的地主阶级改革派的出现 /7
三、改制更法思潮的主要内容 /11
　(一)论证改制更法的历史必然性 /11
　(二)提倡睁眼看世界,运用近代国际公法调整中外关系 /14
　(三)抨击腐败的吏治,倡言改革司法 /17
　(四)发挥德礼化民、辅刑的作用 /23
　(五)用贫富"不相齐"而争,解释法制文明的起源,强调明农的重要性 /26
四、师夷制夷思想的提出和最初的实施方案 /28

第二章　西方法文化的输入与固有法观念的更新 /32
一、西方法文化的输入 /33
　(一)西方法文化输入的媒体 /33
　(二)西方法文化传播的主要途径 /42
二、中西法文化的碰撞与法观念的一次飞跃 /49
　(一)中西法文化的碰撞与冲突 /49
　(二)师夷变法——中国法文化的导向 /51

第三章 "中体西用"的洋务法制 /55

一、洋务运动的兴起及其代表人物 /55

二、洋务派的理论基础 /60

三、洋务派的法律思想与实践 /65

(一)"稍变成法",引进西法 /65

(二)开拓培养洋务法律人才的途径 /68

(三)增设洋务外交机关和提倡公法学 /71

(四)以近代经济法律调整新兴的工业企业 /76

(五)隆礼重刑,匡复旧序 /81

四、洋务运动的历史作用与洋务法制的价值 /84

第四章 宪政思想的萌发与变法维新 /87

一、改良派产生的历史背景与代表人物 /87

二、改良派的法律思想 /92

(一)仿行西政,倡言变法 /92

(二)赞美议院制度,主张君民共主 /95

(三)振兴商务,以法护商 /99

(四)比较中西法律,改革原有律例 /103

三、维新思潮的兴起及其代表人物 /105

四、戊戌变法前后维新派的法律思想与实践 /114

(一)在西方法律学说影响下的法律观 /114

(二)兴民权,行法治思潮的兴起 /126

五、君主立宪——改造国家的蓝图 /133

(一)救亡图存、唯有维新 /133

(二)设议院、开国会、开制度局 /134

(三)制定宪法 /137

(四)实行三权分立 /139

(五)建立新的法律体系 /145

(六)维新派的主要成就 /146

第五章 晚清预备立宪与宪法 /148

一、预备立宪的提出与五大臣出国考察政治 /148

（一）预备立宪提出的历史背景 /148
（二）五大臣出国考察政治 /152
二、官制改革与皇族集权 /159
三、筹设"预立上下议院基础"的咨议局和资政院 /165
（一）咨议局的设立与活动 /165
（二）资政院的召开 /169
（三）办理地方自治的尝试 /173
四、制定《钦定宪法大纲》和《宪法重大信条十九条》/177
（一）"甄采列邦之良规，折衷本国之成宪"的《钦定宪法大纲》/177
（二）挽救危局的《宪法重大信条十九条》/182

第六章　晚清修律崭露近代法制文明的曙光 /187

一、晚清修律的提出 /187
二、晚清修律的成果与历史经验 /190
（一）晚清修律是在开放环境中进行的，符合世界潮流 /193
（二）改良政治是推动修律的前提 /194
（三）移植西方法律要从中国实际出发 /195
（四）充分发挥新思想的作用 /196
三、晚清修律与沈家本、伍廷芳 /198
（一）沈家本的生平 /198
（二）沈家本的法律思想 /200
（三）伍廷芳的生平与法律思想 /228

第七章　体现近代刑法文明的新章
　　　　——《大清刑律》/234

一、删除《大清律例》内重法，以适应"会通中西"的宗旨 /234
二、《大清现行刑律》——中国近代刑法的过渡形态 /236
（一）"总目宜删除也" /236
（二）"刑名宜厘正也" /237
（三）"新章宜节取也" /237
（四）"例文宜简易也" /237
三、吸收西方的刑法文化，起草新刑律 /239

（一）制定新刑律的必要与变通旧律的意见 /239

（二）采纳西方近代刑法原则 /243

（三）法典体例的西方化 /246

（四）修律过程中的"礼法之争" /249

（五）《大清刑律》的主要特点 /267

第八章　与西方民法接轨的《大清民律草案》/270

一、厘定民律，图治之要 /271

二、体现固有民法与西方民法初步整合的指导原则 /275

（一）"注重世界最普通之法则" /276

（二）"原本后出最精确之法理" /276

（三）"求最适于中国民情之法则" /277

（四）"期于改进上最有利益之法则" /277

三、中西汇合的体系与内容 /278

（一）总则编的体系与内容 /278

（二）债权编的体系与内容 /281

（三）物权编的体系与内容 /282

（四）亲属编的体系与内容 /283

（五）继承编的体系与内容 /284

四、《大清民律草案》的历史地位与特点 /285

（一）体现了中国民法发展中的重大转折 /285

（二）新旧杂糅，反映了特定的国情社情 /286

（三）以形式上的平等掩盖事实上的不平等 /286

第九章　由抑商到护商的商业立法 /289

一、改良派提出商战和以法护商的呼吁 /289

二、《钦定大清商律》的制定及主要内容 /293

第十章　走向司法文明的改革 /300

一、仿西方的司法改革的提起 /300

（一）司法改革的酝酿 /300

（二）以西方为改革司法的模式 /304

二、官制改革中的新司法体制 /305

(一) 新司法体制的雏形 /305

(二) 部院司法权限之争 /309

三、司法改革中的相关立法 /313

(一)《法院编制法》的制定 /313

(二)《大清刑事民事诉讼法草案》的被搁置 /315

(三)《大清刑事诉讼律草案》与《大清民事诉讼律草案》的完成 /317

四、晚清司法制度改革的特点 /321

(一) 司法与行政分立 /321

(二) 民事诉讼与刑事诉讼分理 /323

(三) 初步展现近代意义的司法文明 /324

(四) 采用律师制度 /325

第十一章 民主共和的国家方案与法制文明的新纪元 /329

一、资产阶级民主派法律思想的产生及其代表人物 /329

(一) 民主派法律思想的产生 /329

(二) 民主派法律思想的代表人物 /331

二、共和国方案的提出与基本内容 /338

(一) 以民族革命推翻清朝政府 /338

(二) 民主共和国方案的提出 /340

(三) 以法治国、司法独立 /345

(四) 建国三时期与五权宪法 /346

三、南京临时政府的立法建制 /350

(一) 南京临时政府的建立 /350

(二)《中华民国临时约法》的制定 /352

(三) 革旧立新的各项立法 /355

(四) 改革司法,实行文明审判 /360

第十二章 北京政府时期近代法制文明的推动与顿挫 /365

一、北京政府建立后的毁法与护法 /365

二、制宪与法统之争 /369

(一)《天坛宪草》的历史命运 /369

（二）"贿选宪法"的破产与法统之争的余音 /373

三、进两步退一步的立法活动 /376

（一）法学家的成长及其立法作用 /376

（二）刑法典的修订和特别刑法的广泛适用 /380

（三）民律二草与大理院民事判例要旨 /383

四、大理院的独立审判地位与军阀的干预司法 /386

第十三章　南京国民政府的《六法全书》 /390

一、由《中华民国训政时期约法》到《中华民国宪法》 /391

（一）《中国国民党训政纲领》与《中华民国训政时期约法》 /391

（二）《中华民国宪法》 /392

二、刑事法律的构成与特别法的地位 /394

三、《中华民国民法》的正式公布 /396

（一）"民商合一"的立法体系与民法典的起草 /396

（二）《中华民国民法》的基本内容 /397

（三）《中华民国民法》的特点 /400

四、国民政府的司法制度 /405

（一）司法体制 /405

（二）诉讼与审判的特点 /406

第十四章　谱写新民主主义法制文明的根据地法制 /410

一、由激进民主主义转向社会主义的新思潮 /411

（一）激进民主主义的思想内容 /411

（二）社会主义思潮的兴起 /417

二、革命根据地的创建与立法活动 /420

（一）革命根据地的创建与发展阶段 /420

（二）《中华苏维埃共和国宪法大纲》与《陕甘宁边区施政纲领》 /421

（三）保护人民、打击犯罪的刑事法律 /432

（四）实现"耕者有其田"的土地法 /434

（五）解放妇女的婚姻法 /435

（六）保障劳动者权益的劳动法 /436

三、人民司法制度的创建与发展 /437

第十五章　新中国法制文明奠基之作
　　——《中国人民政治协商会议共同纲领》/440

一、废除国民党《六法全书》与新民主主义法制原则的确立 /440

（一）中共中央关于废除《六法全书》的指示 /440

（二）新中国法制原则的确立 /442

二、《共同纲领》的制定与主要内容 /445

三、《宪法》——以《共同纲领》为基础又是它的发展 /450

绪　论

中华法制文明经过五千多年的发展过程,不仅形成了独树一帜的鲜明特色,还积淀了丰富的法文化内涵和坚实的人文底蕴,它滋润着古老的中国和相邻的国家与地区,在相当长的时间里居于世界法制文明的前列。

中国封建时代的法制是植根于小农经济基础之上的,加之封闭保守的政治环境和不断强化的专制政权,以及由血缘纽带相维系的家族制度的支撑,使它具有稳定性、排他性、包容性和综合性。

但是在漫长的历史发展过程中,只有纵向的传承,没有横向的比较与吸收,中国与周边国家的法律交流,实际是中国法律的单向输出,统治者在这方面,严格遵循"夷夏之防"和"以夏变夷"的政策传统。尤其是清朝坚持奉行闭关锁国的政策,使以农为本的自然经济结构继续占统治地位;政治与文化的双重高压仍桎梏人们的思想与行为;统治集团中傲慢自大的心理和顽固与保守的态势,依然很少改动。因此,清朝法制不可能超越封建法制的藩篱,清朝统治也不可避免地从康乾盛世的顶峰滑落下去。

1840年鸦片战争前夕,西方殖民主义国家已经把侵略的触角伸进这个古老的东方大国的疆域。当时除林则徐痛感睁眼看世界、了解外国情势的紧迫性之外,清朝朝野上下依旧沉浸在闭目塞听、因循旧章的氛围之中。1840年第一次鸦片战争爆发,腐朽昏聩的清朝被英国侵略者打败,此后,西方殖民主义国家一次次发动侵华战争,一次次强迫清政府签订不平等条约。曾经以天朝大国自诩的清朝,逐渐沦为丧失主权的半殖民地国家。

如果说维持与外界的隔绝状态,是保存清朝固有的经济、政治、文化结构的必要条件,那么在西方殖民主义国家以炮火轰开闭关锁国的国门以后,不仅西方的商品如潮水般涌入这个广大的市场,西方的文化(包括法文化)也同其他商品一样,迅速涌入中国。在这样的历史背景下,因循守旧的局面也随着被破坏的封闭环境,而遭到尖锐的冲击。

面对西学东渐的新形势,一部分爱国士大夫与开明官僚,思考着庞然大物般的清朝为什么会如此不堪一击,西方国家战胜中国是否仅仅源于船坚炮利,中国在国家管理体制上究竟出了什么问题,要雪耻图强在思想文化上应该如何准备,等等。经过不断地、痛苦地反思,他们逐渐把思路集中到采西学以变革图存上。

习近平总书记强调:"了解中国近代以来的历史,对理解中国人民今天的理想和前进道路很重要。"在中国近代史上,救亡图存是一条主线。就内部而言,矛盾的焦点集中在国家体制上。随着西学东渐的深化,资产阶级上层代表的改良派与维新派,逐渐懂得西方国家的强盛不仅在于船坚炮利、科学技术的先进,更重要的是在民主与法治学说指导下建立的资产阶级民主法律制度的优胜。以儒家学说为基石的传统法律文化,已经不能适应时代的发展和满足人民救亡图存的需要,因此,先进的中国人把希望寄托在采用西方的民主政治与法制上。当中国的各种译书机构广泛翻译介绍西方人文科学的时候,西方的法学著作和各种法律,也进入了人们的视野。以严复为代表的维新派翻译的西方法学著作,不仅成为维新派变法维新的理论武器,也使人们从中看到了西方的法制文明,看到了改革中国传统法制的走向。

义和团运动以后,清朝已经不能照旧统治下去了,被迫宣布变法新政,后又实行预备立宪。在这个背景下,变法修律、改革司法也被提上议事日程,由此开始了中国法制的近代化。中国法律的发展,开始与世界法律的发展接轨,中国的法制文明也与传统决裂,进入了向近代法制文明转型的第一个历史阶段。中国法制的近代化,有其历史的必然性,它所追求的目标是富国强兵、救亡图存,这与西方国家法制近代化的目标有所不同,可以说是特殊的动因。在中国法制近代化的历程中,西方的民主法制思想起了先导的作用,而初步掌握了西方民主法制思想的中国的政治家与思想家则起了鼓动进步的历史潮头的作用。此外,晚清预备立宪革新政治所造成的环境无疑是一个有利的政治条件。中国法制近代化的路径是外源式的,这在当时也是不二的选择,因为西方的民主制度与法制为我们树立了可资学习的先进的范式,当时的中国法制近代化基本上等同于西方化,移植来的西方法律改变了中国固有的法律体系,但缺乏与本土的密切结合,使有些法律成为与社会生活无关的纸片,晚清时人还缺乏解决这个问题的能力,而留待民国时人甚至今人去解决。

进入20世纪以后,以民主共和国为奋斗目标的资产阶级民主派,作为一支新的政治力量,在中国历史舞台上扮演了重要的角色。他们提出了资产阶级共和国的纲领,喊出了"中华共和国万岁""中华共和国四万万同胞的自由万岁"的口号,奏响了中国近代史上伟大的乐章。作为民主派领袖的孙中山,坚定地指出推翻帝制、建立共和国是世界的潮流、历史的必然。

1911年10月10日,在孙中山思想的指导下发生了辛亥革命,推翻了清朝的统治,建立了南京临时政府,选举孙中山为临时大总统,并于次年3月11日公布了《中华民国临时约法》。由此而开始了中国法制近代化的第二个历史阶段。

在北洋军阀控制下的北京政府继续着晚清未竟的法制近代化的事业,在立法上和司法制度改革上取得了一定的进展。民国政府为法学家的活动提供了平台,使王宠惠、江庸等一批著名的学者在立法上发挥了重要的作用,但北洋军阀肆行毁法(指《中华民国临时约法》)专制,因而出现了法统之争和孙中山领导的护法运动。随着北洋军阀势力的消灭,蒋介石集团在南京建立了国民政府,在国民政府统治期间,完成了仿大陆法系的六法体系和较为完备的司法机关体系与诉讼审判制度。但是,蒋介石集团以孙中山学说为掩护,建立了一党专政的国家制度,为了抵制新民主主义的革命,迫害共产党人和民主进步人士,其法律日趋反动,所建立的特种刑事法庭与审判制度成为司法法西斯化的标志,终于在政治、经济、军事全面大崩溃中终结了其统治。

由于南京国民政府与北京政府有着蝉联交代的关系,所以,本书将南京国民政府的法制部分放在近代篇中。

与南京国民政府对立并存的革命根据地的民主政权与法制,是新民主主义的开端,它的发展过程不断趋于成熟,发挥了动员民众参加革命、打败日本帝国主义侵略和争取全国胜利的积极作用。在民主制度建设和立法、司法活动中积累了丰富的经验,这为新中国成立后的政权与法制建设提供了宝贵的借鉴。

第一章　鸦片战争前后改制与更法思潮的兴起

以自然经济为主的中国的农业社会,是封闭保守的,专制主义的体制也有意识地割断中国与外部世界的联系,以致在很长一段时间里中国不了解世界,世界也不了解中国。至16世纪,西方以利玛窦为代表的一批传教士来到中国,他们在传教之余,通过译书和著述,传播了西方的科学技术和人文科学知识。从这时起,中国的知识界对西方世界也有了最初的认识。

鸦片战争前夜,闭关自守的清朝政府已经极为腐朽,无论是政治制度还是法制都日益成为桎梏人们手足的枷锁,有识之士相继发出了改制与更法的呼喊。鸦片战争之后,中国遭遇了前所未有的巨变,在"师夷长技以制夷"的思想指导下,改制与更法不仅更加迫切,也有了新的内容。

一、鸦片战争前的中国

1644年入关以后的清朝,经历了康雍乾三代一百余年的盛世,至嘉庆年间开始急剧衰败。社会所固有的矛盾越来越尖锐,终于发生了遍及五省、历时九年的白莲教起义。这次起义动摇了清朝的统治基础,暴露了封建制度的各种弊病,虽然起义被镇压,但清朝也进入"开到荼蘼花事了"的危机阶段。嘉庆后期发生的天理教起义,一部分起义者竟然攻进了皇城,标志着清朝的统治机器已经失灵。至道光即位,清朝已经陷入"岌岌乎不可以支日月"的境地。这一切都不是偶然的。

在清朝封建制度下,广大农民没有土地,或只占有少量土地,遭受官府的赋敛和地主阶级的剥削。加上频频发生的水旱灾害,大批农民贫困破产,地主官僚则乘机兼并土地，以致土地集中十分迅速。乾隆时期，湖南巡抚杨锡绂在奏疏中说："近日田之归于富户者，大约十之五、六。旧时有田之人，今俱为佃耕之户；每岁所入，难敷一年口食。"[1] 以皇帝直接掌握的皇庄土地为例，乾隆末年共四十三万顷，约占全国土地的百分之六弱。至嘉庆十七年（1812年），不过三十余年的时间，皇帝直接掌握的土地已增至八十三万顷，约占全国耕地面积的百分之十一弱。一些大官僚利用手中的权势，疯狂地兼并土地。嘉庆初年权臣和珅被抄家时，抄出的土地契据所含土地达八千余顷。道光朝官僚琦善占地竟多至二万五千余顷。占地数百顷、数十顷的中小地主，全国各地比比皆是。清朝土地的集中情况超过了明代，失去土地的农民不断充入流民大军，对清朝统治构成了严重威胁。

农民除遭受封建地租剥削外，还承担高利贷资本和封建垄断性商业资本的压榨。高利贷剥削与地租剥削相互作用，是造成土地集中的重要原因。魏际瑞在《四此堂稿》卷二《因灾禁逼债》一文中，作了深刻的揭露："有为富不仁之人，肉视穷民，重利盘剥。或折数折色，少放多收；或抵物抵衣，虚银实契；或垂涎其妻女；或觊觎其田产；又或贪其畜产，图其工器，预先放债，临时倍征。甚者串指旗丁，倚借豪势，偿不还契，索取无厌，乘其危急难还之时，合并盘算屡年之负，逼准妻子，勒献家私。穷民衔冤而莫伸，天心赫怒而降祸。"

以上充分说明封建的生产关系已经成为生产力发展的严重桎梏，封建社会已经进入末世。

与经济状况相适应，清朝的政治也愈益腐败。专制制度的极端发展，使皇权的行使更加没有约束。皇权的滥用促进了官僚政治的没落，大臣们以"多磕头少说话"为信条，以阿谀逢迎、因循苟且为能事。如同龚自珍所揭露的"官益久，则气愈媮；望愈崇，则诌愈固；地益近，则媚亦益工"[2] 吏治的败坏，还表现为临民之官的贪婪和残暴，他们"贪以朘民之脂膏，酷以干天之愤怒"[3] 晚清陕西巡抚刘蓉在《养晦堂文集》卷三《致某官书》中揭露说："今天下之吏亦众矣，未闻有以安民为事者，而赋敛之横，刑罚之滥，朘民膏而殃民命者，天下皆是。……国家设官分职，本以为民，而任事者匪惟不恤，又从而鱼肉之，使斯民之性命膏血，日呼号宛转于豺狼之吻而莫之救以死……又有甚者，府吏胥徒之

---

[1] 杨锡绂：《乾隆十三年陈明米贵之由疏》，载贺长龄、魏源辑：《清朝经世文编》卷三十九《户政·仓储上》，台北，文海出版社1979年版。
[2] 龚自珍：《明良论（二）》，载《龚自珍全集》，上海人民出版社1975年版，第31页。
[3] 张际亮：《黄英树斋鸿胪书》，载《张亨甫全集》卷三。同治丁卯（1867年）建宁孔民校刊，福建师范大学馆藏本。

属,不名一艺,而坐食于州县之间者,以千计。而各家之中,不耕织而享鲜美者,不下万焉。……今之大吏,以苞苴之多寡,为课绩之重轻,而黜陟之典乱;今之小吏,以货贿之盈虚,决讼事之曲直,而刑赏之权乖……"

清朝政治的腐败,表现在司法方面尤为突出。最高司法权由皇帝掌握,生杀予夺全凭圣意,皇权凌驾于法律之上,可以任意改法、毁法。执掌司法的官员,虽然大都缺乏律例之学的基本知识,却精通婪索敛财之道,他们只重贿赂轻重,不管案情是非。而刑名幕吏更是助纣为虐,玩法行私,操纵狱讼,制造了大量冤狱。

鸦片战争前夜,清朝保守落后的法律,已经无法调整在对外贸易中新出现的法律关系,从而导致了对外贸易秩序的混乱。譬如,清律禁止中国人向外商借贷,但事实上却禁而不止。有的中国商人,利用清朝对外商缺乏应有的法律保护,以致积欠外商银数百万两,十余年不还。乾隆五十八年(1793年),乾隆帝在致英王的信中说:"前次广东商人吴照的拖欠洋船价值,两本俱饬令该管总督由官库内先行动支帑项,代为清还,并将拖欠商人重治其罪。"[4]从乾隆帝致英王信中,可以看出这位天亶聪明、不可一世的乾隆皇帝及其属下,对于现代法律关系、法律知识是何等的贫乏。

清朝专制主义的强化和政治的腐败,也表现在文化政策上。为了压制民族、民主的思想,杜绝一切可能的反清意识,清朝严格执行文化专制政策。从康熙朝起便大兴文字狱,经过雍正、乾隆两朝,共发动文字狱一百余起。这种以严刑惩罚思想的暴虐行径,发展了苟且偷安的社会风气,造成了不问世事、埋头考据、脱离实际的学风。清朝考据学之所以得到发展,就是士人们为了逃避文字狱的威胁,而去埋首书斋钻故纸堆的结果。

不仅如此,为了把士人的思想纳入统治者所惬意的"正轨",清朝大力提倡程朱理学,以朱熹的《四书集注》作为科举考试命题的立论根据。不按"朱注"解释四书,常常是发动文字狱的借口,这就严重地阻塞了学术上的自由探讨,束缚了人们的思想,使整个知识界沉闷窒息,万马齐喑。事实正像龚自珍诗句所描写的那样:"避席畏闻文字狱,著书都为稻粱谋。"

正当清朝急剧衰落的时候,西方资本主义国家已经完成了产业革命,进而把扩张政策推向世界,首当其冲的是东方的印度和中国。

从1640年开始的英国资产阶级革命,一直延续到1660年。革命后的英国工业迅速发展,至18世纪,英国已成为世界上拥有雄厚资本和广大殖民地的、

---

[4] 梁廷枏:《粤海关志》卷二十五,袁钟仁点校,广东人民出版社2014年版,第500页。

最强大的资本主义经济大国。为了抢占海外市场，英法两国进行了七年战争，获得胜利的英国成为海上霸主，把侵略的矛头指向了东方。

法国革命从 1789 年 7 月 14 日，巴黎人民打开象征封建专制制度的巴士底狱开始，直至 1794 年最终完成。法国革命的胜利，为法国资本主义的发展开辟了道路，而在资本主义的利益驱动下，拿破仑统治时期也进行了长期的侵略战争。

19 世纪前半期，为了避免资本主义周期性的经济危机，英国发动了一系列掠夺殖民地的战争，东方的印度变成了英国的殖民地。同时，还以鸦片贸易作为侵略中国的手段，至 19 世纪 30 年代，大量的鸦片输入和白银外流，成了中国严重的社会问题。无论经济、财政、军事、民族健康，都受到了严重威胁。如同林则徐所说："若犹泄泄视之，是使数十年后，中原几无可以御敌之兵，且无可以充饷之银。"〔5〕比较清醒的官僚士大夫们，纷纷要求杜绝鸦片输入，迫于舆论的压力和维护清朝统治的需要，道光皇帝决定禁烟，派林则徐赴广东办理禁烟事务。由于鸦片贸易关系到西方殖民主义者的切身利益，以英国为首的殖民势力，决心用武力来保护这种可耻的贸易，并企图借此机会用坚船利炮打开入侵中国的通道，于是，1840 年爆发了第一次鸦片战争。

二、主张改制更法的地主阶级改革派的出现

鸦片战争前，社会的动荡、政治的危机、外来的威胁，使一部分开明的官僚士大夫，逐渐摆脱弥漫于统治阶级中的粉饰太平、因循苟且、逃避现实的风气，警觉地意识到清朝的衰世已经来临。他们奋笔抨击清朝腐朽的政治与司法，要求改制更法，并把目光投向了西方世界。地主阶级中出现了一个不同于保守势力的、要求改革的派别，一般称为近代地主阶级改革派。这个派别中的不少人，长期生活在东南经济发达地区，对商品经济以及资本主义萌芽有较多的接触，而且具有良好的学术素养和民族气节，特别是对于西方国家也有了最初的、肤浅的了解。故他们有可能摆脱植根于封建自然经济基础之上的狭隘保守思想。这个派别，上承清初具有启蒙意义的思想家黄宗羲、王夫之、顾炎武的积极思想传统，下开资产阶级改良派的先河。他们以乾嘉之际重新兴起的今文经学为号召，借"微言大义"评议时政；又因他们当中的一些人或为官，或作幕，参加过刑

---

〔5〕 林则徐：《钱票无甚关碍宜重禁吃烟以杜弊源片》，载中山大学历史系中国近代现代史教研组、中山大学历史系中国近代现代史研究室编：《林则徐集·奏稿（中）》，中华书局 1965 年版，第 601 页。

名、钱粮、漕运、盐课等实际工作,对吏治的腐败、刑狱的黑暗、条例的冗杂,都十分了然,故他们有可能提出切中时弊的改制更法的主张。

这个派别,在中国历史的转折时期,起了承上启下、振奋民族精神、开风气之先的作用,代表人物是林则徐、龚自珍、魏源、包世臣、黄爵滋、冯桂芬等。

林则徐(1785~1850年),字元抚,又字少穆,福建侯官人,嘉庆进士,入翰林院。他虽受传统的封建教育,但主张为学要"实事求是,不涉时趋……尽识先朝掌故及兵刑诸大政,益以经世自励"。[6] 曾历任道员、巡抚、总督,办理过河工、漕运、盐政、屯垦、军政等方面的重要事务。鸦片战争爆发前,林则徐是禁烟运动的倡导者和领导者,他上书道光帝痛陈鸦片之害。在他以钦差大臣身份奉命去广州查禁鸦片时,雷厉风行,通过周密部署迫使英国鸦片贩子交出大量鸦片,于1839年6月3日在虎门海滩销毁。与此同时,积极了解西方侵略者的动向,设防备战,英勇抗击了英国的武装进犯。由于得到广东人民的积极支持,且调度得法,英国侵略者饱受重创,未能得逞。林则徐是中国近代史上严禁鸦片、抗击外国武装侵略的民族英雄。不仅如此,林则徐还是中国近代史上第一个"睁眼看世界"、积极了解和引进西方文化(包括法文化)的封疆大吏。

龚自珍(1792~1841年),又名巩祚,字璱人,号定庵,浙江仁和(今杭州)人。嘉庆二十三年中举人,道光九年成进士。曾任内阁中书、礼部主事等职,身居"冷署闲曹"凡十余年,一生"困阨下僚",不得志于宦海。道光十九年,龚自珍在权贵的排挤下辞官南下,讲学于丹阳云阳书院,道光二十一年秋暴卒。他的著作被汇编为《龚自珍全集》。龚自珍自幼从外祖父段玉裁学习经学,受到严格的汉学训练。但他没有沿着外祖父所期望的治学道路走下去,而是从青年时代起就重视"经世之务",注意研究"东西南北之学"。还师从今文经学家刘逢禄,研习《公羊春秋》,进一步培养了以经论政的学风。他指责道学家们空谈"性命","何施于家邦";批评某些师儒沉溺于"琐碎饾饤"的训诂考据,而不讲求通经致用;抨击八股取士,使少壮之心力早耗于"禄利之筌蹄",无益于家国。他在二十三四岁时,就写出了《明良论》《乙丙之际箸议》等评议时政的论文。他还是一个深明民族大义的爱国者,在《西域置行省议》一文中,提出了加强西北边防的极有价值的建议,而且对西方殖民势力窥伺中国东南海疆,极为关注。他支持林则徐赴广东查禁鸦片,并建议林则徐积极防备外国的武装侵略。

龚自珍生逢封建末世,社会的变革,封建制度内在矛盾的尖锐化,特别是经

---

[6] 金安清:《林文忠公传》,载缪荃孙纂录:《续碑传集》卷二十四,台北,文海出版社1973年版。

历了白莲教、天理教等农民起义,使他意识到清朝已由盛转衰。由于长期跟随其父宦游于苏、浙、皖各地,加深了对社会的了解,认识到社会不安定的根源在于贫富不均。而他本人的京官生涯和仕途的坎坷,更使他对统治集团中的腐败内幕、对于人才的扼杀有了切身的体会,从而激发了他改制更法,以匡正清朝统治现实的企望。他所具有的学术素养,也使他能够从经学中汲取有用的成分,把道、学、治三者密切结合起来,作为实行改革的理论根据。这些主客观条件,使得龚自珍在死气沉沉的社会氛围中,勇敢地披露时弊,呼吁"更法"。他以惊世骇俗的言论,展示了他的社会批判思想和社会改革主张,起到了开风气之先的作用。如同梁启超所说:"晚清思想之解放,自珍确有功焉!光绪间所谓新学家者,大率人人皆经过崇拜龚氏之一时期。初读《定庵文集》,若受电然!"[7]

魏源(1794~1857年),字默深,湖南邵阳人,青年时代师从刘逢禄研习《公羊春秋》,留心于经世致用之学。道光二年中举人,此后,长期充任幕僚,参与筹划改革漕运、盐课等事务。1840年鸦片战争爆发后,他作为两江总督裕谦的幕宾,直接参与了抗英斗争。《中英江宁条约》签订时,他愤世忧时,特著《圣武记》,以图鼓舞士气,表现了强烈的爱国情操。

道光二十五年(1845年),魏源成进士,以后历任江苏东台、兴化知县,以及高邮知州等职。太平天国建都南京后,他以清朝地方官身份,与农民军对抗,不久因故被免官。晚年"遭遇坎坷,世乱多故,无心仕宦",遂潜心研究佛学。魏源一生著作颇丰,他曾应江苏布政使贺长龄之聘,编辑了作为经世思想重要表现的《皇朝经世文编》。著有《古微堂集》《元史新编》《老子本义》等书。尤其值得称道的是受林则徐嘱托编成的《海国图志》,对中国近代了解西方世界及其思想文化,有较大的影响。

魏源生逢外国资本主义势力侵入中国,清朝丧失独立与主权的历史转变时期。尖锐的内外矛盾将清朝的弊病更加突出地暴露出来,使他较为清醒地认识到为了应对前所未有的剧变,必须进行改革。他长期生活在商品经济比较发达的东南地区,眼界较为开阔;多年的幕僚与地方官的生涯,以及参与漕、盐等政务的管理实践,也使他增长了政治和经济方面的实际知识。而他在编辑《皇朝经世文编》与留京任内阁中书期间,得以广泛地涉猎典籍掌故和财、经、刑、兵等"经世"文献,养成了渊博的学识。他在公羊学的思想影响下,主张"贯经术政事文章于一",反对当时空疏的脱离实际的腐败学风。他批评汉学"锢天下聪明智

---

[7] 梁启超:《清代学术概论·二十二》,东方出版社1996年版,第67页。

慧使尽出于无用之一途";[8]讥刺道学家们满口"心性",实际上却是"民瘼之不求,吏治之不习,国计边防之不问","无一事可效诸民物";[9]痛斥八股取士所造就的一大批腐儒的无用,甚至误国。正是从经世致用的观点出发,魏源迫切感到需要有一批既有实学,又有志于改革的人才。他说:"今夫财用不足,国非贫,人材不竞之谓贫……故先王不患财用……而惟亟人材。"[10]他强调一个国家的兴衰,关键在人才:"人材进则军政修,人心肃则国威遒。"[11]魏源的这些言论,实际上是对封建专制制度埋没人才、摧残人才的控诉,这同龚自珍诗中所说"九州生气恃风雷,万马齐暗究可哀,我劝天公重抖擞,不拘一格降人才"一样,都反映了时代的呼声。

鸦片战争后,中国遭遇的剧变,使魏源在林则徐提出的"睁眼看世界"的基础上,不仅主张研究夷情,还明确提出"师夷之长技以制夷"的观点。这是对传统的"夷夏之防""用夏变夷"认识的突破,也是对投降派"抑民以奉外"的批判。在当时的历史条件下,能够提出"师夷以制夷"的观点,是十分难能可贵的,对于破坏封建主义的思想牢笼,转变风气,起到了重要影响。不仅如此,"师长"一说还为魏源提出的"变古愈尽,便民愈甚"的主张,增添了新的内容和新的导向,在这一点上他与"但开风气不为师"的龚自珍,有所不同。梁启超在评论魏源的思想特点与价值时说:魏源"好言经世之术,如海国图志,奖励国民对外之观念"。[12]

包世臣(1775～1855年),字慎伯,号诚伯、慎斋,晚号倦翁,安徽泾县人。少时家境贫寒,务农为业,嘉庆十三年中举人,道光十五年成进士。他关心时政,擅长刑名、河工、盐课、漕运等政务,熟习历史掌故,被誉为"善经济之学",以致一些封疆大吏,常常"屈节咨询",他也因此长期担任地方大吏的刑名、钱粮幕僚。六十四岁时,任江西新喻知县,不久又因受排挤而去官。

包世臣在学术思想上,也深受"经世致用"之学的影响,他所处的时代和经历,使他比较早地觉察到封建统治的危机,产生了匡时济世、进行社会改革的愿望。他从"拨乱涤污"、"补偏救弊"、解救社会危机出发,反对当时流行于士大夫中间的空谈心性、专务辞章、脱离实际的不良学风。认为要想"振起而补救",就应重视研究现实问题,尤其必须讲求"经济"之学。他重农,认为"天下富在

---

[8] 魏源:《武进李申耆先生传》,载《魏源集(上)》,中华书局1976年版,第359页。
[9] 魏源:《默觚下·治篇一》,载《魏源集(上)》,中华书局1976年版,第36页。
[10] 魏源:《圣武记叙》,载《魏源集(上)》,中华书局1976年版,第166～167页。
[11] 魏源:《圣武记叙》,载《魏源集(上)》,中华书局1976年版,第167页。
[12] 梁启超:《论中国学术思想变迁之大势》,载梁启超:《饮冰室合集》第三册《文集七》,中华书局2015年版,第673页。

农",但不抑商,主张农工商"三者缺一,则人莫能生"。不仅如此,他也注意研究各种"治术","思所以禁暴除乱,于是学兵家";"思所以劝本厚生,于是学农家";"思所以饬邪禁非,于是学法家"。[13] 包世臣还怀有强烈的民族气节和爱国之心,早在鸦片战争前二十年,他已经注意到鸦片贸易的危害和英国殖民势力窥伺中国的野心,而主张严禁、严防。鸦片战争爆发以后,他力主抵抗,积极献策,对于三元里和其他地区民众的抗英斗争,倍加赞扬。他对清朝战败以后被迫签订的《中英江宁条约》,深表愤慨。他指出:"英夷犯顺,至抵江宁城下以逼和,其所诛求,前无比并。今以蕞尔之英夷,去国数万里,孤军悬天堑,以恫吓全盛之中华,而所欲无不遂,所请无不得,英夷之福,中华之祸,盖俱极于此矣。"[14] 这些言论充满了爱国主义情怀,是很有见地的。

黄爵滋(1793~1853年),字德成,号树斋,江西宜黄人,道光进士。历任鸿胪寺卿、礼部侍郎、刑部侍郎等职。鸦片战争前,曾上疏力陈鸦片输入之害,主张以严刑禁绝,遂被清廷派往闽浙查办禁烟,并与总督邓廷桢筹划海防,后以失察户部银库亏短罪去职。晚年家居不出,著有《黄少司寇奏疏》《仙屏书屋诗录》《仙屏书屋文录》等书。他与林则徐、龚自珍、魏源、姚莹等,共同组织宣南诗社,在学术思想上,主张经世之学,强调刷新吏治、整顿军务、巩固边防、抵抗侵略,是地主阶级改革派中颇有影响的人物。

冯桂芬(1809~1874年),字林一,号景亭,江苏吴县人,道光进士。曾任翰林院编修,后为李鸿章幕僚。他对于西方资本主义国家侵入中国,一方面心存义愤,力图改革雪耻,另一方面又在魏源"师夷长技以制夷"思想的影响下,主张"以中国之伦常名教为原本,辅以诸国富强之术",以求自存、自立、自强。具体说来就是"采西学""制洋器",发展军事工业和其他事业。他的思想对洋务派有很大影响,也被资产阶级改良派奉为先导。著有《校邠庐抗议》《显志堂集》等。

三、改制更法思潮的主要内容

(一)论证改制更法的历史必然性

地主阶级改革派虽然标榜服膺今文经学,但是他们反对以谶纬迷信附会臆说的公羊学,主张用今文经学微言大义的形式,针对现实中种种弊端,阐发改制

---

[13] 包世臣:《再与杨季子书》,载包世臣:《安吴四种》卷八,台北,文海出版社1968年版。
[14] 包世臣:《歼夷议》,载包世臣:《安吴四种》卷三十五,台北,文海出版社1968年版。

更法、经世致用的思想,实际上是对今文经学的某种批判与革新。在这个思想指导下逐步形成了朴素的辩证思想和进化的历史观,为他们所主张的改制更法提供了理论和历史的基础。例如,龚自珍便认为自然界的一切事物都在变化之中,"一匏三变,一枣三变,一枣核亦三变"。[15] 至于人类社会也同样处于不断的变易状态,"自古及今,法无不改,势无不积,事例无不变迁,风气无不移易"。[16] 他从公羊学"据乱世、升平世、太平世"的三世说中,引申出三等之世——治世、乱世和衰世的历史发展阶段论。而他所面对的清朝,正是"起视其世,乱亦竟不远矣",因此,需要从揭露和抨击中证明改革的必要性。他向清朝统治者呼吁更法改图,反对"拘一祖之法""率由旧章"等陈腐愚见,尖锐地指出:"一祖之法无不弊,千夫之议无不靡,与其赠来者以劲改革,孰若自改革?"[17]号召以宋朝王安石为榜样,进行政治、经济、司法全方位的改革。但是出身经历以及教育素养,决定了他只承认现象的改易,否认实质的变革,以致无论是思索衰世之源,还是寻觅救世之方,都有很大的局限性,最终导致"忽然搁笔无言说,重礼天台七卷经",由入世而出世了。

魏源也从《周易》《老子》《孙子》以及今文经学中,吸取朴素的辩证思想和变易的历史观点。他在《默觚·治篇》中认为:"气化无一息不变",体现社会历史发展的"势"也是"日变而不可复"的。由于社会不断地变化进步,因此后胜于前,今胜于古,"后世"胜于"三代"。正是从变易进化的历史观出发,魏源坚定地指出无论社会与政治的改革,都具有历史的必然性。他强调:"善治民者不泥法",法要因"时"、因"势"而改,因"人情所群变"而"变",以"期于利民"。[18] 他认为:"小更革则小效,大更革则大效";[19]"变古愈尽,便民愈甚"。[20] 可见魏源的变革思想,比起龚自珍、包世臣更为强烈,更超越既定的框架,也更接触到社会的现实问题。他还举出中国历史上许多典章制度、律例法令无不随时势而变化的实例,来说明法律也同其他事物一样,处于不断变化发展之中,从来没有万世不易的法律。他说:"天下无数百年不弊之法,无穷极不变之法,无不除弊而能兴利之法,无不易简而能变通之法。"三王"不沿乐",五帝"不袭礼","封建"变而为郡县,乡举里选变而为门望,门望变而为考试,肉刑变而为废除肉刑等,都反映了政治与法律制度的改革,不仅有其必要性,也有其必然性,法律的

---

[15] 龚自珍:《壬癸之际胎观第五》,载《龚自珍全集》,上海人民出版社1975年版,第16页。
[16] 龚自珍:《上大学士书》,载《龚自珍全集》,上海人民出版社1975年版,第319页。
[17] 龚自珍:《乙丙之际箸议第七》,载《龚自珍全集》,上海人民出版社1975年版,第6页。
[18] 魏源:《明代食兵二政录序》,载《魏源集(上)》,中华书局1976年版,第162页。
[19] 魏源:《御书印心石屋诗文叙录》,载《魏源集(上)》,中华书局1976年版,第243页。
[20] 魏源:《默觚下·治篇五》,载《魏源集(上)》,中华书局1976年版,第48页。

变迁与发展,总是朝着前进的方向运行的。譬如,汉文帝废肉刑,就体现了"三代酷而后世仁也"。尽管魏源的进化历史观是朴素的、直观的,未能接触到社会与法律变化的根本原因,更没有阐明法律发展的动力和规律性,但同那些颂古非今,以祖宗成法为亘古不变的教条的腐儒相比,不愧为开风气的先驱。不仅如此,魏源从法律可变和必变的观点出发,呼吁当政者风气不能固执成法陈规,而应重视因时制变,如果在海禁已开的19世纪中叶,还拘泥古法,那就不只是"大愚",而且是"大戾"。他一再强调"善治民者不泥法","守陈案者不可与言律"。[21]

冯桂芬在批评为治者不可"一切复古"的同时,也指出"古今异时亦异势,论语称损益,礼称不相沿袭",因此应该因时因势变革图治。他认为:"太史公论治曰法后王",就在于"其近己而俗变相类,议卑而易行也"。他强调:"在今日又宜日鉴诸国……独能自致富强岂非相类而易行之尤大彰明较著者"。[22] 冯桂芬为了借鉴外国富强之术的经验,以坚定明确的语言表述说:"法苟不善,虽古先吾斥之,法苟善,虽蛮貊吾师之。"[23]他还以中西科学技术上的差异,来说明这种借鉴的必要。譬如"时宪之历,钟表枪炮之器,皆西法也,居今日而据六历以颁朔,修刻漏以稽时,挟弩矢以临戎,曰吾不用夷礼也,可乎"![24]但是,这种借鉴吸收是"用其器非用其礼也,用之乃所以攘之也",[25]也就是"以中国之伦常名教为原本,辅以诸国富强之术"。在这里,他不仅论证了"世变代嬗,质趋文,拙趋巧,其势然也"[26]的历史规律性,也表达了中体西用论的思想原型,说明他是一个介于地主阶级改革派与洋务派之间的历史人物。

冯桂芬在主张因时因势变法的同时,也对中国固有的古法采取批判分析的态度,并没有全部抛弃。他说:"古法有易复,有难复,有复之而善,有复之而不善,复之不善者,不必论。复之善而难复,即不得以其难而不复,况复之善而又易复,更无解于不变。"结论就是"去其不当复者,用其当复者"。[27]

地主阶级改革派不仅主张立法要因时而为之变通,在法的适用上也强调因时势而异。魏源指出:"天下有重典而不为酷者,惩一儆百,辟以止辟是也;有最

---

[21] 魏源:《默觚下·治篇五》,载《魏源集(上)》,中华书局1976年版,第49页。
[22] 冯桂芬:《校邠庐抗议·采西学议》,朝华出版社2017年版,第155~156页。
[23] 冯桂芬:《校邠庐抗议·收贫民议》,朝华出版社2017年版,第199页。
[24] 冯桂芬:《校邠庐抗议·制洋器议》,朝华出版社2017年版,第140页。
[25] 冯桂芬:《校邠庐抗议·制洋器议》,朝华出版社2017年版,第140~141页。
[26] 冯桂芬:《校邠庐抗议·制洋器议》,朝华出版社2017年版,第140页。
[27] 冯桂芬:《校邠庐抗议·自序》,朝华出版社2017年版,第10页。

轻之典而人莫敢犯者,有耻且格是也。"[28] 他根据医生基于病人病情辨证施治的原理,来考察历史上援法施刑的利弊得失,借以说明用法贵在区别形势的变化而具有针对性。譬如,秦以虎狼之法驭民,百姓困苦不堪,项羽又用"酷刑"去攻治,转使病情加重。汉初统治者的高明之处,就在于惩戒秦末苛法暴政之害,采用法简刑轻休养生息之剂,调理虚弱不堪的社会躯体。从汉高帝的"约法三章",到文景帝时的几于刑措之治,就是汉初统治者根据当时的形势,所采取的基本国策,并且收到了转危为安之效。

由于魏源主张区别用刑,因此他曾建议林则徐用重典以推动禁烟,对于吸食鸦片者首先责令限期戒烟,逾期不戒则处以黥刑(纨绔温饱之家,许纳赎金,改黥面为刺手),虽受黥刑仍然不戒,则应处以死刑。他说:"大清律刺面之法在,今再下令,三月不戒者黥,黥后再三月不戒者死。"[29] 对于沿海各郡县,为首贩烟者立予斩枭,"枭一人而万人肃",可以收到雷厉风行之效。

(二)提倡睁眼看世界,运用近代国际公法调整中外关系

在中国近代史上,林则徐"最先从封建的闭关自守的昏睡状态中觉醒,以全新的态度睁眼看世界"。[30] 他虽然出身于官僚地主家庭,接受传统的封建教育,但早在鸦片战争前,就已经开始比较冷静地观察西方世界,并以积极的态度了解和引进西方文化,试图从中西对比中寻求启迪和出路。1836 年慕洛所著《世界地理大全》刚刚在伦敦出版,林则徐便委人译成汉文,并以此为基础编成《四洲志》。正是由于林则徐把目光投向世界,思想较为开放,因此,他敏锐地察觉到西方国家的鸦片侵略对中国的危害。道光十八年(1838 年)九月,林则徐在湖广总督任内,向道光皇帝上书言事,痛陈禁销鸦片的必要性。他说:"若犹泄泄视之,是使数十年后,中原几无可以御敌之兵,且无可以充饷之银。"[31] 这份奏折打动了道光皇帝,于同年十二月三十一日任命林则徐为钦差大臣,前往广东查禁鸦片。

林则徐深知欲筹夷务,"必须时常探访夷情,知其虚实,始可以定控制之方"。因此,到达广州后,便"日日使人刺探西事,翻译西书,又购其新闻纸"。他批评"沿海文武员弁,不谙夷情,慑于英吉利之名,而实不知其来历"。在他的组

---

[28] 魏源:《军储篇一》,载《魏源集(下)》,中华书局1976年版,第469页。
[29] 魏源:《海国图志·筹海篇·议款》,岳麓书社1998年版,第42页。
[30] 张劲草:《林则徐与国际法》,载《法学》1983年第1期。
[31] 林则徐:《钱票无甚关碍宜重禁吃烟以杜弊源片》,载中山大学历史系中国近代现代史教研组、中山大学历史系中国近代现代史研究室编:《林则徐集·奏稿(中)》,中华书局1965年版,第601页。

织下,《澳门新闻稿》被译成《澳门日报》。德庇时、地尔洼等人撰写的《中国人》和《在中国做贸易罪过论》二书被编译为《华事夷言》。林则徐的上述作为,在当时的清朝大吏中是仅有的,因而受到顽固守旧势力的嘲讽和轻蔑,琦善便指责说:"以天朝大吏,终日刺探外洋情事,实有失体统。"[32] 即使是抗击英国侵略以身殉职的闽浙总督裕谦,也曾发布过"见有传抄夷书夷事者,即行销毁,不准传播"的命令。[33] 然而住在中国的西洋人却说:"林则徐留心外国事务","足见其学识长进之效验"。[34] 由此可见,林则徐的思想与见识远远高出于当时的同僚。

为了使中国人了解西方世界,达到制夷的目的,林则徐在被发往伊犁"效力赎罪"的遣送途中,还委托好友魏源完成《海国图志》的编纂。应该说,魏源所提出的"师夷之长技以制夷"的思想,是发轫于林则徐的。尽管林则徐不是一个文化人,他提倡"睁眼看世界"的出发点,也并非对西方文化的景仰,但是,他所进行的沟通中西文化方面的实践,以及所起的作用和影响,是当时一般士大夫所不及的。他的行动显示了一个受传统教育的封建官僚突破了所谓"用夏变夷"的"夷夏之防"的羁绊,从而成为站在历史潮流前列的先驱者。

不仅如此,林则徐还是积极输入国际公法和运用现代国际法知识调整中外关系的第一人。李抱宏在《中美外交关系》一书中说:"《国际公法》之输入中国及应用于对外交涉,实以林则徐为嚆矢。"张劲草也认为"国际法最早的汉文译著者",首先"应该着重介绍"林则徐。[35]

为了应对查禁鸦片所发生的中外法律交涉与冲突,林则徐携带通晓英文的理藩院通事(翻译)袁德辉到广州,让他根据英译本重译瑞士法学家和外交家瓦特尔(Emerich de vattel,旧译"滑达尔")所著《国际法》(Le Droit des Gens, the Law of Nations),作为"筹办夷务的当务之急"。同时还委托旅居广州、精通法文的美国医生派克(Peter Parker,旧译"伯驾"),选译了当时急需参考的国际法条款,如关于宣布违禁外货、扣押犯禁外国船只、封锁港口、宣布战争、外国人在国际法上的法律地位等。[36] 凡此都标志着西方国际公法著作正式传入中国和中国近代国际法学史的发端。

林则徐积极翻译和引进西方的国际公法,是为了以它作为同外国侵略者进

---

[32] 魏源:《洋艘征抚记》,载杨家骆主编:《中国近代史文献汇编之一:鸦片战争文献汇编》第6册,台北,鼎文书局1973年版,第137页。

[33] 张劲草:《国际法最早的汉文译著者是林则徐》,载《法学》1982年第5期。

[34] 《澳门月报》。转引自夏燮:《中西纪事》,岳麓书社1988年版,第62页。

[35] 张劲草:《国际法最早的汉文译著者是林则徐》,载《法学》1982年第5期。

[36] 张劲草:《林则徐与国际法》,载《法学》1983年第1期。

行斗争的外交武器。譬如,根据"各国皆有当禁外国货物之例""各国有禁止外国货物不准进口的道理(权利)"(袁德辉译文),林则徐抵达广州后,立即明令颁布鸦片是违禁品的禁烟令,再有偷运鸦片进口者,"货尽没官,人即正法",[37]并要求英商具结。同时也表示"亦不因其违抗于前,而并阻其自新于后","苟知悔悟,尽许回头"。[38]他反对将"未犯法之各国夷船与英吉利一同拒绝",认为"违抗者摈之,恭顺者亦摈之,未免不分良莠,事出无名"。为此严正宣示:"奉法者来之,抗法者去之。"[39]

道光十九年(1839年)七月七日,发生了英国水手在尖沙咀登岸行凶,打死中国人林维喜一案。英国领事义律不仅拒不交出凶手,而且在中国的领海上组织临时法庭,根据英国法律,"开庭审讯",[40]并以凶手"酗酒作乱"为之开脱。对于这种危害中国人生命、侵犯中国司法主权的行径,林则徐严正指出:"一人漏网之事犹小,而外夷坏法之罪难容";国际上"向有定例,如赴何国贸易,即照何国法度……犯罪若在伊国地方,自听伊国办理……岂得不交官宪审办"?"杀人偿命,中外所同","自法律一定,溥天之下,莫不遵守,故外国有犯者,即各按各犯事国中律例治罪"。为此他一再"口谕笔传",[41]要求英方交出凶犯严惩。近代中国为抵制和废除领事裁判权,曾经进行了近百年的艰苦斗争,而首先举起这面旗帜的,应属林则徐。

以上可见,林则徐筹办夷务的出发点在于"定控制之方",[42]而运用西方国际公法知识办理对外交涉,维护司法主权,只是其中的一个具体方面,表现了一位开明的爱国官僚的品格和思想高度。林则徐在中国近代外交史上同样是当之无愧的历史性人物。

---

[37] 林则徐:《谕各国商人呈缴烟土稿》,载中山大学历史系中国近代现代史教研组、中山大学历史系中国近代现代史研究室编:《林则徐集·公牍》,中华书局1963年版,第58页。

[38] 林则徐:《英国船兵阻挠该国商船具结进口并各处滋扰在穿鼻尖沙嘴叠次将其击退折》,载中山大学历史系中国近代现代史教研组、中山大学历史系中国近代现代史研究室编:《林则徐集》,中华书局1965年版,第700页。

[39] 林则徐:《英国船兵阻挠该国商船具结进口并各处滋扰在穿鼻尖沙嘴叠次将其击退折》,载中山大学历史系中国近代现代史教研组、中山大学历史系中国近代现代史研究室编:《林则徐集》,中华书局1965年版,第705页。

[40] [美]马士:《中华帝国对外关系史》(第1卷),张汇文等合译,商务印书馆1963年版,第269页。

[41] 林则徐:《会批澳门厅转禀义律抗不交凶说帖》,载中山大学历史系中国近代现代史教研组、中山大学历史系中国近代现代史研究室编:《林则徐集》,中华书局1965年版,第129~130页。

[42] 林则徐:《东西各洋越窜外船严行惩办片》,载中山大学历史系中国近代现代史教研组、中山大学历史系中国近代现代史研究室编:《林则徐集》,中华书局1965年版,第649页。

(三)抨击腐败的吏治,倡言改革司法

地主阶级改革派的思想家们,早在鸦片战争之前,已经感到西方资本主义侵略者的威胁。出于对国家和民族命运的忧虑,他们潜心思索着国家衰落的原因,逐渐意识到"人畜悲痛,鬼神思变置"的清朝专制统治,是招致内忧外患的根源。面对"日之将夕,悲风骤至"的社会危机,他们预感到一场巨大的变革即将爆发,于是挺身而出,口诛笔伐,抨击腐朽的吏治与昏暗的司法,力图冲破粉饰太平、苟且偷安的气氛,改弦更张,以求维持清朝的统治。

1. 揭露吏治的腐败,旁及专制制度

冯桂芬痛斥捐官制度是造成吏治败坏的渊薮。他说:"近十年来,捐途多而吏治益坏,吏治坏而世变益亟,世变亟而度支益蹙,度支蹙而捐途益多,是以乱召乱之道也。居今日而论治,诚以停止捐输为第一义。"[43] 清朝由于财政困窘,而广开捐途,遂使冗员充斥,如同冯桂芬所说,"今之冗员多矣,不冗于小,冗于大;不冗于闲,冗于要;不冗于一二,冗于十百……大官之多为汉以来所未有"。"国家多一冗员,不特多一糜廪禄之人,即多一浚民膏之人,甚且多一偾国是之人。"[44] 冗官既多而又无能,致使胥吏擅权。冯桂芬继而奋笔揭露了胥吏之为恶甚于冗官,是招致"天下之乱"的主要祸首。他说:"后世流品莫贱于吏,至今日而等于奴隶矣,后世权势又莫贵于吏,至今日而驾于公卿矣。……今天下之乱谁为之,亦官与吏耳。而吏视官为甚,顾氏炎武谓之养百万虎狼于民间者,是也。……今日之用吏,殆以国计民生全付之奴隶盗贼也。"[45]

包世臣则根据切身经历,揭露了河工"每岁动帑数千万两,而水患不已";作为重要财源的盐课,大量为吏胥所"中饱";漕赋已成为"官吏利薮","浮收勒折,日增一日。竭民力以积众怒,东南大患,终必在此矣"。[46] 正是由于吏治的败坏,清朝的国家机器运转不灵,"百为废弛,贿赂公行,吏治污而民气郁"。

龚自珍也谴责清朝"开捐例、加赋、加盐价",是"割臀以肥脑,自啖自肉"。[47] 他痛诋官僚集团只"知车马、服饰、言词便捷而已",其贪敛民财有如"饕餮之馋腹",并与富商勾结侵夺兼并,造成社会财富占有的"大不相齐",由此而引起了社会的动乱。

---

[43] 冯桂芬:《校邠庐抗议·变捐例议》,朝华出版社1976年版,第164页。
[44] 冯桂芬:《校邠庐抗议·汰冗员议》,朝华出版社1976年版,第23页。
[45] 冯桂芬:《校邠庐抗议·易吏胥议》,朝华出版社1976年版,第58页。
[46] 包世臣:《庚辰杂著三》,载包世臣:《安吴四种》卷三,台北,文海出版社1968年版。
[47] 龚自珍:《西域置行省议》,载《龚自珍全集》,上海人民出版社1975年版,第106页。

地主阶级改革派在抨击腐朽吏治的同时,也把笔锋触及专制制度,指出所有吏治的腐败、世风的日下、人才的缺乏,都与专制统治密切相关,这是他们思想中最闪光的部分。龚自珍说:专制帝王"未尝不仇天下之士,去人之廉,以快号令,去人之耻,以嵩高其身。一人为刚,万夫为柔,以大便其有力强武"[48]这不是帝王个人的品德问题,而是专制主义的体制所决定的,这一点龚自珍已经隐约意识到了。

魏源也指出专制君主以"势、利、名私一身",以天下为一己之私,从而引起觊觎争夺之乱,因而希望专制帝王改变"高危自处"的情况,使君民上下不相隔,息息相通。他以人的躯体比喻君、臣、庶人之间的关系,说:"后元首,相股肱,诤臣喉舌,然则孰为其鼻息?夫非庶人与!"所有"九窍、百骸、四肢之存亡",全"视乎鼻息","口可以终日闭,而鼻不可一息柅"[49]。在这个思想指导下,他提出"天子者众人所积而成",因此,天子应该"自视为众人中之一人,斯视天下为天下人之天下"[50]。只有倾听众议、下情上达,才能更好地治理天下。所谓"独得之见,必不如众议之参同也","合四十九人之智,智于尧、禹"[51]。魏源的观点,既源于传统的重民思想,又含有西方近代国家的某些民主意识,它是同专制主义的政治法律观念相抵触的,却为以后主张君主立宪的改良派,提供了思想元素。

2. 制定简明则例取代纷繁的条例

清朝为了加强专制主义统治,充分利用法律手段,约束与控制臣民,因此清朝法律是以完备、苛细为特征的。龚自珍说:"天下无巨细,一束之于不可破之例,则虽以总督之尊,而实不能以行一谋、专一事。"[52]如同使患有"疥癣",或"疮痏"之人,使之"卧之以独木,缚之以长绳,俾四肢不可以屈伸,则虽甚痒且甚痛,而亦冥心息虑以置之耳"[53]。清朝不仅法网繁密,而且皇帝每以苛察为能,以致群臣动辄得咎,轻则罚俸、降级、革职,重则身家性命难以保全。在这样的政治环境下,所谓好官,也只能做到明哲保身而已,不敢也不能有所作为。官场上以希迎上意、阿谀谄媚为能事,为此龚自珍慷慨陈词,希望"圣天子""删弃文法,捐除科条……而勿苛细以绳其身"[54]。

---

[48] 龚自珍:《古史钩沉论一》,载《龚自珍全集》,上海人民出版社1975年版,第20页。
[49] 魏源:《默觚下·治篇十(二)》,载《魏源集(上)》,中华书局1976年版,第67页。
[50] 魏源:《默觚下·治篇三》,载《魏源集(上)》,中华书局1976年版,第42页。
[51] 魏源:《默觚下·学篇五》,载《魏源集(上)》,中华书局1976年版,第12页。
[52] 龚自珍:《明良论四》,载《龚自珍全集》,上海人民出版社1975年版,第35页。
[53] 龚自珍:《明良论四》,载《龚自珍全集》,上海人民出版社1975年版,第34页。
[54] 龚自珍:《明良论四》,载《龚自珍全集》,上海人民出版社1975年版。

冯桂芬也指出:"卿贰督抚大官而必束之以例案,且束之以无一定之例案,是疑大臣而转信吏也,慎孰甚焉。"[55]"天下有亿万不齐之事端,古今无范围不过之法律,观于今日则例猥琐,案牍繁多,而始知圣人不铸刑书之法之善也。"[56] 由于"凡则例等书关涉银钱者,犹如牛毛茧丝,令人不可猝瞭",以致成为"胥吏舞弊之经传也"。他痛切地指出:"谈者谓今天下有大弊三,吏也、例也、利也。任吏挟例以牟利,而天下大乱于乎尽之矣。"他建议编定简明则例,"旧例旧案无论远近一切毁之,以新例颁发……自今非新例不得援引",借以克服"任吏挟例"之弊。[57]

3. 改革暗无天日的司法现实

吏治的腐败,必然导致司法的黑暗。其表现之一:断狱之官,主观擅断,是非颠倒。龚自珍指出:"古之书狱也以狱,今之书狱也不以狱",即执法之官不亲自审理、判决讼案,一切委之幕吏,遂使幕吏擅权。即使执法之官亲自审案,所谓"视狱自书狱",也往往不顾案情事实,任意援引律例比附,所谓"书狱者之言将不同","或成文章,语中律令,或不成文章,语不中律令"。[58] 由于司法官缺乏律令知识,而又主观枉断,甚至屈法贪赃,鱼肉百姓,以致冤狱丛生。

其表现之二:主官滥判,同僚相护。清朝为了集中司法权,实行案件审转制度。但上司在审核下级呈送的案件时,或者流于形式,敷衍塞责;或故意刁难,以谋其利。有的案件虽经下级官员根据案情亲自审理,判决有据,却被无端驳回;有的案件由幕僚胥吏作出错误判决,反而得到核准。既忽视事实与是非,又随意援引律例。尤有甚者,执法之官,官官相护,"不问事理之虚实,唯以周旋寅谊为心"。虽明知其为错案冤狱,但为了周旋关照同僚,也要严刑拷掠,迫使无辜人"甘心就枉",反而美其名曰"事关全局,不可长讦上之风",[59] 以致"无非同有非,无罪同有罪",在重重黑幕下的司法,只能使百姓有冤难伸。龚自珍痛切地谴责说:"天下无一不犯法之官。"

其表现之三:办案拖延,积案不清。据包世臣揭露,积案不决的危害,一是妨碍农事,拖累小民,"署前守候及羁押者,常数百人,废时失业,横贷利债,甚至变产典田,鬻妻卖子,疾苦壅蔽,非言可悉"。[60] 二是小案不结,酿成大狱。当

---

[55] 冯桂芬:《校邠庐抗议·省则例议》,朝华出版社2017年版,第52页。
[56] 冯桂芬:《校邠庐抗议·序》,朝华出版社2017年版,第9页。
[57] 冯桂芬:《校邠庐抗议·省则例议》,朝华出版社2017年版,第49页。
[58] 龚自珍:《乙丙之际塾议三》,载《龚自珍全集》,上海人民出版社1975年版。
[59] 包世臣:《书三案始末》,载包世臣:《安吴四种》卷三十一下,台北,朝华出版社1968年版。
[60] 包世臣:《为胡墨庄给事条陈清厘积案章程折子》,载包世臣:《安吴四种》卷三十一下,台北,朝华出版社1968年版。

事人既迫于讼累,又愤于冤屈不得伸张,由此而发生各种自发的报复行为,或径寻仇人报复,要路杀仇;或集众械斗,使原本的"雀角细故"酿成命案,甚至发展成为反抗官府的严重事端。正因如此,包世臣对于清理积案一事,极为重视。

地主阶级改革派不仅对司法的黑暗进行了揭露和抨击,同时也提出了改革司法的意见。主要如下:

(1)司法应利农便民。包世臣从"明农"为"治平之要"的认识出发,主张司法审判活动要利农,不要妨碍农事。譬如,州县审理的案件,如可能影响到农耕,需要申报上司,延期审理。但涉及水利界址纠纷的,如不及时处理,将会妨碍农务,则应及时审理结案,以利农耕。为了不妨碍农事,减少扰民,提高办案效率,包世臣主张凡是事理较轻、人证在乡的案件,可以划分成若干区域,由地方官派员下乡办案。既可使官民接近,减少胥役从中作弊,又提高了办案效率。这种从便民利农的角度提出的改革司法审判工作的建议,十分可贵。包世臣多年的刑幕生涯,耳目所及,尽是因讼累而破产的农民。对因讼累而破产的农民的同情和对司法不公而带来的社会危机的忧虑,成为包世臣改革司法的动力。

(2)重视参验,反对刑讯。刑讯逼供在清朝的大堂上是普遍存在的,往往通过刑讯,屈打成招,借以结案。包世臣深知有些承审官从主观臆断出发,先教供而后又逼供,再施以严刑拷掠,"是非安得不颠倒"。为此他呼吁执法断狱,无须动用刑讯。他在南昌任上四十日,结案二百三十余起,"未尝一用掌责笞责"。与此相联系,包世臣要求断狱"必之参验而不诬"。所谓"参验",是指判断认识是否正确要经过事实的验证,"无参验而必之者诬也。夫谳狱莫重人命,定谳必凭尸伤"。[61] 包世臣的可贵之处,就在于他是知行统一的,上述重视调查证据、反对刑讯取供的观点,基本上都被他运用到审判实践中去,在当时颇具"清官"风范。

(3)选用西法贤吏主持司法。地主阶级改革派承袭了传统的法律工具论,魏源就将法律与弓矢相比拟。他说:"弓矢,中之具也,而非所以中也;法令,治之具也,而非所以治也。"[62]为了准确地运用法律这个工具,魏源主张立法、行法都必须得人。立法活动,譬如医生处方,正确能治病救人,错误也可害人、杀人,所以立法要"得人"。立法之后,尤其需要有贤才认真加以实施。在人、财、材三者之间,魏源认为材最为难得。他说:"天下有不可强者三,有其人,无其

---

[61] 包世臣:《书粤刻补洗冤录集证后》,载包世臣:《安吴四种》卷三十一上,台北,朝华出版社1968年版。

[62] 魏源:《默觚下·治篇四》,载《魏源集(上)》,中华书局1976年版,第45页。

财,一难也;有其财,无其人,二难也;有其人,有其财,无其材,三难也。"[63]他以历史为例,阐述了有些弊政并不是法律本身的毛病,而是执法者不良所致。同一青苗法,如果由韩琦、程伯子来承办,"必不至厉民";同一彻法,如果由阳货、荣夷公去实行,"断无不为暴"。因此,魏源强调:"不汲汲求立法,而惟求用法之人","不难于得方而难得用方之医,不难于立法,而难得行法之人"。他形容用法如同驾车,得其人,"转五寸之毂,引重致千里",不得其人,则"跬步不前"。[64]可见,魏源是"有治人无治法""治法本于治人"论的支持者。他之所以强调立法、行法在人,除了受传统思想的影响之外,还在于痛感清中叶以后,司法极端黑暗,官吏上下勾结,胥吏操纵狱讼、主观臆断、任意比附、鬻狱市法的现象比比皆是,正是有见于此,他才频说只有法律尚不足以为治,还必须有正确执法之人。

为了使官吏正确执法,首先要习法。包世臣指出:"兵无异术,治兵者先必明农而习法,暗于农则无以食人,疏于法则无以防人,能食以防,国体尊矣,则兵之深也。"[65]只有官吏习法,正确用法,才能使法律具有权威。魏源说:"法信令必,虽枷杖足以惩奸;法不信令不必,虽重典不足儆众。"因此,他大声疾呼,"汲汲求行法之人"。

要使官吏习法,须从提倡士子"读律"做起。包世臣指出,讲读律令是隋唐以来的定制,士人读律,除了懂得刑禁,不敢以身试法,有"省身"之效外,更重要还在于他们一旦出任官职,能够"详审律式轻重,以救时弊,而挽颓风",起到匡时济世、造福地方的作用,还可以从源头上遏制刑名胥吏勒索民财、左右诉讼的弊端。清代盛行的幕吏擅权,是和当时的科举选官制度分不开的。依靠八股进入仕途的官吏,一般都不具备法律知识,也很少了解社会的风土人情,以致不得不假手幕僚胥吏去办理有关刑名事务,从而为这些吏蠹操纵司法提供了方便。包世臣说:"该幕等根深蒂固,招聚徒从,荐与府县,管理刑钱重务。府县知延其徒从,则公事顺手,并可借为关通,外省吏治之坏,多由于此。"[66]有清一代,上自封疆大吏,下至州县官,都可以自聘幕僚。幕僚虽不是官,却经管着地方重要政务,不仅构成了清代官僚制度的组成部分,也是清代官僚制度的重要特点之一。至于胥吏,则是官府的鹰犬,他们除接受主官的领导外,也听命于幕僚。

---

[63] 魏源:《海国图志·筹海篇·议战》,岳麓书社1998年版,第29页。
[64] 魏源:《皇朝经世文编序》,载《魏源集(上)》,中华书局1976年版,第156页。
[65] 包世臣:《将本章第一》,载包世臣:《安吴四种》卷三十三,台北,文海出版社1968年版。
[66] 包世臣:《庚辰九月为秦侍读条例八事》,载包世臣:《安吴四种》卷三十一上,台北,文海出版社1968年版。

幕、吏勾结，联络地方豪绅，串通上级官署，以致出现了"官去弗与迁"、"吏满弗与徙"，"豺踞而鸮视，蔓引而蝇孳"[67]的现象。他们是清代官僚系统中最腐朽的势力，即使是地方长吏也畏惧其三分。龚自珍曾以生动的笔触，描绘了官僚的昏庸腐朽和幕僚胥吏对官僚的控制操纵："是有书之者，其人语科目京官来者曰：京秩官未知外省事宜，宜听我书，则唯唯。语人赀来者曰：汝未知仕宦，宜听我书，又唯唯。语门荫来者曰：汝父兄且慑我，又唯唯。尤力持以文学名之官曰：汝之学术文义，憯不中当世用，尤宜听我书，又唯唯。今天下官之种类，尽此数者，既尽驱而师之矣。"[68]

为了克服胥吏败坏司法，改革派主张依法严查，按律惩办不法胥吏。林则徐便提出，"必以察吏为最亟也"，[69] "如有地保朋比，胥役分肥，并即按律惩办"。[70] 为了察吏，他强调要"先于自察，必将各属大小政务逐一求尽于心，然后能举以验属员之尽心与否"，[71] "总使有司畏朝廷之法，则积弊去而吏治清"。[72]

改革派从司法经验中深知法律是"齐民"之一术，断狱是否公正，不仅关系到百姓身家性命，所谓"万民托命于此"，与安定社会秩序也有密切的关系。治狱不慎，徇私枉法，常常是激起民变的原因，因此林则徐明确表示："申明定例，从严约束……出示晓谕，俾其咸知儆惧。"[73] 如果法律本身不严密，则需立法以补救之，他在《查议银昂钱贱除弊便民事宜折》中便就纹银出洋一事，提出户部则例与《大清律例》的规定不同，按户部则例"洋商将银两私运夷船出洋者，照例治罪"，"而刑部律例内……并无银两出洋作何治罪明文"，为此他奏请皇帝"敕部明定例禁，颁发通行，有以纹银出洋者，执法严办，庶奸商亦知儆畏，不敢公然透越矣"。

在法与情的关系上，林则徐虽然遵循法情允协、执法原情的传统，但他强调

---

[67] 龚自珍：《乙丙之际塾议三》，载《龚自珍全集》，上海人民出版社1975年版。

[68] 龚自珍：《乙丙之际塾议三》，载《龚自珍全集》，上海人民出版社1975年版。

[69] 林则徐：《查明灾赈积弊及现在办理情形折》，载中山大学历史系中国近代现代史教研组、中山大学中国近代现代史研究室编：《林则徐全集·奏折》，中华书局1965年版。

[70] 林则徐：《查议银昂钱贱除弊便民事宜折》，载中山大学历史系中国近代现代史教研组、中山大学中国近代现代史研究室编：《林则徐全集·奏折》，中华书局1965年版。

[71] 林则徐：《密陈所属司道府考语折》，载中山大学历史系中国近代现代史教研组、中山大学中国近代现代史研究室编：《林则徐全集·奏折》，中华书局1965年版。

[72] 林则徐：《查明灾赈积弊及现在办理情形折》，载中山大学历史系中国近代现代史教研组、中山大学中国近代现代史研究室编：《林则徐全集·奏折》，中华书局1965年版。

[73] 林则徐：《第一次署两江总督任内折片》，载中山大学历史系中国近代现代史教研组、中山大学中国近代现代史研究室编：《林则徐全集·奏折》，中华书局1965年版。

应有限度,"原情虽不无可悯,而禁暴则不得不严",[74]对于触犯刑律之人,则应"有犯必惩"。

综括上述,地主阶级改革派激烈抨击了晚清吏治的腐败和律例的桎梏作用,大胆指陈了司法领域的种种弊端,反映了他们对清朝统治所造成的丑恶腐朽现象的憎恶和对未来的忧患意识。他们的议论对转变风气,使人们正视社会现实,无疑有着启迪作用。当然他们所论证的是与非,所抨击的种种弊端,归根结底是从维护清朝的统治出发的,意在"补天"。他们以封建的道德为衡量是非的标准,以挽救颓世、抵御外侮为历史使命,以自身的经验为改革建议的基础,尽管这些建议多属于具体问题,并未涉及清朝统治的根本。在改革的方法与步骤上,也过于温和,包世臣就曾说,"知举事骇众则败成,常求顺人情,去太甚,默移转运而不觉","稍有窒碍,则不惜详更节目",[75]这正是改革派思想的局限性,但是在官场内外一派歌功颂德、粉饰太平的气氛中,敢于畅言弊政与改革,无疑是难能可贵的。

(四)发挥德礼化民、辅刑的作用

在地主阶级改革派的法律思想中,虽然由于时代的变化赋予它以新的内容,如批判专制政治与法制等,但总的来说还没有超出封建正统法律思想——"德主刑辅"的范畴,宗法伦理观念也仍然对他们起着约束的作用。龚自珍认为,兴王之治,首先是"全德不恃力,莫肯不服";"其次用力"。[76] 他之所以把力置于次于德的地位,理由就是王朝的治乱,最根本在于"人心"。人心是"世俗之本",而世俗又是"王运之本",如果人心亡,世俗坏,则"王运中易",国家难免于危亡。为了正人心,须要弘扬德教,因为"非礼无以劝节,非节非礼无以全耻"。[77] 反之,不重德教,而专任刑罚与督责,非但不能正人心,还将造成道德的败坏。他深感世风之所以日下,人心之所以日非,溯本追源,就是清朝以强力苛法摧锄所致。他举汉初的历史为例,说:西汉初"户口蕃息,风俗淳厚",源于朝廷不专以刑狱赋税之事,督责地方官,而地方守令,也重视以德化民,"皆有移风易俗之权"。由此他得出结论:要使天下重新臻于治平,就应该重视以德教正人心,恢复淳朴的风尚。

---

[74] 林则徐:《江苏各属拿获凶盗要犯分别审办情形片》,载中山大学历史系中国近代现代史教研组、中山大学中国近代现代史研究室编:《林则徐全集·奏折》,中华书局1965年版。
[75] 包世臣:《读顾亭林遗书》,载包世臣:《安吴四种》卷八,台北,文海出版社1968年版。
[76] 龚自珍:《农宗答问第五》,载《龚自珍全集》,上海人民出版社1975年版。
[77] 龚自珍:《明良论(二)》,载《龚自珍全集》,上海人民出版社1975年版。

以上可见，龚自珍并没有简单重复德主刑辅的传统老调，而是把出发点置于正人心之上，这是当时改革派重民思想的体现。林则徐在禁烟和御敌的斗争中，就注意打破"官民之防"的传统观念，提出"民心可用""民力可恃"，他在御敌中之所以取得胜利，恰恰反映了民心、民力的作用。

为了以德教正人心，恢复淳朴的风尚，龚自珍强调应先从官员士大夫做起，要使他们讲求节操，树立廉耻道德的风范，然后再逐渐扩及整个社会。为此，他希望皇帝对百官"厚以礼，绳以道"，不要滥施苛法酷刑。他指责在明朝极端专制主义的统治下，所施行的"夷三族之刑，士大夫妻女发乐籍之刑，言官受廷杖、下镇抚司狱之刑"，无一不是违反德教的暴政，以此治官，则官无廉耻，以此化民，则民心不靖。

包世臣也传承了重礼治的中华法制文明的传统，他把礼与刑都看成"齐民"之术，但作为为治之道，"贵礼"比"任刑"更有利于稳定国家的统治。他说："语曰齐之以礼，斥齐刑之政为不足得民耻，故曰刑自反此作，则刑与礼固对待之具也。治狱之于治民，末已。"[78]以礼防民"犹堤之防溢水也"，明礼止刑，可以改善罪繁刑苛的社会弊端。在礼的功能上，包世臣与龚自珍持相同的见解，认为礼有正人心、养廉耻之功。礼乐不兴，人们将会丧失道德廉耻之心，从而走向犯罪。他说："凡以耻者，人所共受于天，怀于心则为耻，见于事则为义。人而无耻，惟利是趋，无所不至。是故吏无耻则营私而不能奉令，士无耻则苟且而不畏辱身，民无耻则游惰敢于犯法。"[79]在这里，包世臣把吏之敢于营私违令，士之不畏辱身，民之游惰犯法，都归之于无廉耻之心；而无廉耻之心，正是德教不兴的结果。然而包世臣只看重"礼以正人心"的一面，对于礼的核心内容——纲常名教的精神枷锁作用，以及其对人性的扭曲等，还缺乏应有的认识。之后的维新派谭嗣同，便振笔痛斥纲常名教残酷害人的本质，将思想解放上升到一个新的高度。

魏源站在传承中华法制文明的立场上，探讨道德教化与刑名两者之间的关系，以及在实践中的不同作用。他认为礼乐、刑狱都是治道所必需的，但德教重于刑名，是治国的上策。他说："圣人在上，以《诗》《书》教民，以礼乐化民；圣人在下，以无体之礼，无声之乐化民。"[80]如果不重视教化而专任刑罚，只能使仁义退，世风日下，欲求治反而致乱，"劝惩所及者，显恶显善而已；阴騭阴善，则王

---

[78] 包世臣：《齐民四术目录·叙》，载包世臣：《安吴四种》卷二十五上，台北，文海出版社1968年版。

[79] 包世臣：《庚辰杂著一》，载包世臣：《安吴四种》卷二十八上，台北，文海出版社1968年版。

[80] 魏源：《默觚下·治篇十三》，载《魏源集（上）》，中华书局1976年版，第69~70页。

法劝惩所不及"。[81] 在他看来,刑罚只能解决已经暴露出来的问题,而礼乐教化才可以使人在潜移默化之中改恶向善,而不至于走向犯罪。为此魏源举史例为证,他说邓析和子产"同一竹刑也",邓析受诛而郑人不怜,子产执政,却受到郑人拥戴讴歌;商鞅和诸葛亮"同一严法也",商鞅被车裂而秦人称快,诸葛亮逝世,百姓却"巷祭路哭,白帽成俗"。这表明作为统治者,既要严于执法,还要有"恺悌之心",注意以道德仁义化民,不能专以严刑取胜。

魏源的上述论断很有现实的针对性。自嘉庆以来,由于地主阶级的残酷剥削和土地兼并的发展,民不聊生,农民起义不断爆发,而清朝却一味以严刑镇压。例如,嘉庆年间,对所谓"江洋大盗"适用"斩首枭示"之刑。至道光二年(1822年),又扩大到爬墙行劫的罪犯。不仅如此,凡发生在京城及大兴、宛平县境的劫盗犯,准许地方官不奏报朝廷即可"就地正法"。然而这种做法,并未能缓和矛盾,遏止重大犯罪,所以,魏源强调应该重教化,讲恤民。

以上可见,地主阶级改革派虽然重视德化,但并没有否定法律的作用,相反,他们主张在重德治的前提下,发挥法律治国之具的作用,"以刑狱止刑狱","以辟止辟"。龚自珍说:"刑书者,乃所以为礼义也;出乎礼,入乎刑,不可以中立。"[82]

不仅如此,龚自珍还明确提出进行社会改革,需要有法律加以保证。譬如,要解决社会上财富占有的"大不相齐",除了统之以"至澹之心"外,还要试之以"至难之法",齐之以"至信之刑"。他把实行严明的法令与刑罚,作为推行社会改革的重要手段。特别是在禁绝贩运和吸食鸦片问题上,主张使用重典,曾向林则徐建言说:"鸦片烟则食妖也,其人病魂魄,逆昼夜,其食者宜缳首诛!贩者、造者宜刻脰诛!兵丁食宜刻脰诛!此决定义,更无疑义。"[83] 对于那些触犯中国法律,破坏抗敌斗争的"不逞夷人及奸民",尤其力主"就地正典刑"。若官员、幕友、游客、商贾、绅士当中,有阻挠禁烟和破坏抗敌的人,也"宜杀一儆百"。这些论断,表现了龚自珍以刑辅治的思想,更反映了他的爱国心与民族自强的强烈愿望。

包世臣也以治狱一事关系到百姓生命财产等切身利益为着眼点,强调讲求刑名法术之学的必要性。他说:"世臣私念科第,则当入仕,深恐以雕虫无用之学,殃民而自贼,遂潜心研究兵、农、名、法治人之术。"[84] 又说:"于经则《诗》

---

[81] 魏源:《默觚下·治篇十六》,载《魏源集(上)》,中华书局1976年版,第77页。
[82] 龚自珍:《春秋决事比自序》,载《龚自珍全集》,上海人民出版社1975年版。
[83] 龚自珍:《送钦差大臣侯官林公序》,载《龚自珍全集》,上海人民出版社1975年版。
[84] 包世臣:《答钱学士》,载包世臣:《安吴四种》卷二十九,台北,文海出版社1968年版。

《礼》","于子则孙、吴、孟、荀、韩、吕"。说明法家学说在包世臣思想中,占有一定的地位。

(五)用贫富"不相齐"而争,解释法制文明的起源,强调明农的重要性

地主阶级改革派不仅用贫富"不相齐"而争的观点,说明社会动荡不安的原因,而且也用这个观点来解释法律的起源。龚自珍认为远古社会,人类裸体杂居,平等相处,以"天谷"为生,既不存在君王、礼乐,也没有刑法。他说:"古者未有后王君公","未有礼乐刑法",所有的社会成员都是普通的农耕者,所谓"其初尽农也"。随着人类逐渐进化,在生产经验不断积累的基础上,人工种植的农作物,取代了野生植物,成为人类主要的生活资料,所谓"天谷没,地谷苗"。此后,人们开始将所耕种的土地据为己有,在这个过程中,智者与力强者占有更多的土地,生产出更多的财富,于是社会上出现"贵智贵力"的现象。智者与强者为了庇护子孙,进行了丰富多彩的宗教祭祀活动,以巩固"不相齐"与不平的社会分化状态,进而又建立了与其身份地位相适应的规章制度。在这个过程中,礼、乐、刑法出现了,从此揭开了中华法制文明史的第一章。

上述认识所引申出的结论,就是帝王、官员、礼乐、刑法等,都是人类自身活动的产物,是由下而上地形成的,并不是上天的降赐;是在社会发展中,基于人们的智和力的不同,而产生了差别,随着受智者和强者所庇护的人数的增多,逐渐从五人之政、十人之政,发展到"万人之大政"。随之而出现了传达政令与管理事务"后为名官"的人员,其中最大的就是"君"。他们所制定的确认和维护其名分的规定,就是礼制与刑法。总之,从帝王、官员到刑法等,都是在人类自身活动过程中自下而上、由小而大,逐渐形成的,它是由"众人自造",既非某一圣人的独创,更不是上天的赐予。后世的儒家为了神化君权,把历史的真相颠倒了,"失其情","卒神其说于天"。在龚自珍看来,由于人们之间存在贫富"不相齐"和"不平",因而不可避免地出现上侵下、下侵上、强暴赢,以及"少不后长""支不后宗"的利益争夺。为了制止和惩处这种流血和不流血的争夺,便需要"折藿析木而挞之",于是法律开始出现。

龚自珍认为君主、官制与刑法,由"众人自造",而非圣人所独创;是产生于地上的实际需要,而不是上天的赐予;是人类社会发展到一定阶段的产物,是源于"贫富不相齐"互相争斗的结果。这些观点显然是与统治阶级历来所宣扬的君权神授、圣人制法等观点相悖的,是对于中华法制文明起源的朴素唯物说的传承与发展。特别是从起源上否定了法律的永恒性,客观上具有无可置疑的思

想启蒙意义。在文化专制的淫威犹存的背景下,龚自珍敢于冒非圣无法的罪名,冲击了不可改变的祖宗成法,是难能可贵的。为了改变贫富"不相齐",他将尊礼、习法与明农,即发展农业生产联系起来,强调明农的重要性。包世臣对管子关于"国多财,则远者来;地辟举,则民留处""仓廪实,则知礼节;衣食足,则知荣辱"[85]的思想,进行了充分的论证。他说:"孔子曰使民以时,既庶矣,又何加焉?曰富之。孟子曰民事不可缓也,易其田畴,薄其税敛,民可使富也。夫民归农,则谷植繁,奸邪息。上明农则力作劝,侈靡衰。仓廪实而知礼节,先王之本政已","未有既贫且弱,而可言王道者也。"[86]从包世臣的论述中可以看出,他认为经济与道德、经济与犯罪之间,有着密切的关系,社会经济发展了,百姓衣食丰足了,流民自然会消失,道德风习自然会改善,犯罪自然会减少,从而达到"国富君尊"、社会安定的状态。

如果说包世臣的明农主张,还带有改变"贫富不相齐"的平均主义色彩,那么魏源所强调的则是"缓本急标""货先于食"[87]"用商""利商",反映了鸦片战争以后,自然经济逐步解体对他思想上的影响。

总括以上,地主阶级改革派是在近代中国特殊的历史条件下涌现出来的。他们或通晓河工、漕运、盐课,或精于刑名断狱,或为幕宾,或为封疆大吏;他们的见解或反映鸦片战争前夜的尖锐斗争,或体现鸦片战争后的社会剧变,或在封建藩篱内寻求改制更法的良方,或面对现实主张师夷制夷。他们的共同点是要求变革,这是时代和历史的发展向先进的中国人提出的要求。其动因是力求富国强兵,以避免西方资本主义侵略者的威胁和清朝统治的危机;其理论基础是主张经世致用的今文经学;其具体要求是救弊补偏,抗敌御侮;其改革内容涉及经济、政治、法律、军事、文化等各个方面;其特点是开始面对世界、注意吸收西方先进的文化;其影响是转变风气,开拓先路,成为中国近代维新思想的发轫。梁启超曾经评价说:"定庵颇明民权之义,语近世思想自由之向导,必数定庵。"又说:"数新思想之萌蘖,其因缘固不得不远溯龚魏。"[88]

在地主阶级改革派的法律思想中,虽不乏前人的老调,但他们中间的一些人,已开始把视野投向西方国家的民主与法律制度,反映了社会剧变加在他们思想上的烙印。尽管他们所面对的顽固守旧势力还具有强大的力量,祖宗成法

---

[85]《管子·牧民》。
[86] 包世臣:《农政》,载包世臣:《安吴四种》卷二十五上,台北,文海出版社1968年版。
[87] 魏源:《军储篇一》,载《魏源集(下)》,中华书局1976年版,第468页。
[88] 梁启超撰、夏晓虹导读:《论中国学术思想变迁之大势》,上海古籍出版社2001年版,第127页。

还受到最高统治者的严格维护——如同道光时期,封疆大吏牛鉴致英人璞鼎查照会中所说:"今上皇帝圣神文武,事事敬天法祖,岂于今而忽改旧章?"[89] 但是,他们还是从统治阶级内部站出来,抨击腐朽的政治与法制,并大胆地提出一系列改革设想,不仅启迪人们的思想,也推动中国近代法制文明史向着一个新的发展阶段迈进。

四、师夷制夷思想的提出和最初的实施方案

在1840年发生的鸦片战争中,清朝统治者腐败无能,遭到失败,被迫签订了《南京条约》。接着在英、美、法等国侵略者的胁迫下,又签订了《虎门条约》《望厦条约》《黄埔条约》。根据这些不平等条约,除赔款、割让我国香港外,西方列强还攫取了协定关税、领事裁判权、沿海自由航行权、片面最惠国待遇等特权,侵犯了中国的主权,破坏了领土完整,使中国的社会和国家发生了前所未有的巨变。古老的中国第一次面对西方资本主义侵略者的全面冲击与挑战,也第一次面对中国向何处去的问题。中华民族从浑浑噩噩中逐渐觉醒过来,思考着中西异势的原因,探求着摆脱民族危机的出路。

经历了鸦片战争"古今之变局"的魏源,受林则徐委托于道光二十二年(1842年),编成《海国图志》五十卷,至咸丰二年(1852年),扩展为一百卷,它是中国最早的较为系统地介绍世界各国地理、历史、经济、文化、军事、科学技术、西国政教的鸿篇巨制。它为有识之士睁眼看世界、了解世界,提供了一个窗口。

魏源从总结历史教训的角度,并在继承林则徐制夷思想的基础上,在《海国图志》中明确提出"师夷之长技以制夷"的主张。他说:"善师四夷者,能制四夷;不善师外夷者,外夷制之。"[90] 又说:"欲制外夷者,必先悉夷情始,欲悉夷情者,必先立译馆、翻夷书始。"[91] 他阐明编著此书的目的,就是"为以夷攻夷而作,为以夷款夷而作,为师夷之长技以制夷而作"。[92] 此外,他在《道光洋艘征抚记》《寰海》所载诗文中,也提出了使"西洋之长技,尽成中国之长技"的可贵思想。

---

[89] 中国史学会主编:《鸦片战争》(第5册),神州国光社1954年版,第453页。
[90] 魏源:《海国图志·大西洋欧罗巴洲各国总叙》,岳麓书社1998年版,第1093页。
[91] 魏源:《海国图志·筹海篇·议战》,岳麓书社1998年版,第26页。
[92] 魏源:《海国图志·海国图志原叙》,岳麓书社1998年版,第1页。

通过师夷以制夷,达到"自修自强""富国强兵",是近代中国民族觉醒的主要表征,也反映了中国走向近代化的历史发展的特殊途径。为达此目的,魏源认为必须改变闭关锁国、对外部世界蒙昧无知的状态。他驳斥了顽固分子们所谓了解西方是"多事"、师夷长技制造船炮和输入西方科技是"靡费"、是"奇技淫巧"等谬论。同时批评那些保守人物,"徒知侈张中华,未睹寰瀛之大",对于通市二百年的外国,竟然"莫知其方向,莫悉其离合"的昏庸无知,[93]尤其痛斥了认为"夷兵不可敌"的投降派观点。

魏源在介绍各国历史、地理的同时,也开始涉及西方国家的政治、法律制度,并表现出某种憧憬之情。例如,他赞美美国"议事听讼,选官举贤,皆自下始,众可可之,众否否之,众好好之,众恶恶之,三占从二,舍独徇同,即在下预议之人,亦先由公举,可不谓周乎"。[94] 他在咸丰二年(1852年)补写成的百卷本《海国图志》中,进一步介绍了美国国会的"两会制",说"其国律例合民意则设,否则废之"。尤其欣赏美国总统四年一任的制度,"总无世袭终身之事","一变古今官家之局,而人心翕然,可不谓公乎"?[95] 对于"不设君位",只立"官长贵族"来治理国事的瑞士,更是倍加赞美,说它是"惩硕鼠之贪残,而泥封造绝"的"西土之桃花源"。[96]

在司法制度方面,魏源介绍了西方"主谳狱"的刑官,由"推选充补",如有"偏私不公",则"众废之"的制度。尽管魏源对于西方资本主义国家政治、司法制度的了解和介绍,还十分肤浅,甚至是朦胧的,他所辑录的有关西方议会、总统和司法制度的资料,还远不完备,但他肯定的话语,对于人们把眼光投向西方的民主与法制具有积极意义,也引导了由输入器物文化向着输入政治法律文化的发展。魏源无愧为中国近代法制文明的启蒙者。

魏源师夷之说的提出,是冲破夷夏之辨的传统网罗的惊世创举,反映了中国社会发生剧变所引起的最初的思想解放,开创了吸收外来先进文化的风气,表现出了极大的勇气和魄力。当时知识界的文化观念和价值标准,都得到了一次更新,无论是洋务派的中体西用,还是改良派的君主立宪,追本溯源都是在师夷之说的基础上发展起来的。《海国图志》百卷还倡导创办新式工业企业,提出"沿海商民,有自愿仿设厂局以造船械,或自用,或出售,听之。"[97]同时,他还从

---

[93] 魏源:《海国图志·筹海篇·议战》,岳麓书社 1998 年版,第 26 页。
[94] 魏源:《海国图志·大西洋墨利加州总叙》,岳麓书社 1998 年版,第 1611 页。
[95] 魏源:《海国图志·大西洋墨利加州总叙》,岳麓书社 1998 年版,第 1611 页。
[96] 魏源:《海国图志·瑞国沿革》,岳麓书社 1998 年版,第 1337 页。
[97] 魏源:《海国图志·筹海篇·议战》,岳麓书社 1998 年版,第 32 页。

"师夷制夷"的需要出发,强调"惟亟人才"的紧迫性,认为"财用不足国非贫,人才不竞之谓贫"。[98] 所有这些都是为落实师夷制夷所做的舆论准备。

咸丰八年(1858年)《天津条约》订立以后,兵部侍郎王茂荫向咸丰皇帝推荐《海国图志》,切望从中探明"御夷之法"和"抵制之术",并建议王公大臣每家各置一编,宗室八旗皆应认真阅读。但他的建议没有引起应有的重视,直到《北京条约》订立后,曾国藩在奏折中进一步提出"师夷智以造炮制船"的具体主张。之后,冯桂芬在《校邠庐抗议》书中论及"采西学""制洋器"时,特别称赞魏源"'师夷长技以制夷'一语为得之"。左宗棠在《〈海国图志〉重刻本序》中也认为,他在同光年间进行的造炮、制船活动,正是体现了"魏子所谓'师夷长技以制之'"的"方略"和"大端"。可见,人们在向西方学习的过程中,逐渐认识到《海国图志》"奖励国民对外之观念"[99],"国人亦因有是书略知求知识于世界","其为功诚不小矣"。[100] 如同(1879年)王韬在《扶桑游记》中所评价的那样:"'师长'一说,实倡先声。"

与《海国图志》长期被清朝当政者冷落相反,1850年第一部《海国图志》传到日本以后,有关"师夷制夷"的思想,立即引起日本维新志士的共鸣。至明治维新前已传入十几部,被摘译翻刻达二十二种版本以上,[101] 对日本的维新改制,产生了重要的影响。

冯桂芬对魏源"以夷攻夷,以夷款夷"之说,虽有所批评,却推崇"师夷之长技以制夷"。他从中西的比较中认识到:"彼何以小而强,我何以大而弱……以今论之,约有数端:人无弃材不如夷,地无遗利不如夷,君民不隔不如夷,名实必符不如夷……船坚炮利不如夷。"[102] 为了制夷,他认为首先要讲求驭夷之道,"驭夷之道不讲,宜战反和,宜和反战,而夷务坏;忽和忽战,而夷务坏;战不一于战,和不一于和,而夷务更坏"。由于"夷人动辄称理,吾即以其人之法还治其人之身,理可从,从之,理不可从,据理以折之"。[103] 他尖锐地指出驭夷的可靠保证在于自强,他说:"自强之道,诚不可须臾缓矣。不自强而有事危道也,不自强而无事幸也,而不能久幸也。……自强而有事,则我有以待之……自强而无事,

---

[98] 魏源:《圣武记序》,载《魏源集(上)》,岳麓书社1998年版,第166页。
[99] 梁启超:《论中国学术思想变迁之大势》,载梁启超:《饮冰室合集》第三册《文集七》,中华书局2015年版,第673页。
[100] 黄丽镛编著:《魏源年谱》,湖南人民出版社1985年版,第250页。
[101] 黄丽镛编著:《魏源年谱》,湖南人民出版社1985年版,第228页。
[102] 冯桂芬:《校邠庐抗议·制洋器议》,朝华出版社2017年版,第135页。
[103] 冯桂芬:《校邠庐抗议·善驭夷议》,朝华出版社2017年版,第146页。

则我不为祸。"[104]

冯桂芬鉴于外夷船坚炮利,提出:"宜于通商各口拨款设船炮局,聘夷人数名,招内地善运思者从受其法,以授众匠,工成与夷制无辨者,赏给举人,一体会试,出夷制之上者,赏给进士,一体殿试。"[105]

为了博采西学,亟须设立翻译公所。冯桂芬说:"今国家以夷务为第一要政,而剿贼次之,何也?贼可灭夷不可灭也。"[106]"今通商为时政之一,既不能不与洋人交,则必通其志达其欲,周知其虚实情伪,而后能收称物平施之效。"[107]因此,须要设立翻译公所,"此议行,则习之语言文字者必多,多则必有正人君子通达治体者出其中,然后得其要领而驭之,绥靖边陲,道又在是"。[108]

冯桂芬认为:"中华之聪明智巧必在诸夷之上,往时特不之用耳。上好下甚,风行响应,当有殊尤异敏,出新意于西法之外者。始则师而法之,继则比而齐之,终则驾而上之,自强之道实在乎是。"[109]又说:"我中华智巧聪明,必不出西人之下,安知不冰寒于水,青出于蓝。"[110]在当时的历史背景下,他提出的赶超西方国家的宏论,的确是振奋民族精神的远见卓识。

综括以上,鸦片战争前后,清朝腐败无能,在鸦片战争中遭到失败,被迫签订了丧权辱国的不平等条约,由此激发了波澜起伏的改制与更法的思潮。面对西方殖民国家的侵略,先进的思想家提出了师夷制夷之说,这是前所未有的,带有鲜明的时代烙印。同时,由师夷的技术技巧逐渐转向师夷的政治法律文明,由此而推动了稍变成法的洋务法制和改良专制政体的维新变法,逐渐揭开了法制近代化的序幕。

---

[104] 冯桂芬:《校邠庐抗议·善驭夷议》,朝华出版社 2017 年版,第 149 页。
[105] 冯桂芬:《校邠庐抗议·制洋器议》,朝华出版社 2017 年版,第 138 页。
[106] 冯桂芬:《校邠庐抗议·善驭夷议》,朝华出版社 2017 年版,第 145 页。
[107] 冯桂芬:《校邠庐抗议·上海设立同文馆议》,朝华出版社 2017 年版,第 249 页。
[108] 冯桂芬:《校邠庐抗议·采西学议》,朝华出版社 2017 年版,第 157 页。
[109] 冯桂芬:《校邠庐抗议·制洋器议》,朝华出版社 2017 年版,第 139 页。
[110] 冯桂芬:《校邠庐抗议·上海设立同文馆议》,朝华出版社 2017 年版,第 253 页。

第二章　西方法文化的输入与固有法观念的更新

（1840年～19世纪70年代）

　　古代中国是一个地处东亚的内陆型国家，周边的高山、大海和沙漠的自然地理条件，使中国长期处于与外界隔绝的封闭状态，自给自足的农业经济为这种封闭状态提供了物质基础，而不断强化的封建专制政权又以强力推行闭关锁国的政策，使封闭的状态得以长期地存在下去。与外界的隔绝使中国固有的法文化，只有纵向的传承而无横向的交流、比较与吸收，外域其他的艺术形式如绘画、音乐甚至宗教，都在不同时期传入中国并取得一席之地，但法文化从未出现过与外国法文化的接触，统治者对祖宗之法严格控制，不允许夷夏混同，更不允许用夷变夏。由于中华法文化在漫长的时间里都居于先进地位，因而是输出的，是相邻族国取法的范式。中华法文化在长期的发展过程中是独树一帜的，这种独立性也是孤立性和排他性的表现。它虽然起源早，取得了极其辉煌的成就，但由于陈陈相因的发展路径终于无可奈何地落后于世界法制发展的潮流。1840年鸦片战争之后，国门被轰开，闭关自守难以维持，资本主义国家的商品大量涌入，与此同时，西方资本主义国家的法文化也涌入中国。西方的先进法文化与中国传统的法文化接触以后，发生了激烈的碰撞。保守落后的中华法文化在咄咄逼人的西方异质法文化的逼迫下，终于败下阵来，由此发生了前所未有的改变，开始是思想文化方面，进而是制度层面，最终是全面改革，这是不以统治集团的意志为转移的。

一、西方法文化的输入

(一)西方法文化输入的媒体

早在明朝中后期,意大利传教士利玛窦曾经利用西方的数学和天文学,叩击中国文化圣殿的大门。但它的影响并不大,而且随着禁教与闭关政策的推行,西学东渐的尝试完全被阻断。

清朝统治时期,当政者盲目地陶醉于地大物博的资源优势和文化上的辉煌历史,坚持闭关自守和文化上的排他政策。乾隆五十四年(1792年),乾隆皇帝拒绝英国使团的通商要求时,便表示"天朝物产丰盈,无所不有,原不藉外夷货物,以通有无",这是很具有代表性的传统观点。康熙皇帝虽然注意了解和探求西方科学的基础知识,但主要是个人的兴趣所致,并非出于发展社会和国家的需要。鸦片战争以后,中国开始沦为半殖民地。在这样的背景下,一批站在历史潮流前面的先驱者,突破封建的中国中心论,以及"用夏变夷""夷夏之防"的羁绊,提出了"师夷制夷"的口号,这对抱残守缺的官僚士大夫来说,具有极大的震撼力。

随着国势日衰,为了富国强兵,摆脱民族厄运,学习西学已经成为爱国主义驱动下的救国方略,这是时代的巨变在政治上、文化上、心理上引起的重大变化。如果说明朝后期,接受西学的影响面是狭小的、被动的,那么鸦片战争以后,对待西学的态度,不仅由被动逐渐转变为主动,而且涉及自然科学和人文科学等诸多领域。新输入的西学,不仅超出了中国传统文化的容纳限度,还直接冲击着传统文化的理论基石和价值观念,于是不可避免地与其产生了矛盾和冲突。在冲突中先进的中国人不断地对中国传统文化进行反思和批判,他们始则抨击钻故纸堆的考据之学,重新举起经世致用的旗帜。虽然他们还缺乏创造新世界的觉醒意识,但已经把治学同富国强兵联系起来。继则提倡以中学为本,兼采西学。在新的历史背景下,西方文化输入的阻力,已远小于过去,对于西学输入的内容,不同阶层、人士各自从需要出发,有选择地主动撷取、吸收。而输入的媒体,也扩大为两个部分,一部分是由传教士、西方商人、洋雇员和幕宾所构成的外国媒体,还有外国在华的领事法院,另一部分是由国外归来的曾经游历过西方国家的人士、中国的留洋学生、驻外使节所构成的本国媒体。

1. 外国媒体

（1）西方传教士对打破中国法文化的封闭状态，并使之与西方先进法文化接轨，起了"先锋队"的作用。

明末清初，已有一些传教士热衷于对华输入西学，如意大利的利玛窦、龙华民、艾儒略、罗雅各，德国的汤若望等人，先后于万历九年（1581年）至天启四年（1624年）这一时期来华。稍后，比利时的南怀仁于清顺治十六年（1659年）来华。值得注意的是，这些神职人员不是以宗教教义，而是以远比中国先进的数学和天文学来吸引中国的士大夫和打动中国的最高统治者，并且取得了一定的效果。譬如，清时落后的回回历、大统历，便为西方先进的历法所取代。但是，对于中国固有的礼制、习俗，则不容西方宗教界干预，例如，康熙四十五年（1706年），康熙皇帝曾就罗马教皇克莱若干涉中国传统的礼仪一事，下令："以后不必西洋人在中国传教，禁止可也，免得多事。"[1]乾隆二十二年（1757年），进一步实行禁教闭关政策，其结果虽然避免了西方宗教的推进，但也使这第一阶段的西学东渐宣告结束。

与单纯地输入西方科技知识相反，英国人托马斯于嘉庆五年（1800年）开始翻译《大清律例》，积十年之功终于译成，并在伦敦出版，向欧洲人展示了充满神秘感和保守的中国法的秘密，这可以说是明清以来，传教士向西方世界传播中国法律文化最具有代表性的成果。

1840年鸦片战争以后，西方传教士大量涌入中国。光绪三年（1877年）在中国的新教传教士有473人，光绪十五年（1889年）达1296人，至宣统二年（1910年）已超过了5000人。[2] 由于中国和世界的形势，都发生了巨大的变化，这时的传教士在身份上已经不同于过去，而且不再单纯以自己的知识和西方的器物来打动和赢得官僚士大夫的欢迎。他们背倚西方国家为强大后盾，并以不平等条约为护符，已经是趾高气扬，踌躇满志，在行动上不再受限制了。例如，传教士伯驾在来华的轮船上，便咏吟这样的诗句："天堂轻风欢畅，伴君横渡大洋，肩负上帝重托，志在中国解放。"[3]伯驾的诗，暴露了他的内心世界和所追逐的目标，可见传教士们不是单纯的西方文化的代表者与传播者。为了拥有更多的中国信众，并力图以西方文化影响中国的社会和政权，他们不仅在中国传播宗教，还积极创办报刊事业，翻译西方人文科学的著作。至19世纪末，已翻译出版了几百种范围广泛的、非宗教性质的书籍。1887年，由英国苏格兰长

---

[1]《康熙与罗马使节关系文书》第十三件，台北，文海出版社1974年版。
[2] [加]许美德等：《中外比较教育史》，朱维铮等译，上海人民出版社1990年版，第65页。
[3] [美]乔纳森·斯潘塞：《改变中国》，曹德骏等译，三联书店1990年版，第39页。

老会教士韦廉臣创立于上海的广学会,是西方传教士在华创办的规模最大、出书最多、影响最广、最具有代表性的文化出版机构。在广学会翻译出版的世俗著作中,人文科学的内容较多。传教士们自称要"把中国人的思想开放起来",[4]认为"他们所带来的信息,不仅可以解决中国道德和精神方面的问题,还能解决政治和经济方面的问题"。[5]

可见,西方传教士是想借此使中国的官僚士大夫接受西方的文化,培植倾向于西方的社会基础,从不同的角度为西方国家实施对华的政治与经济的政策服务。他们的活动已经超出了神职人员的范围,而是扮演着东西方文化交流中的中介角色。他们的作用不可以忽视,许多译著在中国的传播,给沉闷窒息的封建专制主义的文化氛围,注入了一丝近代科技与民主政治的新鲜空气,客观上有利于唤醒中国人的民主意识、启发了维新思想的兴起,疏通了中西法文化的交流渠道,以致光绪皇帝也订阅广学会的杂志,还订购了89种书籍。[6] 梁启超在戊戌维新时期曾列举过一些西学书刊,其中广学会的书籍就有十几种。[7]

广学会还十分注重争取读者群,它将中央和地方的高级文武官员、举人以上的在野的士大夫以及全国的应考秀才作为他们的对象,因而传播范围是十分广泛的。以至于广学会翻译出版的《泰西新史揽要》,竟成为光绪二十二年(1896年)长沙乡试举子的必备读物。据统计,《泰西新史揽要》大约有100万册盗印本在中国流传,仅在杭州就能同时找到6种不同的盗印版本。西方传教士通过广学会的翻译出版工作,介绍了伏尔泰、卢梭、孟德斯鸠、狄德罗等人的学说以及法律改革的思想;宣传了人权观念、平等观念、法制观念,这在中国要求进步、向西方寻求救国真理的知识界,产生了很大的共鸣,起到了思想启蒙的作用。同时,也为中国的变法维新运动,提供了理论先导。梁启超于光绪十六年(1890年)路过上海时,"得有机会检阅了由傅兰雅、林乐知和江南制造局其他人译成中文的西方书籍",他认为这一年是"伟大的世界开始对他说话的一年"。[8] 康有为也曾向香港《中国邮报》的编辑说过:"我信仰维新,主要归功于两位传教士,李提摩太牧师与林乐知牧师的著作。"[9]

---

[4]《同文书会章程》,载《出版史料》1988年第2期。
[5]参见《广学会五十周年纪念特刊》序言。
[6]参见《广学会年报》1889年,载《出版史料》1988年第2期。
[7]梁启超:《读西学书法》,载梁启超:《西学书目表·附录》,武昌质学会1896年校刊本。
[8] [美]杰西·格·卢茨:《中国教会大学史(1850—1950)》,曾钜生译,浙江教育出版社1988年版,第39页。
[9] [美]杰西·格·卢茨:《中国教会大学史(1850—1950)》,曾钜生译,浙江教育出版社1988年版,第39页。

除此之外,19世纪60年代以前,设在沿海城市属于教会的某些文化机构,也曾经是中国人接触西方文化的媒介。例如,马礼逊学堂、墨海书馆就曾经是容闳、李善兰、华蘅芳、徐寿等人了解西方文化的窗口。事实上,早在鸦片战争以前,新教传教士还通过编印书刊的途径,向中国介绍了英美的议会制度、司法与监狱制度以及法国的法典,只是在当时的中国既不可能传播,在士大夫中也不具备广泛被吸纳的基础。直到鸦片战争以后,情况才发生了变化,一批著名的传教士如麦都思等,以条约口岸为基地,以热衷西学的士大夫为对象,以从事中西文化合作事业为目标,以使中国"一归于主"为战略方向,在他们传播的西方文化的影响下,一批改良维新思想家由此而孕育成长了。

(2)除传教士外,西方商人在打破中国法文化的封闭状态、积极输入私法文化方面,也起了不可忽视的作用。

鸦片战争以后,中国近代的商业活动和对外贸易,进入了一个新的发展时期。特别是西方国家的商品,如同大潮一样涌入中国,但由于中国的法律落后,无法调整在商品背后新出现的法律关系,如公司关系、金融信用关系、合同关系等,因而受到西方商人的指责。他们经常利用西方的法律对抗中国的法律,以维护自己的利益。经过西方商人的努力,支撑着商业行为的西方近代民商法文化,以及新的商业观念,也随着外国商品一起输入中国。在频繁的近代商业活动中,为外国商人服务的买办,最先接触西方的私法文化,很快便形成了近代的重商观念和相应的法律意识。他们不仅发挥了搭建中西法文化桥梁的作用,而且是推销西方私法文化的积极分子。在这方面,郑观应、唐廷枢、张謇等人也起到了宣传西方私法文化的作用。即使是中国的一般商人,也从经商的实际需要中,增长了近代私法观念。据记载,义记洋行同有利银行的买办周金贵发生一起法律诉讼,"该洋行从该买办那里买进汇票,并声称商定的期限为四天,该买办否认了,因为合同上并没有载明时间的规定,买办胜诉了"。[10] 此案的判决结果影响极大,随着涉外的商业行为和商业诉讼的不断增多,中国工商界迫切需要西方近代民商法知识,而西方商人在传播近代民商法学方面,无疑是一个重要媒体。

(3)鸦片战争以后,为了应对涉外关系的需要,在中国官场上出现了一批前所未有的特殊人物——洋幕宾。

他们利用清朝官僚对外部世界的无知,尤其是国际法律知识的缺乏,得以

---

〔10〕 〔美〕郝延平:《十九世纪的中国买办:东西间的桥梁》,李荣昌等译,上海社会科学院出版社1988年版,第248页。

以权臣的私人雇员的身份进入中国官场。日本明治维新以后,也曾于政府部门中聘请法、英、美、荷、德等国的法学家,作为幕宾,参与并帮助实施新政。这种做法对晚清颇有影响,以致李鸿章、左宗棠、张之洞、刘坤一、袁世凯、盛宣怀等人,均聘有洋幕宾,并且受到重视和信任。据张国辉著《洋务运动与中国近代企业》一书记载:"李鸿章遇到疑难问题,总是来找马格里做顾问。"在这种情况下,洋幕宾们便把西方近代法律知识,向雇用他们的大员进行传递和灌输。在洋幕宾的传授和影响下,这些清朝大员对于西方的专利制度、股份公司制度、关税制度等,已经有了相当程度的了解。譬如,李鸿章在《试办织布局折》中,便几次提到"泰西通例""中西通例",[11]以示他所依据的法律根据。19世纪60年代,对洋务运动的兴起和洋务派的产生,洋幕宾也起了一定的触媒作用。

除洋幕宾外,一些洋雇员也扮演着传播西方法文化的角色。例如,丁韪良在担任同文馆总教习期间,便教授万国公法。江南机器制造局所属翻译馆中的英美籍雇员傅兰雅、林乐知,也都参加了西方法律的翻译。熟悉外文的中国译员也参加了他们的翻译工作,从而使西方法学著作与法律的原则、原理能够通过中国式的文字表达出来,这可以说是中西法文化合作事业中的一种有效方式。尤为值得称道的是,同文馆教习毕利率化学馆诸生,译出《法国律例》46卷,4780页,它对维新派有着重要的影响。20世纪初期,刘坤一、张之洞、袁世凯都曾建议,招聘外国法学家帮助清朝修订新律,并在沈家本主持晚清修律中,得以落实。

(4)鸦片战争以后,西方国家为了行使领事裁判权,纷纷在中国设立领事法院、领事裁判法庭。

领事法院、领事裁判法庭或由领事独任审判,或实行合议制,受理以该国公民为对象的民商诉讼和轻微刑事案件,并适用该国的法律。随着租界地的扩张,西方国家又取得了租界内的会审权,建立了会审公廨。在租界内,适用外国的实体法与程序法,注重人证、物证,不滥用刑讯,允许律师出庭辩护,等等。特别是会审公廨的判决,还披露于报端,因而在客观上不啻为中国人提供了一个观察、了解西方法律制度的窗口,起着某种示范作用。在中国近代的先驱者中,如王韬、洪仁玕、康有为等,就是从这个窗口获得了对西方法制的直观印象,发现了中西法文化的巨大差异,激发了讲求西学、提倡改革法律的雄心壮志。以康有为为例,他在1879年曾经游历过香港,1882年进京途中又路过上海,"见西人殖民政

---

[11] 李鸿章:《试办织布局折》,载朱玉泉主编:《李鸿章全书》,吉林人民出版社1999年版,第2056页。

治之完整,属地如此,本国之更进可知,因思其所致此者,必有道德学问以为之本原"[12];"览西人宫室之瑰丽,道路之整洁,巡捕之严密,乃知西人治国始有法度"。[13] 因而开始阅读由江南制造局和外国教会所译西书魏源的《海国图志》。

2. 本国媒体

(1)在重"华夷之防"的中国统治者眼里,不仅外国人是"化外之人",就连去外国谋生的中国人,也"多系不安本分之人"。[14]

法律对私出境外和违禁下海者,要处以严刑。[15] 直到鸦片战争以后,中外条约的签订,才迫使清朝废除了海禁,中国人终于获得了去国外游历或居住的机会。在外国的中国游历者,亲身接触了西方的文化,能够在相当的深度和广度上,理解这些异质文化的精神和本质,特别是通过自己的著述,将西方的法文化介绍到中国。例如,1847 年春,厦门林鍼受美国邀请,在美国从事翻译工作,1848 年返回中国。旅居美国一年多的时间里,他写成《西海纪游草》和《西海纪游草自序》。在《西海纪游草自序》中,叙述了美国独立战争和废除奴隶制战争的历史,介绍了美国的民主选举和总统制。他写道:"士官多选贤良,多签获荐(凡大小官吏,命士民保举,多人荐拔者得售)。暴强所扰,八载劳师,统领为尊,四年更代(众见华盛顿有功于国,遂立彼为统领,四年复留一任,今率成例)。"

林鍼在《救回被骗潮人记》中,记述了他在美国,为了救助被英国人诱骗到纽约的 26 名华人,而在法庭上同聘请的律师一同为之辩护的事,"指驳英人,井井有条"。结果英国人败诉,法庭将中国人当庭释放,"观者欣声雷动"。这是中国人在西方国家的法院,依照西方近代实体法和程序法,进行刑事诉讼的第一个案例。在这篇记叙文中,林鍼以肯定的语气,介绍了美国的律师辩护制度和陪审制度,尽管他的介绍还很不完整。

又如,1876 年李圭去美国费城参加世界博览会,回国后,著有《环游地球新录》。书中对美国的联邦制、三权分立、民主选举制、总统任期制、修改法律的程序等,都进行了讴歌式的描写:"美国一省即一国,乃合众而为国,各有军权。督抚以下各官,皆民间选举,四年一任……任满,众皆曰贤,再任四年。退位后,依然与齐民齿也。……当在位时,遇事倘国人欲建一议,改一例,伯理玺无德可遏

---

[12] 梁启超:《南海康先生传·修养时代及讲学时代》,载梁启超:《饮冰室合集》第三册《文集六》,中华书局 2015 年版,第 521 页。

[13] 康有为:《康南海自编年谱》,载翦伯赞等编:《戊戌变法(四)》,上海人民出版社 2000 年版,第 115 页。

[14] 《清朝通典》第八十卷《刑典》,台北,新兴书局 1965 年版。

[15] 《大清律例》卷二十《兵律·关津》。

止之,众止亦无如何。"[16] 李圭还从比较法的角度,考察了西方的监狱制度,观察了人道主义精神在西方法制中的体现。

1861年,王韬因上书太平天国,遭受清廷的缉拿而逃至香港。1867~1870年,他游历了英、法、俄等国,1879年又游历了日本。这段经历对于他改良政治与法制思想的形成,具有重要意义。王韬的深刻之处,不仅在于他看到了中西方之间的差距,而且进一步思考西方国家繁荣强盛的真正原因,并深入政治与法制领域,认为必须"循用西洋之法以求日进于富强"。[17] 王韬还长期在香港担任翻译工作,对西方法律文化了解较多,他赞扬英国君主立宪制度,主张收回澳门,废除治外法权、关税协定等强加给中国的不平等条款。他撰写的阐述变法改良的法律评论,经常在他自任主笔的《循环日报》上发表,创立了中国报刊政论文章的风格。

光绪二十四年(1898年)九月,戊戌变法失败后,梁启超逃至东京,开始了他多年的异国之旅。在日本时,他研读了国内难以见到的西方著作,加深了他对西方法文化的理解。1899年梁启超访问夏威夷,1903年2月再一次访问美国。在美期间,他对美国的平民政治、地方自治、分权与两党政治等,都留下了深刻的印象,以致"自美洲归来后,言论大变"。[18] 在《新大陆游记》中,他对身历目睹的美国民主与法制,一一作了阐述和介绍。

此外,张德彝和斌椿撰写的《航海述奇》《乘槎笔记》,虽然是游记,却是亲历的见闻,对中国人了解外国也起了一定的作用。

(2)与游历者相比,留学生对西方法文化的了解与理解,要深刻得多,在传播上所起的作用,也较为突出。

中国早期留学西洋的代表是容闳,他于1847年赴美国留学,1854年回国。1872年又奉曾国藩之命,率第一批留学生30人赴美国留学,并任留学生监督,后兼任驻美副使。这些留美学生"终日饱吸自由空气",逐渐改变了传统教育下的精神状态,所谓"渐改其故态"[19],他们中许多人成为推动晚清宪政的骨干力量。容闳回国后,因参加自立军并被推举为上海张园国会会长,为清政府通缉,避居美国,直到去世。他撰写的《西学东渐记》,不仅叙述了他在晚清新思潮冲击下度过的一生,也宣传了西方的民主与法治思想。

---

[16] 李圭:《环游地球新录》,商务印书馆、中国旅游出版社2016年版,第50页。
[17] 郭嵩焘:《郭嵩焘全集(四)》,岳麓书社2018年版,第782页。
[18] 丁文江、赵丰田编:《梁启超年谱长编》,上海人民出版社1983年版,第181页。
[19] 容闳:《西学东渐记》,徐凤石、恽铁樵原译,张叔方补译,杨坚、钟叔河校点,湖南人民出版社1981年版,第103页。

1874年，伍廷芳自费赴英国留学，入伦敦林肯法律学院专攻法律。两年后，通过考试获律师证书，成为第一个系统接受英国法律训练的中国人。由于他通晓西方法律，颇受洋务派官员的重视，李鸿章对他倍加赞赏，认为"此等熟谙西律之人，南北洋须酌用一二，遇有疑难案件，俾与洋人辩论"。[20]

1877年派出第一批留欧学生，1890年又派出88名留欧学生，其中学习政治与法律专业的虽只占百分之十几，但是，许多非政法专业的留学生，也被西方法律制度所吸引，而开始涉猎近代法律知识。例如，罗丰禄和严复便放弃了航海学专业，改学政治和法学；严复是这批留学生中最为出色的。

中国人留学日本的历史虽然稍晚，但他们在学习和引进西方法律文化方面的贡献，却远非前述任何一代留学生可比。中国向日本派遣官费留学生，始于1896年，在1900年还不满百人，但至1906年已达8000人。[21] 而1905~1911年赴欧美的中国留学生的总和，不过142人。[22] 日本较为自由的环境和较多的法律院校，以及一衣带水的毗邻关系，为中国留学生赴日学习法律，创造了方便条件。此外，日本在明治维新以后，积极移植西方近代法律，成为日本法文化的主流，从而为中国学生学习西方法律，提供了足够的资料。据1902年《清国留学生会馆第一次报告》，学习法律、政治、军警一类的学生，占一半以上。1904年，法政大学专为中国学生开设了法政速成科，在6年中入学的学生2862人，毕业生1384人。[23]

留日学生翻译了日文版本的西方法学著作，并且成立了译书汇编社，所译之书或刊载于期刊上，或发行单行本，对宣传西方的人文科学作出了重要的贡献。

(3) 同治元年(1862年)，清政府向西方派出了最早的、以游历考察为主的遣外使团。

其中一位名为志刚的满洲官员，记录下了在这个"不平常的际会"中的新鲜感受和深刻印象。诸如，西方国君不忌名讳，西班牙女王因为国人不服而逊位，巴黎的大学生和市民为选举不公正而游行示威，等等。他还记述了一位德国妇女曾对他说："我国之君主，无不爱之甚"，对此他感叹道："西国之炮大船坚，不如此言可以深长思也。"[24]

---

[20] 伍廷芳著，丁贤俊、喻作凤编：《伍廷芳集》，中华书局1993年版，第1页。
[21] [日]实藤惠秀：《中国人留学日本史》，谭汝谦等译，三联书店1983年版，第451页。
[22] 黄福庆：《清末留日学生》，台北，"中央研究院近代史研究所"1975年版，第74页附表。
[23] 李喜所：《近代中国的留学生》，人民出版社1987年版，第117页。
[24] 志刚：《初使泰西记》，岳麓书社1985年版，第365页。

同治五年(1866年),清政府又派出由满洲官员官斌椿率领的三位使节随蒲安臣访问欧美。回国后,他在笔记中用赞同的口吻表示:西方国家"一切政事,好处颇多"。[25] 甚至主张"用夏变夷"的刘锡鸿,在出洋一年多后也不禁反省说:"向谓洋语洋文不必广募人学习者,误耳。"[26]

光绪元年(1866年)八月,曾任广东巡抚、兵部侍郎的郭嵩焘,被任命为出使英国的钦差大臣,成为中国第一位驻外使节。在英国的两年,他接受了西方的影响,成为资产阶级民主与法制的提倡者。他认为"西洋之所以日致富强",就在于制度民主,一切系之于"议政院",执政者"所行或有违忤,议院群起攻之……故无敢有恣意妄为者"。[27] 他对资产阶级的法治,也不乏溢美之词,说:"西洋治民以法","故法以绳之诸国,其责望常迫"。[28] 他还极力宣扬西方"通民情立国本者,实多可以取法"。[29] 由于郭嵩焘的思想,在当时的中国官僚中,实属凤毛麟角,因而曲高和寡。当他撰写的著作"传到北京,把满朝士大夫的公愤都激动起来了,人人唾骂……闹到奉旨毁版,才算完事"。[30] 郭嵩焘也由此蒙受了"媚外""汉奸"的侮辱,被罢官回里,忧郁而终。

光绪三年(1877年),黄遵宪被清政府任命为驻日本参赞,他在任职期间,期望清朝能够效法日本明治维新。为此,广泛收集日本的典章史籍,详细了解明治维新期间日本移植西方法律的情况,具体考察了日本19世纪七八十年代兴起的兴民权、开国会、立宪法的自由民权运动。在他编著的《日本国志》中,详细介绍了日本的历史、政治、法律制度与风土人情。光绪八年(1882年),黄遵宪调任美国旧金山总领事,进一步接触了西方的政治法律学说和制度,提高了民主意识。他在《新民丛报》上著文说:"初闻(民权之说)颇奇怪,既而取卢梭、孟德斯鸠之说读之,心志为之一变,知太平世必在民主。"

光绪十五年(1889年),黄遵宪任驻英公使馆二等参赞,在英国期间,他研究了英国的宪法和宪政,认为英国的君主立宪最宜中国仿效。

黄遵宪的经历,使他逐渐成为中国近代民主启蒙主义者。他撰著的《日本

---

[25] 刘真主编:《留学教育》,载《中国留学教育史料》(第1册),台北,"国立编译馆"1980年版,第291页。

[26] 刘锡鸿:《英轺私记》,中西书局2012年版,第227页。

[27] 郭嵩焘:《伦敦与巴黎日记》,载《郭嵩焘全集(十)》,岳麓书社2018年版,第352页。

[28] 郭嵩焘:《伦敦与巴黎日记》,载《郭嵩焘全集(十)》,岳麓书社2018年版,第524页。

[29] 郭嵩焘:《奏参岑毓英不谙事理酿成戕杀英官请旨交部严议疏》,载《郭嵩焘全集(四)》,岳麓书社2018年版,第788页。

[30] 梁启超:《五十年中国进化概论》,载梁启超:《饮冰室合集》第一四册《文集三十九》,中华书局2015年版,第3777页。

国志》,是对维新派很有影响的启蒙读物,被誉为"开启道路"之书。[31]

光绪十六年(1890年)一月,薛福成出使欧洲,在他出使前对郭嵩焘的日记,未免"稍讶其言之过当",但当他接触到西方民主法制的实际以后,"始信侍郎之说"。[32] 他希望中国能够实行"君民共主"的政体。

(二)西方法文化传播的主要途径

人类社会的历史进入19世纪以后,报纸、刊物和书籍,已经成为效率最高的信息传播方式。西方法律文化就是通过这种途径向全中国扩散,逐渐为社会各阶层人士所认识、了解和接受的。

1. 出版介绍西方的书籍

鸦片战争后,在林则徐的倡议和支持下,魏源编纂了《海国图志》。这是一部具有介绍西方风土人情、社会、国家的百科全书性质的著作,其中相当篇幅涉及西方的政治法律制度。魏源认为西方的议院制度,可以取得集思广益、制衡君主权力之效:"议事听讼,选官举贤,皆自下始,众可可之,众否否之,众好好之,众恶恶之,三占从二,舍独徇同,即在下预议之人,亦先由公举,可不谓周乎。"他赞美美国总统由选举产生,而且四年一更换,"可不谓公乎"。对于西方司法官由"推选充补",如有"偏私不公"则"众废之"的体制,也表示欣赏。尤其推崇"不设君位",只立"官长贵族"来治理国事的瑞士,是"西土之桃花源"。在《海国图志》中,还多次引证西方商业法律制度的书籍——《贸易通志》,赞美西方法律对贸易的有力保障。[33] 魏源站在睁眼看世界、开风气之先的立场上,批评那些"徒知侈张中华,未睹寰瀛之大""莫知其方向,莫悉其离合"[34]的人物,是昏庸保守的。

道光二十六年(1846年),博学多识、留心时政、体察外国史事的梁廷枏,在《海国四说》一书中,介绍了美国的总统制、选举制、联邦制、三权分立、刑法、税法,以及英国的国会、刑法、诉讼、监狱等概况。特别是介绍了英国《大宪章》,说它是英国立宪制的历史渊源。[35]

道光二十八年(1848年),徐继畬编辑出版了被西方人评价为"徐继畬把他的读者,引向纷纭的外部世界"[36]的《瀛寰志略》。这是一本与魏源《海国图志》

---

[31] 吴天任:《黄公渡先生传稿》,香港中文大学1972年版,第377页。
[32] 薛福成:《出使四国日记》,光绪十六年三月十三日,湖南人民出版社1981年版,第59页。
[33] 熊月之:《西学东渐与晚清社会》,上海人民出版社1994年版,第261页。
[34] 魏源:《海国图志·筹海篇·议战》,岳麓书社1998年版,第26页。
[35] 梁廷枏:《海国四说》,中华书局1993年版,第50、72、78、79页等。
[36] [美]德雷克:《徐继畬及其瀛寰志略》,任复兴译,文津出版社1990年版,第57页。

类似的介绍各国风土人情、舆地沿革、社会变迁的著作。由于书中称赞美国总统华盛顿和美国的民主政治制度，因此在此书出版20年后，蒲安臣代表美国政府，向徐继畬赠送了华盛顿的画像。[37] 现将该书有关美国民主制度与法制的内容，扼要择录如下："美利坚合众国以为国，幅员万里，不设王侯之号，不循世及之规，公器付之公论，创古今未有之局，一何奇也"；"户口十年一编，每二年，于四万七千七百人中，选才识出众者一人，居于京城，参议国政。总统领所居京城，众国设有公会，各选贤士二人，居于公会，参决大政"，"每国设刑官六人，主谳狱。亦以推选充补，有偏私不公者，群议废之"；"自华盛顿至今，开国六十余年，总统领凡九人"，"以四年为任满，集部众议之，众皆曰贤，则再留四年"；"或官吏，或庶民，不拘资格，退位之统领，依然与齐民无所异也"，"统领虽总财赋，而额俸万元之外，不得私用分毫"。[38]

徐继畬除对美国民主政治作了肯定的评介外，对英国的政治体制、权力机制、诉讼制度也表示欣赏，说它是"与欧罗巴诸国皆从同"。[39]

在19世纪40年代出版的上述三部具有重要历史价值的著作中，如果说魏源对美国的民主共和制还只是略有所述，那么梁廷枏的认识与评论，不仅大胆，而且看到了美国宪政制度的运作和选举制对总统的监督与防止权力滥用的作用。至于徐继畬，由于他对西方民主制度较为深刻的了解和由此而发的热烈称颂，成为守旧派的攻击对象，因而断送了自己的官僚生涯。这三部著作，对后世有着深远的影响。19世纪末叶，随着中外交涉案的增加，中国迫切需要了解、掌握西方的法律知识，因而这一时期的西学输入中，法律类占了相当比重。1896年至1903年出版的《西学丛书》《西政丛书》《西学富强丛书》《续西学大成》《新学大丛书》，都专设法政或法律一类，介绍西方的法律与法学。

2. 翻译西方的书籍，设立译书机构

自19世纪60年代开始，至戊戌变法失败，通过译书引进西方法文化，已由南而北，遍及全国。中国的留日学生在黄遵宪、梁启超倡导学习日文，以及张之洞"从洋师不如通洋文，译西书不如译东书"[40]的影响下，根据日文版本，积极翻译西方的法学著作。最为著名的是在日本成立的译书汇编社所出版的《译书汇编》。该书以18、19世纪欧美和日本近代社会学说为主，分为政治、法律、经济、历史、哲学、杂纂等栏。译文常常分期刊载，然后再出版单行本。见于创

---

[37] 《纽约时报》，1868年3月29日。
[38] 以上均见徐继畬：《瀛寰志略》（第9卷），上海书店出版社2001年版，第263~291页。
[39] 徐继畬：《瀛寰志略》（第7卷），上海书店出版社2001年版，第235页。
[40] 张之洞：《劝学篇·外篇·广译第五》，上海书店出版社2002年版，第46页。

刊号上的译文有：[美]伯盖司《政治学》、[德]伯伦知理《国法泛论》、[日]鸟谷部铣太郎《政治学提纲》、[德]海留司烈《社会行政法论》、[法]孟德斯鸠《万法精理》、[日]有贺长雄《近时外交史》、[日]酒井雄三郎《十九世纪欧洲政治史论》、[法]卢梭《民约论》、[德]伊耶陵《权利竞争论》等。[41]

在第二期上，还载有斯宾塞的《政治哲学》和李士德的《理财学》。可见《译书汇编》所译载的基本上是西方和日本近代法律政治学的名著，有的是第一次译成中文。至于发行的单行本，根据《已译待刊书目录》共有 66 种，法律和政治类占 26 种，主要的如英国斯宾塞著《政治进化论》《社会平权论》，德国伯伦知理著《政党论》，法国基佐著《欧洲文明史》，美国勃拉司著《平民政治》，英国吉登斯著《社会学》，英国默尔化著《万国国力比较》，福泽谕吉著《文明论概略》，有贺长雄著《国法学》，陆实著《国际论》等。[42] 1903 年译书汇编社出版及发行书目中还列有《欧美日本政体通览》《法制新编》《美国独立史》《最近俄罗斯政治史》《比律宾志士独立传》等。

以上充分说明由戢翼翚主编的《译书汇编》，是中国最早比较系统地介绍日本和欧美近代法律政治学说的刊物。梁启超称赞说："《译书汇编》至今尚存，能输入文明思想，为吾国放一大光明，良可珍诵。"[43]

晚清修律开展以后，沈家本以翻译西方法律书籍作为修律的先决条件，京师遂成为西方法文化荟萃的中心。近代中国翻译西方法律著作，始于林则徐，他曾组织翻译滑达尔的《各国律例》，以应付对外交涉的需要。1864 年，丁韪良将美国著名律师、哈佛大学国际法教授惠顿的名著——《国际公法》，译成中文。该书由总理各国事务衙门刊印 300 部，颁发各省督抚备用。19 世纪 80 年代，该书是中国通商口岸地方官员以及涉外官员必备之书。清廷也曾多次援引该书所录条例，同有关国家进行法律交涉。该书还长期作为同文馆的教科书。以此为基础，同文馆又先后译出《公法便览》《国际法学论》《公法会通》等。

特别值得提出的，在法籍教习毕利干译出的《法国律例》中，第一次将《拿破仑法典》译成中文。该书被誉为"拿破仑治国之规模在焉，不得以刑书读也"。[44]

19 世纪 60 年代，清廷为了抗衡教会机构对译书的垄断，下令创办官方的译

---

[41]《译书汇编》，1900 年 12 月 6 日，创刊号。

[42]《译书汇编》，1901 年 7 月 30 日，第七期。

[43] 梁启超：《〈清议报〉一百册祝辞并论报馆之责任即本馆之经历》，载梁启超：《饮冰室合集》第三册《文集六》，中华书局 2015 年版，第 513 页。

[44] 梁启超：《读西学书法》，载梁启超：《西学书目表·附录》，武昌质学会 1896 年校刊本，第 10 页。

书机构——翻译馆(处),附设于江南机器制造局和开平矿务局。江南制造局由外国传教士和徐寿等 10 余名中国人组成的翻译队伍,最为庞大,译书也最多,其中法律书籍占有一定的比例。

供职于江南制造局的传教士傅兰雅,所译法律类的书籍有《佐治刍言》《公法总论》《国政贸易相关书》《各国交涉公法论》《法律医学》《各国交涉便法论》等。《佐治刍言》原名"Homely Words to Aid Governance",是英国人钱伯斯兄弟所编丛书中的一种。书中以自由、平等为出发点,分别从家室、文教、名位、交涉、国政、法律、劳动、通商等多方面,论述了人人应有天赋的自主之权,以及国家应以民为本,政治应以得民心、合民意为要旨。这是"戊戌以前,介绍西方社会政治思想最为系统、篇幅最大的一部书"[45]。梁启超曾评论说:"《佐治刍言》言立国之理及人所当为之事,凡国与国相处,人与人相处之道悉备焉。皆用几何公论,探本穷源,论政治最通之书。其上半部论国与国相处,多公法家言;下半部论人与人相处,多商学家言。"[46]

除傅兰雅外,林乐知、舒高第等人,也翻译了以下政治法律著作:《列国岁计政要》《美国宪法纂释》《东方交涉论》《各国交涉公法论》《东方交涉记》《日本东京大学规制》等。其中《美国宪法纂释》,成了清末戊戌变法和 20 世纪立宪运动的必备参考书。

戊戌变法时期,梁启超在《变法通议》一文中以"译书为变法第一要义",强调"必尽取其(指西方国家)国律、民律、商律、刑律等书而译之"。在维新派的提倡和努力下,大批译书局、社相继成立,如大同译书局、上海新作社、上海南洋公学译书院、新民译书局等,它们分别翻译、刊行西方法律与法学著作。

戊戌变法失败以后,上海商务印书馆继续承担着翻译出版法律书籍的任务。见于《东方杂志》广告的法政译著有:《法学通论》(织田万著,刘崇佑译)、《法律经济通论》(石水宽人著,何炳时译)、《国法学》(筧古参著,陈时夏译)、《比较国法学》(末冈精一著)、《政治学》(小野塚喜平次郎著,郑篯译)、《行政法通论》(清水澄著,金泯澜等译)、《行政法各论》(清水澄著,金泯澜等译)、《民法原论》(富井政章著,陈海瀛等译)、《民法要义》(梅谦次郎著)、《国家学原理》(高田早苗著)、《地方行政法》(岛村他三郎著)、《法学通论》(山田三良著)、《刑法通论》(冈田朝太郎著)、《经济原论》(天野为之著)、《日本维新史》(村松贞臣著)、《国法学》(有贺长雄著)、《列强大势》(高田早苗著)、《民法要

---

[45] 熊月之:《西学东渐与晚清社会》,上海人民出版社 1994 年版,第 517 页。
[46] 梁启超:《读西学书法》,载梁启超:《西学书目表·附录》,武昌质学会 1896 年校刊本,第 10 页。

论》(稀木喜三郎著)、《警察学》(文保田政周著)、《货币论》(河津暹著)、《政法理财讲义》(佚)、《汉译日本法律经济辞典》(佚)、《日本法规大全》(佚)、《日本六法全书》(佚)、《日本法律要旨》(佚)、《明治法制史》(清浦奎吾著)、《日本警察法释义》《日本监狱法详解》《日本预备立宪过去事实》(村志钧译)、《日本帝国宪法义解》(伊藤博文著)、《日本议会记事全编》《日本议会法规》《自治论》(日本独逸学会著,谢冰译)、《公债论》(田中穗积著,陈兴年等译)、《商法论》(松坡仁一郎著,奏瑞王介译)、《刑法通义》(牧野英一著,陈承泽译)、《民事诉讼法论纲》(高木丰三著)、《刑事诉讼法论》(松室致著,陈时夏译)。

从上文可以看出,主要内容是翻译的日本法规汇编和日本法学家的著作,这不是偶然的。当时留日的中国学生,主动积极地把西方法律文化影响下的日本的法律和日本法学家的法学著作译成中文,传到国内,再由开明的出版机构以最快的速度、最大的批量,推到国内读者面前。清廷在预备立宪期间,缔造了相对宽松的政治环境,加上商务印书馆的元勋张元济,以出版新书可以"提携多数国民,似比教育少数英才为尤要"[47]的积极推动,使法学译著的出版呈现上升之势。在商务印书馆的译书计划中,政治、法律、理财、商业是重要的内容,其影响不可以低估。

晚清为立宪改律而设立的修订法律馆和宪政编查馆,在引进西方法律与法学著作方面,也起了重要的作用。修订法律馆和宪政编查馆是官方机构,它们的设置,使北京成了引进西方法律文化的中心。由于清廷要求宪政编查馆"择各国政法之与中国治体相宜者,斟酌损益,纂订成书"[48]为此,宪政编查馆专设"译书处","凡各国书籍为调查所必需者,应精选译才陆续编译"[49]不仅如此,还"另设图书馆一所""收储中外图籍"。现存的有关立宪问题的群臣奏议中,无论是保守派,还是立宪派,一般都能征引西方的宪政历史和宪法理论来论证自己的观点,这是和宪政编查馆宣传西方宪法知识的努力,以及提供较多的参考资料分不开的。

修订法律馆是晚清最主要的法律起草机关。它根据清廷"将现行一切律例,按照交涉情形,参照各国法律,悉心考订,妥为拟议"[50]的上谕,特别重视翻

---

[47]　江家熔编著:《大变动时代的建设者——张元济传》,四川人民出版社1985年版,第55页。

[48]　《设立考察政治馆各国政法纂订成书呈进谕》,光绪三十二年七月十三日,载故宫博物院明清档案部编:《清末筹备立宪档案史料》(上册),中华书局1979年版,第43页。

[49]　《宪政编查馆大臣奕劻等拟呈宪政编查馆办事章程折(附清单)》,光绪三十三年七月十六日,载故宫博物院明清档案部编:《清末筹备立宪档案史料》(上册),中华书局1979年版,第50页。

[50]　《清实录》第五八册《德宗景皇帝实录(七)》卷四九八,光绪二十八年四月丙申,第577页下栏。

译西方法律的工作。在短短几年里,先后译出法兰西刑法、德意志刑法、俄罗斯刑法、荷兰刑法、意大利刑法、法兰西印刷律、德国民事诉讼法、日本刑法、日本改正刑法、日本海洋刑法、日本陆军刑法、日本刑法论、普鲁士司法制度、日本裁判所构成法、日本监狱访问录、日本新刑法草案、法典论、日本刑法义解、日本监狱法、监狱学、狱事谭、日本刑事诉讼法、日本裁判所编制、立法论等,共二十余种。已经开始尚未译完的有:德意志民法、德意志旧民事诉讼法、比利时刑法论、比利时监狱则、比利时刑法、美国刑法、美国刑事诉讼法、瑞士刑法、芬兰刑法、刑事之利法规,共十种。[51] 修订法律馆出于立法的实际需要,以西方各国现行的部门法和相关的法学著作作为翻译的重点,极大地改变了清廷上下对西方法律懵然无知的状态,并为晚清修律提供了范本。

3. 创办新闻事业

19世纪60年代与出版、译书并举的,是新闻事业的创办与发展。在这一时期,全国最大、最具有代表性的报纸是上海《申报》,"上海各士绅无不按日买阅"。[52] 它的信息空间十分广阔,还在19世纪70年代,《申报》就已经把西方的社会政治时事列为观察评论的第一主题。例如,日本明治维新运动展开以后,《申报》立即对日本仿效西方模式进行法律改革的各种措施作了报道。在1882年7~8月,《申报》平均每天发表两条关于日本的消息。而在1882年6月25日这一天,《申报》发表了11条日本的消息。在《申报》所发表的消息和评论文章中,表现出对日本国力崛起的震惊和对明治天皇的赞誉,特别是着意评介日本效法西方改革旧制的成就。[53] 不仅如此,《申报》也发表了中西政治与法律比较的一类文章,如《中西刑律异同说》《中西政情之别》《论中西民情不同》等。这种中西比较的研究方法,在中国思想界是一种新事物,使他们在研究问题的方法上得到新的启迪。同时,从比较中更凸显了中西政治法律之间的差异与差距,以及各自的特殊发展规律性,从而激励了改革者的奋斗精神,有助于推动中国法律近代化的进程。

此外,广学会出版的《万国公报》,也是宣传西方法文化极有力的一家报纸。它刊载的有影响的法律文章有:广东宣道子的《华盛顿肇立美国》;金晓、朱逢平的《富国要策》;花之安的《国政要论》;林乐知的《译民主国与各国章程及公议

---

[51] 沈家本:《修订法律大臣沈家本奏修订法律情形并请归并法部大理院会同办理折》,光绪三十三年五月十八日,载故宫博物院明清档案部编:《清末筹备立宪档案史料》(下册),中华书局1979年版,第838页。

[52] 张仲礼主编:《近代上海城市研究》,上海文艺出版社2008年版,第930~931页。

[53] 乐正:《近代上海人社会心态(1860~1910)》,上海人民出版社1991年版,第180页。

堂解》;海滨逸民的《论泰西国政》;李提摩太的《论生利分利之别》《三十一国志要》《泰西新史揽要》《大同学》等。还刊载了一些西方著名思想家的著作,如英国施本思(即斯宾塞)的《自由篇》。尤其值得一提的是广学会以单行本发行的、李提摩太翻译的《回头看纪略》(后改名为《百年一觉》)一书,向中国思想界提供了一个西方人笔下对未来社会的憧憬。谭嗣同在《仁学》中对此书作了如下的评述:"千里万里,一家一人。视其家,逆旅也;视其人,同胞也。父无所用其慈,子无所用其孝,兄弟忘其友恭,夫妇忘其倡随,若西书中《百年一觉》者,殆仿《礼运》大同之象焉。"[54]梁启超、康有为、光绪皇帝也都读过此书,并为其中描述的大同理想所感染。康有为所著《大同书》,除中国传统的大同世界的理想熏陶外,也受到了此书的启发。他自称:"美国人所著《百年一觉》书,是大同影子。"[55]

资产阶级改良派还创办了《时务报》《湘学新报》《国闻报》以及后来的《清议报》《新民丛报》等,大量介绍西方资产阶级的法律、法学著作和诠释文章。

由于清朝实行封建专制统治,存在诸多的政治禁忌,因此中国"现代报纸之产生,均出自外人之手"[56]。至19世纪70年代,才开始出现中国人自己创办的报纸。1874年,王韬在香港创办《循环日报》;1875年,黄平甫和伍廷芳等人也于香港创办《中外新报》,此后国人自办的一些新的报纸,相继问世。

我国近代第一份中文月刊《察世俗每月统记传》是于1815年8月5日由英国传教士米怜在马六甲创办的。而第一个在中国本土出版的近代中文刊物,是于1857年由普鲁士传教士郭士立在广州创办的。

19世纪末20世纪初,代表民族资产阶级中下层的资产阶级革命派,也在日本东京创办了十几种刊物。著名的有《国民报》(1901年)、《游学译编》(1903年)、《湖北学生界》(后易名《汉声》,1903年)、《浙江潮》(1903年)、《江苏》(1903年)、《醒狮》(1905年)、《民报》(1905年)、《复报》(1906年)、《河南》(1907年)、《江西》(1908年)等。在这些刊物中,大都开辟"法政"专栏,经常刊载西方法学译著,如卢梭的《民约论》、孟德斯鸠的《论法的精神》(时译为《万法精理》)、斯宾塞的《代议政体》以及美国的《独立宣言》。资产阶级革命派创办刊物的目的,是为推动资产阶级民主革命制造舆论准备,它所介绍的西方法学著作,也是服务于实现资产阶级民主共和国方案的。

综上所述,19世纪中叶以后,译书与新闻、出版事业的发展,对晚清社会的

---

[54] 蔡尚思、方行编:《谭嗣同全集》(下册),中华书局1981年版,第367页。
[55] 康有为:《康南海先生口说》,中山大学出版社1985年版,第31页。
[56] 戈公振:《中国报学史》,中国新闻出版社1988年版,第55页。

开放、新思想的萌发和改良法制的追求等,都起了积极的作用。冲破了清朝专制禁锢下思想文化万马齐喑的状态,使当政者和在野的士大夫,开始接触西方先进的法律学说和各种部门法。如果说中国几千年法律的发展史,基本上是纵向的继受,那么现在则开始了横向的比较。从比较中发现,祖宗的成法已经远远落后于世界法律发展的历史潮流,被长期禁锢的思想终于得到了解放,尽管还是初步的。先进的中国人,逐渐把目光投向了西方世界,积极地接受西方先进的法文化。这一时期所翻译的图书和出版介绍西学的报刊,为他们提供了宝贵的精神食粮。

通过译书及其他形式引进来的新法律知识,对传统的中华法系是一个尖锐的挑战。至高无上的君主头上的光环,在西方民主思想的映照下,开始暗淡;私法的观念随着西方现代商业观念的输入和商业活动的需要不断地增强,冲击着"以刑为主,诸法合体"的传统法典模式;以人权为基础的权利观念,也在悄悄地取代传统法律中的单纯义务观念;西方法治主义的传播,也使中国传统法律中的伦理制约力在减弱,法律的评断力在提升。虽然上述的一系列变化还处于发端,却是新的动向、新的事物,预示着传统中华法系解体的前景。

西方法文化的输入,必然和中国传统的法文化发生激烈的冲突。顽固守旧的官僚集团,固守成法、反对西法,反映了他们为维护旧的法文化继续在挣扎。值得注意的是,过去弥漫在朝堂上的天朝大国虚骄自尊的心态,在西方国家咄咄逼人的压力下,开始转为自卑。魏源、冯桂芬等人提出的以夷为师、采用西法、学习西学等主张,逐渐为统治集团中的实力派所认同,并逐步付诸实践。这在一个奉行了几千年"夷夏之防"的教条的国家,是多么巨大的变化。当政者心态的转变以及无法照旧统治下去的严峻形势,使接受西方法文化、用以改造传统法律成为可能。

西方法律的翻译出版为晚清修律提供了范本,使中国在不到10年的时间里基本建立了以部门法为组成部分的近代法律体系。从19世纪60年代至20世纪初,在已出版的法律译书中,大陆法系国家的成文法律所占的比重,迅速增加,说明大陆法系的影响在迅速扩大,至晚清修律,无论立法的原则、理论、体系、制度等,都是以大陆法系为渊源的。

二、中西法文化的碰撞与法观念的一次飞跃

(一) 中西法文化的碰撞与冲突

早在公元前两千年左右,中国已成为古代东亚文明的中心。作为中华法制

文明重要标志的中国法文化,其历史之悠久、内容之广博、特色之鲜明、遗存之丰富,都堪称世界之最。它不仅影响着与中国相邻的东方国家法律的发展,也对世界法文化作出了自己的贡献。但是,长期占统治地位的农业经济与专制政治的统治所造成的国家封闭状态,也使中华法文化具有保守性和孤立性。不仅如此,秦汉以来中国作为泱泱大国的地位,养成了统治集团妄自尊大的心态,对于外来的文化或有选择地接受或基本上采取排斥的态度,他们沉湎于祖宗的辉煌业绩,陶醉于天朝之大无所不有的现状。但至清中叶以后,中国已经走上了衰败之路,中国的法律也已失去了自我修正、自我发展的能力,成为束缚社会和人们思想行为的桎梏。尽管如此,嘉庆皇帝在镇压天理教起义以后,仍然用"祖宗之法"来对抗"嚣然争言改法度"的呼声,并要求官员们进一步"守法奉职",以强化旧制。

第一次鸦片战争前夜,西方国家的侵略威胁已经逼近中国的国门,清朝个别大员也要求了解外部世界,改制更法。但是道光皇帝却依旧奉行"天不变,道亦不变"的教条,坚持"率由旧章"。因此,直到19世纪中叶西方法文化输入以前,仍然保持着固有的、完整的封建法律体系和宗法伦理性的法律文化。然而,以农业文明为基础的中国传统法文化与以工商业文明为基础的西方法文化之间有十分明显的差异,中国传统法文化的历史渊源、文化底蕴、精神实质和价值取向,都不同于西方法文化。中国传统法文化重德礼轻法律、重公权轻私权、重家族轻个人、重人治轻法治、重传统轻革新、重本业轻末业、重华夏轻夷狄,所有这一切构成了中国传统法文化的基本内涵,也是它与西方法文化的主要区别点。因此,二者碰撞后发生激烈冲突是不可避免的。如果说18世纪至19世纪初,欧美等西方资产阶级国家在与中国的法律冲突中,虽对中国法律不满,但也只有承认适用中国法律,至多采取脱离中国法律支配的办法的话,但到鸦片战争前,随着西方各国政治、经济力量的强大,已表现出不服中国封建法律的束缚,并将原来的逃避中国法律支配的办法,变为冲破、改变中国法律的行动。1840年鸦片战争以后,西方法文化通过各种渠道传播到中国,在与中国固有的法文化碰撞的过程中,发生了激烈的冲突。这是异质法文化相碰撞后的必然结果。

英国人司脱莱克曾经指出:"东方之国家(如中国),其文明程度与西方的基督教国家迥然不同,尤以家族关系与刑事法规及司法等最为差异。"[57]美国人莫尔斯则说:"它(指中国法律)的体系在许多方面与欧洲人公平或正义的观念

---

[57] 强磊:《论清代涉外案件的司法管辖》,辽宁大学出版社1991年版,第184页。

不相容。"[58]光绪二年(1876年),总税务司赫德在《改善中国法律与政务之条陈》的备忘录中,阐述了中西法文化冲突的一些方面。他说:"外国人保护被控诉的人的方法,是把提出证据的重担,加在控诉人的身上,中国人却要等到犯罪者自己坦白认罪,才宣告有罪或判刑。"又如,外国人对中国人"提出债权的要求,除掉从债务人的家族、朋友或证券方面竭力榨取全数以外,是永不会满足的。而中国人对一个外国人提出债权的要求,就被迫去接受一种宣布债务人破产的判决,因而使债权人一无所获。"[59]中西法文化的差异是客观存在的,冲突也是不可避免的。但是,西方殖民主义者借口中外法制文明程度的差异,为取得领事裁判权自辩。司脱莱克说:"英美人居彼邦,自以适用己国法律与法庭管辖为宜。"[60]赫德更是直言不讳地表述说:"外国人在中国追求自己的目的时,携带着一件明显的特有物——治外法权。""外国人要能够进入任何使他感到兴趣的地方,而不受限制。"[61]

随着国情的剧变,中西法文化冲突的形势也发生了变化,先进的中国人从中体验到两种异质法文化的优劣,这影响到他们固有的法观念,这个变化又成为改革中国固有法律制度的动力,推动着中国法文化和西方法文化的接轨和中国法制近代化的进程。如果说过去的封闭环境是保全封建法文化的重要条件,那么海禁大开以后,在两种法文化碰撞的过程中,保守的中国传统法文化,只能逐渐让位给先进的西方法文化。

(二)师夷变法——中国法文化的导向

1840年鸦片战争中清朝的失败,使中国发生了天翻地覆的变化,开明的官僚、士大夫们,在思索着曾经不可一世的天朝大国竟然如此不堪一击,而被视为"夷"的西方国家,竟然具有如此强大的军事实力和经济实力!为了寻找答案,他们睁眼看世界,要求了解这个世界,以便从中获得摆脱民族危机,自强、自救的出路。

鸦片战争以后,中国社会经济结构与阶级结构的巨大变化,使传统的法文化失掉了继续抱残守缺的基础,难以抵御西方法文化的猛烈冲击,终于开始了

---

[58] H. B. Morse, *Chroniches of the East India Company to China*, Oxford. 转引自高道蕴等编:《美国学者论中国法律传统》,清华大学出版社2004年版,第450页。

[59] [英]赫德:《改善中国法律与政力之条陈》。转引自王健编:《西法东渐——外国人与中国法的近代变革》,中国政法大学出版社2001年版,第26页。

[60] 强磊:《论清代涉外案件的司法管辖》,辽宁大学出版社1991年版,第184页。

[61] [英]赫德:《改善中国法律与政务之条陈》。转引自王健编:《西法东渐——外国人与中国法的近代变革》,中国政法大学出版社2001年版,第26页。

中国法文化史上前所未有的历史性变化。这个变化是从师夷变法的法观念的形成开始的。

还在鸦片战争前,林则徐为了抗敌的需要,力主"探访夷情,知其虚实"。继林则徐之后,魏源从富国强兵的愿望出发,明确地提出了"师夷之长技以制夷"的主张。

稍后,冯桂芬在《校邠庐抗议》一书中,提出了关于《制洋器议》、《采西学议》、《善驭夷议》和《上海设立同文馆议》,把魏源"师夷制夷"之说更加具体化。

冯桂芬,道光二十年(1840年)进士,素有"经世之志",曾经充当李鸿章幕僚。李鸿章称赞他"精思卓识,讲求经学""好学深思,博古通今",尤其对"洋务机要,研究亦深"[62]。他还充满自信地说:"始则师而法之,继则比而齐之,终则驾而上之,自强之道实在乎是。"可见冯桂芬是中国近代史上第一个明确提出赶上和超过西方的思想家。

对于西方国家"何以小而强,我何以大而弱"的现状,他认为"忌嫉之无益,文饰之不能,勉强之无庸",重要的是知耻自强。他说,中国"人才健壮未必不如夷",如果"九州之人,亿万众之心思才力,殚精竭虑于一器,而谓竟无能之者,吾谁欺"。他以自信而又充满紧迫感的认识出发,强调"中华之聪明智巧,必在诸夷之上,往时特不之用耳。上好下甚,风行响应,当有殊尤异敏出新意于西法之外者……不于此急起乘之,只迓天休命,后悔晚矣。"又说:"不自强而有事,危道也;不自强而无事,幸也,而不能久幸也。"只有自强,才能"有以待之",立于主动的地位。

他主张师夷不仅是输入器物文化,凡是西方国家的书籍,应"择其有理者译之",不限于"历算之术,格致之理,制器尚象之法,轮船火器"等。结论就是:"凡有益国计民生者,皆是奇技淫巧不与焉。"他还把眼界放到"神州"以外的世界各国,说:"西人舆图所列,不下百国……诸国同时并域,独能自致富强,岂非相类而易行之尤大彰明较著者?"进而提出了"鉴诸国"的重要命题,也就是学习世界各国"致富强"的经验。

最后,冯桂芬试图将中国的传统与西方的优长加以联结,提出:"如以中国之伦常名教为原本,辅以诸国富强之术,不更善之善者哉。"这个观点可以说是洋务派的理论先导。洋务派把冯桂芬的"本术论",发展为"中学为体、西学为用"的"体用论"。即使是维新派也没有完全超出冯桂芬的理论框架,只不过是

---

[62] 李鸿章:《复保冯桂芬片》,载朱玉泉主编:《李鸿章全书》,吉林人民出版社1999年版,第2734页。

把侧重点放在体制上的改良而已。

如果说冯桂芬对西学的认识,还较多地停留在技术层面,那么与他同时代的太平天国后期领导人洪仁玕,则对西方法律文化有了较多的了解,而且在他主持太平天国朝政之后,提出了一系列仿行西法的改革建议。他撰写的《资政新篇》集中体现了师夷变法的新法律观念。他特别论证了当时世界强国多由于立法善所致。他说英国"于今称为最强之邦,由法善也"。[63] 俄国由于认真向外国"学习邦法","百余年来声威日著,今亦为北方冠冕之邦也",[64] 即使暹罗(今泰国)和日本,也都是学习西方"以为法则","今亦变为富智之邦"。反之,土耳其、马来西亚、秘鲁、澳大利亚和新加坡等国,由于不知变通,"故其邦多衰弱不振而名不著焉"。[65] 由于"前之中国不如是",即不向先进国家的法制学习,"毫无设法,修葺补理,以致全体闭塞,血脉不通,病其深矣"。[66] 因此,为了挽救和振兴天国,只有"革故鼎新"。[67]

虽然冯桂芬与洪仁玕出身经历不同,又处在敌对的营垒,但他们在采西法、仿行西制的问题上,却是不谋而合的——尽管认识上有深浅之分,方案上有繁简之别。这说明在社会发生剧变,国家面临危难的时刻,一些先进的思想家为了富国强兵,自强自救,在思路上是带有某种共同性的。在中国近代史上,爱国者、思想家和改革先驱,基本上是三者合一的。

继冯桂芬之后的郑观应,对于师夷的认识又前进了一步。他认为师夷的要点不在于科学技术,而在于政治体制。他说:"西人立国,具有本末。虽礼乐教化,远逊中华,然其驯致富强,亦具有体用。育才于学堂,论政于议院,君民一体,上下同心,移实而戒虚,谋定而后动,此其体也。轮船火炮,洋枪水雷,铁路电线,此其用也。中国遗其体而求其用,无论竭蹶走趋,常不相及,就令铁舰成行,铁路四达,果足持欤!"[68] 因此,他主张开设议院,才能"集众思,广众益,用人行政,一秉至公"。而"无议院,则君民之间势多阁隔,志必乖违。力以权分,权分而力弱,虽立乎万国公法之中,必至有公不公、法不法,环起交攻之势。故欲藉公法以维大局,必先设议院以固民心"。[69]

综括上述,1840年鸦片战争以后,西方法文化的输入,是一个不可阻挡的历

---

[63] 洪仁玕:《资政新篇》,载中国史学会主编:《太平天国(二)》,神州国光社1952年版,第528页。
[64] 洪仁玕:《资政新篇》,载中国史学会主编:《太平天国(二)》,神州国光社1952年版,第531页。
[65] 洪仁玕:《资政新篇》,载中国史学会主编:《太平天国(二)》,神州国光社1952年版,第532页。
[66] 洪仁玕:《资政新篇》,载中国史学会主编:《太平天国(二)》,神州国光社1952年版,第538页。
[67] 洪仁玕:《资政新篇》,载中国史学会主编:《太平天国(二)》,神州国光社1952年版,第538页。
[68] 郑观应:《盛世危言·自序》,辛俊玲评注,华夏出版社2002年版,第10页。
[69] 郑观应:《盛世危言·议院上》,华夏出版社2002年版,第22页。

史潮流,而中国国情的剧变,也使先进的中国人开始用全新的角度,审视西方的法文化,逐渐由被动,即出于富国强兵、摆脱民族危机的需要而吸收西方法文化,转向自觉,即认识到西方法文化是建设民主体制的保证,而主动吸收西方法文化。这个由被动到自觉的过程,具体表现为从器物层面入手,进而触及制度层面,最终深入文化层面。从此西方法文化的输入,为传统法制的转型提供了理论导向。

综观近代世界法制的历史发展,许多国家都经历了学习和吸纳外国的法律以改进本国法律的过程。日本维新以后的法制建设,在这方面提供了成功的范例。但在当时的中国,如何在模仿、借鉴西方国家先进法律的同时,批判地总结传统法文化中的民主性因素,还是一个刚刚提出的问题,它的解决还有待后人的探讨。

第三章 "中体西用"的洋务法制

第二次鸦片战争以后,国家面临的形势日益险恶,这时统治集团内部一部分锐意学习西方的大官僚以洋务为自救的良方,提倡洋务,实际是"师夷制夷"思想的深入发展和具体落实,由于这部分大官僚提倡洋务自救,故被称为"洋务派"。洋务派的活动涉及政治、军事、法律、经济等诸多领域。洋务派的法律思想集中表现为稍变成法、引进西法,说明洋务法制是中国传统法制走向近代化的一个历史阶段。

一、洋务运动的兴起及其代表人物

经历了第二次鸦片战争的重挫以后,清朝统治集团在西方侵略者的压迫下,被迫于咸丰十一年(1861年)一月签订了《北京条约》,继续以丧失领土主权为代价,换取了暂时的和平。与此同时,他们痛感太平天国所造成的"数千年未有之变局",是"心腹之害",因而不惜"借洋助剿",镇压太平天国起义。《北京条约》签订之后,恭亲王奕䜣、大学士桂良、户部左侍郎文祥,在奏折中便提出:"就今日之势论之,发捻交乘,心腹之害也。俄国壤地相接,有蚕食上国之志,肘腋之忧也。英国志在通商,暴虐无人理,不为限制,则无以自立,肢体之患也。故灭发捻为先,治俄次之,治英又次之。"[1] 这里所说的治俄治英,实际上已由此前的御俄御英,转变为联俄联英,以便剿灭作为心腹之害的"发捻"。

为了挽回清朝的颓势,统治集团中一批手握军政实权的大员,也力图"师夷

---

[1] 宝鋆等修:《筹办夷务始末(咸丰朝)》卷七十一,中华书局1979年版,第18页。

之长技",即从"讲求洋器"入手,求强求富,开始兴办洋务事业。由于历时颇长,涉及的方面又较为宽广,史称"洋务运动"。洋务运动的推动者奕䜣等,在奏请兴办洋务时,一方面意在与西方侵略者讲求和好,自认为"该夷并不利我土地人民,犹可以信义笼络","以和好为权宜,战守为实事"。另一方面则企图借办洋务以求自强。李鸿章说:"查治国之道,在乎自强,而审时度势,则自强以练兵为要,练兵又以制器为先。"为此需要"废弃弓箭,专精火器","仿立外国船厂,购求西人机器"[2] 同治三年(1864年),李鸿章在致总理衙门函中进一步表示:"中国欲自强,则莫若学习外国利器;欲学习外国利器,则莫若觅制器之器,师其法而不必尽用其人。"[3]

为适应办理洋务的需要,京师设立总理各国事务衙门,地方分设南北洋通商大臣。同时,要求各口岸将内外商情及各国新闻纸,按月报送总理衙门;各省将军督抚办理外国事件,务要互相通报等。一时之间"使者四出,交聘于外。士大夫之好时务者,观其号令约束之明,百工杂艺之巧,水陆武备之精,贸易转输之盛,反顾赧然,自以为贫且弱也。于是西学大兴,人人争言其书,习其法,欲用以变俗"[4] 在这一历史时期,组织实施和操纵洋务事业的官僚集团,便称为洋务派。洋务派的主要代表人物是奕䜣、文祥、曾国藩、李鸿章、左宗棠、沈葆桢、丁日昌、刘铭传、张之洞等。他们对于"剿戮荡平"太平天国起义是同仇敌忾的;在"欲使西人之长技中国皆能谙悉,然后可图自强"[5] 的认识上,也有着一定的共识,因而与顽固派有所区别。洋务派既是西方资本主义侵略中国的产物,又植根于中国固有的社会文化土壤之上,既表现出买办的性质,又带有封建性的烙印。

由于洋务派是执掌军政的实权派,因此,他们所从事的洋务事业,必然影响清朝的政策和国家的活动以及社会经济的发展,更何况洋务派活跃在晚清政治舞台上达30余年之久。

19世纪60年代至70年代初,创办军事工业为洋务运动的中心。19世纪70年代初至80年代中期,由兴办军事工业转向兴办民用工业。此后,为改变对外商战中的被动局面,大力兴建纺织、铁路、炼钢等重要工业项目。随着洋务运动的发展,上海、安徽、江苏、福建等东南沿海地区和内地一些城市,相继兴办军

---

[2] 李鸿章著,庞淑华、杨艳梅主编:《李鸿章全集》第六册《朋僚函稿》卷五,时代文艺出版社1998年版,第3237页。

[3] 宝鋆等修:《筹办夷务始末(同治朝)》卷二十五,中华书局1979年版,第10页。

[4] 邵作舟:《邵氏危言》,载翦伯赞等编:《戊戌变法(一)》,上海人民出版社2000年版,第181页。

[5] 朱玉泉主编:《李鸿章全书》,吉林人民出版社1999年版,第167页。

事工业、民用工业和交通运输业。这些近代工业企业,在整个国民经济中所占的比重虽然很小,但引起了中国社会经济结构的变化,并且不可避免地带动了政治格局的某些调整。不仅如此,洋务运动还为西学东渐扫清了障碍,西方近代科学技术的迅速引进,导致一定程度的知识更新。特别是西方法律文献的翻译,国际法知识和商法知识的输入,法律人才的培养,等等,尽管处于起步阶段,却取得了明显的成绩,使西方法文化以强劲的势头袭入中国。这在洋务派的法律思想中也有所反映。

洋务派法律思想的主要代表人物和实际推行者,主要是曾国藩、李鸿章和张之洞。

曾国藩(1811～1872年),字伯涵,号涤生,湖南湘乡人,近代洋务运动的创始人之一。他于道光十八年(1838年)考中进士,选翰林院庶吉士,不到十年升至礼部右侍郎衔内阁学士,以后历任两江总督、直隶总督兼北洋通商大臣等要职,并以镇压太平天国农民起义之功而被封侯,著有《曾文正公全集》。

曾国藩早年致力于程朱理学,追随权贵穆彰阿及理学派代理人物倭仁。他从唯心主义的认识论出发,将道德范畴的"诚",看作宇宙一切事物的本源。他说:"窃以为天地所以不息,国之所以立,贤人德业之所以可大、可久,皆诚为之也。故曰,诚者,物之始终,不诚无物。"[6]按照这个唯心主义的世界观,如果没有"诚",宇宙就停止活动,国家就不复存在,社会也难以维持。曾国藩之所以大肆宣扬"诚",有其明显的针对性。首先,力图以"诚"来维系清朝面临严重危机的封建纲纪,加强统治集团内部的团结,共同镇压太平天国农民起义。其次,利用"诚"为借夷助剿的政策辩护,提出对于西方助剿的武装势力,"宜坦然以至诚相待",委曲求全,不得"少存猜疑"。由此可见,"诚"是曾国藩推行洋务运动以及实施由此而形成的内外政策的重要舆论基础。

不仅如此,曾国藩还鼓吹儒家"仁"的思想,他说:"孔门教人,莫大于求仁。"[7]有了"仁",便可以"平物我之情,而息天下之争"。实质上是借用仁的传统说教来调整地主阶级内部的关系,救助受农民起义冲击而"流转迁徙""栖止靡定"的绅民,麻痹农民的反抗意识。同时,他又强调"小仁者大仁之贼,多赦不可以治民",来辩护对起义农民的镇压。他自己先是以在籍侍郎于湖南兴办团练,继则组织湘军出省和太平军作战,由此而得到清廷的信任,以两江总督的身份节制江南四省军务。

---

[6] 曾国藩:《复贺耦庚中丞》,载《曾文正公全集·书札》卷一。
[7] 曾国藩:《日课四条》,载《曾文正公全集·家训》卷下。

曾国藩在"借洋助剿"镇压太平天国农民起义的过程中,开始依靠外国侵略势力,提出:"目前资夷力以助剿济运,得纾一时之忧;将来师夷智以造炮制船,尤可期永远之利。"[8]在他调任直隶总督兼北洋通商大臣以后,根据北洋大臣法定的处理对外关系的权限和西方国家有了较多的接触和联系。曾国藩从经验出发,认为要稳定清朝的统治,必须取得西方国家的支持和采用西方的坚船利炮等军事技术。他强调在"万国交通"的形势之下,中国封建统治的"体",虽万不能改变;但"器械、财用、选卒、校技,凡可得而变革者,正赖后贤相时制宜……弥缝前世之失,俾日新而月盛"[9]。曾国藩的思想言行,反映了产生于特定社会历史背景下的洋务派所代表的阶级利益和所追求的目标,以及"中体西用"的应变方策。在洋务运动的兴亡史上,曾国藩是发其端的重要代表人物。

李鸿章(1823～1901年),字少荃,安徽合肥人,道光二十七年(1847年)进士,授翰林院庶吉士。咸丰三年(1853年),随工部侍郎吕贤基回籍办团练,抵抗太平军。咸丰八年(1858年),入曾国藩幕,襄办营务。同治元年(1862年)二月,编成淮军,并被擢为江苏巡抚。同治四年(1865年)四月,署两江总督,次年十月,奉命代曾国藩节制湘淮各军,专办镇压捻军事务。同治九年(1870年),由两江总督升任直隶总督兼北洋通商事务大臣,成为影响政局轻重的人物,也是洋务派的重要代表人物。

李鸿章面对"华夷混一局势",提出"外须和戎,内须变法"的治国自强方略,是洋务派官僚中明确提出变法主张的第一人。同治十三年(1874年)十二月二日,他在上《筹议海防折》中,多次提出通过变法以改革内政的具体主张,充分反映了他对清朝兴亡的忧患意识。但是他提出的变法内容,主要限于改革陈旧的军事制度和科举用人制度,并未触及清朝的国体和政体,相反仍以维护固有的封建专制统治为主旨,镇压太平军与捻军的行动,就充分说明了这一点。

在李鸿章基于自强而兴办的洋务事业中,比较全面地引进西方的军事装备、机器生产和科学技术,先后主持和倡办了江南制造总局、金陵机器局、轮船招商局、开平煤矿、漠河金矿、天津电报局、津榆铁路、上海机器织布局等一系列新式军事工业和民办企业,并且筹建了新式的北洋海军和北洋水师。

光绪二十年(1894年),甲午战争中清朝的失败,宣告了李鸿章所经营的洋务的破产,廷臣指责他"糜帑千数百万,而至今不能一战"[10]。由他主持与外国订立的丧权辱国的《烟台条约》《中法新约》《马关条约》《中俄密约》《辛丑条

---

[8] 曾国藩:《复陈洋人助剿及采料运津折》,载《曾文正公全集·奏稿》卷十五。
[9] 曾国藩:《金陵楚军水师昭忠祠记》,载《曾文正公全集·文集》卷四。
[10] 《清光绪朝中日交涉史料》卷十八。

约》,更是备受攻击,尽管迫于外国侵略者的武力胁迫和清廷的既定方针,但也和他一贯主张的"和戎"不无关系。

对于李鸿章的评价,毁誉不一。还在光绪十年(1884年)中法战争时期,廷臣中就有人弹劾李鸿章一意主和,"张夷声势,恫喝朝廷",建议"立予罢斥","别简贤能。"[11]《马关条约》签订后,还有人提出把他明正典刑,以谢天下。但是,梁启超却为之辩解说:"西报有论者曰:'日本非与中国战,实与李鸿章一人战耳!'其言虽稍过,然亦近之。……以一人而战一国,合肥!合肥!虽败亦豪哉!"[12]王韬也说"清廷唯李鸿章可与言治"。[13] 青年时代的孙中山在《上李鸿章书》中,也称赞李鸿章的"勋名功业",[14]希望通过李鸿章实行新政,"步武泰西,参行西法"。[15]

作为洋务派后期集大成者的张之洞,他把洋务派的思想更加系统化和理论化,他所撰写的《劝学篇》,是一部宣扬"中体西用"论的代表作。

张之洞(1837~1909年),字孝达,号香涛,河北南皮县人。同治二年(1863年)进士,曾任翰林院编修和湖北、四川学政等职十余年。光绪七年(1881年)后,历任山西巡抚、两广总督、湖广总督、军机大臣及学部大臣等职。张之洞"学兼汉(学)、宋(学)",而"最恶公羊",认为是"乱臣贼子之资",表明了他是儒学道统的捍卫者。中法战争爆发时,张之洞正在两广总督任上,他主张抗法,并与湘军将领彭玉麟等共同部署作战,起用冯子材等名将,重创法军,表现了抗击外国侵略者的立场。也正是在两广总督任上,他在英人李提摩太的"西化"策略的影响下,发现在新的历史背景下,继续坚持守旧的老路已经行不通。因而逐渐由所谓的"清流派"向洋务派转化,成为洋务运动后期的主要领导人。中法战争时期,他经手向英国汇丰银行借款七百万两,从此和英国资本主义势力建立了联系。以后又和德、日等国资本主义势力建立联系,取得了对于他所从事的洋务活动的某种支持,使之有可能在湖广总督任上,陆续开办汉阳铁厂、萍乡煤矿、武昌织布局等一系列近代企业,可以和李鸿章相抗衡。与此同时,他还练新军、办学堂,对近代军事、教育有着一定的影响。

---

[11] 《清光绪朝中日交涉史料》卷八。
[12] 梁启超:《李鸿章传》,百花文艺出版社2000年版,第57页。
[13] 陈锡祺编:《孙总理年谱长编》(28岁),中华书局1991年版。转引自余明侠:《史学论稿》,人民日报出版社2005年版,第421页。
[14] 孙中山:《上李鸿章书》,载朱玉泉主编:《李鸿章全书》,吉林人民出版社1999年版,第3249页。
[15] 孙中山:《上李鸿章书》,载朱玉泉主编:《李鸿章全书》,吉林人民出版社1999年版,第3249页。

在中日甲午战争以后，资产阶级维新派发起变法维新运动时，张之洞一度对康有为、梁启超的活动表示支持。光绪二十一年（1895年），严复发表《辟韩》一文，宣传近代资产阶级政治思想，抨击封建君主专制。这时，张之洞以严复的文章"溺于异学"，指使屠仁守著文攻击。次年，慈禧太后下令封禁康有为组织的强学会，张之洞的思想也随之进一步转向，他站在封建卫道士的立场上，攻击谭嗣同、梁启超在湖南创办的《湘报》《湘学报》，责难他们宣传的维新主张"必致匪人邪士倡为乱阶"。光绪二十四年（1898年），当维新运动走向高潮时，张之洞特意撰写《劝学篇》，反对变法维新，被守旧势力誉为"中国唯一的希望"。稍后，他还镇压了唐才常组织的"自立军"。光绪二十六年（1900年），在八国联军侵略中国的危急时刻，他和刘坤一等竟然在外国侵略势力的支持下，实行"东南互保"。直到辛亥革命发生前三四年，张之洞仍以封建卫道士自居，顽固地用纲常礼教对抗资产阶级民主革命思潮，指责具有进步思想倾向的青年学生，"不守圣教礼法"，"不遵朝廷法度"；继续鼓吹"明伦必以忠孝为归，正学必以圣经贤传为本"，[16]并对湖北地区的革命活动公开进行镇压。

张之洞的法律思想虽以传统封建法律思想为主干，但由于他积极采用某些资本主义的法律以服务于洋务事业的需要，因而以通达时务标榜于世。

二、洋务派的理论基础

洋务派之所以能够在晚清政治舞台上活跃了三十几年，之所以在朝野上下具有一定的影响力，并且成为改良维新运动的历史先驱，除他们提出的富国强兵、自强自救的主张颇具号召力外，还在于他们形成了具有指导性的"中学为体、西学为用"的理论。

中体西用是林则徐、魏源"洞悉夷情"和"师夷之长技以制夷"思想的发展，但其直接的历史原型是冯桂芬在《校邠庐抗议》一书中，提出的"以中国之伦常名教为原本，辅以诸国富强之术"。

冯桂芬以一位思想家的锐利眼光，立足于古今之变、中外异势的时代背景，鞭辟入里地剖析了清朝的积弊，形成的"中学为本，西学为术"的理念，较之魏源"师夷制夷"之说，无疑前进了一步，使向西方学习有了具体的可操作性。在学习西方科学技术的目的上，冯桂芬认为不仅仅是"制夷"，更重要的是"始则师而法之，继则比而齐之，终则驾而上之"，说明冯桂芬在当时已经具备了赶超西方

---

[16] 张之洞：《创立存古学堂折》，载《张文襄公全集·奏议》卷六十八。

先进国家的认识,尽管是初步的,却是清晰的,是一百多年前发出的时代最强音。

由于冯桂芬提出的"以中国之伦常名教为原本,辅以诸国富强之术",是在保持传统的纲常名教的前提下,向西方学习富强之术,因而得到清朝当政者,特别是洋务派的首肯。曾国藩称赞此书"足以通难解之结,释古今之纷,至其拊心外患,究极世变,昭若发蒙,游刃有地,岂胜快慰……""尊论必为世所取法,盖无疑义"。[17] 同时代的洋务思想的先驱——逐渐向改良派转变的王韬,也称赞此书"补偏救弊,能痛抉其症结所在,不泥于古法,不胶于成见,准古酌今,舍短取长,知西学之可行,不惜仿效,知中法之已敝,不惮变更,事事皆折衷至当",确为"今时有用之书也"。[18]

冯桂芬的"本术"说是基于采西学的需要出发,进而解决由此而引起的中学和西学矛盾关系的一条原则。在这个过程中,英国赫德、李提摩太等人,也从西方殖民主义者的利益考虑,阐述了中西学的互补关系。赫德说:"外国之方便,民均可学而得;中国原有之好处,可留而遵。"[19] 李提摩太说得更为明确:"如以中国之声名文物为原本,辅以诸国富强之术,不更善之又善哉!"[20]

在中国近代史上,明确提出中学为体、西学为用这一命题的是沈毓桂。光绪二十一年(1895年)三月,他在《万国公报》上撰写"匡时策"一文,说:"夫中西学问,本自互有得失,为华国(人)计,宜以中学为体,西学为用。"稍后,他又以"西学必以中学为体"为题,撰文说:"假西学为中学之助,即以中学穷西学之源,西学当自以中学为体而提纲挈领。"[21] 郑观应在《盛世危言》一书中也表示:"中学其体也,西学其末也,主以中学,辅以西学。"[22] 孙家鼐在阐述开办京师大学堂的办学宗旨折中,特别提出:"今中国京师创立大学堂,自应以中学为主,西学为辅;中学为体,西学为用。中学有未备者,以西学补之;中学其失传者,以西学还之;以中学包罗西学,不能以西学凌驾中学。"[23] 但是,在洋务派中间,将"中体西用"上升为理论体系并指导实践的是张之洞。

---

[17]《致冯桂芬》(同治三年九月初五日),载《曾国藩全集(二八)》,岳麓书社2011年版,第153页。

[18] 王韬:《跋校邠庐抗议》,载冯桂芬:《校邠庐抗议》,上海书店出版社2002年版,第88页。

[19] [英]赫德:《局外旁观论》,载宝鋆等修:《筹办夷务始末(同治朝)》卷四十,中华书局1979年版,第17~18页。

[20] [英]李提摩太:《时事新论》卷七,上海广学会1898年版,第3页。

[21] 沈毓桂:《西学必以中学为体》,载林乐知主编:《万国公报(16)》,台北,华文书局股份有限公司1968年版,第10207页。

[22] 郑观应:《盛世危言·西学》,华夏出版社2002年版,第112页。

[23] 孙家鼐:《议覆开办京师大学堂折》,载翦伯赞等编:《戊戌变法(二)》,上海人民出版社2000年版,第426页。

张之洞在《两湖、经心两书院改照学堂章程片》中,明确提出:"两书院分习之大旨,皆以中国学为体,西学为用。既免迂陋无用之机,亦杜离经叛道之弊。"[24]在他撰著的《劝学篇》中,更对"中体西用"论作了如下诠释:学习西学,应"先以中学固其根柢,端其识趣",不以中学为根底,而单纯追求西学,"其祸更烈于不通西学者"。[25] 如能在西学中坚守孔孟"圣道"和纲常名教,"虽孔孟复生,岂有议变法之非哉"?[26] 张之洞所说的中学,主要是指以君权为核心的封建纲常名教;所说的西学主要是指西方的自然科学、生产技术以及西方国家的政治、法律知识,即所谓的"器械"、"工艺"、"格致之学"与"西政"等。"中学为体、西学为用"就是在维护封建的纲常名教、坚持孔孟"圣道"的基础上,根据形势的需要,适当地采用西方新式武器与工业技术,学习外国的政治法律知识,以应付世变,求得国家的自立和自强。

不仅如此,张之洞还阐述了"中体西用"的不同作用。他说:"中学治身心,西学应世事。……如其心圣人之心,行圣人之行,以孝悌忠信为德,以尊主庇民为政,虽朝运汽机,夕驰铁路,无害为圣人之徒也。"[27]又说:"夫不可变者伦纪也,非法制也;圣道也,非器械也;心术也,非工艺也。"[28]在彰明和坚持中学为体的指导思想下,尽可以"择西学之可以补我阙者用之,西政之可以起吾疾者取之",[29]这样做是"有其益而无其害"的。从而再一次表明张之洞所说的"中体西用"的实质,是保存封建制度的躯体和精神主宰,辅之以西方的工业技术和政治法律知识,使二者结合,借以维护清朝固有的统治秩序,应对不断高涨的维新变法运动。他在《劝学篇》中,针对康有为、谭嗣同、梁启超等人的变法主张,批评说:"君为臣纲,父为子纲,夫为妻纲……天不变道亦不变之义本之……此其不可得与民变革者也。……圣人之所以为圣人,中国之所以为中国,实在于此。故知君臣之纲,则民权之说不可行也;知父子之纲,则父子同罪免丧废祀之说不可行也;知夫妇之纲,则男女平权之说不可行也……近日微闻……有公然创废三纲之议者……怵心骇耳,无过于斯。"张之洞不仅从理论观点上反对维新派,还直接地镇压了唐才常的自立军。为此康有为致书张之洞发出愤怒的指责:"逮捕帝党,弥围海上,凡少有言维新者皆将加诛焉。惨酷之毒,比之戊戌之淫

---

[24] 张之洞:《两湖、经心两书院改照学堂章程片》,载《张文襄公全集·奏议》卷四十七。
[25] 张之洞:《劝学篇·循序》,载《张文襄公全集》。
[26] 张之洞:《劝学篇·变法》,载《张文襄公全集》。
[27] 张之洞:《劝学篇·会通》,载《张文襄公全集》。
[28] 张之洞:《劝学篇·变法》,载《张文襄公全集》。
[29] 张之洞:《劝学篇·循序》,载《张文襄公全集》。

威,殆有过之。"[30] 正是根据纲常伦理的传统观念,张之洞反对修订法律大臣沈家本等人编订的《刑事民事诉讼法(草案)》中,关于允许犯罪者的亲属和罪犯本人分财析产的规定,他说:"中国立教首重亲亲,定律:祖父母、父母在子孙别立户籍,分异财产者有罚,且列诸十恶内不孝一项之小注。"因此草案中此项规定,"悖理甚矣","万不可行"。

张之洞颇为自诩地标榜自己的主张既不同于维新派,也不同于顽固派。"图救世者言新学,虑害道者守旧学,莫衷于一。旧者因噎而废食,新者歧多而羊亡;旧者不知通,新者不知本;不知通则无应敌制变之术,不知本则有菲薄名教之心。"[31] 这个观点受到清廷的赏识,赞扬《劝学篇》"挟论平正通达,于世道人心大有裨益",因而下令全国刊印。但是,张之洞的"中体西用"论,却受到何启、胡礼垣、梁启超等人的批评。何启、胡礼垣指出:"心法不明,则歧途杂出。故其言曰,中学为内学,西学为外学,中学治身心,西学应世事。不知无其内,安得有其外,苟能治身心,即能应世事;苟能应世事,即可知其能治身心。身心世事一而二、二而一也。无实学之心,焉能为格致,无富国之心,焉能为铁路,无自强之心,焉能为兵备,无持平之心,焉能设陪员。今止言学其外,而不学其内,此而名之曰会通,何会之有,何通之云。"[32] 他们还就西方各国的政治制度与精神文明的密切关系,阐明了西方国家之体,主要表现为民主政治制度,指出,"朝廷政令可否皆决于议院","讼狱曲直皆判于陪审","上有清明之法度,下有平恕之民情",这是西方国家的"富强之体"。只有以此为前提,才能发挥"心计之巧,月盛日新,学无不成,人无不学"的"富强之用"。因此,张之洞所谓的"中学为体,西学为用,中学为本,西学为末,中学为经济,西学为富强","皆于其理有未明也"。[33] 梁启超更以不屑的口吻批判《劝学篇》。他说:"张公著劝学篇,以去岁公于世,挟朝廷之力以行之,不胫而遍于海内,其声价视孟德斯鸠之万法精理,卢梭之民约论,弥勒约翰之自由公理,初出世时,殆将过之。嘻嘻,是嗫嗫嚅嚅者何足道,不三十年将化为灰烬,为尘埃野马,其灰其尘,偶因风扬起,闻者犹将掩鼻而过之。"[34]

面对世界法制发展的历史潮流和固守成法的穷途末路,张之洞也主张改革

---

[30] 康有为:《与张之洞书》,载翦伯赞等编:《戊戌变法(二)》,上海人民出版社2000年版,第525页。
[31] 张之洞:《劝学篇序》,载《张文襄公全集》。
[32] 《新政真诠》五编《劝学篇书后》,载《张文襄公全集》。
[33] 《新政真诠》四编《康说书后》,载《张文襄公全集》。
[34] 梁启超:《自由书·地球第一守旧党》,载梁启超:《饮冰室文集》第一八册《专集二》。

清朝某些法律制度(具体见后),但是,他始终强调这种改革,必须坚持维护纲常名教的原则。因为"三纲为中国神圣相传之圣教,礼政之原本",[35]"法律本原实与经术相表里,其最著者为亲亲之义,男女之别,天经地义,万古不刊"。[36]可见在他的法律思想中,封建的纲常是天经地义而不可改易的,法律必须体现和维护纲常,否则便失去了法律存在的价值。以此为出发点的法制改良,其归宿只能是形式上的改良而已。

洋务派倡行中体西用论,追求传统体制内的改良,不是偶然的,是和他们"生平学朱子,笃信谨守,无稍依违"的基本立场分不开的。正因为如此,他们极力运用中国古老哲学中"形而上者谓之道,形而下者谓之器"的道器观来辩护中学与西学的主从关系。王韬曾说:"器则取诸西国,道则备其当躬","形而上者中国也,以道胜;形而下者西人也,以器胜。如徒颂西人,而贬己所守,未窥为治之本原者也"。[37] 又说:"西学西法,非不可用,但当与我相辅而行已。"[38]李鸿章在光绪二年(1876年)致友人信中也说:"尝谓自有天地以来,所以弥纶于不敝者,道与器二者而已……中国所尚者道为重,而西方所持者器为多。……欲求御外之术,唯有力图自治,修明前圣制度,勿使有名无实。而于外人所长,亦勿设藩篱以自隘,斯乃道器兼备,不难合四海为一家。盖中国人民之众,物产之丰,才力之聪明,礼义纲常之盛,甲于地球诸国。"[39]从洋务派的道器观中,不难演绎出中体——伦常名教的不可替代性,西用——学习西方器物文化的可行性,这二者的结合,正是洋务派立论的基点。

除此之外,洋务派提出中体西用论,也是为了回应攻击洋务运动是"用夷变夏"的顽固派,以便证明他们不是封建制度与文化的叛逆者,而是卫道士。通过兴办洋务,既可以开通风气,又能延长清朝的国祚,何乐而不为。

抛开"中体西用"论所谋求的政治目的,单就文化而言,也反映了鸦片战争以后,中国文化必经的发展历程。鸦片战争以后,中国的文化领域,一方面面对挟有强大政治优势的西方文化的冲击,另一方面传统的纲常观念仍然真实地存在。在这种历史背景下,洋务派提出中体西用论,既回应了外来文化的冲击,又进行了减少输入西方文化阻力的自辩。同时,也反映了他们

---

[35] 张之洞:《劝学篇序》,载《张文襄公全集》。
[36] 张之洞:《遵旨复议新编刑事民事诉讼法折》,载《张文襄公全集》卷六十九。
[37] 王韬:《与周弢甫征君》,载王韬:《弢园尺牍》卷四,台北,文海出版社1983年版,第156页。
[38] 王韬:《与周弢甫征君》,载王韬:《弢园尺牍》卷四,台北,文海出版社1983年版,第156页。
[39] 《曾纪泽代李伯相答彭孝廉书》,载朱玉泉主编:《李鸿章全书》,吉林人民出版社1999年版,第3659页。

对中学仍然充满了信心,以致思维方式还没有完全超出传统的夷夏之辩的藩篱。

经过鸦片战争的震撼,中国传统的政治文化、法律文化都开始面对尖锐的挑战。但是,中华民族五千年的历史所形成的文化传统,它的生命力和影响力都不会轻易地消失。中国传统文化与西方近代文化属于异质文化,它们的历史渊源、文化底蕴和社会价值观完全不同,因而开始接触时必然发生冲突。中体西用折中了这二者的矛盾,为中西文化特别是法文化的逐步融合,提供了一种可能的方式。异质文化总是要经历冲突而达到融合,这是带有规律性的,中体西用就是异质文化在融合的特定发展过程中的一种选择。

然而洋务派既要固守封建传统之体,又力图发挥西学之用,其结果不仅拘囿了西用的发挥,也使自救自强自存的目的落空。洋务派并没有给中国带来真正的富强,原有的"中体"已经难以维持每况愈下的局面,喧嚣一时的"西用",也丧失了预期的价值,洋务运动终于退出了历史舞台。不断加深的民族危机,使救亡图存的运动已经超出了洋务派所设定的范围,不得不让位给予改良封建政体为目的的维新变法。1895年以后,西方的自由、平等、民主、法制、天赋人权等思想通过新的媒介广泛传入中国,进一步引起了法文化上新与旧的激烈冲突。随着改良维新运动的兴起,中国近代法文化在逐渐地积累和演进中丰富起来,指导着群众性的改良专制制度的斗争。一种新式的法律体系的架构和司法体制,在维新派的意识中逐渐明朗起来,并作为变法维新的一项内容,提上了议事日程。

三、洋务派的法律思想与实践

(一)"稍变成法",引进西法

稍变成法是洋务派重要代表人物李鸿章,在"人君守法为心传","人臣守法取容悦"的背景下提出的,是他"外须和戎,内须变法"纲领的一部分,也是把师夷与变法结合起来,从而超出奕䜣、曾国藩等洋务派先驱的主要之点。

李鸿章在经办洋务的实践中,深感国事日非和洋务的艰难,尤其是面对那些动辄以"祖宗成法"为由的守旧人物的阻挠,他不胜愤懑地说"外患之乘,变幻如此","犹欲以成法制之",无异于"医者疗疾,不问何症,概投之以古方,诚未见其效也"。[40] 由于李鸿章"洋务涉历颇久,闻之稍广,于彼己长短相形之处,知之较深",很想有所作为。可是"多拘于成法,牵于众议,虽欲振奋而无由"。严峻的形势使他深感"若事事必拘于成法,恐日即危弱而终无以自强"。[41] 为了稍变成法,他根据《周易》"穷则变,变则通"的儒家古训,强调"一国法度,当随时势为变迁",[42]何况中国正遭遇"数千年来未有之强敌"。[43]

为了在"数千年未有之奇局",建"数千年未有之奇业",他抨击当时盛行于官场的"莫外乎不谙世事,墨守成法"[44]的保守风气,指出:"中国士大夫沉浸于章句小楷之积习,武夫又多粗蠢而不加细心,以致所用非所学,所学非所用。无事则嗤外国之利器为奇技淫巧,以为不必学;有事则惊外国之利器为变怪神奇,以为不能学。"不仅如此,他还揭示了历代对变法的攻击所导致的崇尚默守成法的倾向,说:"自秦政变法而败亡,后世人君遂以守法为心传;自商鞅、王安石变法而诛绝,后世人臣遂以守法取容悦。"为了打破积习,他慷慨陈词:在西方国家环逼的形势下,"若守旧不变,日以削弱,和一国又增一敌矣。"为了稍变成法,他主张讲求实际,反对"徒骛空文",大声疾呼,"今日所急,惟在力破成见,以求实际而已",否则"战守皆不可恃","和局"也难以持久。针对顽固派畏外、媚外的心理,李鸿章利用东西各国"一变再变而蒸蒸日上"的事实来增加他提出的稍变成法的说服力和震慑守旧的顽固派。1864 年春,他在给恭亲王奕䜣的信中强调指出:"日本以区区小国,尚知及时改辙,我中国深惟穷极而通之故,亦可以皇然变计。"[45]同治九年(1870 年)八月,在给丁日昌的信中,李鸿章不无感触地说:"自强之策,当及早变法,勿令后人笑我拙耳,此等大计,世人无知而信之者,朝廷无人,谁做主张。及吾之生,不能为,不敢为,一旦死矣,与为终古已矣,微足下无以发吾之狂言。"[46]

需要指出,李鸿章"稍变成法"的主张,并没有超出洋务的范围,他在《筹议海防折》中,一方面明白表示说:"要使天下有志之士,无不明于洋务,庶练兵、制器、造船各事可期逐渐精强,积诚致行,尤需岁月持久,乃能有济。"他认为"洋学实有踰于华学者",譬如"西人所擅长者,测算之学,格物之理,制器尚象之法,无

---

[40] 李鸿章:《筹议海防折》,载《李鸿章全集·奏稿》卷二十四,光绪三十一年(1905 年)金陵刻本,第 10 页。
[41] 朱玉泉主编:《李鸿章全书》,吉林人民出版社 1999 年版,第 3659 页。
[42] 周维立校:《清代四名人家书》,台北,文海出版社 1982 年版,第 144 页。
[43] 朱玉泉主编:《李鸿章全书》,吉林人民出版社 1999 年版,第 3630 页。
[44] 周维立校:《清代四名人家书》,台北,文海出版社 1982 年版,第 174 页。
[45] 宝鋆等修:《筹办夷务始末(同治朝)》卷二十五,中华书局 1979 年版,第 40 页。
[46] 李鸿章著,庞淑华、杨艳梅主编:《李鸿章全集》第六册《朋僚函稿》卷十,时代文艺出版社 1998 年版,第 3453 页。

不专精务实。"[47]但是,另一方面根据中体西用的指导思想,他一再阐明"经国之略,有全体有偏端,有本有末。"所谓"本",就是"事事远出西人之上"的"中国文物制度"。所谓"末",就是"外国利器"和"制器之器"。对于"本",必须坚持而不可动摇;对于"末",则应该勤学,力求超过西人,借以御侮,自立自强。他说:"我中华志巧聪明,岂出西人之下?果能精熟西文,转相传习,一切轮船、火器等巧技,当可由渐通晓,于中国自强之道似有裨益。"[48]他在派留学生出洋的"应办事宜"中,再三强调不能专攻西学,仍然要学习《孝经》《小学》《五经》及清朝律例等书,经常宣讲《圣谕广训》,"示以尊君亲上之义,庶不囿于异学"。[49]这种"遗其体而求其用",[50]"仅撷拾泰西皮毛汲流忘源"[51]的变法改革,不但受到维新派的抨击,而且必定要走向悲剧性的结局。

在日本伊藤博文的影响下,李鸿章曾经提出"变法度必先易官制"[52]和仿效西方近代海陆军"变易兵制"[53]等涉及制度方面的具体内容,但更多的是落实在开办军事工厂和现代资本主义性质的企业,以及培养洋务人才上。除稍变成法外,他也致力于引进西法,譬如,洋务运动早期在李鸿章和奕䜣的主持下,于同文馆和新式学堂中,将《万国公法》列为必修课。同文馆还翻译了《公法会通》《公法便览》《公法千章》《中国古世公法》等法律著作。设立于上海的方言馆、江南制造局的译书馆,都是面向全国的译书机构,仅供职于江南制造局的英国传教士傅兰雅(Frayer),便翻译了五种西方法律著作,即《公法总论》(英国罗伯村原著)、《各国交涉公法论》、《各国交涉便法论》(英国费利摩·罗巴德原著)等。[54]而从洋务派中分化出来的早期改良主义思想家王韬、郑观应、薛福成、郭嵩焘等,还集中介绍了西方的议会制度和法制,郭嵩焘将学习西方法律上升到"救国之本"的高度。[55]洋务派引进西方法律的目的是调整和规范中外

---

[47] 李鸿章著,庞淑华、杨艳梅主编:《李鸿章全集》第一册《奏稿》卷三,时代文艺出版社1998年版,第142页。

[48] 朱玉泉主编:《李鸿章全书》,吉林人民出版社1999年版,第3029页。

[49] 朱玉泉主编:《李鸿章全书》,吉林人民出版社1999年版,第2092页。

[50] 郑观应:《〈盛世危言〉自序》,载郑观应著,夏东元编:《郑观应集(上)》,上海人民出版社1982年版,第234页。

[51] 梁启超:《李鸿章传》,吉林人民出版社2018年版,第5页。

[52] 李鸿章:《复钦差出使日本国大臣黎莼斋》,载于晦若录,李鸿章校:《李文忠公尺牍》第6册,台北,文海出版社1986年版,第104页。

[53] 李鸿章著,庞淑华、杨艳梅主编:《李鸿章全集》第六册《朋僚函稿》卷五,时代文艺出版社1998年版,第3237页。

[54] 云岭:《清末西方法律、法学的输入及影响》,载《法律史论丛》第三集。

[55] 郭嵩焘:《条议海防事宜》,载郭嵩焘著,杨坚点校:《郭嵩焘奏稿》,岳麓书社1983年版,第345页。

之间的关系,适应对外交涉的需要,以维护清朝的统治,但客观上的确促进了中国近代法制的发展和法律思想的变化。洋务派移植西法的经验和培养法律人才的措施,对于 20 世纪初期的修律与司法改革,有着重要的影响。奕䜣、李鸿章等人兴办洋务伊始,还尚未意识到中国的传统文化会因此受到冲击和挑战,他们引进西法不是预先设定好的,而是实用主义的应付眼前交涉事务的急需。它所产生的效果,无论是积极的还是消极的,都缺乏主观预测,在这一点上,他们同 19 世纪末的维新派和 20 世纪初的沈家本、伍廷芳有所不同。前者带有更多的自发性,后者已经比较自觉地把修律与世界法制的发展联系起来,力图跟上世界的潮流,改变清朝落后的法制,建设新的法制文明。

至 19 世纪末,外国资本主义增加了在中国投资设厂、开矿筑路的活动。与此同时,洋务派除兴办军事工业外,为了解决资金与原料等问题,也转而经营民用工矿业和交通运输业,由此而产生了新的财产关系、债务关系等民事法律问题。此外,随着来华的外国人日益增多以及教案的不断发生,使涉外的民事和刑事案件有增无减。形势的发展,使负责办理洋务,又和外商有着密切经济联系的洋务派官僚们,迫切感到需要引进国际私法、国际刑法、商法等方面的知识,以便制定相关的法律。张之洞便向清廷建议,参酌中外法律,制定"通商律例"及其他法律,作为处理在华外国人案件的法律根据。

(二) 开拓培养洋务法律人才的途径

洋务派认为,变法与用人是开展洋务首先需要解决的两个问题。变法,如前所述在于变更成法,为洋务运动扫清道路;至于用人,在于培养一批区别于旧式官吏和旧式文人的洋务人才,以便在"练兵、制器、购船诸事"上,有可能"师彼之长,去我之短"。[56] 李鸿章在上《筹议海防折》中,便强调"舍变法与用人,别无下手之方","用人最是急务,储才尤为远图","若不稍变成法,于洋务开用人之途……数十年后主持乏人,亦必名存实亡,渐归颓废"。为了造就人才,他认为"皆不必拘执常规,使天下有志之士,无不明于洋务"。并以急切的心情,大声疾呼变法与用人"及今为之,而已迟矣,若再因循不办,或旋作旋辍,后患殆不忍言"。[57] 他抨击科举制度,使"所用非所学,所学非所用","文武两途,仍舍章句

---

[56] 李鸿章著,庞淑华、杨艳梅主编:《李鸿章全集》第二册《奏稿》卷二十四,时代文艺出版社 1998 年版,第 1074 页。

[57] 李鸿章著,庞淑华、杨艳梅主编:《李鸿章全集》第二册《奏稿》卷二十四,时代文艺出版社 1998 年版,第 1074 页。

末由进身,人才何由出"。[58] 为此他呼请"专设洋务一科取士"。[59] 不仅如此,他还以行动极力奏请清廷起用思想较为激进的沈葆桢、丁日昌和郭嵩焘等人经理海防和外交。

为了培养洋务法律人才,以应急需,咸丰十一年(1861年)一月,经恭亲王奕訢奏请,在设立总理各国事务衙门的同时设立同文馆。

同文馆是总理衙门的附设机构,是为培养翻译人员专设的"洋务学堂",于同治元年(1862年)八月正式开馆。同文馆设管理大臣,下设提调和帮提调各二人,负责安排课程,督察学生纪律。开馆初期,设英文馆、俄罗斯文馆、德文馆、东文馆,以及英文、法文、俄文、德文、日文等班。后又开设天文算学馆、化学馆、医学馆。

同文馆教师多为外国人,由总税务司英人赫德推荐的美国传教士丁韪良,任总管教务近30年。同文馆学生来源及入学资格,初期由满、蒙、汉各旗,保送资质聪慧、年龄在15岁上下的闲散人员,经过总理衙门考察录取,依次传补。增设算学馆等馆后,改由京内外各衙门保送年龄在30岁以内的翰林庶吉士、编修、检讨及五品以下由进士出身的官员,或举人、贡士人员,由总理衙门陆续考取入学。至于学生的名额,初定10名,最多不超过24名。同治四年(1865年),变通章程,改为每馆10名,光绪十三年(1887年)增至120名,直到同文馆结束时,名额未变。

将同文馆附设于总理衙门,说明它主要是为洋务外交服务的。为了培养熟悉中外法律的人才,以适应外交与立法的紧迫需要,京师同文馆设立以后,便以翻译西方法学著作,作为了解西方国家情况和输入西学的重要途径。张之洞说:"尝考讲求西学之法,以译书为第一义,欲令天下人皆通西学,莫若译成中文之书,俾中国百万学人,人人能解,成为自然,然后可供国家之用。"[60] 经同文馆翻译的外国法律与法学著作,多达18部之多,但由于同文馆翻译的书籍,主要供王侯公卿阅览,因此,发行量往往只数百本,范围有限。随着清朝国门的不断开放,以及中外关系的新发展、新变化,有识之士逐渐认识到通过译书,介绍西学、改变风气、实现求富求强的重要性。冯桂芬在《校邠庐抗议》一书中,认为设立同文馆"最为善法,行之既久,能之者必多,必有端人正士奇尤异敏之资,出于其中,然后得西人之要领而驭之,绥靖边陲之原本实在于是"。他还提出:"宜于

---

[58] 中国史学会主编:《洋务运动(一)》,上海人民出版社1961年版,第53页。
[59] 朱玉泉主编:《李鸿章全书》,吉林人民出版社1999年版,第174页。
[60] 张之洞:《上海强学会章程》,载汤志钧、陈祖恩编:《戊戌时期教育》,上海教育出版社1993年版,第77页。

广东、上海设一翻译公所,选近郡十五岁以下颖悟文童,倍其廪饩,住院肄业,聘西人课以诸国文字,又聘内地名师课以经史等学,兼习算学。……三年之后,诸文童于诸国书应口成诵者,许补本学诸生,如有神明变化能实见之行事者,由通商大臣请赏给举人。"

除同文馆外,李鸿章等人还提出了改革科举和设立学堂的主张,这在当时曾经受到了顽固派的指责。例如,通政使于凌辰说:"李鸿章复请各督抚设立洋学局,并议另立洋务进取一格,至谓舍变法用人无下手之处。……李鸿章、丁日昌直欲不用夷变夏不止。"[61] 大理寺少卿王家璧也攻击说:"以章句取士,正崇重尧舜周孔之道,欲人诵经史、明大义,以教君臣父子之伦也。人若不明大义,虽机警多智,可以富国强兵,或恐不利社稷","李鸿章何乃欲胥中国士大夫之趋向,尽属洋学乎?"[62] 李鸿章自己在总结经营洋务成效不显的原因时,愤懑地说:"人才之难得,经费之难筹,地域之难化,故习之难除",[63] "天下事无一不误于互相牵制,遂致一事办不成"。[64]

但历史潮流毕竟不是顽固派所能左右的,光绪二十四年(1898 年),正式开办京师大学堂。此后,同文馆原设各门学科都归属大学堂内,只保留外国语言文字一科,光绪二十八年(1902 年)则全部并入京师大学堂。

据统计,从设立京师同文馆,至光绪二十一年(1895 年)盛宣怀在天津创办中西学堂,洋务派共创办近代学堂 22 所。虽然数量微不足道,但毕竟是中国近代新式学校的发端。它的出现是前所未有的新事物,是在科举制度延续一千多年造成科学文化十分落后的历史条件下,开辟的沟通近代中西文化和学习西方近代科学技术的基地。在这些以学习西方文化为目的的新式学堂里,万国公法受到了普遍的重视,在京师同文馆、天津中西学堂以及上海南洋公学的章程中,都将《万国公法》列为必修课程。[65]

与此同时,洋务派还有计划地向西方国家派遣留学生。同治九年(1870 年),曾国藩、李鸿章奏请派留学生出国,得到清廷批准。于 1872 年派出首批留学幼童 30 名。此后 1873 年、1874 年、1875 年又相继派出三批留学幼童。另外,还派遣一批青年学生,赴欧洲学习科学技术和接受军事训练。自 1872 年至 1892 年,20 年间共派出留学生 197 名。这些留学生不但学习了外国语言和近

---

[61] 中国史学会主编:《洋务运动(一)》,上海人民出版社 2000 年版,第 129～130 页。
[62] 中国史学会主编:《洋务运动(一)》,上海人民出版社 2000 年版,第 129～130 页。
[63] 中国史学会主编:《洋务运动(一)》,上海人民出版社 2000 年版,第 41 页。
[64] 朱玉泉主编:《李鸿章全书》,吉林人民出版社 1999 年版,第 3391 页。
[65] 舒新城编:《中国近代教育史料(上)》,人民教育出版社 1981 年版。

代自然科学、社会科学知识,而且由于他们生活在西方国家,又成为宣传介绍西方国家的社会状况和文化科学知识的传播者。他们当中不少人,在以后的国家建设中发挥了积极的作用。

不仅如此,为了启发民智,更广泛地培养适应新时代的人才,洋务运动期间,中国近代报刊事业也有了比较显著的发展。1872年广州创办了《羊城采新实录》,1873年汉口创办了《昭文新报》,1874年上海创办了《汇报》、1876年还创办了《新报》。这些早期的报纸,通过传播西方近代文化和社会信息,也起到了培养人才的作用。有些思想家如王韬,便在他所创办的《循环日报》上,经常发表政论文章,抒发对变法改良的见解。随着时代的变化和发展,办报纸、办杂志成为宣传维新和革命主张的有力工具。这是中国的传统文化向近代演变的一个重要标志,它对中国近代文化的影响是洋务派始料所未及的。

综上所述,洋务派通过建立新式学堂、选派留学生、创办报刊等各种途径,从年轻学子和热心洋务的官僚、思想家和买办、商人中,培养了一个在思想认识、政治倾向和思维方式上,大体相同的新的知识群体。他们中间不乏经济、外交、军事、法律、外语和科技人才。在近代史上著名的改良主义思想家王韬、郑观应、薛福成、郭嵩焘等人,就是从洋务派中分化出来的。

(三)增设洋务外交机关和提倡公法学

咸丰十一年(1861年),第二次鸦片战争以后,洋务派在英法侵略者的颐指气使之下,被迫增设办理洋务的外交机关——总理各国事务衙门。奕訢等人在拟订的《统筹洋务全局酌拟章程六条》中,第1条便是在京师设立总理各国事务衙门,作为办理洋务的外交机关,所谓"以专责成也"。与此同时,开放南北口岸,增设负有一定外交权责的南、北洋大臣。

鸦片战争前,清朝接待和管理藩属贡使和外国使臣的机关是礼部、理藩院和鸿胪寺。鸦片战争以后,原有的机关已经不能胜任与西方国家之间的交涉事宜。同时,西方国家也拒绝与清朝原有的办理"外夷"事务的机关产生关系。在这种情况下,鸦片战争后不久,便不得不改由五口通商大臣办理外交事务。然而,随着西方国家侵略的深入,它们已经不满足于和由地方官兼差的五口通商大臣办理外交事务,而要求设立总办外交的总理各国事务衙门,这在奕訢的奏折中表述得十分清楚。他说:"臣等于接见之间……微露有设立总理各国事务衙门,专办各外国事务,该公使闻之甚为欣悦,以为向来广东不办推之上海,上海不办不得已而来京,如能设立专办外国事务地方,则数十年求之不得。"[66] "该夷从前每借口于中国遇有外夷事件，推诿不办，任情狂悖，今设立衙门，该夷以为欣喜非常，自应迅速建立，以驯其情。"[67] 根据此奏折，咸丰十年（1861年）十二月初十日颁布上谕：于京师设立"总理各国通商事务衙门"。清廷的原意是以"通商"来限定总理衙门的权限，但由于西方国家反对，遂被迫取消"通商"二字，正式定名为"总理各国事务衙门"（以下简称总理衙门）。

总理衙门位列六部之上，其规制仿军机处，以恭亲王奕䜣为总理大臣，以下设总理大臣上行走、总理大臣学习上行走、总办章京、帮办章京、章京等。总理衙门分设五股：英国股、法国股、俄国股、美国股、海防股，分管中国与各该国的外交事务。

根据《统筹洋务全局酌拟章程六条》，在设立总理衙门以后，设置南、北洋大臣。南洋大臣由两江总督兼任，驻上海；北洋大臣由直隶总督兼任，驻天津。南、北洋大臣既是地方最高长官，又负责管理辖区内对外交涉、通商、海防、军备、关税等方面的事务。洋务派的代表人物曾国藩、李鸿章都曾经担任北洋大臣，张之洞担任南洋大臣，尤其是李鸿章在任达20年之久。

总理衙门是迫于西方国家的强制要求而设立的，实际上是办理"曲全邻好"的外交总机构。因此，总理衙门之设，被西方国家称赞为"中外各国永敦睦好最妙良法"。[68] 清政府聘请洋人担任总理衙门管辖下的总税务司长官，使之控制了中国的海关与关税全权，不仅反映了当时中国海关主权的丧失，也是总理衙门办理殖民地外交的重要标志。以致当时的爱国人士"日恨其不早裁撤，以为一日衙门尚存，即一日国光不复"。[69] 甚至顽固派中也有人从自身利益考虑，批评"设立鬼子衙门，用鬼子办事。"[70] 然而担任总理衙门大臣的恭亲王奕䜣、大学士桂良、户部左侍郎文祥等洋务派官僚，却以设立总理衙门为"羁縻"外夷的良策，并借口外夷"欣喜非常"而向朝廷邀功。

为了办理洋务外交的需要，从奕䜣、李鸿章到张之洞，都很重视讲求公法之学，以避免在办理外交事务中经常由于缺乏国际公法知识而无法应对。虽然林则徐较早地翻译了《万国律例》，但当时只是有针对性地翻译了若干章，尚不完

---

[66] 《钦差大臣奕䜣等奏英使来京意在撤兵并向其微露设立总理衙门事片》咸丰十二月初一日，载齐思和等编：《第二次鸦片战争（五）》，上海人民出版社1978年版，第346页。

[67] 宝鋆等修：《筹办夷务始末（咸丰朝）》卷七十一，中华书局1979年版。

[68] 郭廷以主编：《咸丰道光朝筹办夷务始末补遗》（第四册）（上卷），台北，"中央研究院"1982年版，第680页。

[69] 单士元：《总理衙门大臣年表·孟森序》。

[70] 苏继祖：《清朝戊戌朝变记》，载翦伯赞等编：《戊戌变法（一）》，上海人民出版社2000年版，第337页。

整,其影响面也比较狭窄。同治元年(1862年),美国传教士、后任美国驻华公使译员丁韪良,为了将中国的对外交涉活动纳入公认的国际法准则的规范,完整地翻译了美国人惠顿所著的国际法,并呈送总理衙门。恭亲王奕䜣看到该书以后,欣喜地说:"此乃吾所急需者也"[71],随即组织人员对译书进行修改润色,定名为《万国公法》,刊印300本,发给各通商口岸,供其对外交涉使用。同治三年(1864年),发生了普鲁士军舰在中国领海捕扣三艘丹麦船的事件,总理衙门便根据《万国公法》提出抗议,解决了纠纷,维护了中国的主权。这一事实,鼓舞了奕䜣等洋务派引进西方公法知识的积极性。奕䜣在给清帝的奏折中说:"臣等查该外国律例一书,衡以中国制度,原不尽合,但其中亦兼有可采之处。即如本年布国在天津海口扣留丹国船只一事,臣等暗采该律例中之言,与之辩论,布国公使即行认错,俯首无词,似亦一证。"[72]

近代著名外交家曾纪泽也说:"中国总理衙门现将公法一书择要译出,凡遇交涉西洋之事,亦常征公法以立言。"[73]可见,《万国公法》的译成,增加了中国官僚的国际公法知识,使之在对外交涉中有所凭借。由此,他们还要求同文馆翻译出版《公法会通》《公法便览》《公法千章》《中国古世公法》等国际公法著作。[74]张之洞还把"公法学"列为"洋务五学"之一,他深感西方各国在和中国谈判交涉时,"恒以意要挟",完全不按国际法行事,而中国方面由于缺乏熟悉国际法的人才,无法根据法理进行争辩。所以他强调应讲求"公法之学","以资自强而裨交涉"。可见,洋务派讲求公法之学,一方面是办理对外交涉的需要,在面对西方国家的无理要求时,可以根据国际法的原则进行必要的抗争,以维护国家的利益;另一方面也是要在中国法律领域内打破闭关自守的状态,寻求中国传统法律与西方近代法律接轨的途径,进而实现"稍变成法"的主张,因而是带有积极意义的。

国际公法学的提倡和世界各国间某些国际公约的引进,的确开阔了洋务派官僚和士大夫们的视野,增加了国际公法的意识和国家主权的观念。在这个认识的基础上,他们开始思考如何挽回国家主权的问题。曾经跻身洋务派,而后发展为改良派的郑观应、王韬对此都发表了议论。郑观应说:"夫各国之权利,无论为君主、为民主、为君民共主,皆其所自有,而他人不得夺之。"[75]王韬批评

---

[71] [美]丁韪良:《花甲忆记》,广西师范大学出版社2004年版。
[72] 宝鋆等修:《筹办夷务始末(同治朝)》卷二十七,中华书局1979年版,第58页。
[73] 《中国国际法年刊》(1991年),第30页。
[74] 梁启超:《西学书目表》卷中《西政诸书·法律四》,第2页。
[75] 郑观应:《公法》,载郑观应著,夏东元编:《郑观应集(上)》,上海人民出版社1982年版,第387页。

清朝在中外交涉中,"不争其所当争",而只是在公使觐见等礼节问题上一味因循守旧,妄图维持天朝大国的旧制,对于应该"必屡争"的治外法权、关税主权等国家权利,却反而"不一争"。[76]

不仅如此,洋务派也逐渐认识到西方列强强加给中国的一系列不平等条约,是违背国际公法的,因而发出了愤懑的抨击。郑观应谴责西方国家强迫中国签订的不平等条约,"种种不合情理,公于何有？法于何有"？[77] 李鸿章也指出清朝早期与英、法二国所订立的不平等条约,"皆先兵戎而后玉帛,被其迫胁,兼受蒙蔽,所定条款,吃亏过巨,往往有出地球公法之外者"。[78] 基于对不平等条约性质的认识,在洋务派中间,开始萌发了修改不平等条约的主张。李鸿章曾经表示:"中西互市以来,立约十有余国,因利乘便,咸思损我以自肥,若不设法维持,逐渐收回利权,后患殊多。"[79] 这段话虽然并不明白晓畅,但已经隐含修约之意于其中。王韬则比较具体地提出了通过外交谈判,利用西法,收回利权的设想,他说:"夫我之欲争额外权利者,不必以甲兵,不必以威力,惟在折冲于坛坫之间,雍容于敦之槃会而已。……要在执持西律以与之反复辩论,所谓以其矛陷其盾也。"[80]

洋务派深知在中外实力对比极为悬殊的条件下,全面修改不平等条约是不可能的,只能退而求其次,在个别问题上企求有所改动。譬如,对于片面最惠国待遇,李鸿章已经觉察到其实是"一国获利,各国均沾","利在洋人,害在中国",因此他提出"设法防弊,实为要图"。[81] 光绪五年(1879年),曾纪泽在与巴西驻英公使白乃多谈判定约通商时明确提出,利益均沾违背国际公法,他说:"中国与各国立约,所急欲删改者,惟'一国倘有利益之事,各国一体均沾'之语,最不合西洋公法。"[82]

在领事裁判权问题上,王韬和薛福成都意识到这是对中国司法主权的公然践踏。王韬说:"贩售中土之西商,以至传道之士、旅处之官,苟或有事,我国悉无权治之。"[83] 薛福成说:"商民居何国何地,即受治于此地有司,亦地球各国通

---

[76] 王韬:《除额外权利》,载王韬:《弢园文录外编》,中华书局1959年版,第90页。

[77] 郑观应:《公法》,载郑观应著,夏东元编:《郑观应集(上)》,上海人民出版社1982年版,第388页。

[78] 朱玉泉主编:《李鸿章全书》,吉林人民出版社1999年版,第1525页。

[79] 李鸿章著,庞淑华、杨艳梅主编:《李鸿章全集》第二册《奏稿》卷三十八,时代文艺出版社1998年版,第1541页。

[80] 王韬:《除额外权利》,载王韬:《弢园文录外编》,中华书局1959年版,第89页。

[81] 赵尔巽等撰:《清史稿》卷一百六十《巴西国》,第4683页。

[82] 曾纪泽:《出使英法俄国日记》,王杰成标点,岳麓书社1985年版,第199页。

[83] 王韬:《除额外权利》,载王韬:《弢园文录外编》,中华书局1959年版,第89页。

行之法."[84]因而要求废除列强对中国实施的领事裁判权制度。李鸿章虽然看到了"洋人归领事管辖,不归地方官管理,于公法最为不合",但他囿于西方侵略者对中国实施领事裁判权的借口,即中国法律落后,因此,认为收回领事裁判权的前提,是修改清朝固有的法律。但他深知这将使"数千年相传之刑法大变",[85]在保守的清朝无疑是十分艰难的,更何况外国侵略者不会轻易放弃既得的利益。

为了保护中国民族工业的发展,要求关税自主、反对协定关税的呼声,也不断高昂。协定关税源自《五口通商章程》,李鸿章曾经说:当时中国官员不了解西方的惯例,"亦未深思自有之权利,竟将进出口税一律征收",[86]使得中国商品难与洋货竞争,严重损害了中国的商业利益。洋务派的官僚士大夫们,呼吁修改条约,重定税则。郑观应说:"泰西税法,于别国进口之货税恒从重,于本国出口之货税恒从轻,或全免出口之税";"今宜重订新章……凡我国所有者,轻税以广去路,我国所无者,重税以遏来源。收我权利,富我商民,酌盈剂虚,莫要于此"。[87] 王韬更明确提出:"加税一则款,乃我国家自有之权,或加或减,在我而已,外人不得干涉。"[88]

正是在洋务派官僚和士大夫对外国侵略者强迫清政府签订的不平等条约不断发出抨击的历史背景下,左宗棠对崇厚代表清政府与俄国签订的丧权辱国的《伊犁条约》表示坚决反对。他指出:"至伊犁南境与西境地段,议划归俄属,则系明侵,岂可轻许。"[89]1900年签订《辛丑条约》时,刘坤一也提出了自己的看法:"此次议款,当握定不失自主之权为第一要义。赏功罚罪,中朝自有权衡,本非外人所得干预。"[90]显而易见,左、刘维护国家主权和民族尊严的立场,较之李鸿章虽然明知条约的不平等性,却仍然"隐忍徐图","力保和局",[91]"惟有委曲求全之一法"[92]的立场有所不同。

综括上述,设立总理各国事务衙门是迫于西方国家的压力,专门办理洋务

---

[84] 薛福成:《筹洋刍议》卷一,朝华出版社2017年版。
[85] 左宗棠:《上总理各国事务衙门》,载《左文襄公书牍节要》卷二十三,清光绪二十八年(1902年)刻本。
[86] 朱玉泉主编:《李鸿章全书》,吉林人民出版社1999年版,第3707页。
[87] 郑观应:《税则》,载郑观应著,夏东元编:《郑观应全集(上)》,上海人民出版社1982年版,第195页。
[88] 王韬:《除额外权利》,载王韬:《弢园文录外编》,中华书局1959年版,第90页。
[89] 左宗棠:《上总理各国事务衙门》,载《左文襄公书牍节要》卷二十三。
[90] 《刘坤一遗集·电奏(二)》。
[91] 《清实录》第五〇册《穆宗毅皇帝实录(六)》卷二八七,同治九年七月乙卯,第957页下栏。
[92] 董丛林编著:《曾国藩年谱长编(下)》,上海交通大学出版社2017年版,第1192页。

外交的机构。至于提倡公法之学,则是力图将中外关系纳入国际公法的约束之中,以便借助国际公法为中国在国际上争得平权的地位,改善弱国无外交的状态。洋务派曾经对国际公法充满信心,如同李鸿章在为丁韪良编译的《公法新编》所作的序言中所说:"公法者,环球万国公共之法"。

随着国际公法的大量引进,开阔了洋务派官僚与士大夫的视野,增强了公法的意识和国家主权观念,基于此揭露与抨击了西方国家强迫清朝订立的不平等条约的实质,这在当时是应予肯定的进步思想。但是企图用法律来约束西方列强对中国主权的践踏和资源的掠夺,是不切实际的主观臆测。西方列强为了利益的追求,可以公开践踏国际法准则,肆行"弱肉强食"的侵略政策,以致"公法内应享之权利,阙然无与,公法外所受之害,无不受之"[93]。对此,张之洞曾有一段较为深刻的议论,他说:"古来列国相持之势,其说曰:力均角勇,勇均角智,未闻有法以束之也。今日五洲各国之交际,小国与大国交不同,西国与中国交不同,即如进口税,主人为证,中国不然也;寓商受本国约束,中国不然也;各国通商口岸只及海口,不入内河,中国不然也;华洋商民相杀,一重一轻,交涉之案,西人会审,各国所无也;不得与于万国公会,奚暇与我讲公法哉。"[94]

(四) 以近代经济法律调整新兴的工业企业

与洋务派"自强"的主张相伴随的是"求富",二者是不可分的,是互相促进的。早在19世纪70年代以前,通过兴办军事工业,创设江南制造局、天津机器局、福州船政局等,便含有自强和求富的双重意义,但侧重点在自强。70年代以后,采用官督商办的形式,发展民用工业,侧重点逐渐移向求富。所谓官督商办,就是"官为维持""商为承办",主要分布在航运、煤矿、电讯、纺织四个主要经济部门,如轮船招商局、开平矿务局、电报招商局、上海机器织布局等。

洋务派为自强求富而兴办的军事和民用工业,归根结底是为了维持清朝的专制主义统治,因而有着明显的政治目的。在兴办过程中,官府、买办、洋商三方都获得了不同的利益。但不可否认也收回了部分利权,所谓"分洋商之利","为收回中国利权"。李鸿章在创办轮船招商局时,便在奏稿中提出:"庶使我内江外海之利不致为洋人占尽。"[95] 为了调整工业企业的内外关系,洋务派开始适用西方的经济法律,这是洋务派法律思想中崭新的内容。

---

[93] 薛福成:《论中国在公法外之害》。
[94] 《张文襄公全集》卷二十三。
[95] 朱玉泉主编:《李鸿章全书》,吉林人民出版社1999年版,第3669页。

1. 以公司法管理近代股份公司

光绪二年(1876年),候补同知容闳为筹组股份公司,提出以中国人为集资对象的"联设新轮船公司章程",其主要内容是将公司本银四十万两分为四千股,每股百两,公司内所有司事人等,必须系有股份。每年十二月十五日,听主事人向公司成员报明本公司生意状况,如有利息,立即照股摊派,等等。[96] 由于这个章程仿照西方的公司法设定了有关集资、公司内部管理、股东地位、利润分配等项规定,因而被怀疑为洋商或买办参与操纵。曾国藩在致总署函中说:"果否有华商集事?保无洋人及买办在内?","若无此辈,未必能仿照外国公司办法"。[97] 基于对章程的起草人存在疑虑,因而被搁置,但它却是近代中国筹组股份公司最早的章程。

光绪八年四月(1882年),上海设立商办机器织布局,在《申报》上公开发表《上海机器织布局招商集股章程》和招股声明。准备招募四千股,每股一百两,其中半数由主要创办人认购,其余半数向社会招募。招股声明在社会上引起热烈反响,原定招股四十万两,"后竟多至五十万,尚有退还不收。"上海机器织布局投产后,获得了丰厚的利润,除日常开支外,每月可获利约一万二千两,[98] 从而推动了其他商办股份企业的发展。稍后由李鸿章、盛宣怀招股筹建的华盛机器总厂,就是鉴于商办股份企业的成功而兴办的。

企业股份制的出现,标志着中国传统商业管理体制发生了重大变革和近代企业管理体制的初步形成。由于企业股份制是西方近代资本主义经济发展的产物,并且得到制度化、法律化,成为公司法的核心内容,因此,中国实行企业股份制,意味着将西方公司法引入经济领域,从这个侧面也显示了中国法律走向近代化的开端。不仅如此,企业股份制有可能在较短时间内,将社会上分散的资本组成巨额股份资本,使原有的商业性资本转化为产业资本,成为促进近代工业发展的有效手段。

2. 利用外资"振兴实业"

洋务派经办的各种军工企业,开始都依赖于国家投资,随着清朝不断向西方侵略者割地赔款,已经无力承担不断扩大的洋务工商业的经费支出。例如,山东机器局就是由于清朝财政拮据,而陷入停滞状态。为了解决修筑铁路、炼

---

[96] 参见《总署收曾国藩函,附沪商拟联设新轮船公司章程》(同治六年五月二十六日)购买船炮《海防档》,第872~875页。

[97] 《总署收曾国藩函,附沪商拟联设新轮船公司章程》(同治六年五月二十六日)购买船炮《海防档》,第876页。

[98] 翁同龢:《翁文恭公日记》。

钢、购置机车、引进机器设备的"筹饷"问题,洋务派提出了"拟暂借洋款,以应急需"的主张。[99] 利用外资发展工业是前所未有的经济法律思想,也是中国近代工商业发展的一条新路,最初表现在修建铁路上。

洋务派从军事和经济利益考虑,主张修建铁路。薛福成说:修建铁路"便于国计、便于军政、便于京师、便于民生、便于转运、便于邮政、便于矿务、便于轮船招商、便于旅游"。[100] 李鸿章在致丁日昌函中,特别指出修建铁路对军事的重要价值。他说:"俄人坚拒伊犁,我军万难远役,非开铁路则新疆、甘陇无运转之法,即无战守之方。俄窥西陲,英未必不垂涎滇蜀。但自开煤铁矿与火车路,则万国詟伏。三军必皆踊跃,否则日蹙之势也。"[101] 又说:"有事之际,军情瞬息变更,倘如西国办法,有电线通报经达各处海防,可以一刻千里。有内地火车铁路,屯兵于旁,闻警驰援,可以一日千数百里,则统帅尚不足误事。"[102] 为了筹措修建铁路的巨款,刘铭传率先发出"欲乘时立办,莫如议借洋债"的倡议,[103] 此议立即得到李鸿章的支持,并且以"各国铁路,无一非借债以成"作为"借债以兴大利"的证明。马建忠还介绍了西方"借款"的具体方法:"西国借款往往取于银行,大为所用,然由银行介绍,或恐经手分肥,为息必厚,英人于此思有以减之,乃先期判示,明订所借之数与所予之息,使银行之愿贷者各书所取之息,函送前来,而后择其息轻者贷之。散借、专借与先示后择之方,参错互用。"[104] 与此同时,他也介绍了资本主义社会通行的债券和票据的法律知识:"债券书票不书名姓,以便辗转抵用,一如银票,使公司之利厚者岁提一二成赎回其票,则不言偿自有偿矣。"[105] 张之洞还提出以不动产铁路作为借债的抵押,他说:"凡借洋款皆须抵押,独修铁路一事,借款即以此路作抵。"[106] 但他强调借洋债以不损害权利为条件,说:"借款之举,路权第一,利息次之","路可造,被迫而权属他人者不可造;款可借,被迫而贻害大局者不可借"。[107]

为了防止洋人乘借贷之机,侵占路权,李鸿章主张"商借",并"不准洋人入股",以此作为利用外资的一大原则。马建忠也认为"借债与入股有别",可以借外债,但"不可招洋股",以免"坐分盈余"。但是张之洞、刘坤一认为在"官借"

---

[99] 中国史学会主编:《洋务运动(二)》,上海人民出版社 2000 年版,第 569~570 页。
[100] 薛福成:《妥筹铁路事宜》。
[101] 朱玉泉主编:《李鸿章全书》,吉林人民出版社 1999 年版,第 3121 页。
[102] 朱玉泉主编:《李鸿章全书》,吉林人民出版社 1999 年版,第 3747 页。
[103] 《刘壮肃公奏议》卷二。
[104] 马建忠:《借债以开铁路论》。
[105] 马建忠:《借债以开铁路论》。
[106] 张之洞:《劝学篇》,上海书店出版社 2002 年版。
[107] 《张文襄公全集·奏议》卷一五三。

即借款的主体是官府的前提下,也可以招洋股。刘坤一说:"股本既有洋人,局章自照西法,西声一树,莫不乐从。盖有洋股在中,而华商方无顾虑。"为了防止洋商把持,他提出"规划悉视泰西,权柄仍在中国,使彼无所挟持"。[108]

以开平铁路为例,经清廷批准由中国铁路公司招股集资兴建。但是招股集资章程公布后,商人反映颇为冷淡,商股只有银十万八千五百两。李鸿章不得不以年息五厘向英国怡和银行借银六十三万七千余两,向德国华泰银行借银四十三万九千余两。至甲午战争,洋务派以中国铁路公司的名义,用于建筑铁路所借的外债共五笔,合计一千五百六十万两。[109]

举借外债除修建铁路外,也扩展到其他领域。张之洞提出与西人合办开采矿藏,但为防止"外人独其专利",限制外资"不得过半",以使重大决策权掌握在中方手中。他在《进呈矿务章程折》中再三强调:"现订矿务章程声明,各国必须遵守中国法律,乃准其承充矿商。"[110]该章程第9条规定:"集款以多得华股为主,无论如何兴办,统估全工用款若干,必须先有己资及已集华股十分之三为基础,方准招收洋股,或借用洋款,如一无己资及华股,专靠洋股与洋债,概不准行。"[111]

综上可见,"举借外债","招收洋股"是洋务派为求富、自强,借鉴西方企业发展的经验而形成的新思路、新政策。为了防止洋人把持,利源外溢,坚持以自我为主,除前述张之洞的议论外,李鸿章也提出:"借债之法,有不可不慎者三端,一曰恐洋人之把持而铁路不能适则自主;二曰恐洋人之诡谋而铁路为所占据;三曰恐因铁路之债,或妨中国财用",[112]尤其不得"指关税作偿款",干预国家财政。洋务派大员的这些主张起到了一定的防范作用,使得利用外资、振兴实业成为可能。但至洋务运动后期,或因大量举借无力偿还,或因投资失误造成亏损,致使某些合资企业落入外人之手。

3. 支持华商据法与洋商竞争

在西方商品大量涌入中国以后,出现了"既不能禁洋货之不来,又不能禁华民之不用"[113]的严峻形势。为了"稍分洋商之利","渐塞漏卮",使中国民用企

---

[108] 宓汝成编:《中国近代铁路史资料》(第一册),中华书局1963年版,第203页。
[109] 李鸿章撰:《李文忠公全集·奏稿》卷十七,国学扶轮社,光绪十八年(1839年),第12~13页。
[110] 赵清、易梦虹主编:《中国近代经济思想资料选辑》,中华书局1982年版,第383~384页。
[111] 《约章成案汇览》乙篇,卷三十三上。
[112] 朱玉泉主编:《李鸿章全书》,吉林人民出版社1999年版,第2260页。
[113] 李鸿章著,庞淑华、杨艳梅主编:《李鸿章全集》第二册《奏稿》卷二十四,时代文艺出版社1998年版,第1071页。

业的产品能够进入市场,必须与外国企业展开商战。李鸿章曾深有体会地说:洋商对于洋务企业"牴牾尤甚,辄以条约似是而非之处附会恫吓","思欲倾轧中国商局,以逞其垄断之心"。[114] 例如,轮船招商局成立后,立刻受到外国轮船公司的敌视和打击。太古洋行驻上海经理曾致函伦敦方面说:"我们正考虑同旗昌(公司)一起采取对付中国轮船招商局的措施,希望这些措施将把它们打垮。"[115] 为了与洋商进行有效的商战,洋务派通过政策措施,支持华商与洋商展开竞争。商人唐廷枢等为了同外国轮船公司竞争,向李鸿章呈递《轮船招商局公议节略》,要求"仿照日本自制轮船办法,沿江沿海各处均准局船揽载,不必限定通商口岸",李鸿章阅后,即将《节略》转送总理衙门,并建议效法日本船运业的管理办法。他说:"近年日本创建三菱公司,为仿西例,他国轮船公司只准在通商口岸三处往来,唯三菱轮船任意沿海揽载,计十有三处。即使三处洋商挤跌,尚有十处自家口岸弥补,法善也。"据此提出:"准令华商轮船在沿江沿海及内河不通商口岸,自行贸易","独擅其利,外人断不能觊觎均沾"。[116] 并且明确表示:"洋商既拼命挤跌,公家需倍示体恤",[117] 即在政策、法律和道义上支持华商与洋商竞争。他强调指出:这是"中国自主之权",不必担心"洋商援例渎请"。[118]

鉴于外国轮船公司垄断中国沿海和长江航运,李鸿章特为轮船招商局奏请漕运专利权,以相抵制。他说:"承运各省漕粮为商局命脉所系,现在局船揽载商货,为洋船挤跌,动辄亏赔,非多运漕粮,以羡余补不足,万难持久。"[119] 事实证明漕运专利权,是招商局借以对抗外国轮船公司竞争的武器,对保护和发展民族航运业起了积极的作用。

不仅如此,为了防止洋商夺取华商利益,李鸿章根据西方专利法的精神,奏准不许洋商在通商口岸仿造土货;不许"洋商违章侵夺"中国纺织品工业;洋商贩运土货,与华商贩运土货同等征收厘金百分之七点五。[120]

---

[114] 朱玉泉主编:《李鸿章全书》,吉林人民出版社1999年版,第2553页。

[115] 刘广京:《英美航运势力在华的竞争》,上海社会科学院出版社1988年版。

[116] 李鸿章著,庞淑华、杨艳梅主编:《李鸿章全集》第七册《译署函稿》卷七,时代文艺出版社1998年版,第4352页。

[117] 李鸿章著,庞淑华、杨艳梅主编:《李鸿章全集》第七册《译署函稿》卷七,时代文艺出版社1998年版,第4351页。

[118] 《李鸿章致总署函》购买船炮(三)《海防档》甲。

[119] 李鸿章著,庞淑华、杨艳梅主编:《李鸿章全集》第七册《译署函稿》卷三十,时代文艺出版社1998年版,第1280页。

[120] 李鸿章著,庞淑华、杨艳梅主编:《李鸿章全集》第十册《电稿》卷三十四,时代文艺出版社1998年版,第5871页。

洋务派除在政策上、法律上保护华商外,还注意培养"通洋务,悉夷情"的新型管理人才,把"素为股商所深信"的具备企业家素质的和具有经营管理经验的人,提拔到重要岗位,形成了一个人数较多的实业家群体,通过他们实施自强求富的方针。例如,朱其昂组建招商局,与洋商抗衡,开创了中国近代航运业。唐廷枢开办煤矿,修建了我国第一条营运铁路,使开平煤矿成为民办企业中的良好范例。李金镛接任漠河金矿总办后,使金矿产量居于当时全国之首。可见,洋务派不仅造就了一批规模较大、效益较好的近代工矿企业集团,也培养了以李善兰、华蘅芳、郑伯奇、徐寿、徐建寅为代表的中国第一代科技人才和企业管理人才,对中国近代经济和文化的发展起了积极的作用。

(五)隆礼重刑,匡复旧序

洋务运动产生于以扫荡传统礼教纲常为目标的太平天国起义的历史背景下。面对不可知日月的危机,洋务派举起了"隆礼重刑"的旗帜,作为剿灭太平天国起义的理论准备。"隆礼"在于坚决维护传统的纲常伦理秩序保全清朝的统治,"重刑"则在于借洋助剿的同时进行血腥镇压。

曾国藩以儒家道统的继承人自居,极力鼓吹维护封建的纲常礼教。他说:"舍礼无所谓道德","舍礼无所谓政事",[121]要求"以礼自治,以礼治人"[122]。当太平天国起义蓬勃发展,并且颁布了具有强烈震撼力的《天朝田亩制度》时,曾国藩以保卫纲常名教自任,针锋相对地提出隆礼,以"卫吾道","先王之制礼也,人人纳于轨范之中",[123]"修身、齐家、治国、平天下,则一秉于礼"[124]。力求借助"礼"来聚集各种势力,为保卫清朝的封建专制统治而战。他痛詈太平天国"举中国数千年礼义人伦,诗书典则,一旦扫地荡尽。此岂独我大清之奇变,乃开辟以来名教之奇变,我孔子、孟子之所痛哭于九泉"![125] 他强调,"三纲之道"是"地维所赖以立,天柱所赖以尊",是神圣不可侵犯的天理。又说:"君臣父子,上下尊卑,秩然如冠履之不可倒置。"[126]所有这些言论,都为他在新的时代背景下鼓吹"隆礼"的真实目的作了注脚。

需要指出的是,口诵礼教、仁政的曾国藩,并不是谦谦君子,早在湖南办团练时,他便提出,"世风既薄,人人各挟不靖之志……幸四方有事而欲为乱,稍待

---

[121] 李鸿章编:《曾文正公全集·杂著》,线装书局2012年版。
[122] 李鸿章编:《曾文正公全集·日记》,线装书局2012年版。
[123] 李鸿章编:《曾文正公全集·文集》,线装书局2012年版。
[124] 李鸿章编:《曾文正公全集·杂著》,线装书局2012年版。
[125] 李鸿章编:《曾文正公全集·文集》,线装书局2012年版。
[126] 李鸿章编:《曾文正公全集·文集》,线装书局2012年版。

之以宽仁,愈嚣自肆",[127]因而主张采用严刑"振之以猛"。他自称:"惟以练兵除匪二者为要,得不法之徒,立予磔死",[128]如"不治以严刑峻罚","痛加诛戮",就会"无复措手",就不能"以折其不逞之志,而销其逆乱之萌"。[129] 按照这个逻辑,只有"壹意残忍",才能"冀回颓风之万一"。为此他甘冒身被"武健严酷"之名,更不怕"有损于阴骘慈祥之说"。他曾向清廷表示:"即臣身得残忍严酷之名,亦不敢辞。"[130]维新派谭嗣同曾指责曾国藩统率的湘军所到之处,"借搜缉捕匪为名,无良莠皆膏之于锋刃,乘势淫掳焚掠,无所不至。……若金陵其尤凋惨者也。中兴诸公,正孟子所谓'服上刑者'"。[131]

为了筹措镇压太平天国起义的军费,曾国藩还主张用严刑峻罚来胁迫民众交纳赋税。他饬令各州县对"抗欠之罪,断不少宽","治以军流之罪"。对于公开倡言抗纳者,"一经查获,即行正法"。在收复的太平天国辖区内,如有"占人田产,捎(抗)不退还者,仍照甘心从逆论",即行杀戮,借以恢复原有的封建租佃关系。

与对内肆行严刑峻罚相反,曾国藩在对外关系上,却坚持"守定议和""委曲求全""曲全邻好"的方针。他曾为不平等的《中英江宁条约》辩解说,清廷"不得不权为和戎之策,实出于不得已,但使夷人从此永不犯边,四海安然如堵,则以大事小,乐天之道,孰不以为上策哉"。[132] 特别是不惜以牺牲中国人民的生命财产来满足侵略者的无理要求,他所处理的天津教案就是一例:

同治年间,天津地方官以迷拐人口案,捕获拐犯王三、武兰珍、安三(教民)等人,他们"当堂直供,系天主堂主使"。消息传出后,人心激愤,群集于天主教堂前和教士理论,法国领事丰大业就此事往见直隶总督崇厚,竟当众向崇厚及天津知县开枪,击毙仆从1人。从而引起群众的义愤,殴毙丰大业,焚烧教堂,并杀死法国商人、教士13人。这一事件,反映了中国人民对外国侵略者的憎恨和自发的反抗斗争。事件发生后,法国向清政府提出种种无理要求。清廷遂派曾国藩赴天津查办。曾国藩本着"曲全邻好"的方针,到天津后,处处曲循回护法国殖民势力,说:"天主教本系劝人为善","彼以仁善为名而反受残酷之谤,宜洋人之忿忿不平也"。[133] 他在给奕䜣的一封信中,说得更为露骨:"即今审得确

---

[127] 李鸿章编:《曾文正公全集·书札》,线装书局2012年版。
[128] 李鸿章编:《曾文正公全集·书札》,线装书局2012年版。
[129] 李鸿章编:《曾文正公全集·奏稿》,线装书局2012年版。
[130] 李鸿章编:《曾文正公全集·奏稿》,线装书局2012年版。
[131] 《仁学》,载蔡尚思、方行编:《谭嗣同全集》,中华书局1981年版。
[132] 李鸿章编:《曾文正公全集·家书》,线装书局2012年版。
[133] 李鸿章编:《曾文正公全集·奏稿》,线装书局2012年版。

情,实系曲在洋人,而公牍亦须浑含用之,外国既毙多命,不肯更认理亏,使在彼有转圜之地,庶在我不失柔远之道。如其曲不在洋人,凭谣言以煽乱,尤须从重惩办。……我中国宣示大信,平情结案,只能酌议赔款,以还教堂器物!缉拿凶手,以备抵偿各命,彼虽兴波作澜,亦惟忍默处之,不能遽议其他也。"[134]在上清帝的奏折中,更明确提出津案"惟有委曲求全之一法","以后仍当坚持一心,曲全邻好"。

以上可见,曾国藩不顾国家主权原则,不考虑任何国内法与国际法,不敢追究外国人挑起事端的责任,反而重办中国的所谓"滋事人犯"。在此事件中,他判处斩决20人,充军25人,赔款50余万元,并由清政府派崇厚赴法国谢罪,以表示"慰各国之意"。这种丧权辱国、草菅人命的行径,激起舆论哗然,全国人民愤怒谴责。曾国藩自己也不得不承认"办理过柔,以致谤议丛积,神明内疚,至今耿耿"。[135] 清廷为了平息民愤,只好把曾国藩调任两江总督。

曾国藩作为早期的洋务派,以他自己的行动说明为了维护"中体",既宣扬隆礼,作为防民之具,又采取残酷镇压,"振之以猛"。他把外礼内刑、宽猛相济的传统法律思想,运用到了极致,对其他的洋务派重要人物,如李鸿章、张之洞等,也有着重要的影响。例如,李鸿章在借洋助剿,镇压太平天国起义和捻军之后,还于1891年镇压了金丹教和在理教起义。他在奏折中说:"先后大小数十仗,无战不胜,逮逾匝月,竟将首从各犯次第殄擒,各股逆匪一律荡平,向来用兵未有如此之神速者。"[136]

张之洞作为洋务派后期的集大成者,素以机变著称,为了维护"中体",他说:"抚良民则以煦姁宽平为治,惩乱民则以刚断疾速为功。"[137]在平定太平天国起义和捻军之后,他一方面主张"尚德缓刑",实行"赋敛轻""刑罚平"的政策,以利于"结民心",并且说,"尝考从古帝王所以享国久长者,财力兵力权谋术数皆不足恃,惟民心为可恃。"[138]但是另一方面沿袭曾国藩的故伎,强调惩"乱民"要严要猛。他任山西巡抚时,为了"惩乱",不仅主张扩大死刑罪的范围,而且要求清廷授他以就地处决"土匪马贼会匪游勇"的权力,以便放手进行镇压。他在奏折中说:"如有执持刀械火枪者,众至三人以上者,行劫二次者,行劫致伤

---

[134] 李鸿章编:《曾文正公全集·书札续抄》,线装书局2012年版。
[135] 曾国藩著,江世景编注:《曾国藩未刊信稿》,中华书局1959年版。
[136] 李鸿章著,庞淑华、杨艳梅主编:《李鸿章全集》第五册《奏稿》卷七十四,时代文艺出版社1998年版,第2728页。
[137]《张文襄公全集》卷六。
[138]《张文襄公全集》卷一。

事主者,拒捕伤人者,入城行劫赃数较多者,窝钱分赃至两次者,有一于此,供证确实,亦即就地正法。"[139] 他在两广、湖广任上,以"变通之道,因时而宜,重典之刑,因地而用"为理由,一再要求清廷赋予他"就地正法"的杀人权。就任两广总督一年,就杀了"斗匪"九百余人。任湖广总督时,单是镇压唐才常自立军,就杀人数百,张之洞就是这样来维护"中体"的。

四、洋务运动的历史作用与洋务法制的价值

洋务派官僚集团是在社会发生剧变、清朝面临前所未有的内忧外患的严峻形势下出现的,他们既维护封建纲常和清朝的专制统治,又面向西方世界积极吸取西方的科学技术和文化,以求得富国强兵,自强自立。在洋务运动中,奕䜣、曾国藩发其端,李鸿章、张之洞总其成。洋务派奉行的"中体西用"论是其思想的总概括,也是指导洋务运动的理论原则,在三十几年时间里,起着指导治国方向的作用。

由于洋务派中或是执掌中枢的亲王,或是手握军政实权的封疆大吏,他们所推行的"中体西用"的洋务运动,又得到了最高统治者慈禧太后的首肯和支持。因此尽管不断受到顽固守旧派的攻击阻挠,仍然得到了某种程度的贯彻实施。

洋务运动涉及的范围十分广泛,包括军事、外交、法律、经济、文化教育等诸多方面,其主要成就不限于近代经济基础的奠定和发展,还在于提倡翻译西书、设立新式学堂、创办新闻出版机构、选派出国留学人员等,不仅有力地促进了"西学东渐"的进程,也使中国传统文化向近代化演变,这种演变在法文化领域同样表现得十分明显。

洋务派作为封建买办性的大官僚集团,他们每个人的生活环境、社会经历、知识底蕴和对西法的态度,存在不同程度的差异。但就他们的法律思想而言,大体上经历了一个共同的曲折发展演变的过程,既带有时代的共同特点,也存在中与西、新与旧的矛盾性。譬如他们坚持传统法律的基石——纲常名教,是不可改变的"中体"的部分。直到20世纪初期修订新律时,张之洞仍然以纲常为政令法度的永恒本源,但这只是一个方面。随着形势的发展,洋务派从实用的角度出发,也主张改变某些成法,引进西法以调整洋务运动中产生的各种新关系、新制度,弥补旧律之不足。譬如,李鸿章向清廷奏请引进西方的专利制

---

[139]《张文襄公全集》卷六。

度、股份制度、关税制度。[140] 这在当时是少有的新思想、新举措。站在洋务派对立面的大多数官僚却依然抱残守缺,以祖宗成法不可改变为信条。如同赫德在《局外旁观论》一文中所说:清政府中"以西法可行者不过二三人,以西法为不可行者、不必行者几乎盈廷皆是"。[141]

随着军事工业与民营企业的发展,洋务派提倡制定商律、路律、矿律、私法等各种法律。如果说洋务运动前期重视引进国际公法,那么至洋务运动中后期,引进西方经济法律逐渐成为重点,这反映了洋务运动期间中国社会经济发展的实际状况。

由于办理洋务是一项前所未有的官方活动,需要各方面的人才,洋务派通过设置同文馆与新式学堂、选派外国留学生、派员出国考察等办法,在不长的时间里便造就了一个新型的知识群体。他们中间有人已把目光不再专注于西方船坚炮利的科学技术,而是投射到西方的民主与法律制度上来,将其看作西方国家富强之本。郭嵩焘说:"于(富强)本原处尚无讨论,是治末而忘其本,穷委而昧其源也",不能"只袭其皮毛"而不"吸之精髓"。[142]

洋务运动和洋务派都是历史的产物,洋务派通过创办近代军事工业和民用工业、企业,"开始了中国的机器时代"。[143] 同时,又通过各种渠道发挥了开通风气、更新知识、改变某些传统的价值观念的作用。由于洋务派是手中握有权柄的大官僚,他们推动历史的积极影响,是在野的士大夫和西方传教士所不及的。

至于洋务派奉行的"中体西用",较之魏源提出的"师夷之长技以制夷"不但更具有可操作性,而且是在当时的历史条件下,所能提出来的符合中国国情的自救自强的指导原则。洋务运动是从林则徐、魏源"睁眼看世界""师夷制夷",到改良维新、实行君主立宪之间的一个不可忽视的历史阶段。

洋务派引进西方法律,虽然是实用主义的,但在客观上促进了法律观念的更新,开辟了中国法制走向近代化的途径。无论是移植西法的经验,还是培养法律人才的各种措施,对20世纪初期的晚清修律和司法改革,都有着重要的借鉴意义。如果说洋务派引进西法、稍变成法的主张,还带有较大的自发性,那么至晚清修律,已经把改革清朝法制与世界进步的法制潮流开始联系起来,具有

---

[140] 李鸿章:《试办织布局折》,光绪八年三月初六日,载李鸿章著,庞淑华、杨艳梅主编:《李鸿章全集》第三册《奏稿》卷四十三,时代文艺出版社1998年版,第1715页。
[141] [英]赫德:《局外旁观论》,载宝鋆等修:《筹办夷务始末(同治朝)》卷四,中华书局1979年版,第3页。
[142] 郭嵩焘:《郭嵩焘日记(三)》,光绪五年闰三月十九日,湖南人民出版社1982年版,第855页。
[143] [日]长井伸浩:《洋务运动时期的官督商办》,商务印书馆1989年版。

一定的自觉性。

由于洋务派对于封建主义的依附和对于外国侵略者的妥协,使他们不可能通过兴办洋务,实现求强求富的目的。相反就在兴办洋务过程中,中国的处境每况愈下,他们力图维持的"中体",已经日益成为被时代所淘汰的对象,至于"西用",也随着改良维新思潮的兴起突破了他们的主观设限。洋务运动的破产随着甲午战败而最终不可避免。它留给后人的是值得认真思索和总结的历史经验和教训。

总括上述,中体西用的洋务法制,是中西法文化开始对接的法制。虽然带有"亦洋亦土"的不确定性,却是冲破了传统法文化的一种前所未有的形态。

中国传统法文化是一个独立的文化体系,它是以儒家纲常伦理之说作为理论基石的,这种法文化,取决于传统国情中的自然经济结构、专制政治、家族本位等诸因素,同时又反作用于这些因素,使之更趋于稳固。因此,中国传统法文化虽然体现了中华民族的高度智慧和品格,起到了组织社会、整合人心的巨大的历史作用,却不可避免地带有因袭性、保守性。如果说在封闭的大一统的、缺少外来法文化冲击的历史环境中,中国传统法文化尚可维持其古老的生命,那么,在鸦片战争以后,国家地位的剧变、民族的耻辱、深刻的政治经济危机,特别是封闭国门的开放,使人们开始从一个新的角度,审视中国传统的政治法律制度与观念,被动地进行了前所未有的反思。从林则徐的"睁眼看世界"和翻译西法,到洋务派"中体西用"的法律思想与法律实践,都体现了这种反思的结果。

"中体西用"作为中西文化相互碰撞和吸收的一种范式,却没有随着洋务运动的消失而消失,它在较长一段时间里仍然起着引导中国传统法文化向近代法文化转型的导向作用。

第四章 宪政思想的萌发与变法维新

（19世纪后半期至19世纪末）

19世纪中后期,中国遭受西方列强的不断侵略,民族危机日益深重,在这样的历史背景下,救亡图存,争取国家富强,成为中华民族志士仁人为之奋斗的目标,并贯穿于整个中国近代历史,影响和推动着中国近代法制文明历史的新发展。这时,从洋务派营垒中分化出一批思想更为激进的官僚士大夫,如王韬、薛福成、何启、胡礼垣、郑观应、马建忠等,他们开始把关注的焦点集中在政体的改良上,先后提出了仿行西方国家设议会、实行君民共主的主张,表现了采西学,向西方学习的内容的扩大,是宪政思想的萌发。因而与洋务派有所区别,被称为改良派或早期维新派。他们的宪政思想的内涵和目标是由中国特定的国情所决定的,带有鲜明的中国色彩,对生活在窒息状态下的广大民众起着政治启蒙的作用,也为继起的维新派提供了思想元素。

1894~1895年的中日甲午战争之后,战败的清政府签订了割地赔款的《马关条约》,由此而引起了康有为、梁启超、谭嗣同等人领导的变法维新运动。虽然遭到顽固派的镇压而失败,但他们提出的君主立宪的国家方案,以及建设近代的法律体系的主张,将宪政的空谈引向了一次实践。戊戌变法虽然失败了,却影响着20世纪初期清政府的新政与预备立宪。

一、改良派产生的历史背景与代表人物

19世纪六七十年代,中国封建自然经济结构继续瓦解,由洋务派兴办的军

事工业、民用工矿、交通企业和以官督商办、官商合办为形式的近代民用企业，对民族工业的兴起起到促进的作用。但是，中国近代民族工业的生长过程是艰难的、缓慢的，经过近三十年的努力，直到1894年，民族资本企业虽已有一百余家，但企业的资本总额不过五六百万两。而在同一时期，外国资本在华投资建厂的资本总额已达一千五百万两。正因为民族资本企业的规模小，经济力量极为薄弱，因此必然要在技术、设施等方面，依赖于外国资本。除此之外，无论设厂、开矿也都需要清朝的批准或握有权势的官僚的支持，以致民族资本只能在缝隙中挣扎前进。

　　近代民族资本主义经济的发展，为改良派改革政治体制与法制思想的产生提供了物质基础，而且推动了社会结构的变革。这时一部分地主官僚开始向资产阶级转化；一部分商办的企业家、工厂主也逐渐上升为资产阶级，他们构成了改良派的阶级基础。改良派鼓吹西方宪政的思想，正是反映了这部分人的利益要求和权利愿望。由于民族资本主义经济对外国资本主义势力和国内封建势力既有依赖性，又有矛盾性，从而决定了新兴的民族资产阶级对国内外这两种势力既有反抗性，又有妥协性。这种两面性的特点，也必然对其早期的思想代言人——改良派有直接的影响。改良派作为新兴的社会力量走上历史舞台以后，逐渐把社会改革的侧重面由技术文明转移到制度文明上来，这是与洋务派的主要区别点。但由于改良派对于君主立宪政体和法制的认识还很肤浅，理论上的论述既不深刻，也不系统，特别是没有把思想认识转化为实际的政治行动，因而又与甲午战争以后的维新派有所不同。

　　改良派宪政思想的萌发，既有社会基础，也有西方法文化的基础。他们站在社会发展的潮流前面，对由师夷制夷到洋务运动的思想进行了某种批判的总结，开启了中国近代法制文明的新章。

　　19世纪70年代，从洋务派中分化出来的薛福成、马建忠、王韬、郑观应、郭嵩焘、陈炽、陈虬、何启、容闳等人，他们比起林则徐、魏源、洪仁玕、冯桂芬，在更广阔的方面接触了西方世界。他们的眼光已经不限于学习西方的科学技术和追求商业的兴盛与经济的现代化，而是关注上层建筑的基本层面——政治体制与法制。由此而扩大了向西方学习的规模，进一步将西方国家的政治体制和法制介绍到国内，以期对中国的政治、法律制度进行相应的改良。

　　王韬（1827~1897年），江苏吴县人，十八岁考取秀才后，屡试不中。早期思想与地主阶级改革派相近。1849年，在上海受雇于英国教士麦都思主办的墨海书馆。1862年，在香港为英人理雅各翻译中国经书，在此期间思想开始发生变化。以后又游历了英、法、俄等国，对资本主义制度有了较为深入的了解。

1874年，他在香港创办《循环日报》，评论时政，宣传变法自强。王韬批评洋务派学习西方，标榜"自强"，是自欺欺人之谈，是"仅袭皮毛，而即嚣然自以为足，又皆因循苟且，粉饰雍容，终不能一旦骤臻于自强"[1]。在改良派中，王韬明确提出了具有资产阶级性质的变法要求。他在《弢园文录外编》一书中，专门撰写了《变法》和《变法自强》篇，第一次鲜明地提出了变法的口号。不但在经济方面，提出"变法者，在创设局厂，铸枪炮、造舟舰，遣发幼童出洋，肄习西国语言文字器艺学术"[2]，以发展民族资本主义工商业，富国强兵等主张，而且在政治方面，要求改革君主专制，实行君主立宪的议院制，把学习西方先进的科学技术、发展民族资本主义工商业，同实行西方进步的民主政治制度结合起来，认为"苟得君主于上，民主于下，则上下之交固，君民之分亲矣，内可以无乱，外可以免侮，而国本有若苞桑磐石焉。由此而扩充之，富强之效，亦无不基于此矣"[3]。在1883年中法战争之前改良思潮刚刚兴起的条件下，能够把实施议院制与国家的存亡盛衰如此紧密地联系在一起，说明他的经历使他成为改良派中思想比较早熟者之一。但是，他并不主张从根本上改变封建统治秩序，对英日等西方国家也抱有幻想，这反映了洋务派对他的思想影响。王韬一生著述甚多，具有代表性的是《弢园文录外编》。

马建忠（1845～1900年），江苏丹徒人，"幼好学，通经史"。在第二次鸦片战争以后，他"愤外患日深"，抛弃科举，"专研西学"，曾协助李鸿章办理洋务。光绪三年（1877年）被派赴法国留学，学习政治法律，并任清使馆翻译。光绪六年（1880年）回国后长期充当李鸿章的幕僚。光绪十六年（1890年）曾任轮船招商局和上海机器织布局总办，形成了浓厚的重商主义的经济思想。在政治法律思想方面，赞扬西方国家实行的议会制度和三权分立，认为西方国家政事之所以"纲举目张"，实源于此。由于他反对西方国家强迫清朝订立的不平等条约和关税协定，在改良派中属于思想激进的人物。梁启超曾对其著述加以肯定的评论："每发一论，动为数十年以前谈洋务者所不能言；每建一议，皆为数十年以后治中国所不能易。"[4]主要著作有《适可斋记言记行》。

薛福成（1838～1894年），江苏无锡人，副贡出身，先后充当曾国藩、李鸿章的幕宾。他在担任宁绍道台时，曾抗击过法舰入侵。1889～1893年任英、法、

---

[1] 王韬：《变法上》，载王韬：《弢园文录外编》，中华书局1959年版，第13页。
[2] 王韬：《治中》，载王韬：《弢园文录外编》，中华书局1959年版，第24～25页。
[3] 王韬：《重民下》，载王韬：《弢园文录外编》，中华书局1959年版，第24页。
[4] 梁启超：《适可斋记言记行序》，载梁启超：《饮冰室合集》第一册《文集一》，中华书局2015年版，第132页。

意、比四国公使。他主张发展民族资本主义,认为"商"是"握四民之纲者"。在政治法律思想上,以英、德两国为楷模,要求改君主专制为君主立宪。他撰写的《出使英法意比四国日记》,真实地记录了一位洋务派人,向改良维新派转变的轨迹。由于其中有反对封建专制、鼓吹君主立宪的内容,故其日记的大部分未能公之于众。薛福成不仅是改良派的思想家,也是清末著名的外交家,时人称他是"风气略开以后,异学未兴以前"的过渡性人物,主要著作有《庸庵全集》。

陈炽(?~1900年),江西瑞金人,曾任户部郎中、军机处章京。他钻研西学,留心天下利病,并亲访香港、澳门等地,提倡仿行西法,改革封建专制制度,发展民族资本主义,借以收回利权。同时,也主张维护封建的纲常名教,说:"泰西之所以长者,政;中国之所以长者,教。道与器别,体与用殊,互相观摩,互相补救。"戊戌变法前夜,他与康有为等在北京设立强学会,任提调,并以拒李鸿章入会名噪一时。光绪二十二年(1896年)发表经济学专著《续富国策》,主张以商业为中心,全面发展各部门经济。他指出,"商之本在农","商之源在矿","商之体用在工"。他还主张成立商部、制定商律、保护关税、取消厘金、设立公司、实行专利等保商措施。

陈虬(1851~1904年),浙江乐清人,光绪十五年(1889年)中举。他认为"欲图自强,自在变法",并以"开议院、广言路、更制举、培人才"等为"治之法"的首要问题。光绪二十一年(1895年)参与康有为、梁启超发起的"公车上书",光绪二十四年(1898年)又列名康有为的保国会,戊戌政变后,有令缉捕,先期逃脱,著有《治平通议》8卷。

何启(1859~1914年),广东南海人,早年留学英国11年,后定居香港,担任香港议政局议员、律师和立法委员。他主张效法西方民主制度,认为"民权愈盛,其国愈强";民权的实施"首在设议院,立议员"。与此同时,反对官商合办的模式,认为它不利于民族资本主义经济的发展。自1887年至1900年,他与胡礼垣合作,发表了许多鼓吹变法的文章,汇编成《新政真诠》。此书,代表了中法战争以后至甲午战争以前这一历史阶段的改良派的主要思想。

郑观应(1842~1921年),广东香山县人,是改良派思想的集大成者。他学识博杂,初懂《易》理,又"涉足孔孟之庭,究心欧美之学"[5] 曾在外国洋行做

---

[5] 郑观应:《禀谢对筱帅保荐人才》,载夏东元编:《郑观应集(下)》,上海人民出版社1982年版,第362页。

过买办,也在洋务派的官督商办企业中担任过高级职务,成为洋务派的一些重要新式企业的筹办者和开拓者,后又成为上海商界的著名人物。郑观应一生著述颇丰,而且多是因时而发,具有强烈的时代气息。《救时揭要》《易言》出版后,很快便流传到日本和朝鲜等地,风行一时。他的代表作是《盛世危言》,书中提出以"商战为本",收回利权,振兴民族工商业。同时,大声疾呼设立议院,实行君主立宪制度,通过变法自强,抵制外国侵略。甲午战败后,《盛世危言》受到社会的广泛重视。孙家鼐(礼部尚书)、邓华熙(江苏布政使)曾向光绪皇帝推荐《盛世危言》,光绪皇帝命总署印刷 2000 部分发给大臣阅看。从此,这部著作"天子嘉叹,海内传诵,当世贤豪士大夫莫不知陶斋其人矣"[6],"都中各求索者络绎不绝"[7],甚至"都中考试常出该书所序时务为题目"[8]。著名的思想家、教育家蔡元培于 1896 年评论该书说:"以西制为质,而集古籍及近世利病发挥之,时之言变法者,条目略具矣。"[9]《盛世危言》所载"议院""公法""刑法""狱囚""厘捐""税则"各篇,可以视为法律专篇。

郭嵩焘(1818~1891 年),湖南湘阴人,道光进士,先后担任苏松粮储道、两淮盐运使、兵部侍郎等职,与洋务派官僚曾国藩、左宗棠、李鸿章等人过从甚密。1876 年至 1878 年任出使英国大臣,兼出使法国大臣,是"天朝帝国"派出的第一位正式代表。他在广泛接触西学后,思想发生变化,主张学习西方科学技术和民主法治,以致被顽固派视为"异端",所著《伦敦与巴黎日记》《养知书屋遗集》等书,也遭到毁版。

综括上述,19 世纪 70 年代以来,西方国家对中国肆行侵略的同时,又对中国民族工商业进行排挤和打击。面对社会危机,一批先进的官僚士大夫深感要救中国,必须进行改良。他们一方面主张以工商立国,发展民族资本主义经济,以利于对西方国家进行商战;另一方面提倡改革政治,实行按照三权分立原则组织起来的资产阶级君主立宪制国家。改良派中每个人的经历不同,研究领域和理论造诣也有差别,但他们具有共同的思想倾向性,彼此影响,互相推动,掀起了介于洋务运动与戊戌变法之间的改良思潮。

---

[6] 盛宣怀:《盛宣怀序》,载夏东元编:《郑观应集(下)》,上海人民出版社 1982 年版,第 1241 页。

[7] 郑观应:《郑观应致盛宣怀函》,光绪二十一年三月三十日(1895 年 4 月 24 日),载《盛宣怀档案资料》(藏上海图书馆)。

[8] 郑观应:《郑观应致盛宣怀函》,光绪二十三年三月十四日(1897 年 4 月 30 日),附件:"译上海洋新闻报(1897 年 3 月 2 日)",载《盛宣怀档案资料》(藏上海图书馆)。

[9] 高平叔:《蔡元培年谱·〈杂记〉手稿》,中华书局 1980 年版,第 8 页。

二、改良派的法律思想

奉行中体西用的洋务派,虽然主张学习西方,但侧重于学习西方的科学技术,他们只看到了西方国家的"算学、重学、视学、光学、化学,皆得格物至理;舆地书备列百国山川厄塞,风土物产,多中人所不及",[10]还没有与社会政治制度联系起来进行考察。19世纪70年代,改良派已经从中西比较中,研究介绍西方国家的政治法律制度,为他们的改良设想制造舆论。因此他们的法律思想也与洋务派不同,尽管改良派的法律思想还不系统、不定型、不成熟。

(一)仿行西政,倡言变法

19世纪70年代,改良派以思想家的敏锐眼光,比较清醒地认识到西方列强对中国加紧侵略所造成的严峻形势。薛福成在《筹洋刍议》一书中指出:中国正处于"古今未有之变局"中,已由"华夷隔绝之天下,变为中外联属之天下"。王韬在《变法》一文中进而指出:"外国数十国悉聚一中国之中",实属"见所未见,闻所未闻"。他们从中国传统的"穷则变、变则通"的发展变易思想出发,认为"天下事未有久而不变"之理。由此而产生了适应形势、学习西方国家政治与法制的变革思想。郑观应在其名著《易言》中说:"由今之道,变今之俗,宜览往古,法自然,诹远情,师长技,攻其所短,而夺其所恃。"[11]又说:"天道数百年小变,数千年大变。"[12]正由于"世变无常,富强有道",所以"惟准今酌古,勿狃于陈言;因时制宜,勿拘于成例。力行既久,成效自征"。薛福成还在《筹洋刍议》中,论证了"世变小,则治世之法因之小变;世变大,则治世之法因之大变"。此外,陈炽说:"法之宜守者慎守之,实课以守法之效,毋庸见异思迁也;法之当变者力变之,实责以变法之功,毋庸后时而悔也。"[13]何启、胡礼垣也说:"当今之世而不变今之法……亦无以决疑征信,大得于民。"[14]"同一政令也,有往时以为可置,于今时则否者矣;有此事以为可置,于彼事则否者矣;有一处以为可置,于他处则否者矣;有斯人以为可置,于他人则否者矣。""使不随时、随事、随地、随人而议之,断不能斟酌尽善,措置咸宜。"[15]陈虬还发出了"时变矣,而犹欲袭先业

---

[10] 冯桂芬:《校邠庐抗议·采西学议》,朝华出版社2017年版,第152页。
[11] 郑观应:《易言·自序》,载夏东元编:《郑观应全集》,上海人民出版社1982年版。
[12] 郑观应:《易言·公法》,载夏东元编:《郑观应全集》,上海人民出版社1982年版。
[13] 陈炽:《庸书·外篇》卷上《名实》,朝华出版社2018年版。
[14] 何启、胡礼垣:《新政真诠》初编《曾论书后》,辽宁人民出版社1994年版。
[15] 何启、胡礼垣:《新政真诠》二编《新政论议》,辽宁人民出版社1994年版。

而守旧教,恭己无为,坐致治平,是犹持方枘而周圆凿,其不得适也必矣"[16]的感慨。他强调:"法者治之具,王者制法,而不为法所制。欲法先王,亦法其所以为法而已。"[17]特别是王韬,更为直截了当地提出:"孔子而处于今日,亦不得不一变。"[18]

改良派除从历史哲学的角度,论证了法与时转及变法的必然性外,还从中国古代的历史事实,以及中西对比两个方面,说明变法为"今日中国唯一之出路"。陈虬说:"汉初以黄老治,蜀汉以申韩兴,若易其时则乱矣。"[19]"闻之吕览,治国无法则乱,守法不变则悖,悖乱不可以持国。世移时易,变法宜矣,譬之若良医,病万变药亦万变,病变而药不变,向之寿民今为殇子矣。"[20]马建忠、陈炽和郭嵩焘在总结土耳其、缅甸、越南、琉球不变而弱、不变而亡的教训时,还特别论证了日本由变法而强的事实。他们说,"处递变之时,不因时而与之俱变",徒守千百年前之《可兰经》,"欲以应夫千百年后世变之道,无惑乎日就消亡,徒为天下后世多一泥古不通今之龟鉴"。[21] 缅甸、越南、琉球由于不与时俱变,"其亡不旋踵"。[22] 而日本则相反,其"大小取法泰西,月异而岁不同",[23] "一变而强",今已有"凌辱中华之意"。王韬忧心忡忡地指出:西方资本主义国家所讲求、所坚持的事物,"全为中国所不及","设我中国至此时而不一变,安能而与之欧洲诸大国比权量力也哉!"[24]因此,欲富国自强,唯有仿效日本,走改良、变法之路。

改良派以仿行西法为立脚点,初步设计了变法的方案。薛福成说:"西洋诸国,恃智力以相竞,我中国与之并峙,商政矿务宜筹也,不变则彼富而我贫;考工利器宜精也,不变则彼巧而我拙;火轮、舟车、电报宜兴也,不变则彼捷我迟;约章之利病、使才之优绌、兵制阵法之变化宜讲也,不变则彼协而我孤,彼坚而我脆。"[25]马建忠较之薛福成涉猎的变法领域更为宽广,他指出:"忠(马建忠)此次来欧一载有余,初到之时,以为欧洲各国富强,专在制造之精,兵纪之严。及披其律例,考其文事,而知其讲富者以护商为本,求强者以得民心为要。护商而

---

[16] 陈虬:《治平通议·序》,朝华出版社2018年版。
[17] 陈虬:《治平通议·经世博议·序》,朝华出版社2018年版。
[18] 王韬:《变法上》,载王韬:《弢园文录外编》,中华书局1959年版,第11页。
[19] 陈虬:《治平通议·经世博议·变法》,朝华出版社2018年版。
[20] 陈虬:《治平通议·经世博议·序》,朝华出版社2018年版。
[21] 马建忠:《巴黎复友人书》,载马建忠:《适可斋记言》,台北,文海出版社1968年版。
[22] 陈炽:《庸书·外篇》卷下《自强》,朝华出版社2018年版。
[23] 郭嵩焘:《伦敦与巴黎日记》,载《郭嵩焘日记》,湖南人民出版社1982年版。
[24] 王韬:《变法中》,载王韬:《弢园文录外编》,中华书局1959年版,第23页。
[25] 薛福成:《筹洋刍议·变法》,朝华出版社2017年版。

赋税可加,则盖藏自足;得民心则忠爱倍切,而敌忾可期。他如学校建而智士日多,议院立而下情上达。其制造、军旅、水师诸大端,皆其末焉者也。"[26]陈虬还列举了求富之策、自强之策、治之法等主张如下:"富之策十有四:设官钞、定国债、开新埠、垦荒地、兴地利、广商务、迁流民、招华工、汰僧尼、税妓博、搜伏利、汇公产、开鼓铸、权度尺。强之策十有六:更制服、简礼节、变营制、扼要塞、开铁路、改炮台、广司官、并督抚、弛女足、求材官、限文童、练僧兵、禁烟酒、限姬妾、优老臣、广外藩。富矣,强矣,非人不治,治之法:开议院、广言路、更制举、培人才、广方言、整书院、严举主、疏闲曹、定户口、权盈虚、严嫁娶、定丧葬、汇礼典、正词戏、新耳目、申诰戒。"[27]

改良派对坚持"天不变道亦不变"、固守"祖宗成法"以应世变的顽固派也进行了批评。王韬认为中国之所以外无抗力、内无生机,就在于"曩时主国事者拘乎成例,而今成例安在"?[28]对于那些"自命正人者,动以不谈洋务为高,见有讲求西学者,则斥之曰名教罪人、士林败类"的守旧人士,[29]给予了愤懑的斥责:"中国士大夫愦愦如此,虽有圣者亦且奈之何哉。"[30]

改良派自幼就受到封建传统文化的教育、熏陶,他们虽然对于西学的认识较之洋务派深入一步,但是面对中西两种不同类型的文化,在思想深处仍然存在矛盾,尤其对西方的法文化的认识还较为肤浅,从而在他们的思想体系上,中西杂糅,带有一种过渡性的特点。譬如,他们强调:"形而上者中国也,以道胜;形而下者西人也,以器胜"[31],"泰西之所长者政,中国之所长者教,故道则备自当躬,器则取之西人"[32],"道不能即通,则先假器以通之"[33],等等,说明他们仍然认为中国的伦常、纲纪尽善尽美,中国的礼法之防"至备至隆",可以万世不变;能变者只是器,是末,也就是仿行不如西方的各种制度、设施。于此可见,改良派亦受到传统文化的影响和羁绊。至于改良派"道本器末""变器不变道"的观点,与洋务派的"中体西用"论,既有联系又有区别。在肯定封建纲常伦理不可改变的基点上,二者是一致的。如同薛福成所说:"今诚取西人器数之学,以卫吾尧舜禹汤文武周孔之道,俾西人不敢蔑视中华,是乃所谓用夏变夷者

---

[26] 马建忠:《上李伯相言出洋工课书》,载马建忠:《适可斋记言》,台北,文海出版社1968年版。
[27] 陈虬:《治平通议》,朝华出版社2018年版。
[28] 王韬:《尚简》,载王韬:《弢园文录外编》,中华书局1959年版,第49页。
[29] 郑观应:《盛世危言·西学》,华夏出版社2002年版。
[30] 郭嵩焘:《伦敦与巴黎日记》,载《郭嵩焘日记》,湖南人民出版社1982年版。
[31] 王韬:《弢园尺牍》,台北,文海出版社1983年版,第30页。
[32] 陈炽:《庸书·外篇》卷下《审机》,朝华出版社2018年版。
[33] 王韬:《原道》,载王韬:《弢园文录外编》,中华书局1959年版,第2页。

也。"[34]但是改良派对于西学的认识和变革成法的主张,已经超出了洋务派的轨范,具有"从前九州之内所未知,六经之内所未讲"的新内涵,集中表现为对西方国家议会制度的肯定和提出仿行的问题。譬如陈炽在论及"议院"的作用时,倡言"民心即天心",其思想锋芒已经自觉不自觉地触及封建统治的"道"。郑观应在《盛世危言·自序》中,也对洋务派的"中体西用"论,表示了异议。他说:"西人立国具有本末,虽礼乐教化远逊中华,然其驯致高强亦具有体用。育才于学堂,论政于议院,君民一体,上下同心,务实而戒虚,谋定而后动,此其体也。轮船火炮,洋枪水雷,铁路电线,此其用也。中国遗其体而求其用,无论竭蹶步趋常不相及,就令铁舰成行,铁路四达,果足恃欤!"

以上可见,改良派不仅开阔了向西方学习的规模,还提出了与龚自珍、魏源的改制更法以及洋务派的稍变成法不同的变法思想。虽然他们还没有形成对西方国家的总体认识,他们的变法主张也还未能摆脱维护封建制的窠臼,有时几乎是进两步退一步,譬如曾任四国公使、主张君主立宪的薛福成竟然说:"我国家集百王之成法,其行之而无弊者,虽万世不变可也!"但是应该指出,改良派已经从世界大势的角度来看待中国所发生的变化,来论证变法的必要性,这不仅体现了深切的忧国爱国的情怀,也反映了他们在政治、法律文化观上的进步性。

(二)赞美议院制度,主张君民共主

西方国家侵略的深入,日益暴露了清朝统治的腐朽和吏治的败坏,改良派从发展民族资本主义经济的实践活动中,体验到"政治关系实业之盛衰,政治不改良,实业万难兴盛"。[35] 郑观应以数十年之切身经历,总结出"中国工商业之一大阻力,即在官场矣"。[36] 陈炽从专制政治所造成的"上下不通"的状况出发,猛烈抨击清朝的弊政。他说:清朝上下之间"相疑相遁,非一朝一夕之故",追本溯源,在于秦朝建立的专制制度,秦时偶语者弃市,腹诽者诛。秦亡以后,"虽苛政渐除,而舆情终抑……所谓言者无罪,闻者足戒,昔有其语,今无其事,盖暴秦之为祸烈矣"。[37]

正是对清朝腐朽统治的感受不断加深,改良派逐渐把目光从科学技术移向社会政治制度,开始对西方的议会、君主立宪表现出极大的兴趣,发出了由衷的

---

[34] 薛福成:《筹洋刍议·变法》,朝华出版社2017年版。
[35] 夏东元编:《盛世危言后编·自序》,中华书局2013年版。
[36] 郑观应:《致工商部参议君笙书》,载夏东元编:《盛世危言后编》,中华书局2013年版。
[37] 陈炽:《庸书·外篇》卷上《报馆》,朝华出版社2018年版。

赞美之情。他们通过出使、留学、游历,或阅读介绍西方的书籍,发现议会政治是西方立国之本,而不在于船坚炮利。他们在这方面的认识程度,提高得很快,并且趋向于一致。例如,王韬在咸丰元年(1851年),还站在传统的封建专制政治的立场,批评西方"君民同治"是"立法之大谬"。然而至光绪九年(1883年),随着他对西方国家了解的深入,竟然跃升为中国近代史上比较详细地介绍西方各种政治制度的著名思想家。他把当时的西方国家分为"君主之国"、"民主之国"和"君民共主之国"三类,分别加以阐述。他推崇君民共主之国,说:"惟君民共主,上下相通,民隐得以上达,君惠得以下逮,都俞吁咈,犹有中国三代以上之遗意焉。"[38]他认为中国贫弱之源,就在于上下之情不能相通。所谓"揆其由来,即委穷原,参观互证,盖以为上下之情不能相通而已矣",因此,"欲挽回而补救之,亦惟使上下之情有以相通而已矣"。[39]

曾经远涉重洋,考察过西方国家"风俗利病得失盛衰之由"的官商郑观应,在《盛世危言·自序》中说:"议院兴而民志和,民气强",有了议院,"昏暴之君无所施其虐,跋扈之臣无所擅其权,大小官司无所钟其贵,草野小民无所积其怨"。[40]他批评讲洋务如果只限于模仿西洋器械,而不革新政治,是"遗其体而求其用",达不到应有的效果。因此他提出:"欲行公法,莫要于张国势;欲张国势,莫要于得民心;欲得民心,莫要于通下情;欲通下情,莫要于设议院。"如果"中华而终自安卑弱,不欲富国强兵为天下之望国也,则亦已耳!苟欲安内攘外,君国子民持公法以永保太平之局,其必自设立议院始矣"![41] 在这里,郑观应以议院为枢纽,把民富与国强联结起来,成为他一生政治与经济的追求目标。与郑观应相似,陈虬也说:"泰西富强之道,在有议院以通上下之情,而他皆所未。"[42]马建忠在《上李伯相言出洋工课书》中,不仅表示"议院立而下情可达",而且介绍了在资产阶级三权分立制度下,"人人有自立之权,即人人有自爱之意",[43]可使政事"纲举目张,粲然可观"。

改良派还有意识地将中国传统的民本思想,与西方议院政治的某些民主观念相比拟,为改革清朝封建专制政体制造舆论。王韬以鲜明的观点论证了民心对天下、国家的重要意义。他说:"天下何以治?得民心而已。天下何以乱?失

---

[38] 王韬:《重民下》,载王韬:《弢园文录外编》,中华书局1959年版,第23页。
[39] 王韬:《达民情》,载王韬:《弢园文录外编》,中华书局1959年版,第67页。
[40] 郑观应:《盛世危言》卷五,华夏出版社2002年版。
[41] 郑观应:《盛世危言》卷一《议院》,华夏出版社2002年版。
[42] 陈虬:《治平通议》卷六《上东抚张宫保书》,朝华出版社2017年版。
[43] 马建忠:《适可斋记言》卷二,台北,文海出版社1968年版。

民心而亡……民心既得,虽危而亦安;民心既失,虽盛而亦蹶。"[44] 结论就是"今夫富国强兵之本,系于民而已矣"。[45]

改良派不只是一般地论证议院是"英美各邦所以强兵富国,纵横四海之根源也",[46] 而且还初步提出了中国如何仿行的问题。首先,他们通过对美、英、法、日、俄等国的观察,把政体区分为君主、民主、君民共主三个类型,并从中明确了中国改革政体的取向。郑观应说:"盖五大洲,有君主之国,有民主之国,有君民共主之国。君主者权偏于上,民主者权偏于下,君民共主者,权得其平。"[47] 所谓君民共主,实际上就是君主立宪,一切国家的重大决策,"仍奏其君裁夺"。[48] 这种政体,在改良派看来最适合中国国情的需要,是最为理想的。陈炽在《庸书》中作了如下的描述:君民共主可以"合众志以成城也",即使"敌国外患纷至沓来,力竭势孤,莫能支柱,而人心不死,国步难移……能胜而不能败,能败而不能亡"。薛福成进一步具体分析说:"西洋各邦,立国规模,以议院为最良,然如美国则民权太重,法国则叫嚣之气过重,其斟酌适中者,惟英、德两国之制,颇称尽善。"[49] 王韬既不赞成沙俄式的君主专制,认为"君为主,则必尧舜之君在上,而后可久治长安";也不赞成美法式的民主制,认为"民为主,则法治多纷更,心志难专一,究其极不无流弊";只是对英国的君民共主制表示赞扬。他说"惟君民共主,上下相通,民隐得以上达,君惠得以下逮",为"泰西诸国所闻风向慕"。[50]

随着对西方议会政治认识的深化,以及改革清朝政治以解救民族危机的紧迫感,使得改良派对西方议院的赞美,也逐渐由"通上下之情",转向议院集权的民主制度倾斜。郑观应明确表示:"政出议院,公是公非,朝野一心,君民共体,上无暴虐之政,下无篡逆之谋。"[51] 他特别强调:"宪法乃国家之基础"[52],"宪法不行专制严","宪法不行政难变"[53],因此极宜制定宪法。何启和胡礼垣则主张变君权立法为议院立法:"今之法令宜若如何,俱由议员订定,将来法令如

---

[44] 王韬:《重民中》,载王韬:《弢园文录外编》,中华书局1959年版,第20页。
[45] 王韬:《重民上》,载王韬:《弢园文录外编》,中华书局1959年版,第20页。
[46] 陈炽:《庸书·外篇》卷下《议院》,朝华出版社2018年版。
[47] 郑观应:《盛世危言》卷一《议院》,华夏出版社2002年版。
[48] 郑观应:《盛世危言》卷一《议院》,华夏出版社2002年版。
[49] 薛福成:《出使日记》卷二,湖南人民出版社1981年版。
[50] 王韬:《重民下》,载王韬:《弢园文录外编》,中华书局1959年版,第24页。
[51] 郑观应:《盛世危言·自强论》,华夏出版社2002年版。
[52] 郑观应:《自序》,载夏东元编:《盛世危言后编》,中华书局2013年版。
[53] 郑观应:《自序》,载夏东元编:《盛世危言后编》,中华书局2013年版。

有再改，亦由议员酌商。"[54] 陈虬还提出："凡荐辟刑杀人，有先状其事实于议院，有不实不尽者，改正之。"[55] 这些论述，说明议院已经不是咨询机关，而是拥有最高立法权的权力机关，表现了改良派对于议院性质与职能在认识上的飞跃。

其次，改良派初步设计了议院的组成及选举办法。陈虬主张"略仿周礼"，在"京都设议员三十六人，每部各六，不拘品级任官，公举练达公正者，国有大事，议定始行"；"县各设议院，大事集议而行"。[56] 汤震提出由四品以上官组成上院，四品以下官组成下院，省府州县则以巨绅、举贡生监参与地方应议的兴革之事。至于议员的选举办法，他们认为："议院为国人所设，议员即为国人所举。举自一人，贤否或有阿私；举自众人，贤否难逃公论。"[57] 具体的选举方法，应"本中国乡举里选之制，参泰西投匦公举之法"。[58] 何启、胡礼垣则明确提出县、府、省各设60名议员，"县议员于秀才中选择其人，公举者平民主之"；"府议员于举人中选择其人，公举者秀才主之"；"省议员于进士中选择其人，公举者举人举之"，[59] 各"以几年为期"。有关"地方之利弊，民情之好恶，皆借议员一以达于官"。在他们拟议的"公举法"中，议员虽"举自众人"，但也设定了资格限制，如"年届三十，并有财产身家，善读书负名望者"[60]；或"男子年二十以上，除喑、哑、盲、聋以及残疾者外，其人能读书明理者，即予以公举之权"，[61] 否则"不得出名保举议员"。并且引证西方各国"凡拥厚资之商贾，辄且为体面人，准充议政局员"为例。[62] 由此可见，改良派拟议的议员公举法，为拥有一定社会地位的工商业者或士大夫参与政权，制造了法律根据。

总括上述，改良派关于革新政治、设立议院、实行君民共主的宪政思想，是区别于洋务派的一个重要的标志，也是中国近代民主政治思想发展的阶段性成果。它的出现是和民族资本主义经济的生长和阶级构成的某种变化分不开的。随着清朝专制统治所造成的国家灾难与民族危机，改良派把他们所追求的议会制的理想与国家的富强联系起来，既可以减少守旧思想者的干扰，也有可能获得较多的同情者。至于用上下相通、君民共主作为议会制的主要价值概括，固

---

[54] 何启、胡礼垣：《新政真诠》二编《新政议论》，辽宁人民出版社1994年版。
[55] 陈虬：《治平通议·变法》，朝华出版社2017年版。
[56] 陈虬：《治平通议·变法》，朝华出版社2017年版。
[57] 郑观应：《盛世危言·商务》，华夏出版社2002年版。
[58] 郑观应：《盛世危言·议院》，华夏出版社2002年版。
[59] 何启、胡礼垣：《新政真诠》二编《新政论议》，辽宁人民出版社1994年版。
[60] 郑观应：《盛世危言·商务》，华夏出版社2002年版。
[61] 何启、胡礼垣：《新政真诠》二编《新政论议》，辽宁人民出版社1994年版。
[62] 郑观应：《盛世危言·商务》，华夏出版社2002年版。

然反映了他们思想认识上的局限,但也是当时唯一能够被接受的。改良派的思想与形势的发展相适应,逐渐从保守到激进,从含蓄到明确。但在戊戌变法以前,他们所倡议仿行的西方议会制,还只是少数人的空论,既没有形成系统的理论,更没有付诸实际的政治活动。他们对西方议会制虽然充满了信心,但在认识上却是肤浅的、朦胧的,甚至是错误的。然而作为一种宪政思潮,不仅为戊戌变法时期的维新派提供了必要的思想素材,也是中国近代法制文明史上一个重要的篇章。

(三)振兴商务,以法护商

在改良派杂乱纷呈的变法主张中,振兴商务、以法护商,也是一个重要的内容。他们针对重农抑商则"国势可久"[63]"正其谊(义)不谋其利,明其道不计其功"[64]的旧传统、旧观点,进行了尖锐的批评,指出所谓的重农,实际上"徒知丈田征赋,催科取租,纵悍吏以殃民,为农之虎狼而已"。[65] 至于不谋利、不言利,更具有虚伪性和消极影响。他说:"吾虑天下之口不言者,其好利有甚于人也"[66],"以理财为迂,以言利为耻,而中国财用自古至今遂无能正本清源矣"。[67] 改良派从古今之异的时局变迁和"万国交通"的世界大势出发,论证了通商和振兴商务的必要性和紧迫性。薛福成说:"古之时,小民各安其业,老死不相往来,故粟布交易而止矣。今也不然,各国兼并,各图利己。"[68]因此,"当闭关绝市以前,我行我法可也"[69],时至今日,"既不能禁各国之通商,惟有自理其商务而已矣"。[70]

为了推动清政府改变重农抑商的政策,提高商人的社会地位,改良派接过洋务派求强致富的旗帜,以振兴工商作为"富强救国"的根本途径。马建忠说:"治国以富强为本,而求强以致富为先。"[71]薛福成说:"欲图自强,先谋自治,必先致富。"[72]根据"富与强实相维系"的观点,他们极力主张重商、以法护商。薛福成从反传统的角度,论证了商在"四民"中的重要地位。他说:"盖为商,则士

---

[63] 盛昱:《书铁路述略后》,载《洋务运动(六)》,上海人民出版社2000年版,第318页。
[64] 《汉书·董仲舒传》。
[65] 王韬:《兴利》,载王韬:《弢园文录外编》,中华书局1959年版,第45页。
[66] 陈炽:《攻金之工说》载《续国富策》卷三。
[67] 何启、胡礼垣:《新政真诠》三编《新政始基》,辽宁人民出版社1994年版。
[68] 郑观应:《盛世危言·商务》,华夏出版社2002年版。
[69] 陈炽:《庸书·外篇》卷上《考工》,朝华出版社2018年版。
[70] 薛福成:《筹洋刍议·商政》,朝华出版社2017年版。
[71] 马建忠:《富民说》,载马建忠《适可斋记言》卷一,台北,文海出版社1968年版。
[72] 薛福成:《出使英法义比四国日记》,湖南人民出版社1981年版。

可行其所学,而学益精;农可通其所植,而植益盛;工可售其所作,而作益勤。"因此"握四民之纲者,商也"。[73] 他举西方国家为例,说明"西人之谋富强也,以工商为先,耕战立其基,工商扩其用"。[74] 陈炽也说:"商务盛衰之枢,即邦国兴亡之券。"[75] 马建忠在其早期著作中,便一再强调保护商会、发展贸易、减轻商税。

改良派重商、以法护商的思想,是在西方国家经济侵略的严峻形势下提出的,有着鲜明的针对性。19世纪70年代以后,外国商品大量输入中国,为了挽救对外贸易入超所造成的民族经济危机,郑观应在所著《盛世危言》中深刻描述了西方国家对华的经济侵略。他说:"洋人之到中华,不远数万里,统计十余国,不外通商……通商则渐夺华人之利权……彼之谋我,噬膏血非噬皮毛,攻资财不攻兵阵……迨至精华销竭,已成枯腊,则举之如发蒙耳!故兵之并吞,祸人易觉,商人揞克,敝国无形,我之商务一日不兴,则彼之贪谋亦一日不辍。纵令猛将如云,舟师林立,而彼族谈笑而来,鼓舞而去,称心餍欲,孰得而谁何之哉!"[76] 正是由于认识到西方列强对中国进行经济侵略的危害,郑观应提出了"习兵战不如习商战"[77]的口号。在改良派观念中的"商",不是狭隘的封建性商业,而是近代资本主义性质的工商企业。

重商、以法护商的提出,也是针对商人的无权地位和饱受官府压榨的一种呐喊。由于郑观应是由买办而跻身于官督商办企业的,所以他对官场中的腐败陋习有着深刻的了解,痛感官府对民间工商业"视如熟肉、随意封割"。[78] 他在修改的庚子八卷本的《盛世危言》中,对乙未十四卷本的"商务(二)"进行了大量的修改,重点在于申诉商贾无权,揭发官府札委的官员"位高而权重,得以专擅其事,假公济私"。他在诗中揭露说:"名为保商实剥商,官督商办势如虎,华人因此不如人,为丛驱雀成怨府。"[79]

改良派一方面希望清朝能够扶植工商业,制定相应的法律。他们从切身经历中体会到,官不恤商与国家缺乏应有的法律保护攸关郑观应说:"官不恤商者……实亦国家立法之未善。"因此建议"仿西法颁定各商公司章程","全以商贾之道行之,绝不拘以官场体统"。[80] 陈炽、薛福成、郑观应还分别向清廷建

---

[73] 薛福成:《庸庵海外文编》卷三《英吉利用商务辟荒地说》。
[74] 薛福成:《筹洋刍议·商政》,朝华出版社2017年版。
[75] 陈炽:《庸书·外篇》卷上《公司》,朝华出版社2018年版。
[76] 郑观应:《盛世危言》卷二《传教》,华夏出版社2002年版。
[77] 郑观应:《盛世危言·商务》,华夏出版社2002年版。
[78] 夏东元编:《盛世危言后编》第七卷,中华书局2013年版,第32~33页。
[79] 郑观应:《罗浮偫鹤山人诗草》卷二《商务叹》。
[80] 郑观应:《禀北洋通商大臣李傅相条陈轮船招商局利弊》,中国史学会主编:《洋务运动(六)》,上海人民出版社2000年版,第113页。

议,"宜仿泰西各国,增设商部,管以大臣,并立商律、商情、商平、商税四司,分任其事"[81];"如西洋各国有商尚书,以综核贸易之亏盈,又有商务委员以稽查工作之良窳"[82]。特别提出翻译西方国家的商律,再斟酌中国的情况,"量为删改",制定商律,并于各府州县设立商务工所,由商人自举商董,形成自商部以至州县的保护商务的机构网络。果真如此,"数十年后,中国商务之利有不与西欧并驾者,不信也"[83]。这些建议反映了新兴资产阶级广泛参与工商管理的强烈愿望。

另一方面,改良派反对官督商办、官商合办,主张商办,强调"今欲扩充商务,当力矫其弊,不用官办而用商办"。何启、胡礼垣尖锐地抨击说:中国有诸多不善之政,"首在官督商办也"[84]。

由于改良派大多是从洋务派营垒中分化出来的,尽管他们批判了官督商办的政策,但在兴办矿务、铁路、保险等重大项目中,仍然借官以"助商","借官权为振作",说明他们在思想上与洋务派有着千丝万缕的联系,同时也反映了他们所代表的新生的民族资产阶级上层对封建势力的依赖性,以致改良派的认识和实践常常是脱节的。

为了振兴商务,改良派强烈主张关税自主和修改税则。马建忠曾经愤懑地指出:西方国家"乘我未及深悉洋情,逼我猝定税则",以致"数十年吸中国膏血"[85],他提出应根据对华商"轻其赋税"、对洋商"重其科征"[86]的原则,修改现有的税则。郑观应也谴责不平等条约中片面最惠国待遇的规定,强调"通商立约必曰两国均益,今益于人而损于我,则我亦以损人益我报之"[87]。

改良派也主张收回外国人把持的中国海关行政大权。陈炽说:"利之所在,即权之所在,不可轻以假人",他建议一年以后无论总税务司及各关税司捐手,"概易华人"[88]。

与此同时,从与西方国家进行商战的需要出发,改良派主张取消太平天国起义后,为解决军饷而新增的以商品为对象的厘金税则。郑观应指出:"发捻肃清三十余年",厘金非但没有裁并,反而有增无减,以致"厘抽十文,国家不过得

---

[81] 陈炽:《庸书·外篇》卷上《商部》,朝华出版社2018年版。
[82] 薛福成:《出使日记续刻》卷五。
[83] 郑观应:《盛世危言·商务》,华夏出版社2002年版。
[84] 何启、胡礼垣:《新政真诠》六编《新政变通》,辽宁人民出版社1994年版。
[85] 马建忠:《免厘禀》,载马建忠:《适可斋记言》,台北,文海出版社1968年版。
[86] 马建忠:《免厘禀》,载马建忠:《适可斋记言》,台北,文海出版社1968年版。
[87] 郑观应:《盛世危言·税则》,华夏出版社2002年版。
[88] 陈炽:《庸书·税司》,朝华出版社2018年版。

其二、三,余则半饱私囊,半归浮费","病民之端莫甚于厘卡"。[89] 尤有甚者,厘金税制还妨碍了中国商品与洋货竞争。因为"洋人货物,则有关税而无卡厘,华人为之,则反收卡厘而兼征关税,故同一货物贩运,洋人则赢,华人则绌"。[90] 马建忠和郑观应都提出了裁撤厘金的具体办法:"仿照各国通商章程,择其可加者加之,以与厘捐相抵,然后将厘卡尽行裁撤",以"便商贾之往来,苏其隐困"。[91] "凡商贾过冲要之卡,既完厘后即给以凭单,所经分卡,一体查验放行,不得重捐。倘前卡未及完厘,准在后卡补充,以示体恤。将无关紧要之卡,一律裁撤,既可便民,亦可省废焉。"[92] 晚清的厘金制度,虽然并未因改良派的反对而裁撤,但是他们的主张无疑有利于促进商品生产和流通,以及同洋商进行合法的竞争。

改良派也主张采用西方国家推动经济发展的专利制度,而且对专利制度的认识与洋务派李鸿章有所不同。李鸿章在开办上海机器织布局时,曾规定:"十年以内,衹准华商附股搭办,不准另行设局。"[93] 这实际上是行业垄断,并不是近代经济法所认定的专利制度。改良派的认识与此相反,他们主张"倘有别出心裁造成一器,于国计民生有益者,视其利之轻重,准其独造数年,并给顶戴,以资鼓励";"华人创一业,稍沾微利,则必有人学步后尘,甚且贬价争售,互相诋毁,以至两败。若照西例,凡创一业,官给准照,独享其利若干年,剿袭诈伪者无赦,则无此弊矣"。特别提出"有自出新意制器利用者",如无力自措,"官为按验核议,出示招股";"其有独出心裁制成一物利便于人,为人赏鉴者,国家则给以功牌,畀以专权,独制独卖,使世其业,他人不得假冒。"[94]

综括上述,振兴商务、以法律保护民族工商业的发展,是改良派思想中的重要内容之一。由于他们对西方经济立法的了解是直观的、零碎的,因此还缺乏以近代经济法为依据从理论上进行充分的说明。尽管如此,在当时沉闷的法制环境下,仍然展现了一幅以法护商的图景。可惜的是他们关于设立商部、颁布商律、体恤商情的主张和建议没有受到清朝的重视。

---

[89] 郑观应:《盛世危言·厘捐》,华夏出版社2002年版。
[90] 何启、胡礼垣:《新政真诠》二编《新政论议》,辽宁人民出版社1994年版。
[91] 马建忠:《免厘禀》,载马建忠:《适可斋记言》,台北,文海出版社1968年版。
[92] 郑观应:《盛世危言·厘捐》,华夏出版社2002年版。
[93] 李鸿章:《试办机器局析》,载李鸿章著,庞淑华、杨艳梅主编:《李鸿章全集》第五册《奏稿》卷四十三,时代文艺出版社1998年版,第44页。
[94] 何启、胡礼垣:《新政真诠》二编《新政论议》,辽宁人民出版社1994年版。

(四)比较中西法律,改革原有律例

改良派由于对西方国家的法律制度有所了解,因而能够从中西法律的比较中重新评价清朝原有的律例,提出改革的意见。郑观应说:"中西律例迥然不同,中国有斩罪,有杖罪,西国无此例;西国有缳首罪、罚作苦工罪,中国亦无此例。西例听讼有公堂费,不论原告、被告,案定后由曲者出费,直者不需分文,中国亦无此例也。中国办理命案,误伤从轻,故杀从重,乃西人与故杀,亦有从轻者。"[95] 郭嵩焘认为:中国尊卑上下之间的侵犯,同罪异罚,向有不同的法律规定,西方法律则"贵贱所犯,科罪一也"。[96] 特别是他们深感以"八股"制艺进入仕途的中国官吏,对于法律茫然无知,不得不依靠书吏断案,是司法一大弊端。书吏们虽然"贱等于奴隶","而权驾乎公卿,流品甚杂,心术最坏","上下其手,生死系乎一字"[97] 其"持之有故,言之成理,堂司不得不屈己而从之",致使"书吏之权,重于宰相"。[98] 为了革除书吏揽权司法的弊端,郑观应提出:一要"严定章程,凡司员到部候补时,皆令轮班入值,熟读例案",使一司之员,"必熟一司之例"[99],方能不为其蒙蔽。二要以西方的律师取代书吏,"泰西有大小律师,无书吏之弊",故中国宜仿西例,"以状师办案","使狱囚之冤情上达"。[100]

改良派不仅认识到"中西律例不同",还意识到仿行西法、改革中法的历史必然性。但是他们强调"欲废旧立新,仿效西法,必深知其意者,始能参用其法而无弊"[101],这是很有见地的。他们从比较中发现,中西法律无论立法精神、原则、规定和制度都有很大的差异,这种差异是国情和法文化的不同所造成的。为了有效地采用西法,须要从中国实际出发择善而从之。虽然这项主张在当时的成效有限,但其积极意义和实用价值是应该肯定的,从晚清修律中可以发现它的重要影响。

综括上述,从 19 世纪 70 年代至 90 年代中期,在洋务运动的作用下,中国民族资本主义有了一定的成长,西学东渐的文化潮流也在进一步地扩展。与此同时,在西方资本主义列强不断深入侵略的威胁下,民族危机加深,社会矛盾激化,清朝的腐败加剧,洋务派推行的"中体西用"逐渐丧失了它的吸引力,而行将

---

[95] 郑观应:《盛世危言·交涉》,华夏出版社 2002 年版。
[96] 郭嵩焘:《伦敦与巴黎日记》,载《郭嵩焘日记》,湖南人民出版社 1982 年版。
[97] 郑观应:《盛世危言·革弊》,华夏出版社 2002 年版。
[98] 陈炽:《庸书·例案》,朝华出版社 2018 年版。
[99] 郑观应:《盛世危言·书吏》,华夏出版社 2002 年版。
[100] 郑观应:《盛世危言·刑法》,华夏出版社 2002 年版。
[101] 郑观应:《盛世危言·刑法》,华夏出版社 2002 年版。

退出历史舞台。这时,一些从洋务派营垒中分离出来的中下级官僚,以及一些与洋务派有过密切联系的买办、商人、士大夫们,都在思考救中国的出路。他们认识到中体西用论人为地割裂了体与用的有机联系,只片面地追求军事的近代化、经济的近代化,完全忽略了政治制度的近代化,以致固守"中体"的结果不仅降低了西用的改革成效,还使国是日非,危机重重,暴露出"中体西用"不可克服的内在矛盾。形势的严峻,使改良派在认可洋务派所主张的承认变局、稍变成法、引进西学、兴办近代企业的同时,把目光投射到改革传统的政治制度上来,提出设议院、采用西方某些法律制度,以实现政体的某种程度的改良。他们无论在改革的范围和变法的目的上,都与洋务派有较大的不同,正如王韬所批评的那样,洋务派的变法是"小变而非大变,貌变而非真变"。[102] 在封建的纲常名教、伦理道德的长期控制下,在"君权神授"、君权至高无上的舆论统治下,改良派宣传实行君民共主,的确具有振聋发聩的意义。这使得耳目闭塞的中国人,受到了西方民主政治的最初的启蒙教育,其影响是深远的。但是改良派的立宪主张较多地停留在笔墨宣传上,他们中有的人如郑观应,当戊戌变法发动时,竟然持回避观望的态度,唯恐因此而丧失既得的经济利益。

除改革君主专制,实行君主立宪外,为了维护和发展民族资本主义经济,改良派还提出了关税自主、裁撤厘金、实行专利制度、鼓励"商办"企业、设立商部、制定商律等一系列经济立法主张。他们谴责西方列强无视中国法律,肆行经济侵略,指出"洋人入我中国营生,渔我中国之利,反不循我中国之规矩"。[103] 他们反对西方列强侵犯中国关税自主权及司法主权,希望通过修改不平等条约,使西方列强能够按照国际公法中的平等、主权原则,复还中国的司法主权与海关自主权等,反映了改良派经济法律意识与主权观念的加强。但是由于当时民族资本主义的发展还很不充分,民族资产阶级尚未形成一个独立的政治力量登上历史舞台。因此,代表这一阶级上层利益的改良派的法律思想还很不成熟,既没有形成一个系统的理论体系,也未能科学地划清中法和西法在性质上的区别,他们中甚至有人错误地认为"西法源出中国"。例如,陈炽说,秦时"中国大乱,抱器者无所容,转徙之西域","故知彼物之本属乎我,则我庸显立异同,知西法之本出乎中,则无俟概行拒绝"。[104] 薛福成也说:"西洋国家定律,庶民不得相殴,子殴父者坐狱三月,父殴子者亦坐狱三月,盖本乎墨子爱无差等说。"[105]

---

[102] 王韬:《答强弱论》,载王韬:《弢园文录外编》,中华书局1959年版,第202页。
[103] 郑观应:《盛世危言·交涉》,华夏出版社2002年版。
[104] 陈炽:《庸书外篇》卷下《自强》,朝华出版社2018年版。
[105] 薛福成:《庸庵海外文编》卷三《西法为公共之理说》。

正是从"西法源出中国"的错误认识出发,他竟然得出了"其失彼夷狄之法,其得者乃古昔圣贤之意",因此学西法就是复中国古之传统,故"知西法固中国之古法,鄙而弃之,不可也"的结论。[106] 由此可见,改良派对西方法律制度的了解和认识是何等的肤浅。这种"不成熟的理论,是和不成熟的资本主义生产状况,不成熟的阶级状况相适应的"。[107]

同时,他们对中国传统的人治论,也缺乏从新时代的发展观点给予批判的认识,以致郭嵩焘仍然赞同荀子所说"有治人无治法"[108],强调人的作用;郑观应也肯定"徒法不足以自行",指出"立法尤贵得人,无人不得行法"。[109] 这种治法与治人并举的认识,有它的合理性,却与当时中国正在开始走向法治之路的大趋势相悖。

总而言之,改良派关于仿行西法、建立议院制的君主立宪政体的议论,是中国近代宪政思想的萌发。这不仅是他们法律思想中的重心所在,也为稍后的维新派宪政思想的成熟提供了历史的先验。

三、维新思潮的兴起及其代表人物

在1894～1895年的中日甲午战争中,中国的失败,宣告了经营30多年的洋务新政的彻底破产。日本侵略者强迫清政府签订了不平等的《马关条约》。

从此以后,世界资本主义走向垄断阶段,帝国主义列强展开了争夺租借地和划分势力范围的激烈角逐,中国正遭遇着被帝国主义列强瓜分的危机,从而加剧了中华民族与帝国主义的矛盾。而清朝为了偿付赔款和外债本息,恣意搜刮民财,又加深了广大民众和封建统治势力的矛盾。严峻的民族危机,强烈地促进了中华民族的觉醒,救亡图存、变法自强的呼声,不仅成为时代的最强音,而且使得19世纪70年代以来的改良变法思想,终于形成了波澜壮阔的社会思潮,并迅速地推动着一场有组织的政治改革运动——戊戌变法的出现。梁启超曾经指出:"唤起吾国四千年之大梦,实自甲午一役始也……鼾睡之声乃渐惊起。"[110] 又说:"自甲午军事败后,朝野乃知旧法之不足恃,于是言变法者乃纷纷。强学会、时务报大呼于天下,天下人士咸知变法,风气大开矣。"[111]

---

[106] 宋育仁:《时务论》,袖海山房,清光绪二十二年(1895年)。
[107] [德]马克思、[德]恩格斯:《德意志意识形态》,载《马克思恩格斯选集》(第3卷),人民出版社2012年版,第481页。
[108] 郭嵩焘:《条陈海防事宜》,载《郭嵩焘奏稿》,岳麓书社1983年版。
[109] 郑观应:《盛世危言·禁烟》下,华夏出版社2002年版。
[110] 《戊戌政变记》卷七《改革起源》。
[111] 《戊戌政变记》卷一《上谕恭跋》。

如果说19世纪70年代的改良主义者,还受洋务派较多的影响,在他们的主张中还缺乏主体和中心,那么至19世纪末,以康有为、梁启超、严复、谭嗣同等人为代表的维新派,则前进了一大步。维新派的出发点是挽救民族危亡,其主张的核心是变法改制,即改变君主专制政体为君主立宪政体。戊戌变法时期,康有为、梁启超设计了实行君主立宪的国家方案,并且提出了按照西方的法治原则,建立新的法律体系与司法制度,力图实行自上而下的改革。为了启发民众,制造舆论,他们创办学会、学堂、报馆、书局,积极宣传和传播西方资产阶级的政治、法律文化,利用进化论、天赋人权等西方人文思想为武器,同封建顽固派和维持"中体"的洋务派展开了尖锐的理论斗争,使维新政治和实行法治的思想影响不断地深入和扩展。

维新派的主要代表人物是康有为、梁启超、谭嗣同等人。

康有为(1858～1927年),原名祖诒,字广夏,号长素,广东南海人,出身于"世以理学传家"的小官僚地主家庭,光绪二十一年(1895年)进士,授工部主事。康有为幼年接受封建正统教育,十八岁师从朱次琦学经史,颇受其"济人经世"思想的影响。青年时期,开始接触西方资本主义国家的书籍,又因赴京途中取道香港,见"西人治国有法度",引发了对西学的兴趣。光绪八年(1882年),再次赴京,路经上海,目睹上海的繁荣,更向往西方资本主义文明。于是悉购《海国图志》《瀛寰志略》及江南制造局所译西书研读,从此开始了向西方寻求救国真理的过程。光绪十年(1884年),中法战争中中国的失败,再次暴露了清朝的腐败无能,使他痛感要救国必须锐意变法。

光绪十四年(1888年),康有为在京以国子监监生身份,第一次上书清帝,提出"变成法""通下情""慎左右",以图中国富强,但未能上达。他返回广东后,聚徒讲学,宣传进化的历史观,提倡经世改制,受到具有进步思想倾向的士人的欢迎,梁启超、陈千秋等人都师从于康有为门下。

光绪二十一年(1895年),在中日甲午战争中战败的清政府被迫签订《马关条约》。消息传出后,群情激愤,正在北京参加会试的康有为,联合应试的举人上书朝廷,要求"拒和、迁都、变法",这就是中国近代史上有名的"公车上书",但此次上书仍未上达清帝。在这一年中,他连续两次上书,并在北京、上海成立强学会,发行《中外纪闻》和《强学报》,积极开展变法维新的宣传鼓动,在社会上产生了重要影响,一时之间各地设立学会、学堂、报馆达三百余所。不久,强学会为清廷禁止,在顽固势力的打击下,维新运动受挫,康有为南返广州。

康有为在第六次向清帝上书中提出:"大誓群臣以革旧维新""开制度局于宫中,将一切政事制度重新商定""设待诏所,许天下人上书"等。此书终于上达光绪皇帝,颇受赞赏,并予以召见,特命康有为在总理衙门章京上行走,许统筹全局专折奏事。在清帝及某些开明大臣的支持下,康有为等人开始了变法维新的实践,对政治、经济、军事、法律、文教各方面,提出了改革建议,但以改良政体为中心。然而不到百日,维新运动就被以慈禧太后为首的顽固守旧集团所扼杀,光绪皇帝被囚禁,康有为逃亡日本,六君子牺牲,戊戌变法宣告失败。

从19世纪80年代中期到戊戌年间,康有为写了《人类公理》《礼运注》《新学伪经考》《孔子改制考》等"倾动士林"的论著,为他进行变法维新提出了理论根据。他的历次上清帝书,实际是改革政治、经济与法律的纲领。

康有为认为:"非变通旧法,无以为治;变之之法,富国为先。"[112] 在"富国""养民"的目标下,他提出了一个较为完整的发展资本主义的经济纲领。所谓"富国",包括钞法、铁路、机器、轮舟、铸银、邮政等六项;所谓"养民",包括务农、劝工、惠商、恤穷等四项。除发行货币与邮政应归国家统一经营外,其他工、矿、商、交通以及军事工业等,"一付于民""纵民为之",表明他是支持全面、自由地发展民族资本主义经济的。

不仅如此,康有为还提出将中国"定为工国"的观点。他说:"夫今已入工业之世界矣,已为日新尚智之宇宙矣,而吾国尚以其农国守旧愚民之治与之竞,不亦慎乎?皇上诚讲万国之大势,审古今之时变,知非讲明国是,移易民心,去愚尚智,弃守旧,尚日新,定为工国,而讲求物质,不能为国,则所以导民为治,自有在矣。"[113]这是我国近代史上第一次提出实行资本主义工业化的主张,而且将它提到治国的高度。

在传承改良派认识的基础上,康有为进一步论证了要实现经济改革,必须同时进行政治改革才是变法的根本。他指出前人论变法,只涉及铁路、矿务、商务、学堂等,不过是"变事而已,非变法也"。[114] 真正的变法,首应触及政治改革。他主张效仿英国、日本,实行三权鼎立之制;兴民权,开国会,立宪法,建立君主立宪政体,只有如此才是真正实现国家自强之途。他的一系列改革主张,都是围绕着这个中心提出的。

康有为等人发动的变法维新运动,代表着民族资产阶级上层公开的权利要

---

〔112〕 康有为:《上清帝第二书》,载翦伯赞等编:《戊戌变法(二)》,上海人民出版社2000年版,第140页。

〔113〕 康有为:《请励工艺奖创新折》,载翦伯赞等编:《戊戌变法(二)》,上海人民出版社2000年版,第227页。

〔114〕 康有为:《敬谢天恩并统筹全局折》,载翦伯赞等编:《戊戌变法(二)》,上海人民出版社2000年版,第216页。

求,因而不可避免地同封建顽固势力发生尖锐的冲突。康有为的维新理论和法律思想与改良派相比,已有了明显的发展。由于他融合了中国古代的变易观和资产阶级的进化论,吸收了西方启蒙思想家的民主与法治的学说,所以他有可能提出制定宪法作为立宪国家的基础;创立仿西方的法律体系;实行三权分立的司法制度等。正是在康有为、严复、梁启超等人的努力之下,所形成的理论宣传与改革方案,对近代反封建的民主思潮的发展和思想解放运动,起了积极的作用,同时也推动了中国近代法制文明进入一个新的发展阶段。

但是,康有为的变法主张带有明显的改良色彩,他虽然要求建立君主立宪制度,发展资本主义经济,然而所采取的"以君权变法"的道路,在专制主义严酷统治的背景下,在风雨如磐的封建积习的笼罩下,显然是走不通的。百日维新的失败,以血的教训证明了非革命不能立宪,非革命不能革除腐朽的专制政治。尽管历史已作了结论,尽管时移势易,民主主义革命已成为时代的主旋律,康有为却仍然坚持改良与保皇的立场,与以孙中山为首的资产阶级革命民主派为敌。他创办《不忍》杂志,为复辟帝制制造舆论,并于1917年参与张勋策划的清帝复辟,这使他日益成为时代的落伍者。曾经煊赫一时的一些变法维新主张,或者被他自己抛弃,或者为进步的历史潮流所淘汰。

总之,康有为在19世纪末,为了救亡图强、振兴中华,曾经作过积极的探索,但当时沦为半殖民地的中国,民族资产阶级上层领导的改良维新运动,只能以悲剧告终,康有为最终也没有找到一条真正到达大同之路。

梁启超(1873～1929年),字卓如,号任公,广东新会人。光绪十五年(1889年)举人,受业于康有为,并在康有为的启导下开始接触西学。光绪二十年(1894年)梁启超赴京会试,正值中日甲午战争发生,他"惋愤时局,时有所吐露"。光绪二十一年(1895年)再度入京,随康有为发动反对清廷签订《马关条约》的"公车上书"。接着康有为组织强学会,梁启超任书记员及《时务报》主笔,发表《变法通议》等文,积极宣传变法维新,提倡民权,介绍西学,批判封建主义,在和顽固派进行论战中,做了大量的理论宣传工作,是中国19世纪末著名的宣传家和理论家。

光绪二十三年(1897年)至湖南,任时务学堂总教习,和谭嗣同等人组织南学会,编辑《湘学报》,提倡新学,宣传民权、平等的新思想。光绪二十四年(1898年),奉命以六品衔专办京师大学堂和译书局事务。戊戌变法维新期间,他是康有为的得力助手,时人并称"康梁"。政变发生后,梁启超逃亡日本,在日本创办《清议报》。光绪二十八年(1902年)改办《新民丛报》,他在该报上发表了《新民说》,对慈禧太后及荣禄等人进行了猛烈的抨击,并进一步批判了封建专制主义。在《新民说》中,他虽然未放弃改良立宪的主张,但是积极宣传"新国"必先"新民";"新民"应该具备"爱国""利群""自尊""进取"等精神,强调人人应务"自强","勿为古人之奴隶","勿为世俗之奴隶"。甚至尖锐地指出,要救中国,"必取数千年横暴混浊之政体,破碎而齑粉之"。[115] 在这两三年间,他以通俗流畅的文笔,介绍了培根、孟德斯鸠、卢梭、边沁等人的学说,为西方资产阶级的哲学、政治学、法学在中国更广泛地传播做了许多工作。

光绪三十二年(1906年),清朝迫于革命的压力,宣布预备立宪。这时梁启超在国外组织政闻社,和国内的立宪派遥相呼应,催促清廷速行立宪。由于坚持改良保皇的立场,他和资产阶级民主革命派的分歧日趋明朗化。在1905～1907年,更成为保皇派与民主革命派论战的主将。辛亥革命后,梁启超回国积极组织政党活动,曾任袁世凯政府司法部长和段祺瑞政府财政总长。在反对袁世凯帝制自为的斗争中,梁启超发挥了积极的作用。晚年从事讲学,因反对科学社会主义的传播,受到马克思主义者的批判。他的著作汇编为《饮冰室合集》。

梁启超同严复一样,是中国近代史上传播西方资产阶级哲学、政治学、法律学说的代表人物,起了重要的思想启蒙作用。所不同的是严复侧重于用译书的方式介绍西学,梁启超则是通过自己的认识、体会,用流畅通达的文字将西学介绍于中国,因而更容易为人们所接受。他对某些法律问题的探讨,较之严复深入,而且作了系统的论证。不仅如此,他还用资产阶级的观点、方法研究中国法律思想史,冲破了浓重的封建法律意识的束缚,更新了人们的法律理念,开拓了中国近代法律思想研究的新阶段,他的言论和行动,对中国近代法制文明的发展产生了极大的作用。

严复(1853～1921年),原名宗光,字又陵,后改字几道,福建侯官人。同治六年(1867年)考入福州船政学堂,学习驾驶,毕业后,在清朝海军中任职。光绪三年(1877年)被派往英国留学,光绪五年(1879年)六月回国,任福州船政学堂教习。次年调往天津,此后长期担任北洋水师学堂总教习、总办。

在英国留学期间,严复虽然学习驾驶,却留意于英国的社会制度和资产阶级的社会学说,赞赏英国的君主立宪政体和法律制度。中法战争以后,他对清朝统治集团中的顽固守旧势力越来越不满,对洋务派鼓吹的"自强新政"也疑团日增。尤其是中日甲午战争中中国的失败,使中华民族的危机更加深重,进一

---

[115] 梁启超:《新民说·论进步》,载梁启超:《饮冰室合集》第一九册《专集四》,中华书局2015年版,第5046页。

步暴露了清朝的腐败误国。为了救亡图存,严复运用资产阶级的庸俗进化论、天赋人权论等学说,阐发变法图强的主张,强调"早一日变计,早一日转机,若尚因循,行将无及"。[116] 光绪二十一年(1895年)他发表了《原强》《辟韩》《救亡决论》《论世变之亟》等文章,呼吁变法,提出"鼓民力""开民智""新民德"等三项可使中国富强的主张,还译出和刊行了赫胥黎的《天演论》。以"物竞天择,适者生存"的进化论观点,警醒国人救亡图存、保国保种,成为当时鼓吹变法维新的重要理论根据,严复本人也因此而被称为"严天演",说明他对当时思想界的震动之大。百日维新失败后,严复更加致力于翻译工作,先后译出亚当·斯密的《原富》、孟德斯鸠的《法意》、穆勒的《名学》《群己权界论》以及斯宾塞的《群学肄言》等著作,使中国的知识界从阅读浅陋的《格致汇编》《政法类典》等书,进而接触到西方资产阶级社会科学的名著,从而将学习西学推向一个较为系统的较高的层次。

　　严复根据资产阶级机械唯物论的哲学观点,认为宇宙间的事物是由"质"和"力"的物质构成的,"质"和"力",推动着事物的演变进化。他推崇培根等人的唯物主义的经验论,反对唯心主义的先验论,重视近代的科学方法,赞同真正的学问来自"即物实测"。他说,凡"一理之明,一法之立,必验之物物事事而皆然,而后定为不易"。[117]

　　作为19世纪末叶中国的理论家,严复一方面运用西方资产阶级启蒙思想家关于天赋人权、主权在民等理论为武器,抨击封建专制制度,宣传自由是天赋的人权,指出西方各国之所以富强,就源于他们以"自由为体,民主为用"的制度,而英国的君主立宪制是最理想的国家制度。另一方面,力图借助新学,反对旧学,排除变法维新的阻力。他批评汉学是"无用"之学,宋学是"无实"之学;要求废除八股科举,提倡兴办新式学校;号召学习西方近代的自然科学和社会科学。他对洋务派实行的"新政"也给予批评,认为是"盗西法之虚名,而沿中土之积弊",只知效西法之末,而不知图其本。他贬斥了张之洞的"中体西用"论是一种"非牛非马"的谬说。因为牛、马各有其体与用,中学、西学也各有自己的体与用,不可能有"牛之体"而行"马之用",也就不可能有中学之体而行西学之用。

　　戊戌维新变法时期,严复主要从事思想、理论上的宣传,没有积极参加康有为、梁启超组织的政治运动。在他看来,当时中国的主要问题,既不是革命,也

---

[116] 《严几道文钞》卷一《救亡决论》。
[117] 《严几道文钞》卷一《救亡决论》。

不是立即实行君主立宪,而是通过办教育来开民智、新民德。虽然他长期坚持这种观点,脱离斗争的实际,跟不上迅速发展的形势,但他所从事的翻译工作,确为当时进步的知识界提供了学习西方资产阶级哲学社会科学的第一手资料。鲁迅说他自己在青年时代,"一有闲空,就照例地吃侉饼、花生米、辣椒,看《天演论》"[118],可见严复的译作在当时的影响。

1900年,严复离开天津赴上海,适逢唐才常组织自立军,在上海创立"国会",推容闳为会长,严复为副会长。此后,历任复旦公学校长、晚清教育部审定名词馆总纂、资政院议员等职。如果说康有为在戊戌变法时期的积极贡献,在于发动了一场变法维新运动,提出了建立资产阶级法律体系的倡议,那么严复的贡献则在于通过译著将西方资产阶级学者的一些重要理论介绍到中国,不仅给予维新派变法改良以法理上的依据,也为中西法律文化的融合增添了新的内容,使在向西方寻求真理和用新学反对旧学的斗争中,有了新的进展,推动了中国从封建主义法学转向资产阶级法学。

严复作为资产阶级维新派的理论家,他的阶级的和历史的局限性是很明显的。从他所接受的西方资产阶级学说来看,既有西方资产阶级革命时期具有反封建意义的卢梭、孟德斯鸠等人的进步思想,也吸取了西方由自由资本主义转入垄断资本主义时期的斯宾塞的社会达尔文主义。他的学术活动,更多的是介绍西方的学说,缺乏结合中国实际的理论阐发和法理学体系上的创建,这说明新兴而又软弱的中国民族资产阶级代言人,还没有能力来完成建立自己的思想理论体系的任务,也不可能在思想文化领域进行强有力的反封建斗争。辛亥革命后,严复在政治上、思想上日趋后退,曾任袁世凯总统府外交法律顾问、约法会议议员。当袁世凯阴谋复辟帝制,组织鼓吹帝制的筹安会时,严复竟然是发起人之一,晚年竟然站在了五四运动的对立面。

谭嗣同(1865～1898年),字复生,号壮飞,湖南浏阳人,出生于封建官僚家庭,其父谭继洵,官至湖北巡抚。谭嗣同多次参加科举考试均落第,青少年时,曾跟随父亲到过甘肃、北京等地,20岁时,任新疆巡抚刘锦棠的幕僚。光绪二十二年(1896年),奉父命赴南京为候补知府,因厌恶官场应酬,颇感"孤独",有"作吏一年,无异入山"的感慨。由于谭嗣同遍游西北、华北、东南各省,对社会的黑暗、民间的疾苦,颇有一些了解;对于新兴的近代工业和资本主义的文化,也有所接触。他的师友如欧阳中鹄、唐才常、梁启超等人,都是当时思想比较开明的维新人士,对他有一定的影响。而后,又热心于西学和崇仰康有为、严复等

---

[118] 鲁迅:《朝花夕拾·琐记》,人民文学出版社1979年版。

人的维新思想。光绪二十三年(1897年),他和梁启超等人一起组织南学会,创办《湘报》《湘学报》,提倡西学,宣传维新思想。光绪二十四年(1898年),由于徐致靖的推荐,他被光绪皇帝擢为四品卿衔军机章京,襄赞新政。同年8月,慈禧太后发动政变,囚禁光绪帝,康有为、梁启超出逃,谭嗣同抱定为变法而流血牺牲的志愿,在北京城慷慨就义。临终前留下震古烁今的绝命语:"有心杀贼,无力回天,死得其所,快哉快哉!"他的著作汇编为《谭嗣同全集》。

谭嗣同是中国19世纪末的反封建斗士、资产阶级维新运动的激进代表。他生活在民族灾难十分深重的历史时期,尤其是中日甲午战争后《马关条约》的签订,使他感到"割心沉痛"。西方列强加紧在中国划分势力范围的活动,更使他感到国家被"瓜分豆剖"的危机,已迫在眉睫。他指责清朝宁肯出卖国家和民族的权益,却不肯"假民以自为战守之权",痛斥顽固的统治者"私其智、其富、其强、其生于一己",而执意拒绝改革,致使整个国家如同"黑暗地狱,直无一法一政,足备记录"。[119]

出于对国家、民族存亡的关注和对清朝黑暗统治的憎恶,谭嗣同发出了变法图治的呼喊:"时局之危,有危于此时者乎?图治之急,有急于此时者乎?"[120] 强烈的使命感使他终于冲出了封建官僚家庭的羁绊,积极投身于变法维新运动。

谭嗣同继承了王夫之"道不离器"、"无其器则无其道"的朴素唯物主义思想,提出了"器既变,道安得独不变"的观点,突破了改良派"变器不变道"的陈腐观念,成为他"尽变西法之策"的重要哲学基础。特别是他还提出"仁—通"的哲学理论,认为"以太",或"仁"是"天地万物之源",而"仁以通为第一义","通"的主要内容就是事物的平等,所谓"通之象为平等"。[121] 在他看来,"仁—通—平等"乃是一切事物所必须遵循的普遍规律。"仁—通"体现在政治方面,就是"通政",就是改革否塞不通的专制制度,仿效西方国家,实行资产阶级的议会政治,使上下相通、人我相通;体现在经济方面,就是"通商",就是要发展民族资本主义经济和开展对外通商,使商品生产与交换,畅通无阻;体现在文化教育方面,就是"通学",就是要革除令人思想闭塞的旧学,学习西方近代的自然科学与社会科学。既然"仁—通—平等"是一种普遍的规律,因此谭嗣同所追求的就是通过"上下通""男女内外通""中外通",实现"人我通"。所谓"人我通",实际上就是在人们的经济、政治、法律等社会关系中,用资产阶级的平等、自由原

---

[119] 《致汪康年书(二)》,载李敖主编:《谭嗣同全集》卷三,天津古籍出版社2016年版。
[120] 《壮飞楼治事篇第十·湘粤》,载李敖主编:《谭嗣同全集》卷一,天津古籍出版社2016年版。
[121] 谭嗣同:《仁学》,载李敖主编《谭嗣同全集》卷一,天津古籍出版社2016年版。

则,取代封建主义的宗法等级的不平等原则。虽然,谭嗣同运用资产阶级世界观改造中国封建社会的愿望,以及他所追求的资产阶级平等、自由的理想,在当时还不可能真正实现,但其反封建的进步意义,是不可以低估的。

由于谭嗣同将变法主张上升到"仁—通"的哲学高度,并据此进行了充分的论证,这在维新派当中是独有的,说明他已不满足于就事论事地提出某些具体改革主张,而是感到"非精探性天之大原,不能写出数千年之祸象",不能阐明变法的历史必然性。

在"仁—通"的理论基础上,谭嗣同提出了自己的变法主张。首先,他尖锐地批判封建主义生产方式的落后,宣扬资本主义生产方式的优越性,鼓励富人投资于近代大机器工业,放任国内民族资本主义经济的发展。其次,他要求去掉封建专制政治的"衔勒",仿行西方国家的分权制、兴民权、设议院。只有从"法度政令"上进行改革,才是变法的根本。最后,他主张废科举,广兴学校,学习西学,培养具有近代科学知识的人才以适应变法图强的需要。

由于维新活动不断受到以慈禧太后为首的顽固势力的阻挠、打击,谭嗣同不胜愤慨,一度出现了"改民主",进行暴力革命的思想倾向。他说:"次第铲除内外衮衮诸公而法可变矣"[122]。又说,"今日中国能闹到新旧两党流血遍地,方有复兴之望"[123],甚至表示愿作陈涉、杨玄感一类人物。这些激进的思想言论,已经超出了资产阶级维新运动的范畴。

这位青年思想家在激烈地批判封建主义、热情地设计变法主张的过程中,也涉及了改革法律的一些问题,其内容虽然不够深刻,但同样具有鲜明的反封建的民主色彩。

但是,我们也应看到谭嗣同思想的局限性,他的思想不仅驳杂,还常常自相矛盾。例如,他高喊"冲决网罗",但又说"冲决网罗者,即是未尝冲决网罗"[124];他强烈地抨击封建君主专制,批判忠君思想,但对光绪皇帝却又表示要酬报"圣恩";他赞赏法国资产阶级革命,产生过革命的思想苗头,然而实际的活动却始终按照维新派的改良道路行事;他谴责日本帝国主义将我"兵权、利权、商权、税务一网打尽……自古取人之国,无此酷毒者",但在《仁学》中却又认为"东西各国之压制中国,实天使之"。可见他的思想倾向总的来说是激进的、充满活力的,但同时也表现出复杂性、矛盾性和不彻底性。这正是诞生在特定背景下的维新派的性格特征。

---

[122] 《上欧阳辨疆师书(二)》,载李敖主编:《谭嗣同全集》卷三,天津古籍出版社2016年版。
[123] 《上欧阳辨疆师书三》,载李敖主编:《谭嗣同全集》卷三,天津古籍出版社2016年版。
[124] 《仁学自叙》,载李敖主编:《谭嗣同全集》卷一,天津古籍出版社2016年版。

四、戊戌变法前后维新派的法律思想与实践

戊戌变法前后,是中国近代史上新法律思想蓬勃兴起的时期。以康有为、梁启超、严复、谭嗣同为代表的维新派,是在民族的危急时刻出现的一批为着救亡图存而奔走呼号的富有使命感的知识群体。他们提出了"兴民权""开议院""定宪法"等资产阶级君主立宪的构想,不仅表现了思想解放的时代特色,也是新兴的资产阶级上层争取政治权力的一种斗争。他们以"公车上书"为起点,掀起了一场变法图强、改革专制政治的运动。在公车上书中提出的"拒和、迁都、练兵、变法"四个口号,同洋务派的"和戎、变法",在本质上是不同的。至于维新派的法律思想,也较之改良派趋于成熟,对于西学中关于法律的起源、法治与民主、法治与人治、权力分立等各方面,都有了进一步的理解和阐发。

(一)在西方法律学说影响下的法律观

1.进化论的法律观

(1)以进化论的观点阐明法律的流变。戊戌变法时期维新派的领袖人物康有为,是以今文经学的"公羊三世"说和西方资产阶级的庸俗进化论,作为维新变法的理论基础。同时,他也以庸俗进化论的观点,探讨了法律的起源与流变。在他看来自然界和人类社会都处于变易进化之中。他说,"盖变者,天道也","天以善变而能久……地以善变而能久"。[125] 又说:"夫物新则壮,旧则老;新则鲜,旧则腐;新则活,旧则板;新则通,旧则滞,物之理也。"[126] 康有为运用变易的哲学观、历史观来观察人类社会的发展,从而得出了在人类社会进化的过程中,存在据乱世、升平世和太平世三个发展阶段。这三世"愈改而愈进也",但只能是循序而进,不能躐等。

根据据乱世、升平世、太平世的三世说,法律也分为三个历史阶段:①在据乱世,法律已失去其产生的初意,由保护众人,变成了"压抑不平之法",成为帝王进行统治的工具。②存在等级差别:民众不具有保护个人自立的完全权利,也不完全享有公权;妇女与种族受到歧视,社会上充斥着犯罪现象。③在司法审判方面,听任官吏主观武断,没有陪审与辩护制度,刑罚也极为残酷。以上康

---

[125] 康有为:《进呈俄罗斯大彼得变政记序》,载翦伯赞等编:《戊戌变法(三)》,上海人民出版社2000年版,第1页。

[126] 康有为:《上清帝第六书》,载翦伯赞等编:《戊戌变法(二)》,上海人民出版社2000年版,第198页。

有为所描绘的据乱世的法律制度,显然是以中国封建社会的法律制度作为原型的。

在升平世,国家虽依然存在,但实行的是君主立宪制或民主共和制。人民享有保护人身自立的权利和公权,除非万不得已,不得侵夺和限制。世爵、贵族的等级制虽尚未完全消除,但已在逐步泯灭的过程之中。在这个历史阶段,各国仍有自己的法律,并设立议院来行使立法权。在司法审判中实行辩护制度,对罪犯不施酷刑。可见康有为设想的升平世的法律制度,是以西方资本主义国家为标本的。

为了达到大同世界"致刑措、免诸苦"的理想境界,康有为以资产阶级人性论、天赋人权论为指导,探讨了犯罪的原因。他认为人之所以犯罪,受刑罚,"皆有其由":

其一,贫困的存在与贫富的差别。康有为认为,在人类的生活中,贫困的现象总是难免要发生的。由于不能忍受贫困,"则有窃盗、骗劫……甚者则有杀人者矣"。针对这种情况,他认为治理的办法,应从"救贫"入手,不能单靠"严刑以待之"。如果人们"衣食不足,岂能顾廉耻而畏法律哉"。在这里,他看到了无论是封建社会还是资本主义社会,犯罪都与贫困有关,从而强调从"救贫"入手消除犯罪,无疑具有一定的合理因素。但是他只看到贫困的表象,而没有深入分析产生贫富悬殊的原因,因而不可能真正揭示阶级社会犯罪的根源。

其二,家庭亲属关系的存在与不可避免的纠纷。康有为认为,只要有父子兄弟宗族关系的存在,就会发生抚养、争分财产等诉讼纠纷。有夫妇关系的存在,就会有"争色争欲"等一系列问题,严重的"甚至刑杀之事出焉"。因此,他主张在未来的大同世界,应消灭家庭。这同样是只看到表象,而没有进一步探讨这些纠纷和财产私有制之间的密切联系,在理论认识上陷于空想。

其三,君长、爵位、名分的存在所引起的争夺。康有为指出,有君长的存在,就会发生争夺君位,"倾国为兵"的现象;有爵位的存在,也会发生钻营、诈伪以及剖夺等行为;有名分的存在,则难免出现上压下、下犯上的争斗。总之,君权、等级关系是引起社会纠纷以致犯罪的重要原因。这些观点具有反对封建专制主义与等级制度的民主色彩,在当时的历史条件下是有积极意义的。

其四,私产的存在是争讼与犯罪的本原。康有为认为,有"私产",必然会引起田宅工业商贸的争讼。可见,他已接触到财产私有制是社会之所以发生犯罪的一个重要根源。可惜他只是一般地描述了田宅和工商业所发生的财产或债务纠纷的现象,而没有深入地、全面地揭示私有制与犯罪之间的内在关系。因而,也就不能对犯罪问题进一步作出科学的解答。

既然社会中存在引起犯罪的诸多因素，而人的本性又是自私的，怀有私有欲望，所以发生犯罪是不可避免的。因此，消除犯罪，绝非"日张法律""日议轻刑""日讲道德"所能解决的，更不宜"多为法网，以待其触"。康有为特别指出：要致刑措、达大同，最根本的是去"九界"，即国界、级界、种界、形界、家界、产界、乱界、类界、苦界，才能使"诸讼悉无""诸刑悉措"。具体说来，去"九界"应从去家界入手；而要去家界，又需从去形界即从实现男女平等开始。何以去九界、致大同，要从男女平等、各自独立开始？这是因为男女平等，各自独立，是"天予人之权"。男女如真能独立平等，则婚姻之事，只需订立"岁月交好"的契约，而不再有夫妇之名，行之六十年，人类便不存在家庭，也没有夫妻父子之私。由此进一步发展，遗产也无人继承，农田、工厂、商贸均归之于公。在没有家庭、私产的条件下，就可以去国界、达大同了。

康有为关于消除家庭、私产、国家和犯罪的思想，虽然充满了主观空想，但都是有所针对而发的，因此某些观点仍有一定的积极意义。例如，他把私有财产、君权、等级的存在，看成社会上发生罪恶的根源，显然具有合理性。再如，他以资产阶级人权论反对封建等级制，提倡人人平等、男女平等，这在当时也具有反封建的意义。尤其是他已经朦胧地看到资本主义社会的一些弊病，因此在他设计的升平世、大同世中，希望这些弊病能够避免在中国发生。值得注意的是《大同书》的问世，表明在中国近代思想史上，出现了空想社会主义的大同思想，虽然康有为并没有找到通向大同世界的真正的途径，但其影响却是深远的、不可以忽视的。

"三世"中的太平世，是康有为大同理想的体现。按照他的想象，在太平世，地球上已经没有国家，没有帝王，没有家庭，没有私有财产，人们享有充分的人权和平等权。全世界只有"公政府"，实行统一的"公法"；没有犯罪，没有刑法，"刑措不用，囚狱不设"，曾经发生在据乱世、升平世的诸般痛苦都消失了。但在太平世，仍会出现"失职误事""失议过语"等现象，不过这已不属于犯罪，也不必采用刑罚，只要将犯之者，"归其本司，依例教诫，或少加罚锾极矣"。为了确保大同世界的安宁与不断的进步，还需要立有各种规则，为此，康有为列出四禁，即"禁游惰""禁独尊""禁竞争""禁堕胎"，作为管理社会的四章立法。

综括以上，康有为根据三世说阐述的法律进化过程，既表现了对封建法律制度的不满，也反映了对所向往的西方国家某些弊病的觉察。为了避免这些弊病再现于中国，他参酌中国古代的大同理想和早期的西方社会主义学说，并把现行的瑞士和美国的政治制度加以融会，构成了他的空想的大同世界。由于康有为对社会的发展缺乏科学的认识，他的三世说是借托古改制为变法维新服的。梁启超曾经指出:"三世者,谓据乱世、升平世、太平世,愈改而愈进也。有为政治上变法维新之主张,实本于此。"[127]又说:"有为、启超皆抱启蒙期致用的观念,借经术以文饰其政论,颇失为经学而治经学之本意,故其业不昌,而转成为欧西思想输入之导引。"[128]康有为在"三世"说中,虽然接触到法律与社会问题,但是其世界观和理论基础,决定了其无法揭示法律产生的社会原因和所具有的功能,也不能阐明法律发展的真实动力和演化进程。

(2)以进化论的观点论证变法的必然性。在庸俗进化论的观点指导下,康有为不仅反对封建正统的"天不变,道亦不变"的教条,而且扬弃了改良派曾经拥有的"变器不变道"的思想。按照他的估计,当时的中国正处于由据乱世向升平世转变的时期。根据"时移法亦移"的规律,他提出中国应通过变法维新,赶上西方各国而进入升平世,然后再创造条件,向无苦极乐的太平世即"大同"世界过渡。但在向升平世转变时期所进行的变法维新,必须全变,如同他在《上清帝第六书》中所说:"观万国之势,能变则全,不变则亡,全变则强,小变仍亡。"[129]所谓"全变",就是要在经济、政治、法律、文化、教育等各个领域都采取西法,实质上是变封建制度为资本主义制度。就此而言,康有为大大发展了改良派的变法思想。

基于"全变"的思想,康有为也要求改革清朝的法律制度。他认为:"物久则废,器久则坏,法久则弊。"[130]"法既积久,弊必丛生,故无百年不变之法。况今兹之法,皆汉唐元明之弊政,何尝为祖宗之法度哉? 又皆为胥吏舞文作弊之巢穴,何尝有丝毫祖宗之初意哉?"[131]既然清朝的典章律例都是因袭前朝的,而且早已过时,不能适应当前万国并立竞争的形势,因此变法维新,改订法律,就是历史的必然。据此,他强调:"圣人之为治法也,随时而立义,时移而法亦移矣。"[132]又说:"夫治国之有法,犹治病之有方也,病变则方亦变。若病既变而仍用旧方,可以增疾;时既变而仍用旧法,可以危国。"[133]至于采取哪一种良方来

---

[127] 梁启超:《清代学术概论·二十三》,岳麓书社2010年版,第71页。
[128] 梁启超:《清代学术概论·二》,岳麓书社2010年版,第6页。
[129] 康有为:《上清帝第六书》,载翦伯赞等编:《戊戌变法(二)》,上海人民出版社2000年版,第197页。
[130] 康有为:《上清帝第二书》,载翦伯赞等编:《戊戌变法(一)》,上海人民出版社2000年版,第139~140页。
[131] 康有为:《上清帝第六书》,载翦伯赞等编:《戊戌变法(二)》,上海人民出版社2000年版,第198页。
[132] 梁启超:《读〈日本书目志〉书后》,载梁启超:《饮冰室合集》第二册《文集二》,中华书局2015年版,第184页。
[133] 康有为:《上清帝第一书》,载乔继常选编:《康有为散文》,上海科学技术文献出版社2013年版,第119页。

医治清朝的沉疴,他主张仿效"治国有法度"的西方国家,以新法治天下。

戊戌变法时期,维新派中另一位思想家严复,通过翻译赫胥黎的《天演论》,不但介绍了达尔文的进化论,而且宣传了根据"物竞天择,适者生存"的理论所推导出的变法维新与救亡图存的关系的认识。他说:"物竞者,物争自存也;天择者,择其宜种也。"在物竞天择规律的作用下,"弱者常为强肉,愚者常为智役……将不数传而其种尽矣"。[134] 为此,严复慷慨陈述了变法维新的必然性与紧迫性。他说"如今日中国不变法,则必亡是也……早一日变计,早一日转机,若尚因循,行将无及。"[135]他还将"经时久而无修治精进之功",而且"格扞芜梗"的清朝法律,与"修治精进"的西方法律相比较,得出了"则民固将弃此而取彼者","此天演家言所谓物竞天择之道,固如是也"的结论。[136]

自从严复将赫胥黎的《天演论》介绍到中国以后,便成为维新派宣传变法的锐利的理论武器。梁启超也是准此阐发他的社会改革以及变法的主张的。他说"优胜劣败""新胜旧败""适者生存",是人类社会进化的普遍规律,"凡人之在世间,必争自存,争自存则有优劣,有优劣则有胜败,劣而败者,其权利必为优而胜者所吞并,是即灭国之理也。自世界初有人类以来,即循此原则,相搏相噬,相嬗相代,以迄今日而国于全地球者,仅百数十焉矣"。[137] 在《天演论》的指导下,梁启超形成了变易进化是一切事物的"公理"的理念。他强调既要"开新",又要"弃旧",指出"新旧者,固古今盛衰兴灭之大原哉","天之斡旋也,地之运转也,人之呼吸也,皆取其新而弃其旧也。……人道未有不喜新而厌故者也",[138]"开新者兴,守旧者灭,开新者强,守旧者弱,天道然也,人道然也"。[139]也就是说,一个物种,一个国家或社会,要兴盛富强,就应该随时注意创新而反对守旧。正是凭借这种理论,他极力宣传维新方能救国,变法才可图强。他说:"法何以必变? 凡在天地之间者,莫不变……变者,古今之公理也。"[140]如今"大地既通,万国蒸蒸,日趋于上,大势相迫,非可阏制,变亦变,不变亦变。变而变

---

[134] 严复:《原强》,上海书局,光绪二十八年(1902年)。

[135] 严复:《救亡决论》,上海书局,光绪二十八年(1902年)。

[136] 严复:《原强》,上海书局,光绪二十八年(1902年)。

[137] 梁启超:《灭国新法论》,载梁启超著,李华兴、吴嘉勋编:《梁启超选集》,上海人民出版社1984年版,第172页。

[138] 梁启超:《经世文新编序》,载梁启超:《饮冰室合集》第二册《文集二》,中华书局2015年版,第178页。

[139] 梁启超:《经世文新编序》,载梁启超:《饮冰室合集》第二册《文集二》,中华书局2015年版,第179页。

[140] 梁启超:《变法通议·自序》,载梁启超:《饮冰室合集》第一册《文集一》,中华书局2015年版,第1页。

者,变之权操诸己,可以保国,可以保种,可以保教。不变而变者,变之权让诸人,束缚之,驰骤之,呜呼,则非吾之所敢言矣"。[141]

既然新陈代谢、变易进化是天下古今万物的"公理",法律自然也不能例外,因此改革旧法律制度有其必然性和合理性。梁启超指出:"今夫立法以治天下,则亦若是矣。法行十年,或数十年,或百年而必敝,敝而必更求变,天之道也。"[142] 他举中国历代王朝为例,说当其肇基之时,"一姓受命,创法立制",经过数代以后,所施行的法律已经不适应形势的发展,可是继承者们,或者不愿承认这个现实,或者禀遵祖训不敢轻易更动,一味因循守旧,势必导致"百事废弛",直到最后出现了不可收拾的局面。总结历史的教训,结合清朝的现实状况,梁启超强调:"治旧国必用新法。"如果说守旧拒新、固执成法是造成中国贫弱落后的积习之一,那么清朝统治者更是以守旧为荣,以变法为戒,法律制定之后,"一成而不易,镂之金石,悬之国门,如斯而已"。[143] 时间既久,弊病丛生,严重阻碍了社会进步。与中国相反,西方各国富于"舍旧图新"的精神,特别是近百年间,对社会政治、法律的改革,尤为重视。由此而使社会面貌焕然一新,日臻富强,称雄于世。根据世界发展的大势,梁启超认为中国要转弱为强,也应具有求新的精神,他谴责顽固派反对变法的议论是"误人家国之言",就像"一食而求永饱""一劳而求永逸"的蠢人一样,非亡何待。

2. 民约论的法律观

民约论法律观的代表人物是梁启超。在中国 19 世纪末的维新派中,梁启超是对西方资产阶级法学较有研究,著述最多、观点也最鲜明的一位思想家。他曾经宣称,在"西哲"的治国方案中,卢梭的"民约论","最适于今日之中国";而孟德斯鸠的《万法精理》,则是西方各国"改制之模范,功固不在卢梭下也"。他的变法主张和法律思想,很大程度上来源于西方资产阶级的哲学、政治学和法学。他曾自嘲说:"末学肤受如鄙人者,偶有论述,不过演师友之口说,拾西哲余唾,寄他人之脑之舌于我笔端而已。"[144] 这段自白,准确地表述了他的学术思想渊源。

在卢梭、孟德斯鸠学说的影响下,梁启超逐渐形成了民约论的法律观,主要

---

[141] 梁启超:《变法通议·论不变法之害》,载梁启超:《饮冰室合集》第一册《文集一》,中华书局 2015 年版,第 8 页。

[142] 梁启超:《变法通议·论不变法之害》,载梁启超:《饮冰室合集》第一册《文集一》,中华书局 2015 年版,第 7~8 页。

[143] 梁启超:《变法通议·论译书》,载梁启超:《饮冰室合集》第一册《文集一》,中华书局 2015 年版,第 68 页。

[144] 梁启超:《饮冰室合集·原序》第一册,中华书局 2015 年版,第 9 页。

表现在以下两个方面：其一，他将有无法律和法律是否发达，看作区别人类和禽兽、文明和野蛮的重要标志，因为法律是人们共同良知的产物。梁启超认为人类在同自然界的竞争中，需要结成"群"才能生存，而"群"中的每个人，各有自己的天赋权利。但由于"群"中之人，"万有不齐"，"驳杂而无纪"，因此不可避免地发生"群"内竞争。如果听之任之就会激化成相互间的争斗，"横溢动乱"，无法"相群"，导致在同外界竞争中的失败。这不仅损害"群"的整体利益，也不利于个人的生存。在严酷的生存竞争的驱使下，人们本着"良知"，逐渐认识到应该采取一定的措施，既能维护和扩大每个人所享有的天赋权利不受侵犯，又能保证每个人不侵害他人的自由权，从而使人与人之间的竞争，不至于破坏整个"群"的存在，为此，需要创设一种强制性的规范，来约束人们的行动和保护人们的天赋权利，于是，法律就产生了。法律不是来自"群"的外部强加于"群"的，也不是某个人"首出制之"，而是发自人人心中的"良知"，是人们共同"良知"驱动的产物。所以法律虽然对人们的行为普遍有所约束和限制，却能够得到人们的遵守，"自置于规矩绳墨之间"。所以法律愈明备，"守之愈坚定"，该"群"也愈强盛。"人之所以战胜禽兽，文明之国所以战胜野番，胥视此也。"[145]由于文明的程度视法律的状况而定，所以"法律愈繁备而愈公者，则愈文明，愈简陋而愈私者，则愈野番而已"。[146]

既然法律是"治群"的重要手段，起着推进社会发展的作用，本身又具有"均平中正，固定不变，能为最高之标准以节度事物"[147]的功能，可以使人们的行为有所节制，不致因无限制的竞争而损害整个种族或社会的公共利益，因此，通过制定严密的法律，使人们在维护整个社会或种族的共同利益的目标之下，达到步调一致，秩序井然，如同"机器一样有节奏地运转，像军队一样有纪律地行动"。如此，一个种族、一个国家自然会富强兴盛起来，文明也定会进步。这就是梁启超以法律作为区分文明与野蛮的界标的根据所在。在中国古代的法律思想家中，也不乏用法律"定分""止争"以维持群体存在的观点来阐明法律的起源。梁启超与传统观点的不同之处，就在于他认为法律是人们共同"良知"的产物。这是西方启蒙思想家关于法律起源学说的基本观点。

其二，运用社会契约说来解释国家与法律的具体形成过程。梁启超在介绍

---

[145] 梁启超：《变法通议·论中国宜讲求法律之学》，载梁启超：《饮冰室合集》第一册《文集一》，中华书局 2015 年版，第 93 页。

[146] 梁启超：《变法通议·论中国宜讲求法律之学》，载梁启超：《饮冰室合集》第一册《文集一》，中华书局 2015 年版，第 94 页。

[147] 梁启超：《中国法理学发达史论》，载梁启超：《饮冰室合集》第五册《文集十五》，中华书局 2015 年版，第 1323 页。

卢梭关于民约是实现建立邦国目标的手段的理论时说："凡两人或数人欲共为一事,而彼此皆有平等之自由权,则非共立一约不能也。审如是,则一国中人人相交之际,无论欲为何事,皆当由契约之手段亦明矣。人人交际既不可不由契约,则邦国之设立,其必由契约,又岂待知者而决乎?"[148] 法律的形成也和国家的形成一样,都起源于人与人之间的"要约"。因而,判断法律是否公正善美,也应以是否生于契约为标准。凡由契约所形成的法律是公平善美的,而由一人或数人的命令所形成的法律,是"不正""不善"的。在梁启超的笔下,生于契约的法律,是指西方资产阶级的法律;而"起于命令"的法律,无疑是指中国专制制度下的法律。此类法律,官与民之所以不愿遵守,之所以有法等于无法,就在于它是由帝王的命令所形成的。在这里梁启超从民约论的新角度,批判了中国封建专制主义的法律。

法律产生于社会契约说。社会契约说有它形成的社会历史条件,它是资本主义商品生产在法律观念上的反映,是为资产阶级摆脱封建制度的束缚、建立保护资本主义经济发展的民主法律制度服务的。社会契约说在十七八世纪的欧洲,曾起过进步的作用。梁启超在当时的中国宣传和介绍这种学说,虽然是拾西方资产阶级思想家的牙慧,但由于这种思想是对封建专制君权与法律的批判,而且同中国传统的"君权神授""乾纲独断"的观念相对立,因此仍然具有反封建反专制的启蒙意义。

在中国近代思想史上,严复也是较早提出近似民约论的法律观的。他说,人类生来是群居的,在群居中,人与人之间也存在生存竞争,因而会发生"强梗者"相欺相守,以及其他的患害。为了维护人群的存在和发展,以及同自然界作斗争等公共利益,于是大家便选择"公且贤者,立而为之君",让他来为全"群"服务,管理"群"的公共事务,制定法令规章,制止强梗者的欺夺,以维护"群"的共同利益与秩序。由此严复得出结论:君臣刑政礼乐等都是适应人们群居的需要,为维护"群"的公共利益而产生的,所谓"皆缘卫民之事而后有之","斯民也,固斯天下之真主也"。[149] 君如不能胜任卫民的职责就应撤换,法令如违背卫民的宗旨就应改变。显而易见,严复的思想,也是反专制交响曲中的一个乐章。

3. 反纲常、反专制的法律观

反纲常、反专制法律观的代表是谭嗣同,他的法律观极为鲜明,在当时的维

---

[148] 梁启超:《卢梭学案》,载梁启超:《饮冰室合集》第三册《文集六》,中华书局 2015 年版,第 560 页。

[149] 《严几道文钞》卷一《辟韩》。

新派中是突出的。

(1)谴责以专制皇权为核心的封建纲常。谭嗣同以其切身的经历和敏锐的观察,深深感到封建的专制制度、纲常伦理及其法律化的清朝律例,像一个黑沉沉的网罗覆盖着中国大地,造成了中国"之愚之弱之贫之一切苦"。所有这一切的压抑不平、否塞不通,完全违反了"仁—通"的普遍规律。因此他在"仁—通"的思想指导下,发出了"冲决网罗"的号召。他明确提出要"冲决利禄之网罗""冲决君主之网罗""冲决伦常之网罗""冲决天之网罗",强烈地要求摆脱封建政治、法律、伦理道德的束缚,勇敢地向封建统治秩序进行挑战。

在"冲决网罗"的口号下,谭嗣同对封建纲常名教展开了猛烈的攻击。儒家所谓的纲常,经过西汉董仲舒的神化和封建统治者的宣扬,已成为中国封建社会支配政治、道德、立法、司法活动的金科玉律。历代王朝编修法典,都以纲常名教作为立法的理论基石和指导原则。《唐律疏议》中明确规定:"五刑之中,十恶尤切,亏损名教,毁裂冠冕,特标篇首,以为明戒。"明律、清律也都辗转传承。由此可见,所谓纲常,已不仅仅是伦理问题,而且是封建王朝的政治基础。凡属严重违反纲常的行为,均被列为十恶不赦的重罪。在封建的纲常中,君为臣纲是核心,因此在谭嗣同反封建纲常的思想中,首先是对准专制皇权。他仿效明末清初黄宗羲所撰《明夷待访录》批判专制主义的笔法,谴责专制帝王"视天下为其囊橐中之私产,而犬马土芥乎天下之民";"竭天下之身命膏血,供其盘乐怠傲"。[150] 他痛斥专制君主为了保全自己的皇冠、宝座而反对改革,以致"处事不计是非,而首禁更张",其结果必然是因循保守,政事废弛,暮气深沉,吏治腐败。他揭露这些独夫民贼,为了使自己的帝位能传之"世世万代子孙",制定了"一切酷毒不可私议之法",用来压迫臣民。尤其是清朝更是挖空心思地制定了各种苛法,大兴文字狱,镇压各族人民的反抗。他谴责在清朝统治下所造成的"黑暗地狱,直无一法一政,足备纪录,徒滋人愤懑而已"。[151] 谭嗣同不但暴露了君主专制的"黑暗否塞,无复人理"的反动腐朽性,而且揭示了封建法律不过是专制帝王用以维护其一己私利的手段。

谭嗣同对封建专制君权的批判虽然仿效《明夷待访录》,但与黄宗羲有所不同,主要表现为他已开始运用西方资产阶级的政治法律学说作为批判的武器。例如,在《仁学》一书中,便汲取了卢梭的民主思想,指出"生民之初",不存在君臣,所有的人都是"民",由于人与人之间"不能相治","也不暇治",才共同选举

---

[150] 谭嗣同:《仁学》,载李敖主编:《谭嗣同全集》卷一,天津古籍出版社2016年版。
[151] 谭嗣同:《致汪康年书》,载李敖主编:《谭嗣同全集》,天津古籍出版社2016年版。

一民为君。所以君是由民"共举"的,不是"君择民",而是"民择君",是"因有民而后有君"。因此,"民为本"而"君末也"。既然不可以"因末而累本",自然也不可以"因君而累及民",由此得出结论,君是为民办事的,臣是"助办民事"的,君如不能为民办事,则"易其人,亦天下之通义也"。[152] 以上可见,谭嗣同虽然还不能科学地说明君权的产生,但他勇敢地宣传了民有权易君、废君,君权是由民权派生的重要思想。从这个认识出发,他批判了朕即国家的荒谬,指出民是国家的主人,君主是民的仆人,君主的存废,只不过像主人获得或丧失仆隶一样,无关国家大局。这是何等鲜明地向着专制帝王的神圣不可侵犯性进行挑战,而且为废除君权制造了舆论准备。

从反专制、反纲常的立论出发,谭嗣同也反对为正史所乐道的忠君死节。他说:"民之于君,无相为死之理;而本之于末,更无相为死之理。"[153]特别是后来之君,率皆类似窃国大盗与民贼,如"犹以忠事之",岂不是助纣为虐。所以,他认为,"止有死事的道理,决无死君的道理",[154]从而否定了君为臣纲、君权至上的封建伦理教条和法律原则。

不仅如此,谭嗣同还在资产阶级民主思想的影响下,认为人民应享有反对甚至诛杀专制暴君的权利:"彼君之不善,人人得而戮之,初无所谓叛逆也。"[155]历代法律关于反对君主的"叛逆"罪,完全是从保护一家一人的私利出发制造的用以恐吓天下众民的一种最严厉的罪名。除叛逆罪外,所谓"腹诽""怨望""讪谤""大不敬"等罪名,无一不是君主为钳制臣民的言论和行动,而借纲常的名义炮制出来的。谭嗣同从中国历史的实际出发,指出在残酷的权力争夺中,胜利者登上了皇帝的宝座,便成为"奉天承运""受命于天"的天子;失败者便被"詈以叛逆",横遭杀戮。由此他深刻地揭露了历代君主其实"未有不自叛逆来者",因此为反对君主个人而定拟的反叛罪,是不能成立的。为了从法理上说明这一问题,他指出,反对专制君权的所谓"谋反"罪是"公罪"。按照西方各国的法律,这种行为"非一人数人所能为也。事不出于一人数人,故名公罪"。"公罪"之所以发生,一定有不得已的原因,譬如朝廷政治法令的腐败、赋敛的苛重等。因此面对"谋反"的发生,君主应当认真反省,而不应为了私利而施以重刑,如要处以重刑,"则请自君始"。

作为封建纲常重要组成部分的父为子纲、夫为妻纲,谭嗣同也都给予批判。

---

[152] 谭嗣同:《仁学》,载李敖主编:《谭嗣同全集》卷一,天津古籍出版社2016年版。
[153] 谭嗣同:《致汪康年书》,载李敖主编:《谭嗣同全集》,天津古籍出版社2016年版。
[154] 谭嗣同:《致汪康年书》,载李敖主编:《谭嗣同全集》,天津古籍出版社2016年版。
[155] 谭嗣同:《致汪康年书》,载李敖主编:《谭嗣同全集》,天津古籍出版社2016年版。

他指出:"君臣之祸亟,而父子、夫妇之伦遂各以名势相制为当然矣,此皆三纲之名之为害也。"[156]他抨击宗法父权、夫权以及相关的法律规定,要求根据自由、平等的精神,加以改定。他主张父子可以"异宫异财",即父子可以分居,各有支配财产的自主权。这与中国旧律中祖父母、父母在,子孙不得私擅用财、别籍异财的规定,是完全对立的。他对封建纲常迫害下的妇女,更寄予深切的同情,说男女之间除生理上的差别外,"同为天地之菁英",应有平等的权利和地位;男女择偶,应"两情自愿",各有结婚与离婚的自由;夫妻之间的权利义务,也应该是平等的,妻子不应受丈夫的奴役。谭嗣同以饱含同情之笔描绘了生活在纲常枷锁下、任人宰割的妇女的命运:"虏役之而已矣,鞭笞之而已矣,至计无复之,辄自引决。村女里妇,见戕于姑恶,何可胜道?""夫既自命为纲,则所以遇其妇者,将不以人类齿。"[157]他尤其谴责在理学教条的毒害下,妇女苦守贞节的悲惨遭遇,他说:"自秦垂暴法,于会稽刻石,宋儒炀之,妄为'饿死事小,失节事大'之瞽说,直于室家施申、韩,闺闼为岸狱,是何不幸而为妇人,乃为人申、韩之,岸狱之!"[158]谭嗣同在宗法观念仍然严重束缚着人们的思想和行为的历史条件下,敢于为妇女的悲惨命运发出不平之鸣,是他的民主思想的重要反映,是难能可贵的。

不仅如此,谭嗣同进而指出纲常之为害不只是"戕人"之身,更为严重的是毒化了人心,以致当人们受到纲常名教的残害,或因违反纲常名教而被绳之以法时,社会舆论不仅不予以同情,反而视之为当然。对此谭嗣同愤懑地说:"施者固泰然居之不疑,天下亦从而和之曰:'得罪名教,法宜如此'。""三纲之慑人,足以破其胆,而杀其灵魂,有如此矣。""故曰:礼者,忠信之薄,而乱之道也。"[159]在谭嗣同看来,纲常名教之所以荒谬和具有如此的毒害性,就在于它违反了"仁—通"的精神。他说:"仁之乱也,则于其名","君以名桎臣,官以名轭民,父以名压子,夫以名困妻,兄弟朋友各挟一名以相抗拒,而仁尚有少存焉者得乎?"[160]谭嗣同关于纲常名教与仁的精神相抵触的议论,实质上是揭示了纲常名教与资产阶级平等、自由原则的冲突。譬如,他肯定五伦中朋友一伦,说"五伦中于人生最无弊而有益,无纤毫之苦,有淡水之乐,其惟朋友乎!"[161]这不是偶然的,因为朋友一伦含有平等、自由、自主之权;至于君臣、父子、夫妇之间"皆为三纲所蒙蔽,如地狱矣"。

---

[156] 谭嗣同:《仁学》,载李敖主编:《谭嗣同全集》卷一,天津古籍出版社2016年版。
[157] 谭嗣同:《仁学》,载李敖主编:《谭嗣同全集》卷一,天津古籍出版社2016年版。
[158] 谭嗣同:《仁学》,载李敖主编:《谭嗣同全集》卷一,天津古籍出版社2016年版。
[159] 谭嗣同:《仁学》,载李敖主编:《谭嗣同全集》卷一,天津古籍出版社2016年版。
[160] 谭嗣同:《仁学》,载李敖主编:《谭嗣同全集》卷一,天津古籍出版社2016年版。
[161] 谭嗣同:《仁学》,载李敖主编:《谭嗣同全集》卷一,天津古籍出版社2016年版。

由此可见,历代君主之所以用法律的形式确认三纲的神圣地位,并以严刑惩罚违反三纲的行为,就在于三纲"能制人之身者,兼能制人之心",[162]是维护专制统治的有效工具。谭嗣同说:"独夫民贼,固甚乐三纲之名,一切刑律制度皆依此为率,取便己故也。"[163]根据维护三纲之法,君主就可以振振有词地宣布:"尔胡不忠!尔胡不孝!是当放逐也,是当诛戮也。"[164]谭嗣同对纲常立法的批判已经接触到了封建法律的实质。

总括上述,谭嗣同反纲常、反专制的法律观,在当时具有重要的进步意义,从某个层面来说,不仅走在康有为、梁启超、严复的前面,对资产阶级民主革命派,也有一定的思想影响。邹容就赞扬他说:"赫赫谭君故,湖湘志气衰;惟冀后来者,继起志勿灰。"谭嗣同无愧为我国19世纪末杰出的反封建的思想家和冲决网罗的斗士,他的有些主张已经超出了改良的藩篱,是一个由改良维新向着资产阶级民主革命过渡性的历史人物。他的法律思想为中国近代法律思想库增添了瑰宝。

(2)谭嗣同没有停留在对于专制制度和纲常名教的揭露和批判上,而是主张进行废除纲常、革除专制制度的变法。他说:"今中外皆侈谈变法,而五伦不变,则举凡至理要道,悉无从起点,又况于三纲哉!"[165]他和康有为、梁启超一样,都以进化论的眼光看待法律的变革与社会发展的关系,强调法应该"与时为变也",这是他积极鼓吹变法的立足点。他认为西法"美备""博大精深""法良意美",因而在批判清朝专制主义法律的基础上,产生了"仿之而全变"的思想。他在《上欧阳辨疆师书三》中说:"见于大化之所趋,风气之所溺,非守文因旧所能挽回者",于是"不恤首发大难,画此尽变西法之策"。[166] 这里所说的"西法",首要的是实行资产阶级的分权制,他指出由君主和地方长官一人包揽各项权力,势必出现独断专横,导致"平等亡,公理晦,而一切惨酷蒙蔽之祸,斯萌芽而浩瀚矣"。[167] 为了改变这种状况,极应仿行西方国家的分权制。谭嗣同说:"西国于议事办事,分别最严。议院议事者也官府办事者也,各不相侵,亦无偏重,明示大公,相互牵制,治法之最善而无弊者也。"[168]按照他的认识,在分权制下,官府与议院有办事与议事的明确分工,既无所偏重,又可以互相监督制约,是一

---

[162] 谭嗣同:《仁学》,载李敖主编:《谭嗣同全集》卷一,天津古籍出版社2016年版。
[163] 谭嗣同:《仁学》,载李敖主编:《谭嗣同全集》卷一,天津古籍出版社2016年版。
[164] 谭嗣同:《仁学》,载李敖主编:《谭嗣同全集》卷一,天津古籍出版社2016年版。
[165] 谭嗣同:《仁学》,载李敖主编:《谭嗣同全集》卷一,天津古籍出版社2016年版。
[166] 李敖主编:《谭嗣同全集》卷三,天津古籍出版社2016年版。
[167] 谭嗣同:《壮飞楼治事篇第五·平权》,载李敖主编:《谭嗣同全集》卷一,天津古籍出版社2016年版。
[168] 谭嗣同:《壮飞楼治事篇第五·平权》,载李敖主编:《谭嗣同全集》卷一,天津古籍出版社2016年版。

种较为理想的制度。

在议院设立之前,谭嗣同主张先由学会代行地方议会的职能,使其"无议院之名,而有议院之实"。于行省设总学会,于府厅州县设分学会,官府如要兴办某种事业,或创立学校,必须先和学会议定而后施行。民众如兴办某种事业,或创立学校,也要先呈报于分学会,分学会再转呈总学会,总学会同意后再实行,通过学会来更好地管理地方政务。

不仅如此,谭嗣同设想中的学会,还拥有立章程的立法权,凡是创制某个法规章程,都要经过学会认真讨论,"乃可就理"。对于所立的章程,如有不便之处,学会可以随时讨论修改,务使臻于善美。他期望通过类似议院的学会来行使立法权,以使新制定的章程法规取代旧的法律,达到虽"无变法律之名,而有变法律之实"的目的。

为了建立仿西方国家的完备法制,他一方面批评清朝律例簿书浩繁,"旧案山积",使人无所适从;另一方面,又指出许多部门缺乏统一的办事规则,无法可循。他说:"以中国之大,庶政之殷繁,乃无一章程以为办事之规则。"这不仅影响了行政管理的规范性,也给予吏胥因缘为奸以可乘之机。因此建议尚未制定规章法令的部门,应该逐步订立,使各级、各部门的官员都有统一的法令章程可资遵循,改变各自为政、各行其是的状态,"以归划一"。但在改订旧律时,要注意参酌西法,"使中西合一"。为了贯彻新法,需要有更多通达刑事之人,从事治狱工作。他主张仿效西方的教育制度,建立各级书院,培养具有新法律知识的人才,使学生"各守专门之学以待录用"。凡"考法律者官刑部","考公法者充使臣",务使"府吏皆用律学之士"。[169]

如果说谭嗣同反纲常、反专制的法律观在于"破",那么他的"尽变西法"的法律观则在于"立"。虽然他对于西方国家的议会制和法制的了解还没有超出改良派的认识水平,也不具备严复、梁启超那样丰富的西方资产阶级的法学知识,但是作为变法维新的鼓吹者和实践者,他是坚定的,并以自己的殉道行动表达了对于理想的执着追求。

(二)兴民权,行法治思潮的兴起

1. 兴民权,为民立法

维新派也是民权的提倡者,争取民权是维新派宪政思想的一个组成部分,

---

[169] 谭嗣同:《思伟壹台短书——报贝元徵》,载李敖主编:《谭嗣同全集》卷三,天津古籍出版社2016年版。

他们以天赋人权学说为理论武器,视民权为"天予人之权"。梁启超在《论进步》一文中,提出:"天生人而赋之以权利,且赋之以……保护此权利之能力。"他鉴于封建专制制度对于中华民族人权的践踏,又深念西方国家由于兴民权而带来的富强,梁启超大声疾呼"言爱国,必自兴民权始";"能兴民权者,断无可亡之理"。[170]

维新派提倡兴民权的焦点是争取民众的参政权和结社权。梁启超在《论自由》一文中,明确指出:"根据自由的精神,就要做到……人人都有参政权。……今日中国最急者,惟参政权问题。"无论设议院,开国会,都是为了建立一个"君与民共议一国之政法""以庶政与国民共之"的渠道,以实现国民的参政权。

除参政权外,在维新派兴民权的主张中,也含有结社权的内容。由于维新派基本上是在野的文人学士,他们力图通过结社来启发群众、宣传群众、组织群众,以壮大声势,争取参政,实施变法。在清朝专制统治下,士人结社被视为危害国家的犯罪行为,要受到刑罚的严惩。但至戊戌变法时期,清朝早已失去了昔日的权威,《大清律例》也丧失了固有的约束力和威慑力,以至于在戊戌变法运动期间,维新派便冲破清朝的禁令建立各种学会,如"粤学会""闽学会""南学会"等,并在"学会"的名义下,进行组织士大夫群众的活动。有些学会,实际上已具有政党的性质,如"南学会尤为全省新政之命脉,虽名为学会,实兼地方议会之规模"。[171]

除此之外,男女平权也被视为民权的内容之一。康有为在《大同书》中说:"男与女虽异形,其为天民而共受天权……人之男身,既知天与人权所在,而求与闻国政,亦何抑女子攘其权哉。"谭嗣同也认为:"男女同为天下之菁英,同有无量之盛德大业,平等相均。"[172]

在维新派言论中涉及的国民是有着特定对象的,主要是指构成国民政治中坚的中等社会。梁启超说,"各国改革之业,其主动力者恒在中等社会","中等社会者何?则宦而未达者,学而未仕者,商而致小康者,皆是已"。[173] 实际是指开明士绅、富裕的小资产者和民族资本家。梁启超曾明白表示:"古代之英雄,多出于政治家与军人,今日之英雄,强半在实业界。"[174] 可见,梁启超思想中的国民,是以"少数之上流社会为中坚"的。

---

[170] 梁启超:《爱国论》,载张品兴主编:《梁启超全集》,北京出版社1999年版。
[171] 苏舆编:《翼教丛编》,上海书店出版社2002年版。
[172] 谭嗣同:《仁学》,华夏出版社2002年版。
[173] 梁启超:《雅典小史》。
[174] 梁启超:《敬告国中之谈实业者》,载梁启超著,李华兴、吴嘉勋编:《梁启超选集》,上海人民出版社1984年版,第578页。

维新派中严复不仅提倡民权,还强调应以法保护天赋人权,尤其是天赋予人的自由权。他认为西方各国重视保护自由人权,即使是一国之君也无权侵犯人的自由权。西方国家的"刑禁条章",大都是为保护天赋的自由人权而设,如发生侵犯人的自由,则被视为"逆天理,贼人道"的严重犯罪。一旦人们的自由得到保障,便能够促使他们"奋于义务",最终导致国家的富强。与此相反,中国在君主专制统治下所制定的法律,非但不保护民的自由权,反而以"毁人身家"为务,国家只能贫而且弱,西法优于中法的秘密就在于此。与此同时,他也认为"权生于智",没有文化的劳动大众"不足以自治也"。[175] 因此,"欲兴民权,宜先兴绅权"[176],"即不能兴民权,亦当畀绅耆议事之权","夫苟有绅权,即不必有议院之名,已有议院之实矣"。[177] 可见,严复所倡导的兴民权,实际上是兴绅权,即为不当权的士绅争取政治权力。它同梁启超笔下的国民具有一致性,从而为他们所倡导的参政权的主体作出了注脚。梁启超曾公开表示康有为虽倡民权,实则反对民主制度。他说:"中国倡民权者以先生为首,然其言实施政策,则注重君权,以为中国积数千年之习惯,且民智未开,骤予以权,固自不易……故先生之议,谓当以君主之法,行民权之意,若夫民主制度,则期期以为不可。"[178]

在严复兴民权的主张中,最为闪光的部分是他提出的为民立法的思想。他认为中国自"秦以来之法制",是专制君主们为一己的私利而制定的,这种违反民意"为上而立"的法律,很少有"不悖于天理人性"的。一旦施行这种法律,必然与民的利益发生冲突,"其国必不安"。只有"为民而立"的法律,才合乎"天理人情",而且由于利民而为民所乐于遵行。这种法律才是"治国之法",才有"保民之效"。凡属为民而立之法,可以促进民智、民德、民力的提高。西方各国法律的优点就在于以提高民众的智、德、力为准则,而中国旧法律之所以拙劣,就在于专以压制、败坏民智、民德、民力为能事。以致西方各国的法律"日胜",而中国的旧法"日消";西方各国益强,而中国愈弱。中国要想在这万国并列之林中争生存和求富强,就应该凡是有利于提高民智、民德、民力者,"皆所力行";凡与此三者相悖者,"皆所宜废"。结论就是按天赋人权的道理行事。废旧法立新法,积极致力于促进"吾民之才、德、力"。他宣称,如能循此行之数十年,如果民不大和,治不大进,国不富强,甘愿承当"荞言乱政"之罪。虽然严复所说的为

---

[175]《严几道文钞》卷三《辟韩》。

[176] 梁启超:《论湖南应办之事》,载梁启超:《饮冰室合集》第二册《文集三》,中华书局2015年版,第247页。

[177]《谭嗣同书简》卷一。

[178]《康有为传》,载翦伯赞等编:《戊戌变法(四)》,上海人民出版社2000年版。

民立法是抽象的,就其实质而言是为新兴民族资产阶级立法,但在19、20世纪之交的中国仍具有不可忽视的价值。

2. 主张法治,反对人治

维新派受西方思想家孟德斯鸠、卢梭学说的影响,总的来说都强调法律的作用,具有明显的法治的思想倾向。在这方面,梁启超更具有代表性,论点也更为鲜明。他强调"立法之业"是"立国之大本大原"[179],"立法事业,为今日存国最急之事"。[180] 他说中国自秦汉以来,法学中绝,"种族日繁,而法律日简",不足以资约束;尽管"事理日变,而法律一成不易",以致守无可守,视法律为无物,然而西方诸国则不然,自希腊罗马以来,"治法家之学者,继轨并作,赓续不衰",近百年来,更加发达,所以西方各国"举国君民上下,权限划然,部寺省署,议事办事,章程日讲日密,使世界渐进于文明大同之域"。[181] 在这种条件下,中国如果与西方国家相遇相争,即使是"高城深池,坚革多粟",也难免于失败。梁启超通过中西法制现实状况的对比,意在说明国家的富强与法制建设有着极为密切的关系。既然国家的富强,离不开法律的发达与法制的健全,因此处在强邻环伺、"物竞愈剧"的严峻形势下,中国要生存、要自强,则"非发明法律之学,不足自存矣"。[182] 所以他把"为民定法律",说成是"神圣教主,明君贤相"的最大事业。

梁启超运用西方的法律学说,提倡法治,反对人治。他说,"今夫立法以治天下"[183],"今世立宪之国家,学者称为法治国者,谓以法为治之国也"。[184] 又说:"孟氏谓法治之国,以法律施治谓之法治。"[185] 面对中华民族危机的加深和西方列强竞相瓜分中国的严酷现实,使他深感"物竞天择""优胜劣汰"的不可抗拒性。为了"救时""存国",与西方列强抗衡,他把法治提高到富国强兵、自立于世界强国之林的高度,说"夫以一国处万国竞争之涡中,而长保其位置,毋

---

[179] 梁启超:《论立法权》,载梁启超:《饮冰室合集》第四册《文集九》,中华书局2015年版,第852页。

[180] 梁启超:《中国法理学发达史论》,载梁启超:《饮冰室合集》第五册《文集十五》,中华书局2015年版,第1313页。

[181] 梁启超:《变法通议·论中国宜讲求法律之学》,载梁启超:《饮冰室合集》第一册《文集一》,中华书局2015年版,第93页。

[182] 梁启超:《变法通议·论中国宜讲求法律之学》,载梁启超:《饮冰室合集》第一册《文集一》,中华书局2015年版,第94页。

[183] 梁启超:《变法通议·论不变法之害》,载梁启超:《饮冰室合集》第一册《文集一》,中华书局2015年版,第7页。

[184] 梁启超:《管子传·管子之法治主义》,载梁启超:《饮冰室合集》第二四册《专集八》,中华书局2015年版,第6344页。

[185] 梁启超:《法理学大家孟德斯鸠之学说》,载梁启超:《饮冰室合集》第五册《文集十三》,中华书局2015年版,第1141页。

俾陨越……则舍法治奚以哉",[186]"欲举富国强兵之实,惟法治为能致之"。[187]在他看来实行法治是时代的要求,是救国治国的不二法门。为此,他大声疾呼:"法治主义,为今日救时唯一之主义。"[188]

为了实行法治,立法之后,重在施行,以取信于民。梁启超说:"法也者,非将以为装饰品也,而实践之之为贵。"[189]他赞扬先秦法家"法令不立则已,立则期以必行,而无所假借"。[190] 如果立法之后"朝令暮改",在实行中又"违其七八",不但损害了国家的威信,而且"则后此之法令,愈失其效力矣"。[191]

社会关系是复杂的、多变的,而法律的调整作用不可能包罗无遗,因此,实行法治要与道德教育结合,互相补充。道德的积极引导功能,它的舆论制裁力,是法律所不及的。梁启超比喻说:"法禁已然,譬则事后治病之医药;礼防未然,譬则事前防病之卫生术。"[192]他在《中国法理学发达史·法治主义之发生及其衰灭》一文中,借批评先秦法家独任法律的偏执,比较全面地论证了法律与道德的关系。他说:"法律原与道德相互为用,盖社会之制裁力,与国家之强制力,是一非二,故近今法治国之法律,莫不采人道主义,虽谓法律为道德之补助品焉可也。然则谓有法律而可以无道德焉,其不当也明甚,谓有法律而不许复有道德焉,其滋不当也明甚。"法治只有辅之道德教育,才能养成人们守法的良知,提高国民自治的素质,并在尊崇道德的社会生活中稳定法治秩序,特别是使立法者、执法者、行政者都拥有良好的社会道德与政治道德,借以发挥法律应有的作用。梁启超指出:"政治习惯不养成,政治道德不确立,虽有冠冕世界之良宪法,犹废纸也。"[193]又说:"苟有新民,何患无新制度,无新政府、无新国家。"[194]可见,他

---

[186] 梁启超:《管子传·法治之必要》,载梁启超:《饮冰室合集》第二四册《专集八》,中华书局2015年版,第6350页。

[187] 梁启超:《中国法理学发达史论·法治主义之发生及其衰灭》,载梁启超:《饮冰室合集》第五册《文集十五》,中华书局2015年版,第1362页。

[188] 梁启超:《中国法理学发达史论·绪论》,载梁启超:《饮冰室合集》第五册《文集十五》,中华书局2015年版,第1313页。

[189] 梁启超:《宪法起草问题答客问》,载梁启超:《饮冰室合集》第一二册《文集三十三》,中华书局2015年版,第3274页。

[190] 梁启超:《管子传·法治与人民》,载梁启超:《饮冰室合集》第二四册《专集八》,中华书局2015年版,第6355页。

[191] 梁启超:《管子传·法治之必要》,载梁启超:《饮冰室合集》第二四册《专集八》,中华书局2015年版,第6351页。

[192] 梁启超:《先秦政治思想史·儒家思想(其三)》,载梁启超:《饮冰室合集》第二九册《专集五十》,中华书局2015年版,第7734页。

[193] 梁启超:《先秦政治思想史·法家思想(其四)》,载梁启超:《饮冰室合集》第二九册《专集五十》,中华书局2015年版,第7806页。

[194] 梁启超:《新民说·论新民为今日中国第一急务》,载梁启超:《饮冰室合集》第一九册《专集四》,中华书局2015年版,第4984页。

是把实行法治的希望寄托在全民素质的提高上。为此他发出只有废科举、兴学校、办学会、育人才,才是"变法之本"的号召。

梁启超从坚持法治主义的立场出发,批评了荀子的"人治"思想。对于荀子所说"有治人、无治法";"法不能独立,类不能自行,得其人则存,失其人则亡";"君子者,法之原也;故有君子,则法虽省,足以遍矣。无君子,则法虽具,失先后之施,不能应事之变,足以乱矣"[195];等等持鲜明的反对态度。他说:"荀卿有治人无治法一言,误尽天下,遂使吾中华数千年,国为无法之国,民为无法之民。"[196]

梁启超从对人治主义与法治主义的比较中,得出了法治优于人治的结论:

其一,"人治"是依某一人或某几个人为转移的,他们发挥作用的"时代甚短","范围甚狭"。而法治不仅发挥作用的时间长、范围广,还具有相对的稳定性,一般不受"其人存则其政举,其人亡则其政息"的影响。法律的实施如果依人而定,"恃人不恃法",这样的法律既缺乏稳定性,也不可能有权威性。

其二,"人治"是一种贤人政治,"遭贤则治,遭愚则乱,是治乱系于贤愚"[197]。从中国悠久的历史实际来看,明君贤相"千世而一出",因此将国家的长治久安寄托在这罕有的机会上面,是可遇而不可求的。然而实行法治的"立宪国,则遭贤与遇愚均者也。必遭贤与遭愚均,然后可以厝国于不敝,若此者非法治无以得之"[198]。

不仅如此,实行法治还可以使"贤者益贤,而中人亦可以循法而不失为贤。……此立宪与专制得失之林也"[199]。

其三,从中国国情的实际来看,国家大,政务繁,如专靠"治人",则二十几省,需要有百数十万的贤智之人,否则"既无人焉,又无法焉,而欲事之举,安可得也"[200]。因此,"人治"是行不通的。

辛亥革命以后,梁启超继续主张"法治之义,既为今世所莫能易,虽有治人,固不可以忽于治法。即治人未具,而得良法以相维系,则污暴有所闻而不能自

---

[195] 《荀子·君道》。
[196] 梁启超:《论立法权》,载梁启超:《饮冰室合集》第四册《文集九》,中华书局2015年版,第853页。
[197] 尹文:《尹文子简注》,上海人民出版社1977年版,第24页。
[198] 梁启超:《中国法理学发达史论》,载梁启超:《饮冰室合集》第五册《文集十五》,中华书局2015年版,第1344页。
[199] 梁启超:《中国法理学发达史论》,载梁启超:《饮冰室合集》第五册《文集十五》,中华书局2015年版,第1344页。
[200] 梁启超:《论立法权》,载梁启超:《饮冰室合集》第四册《文集九》,中华书局2015年版,第853页。

恣,贤智有所藉而徐展其长"。[201] 但当他看到为革命所产生的法制迭遭摧残的现实,使他深感法律虽是"治之具",但有了好的法律并不一定带来预期的效果,还需要具有良好道德修养的人来用法和司法。他说:"人能制法,非法制人","虽有良法,不得人而用之,亦属无效也"。[202] 又说:"治国非独恃法也,法虽善,非其人亦不行。"[203] 这说明了他的法治思想更趋于实务。古今中外的历史都证明了良法还需要贤吏来执行,才能真正实现法治。唐朝白居易说得好:"虽有贞观之法,苟无贞观之吏,欲其刑善,无乃难乎"。[204]

在法治与人治的问题上,严复也反对"有治人无治法"。他受潘恩、卢梭、孟德斯鸠、戴雪等资产阶级的政治、法律思想家的影响,认为法律是保护国民的人权和维持人类社会正常秩序的必要手段,无论国家、人民,"皆待法而后有一日之安"。作为国家任务而言,其荦荦之大者,"明刑治兵两大事而已"。国民要求于国家的,首要的是制定法律以保护其生命财产安全。为了阐明维新事业"法典居其要"和推行法治的紧迫性,严复在所译的西书中,写入了大量很有价值的按语,意在运用西方资产阶级的理论来研究中国的法律问题,论证建立资产阶级法治对国家富强、社会进步的作用。他认为"人治"有很大的偶然性,幸而遇到仁君,国可以致治;不幸而遇中主,便无法使国家长治久安;至于中主以下大抵皆为专制暴君。从中国的历史来看,三代以来,"君为圣明"者,只有汉武帝、汉光武帝、唐太宗等少数几个人而已。正因为如此,在中国封建专制主义的"人治"之下,昌世少、乱世多。严复强调,中国如要富强而久安,就应该重视以法为治,建立一套上下咸遵、"一国人必从"的仿用西法的法律制度。

严复还举中国古代的历史事例,论证了只有懂得以法治国的人,才算得上是"知治之要"。他说:"朱博曰:'太守不知经术,知有汉家三尺法而已。'至哉斯言,此汉明法吏之所以众也。王荆公变法欲士大夫读律,此与理财,皆为知治之要者,蜀党群起攻之,皆似是实非之谈,至今千年,犹蒙其害。"[205] 由此可见,严复把严格执法与倡导"明法",同样看作知治之要,批驳了固守人治论者的言论。

---

[201] 梁启超:《宪法之三大精神》,载梁启超:《饮冰室合集》第一一册《文集二十九》,中华书局2015年版,第2986页。

[202] 梁启超:《先秦政治思想史·法家思想(其二)》,载梁启超:《饮冰室合集》第二九册《专集五十》,中华书局2015年版,第7794页。

[203] 梁启超:《箴立法家》,载梁启超:《饮冰室合集》第十册《文集二十八》,中华书局2015年版,第2815页。

[204] 《长庆集》卷四十八。

[205] [法]孟德斯鸠:《法意》第六卷,第十六章"案语",严复译,商务印书馆1981年版,第132页。

五、君主立宪——改造国家的蓝图

（一）救亡图存、唯有维新

1840年鸦片战争以后，中华民族与外国侵略者的矛盾已经上升为主要矛盾，随着外国侵略的不断深入，中华民族面临日益深刻的危机。为了解救民族危机而展开的救亡图存的斗争，是中国近代史上的一条主线，也是一切改良政治与法制的强大动力。戊戌变法维新运动，就是在中日甲午战争战败之后，民族危机进一步加深的历史背景下，一批负有历史使命感的知识群体所发动的政治运动。他们慷慨陈词，不惜个人流血牺牲，以换取中华民族的自存、自立、自强。这在康有为的历次上书中都可以得到证明。康有为在第一次上书中便说："窃维国事蹙迫，在危急存亡之间，未有若今日之可忧也……诚以自古立国，未有四邻皆强敌，不自强政治，而能晏然保全者也。"[206]他不是消极地陈述中国面对的严峻现实，而是激励民众的危机意识，寻求解决危机的变法自强的良方。他说："方今当数十国之觊觎，值四千年之变局，盛暑已至而不释重裘，病症已变而犹用旧方，未有不喝死而重危者也。"[207]"为安危大计，乞及时变法"，"以雪国耻而保疆宇"。[208]"夫今日在列大竞争之中，图保自存之策，舍变法外别无他图"。[209]

为了论证"能变则全，不变则亡"，康有为以突厥、波兰为例，分别《进呈突厥削弱记序》和《进呈波兰分灭记序》。他说："突厥苏丹，以其黑暗守旧之治法，晏然处诸列强狡启之中，偃然卧群虎之旁，虎未噬则且酣睡，岂不危哉！"[210]又说："臣既痛波兰之君民，行复自念中国，未尝不为之掩卷流涕，泪下沾襟也。"[211]结论就是："观大地诸国，皆以变法而强，守旧而亡……观万国之势，能变则全，不变则亡，全变则强，小变仍亡。"[212]

---

[206] 康有为：《上清帝第一书》，载翦伯赞等编：《戊戌变法（二）》，上海人民出版社2000年版，第124页。

[207] 康有为：《上清帝第二书》，载翦伯赞等编：《戊戌变法（二）》，上海人民出版社2000年版，第140页。

[208] 康有为：《上清帝第三书》，载翦伯赞等编：《戊戌变法（二）》，上海人民出版社2000年版，第166页。

[209] 康有为：《上清帝第五书》，载翦伯赞等编：《戊戌变法（二）》，上海人民出版社2000年版，第195页。

[210] 汤志钧编：《康有为政论》，中华书局1981年版，第299~300页。

[211] 汤志钧编：《康有为政论》，中华书局1981年版，第344页。

[212] 康有为：《上清帝第六书》，载翦伯赞等编：《戊戌变法（二）》，上海人民出版社2000年版，第197页。

梁启超也列举印度、波兰及非洲一些国家被瓜分的实例，来说明它们的悲剧就在于"政事不修""守旧不变"。鉴于中日甲午战争以后，清政府丧权割地，如同"一羊处群虎之间，抱火厝之积薪之下而寐其上"，"国势之危险至今日极矣"。他大声疾呼"大势所迫"，"非变法万无可以图存之理"。[213]

（二）设议院、开国会、开制度局

根据西方的宪政原理，建立君主立宪制首要的是设议院。光绪二十一年五月（1895年），康有为在轰动中外的"公车上书"中，便以设立议院作为"立国自强之策"和变法的核心内容。他说："海内士民，令公举博古今、通中外、明政体、方正直言之士，略分府县，约十万户而举一人，不论已仕未仕，皆得充选……名曰议郎……以备顾问，并准其随时请对，上驳诏书，下达民词，凡内外兴革大政，筹饷事宜，皆令会议于太和门，三占从二，下部施行。"[214]议会政治的优越性，就在于可以"上广皇上之圣聪……下合天下之心志……君民同体……休戚与共"。[215]"公车上书"把流行一时的设议院的主张具体化了，成为宪政斗争的纲领，在中国近代史上引起了极大的反响。

同年6月30日，康有为在《上清帝第四书》中，进一步提出了"设议院以通下情"的建议，要求"凡有政事，皇上御门，令之会议，三占从二，立即施行"。即使省、府、州、县，也"咸令开设"。他反复阐述了议院的作用和早日设立的必要性，他说议院设立以后，"民信上，则巨款可筹……政出一堂，故德意无不下达，事皆本于众议，故权奸无可容其私，动皆溢于众听，故中饱无所容其弊；有是三者，故百度并举，以致富强"。为了回答来自顽固派的"若开议院，民有权而君无权"的攻讦，同时也为了打消光绪皇帝唯恐设议院之后，皇权旁落的隐忧，康有为特别指出："左右贵近……畏言兴革，多事阻挠，必谓……开院集议，有损君上之权。……至会议之士，仍取上裁，不过达聪明目，集思广益，稍输下情，以便筹饷，用人之权，本不属是，乃使上德之宣，何有上权之损哉？"

可见康有为关于设议院的主张，是以不损害君上大权为前提的，这与西方资本主义国家的议院，有着明显的不同。这种议院，实际上是君主立宪政体下的咨询性质的机关。

---

[213] 梁启超：《上陈宝箴书》，载翦伯赞等编：《戊戌变法（二）》，上海人民出版社2000年版，第533页。

[214] 康有为：《上清帝第二书》，载翦伯赞等编：《戊戌变法（二）》，上海人民出版社2000年版，第153页。

[215] 康有为：《上清帝第二书》，载翦伯赞等编：《戊戌变法（二）》，上海人民出版社2000年版，第153页。

严复也主张通过设立议院,把中国改造成英国式的君主立宪国家。他对议院的作用充满了信心和幻想。他说:"设议院于京师,而令天下郡县,各公举其守宰,是道也,欲民之忠爱必由此,欲教化之兴必由此,欲地利之尽必由此,欲道里之辟、商务之兴必由此,欲民各束身自好而争濯磨于善必由此。呜呼,圣人复起,不易吾言矣。"[216]

梁启超在戊戌变法前(1896年)撰写的《古议院考》中,虽然赞同"强国以议院为本",但认为设议院须具备一定的条件。他说:"凡国必风气已开,文学已盛,民智已成,乃可设议院",否则适足以"取乱"。因此他在鼓吹"故强国以议院为本"的同时,强调"议院以学校为本"。

由此可见,设议院是戊戌变法时期维新派改革专制政体的战略目标,即使在变法失败以后,康有为、梁启超仍然坚持议会民主作为改革专制政体的重要一环。20世纪初,他们在《戊戌奏稿》一书中,继续为议院呐喊,并且设计了县、府、道、省各级议员选举法和各级议会的职权范围。

除设议院外,变法维新期间,康有为还向光绪皇帝提出召开国会的建议。他在《请定立宪开国会折》中说:"国会者,君与国民共议一国之政法也。"稍后,在《谢赏编书银两乞预定开国会期并先选才议政许民上书言事折》中指出:"今欧日之强,皆以开国会行立宪之故。"而中国由于"行专制政体,一君与大臣数人共治其国,国安得不弱"。只有"大开国会,以庶政与国民共之"[217],才能求得中国的富强。因此,"请即定立宪为国体,预定国会之期,明诏布告天下"。在国会召开以前,"请采用国会之意,一曰集一国人才而与之议定政制;一曰听天下人民而许其上书言事"。[218] 这个奏折在顽固派大臣控制下的廷议中遭到了反对,为此康有为又上陈《请君民合治满汉不分折》,再次论述了东西各国富强之原"在其举国君民,合为一体……有国会以会合其议","今吾国有四万万之民众……而不开国会,虽有四万万人而不予政事,视国事如秦越,是有众民而弃之"。他批评"妄言治体"的顽固派,"不深察本末",只是一味妄肆攻击开国会的主张。他一再强调唯有"君民合治,满汉不分",才是救中国的"治本之道"。

康有为在《上清帝第五书》中提出开国会的建议后,曾经奉旨在总理衙门回答王大臣们的询问,这个经历使他深感骤议开国会一事不可能取得王大臣们的认可,因而被迫在上《上清帝第六书》中,便仿日本明治维新之例,提出"开制度

---

[216] 严复:《原强》,载翦伯赞等编:《戊戌变法(三)》,上海人民出版社2000年版,第59页。
[217] 康有为:《请定立宪开国会折》,汤志钧编:《康有为政论集》,中华书局1981年版,第337页。
[218] 康有为:《谢赏编书银两乞预定开国会期并先选才议政许民上书言事折》,载翦伯赞等编:《戊戌变法(二)》,上海人民出版社2000年版,第241页。

局"的问题。他说:"考其维新之始,百度甚多,惟要义有三,一曰大誓群臣以定国是,二曰立对策所以征贤才,三曰开制度局而定宪法。"具体说来,就是"开制度局于宫中,选公卿、诸侯、大夫及草茅才士二十人充总裁,议定参预之任,商榷新政,草定宪法,于是谋议详而章程密矣。日本之强,效原于此"。康有为设计的制度局,不仅是议政机构,还拥有立法权,包括制定宪法,他曾明确提出"开制度局而定宪法",此外还是筹划变法大权的"维新内阁"。正因为如此,在"立制度局总其纲"的原则下,分立法律、度支、学校、农、工、商、铁路、邮政、矿务、游会、陆军、海军等十二局,负责法律、经济、财政、军事、教育各项事务。由于"制度局之设,尤为变法之原也",所以百日维新期间,康有为集中注意力争取设立"制度局",他收集了"日本一切法制章程",供光绪皇帝参照"斟酌施行"。

正因如此,开制度局成了顽固派攻击的焦点。总理衙门在几次奉旨议复中,都指责开制度局是"别开生面,全紊定章,亦未必有实效,应请毋庸议"[219];"均系变易内政,非仅条陈外交可比,事关重要,相应请旨特派王大臣会同臣衙门议奏"。[220] 有的军机大臣甚至扬言:"开制度局,是废我军机也,我宁忤旨而已,必不可开。"[221]光绪二十四年(1898年)四月十九日,军机大臣礼亲王世铎和总署大臣庆亲王奕劻等在复奏时,将"选天下通才二十人置左右议制度",改为"选翰詹科道十二人,轮日召见,备顾问"。既排斥了维新派入值宫中,又将制度局变为传统的咨询机构。对于这一所谓的变通办法,康有为和光绪皇帝只能发出无可奈何的哀叹。为了以变通对付变通,在康有为的授意下,谭嗣同奏请开懋勤殿议政,光绪皇帝也"决意开之",并"选才行兼著者十人,入殿行走,专预新政"。[222] 7月29日,光绪皇帝赴颐和园向慈禧太后请示开懋勤殿,然而不日间便发生了政变,戊戌变法只如昙花一现,有关设议院、开国会、开制度局的种种提议,都化作泡影。

梁启超在1910年撰写的《中国国会制度私议》中,除继续阐明"天下无无国会之立宪国,语专制政体与立宪政体之区别,其唯一之表识,则国会之有无是已。"他特别追忆了戊戌变法时,关于召开国会的陈情所造成的影响。他说:"然

---

[219]《总理各国事务大臣奕劻等折》,载佚名辑:《戊戌变法档案史料》,台北,文海出版社1976年版,第8页。

[220]《总理各国事务大臣奕劻等折》,载佚名辑:《戊戌变法档案史料》,台北,文海出版社1976年版,第9页。

[221] 康有为:《康有为自编年谱》,载翦伯赞等编:《戊戌变法(四)》,上海人民出版社2000年版,第153页。

[222] 郑孝胥:《郑孝胥日记(二)》,中华书局1993年版,第681页。

自是国人益知国会为立宪国民所一日不可缺,等于日用饮食。"[223]

(三)制定宪法

如果说设立议院是19世纪70年代改良主义思潮的共同内容之一,那么戊戌变法期间,康有为正式向清帝提出的制定宪法,就是一个崭新的举措。他在《上清帝第五书》中提出"采择万国律例,定宪法公私之分"。稍后又在《上清帝第六书》中提出"开制度局而定宪法"。他认为只有"宪章草定",才能"奉行有准,然后变法可成,新政有效也"。如果"无宪法为之著明",新政的实施,便没有标准,就会出现"恶之者驳诘而不行,决之者仓卒而不尽,依违者狐疑而莫定,从之者条画而不详"的现象。好像一个人虽"有头目足口舌身体,而独无心思"为之主宰,"必至冥行擿埴,颠倒狂瞽而后已"。

"百日维新"前夕,康有为在《请告天祖誓群臣以变法定国是折》中,请求光绪皇帝"采万国之良规,行宪法之公议",凡国家的重大措施均应根据宪法公议施行。由此可见,制定宪法在康有为的变法与法律思想中所占的重要位置。对此,梁启超在《康有为传》中作了明白的表述:"先生以为欲维新中国,必以立宪法、改官制、定权制为第一义","若能立宪法、改官制,行真维新,则内乱必不生"。

至政变发生前,康有为代内阁学士阔普通武起草的《请定立宪开国会折》中,除重复"东西各国之强,皆以立宪法开国会之故"的陈词外,还托古改制,提出"春秋改制,即立宪法,后王奉之,以至于今","今各国所行,实得吾先圣之经义",因此极应"上师尧舜三代,外采东西强国,立行宪法……则中国之治强,可计日待也"。显而易见,康有为对资产阶级宪法本质的认识是模糊的,尤其是假托中国三代已有宪法之说,更是荒谬。唯其如此,对于如何制定宪法,他只能采取简单拿来主义,如同他公开申明的那样:"若其宪法纲目、议院条例、选举章程,东西各国成规俱存,在一采酌行之耳。"至于如何执行宪法,他更是把这个涉及国家制度的重大变革并且反映阶级力量对比关系的斗争,看成"皇上毅然断行"的个人行为。

戊戌变法时期,梁启超也是制定宪法的拥护者,他的宪法思想虽然同样是以西方资产阶级的宪法学说为根据,但认识比康有为要深入一些,已经觉察到宪法在国家政治生活中的作用和在法律体系中的重要地位。他所强调的"法

---

[223] 梁启超:《中国国会制度私议·悬谈》,载梁启超:《饮冰室合集》第九册《文集二十四》,中华书局2015年版,第2249页。

治"，就是以制定宪法为前提的；他所主张的君主立宪政体，也要以宪法来确定其权限。因此，他把制定宪法看成变法维新最重要的一环："采定政体，决行立宪，实维新开宗明义第一事。"[224]戊戌政变以后，他在《立宪法议》和代五大臣撰写的《宪政考察报告》中，反复论证了宪法的重要性。他说："立宪政体，亦名为有限权之政体。……有限权云者，君有君之权，权有限；官有官之权，权有限；民有民之权，权有限。"为了实行这种"有限权"的君主立宪制，必须制定宪法，以确定君、官、民的权限，使之共同遵守。他指出："夫宪法者，所以规定一国中君主臣民之权利义务者也。畴昔以权利义务不分明、不确定也，乃为宪法以保护之。"[225]又说："宪法者，何物也？立万世不易之宪典，而一国之人，无论为君主、为官吏、为人民，皆共守之者也，为国家一切法度之根源。此后无论出何令，更何法，百变而不离其宗者也。"[226]

可见，梁启超希望通过宪法来限制君权、发展民权，他认为君权之所以有限，"非臣民限之，而宪法限之也"。至于民权，也只有通过立宪才能得到保障，"宪法与民权，二者不可相离，此实不易之理，而万国所经验而得之也"。[227]

既然，君民权限的划定、立法权的归属、司法官的职权、行政官的责任，都需要由宪法来确定，各种法律均须以宪法为依据，因此，宪法作为国家根本法的地位已经是不言自明了。需要指出，梁启超虽然认可当时的中国可以制定宪法，却不同意马上实行宪法，宪法的实行要待"民智稍开而后能行之"。为此，他拟定了一个以20年为期的从筹备立宪到行宪的步骤：（1）由皇帝下诏，"定中国为君主立宪国"；（2）派大臣出国考察；（3）在宫中开一立法局，草定宪法；（4）翻译各国宪法及解释宪法的名著；（5）宪法草稿拟成后，先由官报局公布，令全国士民辩难讨论，如是5年或10年，然后修改定稿，颁布施行。此后非经全国人民投票，不得擅改；（6）自下诏定政体之后，"以二十年为实行宪法之期"[228]。梁启超的上述构想，基本上为20世纪初清朝进行的预备立宪所袭用。

---

[224] 梁启超：《立宪法议》，载梁启超：《饮冰室合集》第二册《文集五》，中华书局2015年版，第390页。

[225] 梁启超：《代五大臣考察宪政报告》，载李华兴、吴嘉勋编：《梁启超选集》，中华书局2015年版，第443页。

[226] 梁启超：《立宪法议》，载梁启超：《饮冰室合集》第二册《文集五》，中华书局2015年版，第385页。

[227] 梁启超：《立宪法议》，载梁启超：《饮冰室合集》第二册《文集五》，中华书局2015年版，第387页。

[228] 梁启超：《立宪法议》，载梁启超：《饮冰室合集》第二册《文集五》，中华书局2015年版，第391页。

（四）实行三权分立

戊戌变法时期的维新派，从理论上都赞同孟德斯鸠的分权论，认为分权论"实能得立政之本原"。在实践中，他们设计的变法蓝图，也以三权分立作为支撑点。康有为一再建议光绪皇帝仿行西方国家三权分立的体制，用以改革中国延续两千多年的君主专制制度。他说："近泰西政论，皆言三权，有议政之官、有行政之官、有司法之官，三权立，然后政体备。"[229] 又说："夫国之政体，犹人之身体也。议政者譬若心思，行政者譬如手足，司法者譬如耳目，各守其官，而后体立事成。然心思虽灵，不能兼持行；手足虽强，不能思义理。今万几至繁，天下至重，军机为政府，跪对不过须臾，是仅为出纳喉舌之人，而无论思经邦之实。六部总署为行政守例之官，而一切条陈亦得与议，是以手足代谋思之任，五官乖宜，举动失措。"[230] 上述弊病，源于专制制度下皇帝"乾纲独断"，军机处只是"喉舌之词，未当论思之寄"[231]，以致"百官皆备，而独无左右谋议之人，专任论思之寄"[232]。因此，亟须按照三权分立原则建立君主立宪制，才能既限制君权，又明确国会、政府及司法机构的职司。

首先，应设立由议政之官组成的议院，使"国民"的代表能够参议国政，通上下之情，合君民为一体，如此则非"一人或数人之治所能敌"。

其次，中央设法律、度支、学校、农、工、商、铁路、邮政、矿务、游会、陆军、海军等十二局执掌庶政，以取代原有的吏、户、礼、兵、刑、工六部，以及有关的寺监机构。

最后，专设脱离行政的司法官，使司法"宜有专司"。

至于地方行政管理体制，则缩小省区，于每道设一民政局，与督抚平等。每县设一民政分局，"派员会同地方绅士治之，除刑狱赋税暂时仍归知县外，凡地图、户口、道路、山林、学校、农工、商务、卫生、警捕，皆次第举行"[233]，借以实现地方自治。

百日维新期间，康有为进一步阐明了他理想中的以三权分立为基本点的君主立宪政体。他说："盖自三权鼎立之说出，以国会立法，以法官司法，以政府行政，而人主总之"，"行三权鼎立之制，则中国之治强可计日待也"[234]。又说："东

---

[229] 《应诏统筹全局折》，载翦伯赞等编：《戊戌变法（二）》，上海人民出版社2000年版。
[230] 康有为：《请讲明国是正定方针折》，载《康有为政论集》，中华书局1981年版，第262页。
[231] 《上清帝第六书》，载翦伯赞等编：《戊戌变法（二）》，上海人民出版社2000年版。
[232] 《上清帝第六书》，载翦伯赞等编：《戊戌变法（二）》，上海人民出版社2000年版。
[233] 《应诏统筹全局折》，载翦伯赞等编：《戊戌变法（二）》，上海人民出版社2000年版。
[234] 《请定立宪开国会折》，载翦伯赞等编：《戊戌变法（二）》，上海人民出版社2000年版。

西各国之所以致强者……立宪法以同受其治,有国会以会合其议,有司法以保护其民,有责任政府以推进其政故也。"[235]然而对于这样一个涉及改变政体和权力再分配的重大改革措施,他仍然看作皇帝一转念就可定局之事,说:"若圣意既定……则所以考定立宪国会之法,三权鼎立之义,凡司法独立,责任政府之例,议院选举之法,各国通例俱存,但命议官遍采而慎择之,在皇上一转移间耳。"[236]

梁启超也是分权论的倡行者,他对创立这一理论的孟德斯鸠极为推崇地说:"自百年前法儒孟德斯鸠提倡立法、行政、司法三权鼎立之说,风靡一世,各文明国皆循此以定国基焉。近今学者,虽于其说有所斟酌损益,然大体犹宗之。"[237]又说:"孟子曰,有王者起,必来取法,是为王者师也。近世史中诸先哲可以当此语而无愧者,盖不过数人焉,若首屈一指,则吾欲以孟德斯鸠当之。"[238]"此说也(指三权分立),自法国硕学孟德斯鸠始倡之,孟氏外察英国政治之情形,内参以学治之公理,故其说遂为后人所莫易。"[239]

梁启超还从资产阶级人性论出发,论证了三权分立的合理性,指出人的本性是利己的、自私的,三权分立就是从国家体制上使之互相牵制,防止因私越权、侵域,以致纷乱。他说:"苟欲创设自由政治,必政府中之一部,亦不越其职而后可。然居其职者,往往越职,此亦人之常情,而古今之通弊也。故设官分职,各司其事,必使互相牵制,不至互相侵越。"[240]"今所号称文明国者,其国家枢机之组织,或小有异同,然皆不离三权范围之意,政术进步而内乱几乎息矣。"[241]

梁启超尤为重视三权中的立法权,并且详论了立法权的作用和归属问题,因而其主张与孟德斯鸠的分权理论稍有不同,也与康有为的分权主张有异。在梁启超看来,"立法"是国家的大本大原。他说:"18 世纪以来……立法之业,益

---

[235] 《请君民合治满汉不分折》,载翦伯赞等编:《戊戌变法(二)》,上海人民出版社 2000 年版。

[236] 《请君民合治满汉不分折》,载翦伯赞等编:《戊戌变法(二)》,上海人民出版社 2000 年版。

[237] 梁启超:《代五大臣考察宪政报告》,载李华兴、吴嘉勋编:《梁启超选集》,上海人民出版社 1984 年版,第 442 页。

[238] 梁启超:《法理学大家孟德斯鸠之学说》,载《饮冰室合集》第五册《文集十三》,中华书局 2015 年版,第 1136 页。

[239] 梁启超:《各国宪法异同论·行政立法司法之三权》,载《饮冰室合集》第五册《文集十三》,中华书局 2015 年版,第 355 页。

[240] 梁启超:《法理学大家孟德斯鸠之学说》,载《饮冰室合集》第五册《文集十三》,中华书局 2015 年版,第 1142 页。

[241] 梁启超:《法理学大家孟德斯鸠之学说》,载《饮冰室合集》第五册《文集十三》,中华书局 2015 年版,第 1136 页。

为政治上第一关键,舰国家之盛衰强弱者,皆于此焉。虽其立法权之附属,及其范围之广狭,各国不同,而要之上自君相,下及国民,皆知此事为国之大本大原,则一也。"[242]因此,立法权的归属,关系到国民是否得到权力以及法治能否实现。

由于立法权是"国之大本大原",而立法权的归属,又往往反映了人性中的私利追求。因此梁启超强调立法权应归属于国民。他说:"夫利己者人之性也,故操有立法权者,必务立其有利于己之法,此理势所不能免者也。然则使一人操其权,则所立之法必利一人;使众人操其权,则所立之法必利众人。吏之与民亦然,少数之与多数亦然,此事固非可以公私论善恶也。"[243]在中国封建专制时代,皇帝即国家,立法权操于一人之手,其所立之法,也只能是有利于一己。有关诽谤、偶语者,弃市;谋大逆者,夷三族之类的法律,只能是专制君主所立之法。在近代西方国家,由于立法权属多数国民,其所立之法规定了人民有参政权以及言论、结社、出版、信仰等自由权,故称为"文明之法"。虽然众人所立之法,同样反映了私利,但这种私利,体现了大多数人的幸福,因而与一己之私完全不同。梁启超说:"一人之自利固私,众人之自利亦何尝非私,然而善恶判焉者,循所谓最大多数最大幸福之正鹄,则众人之利重于一人,民之利重于吏,多数之利重于少数,昭昭明甚也。……前者(指一人、少数人、吏)之私利,与政治正鹄相反;而后者(指众人、多数人、民)之私利,与政治正鹄相合耳。故今日各文明国,皆以立法权属于多数之国民。"[244]又说:"且立法权属于民,非徒为国民个人之利益而已,而实为国家本体之利益。何则?国也者,积民而成,国民之幸福,即国家之幸福也。……多数人共谋其私,而大公出焉矣,合多数人私利之法,而公益之法存焉矣。"[245]结论就是,只有将立法权归于"多数之国民",才符合国民政治,才能制定出公正的法律,使多数的国民得到幸福,从而表现出立宪的真正精神。

为了进一步说明立法权应归属于"多数之国民",梁启超还根据卢梭的学说,提出立法是"国家意志"表现的观点。他说:"立法者,国家之意志也,昔以国家为君主所私有,则君主之意志,即为国家之意志,其立法权专属于君主固宜。今则政学大明,知国家为一国人之公产矣。且内外时势,浸逼浸剧,自今以往,彼一人私有之国家,终不可以立优胜劣败之世界。然则今日而求国家意志之所

---

[242] 梁启超:《论立法权》,载梁启超:《饮冰室合集》第四册《文集九》,中华书局2015年版,第852页。
[243] 梁启超:《论立法权》,载梁启超:《饮冰室合集》第四册《文集九》,中华书局2015年版,第856页。
[244] 梁启超:《论立法权》,载梁启超:《饮冰室合集》第四册《文集九》,中华书局2015年版,第856页。
[245] 梁启超:《论立法权》,载梁启超:《饮冰室合集》第四册《文集九》,中华书局2015年版,第856页。

在,舍国民奚属哉。"[246]

这段论述明确地反映了梁启超反对以君主一人的意志代表国家,强调国家为一国人的"公产",主张以"国民"意志为国家意志。这种主张,在当时无疑具有反对封建专制主义的进步意义。就法理学而言,也有合理的因素寓于其中,因为他已揭示法律是体现社会中某一部分人的意志,即掌握了政权的那一部分人的意志。当然在阶级社会中,人是划分为阶级的,人的意志是有阶级性的,国家也是阶级统治的机器,因此,表现为"国家意志"的法律,实质上只是体现作为统治阶级的那部分人的意志,绝不是全民的意志。梁启超把人看成超阶级的抽象的人,侈谈抽象的"国民"意志,正如西方资产阶级在革命时期,把自己打扮成全民的代表、把本阶级的利益说成代表全民的利益一样,近代中国资产阶级也不例外,他们还不可能真正揭露法律的本质,也不能深刻地批判封建法律的实质。

在立法权的归属既定之后,梁启超主张参照西方各国设立"立法部"。他指出,"泰西政治之优于中国者不一端,而求其本原,则立法部早发达,实为最著要矣"。[247] 由于"立法部发达",立法事业也相应地发达完善,在整个社会生活中,发挥重大的作用。然而中国却相反,"吾中国建国数千年,而立法之业,曾无一人留意者也"。[248] 只有《周官》一书,颇有"立法之意";只有宋代王安石创设制置条例三司,能"别立法于行政"。王安石之后,立法事业"一坠千年","无复过问"。历代虽不断地编修法律,实际上不过是陈陈相因而已。

法律必须伴随"内界之识想"与"外界之境遇"的发展变化而发展变化,因此要求立法机构能够"因事势,从民欲,而立制改度,以利国民",[249] 否则,就不能发挥法律的作用。西方有议会为立法机构,每一两年召开会议,根据形势的演变,或修改原有的法律,或别定新的法律,所以其法律制度日益发达,政治不断进步,社会日臻文明。中国没有这样的立法机构,尽管时势已与秦汉大不相同,而法律却仍沿袭秦汉之旧。在当政者中,形成了"因循苟且,惮于改措"的习气,至于众民,则"不在其位,莫敢代谋"。他断言:没有立法机构,不重视立法事业,旧法因循不改,新法不能创制,是造成中国政治腐败、社会落后、法律不发达的重要原因之一。

梁启超在评论中国变法的成效不尽如人意时,特别指出这不是偶然的,而

---

[246] 梁启超:《论立法权》,载梁启超:《饮冰室合集》第四册《文集九》,中华书局2015年版,第857页。
[247] 梁启超:《论立法权》,载梁启超:《饮冰室合集》第四册《文集九》,中华书局2015年版,第852页。
[248] 梁启超:《论立法权》,载梁启超:《饮冰室合集》第四册《文集九》,中华书局2015年版,第852页。
[249] 梁启超:《论立法权》,载梁启超:《饮冰室合集》第四册《文集九》,中华书局2015年版,第853页。

是和缺乏立法机关承担起研究变法事宜有着密切关系。人们虽然天天谈变法，但如无立法机关专门进行研究、操作，难免会出现"条理错乱"，"宜存者革，宜革者存，宜急者缓，宜缓者急"的状况。因而，学习西方政法，不能只关注善美的外观，还应探求西人之所以能成其美政的"本原"。按照他的认识就是设立"立法部而已"。只有设立立法部，使立法与行政分立，将立法权交给"多数之国民"，重视和开展立法事业，才能抓住政治的本原，由此入手，进行变法与治理，才可收到源清流澄、国家富强之效。

由于梁启超是君主立宪的拥护者，他在主张赋予国民多数以立法权的同时，特别声明这对君主的尊严，"非有所损"。相反，君主如能顺从时势，主动地开议院，将立法权交给国民，实行君主立宪制，既可以保证君主享其"安荣""安宁"，而且还是"防杜革命之第一要著也"。[250] 这些言论充分说明了梁启超宪政思想的改良主义性质。

在梁启超的分权论中，虽然注重于立法权，但也并不忽视司法权。他曾表示："夫国家之有法也，凡以维持一国之秩序也，有法而不行，与无法同。"司法法官的责任，就在于"监督一国人使范于法，而纠淑其轶于法外者也"。[251] 他从古今吏治与法制的弊害中，阐述了司法权独立的重要性：其一，司法权不独立，助长了官吏的恶习。他说："夫我朝旧制，其所以防闲官吏，体恤民隐者，不可谓不厚。然而官吏之作奸犯科者，尚往往而有，其庸庸溺职者，益不可殚计，此何以故？无特别之司法官以监督之于其旁。"[252] 其二，司法权受行政权的干预，不能发挥法律的作用。他指出："行政、司法两权，以一机关行之，从事折狱者，往往为他力所左右，为安固其地位起见，而执法力乃不克强。坐是之故，人民生命财产，常厝于不安之地，举国儳然若不可终日，社会上种种现象，缘此而沮其发荣滋长之机。其影响所及，更使外人不措信于我国家，设领事裁判权于我领土，而内治之困难，益加甚焉。"[253] 又说："犯法者，非惟人民有之，官吏亦有焉。故以行政兼司法权，其势必不足以尽法律之用。"[254] 其三，新法的实施缺乏司法保

---

[250] 梁启超：《政治学理摭言·君主无责任义》，载梁启超：《饮冰室合集》第二册《文集十》，中华书局2015年版，第920页。

[251] 梁启超：《代五大臣考察宪政报告》，载李华兴、吴嘉勋编：《梁启超选集》，上海人民出版社1984年版，第442页。

[252] 梁启超：《代五大臣考察宪政报告》，载李华兴、吴嘉勋编：《梁启超选集》，上海人民出版社1984年版，第443页。

[253] 梁启超：《政闻社宣言书》，载李华兴、吴嘉勋编：《梁启超选集》，上海人民出版社1984年版，第544页。

[254] 梁启超：《代五大臣考察宪政报告》，载李华兴、吴嘉勋编：《梁启超选集》，上海人民出版社1984年版，第442页。

障。他举例说:"比年以来,朝廷革新之诏,如丝如纶;政府颁定之章,日不暇给;而各省官吏真能体朝廷之意,守政府之章者,十事而不得一二也。乃若商法已颁,而保护奖励之实仍不举,民无如吏何也;刑法已更,而非刑讯鞫之弊仍不停,民无如吏何也。如此,则民以法为不足恃而法为虚设","其所以致此者,则以司法权不确立,无以为法之保障也"。[255]

维新派中严复也主张实行三权分立之制,并把这看成采用西法的重要一环。他发现英国的立宪制,何以"久行不敝""上下相安",其秘密就在于采用了洛克、孟德斯鸠的分权学说。因此,他热切提倡(国人)仔细地研究这种学说。至于如何实行三权分立,严复首先强调立法和行政分离。他以西方国家为例,说明"立宪之国,最重造律之权,有所变更创垂,必经数十百人之详议,议定而后呈之国主,而准驳之,此其法之所以无苟且,而下令常如流水之源也"。[256] 在这里,严复也与维新派其他人物一样,把资产阶级国家的立宪制度理想化了,只看到资产阶级民主制比起封建君主专制进步的一面,而没有揭示出它的阶级局限性的另一面。严复也从三权分立的认识出发,坚持司法机关应与行政机关分离,独立地进行审判。他指出:"所谓三权分立,而刑权之法庭无上者,法官裁判曲直时,非国中他权所得侵害而已。然刑权所有事者,论断曲直,其罪于国家法典,所当何科,如是而止。"[257] 他还以其在英国法院实地考察中得到的体验,论证了西方司法制度优越于中国司法制度的主要之点,就在于中国专制制度下,帝王、守宰"一人身而兼刑、宪、政三权",分司不明,既难有持平之狱,而且容易发生流弊。

综括上述,从改良派到维新派,都对西方资产阶级革命时期提出的三权分立学说寄予厚望,以为如能实行于中国,将会给中国带来进步和富强。这不是偶然的,三权分立学说虽然存在阶级的局限性,但它反对封建专制制度的历史意义是不能抹杀的;它在资产阶级革命以后,在西方国家建设中所形成的机构分工以及相互间的制衡关系,也有力地维护了资产阶级的民主与法制。因此,在清朝已经不能按照传统体制统治下去的时候,维新派要求用三权分立之制取代君主专制制度,无疑是历史的进步。但是维新派当时对资产阶级三权分立学说,还缺乏准确的科学的理解,譬如梁启超出于对立法权的高度重视,因而不适

---

[255] 梁启超:《代五大臣考察宪政报告》,载李华兴、吴嘉勋编:《梁启超选集》,上海人民出版社1984年版,第443页。

[256] [法]孟德斯鸠:《法意》第十九卷,第二十六章"案语",严复译,商务印书馆1981年版,第423页。

[257] [法]孟德斯鸠:《法意》第十九卷,第二十二章"案语",严复译,商务印务馆1981年版,第419页。

当地提高了国会的权力,国会不仅拥有制定宪法和法律的权力,还有对政府官吏的监督、弹劾以至于最高裁判权,这样的分权势必造成新的失衡。尤其是梁启超晚年在《呈请改良司法文》一文中,竟然提出县令兼理司法、盗窃案由军警处理的意见,表现了思想上的沉沦。

(五)建立新的法律体系

康有为鉴于法律对西方国家民主富强所起到的积极作用,因此希望制定新的法律,作为推行变法主张的重要手段,提出"变法全在定典章宪法"。他在答复总理衙门询问宜如何变法时,明确表示"宜变法律、官制为先"。[258] 正因如此,在康有为设计的领导变法、执掌立法权的制度局中,以法律局列于诸局之首,表现了康有为希望通过设立法律局,制定体现新兴资产阶级意志和利益的新法律,以确保维新事业的成功。

康有为的总体构想是:通过采用日本维新后的资产阶级性质的"法制章程",建立新的法律体系,在这个新的法律体系中以宪法为主导,他提出"采择万国律例,定宪法公私之分"[259],即制定一部英、日式的资产阶级宪法,使君民同受其治。他借用《春秋》之"定名分"来说明宪法划定君民权限、限制君权的历史根据,以减少施行君主立宪制的阻力。

除宪法外,在这个新的法律体系中,还包括各种部门法。康有为在《上清帝第六书》中明确提出:"今宜采罗马及英、美、德、法、日本之律,重定施行……其民法、民律、商法、市则、舶则、讼律、军律、国际公法,西人皆极详明,既不能闭关绝市,则通商交际,势不能不概予通行。然既无律法,吏民无所率从,必致更滋百弊。且各种新法,皆我所夙无,而事势所宜,可补我所未备。故宜有专司,采定各律以定率从。"

不仅如此,康有为还针对当时中国新闻事业的发展状况,提出制定中国报律。他在《请定中国报律折》中说:"臣查西国律例中,皆有报律一门,可否由臣将其书译出……酌采外国通行之法,参以中国情形,定为中国报律。……凡洋人在租界内开设报馆者,皆当遵守此律令。"[260] 康有为深感顽固势力的阻挠,所制定的新法很难通行于全国,因而退而求其次,希望采"罗马及英、美、德、法、日本之律,重订施行",即使"不能骤行内地,亦当先行于通商各口"。

上述康有为关于建立新的法律体系的主张,说明随着民族资本主义经济的

---

[258] 康有为:《康南海自编年谱》,中华书局1992年版,第37页。
[259] 康有为:《上清帝第五书》,载汤志钧编:《康有为政论集》,中华书局1981年版,第214页。
[260] 康有为:《请定中国报律折》,载汤志钧编:《康有为政论集》,中华书局1981年版,第334页。

发展,制定调整新经济关系与社会关系的法律,已日益迫切地提到议事日程上来。康有为等人关于新法律体系的构想是他们设计的君主立宪国家蓝图中的一个组成部分,如能实现,就意味着一个以六法为架构的资产阶级法律体系将取代旧有的封建主义法律体系。

综括上述,设议院、开国会、实行三权分立、制定以宪法为统领的法律体系,是维新派设计的君主立宪国家蓝图的主要部分,但由于维新派所凭借的只是孤立无援的光绪皇帝,因而,在百日维新期间并没有变成现实,随着顽固势力发动政变,光绪皇帝被囚禁,维新派或逃亡外国,或喋血黄沙,所有变法的精心设计都化作一场梦。

(六)维新派的主要成就

戊戌变法不仅是一场以改革专制政体为目标的政治运动,也是中国近代史上的一场新文化运动。它的发生固然与发展微弱的中国民族资本主义相适应,但更重要的是波澜壮阔的西学东渐使然。自林则徐提出睁眼看世界至戊戌变法,已经历时半个多世纪,民族危机更加深重,救亡图存的意识和行动已经扩展到朝野上下。政治与文化的互相促进,传统与维新的交相融合,从器物文明转向制度文明的倾斜,都加深了戊戌新文化的内容,成为中国新文化运动的重要历史阶段。为了实现维新派视为变法之本的开民智、育人才而废科举、兴学校、创学会、设报馆等活动,都使风气大开,影响深远。

戊戌变法时期改良政体的努力,在性质上是争民主的斗争;而开民智、办学校、办报纸,则是求科学上的崛起。近代中国所要解决的两大课题——民主与科学,戊戌变法时期都已接触到了,而且创造了历史性的经验。当维新派以冲天的勇气,突破封建专制主义的政治和文化罗网的时候,西方资产阶级的法律文化,也逐步渗透到封建正统法律文化所独占的阵地中。如同传统的旧法制势将瓦解一样,传统的法文化也在西方资产阶级法文化的进攻面前步步退却,以西法取代中法成为时代的潮流。这种取代不仅是内容上的,也包括体系上的;不仅是法律规范,也涉及立法、司法制度。这种巨变的震撼力,体现了对法治精神的追求,反映了对建立由法律所确认的、新的政治经济文化新关系的渴望。陈旧的、野蛮的种种法条,日益受到西方启蒙思想影响下的理性的批判。谭嗣同关于"叛逆""腹诽""怨望""讪谤""大逆不道"等罪名的批判,就是一例。

除此之外,维新派还根据天赋人权的理论,批判专制制度"收人人自主之权,而归诸一人,以一人而夺众人之权"。如同梁启超所说,"言爱国,必自兴民权始","能兴民权者,断无可亡之理"[261],从而将爱国与民权联系起来,这也是维新派、洋务派以及早期改良派的重要不同点。

不仅如此,维新派还从历史经验的总结中认识到,专制帝王之所以能"夺天下人之权","奴隶视吾民",就在于他们拥有"一切酷毒不可思议之法"为其后盾。由此要使民权获得保障,也同样需要"厥恃法律","故有权利思想者,必以争立法权为第一要义"。[262] 可见,维新派倡民权的最后落脚点,归结到争取立法权上。

戊戌变法时期,维新派的主要成就不在于变法改制本身(确切地说维新派的变法改制是以失败终结的),而在于思想文化上的启蒙,就法文化而言也是如此。

维新派继承和发展了由洋务派推动的"引进西法,稍变成法"的端绪,但在性质上发生了质的飞跃。维新派关于以制定宪法为中心,建立由部门法构成的近代法律体系的构想,以及主张法治,反对人治;提倡民权,倡导自由平等;实行三权分立,扩大立法权等等,不仅是洋务派所不敢涉及,也是改良派所无法企及的,它是较为完整的资产阶级宪政的内容。

维新派的法律思想,通过吸收孟德斯鸠、卢梭等人的法律学说,而表现出一种新的倾向和新的价值。但思想源头的复杂性,使他们的法律思想带有复杂性。此外,客观历史条件所限和维新派本人的经历、学术素养等,也使他们的法律思想带有不成熟性,甚至是矛盾性。譬如,他们虽然反对君主专制,却又拥护光绪皇帝;虽然反抗纲常礼教,却又借孔学托古改制,凡此种种,不一而足。

总的来说,由维新派所推动的法文化思潮,是在反对君主专制、救亡图存的历史背景下形成的。他们所追求的是君主立宪、三权分立、议会政治、民权、自由和法治。他们在描述君主立宪的国家蓝图的同时,也奋笔批判了清朝的腐败政治和黑暗的司法。在这些方面与西方近代启蒙思潮颇有相似之处,但是由于中国历史条件的特殊,中国近代法文化的发展有它自己的规律性,这是需要深入研究和把握的。

---

[261] 梁启超:《学堂日记梁批》,载朱有瓛、高时良主编:《中国近代学制史料·第一辑》,华东师范大学出版社 1983 年版,第 287 页。

[262] 梁启超:《新民说》,宋志明选注,辽宁人民出版社 1994 年版,第 51 页。

第五章　晚清预备立宪与宪法

鸦片战争以后,在西方列强侵略下危机四伏的国情,使开明的思想家、政治家,反对君主专制制度,追求宪政,即西方近代民主政治,希望借以实现国家的独立富强。因此,有关宪政的理念虽然来自西方,但在价值取向上却又不尽同于西方。形势的剧变,不仅使开明的思想家、政治家在寻求中国富强之路的探索中,接受西方的宪政,即使顽固的统治者,在不能照旧统治下去的时候,也企图利用仿行宪政自救自存,度过危机。他们从实用主义的角度,截取了西方宪政中有利于己的部分,竟然不顾刚刚血腥镇压了以君主立宪为旗帜的维新派的情况,大肆宣布预备立宪,实行宪政、制定宪法。

一、预备立宪的提出与五大臣出国考察政治

(一)预备立宪提出的历史背景

19世纪末发生的义和团运动被帝国主义列强镇压,1901年清政府竟然签署了丧权辱国的《辛丑条约》,这不仅使皇家的尊严扫地,也动摇了清政府的统治基础,各种形式的反抗潜流仍在奔腾汇合,清政府已经不能再照旧统治下去了。以慈禧太后为首的统治集团,在充满危机感的恐慌氛围中,寻找自救的出路。一方面宣布"量中华之物力,结与国之欢心",以示对帝国主义列强的"友好";另一方面又无可奈何地接过了戊戌变法的旗号,宣布"变通政治"和变法以收拾人心,以维持风雨飘摇中的专制王朝。

光绪二十六年十二月初十日(1901年1月29日),慈禧太后以皇帝的名义

下谕变法,宣布:"世有万古不易之常经,无一成不变之治法。穷变通久,见于大易;损益可知,著于论语。盖不易者三纲五常,昭然如日星之照世;而可变者令甲令乙,不妨如琴瑟之改弦……大抵法积则弊,法弊则更","法令不更,锢习不破,欲求振作,当议更张",着"军机大臣、大学士、六部、九卿、出使各国大臣、各省督抚,各就现在情形,参酌中西政要,举凡朝章国故,吏治民生,学校科举,军制财政,当因当革,当省当并,或取诸人,或求诸己,如何而国势始兴,如何而人才始出,如何而度支始裕,如何而武备始修,各举所知,各抒所见,通限两个月,详悉条议以闻。……倘再蹈因循敷衍之故辙,空言塞责,遇事偷安,宪典具在,决不宽贷"[1]。

光绪二十七年三月,下谕成立"督办政务处"作为总理新政的机关,以"专责成而挈纲领"。以奕劻、荣禄、李鸿章等六人为督办政务大臣。刘坤一、张之洞遥为参与,"于一切因革事宜,务当和衷商榷,悉心评议,次第奏闻"[2]。同年八月二十日(1901年10月2日)再次下谕,声称"变法一事,关系甚重……朝廷立意坚定,志在必行";"须知国势至此,断非苟且补苴所能挽回厄运,惟有变法自强,为国家安危之命脉,亦即中国生民之转机。予与皇帝为宗庙计,舍此更无他策"[3];"此事预限两个月,现在过期,其未经呈奏者,著迅汇议具奏,切勿延逾观望"[4]。连番而下的三道上谕,说明了清朝统治集团急于借改弦更张重新恢复统治权威的急迫心情,同时也反映了内外权臣徘徊观望、将信将疑,以致"呼应者少",不得不迭颁严令。这三道上谕承认"法弊""锢习",表现了变法图治的愿望,在客观上迎合了改良维新的潮流,使戊戌政变以后被遏绝的"变革之机"逐渐恢复,并走向新的高涨。光绪二十九年(1903年)三月十五日,《新世界学报》第十四号,杜士珍在《论德育与中国前途之关系》一文中指出:"夫自甲午之创,庚子之变,大江以南,六七行省之士,翘然于旧政治、旧学术、旧思想之非,人人争从事于新智识、新学术,迄今而自由民权之论,飘沸宇内,莫能禁遏,固不得谓智育之无进步矣。"

此后,京内外大臣奉上谕提出的奏议,多为敷衍之词。较有代表性的是以激切时事著称的刘坤一、张之洞所上《江楚会奏变法三折》中的"整顿中法",然其主要内容并未涉及宪政问题。如提出以"恤刑狱"作为第一要务,认为清朝统治下"滥刑诛累之酷,囹圄凌辱之弊",是招致百姓不满的矛盾焦点,因而奏请改

---

[1] 朱寿朋编:《光绪朝东华录》,中华书局1984年版,总第4727页。
[2] 《皇朝掌故汇编·内编卷一·官制》。
[3] 中国史学会主编:《义和团》,上海人民出版社1957年版,第1237~1238页。
[4] 《皇朝掌故汇编·内编卷一·官制》。

进刑狱：

第一，"禁讼累"。鉴于刑名胥吏敲诈勒索，贪赃枉法，扰累百姓，加剧了民间对清朝的不满，张之洞等建议革除吏役，代以警察，以便于消除吏胥扰民坏法的弊政。

第二，"省文法"。由于清朝"承审之例限处分太严"，"盗案之例开参太严"，官吏们唯恐受到惩处而少报、不报和谎报命案、盗案，以致"民冤不伸"，"寇乱潜伏"。为此，张之洞等建议"省文法"，即"减宽例处"，以消除"拖延命案，讳饰盗案"或发案不报酿成祸端的积弊。

第三，"省刑责"。清朝在审讯中实行拷囚制度，是西方国家攻击清朝法制落后的一个重要口实。因此，张之洞等建议在审判中"除盗命案证据已确而不肯供认者，准其刑吓外，凡初次讯供及牵连人证，断不准轻加刑责"。

第四，"重众证"。自唐朝以来便存在据众证定罪的原则，但在实际审判中，仍以口供定罪为主，从而决定了刑讯逼供的不可避免。为此，张之洞等建议除死罪应有输服供词外，军流以下各罪，如果众证确凿，又经上司层递亲提复讯无疑，犯人虽无口供，仍可按律定罪。

第五，"修监羁"。改善监狱羁所的居住和生活条件。张之洞曾经聘请一名在日本学习监狱学的留学生，仿照日本监狱式样，建造一座监狱，名为"湖北省城模范监狱"，作为恤刑新政的实证。

第六，"教工艺"。组织犯人学习生产技能，"将来释放者，可以谋生改行，禁系者，亦可自给衣履"。太平天国时期，洪仁玕也提出过类似的思想，说明教犯人习艺，是受西方法律文化影响下的一种新思潮。

第七，"恤相验"。吁请绅民捐资，以减轻诉讼当事人负担的相验费、夫马费、招解费。

第八，"改罚锾"。除重大的刑事案件不准罚赎外，其他如户婚、田土、家务、钱债等案件，可改刑责为罚锾。

第九，"派专官"。凡有关监狱事务，派专官管理稽查。

上述整顿中法的九条建议，基本属于程序和量刑方面的具体措施，只是为晚清走向近代司法文明作了舆论准备。

1904~1905年，日俄战争爆发，沙皇俄国竟然被区区岛国的日本打败，一时之间，舆论哗然。朝野上下将日俄战争的胜负同立宪与专制政体的优劣联系起来考察。主张立宪的张謇，在《致袁世凯书》中说："日俄之胜负，立宪专制之胜负也，今全球专制之国谁乎？一专制当众立宪，尚可幸乎？"稍后，达寿在《考察日本宪政情形折》中，也明白表述说："日本以立宪而胜，俄国以专制而败"，"非小国能战胜于大国,实立宪能战胜于专制"。[5]

主张立宪的官僚们,还从中国被列强侵略欺凌、每况愈下的现状出发,论证了立宪的必要性。侍郎林绍年在《速定政体以救颠危折》中,指出:"我中国之所以屡受外侮,莫自振者,亦必因政体之异,不待言矣。他且不论,即目前所最急者,如理财、如练兵,以土地人民计,似一省可以与日本相衡,何二十余省而尚远逊乎?政体之所矣,一至于此。"[6]湖南巡抚端方在《请定国是以安大计折》中指出:在列强林立、弱肉强食的今天,"不能自存,即将灭亡,不能夺人,即将为人夺,断无苟且偷安而可图生存者。中国今日正处于世界各国竞争之中心点。土地之大,人民之众,天然财产之富,尤各国之所垂涎,视之为商战兵战之场,苟内政不修,专制政体不改,立宪政体不成,则富强之效将永无所望"。[7] 袁世凯在《奏为密陈管见条举十事缮单备采由》中,也认为:"倘各国挟均势之说,谋均沾之利,则我之全局危矣。危殆若此,胡可一日安枕,欲救其祸,别无良策,仍不外赶紧认真预备立宪之一法,若仍悠忽因循,听其自然,则国势日倾,主权日削,疆域日蹙,势不至如今之朝鲜不止。每一念及,动魄惊心。"[8]

除此之外,他们还震慑于蓬勃发展的民主革命形势,就外患与内忧的结合阐述实行立宪的紧迫性。驻法公使孙宝琦在奏折中呼吁:"仿英德日本之制,定为立宪政体,先行宣布中外,于以团结民心,保全邦本……不然则外侮日逼,民心惊惧相顾,自铤而走险,危机一发,恐非宗社之福。"[9]袁世凯和端方还特别强调说:"剿除革命党政策,除速施行立宪制度外更无他法"[10],"亟宜附从多数希望立宪之心,以弭少数鼓动排满之乱党。"[11]

江督周馥、鄂督张之洞、粤督岑春萱,纷纷陈请立宪。岑春煊还以总结性的口吻说:"无论何种政体,变迁沿革,百折不回,必归于立宪而后底定。"[12]

以上可见,清廷自王公大臣至地方封疆大吏、驻外公使,形成了一个统治集

---

[5] 达寿:《考察宪政大臣达寿奏考察日本宪政情形折》,光绪三十四年七月十一日,载故宫博物院明清档案部编:《清末筹备立宪档案史料》(上册),中华书局1979年版,第29页。

[6] 《闽县林侍郎奏稿》卷四。

[7] 端方:《请定国是以安大计折》,载夏新华等整理:《近代中国宪政历程史料荟萃》,中国政法大学出版社2004年版,第47页

[8] 藏于第一历史档案馆:《清末宪政史料》,编号一一四。

[9] 《东方杂志》1904年第7期。

[10] 《神州日报》1907年8月16日。

[11] 端方:《迅将帝国宪法及皇室典范编定颁布以息排满之说折》,光绪三十三年七月初七日,载故宫博物院明清档案部编:《清末筹备立宪档案史料》(上册),中华书局1979年版,第47页。

[12] 岑春煊:《速设资政院代上院以都察院代下院并设省咨议局暨府州县议事会折》,光绪三十三年四月三十日,载故宫博物院明清档案部编:《清末筹备立宪档案史料》(上册),中华书局1979年版,第498页。

团内部主张立宪的派别。他们或是由洋务派发展而来，或是受西方文化影响的开明官僚集团，他们与以张謇为代表的资产阶级上层立宪派，在立宪的问题上互相呼应，使清廷认识到"救危亡之方只在立宪"。

以张謇为首的立宪派，是从地主、官僚、买办转化而来的，和封建势力、帝国主义、清朝统治者有着较密切的关系，是依靠官僚买办的支持发展起来的。19世纪末20世纪初，一些创办经营资本主义厂矿的代表人物，构成了立宪派的主体。随着他们经济力量的增长，他们要求分享清朝的部分权力，以巩固和扩大他们的利益，发展资本主义。因此，立宪派极力主张维护清朝的统治，反对民主革命。他们在政治上的诉求，就是君主立宪，这种政治诉求是和他们经济力量的增长成正比例发展的。以张謇为例，从1899年至1909年资本额由699,000元增至5,481,700元，几乎增加八倍。[13] 陆润庠(状元,国子监祭酒)1897年创办苏纶纱厂资本42万元；孙家鼐(状元、大学士)及其子孙多森(候补同知)1900年创办上海阜丰面粉公司资本35万元、1906年又创办广益纱厂投资69万元；严信厚(李鸿章幕僚)1896年创办通久源纱厂投资42万元；熊希令(候选道)于1906年创办醴陵磁业公司投资10万元等。由这些工商实业家构成的立宪派，在政治目标上与改良派、维新派基本相同，但由于他们的经济实力较为雄厚，因此君主立宪的政治要求，也更为迫切。随着预备立宪的展开，他们为召开国会、建立内阁而上书请愿，其规模不断扩大，特别是他们控制了咨议局这个合法斗争的平台，是维新派完全不具备的。而清廷实行预备立宪的政策转变，以及由此营造的大环境，也是戊戌变法时期所不曾有的。

(二)五大臣出国考察政治

光绪三十一年六月十四日(1905年7月16日)，清廷迫于立宪的舆论压力着手进行立宪的准备，并接受了袁世凯奏请简派亲贵分赴东西洋各国考察政治的建议，下诏："朝廷屡下明诏,力图变法,锐意振兴"，但是"数年以来，规模虽具，实效未彰，总由承办人员向无讲求，未能洞悉原委，似此因循敷衍。何由起衰弱而救颠危……特简载泽、戴鸿慈、端方等，随带人员，分赴东西洋各国考求一切政治,以期择善而从"。上谕要求考察政治大臣"随事则谘询,悉心体察,用备甄采,毋负委任"。[14] 由于清廷明确表示"立宪一事……俟调查结局后，若果无妨害,则必决意实行"，因此考察政治大臣是以"择各国政治之与中国政体相

---

[13] 汪敬虞编：《中国近代工业史料(第二辑)(下)》,科学出版社1957年版,第1069页。
[14] 《派载泽等分赴东西洋考察政治谕》,光绪三十一年六月十四日,载故宫博物院明清档案部编：《清末筹备立宪档案史料》(上册),中华书局1979年版,第1页。

宜者"[15]为原则的。

同年十月，仿效日本明治维新设立宪政调查所之例，下诏设立考察政治馆，其任务是"延揽通才，悉心研究，择各国政治之与中国政体相宜者，斟酌损益，纂订成书，随时进呈，候旨裁定"[16]。考察政治馆之设与派大臣出洋考察各国宪政，都是作为"预备立宪"的一种准备，而着意加以渲染的。

出国考察政治的五大臣分两路（戴鸿慈、端方一行，载泽、李盛铎与尚其亨另外组团出发，五人分两组）赴日、美、英、德、法、比、意、奥等国考察。由于帝国主义列强在义和团运动中，深感到"中国群众……尚含有无限蓬勃生气"[17]，"故谓瓜分之说，不啻梦呓也"[18]。因而在政策上，主张利用清政府来镇压中国人民的反抗，鼓吹"总须以中华治华地"[19]，最好的办法"莫如扶植满清朝廷"[20]以确保他们在华的利益。为此，积极支持清政府的"立宪"活动，纷纷发表评论，说立宪是避免革命之"唯一良策"，"是不战而屈人之类也"[21]。"若果效法泰西，改行宪政而无暴动之举，则驻华各使必当静以俟之也"[22]。特别是日相伊藤博文，在回答载泽关于立宪的一系列问题时，十分明白地表示了他的意向："贵国欲变法自强，必以立宪为先务。"

"各国立宪有两种，有君主立宪国，有民主立宪国。贵国数千年来为君主之国，主权在君而不在民，实与日本相同，似宜参用日本政体。"

"贵国为君主国，主权必集于君主，不可旁落于臣民。日本宪法第三、四条，天皇神圣不可侵犯，天皇为国之元首，总揽统治权云云，即此意也……"[23]

伊藤博文的"议论"给载泽等人以深刻影响，使他们"获益良多"[24]。

戴鸿慈、端方在德国考察时，德皇威廉也谆谆告诫说："中国变法，必以练兵为先，至于政治措施，正宜自审国势，求其务当，事机贵有独具之规模，不可徒摹

---

[15] 朱寿朋编：《光绪朝东华录》，中华书局1984年版，总第5429页。
[16] 朱寿朋编：《光绪朝东华录》，中华书局1984年版，总第5429页。
[17] [德]瓦德西：《瓦德西拳乱笔记》，王光祁译，中华书局1936年版，第143~144页。
[18] 王其榘：《有关义和团舆论》，载中国史学会主编：《义和团（四）》，上海人民出版社、上海书店出版社2000年版，第246页。
[19] 王其榘：《有关义和团舆论》，载中国史学会主编：《义和团（四）》，上海人民出版社、上海书店出版社2000年版，第250页。
[20] 赫德：《中国实测论》，载张枬、王忍之编：《辛亥革命前十年间时论选集》第十卷，三联书店1977年版。
[21] 《驳（日本）法律新闻之论清廷立宪》，载《民报》第三号。
[22] 《外交报》丙午十四号，第13页。
[23] 载泽：《考察政治日记》，岳麓书社2008年版，第579页。
[24] 载泽：《考察政治日记》，岳麓书社2008年版，第579~583页。

夫形式."[25]对此,端方也信服备至,表示"则固当急于师仿不容刻缓者也".[26]然而他们在美国考察时,虽然承认美国是"最先产生了伟大的民主共和国思想的地方",但认为美国"纯任民权,与中国政体本属不能强同".[27]

五大臣在考察途中,便根据所见所闻奏请速定立宪。光绪三十二年五月(1906年7月),他们从海外考察归来后,便向清廷奏请以5年为期,改行立宪政体,在奏折中系统阐述了考察各国政治的基本认识和结论。

(1)转达了帝国主义列强支持清朝准备立宪的信息。他们说:"海国士夫,亦以我将立宪,法令伊始必将日强,争相走告……耳闻目见,尤不觉忻庆逾恒."[28]对于日益半殖民地化的清朝来说,帝国主义的态度是他们制定重大决策时,不能不首先考虑的。

(2)提出"救危亡之方,只在立宪"。他们说:"观于今日,国无强弱,无大小,先后一揆,全出宪法一途,天下大计,居可知矣";"窃维宪法者,所以安宇内,御外侮,固邦基,而保人民者也。……环球大势如彼,宪法可行如此,保邦致治,非此莫由".[29]他们还举1905年沙俄帝国实行立宪以抵制革命为例予以说明:"欲防革命之危机,舍立宪无它道。"如能改行宪政,革命派"虽欲造言,而无词可借,欲倡乱,而人不肯从,无事缉扑搜拿,自然冰销瓦解".[30]如果一味实行"严峻之法",只会"骚扰愈甚,怨毒滋深".[31]

(3)认为中国立宪应当远法德国,近采日本。他们从各国宪政的比较中,得出以下结论:"纯任民权"的美国、法国的共和政体,与中国政体"本属不能强同",而英政体虽为君主立宪,但对君权又拘执过甚,显然有"妨碍"之虞。只有1871年德意志帝国宪法和1889年大日本帝国宪法,所确认的主权在君的典型,"与中国最为相近",所以应该师法德日。

---

[25] 端方:《端忠敏公奏稿》卷六,台北,文海出版社1973年版,第18页。

[26] 《出使各国考察政治大臣戴鸿慈等奏到德后考察大概情形暨赴丹日期折》,光绪三十三年三月十六日,载故宫博物院明清档案部编:《清末筹备立宪档案史料》(上册),中华书局1979年版,第10页。

[27] 《出使各国考察政治大臣戴鸿慈等奏在美国考察大概情形暨赴欧日期折》,光绪三十二年正月二十三日,载故宫博物院明清档案部编:《清末筹备立宪档案史料》(上册),中华书局1979年版,第7页。

[28] 《出使各国考察政治大臣载泽等奏请以五年为期改行立宪政体折》,光绪三十一年,载故宫博物院明清档案部编:《清末筹备立宪档案史料》(上册),中华书局1979年版,第110页。

[29] 《出使各国考察政治大臣载泽等奏请以五年为期改行立宪政体折》,光绪三十一年,载故宫博物院明清档案部编:《清末筹备立宪档案史料》(上册),中华书局1979年版,第111页。

[30] 载泽:《奏请宣布立宪密折》,载中国史学会主编:《辛亥革命(四)》,上海人民出版社1957年版,第28~29页。

[31] 端方:《请平满汉畛域密折》,载中国史学会主编:《辛亥革命(四)》,上海人民出版社1957年版,第43~44页。

(4)阐述立宪政体利君利民,可使"皇权永固"。针对慈禧太后唯恐实行立宪,会使大权旁落的隐忧,阐述了"各国宪法,皆有君位尊严无对,君统万世不易,君权神圣,不可侵犯诸条。而凡安乐尊荣之典,君得独享其成,艰巨疑难之事,君不必独肩其责……东西诸国,大军大政,更易内阁,解散国会,习为常事,而指视所集,从未及于国君"。他们在密折中,还引用日本宪法关于君上大权部分,证明"凡国之内政外交,军备财政,赏罚黜陟,生杀予夺,以及操纵议会,君主皆有权以统治之"。[32] 达寿在稍后对日本、英国的考察中也提出立宪之国"君权未尝减少,而此间接政治,既可以安皇室,又可以利国家,元首为其总揽机关,皇室超然于国家之上,法之完全,无过此者"。[33] 由此可见,清廷实行立宪的基本思路,就是不因此而"妨碍"皇权。

(5)规划"宜先举行者三事"。其一仿效日本,"祭天誓诰","宣示立宪宗旨",使全国臣民"一以宪法意义为宗,不得稍有违悖";其二"布地方自治之法",作为预立宪政始基;其三"宜采取英、德、日本诸君主国现行条例,编为集会律、言论律、出版律,迅即颁行,以一趋向而定民志"。以上三者,载泽称为"实宪政之津髓,而富强之纲纽",只要切实推行,"从此南针有定,歧路不迷。我圣清国祚,垂于无穷,皇太后、皇上鸿名,施于万世,群黎益行忠爱,外人立息觊觎,宗社幸甚,天下幸甚"。[34]

(6)期望"皇太后、皇上宸衷独断、特降纶音,期以五年,改行立宪政体"。关于立宪期限,载泽在《奏请宣布立宪密折》中,迎合上意,奏称:"不知今日宣布立宪,不过明示宗旨为立宪之预备,至于实行之期,原可宽立年限。日本于明治十四年宣布宪政,二十二年始开国会,已然之效,可仿而行也。……惟先宣布立宪明文,树之风声,庶心思可以定一,耳目无或他歧,既有以维系望治之人心,即所以养成受治之人格。"[35]

综括上述,五大臣考察欧美诸国政治,不单纯是走马观花,他们也下马看花,进行了实际考察,并从考察中看清了世界发展的大趋势,以及在激烈的国际

---

[32] 载泽:《奏请宣布立宪密折》,载中国史学会主编:《辛亥革命(四)》,上海人民出版社1957年版,第28~29页。

[33] 《考察宪政大臣达寿奏考察日本宪政情形折》,光绪三十四年七月十一日,载故宫博物院明清档案部编:《清末筹备立宪档案史料》(上册),中华书局1979年版,第33页。

[34] 《出使各国考察政治大臣载泽等奏请以五年为期改行立宪政体折》,光绪三十一年,载故宫博物院明清档案部编:《清末筹备立宪档案史料》(上册),中华书局1979年版,第112页。

[35] 载泽:《奏请宣布立宪密折》,载中国史学会主编:《辛亥革命(四)》,上海人民出版社1957年版,第28~29页。

斗争环境中国所处的劣势:"言外交,则民气不可为后援;言内政,则官常不足资治理;言练兵,则少敌忾同仇之志;言理财,则有剜肉补疮之虞。"[36]因此唯一的出路,就是"非行宪政不可"。[37] 他们在奏折中提出的结论性意见,可以说拟定了晚清预备立宪的基本原则、框架和实施步骤,他们是晚清立宪的促进派,起到了直接的积极的影响。可以说晚清的预备立宪,是从五大臣考察宪政正式拉开序幕的,使中国这个古老的帝国,靠近了世界近代法制文明的历史轨道。特别值得提出的是,在五大臣出洋考察的随员中,有一些是既年轻而又思想开放的学人,他们经过西方民主政治的洗礼之后,不仅是晚清预备立宪的支持者、鼓吹者,还成为民国时期法制的创建人。

慈禧太后反复考虑了载泽、端方等人的奏折,经过七次召见和一系列的御前会议,终于为载泽在《奏请宣布立宪密折》中所说立宪有三大利"一曰,皇位永固……一曰,外患渐轻……一曰,内乱可弭"所打动。为了防止革命危机和满足立宪派的要求,维持风雨飘摇中的政局,排除了顽固大臣的反对,终于在光绪三十二年七月十三日(1906年9月1日),颁发《宣示预备立宪先行厘定官制谕》,宣布:"时处今日,惟有及时详晰甄核,仿行宪政。大权统于朝廷,庶政公诸舆论,以立国家万年有道之基。"这道上谕中所说"大权统于朝廷,庶政公诸舆论",是晚清立宪的指导思想,它所谋求的仍是对于君权的刻意维护以及对于臣民自由权利的限制,只是有限度地开放舆论而已。这反映了晚清宪政的基本特点,稍后颁布的宪法性文献,均冠以"钦定"字样,也就不足为奇了。

由于晚清立宪是被迫的,是以应付内外危机、谋求"三大利"为着眼点的,因此,这道上谕明确表示:中国实行宪政,只能是一个渐进的过程,"目前规制未备,民智未开,若操切从事,涂饰空文,何以对国民而昭大信,故廓清积弊,明定责成,必从官制入手,亟应先将官制分别议定,次第更张,并将各项法律详慎厘定,而又广兴教育,清理财务,整饬武备,普设巡警,使绅民明悉国政,以预备立宪基础"。至于预备立宪的期限,要"俟数年后,规模粗具,查看情形,参用各国成法,妥议立宪实行期限,再行宣布天下,视进步之迟速,定期限之远近"。由于预备立宪并无期限规定,因此,从某种意义说来是一纸不能兑现的空头支票。不仅如此,这道上谕还以强硬的口气宣布:在预备立宪期间,"着各省将军督抚

---

[36]《出使各国考察政治大臣载泽等奏请以五年为期改行立宪政体折》,光绪三十一年,载故宫博物院明清档案部编:《清末筹备立宪档案史料》(上册),中华书局1979年版,第111页。

[37]《考察宪政大臣达寿奏考察日本宪政情形折》,光绪三十四年七月十一日,载故宫博物院明清档案部编:《清末筹备立宪档案史料》(上册),中华书局1979年版,第29页。

晓谕士庶人等，发愤为学，各明忠君爱国之义，合群进化之理，勿以私见害公益，勿以小忿乱大谋，尊崇秩序，保守和平，以豫储立宪国民之资格，有厚望焉"。[38] 所谓"私见害公益""小忿乱大谋"，都是针对人民自发的反抗斗争，特别是资产阶级革命运动而发的。这就为钳制人民的言论与行动，制造了新的依据。

不仅如此，1912年孙中山在《临时大总统就职宣言》中，还准确地揭露了清朝"借立宪之名，行敛财之实"。[39] 正是在预备立宪"清理财政"的名义下，"一角力之肉，一瓶之酒，无不重税"[40]，以致"杂捐苛细，民不聊生"。[41]

但是，这道上谕承认了中西异势的根源在于制度，认为中国所以"国势不振，实由于上下相睽，内外隔阂，官不知所以保民，民不知所以卫国。而各国之所以富强者，实由于实行宪法，取决公论，君民一体，呼吸相通，博采众长，明定权限，以及筹备财用，经书政务，无不公之于黎庶。又兼各国相师，变通尽利，政通民和有由来矣"。[42] 这比起洋务派认为中国文武制度事事在西人之上，唯有火器不如人之类的言论，显然前进了一大步。

清廷以明诏的形式宣告"仿行宪政"，在政坛上引起了不同的反响。《东方杂志》载文说："两宫仁圣，独伸天断，不惜举二千年来一人所独据神圣不可侵犯之权与天下共之矣。"[43] 流亡海外的康有为、梁启超不禁高呼"伟哉，此举"，甚至感极而泣，"挥泪而谈往昔，破涕而笑方今，诚不意中国有立宪自存之日，君民有保安全之时，不知手之舞之、足之蹈之也"。[44] 他们一厢情愿地表示愿与清廷合作，不修旧怨，以共同抵制革命，说："欲禁遏革命党使不发生者，无外于改良政治……使现政府而幡然大悟也，实行改革以与天下更新，则革命党不期弥而自弥。"[45] 据文献记载，梁启超曾于光绪三十一年（1905年）秋冬间，代出洋考察政治的五大臣撰写《考察宪政报告》，清楚地说明他支持清廷立宪的基本立场。

光绪三十三年（1907年）二月，康有为将保皇会改组为国民宪政会，表示愿

---

[38] 《立宪应如何预备施行准各地条举以闻谕》，光绪三十三年五月二十八日，载故宫博物院明清档案部编：《清末筹备立宪档案史料》（上册），中华书局1979年版，第44页。
[39] 孙中山：《临时大总统就职宣言》，载《孙中山选集（上）》，人民出版社1956年版，第83页。
[40] 《东方杂志》1904年第八期。
[41] 孙中山：《临时大总统就职宣言》，载《孙中山选集（上）》，人民出版社1956年版，第83页。
[42] 《宣示预备立宪先行厘定官制谕》，光绪三十二年七月十三日，载故宫博物院明清档案部编：《清末筹备立宪档案史料》（上册），中华书局1979年版，第43页。
[43] 《宣示预备立宪先行厘定官制谕》，载《东方杂志》1907年第五期。
[44] 孙中山：《檀香山兴中会成立宣言》，载中国史学会主编：《辛亥革命（一）》，上海人民出版社1957年版，第85页。
[45] 张枬、王忍之编：《辛亥革命前十年间时论选集（下）》，三联书店1977年版，第613页。

与清廷合作,推行宪政。七月间,梁启超、蒋智由等在东京组织政闻社,提出《政闻社宣言书》,"主张立宪政体",要求"实行国会制度,建设责任政府","确立地方自治"。光绪三十四年(1908年),政闻社本部迁往上海,联络国内立宪团体,秘密走访王公大臣,并向南北各省扩大其组织机构,为立宪奔走呼号。尽管他们再三表白:"对于皇室,绝无干犯尊严之心;其对于国家,绝无扰紊治安之举"[46],但仍然为清廷所深忌,政闻社遭到封闭。

在此期间,国内的立宪派分子张謇、郑孝胥、汤寿潜、谭延闿等,也为清廷宣布预备立宪所激动,纷纷成立预备立宪公会、宪政筹备会、宪政公会、自治会,通过这些立宪团体,在舆论上宣传君主立宪,而且为随后发动的立宪请愿,作了组织上的准备。

当时,只有代表资产阶级中下层的革命党人,斥责预备立宪是"假颁立宪之文,实行中央集权之策,以削汉人之势力,冀图房廷万世帝王之业"[47];"童子愚马矣,亦知其伪"[48]。孙中山更尖锐地揭露说:"'宪法'二字,近时人人乐道,便是满清政府,也晓得派遣奴才出洋考察政治,弄些预备立宪的上谕,自惊自扰"[49],"拿宪法做愚民的器具"[50]。又说"彼政府以民气不驯,群思革命,欲借立宪之名以消弭之,而行事正与立宪相反,凡所施为,适自便其鞑子而已"[51]。可见与清朝统治者主观愿望相反,预备立宪的上谕未能遏制革命,反而刺激了民主共和的真觉醒与真追求。同盟会的成立以及它所发动的一系列武装起义证明了这一点。

至于外国的舆论,在盛赞"中国之立宪,必有效果"[52]的同时,极力鼓吹"革命最大之阻力,则立宪政策是也,中国苟早成立宪之国,能突起雄飞于世界上,则革命军无所施其技矣"[53]。英国《泰晤士报》和《摩甯普士报》还发表了《论中国立宪不宜排外》《中国立宪不宜背约》等文章,警告清政府不得借立宪而

---

[46] 政闻社:《政闻社宣言书》,载中国史学会主编:《辛亥革命(四)》,上海人民出版社1957年版,第107、111、112、115页。

[47] 陈春生:《丙午萍醴起义记》,载中国史学会主编:《辛亥革命(二)》,上海人民出版社1957年版,第477页。

[48] 望帝:《四川讨满洲檄》,载中国史学会主编:《辛亥革命(二)》,上海人民出版社1957年版,第324页。

[49] 孙中山:《三民主义与中国前途》,载《孙中山选集》,上海人民出版社1956年版,第79页。

[50] 孙中山:《〈民报〉发刊词》,载《孙中山选集》,上海人民出版社1956年版,第71页。

[51] 章炳麟:《讨满洲檄》,载中国史学会主编:《辛亥革命(二)》,上海人民出版社1957年版,第289页。

[52] 《宪政初纲·外论选译》,载《东方杂志》1906年3卷增刊。

[53] 潘树声、叶诚译:《美人吉包尔奈之中国观》,载《东方杂志》1911年第3期。

"背约"和"排外"。总之,当时国内外的种种反应,说明了晚清"仿行宪政""预备立宪"是中国近代史上值得关注的重大事件。

二、官制改革与皇族集权

官制改革是晚清推行立宪的重要环节,光绪三十二年七月初六(1906年8月25日),戴鸿慈等在《奏请改定全国官制以为立宪预备折》中,以日本明治维新曾两次大改官制为例,说明"其宪政之推行有效,实由官制之预备得宜"。因此,"请改定全国官制,为立宪之预备"。[54] 他们提出八条改革官制的原则性意见:"一曰宜略仿责任内阁之制,以求中央行政之统一也。……二曰宜定中央与地方之权限,使一国机关运动灵通也。……三曰内外各重要衙门,皆宜设辅佐官,而中央各部主任官之事权尤当归一也。……四曰中央各官宜酌量增置、裁撤、归并也。……五曰宜变通地方行政制度,以求内外贯注也。……六曰裁判与收税事务,不宜与地方官合为一职也。……七曰内外衙署,宜皆以书记官代吏胥也。……八曰宜更定任用、升转、惩戒、俸给、恩赏诸法及官吏体制,以除种种窒碍而收实事求是之效也。"[55]

在这八条意见中,第一条、第四条、第五条、第六条都涉及传统官制的改革,如同奏折所说"实欲舍中国数千年之所短,就东西十数国之所长"。慈禧太后采纳了戴鸿慈等的意见,在"先行厘定官制"的上谕中指出:"故廓清积弊,明定责成,必从官制入手,亟应先将官制分别议定,次第更张。"次日(七月十四日),又发布《派载泽等编纂官制奕劻等总司核定谕》,再作宣示:"昨已有旨宣示急为立宪之预备,饬令先行厘定官制,事关重要,必当酌古准今,上稽本朝法度之精,旁参列邦规制之善,折衷至当,纤悉无遗,庶几推行尽利。"[56] 于是,作为预备立宪重要环节的官制改革,便正式展开。

光绪三十二年九月十六日(1906年11月2日),受命总司核定官制的庆亲王奕劻等,在《奏厘定中央各衙门官制缮单进呈折》中说:"维此次改革官制,既为预备立宪之基,自以所定官制与宪政相近为要义。按立宪国官制,不外立法、行政、司法三权并峙,各有专属,相辅而行,其意美法良,则谕旨所谓廓清积弊,

---

[54] 中国史学会主编:《辛亥革命(四)》,上海人民出版社1957年版,第33页。
[55] 《出使各国考察政治大臣戴鸿慈等奏请改定全国官制以为立宪预备折》,光绪三十二年七月初六日,载故宫博物院明清档案部编:《清末筹备立宪档案史料》(上册),中华书局1979年版,第368~380页。
[56] 《派载泽等编纂官制奕劻等总司核定谕》,光绪三十二年七月十四日,载故宫博物院明清档案部编:《清末筹备立宪档案史料》(上册),中华书局1979年版,第385页。

明定责成,两言尽之矣。"根据三权并峙的原则,奕劻认为清朝官制的弊端有三:"一则权限之不分。以行政官而兼有立法权,则必有藉行政之名义,创为不平之法律,而未协舆情。以行政官而兼有司法权,则必有徇平时之爱憎,变更一定之法律,以意为出入。以司法官而兼有立法权,则必有谋听断之便利,制为严峻之法律,以肆行武健,而法律寖失其本意,举人民之权利生命,遂妨害于无形。此权限不分,责成之不能定者一也"[57];"一则职任之不明",如数人共一职,或一人兼数官,"是故贤者累于牵制,不肖者安于推诿。此职任不明,责成之不能定者二也";"一则名实之不符",各部院间权责交叉,或有名无实,或有实无名,"此名实不符,责成之不能定者三也"。[58]

在分权定限方面,奕劻等提出:"立法、行政、司法三者,除立法当属议院,今日尚难实行,拟暂设资政院以为预备外,行政之事则专属之内阁各部大臣。内阁有总理大臣,各部尚书亦均为内阁政务大臣,故分之为各部,合之皆为政府,而情无隔阂;入则参阁议,出则各治部务,而事可贯通。……司法之权则专属之法部,以大理院任审判,而法部监督之,均与行政官相对峙,而不为所节制,此三权分立之梗概也。此外,有资政院以持公论,有都察院以任纠弹,有审计院以查滥费,亦皆独立不为内阁所节制,而转足监督阁臣,此分权定限之大要也。"[59]

在分职以专任方面,共分为十一部,首外务部,以下依次为吏部、民政部、度支部、礼部、学部、陆军部、法部、农工商部、邮传部、理藩部。这里需要指出:光绪三十一年九月,为了在预备立宪期间,"整饬风俗,保护治安,捕送罪人,侦探秘密",清廷下令"京师及各省一样举办"[60],刑警事宜,并设立巡警部,"专管全国巡警事务"。但在拟定中央各衙门官制的过程中,以"巡警为民政之一端"[61],遂改巡警部为民政部。

光绪三十二年九月二十日(1906 年 11 月 6 日)在上谕中,基本肯定了奕劻等关于《厘定中央各衙门官制》奏折,但是明确指出:"内阁军机处一切规制,著照旧行","自毋庸复改","其余宗人府、内阁、翰林院、钦天监、銮仪制、内务府、

---

[57] 《庆亲王奕劻等奏厘定中央各衙门官制缮单进呈折》(附清单二),光绪三十二年九月十六日,载故宫博物院明清档案部编:《清末筹备立宪档案史料》(上册),中华书局 1979 年版,第 463~464 页。

[58] 《庆亲王奕劻等奏厘定中央各衙门官制缮单进呈折》(附清单二),光绪三十二年九月十六日,载故宫博物院明清档案部编:《清末筹备立宪档案史料》(上册),中华书局 1979 年版,第 463~464 页。

[59] 《庆亲王奕劻等奏厘定中央各衙门官制缮单进呈折》(附清单二),光绪三十二年九月十六日,载故宫博物院明清档案部编:《清末筹备立宪档案史料》(上册),中华书局 1979 年版,第 464 页。

[60] 朱寿朋编:《光绪朝东华录》,中华书局 1984 年版,总第 5408 页。

[61] 朱寿朋编:《光绪朝东华录》,中华书局 1984 年版,总第 5408、5579 页。

太医院、各旗营、侍卫处、步军统领衙门、顺天府、仓场衙门,均著毋庸更改"。[62]

晚清立宪期间进行的中央官制改革,按照戴鸿慈等人的构想,已经超出了调整封建官僚制度的范围,在某种程度上触及了专制集权的体制,然而在核定官制改革的上谕中,却大打折扣。譬如,作为官制改革的核心和立宪政体之第一义的责任内阁,竟然完全没有提及,即使在以后的《钦定宪法大纲》和《逐年筹备事宜清单》中,也均未置一词。它反映了中央官制改革的着眼点,就是如何使"中央集权之势成,而政策统一之效著"。无论是传统的中枢机关的保留,或调整,都围绕着中央集权的主线。不仅如此,由于官制改革是一次权力的再分配,所以在"分权定限"的问题上,必然表现出尖锐的权力冲突。在这场权力冲突中,清廷顽固集团力图维护传统的贵族特权,甚至狂妄地要从官制改革入手,实现皇族集权。

但是官制的改革,也体现了社会经济的发展和科技、文化的进步。邮传部之设、工部之改为农工商部,就是例证。特别需要指出的是,司法系统的官制改革,成效较为显著。戴鸿慈等在奏请改定官制折中便指出:"司法与行政两权分峙独立,不容相混,此世界近百余年来之公理,而各国奉为准则者也。……臣等谓宜采各国公例,将全国司法事务离而独立,不与行政官相丽。"[63] 稍后,奕劻等在《奏续订各直省官制情形折》中,进而着重阐明"分设审判各厅以为司法独立之基础",并希望"由此而收回治外法权"。[64] 准此,改刑部为法部,掌管全国司法行政,不再兼理审判。改大理寺为大理院,为最高审判机关,并负责解释法律,监督各级审判活动。在京师和各省分设各级审判厅,分别受理各项诉讼及上控事件。将省按察使司改为提法使司,负责地方司法行政,对本省各级审判厅进行监督管理。从而将司法机关从行政机关的隶属下分离出来,形成了自上而下的独立的系统。在司法系统内部,又使审判职能、控诉职能及侦查预审相分立,突破了中国传统控审合一的框架。司法官制改革之所以取得显著的效果,是由于司法权的变动,较之立法权、行政权的变动,影响面小,利益的得失程度也较轻,阻力也自然减少。当然晚清的司法改革,还只是实现了司法体系的分立,作为民主宪政制度有机组成部分的"司法独立",还远没有完成。

上海《时报》针对晚清中央官制改革部院的调整、合并,以及某些机构名称

---

[62]《裁定奕劻等核拟中央各衙门官制谕》,光绪三十二年九月二十日,故宫博物院明清档案部编:《清末筹备立宪档案史料》(上册),中华书局1979年版,第471~472页。

[63]《出使各国考察政治大臣戴鸿慈等奏请改定全国官制以为立宪预备折》,光绪三十二年七月初六日,载故宫博物院明清档案部编:《清末筹备立宪档案史料》(上册),中华书局1979年版,第379页。

[64]《总司核定官制大臣奕劻等奏续订各直省官制情形折》(附清单),光绪三十三年五月二十七日,载故宫博物院明清档案部编:《清末筹备立宪档案史料》(上册),中华书局1979年版,第504页。

和官职称号的改变,如户部改为度支部,兵部改为陆军部(并入太仆寺和练兵处),刑部改为法部,工部改为农工商部,巡警部改为民政部,理藩院改为理藩部,新邮传部,保留吏部和礼部等,发表评论说:"不过换几个名目,淘汰几个无势力之大老而已,绝无他影响。"连支持清朝预备立宪的日本官方报纸《朝日新闻》,也认为集权思想过于露骨,不无惋惜地说:"……此次新发表之官制,不免声大而实小矣。"

在地方官制改革中,同样表现为权力的争夺。为了削弱汉族地方督抚的权势,载泽、端方等在奏请改革官制折中,便指出:"循此不变,则唐之藩镇,日本之藩阀,将复见于今日。"[65]而在御前会议确定的立宪政治方针之一,就是"废现制之督抚,各省新设之督抚其权限仅与日本府县知事相当,财政、军事权悉收回于中央政府"[66]。这个方针首先遭到参与官制会议的直隶总督兼北洋大臣袁世凯的坚决反对,公开以"筹议至不易易"相对抗。其他各省督抚也都表示强烈不满,因而被迫搁置。但清廷为了贯彻"中央集权之势成,政策统一之效著"的既定方针,于1907年公布的地方官制中,虽然规定各省督抚统辖地方文武官吏,总理该省外交军政事宜,但是在"清理财政"的名义下,将各省财权集中于度支部;另由陆军部尚书铁良,节制由直隶总督袁世凯统辖督练的新军北洋四镇。与此同时,将最有权势的汉族督抚袁世凯、张之洞,调任军机大臣,以减少削除地方督抚实权的阻力。以致"汉人之任疆吏者,无一得与闻军事,其防患之微,至于此极"[67]。

此外,增设巡警、劝业道缺,裁撤分守、分巡各道,酌留兵备道及分设审判厅、增易佐治员等,也反映了时代发展的需要。

在改革官制中,曾被戴鸿慈、端方列为改革官制第一点建议的"仿责任内阁之制",竟然被清廷有意识地加以回避,因而遭到立宪派的诘问。梁启超指责说:"原案所最可骇者,则责任内阁以何年成立,始终未尝叙及也。……独于此最重要之机关而遗忘之,其果遗忘耶?有恶其害己者,而故去其籍耶?则人民之致疑于政府立宪之不诚,又何足怪!"[68]

立宪派对于九年预备立宪期,也表示了强烈的不满。本来立宪派并不坚持速行立宪,1901年张謇曾经表示:与其"意行百里而阻于五十",不如"日行二三

---

[65] 李剑农:《戊戌以后三十年中国政治史》,中华书局1965年版,第66页。
[66] 李剑农:《戊戌以后三十年中国政治史》,中华书局1965年版,第66页。
[67] 阙名:《预备立宪之满洲》,载《民报》第19号,第99页。
[68] 梁启超:《立宪九年筹备案恭跋》,载中国史学会主编:《辛亥革命(四)》,上海人民出版社1957年版,第144页。

十里者,不至于阻而犹可达也"。[69] 但是随着清廷预备立宪的推行,立宪派在分享权力的驱动下,以及对日益发展的民主革命的震慑,转而主张速行立宪,要求缩短九年预备期,因而从光绪三十三年(1907 年)起,不断发动速开国会、设立责任内阁的请愿。立宪派发动的请愿活动,由于地方大吏的附和,声势不断壮大,"疆臣中则有湖广总督陈夔龙、两江总督端方、河南巡抚林绍年、四川总督赵尔巽,皆以请开国会为言。使臣中则孙宝琦、胡惟德、李家驹三人,又皆以中外视听所系,请速定年限,免外人笑。立言婉切各不同,同以国会为急"。[70] 甚至张之洞也认为"立宪实行,越速越妙;预备两字,实在误国"。[71] 宣统二年九月二十三日(1910 年 10 月 25 日),竟然由东三省总督锡良领衔十七位督抚电奏清廷,力请即设责任内阁,"明年即开国会"[72]。在朝野立宪派的极力敦促下,清廷被迫同意先设责任内阁,于宣统五年召开国会,颁布宪法,实行宪政。

宣统三年四月初十日(1911 年 5 月 8 日),宪政编查馆与会议政务处《会奏拟定内阁官制并办事暂行章程折》,把筹设内阁官制提上了议事日程。奏折提出:"责任内阁,在各国视为成规,在中国实为创举。溯自筹备宪政以来,凡请开议院者,皆以设责任内阁为急务。……查各立宪国内阁之设,在负国务之责任,而对于何者应负责任,各国立法又复不同。恭绎钦定宪法大纲,统治之权属诸君上,则内阁官制自以参仿日、德两国为合宜。……我国已确定为君主立宪政体,则国务大臣责任所负,自当用对于君上主义,任免进退皆在朝廷,方符君主立宪宗旨,议院有弹劾之权,而不得干黜陟之柄,庶皇极大权益臻巩固,辅弼之地愈著恪恭。"[73]同日,奉旨颁行《内阁官制》十九条、《内阁办事暂行章程》十四条。由于内阁不对议会负责,议会亦无权决定内阁的去留,内阁总理大臣和国务大臣只是"秉承宸谟,定政治之方针,保持行政之统一","辅弼皇帝,担负责任"[74]。因此,这种责任内阁是有名无实的,与西方国家的责任内阁完全不同。

同一天又颁发上谕,任命庆亲王奕劻为内阁总理大臣,那桐、徐世昌为内阁协理大臣,梁敦彦为外务大臣,善耆为民政大臣,载泽为学务大臣,绍昌为司法

---

[69] 张謇:《张謇全集》,张謇研究中心、南通图书馆编,江苏古籍出版社 1994 年版,第 38 页。
[70] 《宪政篇》,载《东方杂志》1908 年第 7 期。
[71] 张之洞:《八月初七日张之洞入京奏对大略》,转引自孔祥吉:《张之洞与清末立宪别论》,载《历史研究》1993 年第 1 期。
[72] 《东三省总督锡良奏奉省绅民呈请明年即开国会折》,宣统二年十一月初六日,载故宫博物院明清档案部编:《清末筹备立宪档案史料》(下册),中华书局 1979 年版,第 648~649 页。
[73] 《宪政编查馆会议政务处会奏拟定内阁官制并办事暂行章程折》(附清单二),宣统三年四月初十日,载故宫博物院明清档案部编:《清末筹备立宪档案史料》(上册),中华书局 1979 年版,第 559 页。
[74] 《宪政编查馆会议政务处会奏拟定内阁官制并办事暂行章程折》(附清单二),宣统三年四月初十日,载故宫博物院明清档案部编:《清末筹备立宪档案史料》(上册),中华书局 1979 年版,第 561 页。

大臣、荫昌为陆军大臣、载洵为海军大臣、溥伦为农工商大臣、盛宣怀为邮传大臣、寿耆为理藩大臣。[75] 在新内阁成立的同时，奉旨裁撤原有的旧内阁、军机处、会议政务处、宪政编查馆、吏部中书科、稽察钦奉上谕办事处、批本处等机构。

在集权贵族的思想主导下，对各部大臣的任命，打破了原有的部院大臣"满汉平分"的比例，变成了"满七汉四"（满族 7 人，汉族 4 人，蒙古族 1 人，汉军旗 1 人），一些重要的部，如外务、陆军、海军、度支、农工商部，都操于满洲贵族之手，"汉人之势大绌，乃不得一席地以自媛"。[76] 汉族的官僚、督抚，也曾奢想借立宪之机，打破满官的政治优越地位，巩固和扩大自己的权势，然而事实与他们的期望恰恰相反。由于责任内阁中满汉官的比例失调，从形式上看加强了满洲贵族在政权中的优势，实际上加剧了满汉官僚之间的对立，"满汉司员，见面不交语……排满排汉之声，叹息盈耳"。[77] 统治集团内部的分裂，使清朝陷入了新的危机。

不仅如此，在内阁成员中，皇族竟然占了五名，因而被讥讽为"皇族内阁"，以致经过千呼万唤始出台的内阁，"适与立宪国之原则相反"。[78] 对清朝立宪曾抱有希望的梁启超，也极感失望，批评说："号称预备立宪，改革官制，一若发奋以刷新，前此之腐败，夷考其实，无一如其所言，而徒为权位之争夺，势力之倾轧，藉权限之说，以为排挤异己之具；借新缺之立，以为位置私人之途，贿赂公行，朋党各树，而庶政不举，对外之不竞，视前此且更甚焉。"[79] 张謇更针对"政府以海陆军政府权及各部主要均任亲贵"一事，警告清廷"勿以国为孤注"。[80] 各省咨议局议长、议员袁金铠等，也于宣统三年六月初九日联衔上书，指出："君主不担负责任，皇族不组织内阁，为君主立宪国唯一之原则，世界各国苟号称立宪，即无一不求与此原则相吻合。今中国之改设内阁，变旧内阁之官制而另定官制，改军机处之旧名而更定新名，为实行宪政特设之机关，固天下臣民所共见，而第一次组织内阁之总理，适与立宪国之原理相违反。国外报纸屡肆讥评，以全国政治之中枢而受外论之抨击，已有妨于国体，犹曰外人不知内情，可以置

---

[75]《颁行内阁官制暨内阁办事暂行章程谕》，宣统三年四月初十日，载故宫博物院明清档案部编：《清末筹备立宪档案史料》（上册），中华书局 1979 年版，第 566 页。

[76] 李剑农：《戊戌以后三十年中国政治史》，中华书局 1965 年版，第 68～69 页。

[77] 李剑农：《戊戌以后三十年中国政治史》，中华书局 1965 年版，第 70 页。

[78]《各省咨议局议长议员袁金铠等为皇族内阁不合立宪公例请另组责任内阁呈》，宣统三年六月初九日，载故宫博物院明清档案部编：《清末筹备立宪档案史料》（上册），中华书局 1979 年版，第 577 页。

[79] 梁启超：《宪政府与革命党》，载梁启超：《饮冰室合集》第七册《文集十九》，中华书局 2005 年版，第 1754 页。

[80] 张謇：《啬翁自订年谱》，载《张謇全集》，江苏古籍出版社 1994 年版，第 1026 页。

之不论也。自先朝颁布立宪之诏,天下喁喁望宪政久矣,请国会之早开,亦以求实行宪政也,责军机之不负责,亦以求实行宪政也。天下臣民求实行宪政之日积日高,希望政府之心即日益日炽,挟最高最炽之希望,一睹新发布之内阁组织之总理,乃于东西各立宪国外开一未有之创例,方疑朝廷于立宪之旨,有根本取消之意,希望之隐变为疑阻,政府之信用一失,宪政之进行益难,未识朝廷何以处之。""为患何堪设想"的"皇族内阁","实大变之所伏",所以"仍请皇上明降谕旨,于皇族外另简大臣组织责任内阁,以符君主立宪之公例,以餍臣民立宪之希望"。[81]

尽管"议员等抱忠君爱国之隐,为披肝沥胆之辞",但仍被清廷视为"议论渐近嚣张,若不亟为申明,日久恐滋流弊"。[82] 为此,强调"黜陟百司,系君上大权,载在先朝钦定宪法大纲,并注明议员不得干预"。同时严斥议员:"当遵宪法大纲,不得率行干请,以符君主立宪之本旨。"[83]

"皇族内阁"极大地挫伤了立宪派对清廷的幻想,削弱了宣布变法新政以来清朝的号召力,使人们由失望而转向愤怒,如同张謇所言:"是时举国骚然,朝野上下不啻加离心力百倍,可惧也。"[84] 从此,立宪派开始了新的政治投机,清朝覆亡的厄运也由此日益迫近了。

三、筹设"预立上下议院基础"的咨议局和资政院

在清廷明诏宣示预备立宪以后,一些督抚奏请设立资政院和省咨议局,在朝野舆情的推动下,于光绪三十三年八九月间,相继颁谕,设立资政院和咨议局,并次第公布了资政院和咨议局章程及议员选举章程,使资政院和咨议局的筹设全面展开。

(一)咨议局的设立与活动

光绪三十三年九月十三日(1907年10月19日),发布各省速设咨议局的上谕,提出:"各省亦应有采取舆论之所,俾其指陈通省利病,筹计地方治安,并为

---

[81] 《各省咨议局议长议员袁金铠等为皇族内阁不合立宪公例请另组责任内阁呈》,宣统三年六月初九日,载故宫博物院明清档案部编:《清末筹备立宪档案史料》(上册),中华书局1979年版,第579页。

[82] 《各省咨议局议员请另组内阁议近嚣张当遵宪法大纲不得干请谕》,宣统三年六月初十日,载故宫博物院明清档案部编:《清末筹备立宪档案史料》(上册),中华书局1979年版,第579页。

[83] 《各省咨议局议员请另组内阁议近嚣张当遵宪法大纲不得干请谕》,宣统三年六月初十日,载故宫博物院明清档案部编:《清末筹备立宪档案史料》(上册),中华书局1979年版,第579页。

[84] 张謇:《啬翁自订年谱》,载《张謇全集》,江苏古籍出版社1994年版,第1026页。

资政院储材之阶。著各省督抚均在省会速设咨议局,慎选公正明达官绅创办其事……凡地方应兴应革事宜,议员公同集议,候本省大吏裁夺施行。遇有重大事件,由该省督抚奏明办理。将来资政院选举议员,可由该局公推递升。如资政院应需考查询问等事,一面行文该省督抚转饬,一面迳行该局具覆。该局有条议事件,准其一面禀知该省督抚,一面迳禀资政院查覆。其各府州县议事会一并预为筹画,务期取材日宏,进步较速,庶与庶政公诸舆论之实相符,以副朝廷勤求治理之意。"[85]

宪政编查馆于光绪三十四年六月二十四日(1908年7月22日),奏定"各省咨议局并议员选举章程",经光绪皇帝批准,通令各省督抚限一年内一律办齐。

《各省咨议局章程》共分十二章、六十二条。《总纲》第一条明确宣布咨议局为"各省采取舆论之地,以指陈通省利病,筹计地方治安为宗旨"。

咨议局设议长一人,副议长二人,议长、副议长由议员互选产生。闭会期间设常驻议员若干名,亦由议员互选产生。议长、副议长及常驻议员,除行使特定职权外,其权利义务与议员同等。

咨议局的职任权限为:议决本省应兴应革事件;议决本省之预算决算、税法、公债及担任义务之增加,权利之存废事件;议决本省单行章程规则之增删修改;选举资政院议员;申复资政院及督抚咨询事件;收受本省自治会或人民陈请建议事件;公断和解本省自治会之争议事件等。

凡咨议局议定事项,交督抚公布施行,若督抚有异议,可交咨议局复议,但须说明原委。若"督抚及咨议局各执一见不能解决之事件,督抚应咨送资政院核议决定。督抚侵犯咨议局权限,或其他违法事件,咨议局得呈请资政院核办""凡议员于咨议局议事范围内所发言论,不受局外之诘责""凡议员除现行犯罪外,于会期内非得咨议局承诺,不得逮捕"。

咨议局会议分常年会和临时会两种,均由督抚召集。常年会每年一次,会期四十日,自九月初一日至十月十一日。"遇有紧要事件",由督抚之命令,议员三分之一以上之陈请,可随时召开临时会,会期十日。

"各省督抚有监督咨议局选举及会议之权,并于咨议局之议案有裁夺施行之权。"若咨议局议事逾越权限并不受督抚劝告,所议决事项违背法律或议员有狂暴行为者,督抚得令其停会。若咨议局有轻蔑朝廷情形,所议事件妨害国家

---

[85] 《著各省速设咨议局谕》,光绪三十三年九月十三日,载故宫博物院明清档案部编:《清末筹备立宪档案史料》(上册),中华书局1979年版,第667页。

治定,或不遵停会命令,或议员多数不赴召集,屡经督促仍不到会等,督抚得奏请解散咨议局,并将事由咨明资政院。可见这个所谓的地方议会性质的机构,完全被置于督抚的控制之下,体现了清廷严令地方督抚"曲为之防"的意图。在宪政编查馆会奏咨议局章程的奏折中,业已明确提出:"夫议院乃民权所在,然其所谓民权者,不过言之权,而非行之权也……况咨议局仅为一省言论之汇归,尚非中央议院之比,则其言与行之界限尤须确切订明,不容稍有踰越。"[86] 即使咨议局法定的"言之权",也在"尤不得胥动浮言,妨害治安"[87] 的威胁下,受到极大的限制。正如《民报》所说:"立宪预备粉饰天下之视听,则咨议局不能不设,惟于其所有之权限削之又削,又广用监察钳制之术,务使归于有名无实而后已。"[88]

根据《各省咨议局选举章程》,各省咨议局议员由各府、州、县采用复选制选举产生。凡属于本省籍贯,年满二十五岁以上之男子,曾在本省地方办理"事务"及其他"公益事务",满三年以上著有成绩者;中等学校毕业或举贡生员以上出身者;曾任实缺职官文七品,武五品以上未被参革者;在本省有五千元以上资产,或外省人在本省有一万元以上之资产者,享有选举咨议局议员的权利。

凡属本省籍贯,或寄居本省满十年以上,年满三十岁以上之男子,得被选为咨议局议员。

凡有下列诸款之一者,不得有选举及被选举权:品行悖谬,营私武断者;曾处监禁以上之刑者;营业不正者;失财产上之信用,被人控实,尚未清结者;吸食鸦片者;有心疾者;身家不清白者;不识文义者。

此外,本省官吏或幕友、常备军人、续备军人、后备军人、巡警官吏、僧道及其他宗教师、各学堂肄业生,一律停止其选举权与被选举权。现充小学堂教员者,停止其被选举权。

经过出身、职务、学历、财产的重重限制,选出的咨议局议员,只能是官僚、地主、绅士和资产阶级上层分子。而且选举活动都是在地方官操纵下进行的,广东咨议局筹办处简章明确规定:"本处总办四人,以藩、臬、学、道四司任之;会办一人,遴选候补道员任之;提调一人,以广州府知府任之;坐办一人遴选候补知府任之……"[89] 这就难怪民众对于议员选举,表现出异常冷漠,以较为开化、

---

[86]《宪政编查馆等奏拟订各省咨议局并议员选举章程折》(附清单),光绪三十四年六月二十四日,载故宫博物院明清档案部编:《清末筹备立宪档案史料》(下册),中华书局1979年版,第669页。
[87] 朱寿朋编:《光绪朝东华集》,中华书局1984年版,总第5806页。
[88]《民报》第26号。
[89] 寥治:《咨议局经过大事记》,载《宪政新志》第一卷第一号。

得风气之先的福州、广州为例,福州初选时,城区选民到会者仅有十分之四,乡村各选区到会者竟"十不及一二"。广州府有选民一千六百余人,参加投票者仅三百九十九人。[90] 这种情况,说明了咨议局的产生与民众的切身利益,缺乏关联性,同时也反映了普通民众对于民主宪政和民主意识的陌生和匮乏。

经过选举产生的各省咨议局议员中,进士、举人、贡生、生员出身的议员,占议员总数的百分之九十点九。至于议长、副议长则多为立宪派的领袖人物,如江苏议长张謇、浙江副议长沈钧儒、四川议长蒲殿俊、湖北议长汤化龙、湖南议长谭延闿、福建议长刘崇佑、山西议长梁善济等,他们在咨议局中起了主导的作用。

至宣统元年八月(1909年9月),各省咨议局除新疆外陆续成立。由于各省经济、政治、文化的发展不平衡,对于民主宪政的理解程度也存在差异,因此所发挥的作用是不同的。但总的来说,咨议局被舆论视为"宪政之萌芽而为中国最新之产物"。[91]

宣统元年九月一日(1909年10月14日),是各省咨议局第一次常年会开会之期,除新疆奏明缓办外,各省一律开办,全国共设立了二十一个咨议局。虽然"咨议局仅代表一省舆论,尚非国家议院之比",其权限"本非各国地方议会所得比拟"。[92] 但是,立宪派仍投以极大的政治热情,他们利用这个合法的平台,通过了大量涉及立法、司法、预算、决算、税法、公债、国家主权、实业、教育、禁烟禁赌等内容的议案。同时,还弹劾贪赃枉法、腐败无能的官吏,产生了广泛的影响。不仅如此,他们还把团体之间的联合,推进到咨议局之间的联合,1909年10月,湖南、湖北、江西等十六省咨议局的代表,在上海开会,决定各省咨议局分别派出代表,齐集北京,联合请愿速开国会。张謇还专门写了《送十六省议员诣阙上书序》进行鼓动。自1909年9月至次年10日,由张謇等人组织发动了三次规模浩大的敦促清廷速开国会、速组责任内阁、迅即颁布宪法的请愿活动。张謇发表了《请速开国会建设责任内阁以图补救书》,要求清廷缩短预备立宪时间,于宣统二年(1910年)召开国会,组成责任内阁。

由立宪派发起和组织的请愿活动,持续了一年之久,参加者数十万众。特别是第三次大请愿不仅卷入了社会各界,甚至十八省督抚、资政院议员及部分政府官员,也都为之推波助澜;海外留学生、华侨团体则纷纷通电声援。梁启超

---

[90] 参见《时报》宣统元年闰二月二十八日。
[91] 廖治:《咨议局经过大事记》,载《宪政新志》第一卷第一号。
[92] 《宪政编查馆复议咨议局权限折片》,载中国第二历史档案馆编:《中华民国史档案资料汇编》第一辑,江苏人民出版社1979年版,第116页。

也在日本也发表文章,鼓励立宪派"竭诚尽敬,以请愿国会"。

立宪派组织的三次大请愿与当时国内形势的发展密切联系。自宣统元年(1909年)起,国内不断发生反教会压迫、反抗捐税、抢米风潮等各种形式的斗争,其次数之多、规模之大超过庚子年后的任何一年。尤其是资产阶级革命派发动的武装反清起义更加波澜壮阔,清朝统治已经险象环生。立宪派正是敏锐地觉察这一点,才竭力敦促清廷速行宪政挽救危机。同时,他们也想乘此时机,谋取更多的政治利益。然而清廷对于宣统二年(1910年)初各省咨议局代表向都察院递呈的要求速开国会的请愿书,竟以"国民知识不齐"为借口坚持九年预备期,之后再召开国会。1910年6月,立宪派组织十七个请愿团体的代表团,再次向都察院呈递请愿书,恳求速开国会,清廷又以"财政困难,灾情遍地"为理由加以拒绝。同年8月,各省咨议局代表在北京召开联席会议,决定乘资政院开会之际,发动大规模请愿,要求速开国会,速组责任内阁。同年10月16日,资政院通过了《陈请速开国会具奏案》,请求于宣统三年(1911年)召开国会。清廷迫于形势的压力,允许缩短立宪预备期,将九年改为五年,定于宣统三年成立责任内阁、宣统五年召开国会。与此同时,下令遣散各地请愿代表。此后,湖北、湖南、四川等地代表准备组织第四次请愿,遭到清廷的严令禁止。

三次大请愿的结果虽不足道,但对全国民主宪政意识的传播与推动,起了积极的作用,对清朝顽固统治集团也具有一定的震撼力,特别是人们从中体会到:顽固的统治者,是不会轻易放弃手中的权力的。

(二)资政院的召开

光绪三十三年八月十三日(1907年9月20日),清廷发布设立资政院的上谕,宣布:"立宪政体取决公论,上下议院实为行政之本,中国上下议院未能成立,亟宜设资政院以立议院基础。"[93]宣统元年七月初八(1909年8月23日),清廷开始修订资政院院章,同年九月初一(10月14日),奏准颁布施行。

根据资政院院章:资政院"以取决公论,预立上下议院基础为宗旨"[94],设总裁二人,总理资政院事务,"以王公大臣著有勋劳通达治体者,由特旨简充"。设副总裁二人,"以三品以上大员著有才望学识者,由特旨简充"。资政院议员由钦选和互选两种方式产生。钦选议员,由皇帝简派宗室王公世爵、满汉世爵、

---

[93]《资政院等奏拟订资政院院章折》(附清单),光绪三十四年六月初十日,载《清末筹备立宪档案史料》(下册),中华书局1979年版,第627页。

[94]《资政院等奏拟订资政院院章折》(附清单),光绪三十四年六月初十日,载《清末筹备立宪档案史料》(下册),中华书局1979年版,第628页。

外藩王公世爵、宗室觉罗、各部院官(审判官、检察官、巡警官不在此例)、硕学通儒、纳税多者担任,共计一百名。互选议员,由各省咨议局议员互相推举产生,并由各省督抚"复加选定",共计一百名。无论钦选议员还是互选议员,在资政院中"应有之权,一律同等,无所轩轾。"原定王公世爵不超过十人,后经修改,增至四十二人;互选名额原为一百六十七人,后减至一百人,目的显然是为了扩大亲贵的特权。后因新疆未选,故二十一省互选议员共计九十八名,为示对等,钦选议员亦减少两名,为九十八名。

资政院有权议决预算、决算、税法、公债,制定与修改法律(宪法不在此例),以及奉特旨交议的事件。各款议案"应由军机大臣,或各部行政大臣先期拟定具奏,请旨于开会时交议"。有关税法、公债、修改法典事件,"资政院亦得自行草具议案"。特别须要指出,资政院对有关事件议决后,"由总裁、副总裁分别会同军机大臣,或各部行政大臣具奏,请旨裁夺";资政院议决的事件,军机大臣或各部行政大臣如有异议,可咨送资政院复议,若资政院仍执前议,可由资政院总裁、副总裁及军机大臣或各部大臣分别具奏,请旨裁夺。

由此可见,这个被夸张为带有议会性质的资政院,不过是由皇亲贵族、官僚地主、资产阶级上层所组成的,并受皇帝直接控制的机构而已。

至于人民之陈请事件,多数议员认为合例可采者,得将该件提议为议案。有关行政事宜的议案,应咨送各该管衙门办理。资政院自行提出的议案,要有议员三十人以上之附议,到会议员过半数之可决,方可议决。为保证议员履行职责,"资政院议员于本院议事范围内所发言论,不受院外之诘责""议员除现行犯罪外,于会期内非得本院承诺,不得逮捕"。

资政院每年九月起开常年会一次,会期三月,临时会期一月,无论开会、闭会,均须"明降谕旨,刊布官报"。

资政院院章公布后,随之又公布了《资政院议员选举章程》《资政院议事细则》《资政院分股办事细则》《资政院旁听规则》《各部院衙门官互选资政院议员详细规则》等规章。

资政院于宣统元年八月二十日(1909年9月23日)"举行召集之典",正式成立。同年九月初一(10月3日),召开第一次常年会,资政院召开之日,军机大臣奕劻宣读谕旨,表示:"资政院为上下议院之基础,尤为立宪政体之精神","上为朝廷竭协赞之忠,下为庶民尽代议之责"。[95] 摄政王载沣在"开院训词"

---

[95] 黄鸿寿:《开设资政院》,载中国史学会主编:《辛亥革命(四)》,上海人民出版社1957年版,第55页。

中也提到,资政院必能"扩大立宪之功用,树议院之楷模"。[96]

资政院开会期间,正值各省咨议局发动的速开国会请愿不断高涨之时,来自海内外的请愿书及电报纷至沓来,遴选议员易宗夔提议:"当此存亡危急之秋,惟国会可以救亡。现在各省咨议局联合会陈请速开国会……请议长改定议事日表,议请速开国会事件。"[97]此议得到一致通过,《民立报》报道说:"此次资政院表决此案(指速开国会案)时,自王公以及民选议员全体赞成,三呼万岁,外人脱帽起敬,电告本国。"[98]在《资政院请速开国会奏折》中,郑重表示:"臣院窃维世界政体渐趋一轨,立宪者昌,不立宪者亡,历史陈迹,昭然可睹,而立宪政体之要义,实以建设国会为第一。"[99]为了缓和速开国会请愿者的激动情绪,清廷于同年十月初三日(11月4日)下诏:改九年预备立宪期限为五年。

资政院在弹劾军机大臣奕劻违法并请迅即组织内阁案时,虽然获得绝大多数议员赞同通过,却遭到清帝的严厉申斥:"朕维设官制禄及黜陟百司之权,为朝廷大权,载在先朝钦定宪法大纲,是军机大臣负责任与不负责任,暨设立责任内阁事宜,朝廷自有权衡,非该院总裁所得擅预,所请着毋庸议。"[100]这道《设立责任内阁朝廷自有权衡非资政院所得擅预谕》,在资政院引起轩然大波,议员们指责它违背立宪精神,"是专制政体办法,不是立宪政体办法"[101],并以接连通过两个弹劾军机大臣议案的合法方式,首次向神圣君权发起了强有力的挑战。皇帝不能再以个人的是非为是非,而应以宪法的是非为是非,这是中国历史上前所未有的。

总的看来,历时三个月零十天的资政院常年会,并没有突破"议之权,而非行之权"的职权界定。譬如,虽然通过了弹劾军机大臣案,但是"中国依然,军机大臣依然",[102]奕劻照旧任职。黄鸿寿在《开设资政院》一文中说:"今政府于资政院所议决,殆无一不弁髦视之。以言法律,则资政院可决之法律,政府不施行之如故,资政院否决之法律,政府施行之如故;以言预算,资政院所议之预算案,收支不相偿者数千万,而公然敢以提出,于议决削减者,任意不削减,于议决诸为甲项之用者,任意挪用于乙项。且政府不经院议而拟借一万万元之外债,

---

[96] 《宣统政纪》卷二十七。
[97] 《资政院议场会议速记录》第二十号,李启成点校,上海三联书店2011年版,第241页。
[98] 《资政院议场会议速记录》第二十七号,李启成点校,上海三联书店2011年版,第384页。
[99] 《资政院议场会议速记录》第十号,第八次会议记事,李启成点校,上海三联书店2011年版,第79页。
[100] 《宣统政纪》卷二十九。
[101] 《资政院议场会议速记录》第二十七号,李启成点校,上海三联书店2011年版,第384页。
[102] 《资政院议场会议速记录》第三十一号,李启成点校,上海三联书店2011年版,第468页。

资政院亦不敢抗议……"[103]给事中高润生也批评说:"资政院开院伊始……各部大臣提出议案,率皆以例行公事敷衍塞责……至今不能确实成立。"[104]梁启超更是充满伤感地指出:"资政院之初开院,国民所以希望之者良厚,已而渐薄,薄之不已,迄闭院时而迨无复希望。"[105]

综上可见,晚清统治者设立咨议局和资政院的基本思路,是企图继续维持皇帝的集权统治,只是为了应付来自资产阶级革命派和立宪派两方面的压力,以及帝国主义列强的政策驱使,不得不舍弃某些固有的权力,但又极力限制咨议局和资政院的职权,使其成为皇帝和各省督府控制下的咨询性质的机关。

咨议局和资政院的设立,既是清朝前所未有的创举,也是中国两千年来历史上所仅见,它同传统的所谓"共和"完全不同,带有资产阶级民主政治的色彩,因而对资产阶级上层分子具有很大的吸引力。他们中间有很多要求改革的人,利用这个合法的舞台,作为抨击清朝腐败无能和向民众宣传宪政、争取自由平等的讲坛,力图通过法定的监督和限制政府的权力,将国家的运行纳入宪政的轨道,并扩大自己的参政权。

资政院和咨议局对军国大政公开讨论、公开表决,并通过报纸杂志进行报道,选录议员们的辩论演说还允许旁听,打破了专制时代政治决策的秘密性、独断性和神秘性,不仅增强了国民的民主觉醒意识和权利意识,也激发了民众参与国家政治生活的热情。随着宪政运动的发展,资政院和咨议局逐渐由"预立上下议院基础"的舆论机关,向着摆脱清廷操纵的具有相对独立的民主性机构过渡,它所造成的历史新局面,在国内外都产生了强烈的影响。

特别值得提出的是咨议局通过发起拒债保路运动,表现出了坚决维护国家主权、反对列强的政治讹诈和经济掠夺的严正立场和爱国热情。正因如此,西方列强对清政府发出了:"中央政府不应向各种地方反抗屈服。……如果中央政府向这种叫嚣让步,将是一个莫大的政治错误"的批评。由此可见,列强支持清朝推行"新政"和"预备立宪",是为了增强清朝对全国的控制力,以改善投资环境。一旦事态的发展变成清廷难以控制,甚至给他们在华的利益带来"极多的麻烦"的时候,便指责资政院、咨议局"现在在远东根本就不应出现",甚至要求清朝"采取强硬态度",以遏制中国民主运动的发展。这就是帝国主义列强对于晚清立宪的基本立场。

---

[103] 黄鸿寿:《假饰立宪及组织贵族内阁》,载中国史学会主编:《辛亥革命(四)》,上海人民出版社1957年版,第54页。

[104] 《宣统政纪》卷二十五。

[105] 梁启超:《论中国立宪之难》,载《东方杂志》1907年第5期。

(三) 办理地方自治的尝试

地方自治是中国近代开明的思想家和官僚们所关注的问题之一。地主阶级改革派代表魏源,在《海国图志·后叙》中,便介绍了美国的联邦政治,而且认为联邦宪法的章程,"可垂奕世而无弊"。其后,改良派郑观应、陈炽建议在地方政权机构中,采用传统的由百姓公举产生的"乡官"制,每乡设正副乡官各一人,任期二年,期满后另行选举。其职权范围是:"邑中有大政疑狱,则聚而咨之;以养立教,兴利除弊,有益国计民生之事,则分而任之。"[106]他们所主张的乡官制,不是发思古之幽情,而是西学东渐以后西方国家地方自治制度的影响所致。

甲午战争清政府战败以后,谭嗣同在湖南成立南学会,以"讲富国之理,求救亡之法"为宗旨。面对西方列强瓜分中国的狂潮,维新志士们更加关注养成地方人民的自治能力,以为如此"则他日虽遇分割,而南支那犹可以不亡"。[107]黄遵宪还把地方自治,看作走向共和和大同世界的起点,认为先自治其身,然后再推之一乡一县一府一省,最后完成共和政治。

然而真正把地方自治由理论推向实践,提上议事日程是预备立宪期间自上而下进行的。

地方自治是晚清宪政的重要内容之一,也是中国历史上开先河的民主政治性的活动。光绪三十二年七月初六日(1906年9月25日),戴鸿慈等在《奏请改定全国官制以为立宪预备折》第五条"宜变通地方行政制度,以求内外贯注也"中指出"地方自治之不修",为"中国现在各省官制未臻妥洽者"之一端,又提到:"考各国之强,莫不原于地方自治……盖自治制度苟发达,虽不行宪法,而国本已可不摇;自治精神不养成,虽宪法极善,而推行亦且无效……夫以吾民自治动,本所固有,若得朝廷明定法制,使得率由,复得良有司鼓舞发明,似不难旋至立效,如此则自治不修之弊除矣。"[108]

光绪三十二年六月十五日(1906年8月4日),南书房翰林吴士鉴(鑑)奏请试行地方分治,以具改良政体之基。他举日本明治维新为例指出,地方分治之法如下,"凡郡县町村悉举明练公正之士民以充议长,综赋税、学校、讼狱、巡警诸大政,各视其所擅长者任之,分曹治事,而受监督于长官……遇有重大事

---

[106] 陈炽撰:《庸书·内篇》,朝华出版社2018年版。
[107] 梁启超:《戊戌政变记》,中华书局1954年版,第137~138页。
[108] 《出使各国考察政治大臣戴鸿慈等奏请改定全国官制以为立宪预备折》,光绪三十二年七月初六日,载故宫博物院明清档案部编:《清末筹备立宪档案史料》(上册),中华书局1979年版,第378页。

件,则报告于中央政府……"[109] 他认为清廷实行新政以后,"于中央集权之制,已逐渐整饬……而地方分治之制,惟直隶初试其端……他省犹因旧制,未加改良"。[110] 为此提出财政、学务、裁判、巡警四端,均宜分治,并且强调"分治则利、合治则害;分治则益,合治则损;分治则成,合治则败"。[111]

光绪三十二年七月十八日(1906年9月6日),出使俄国大臣胡惟德在《奏请颁行地方自治制度折》中指出:"查东西诸国,无不分中央统治与地方自治为二事,而地方自治之中,亦有行政,代议之别。"[112] 他根据西方地方自治的步骤提出两点:"一曰明定府县官吏职务权限","一曰设立府县议会、参事会",这二者"实地方自治之精髓,即国民进步之阶梯"。他建议"应请饬下考察政治大臣会同政务处大臣,调查东西各国地方自治制度,参酌损益,详订章程,颁示天下,限期兴办"。[113]

盛京将军赵尔巽和北洋大臣袁世凯、两江总督端方等,各自分别奏报了奉天、天津、江宁试办地方自治情形。赵尔巽根据"奉省人民程度不一"的实际情况,"不敢操切以期其速效"[114],准备先行试办全省地方自治局。

天津曾经设立自治研究所,使士绅等了解自治理法。后根据"实行自治,立法为先"的原则,拟定自治章程一百一十一条,依法选举议员,并于光绪三十三年七月初十(1907年8月18日),"行开会式,互选议长、副议长",再由议事会自行筹设董事会。[115]

至于江宁,仿天津例先就省城遴选官绅商设立筹办地方自治总局,端方在奏折中承认:"惟目前局由官立,性质既微有不同,且就地筹款,亦非俟自治规模大备,未能遽责以义务。"[116] 这两点可以说是当时筹办地方自治的通病。

---

[109] 《南书房翰林吴士鑑奏请试行地方分治折》,光绪三十二年六月十五日,载故宫博物院明清档案部编:《清末筹备立宪档案史料》(下册),中华书局1979年版,第711~712页。

[110] 《南书房翰林吴士鑑奏请试行地方分治折》,光绪三十二年六月十五日,载故宫博物院明清档案部编:《清末筹备立宪档案史料》(下册),中华书局1979年版,第712页。

[111] 《南书房翰林吴士鑑奏请试行地方分治折》,光绪三十二年六月十五日,载故宫博物院明清档案部编:《清末筹备立宪档案史料》(下册),中华书局1979年版,第713页。

[112] 《出使俄国大臣胡惟德奏请颁行地方自治制度折》,光绪三十二年七月十八日,载故宫博物院明清档案部编:《清末筹备立宪档案史料》(下册),中华书局1979年版,第714页。

[113] 《出使俄国大臣胡惟德奏请颁行地方自治制度折》,光绪三十二年七月十八日,载故宫博物院明清档案部编:《清末筹备立宪档案史料》(下册),中华书局1979年版,第716页。

[114] 《盛京将军赵尔巽奏奉天试办地方自治局情形折》,光绪三十三年三月十八日,载故宫博物院明清档案部编:《清末筹备立宪档案史料》(下册),中华书局1979年版,第717页。

[115] 《北洋大臣袁世凯奏天津试办地方自治情形折》,光绪三十三年七月二十二日,载故宫博物院明清档案部编:《清末筹备立宪档案史料》(下册),中华书局1979年版,第721页。

[116] 《两江总督端方等奏江宁试办地方自治局情形折》,光绪三十四年正月初九日,载故宫博物院明清档案部编:《清末筹备立宪档案史料》(下册),中华书局1979年版,第723页。

第五章　晚清预备立宪与宪法 | 175

光绪三十三年八月二十三日(1907年9月30日),根据各省筹办地方自治的实际状况,颁发上谕,"著民政部妥拟地方自治章程"。宪政编查馆大臣奕劻遵谕上奏指出:"现民政部正在拟订自治通则,各州县之城镇乡,皆得设立自治会,办理自治事宜。所有会员,均由本地选举。"[117] 民政部根据"明示自治名义也、划清自治范围也、慎重自治经费也、责重自治监督也"的四项原则,制定了《城镇乡地方自治章程》,共八章、一百一十二条。其主要内容是:

"地方自治以专办地方公益事宜,辅佐官治为主。按照定章,由地方公选合格绅民,受地方官监督办理。"自治的范围涉及本城镇乡的学务、卫生、道路工程、农工商务、慈善事业、公共营业等等。城镇设议事会、董事会;乡设议事会、乡董。凡具有本国国籍、年满二十五岁的男子,并在本城镇乡连续居住三年以上,年纳正税或地方公益捐二元以上的居民,为城镇乡选民。如品行悖谬、营私武断、曾处监禁以上之刑、营业不正、丧失财产信用、吸食鸦片、有心疾及不识文字者,不得为选民。凡合法选民,有选举自治职员及被选举为自治职员之权。但现任本地方官吏、军人、巡警、僧道及其他宗教师,无自治职员的选举权和被选举权;学堂肄业生,不得被选举为自治职员。

城镇乡议事会规定议事会议员的员额及任期;各设议长一名、副议长一名,由议员互选产生,任期二年;议事会有权议决自治范围内应兴应革事宜,自治规约,自治经费岁收入预算、决算,以及筹集与处理方法等。议事会议决事件,由议长、副议长呈报该管地方官查核后,移交城镇董事会,或乡董按章执行。议事会每季召开一次会议,会期以十五日为限。

规定城镇乡自治权各以该管地方官监督之,地方官有权申请督抚解散城镇乡议事会、城镇董事会和撤销自治职员。

从上述章程的规定来看,重点在于划清自治范围和地方官吏对自治的监督权。为了控制地方自治的运作,强调自治区域"一一就我准绳,不至自为风气";自治职员"一一纳之轨物,不至紊乱纪纲"。可见,这种地方自治是在君主立宪制度下由地方官监督的自治,其来源是仿自日本的地方自治法,具有某种民主的形式,尽管是不完全的,仍然是封建专制制度下所不可能有的新事物。稍后又将地方自治列入九年预备立宪清单。

宣统元年正月二十七日电传上谕强调,"本年各省均应举行咨议局选举及

---

[117]《宪政编查馆大臣奕劻等议覆闽浙总督松寿所奏乡官考试任用章程折》,光绪三十四年四月二十六日,载故宫博物院明清档案部编:《清末筹备立宪档案史料》(下册),中华书局1979年版,第724页。

筹办各州县地方自治,设立自治研究所,选用公正明慎之员绅,一律依限成立。"[118]

截至宣统二年年底,全国设立了自治研究所128所,培训学员3400名。至宣统三年上半年,仅湖北一省,即培训学员4300余人。在紧锣密鼓地筹办地方自治的过程中,产生了各种弊端。如,同御史萧丙炎在"奏各省办理地方自治流弊,并请严加整顿"的奏折中所指出的"督抚委其责于州县,州县复委其责于乡绅",乡绅中劣监刁生,运动投票,充担职员议员董事者,占据多数。他们"平日不谙自治章程,不识自治原理",一旦办理自治,"或假借公威为欺辱私人之计,或巧立名目为侵蚀肥己之谋,甚者勾通衙役胥差,交结地方官长,藉端牟利,朋比为奸"。结果是"苛取民财,无裨民事,怨声载道,流弊靡穷"。如不"……严加整顿……民怨日积,民心渐离,大乱将兴,何堪设想"。为此奏请"明降谕旨,通饬各省督抚……认真监督,严加整顿……务使闾阎毋扰,则民心可安,官吏秉公,则宪政无弊矣"。[119]

萧御史所言,切中了晚清筹备地方自治的流弊,对清廷决策者而言,实行地方自治只是作为预备立宪的一个部分,提上议事日程的,其着眼点更多的是重形式而轻于实效。作为地方官员,只能秉承谕旨,按照立宪清单的要求运作,大多数是"急于进行,而失之操切;或拘于表面,而失之铺张"。至于地方士绅和广大民众,在专制制度长期统治下,不仅缺乏有关自治的知识、意识,也不具备实行自治的能力。陕甘总督长庚在奏折中说:"民智锢蔽,语以自治名称、选举资格,多茫然不解所谓,即读书明理之人,亦仅知硁硁自守,或反以公益共谋,诮为多事。"[120]

然而筹办地方自治毕竟是一项亘古所未有的新事物,通过培训教育,对启发民智、养成权利与义务观念有着一定的积极意义。据《静海县志》记载:赴省学习归来的代表,即成立自治研究所,"所长一人,讲员二人,学员数十名,课程为法学通论、刑法、政治学、户籍法、警察行政选举法、财政学、国际法等,六个月卒业,前后卒业两班"。[121] 特别是通过这种方式,使中国最为沉闷闭塞的乡村

---

[118]《山东巡抚袁树勋奏山东筹办地方自治设立自治研究所情形折》,宣统元年二月十六日,载故宫博物院明清档案部编:《清末筹备立宪档案史料》(下册),中华书局1979年版,第741页。

[119]《御史萧丙炎奏各省办理地方自治流弊滋大拟请严加整顿折》,宣统三年闰六月初七日,载故宫博物院明清档案部编:《清末筹备立宪档案史料》(下册),中华书局1979年版,第757~758页。

[120]《陕甘总督长庚奏甘肃设立地方自治筹办处并地方自治研究所情形折》,宣统二年八月二十八日,载故宫博物院明清档案部编:《清末筹备立宪档案史料》(下册),中华书局1979年版,第751~752页。

[121]《静海县志》亥集《政事部》。

渗入了一丝民主宪政的新气息,以致初步了解西方宪政与法律知识的开明士绅,成了清廷推行预备立宪在农村的支柱,广大民众也经历了从未有过的民主洗礼。实施真正的地方自治涉及改革国家制度的艰巨斗争,是以国家的民主化为前提的。中国自秦统一以来,便建立了专制主义中央集权制,这种制度以及由此而形成的政治、法律、文化,所追求和赞美的是统一与集权,而不是地方分治。因此,实施真正的地方自治,还需要批判和清除传统文化所形成的影响。不仅如此,真正的地方自治所依靠的力量是获得民主权利的广大民众,而不只是地方士绅和其他有产者。晚清时期的广大民众,虽然开始经受了民主政治的初步熏陶,但总的来说缺乏应有的素质,在这方面确实需要进行艰苦地开民智的工作,培养他们最起码的文化素养和行使自治权利的能力,只有如此,才有可能把地方自治放在可靠的基点上。预备立宪期间推行地方自治的经验证明,真正的地方自治,绝不是颁布一些上谕和自治法规就能唾手而得的。

四、制定《钦定宪法大纲》和《宪法重大信条十九条》

(一)"甄采列邦之良规,折衷本国之成宪"的《钦定宪法大纲》

光绪三十四年(1908年),为立宪派请愿活动所激怒的清廷下令封闭政闻社,捉拿康梁党徒,并将政闻社社员、法部主事陈景仁革职拿问,借以打击海外的立宪派分子。但对于遍及十七省,声气互通、声势浩大的国内立宪派则表示让步,以避免在立宪派和资产阶级革命派的夹击中失去稳定的政局,宣称"俯从多数希望立宪之人心,以弥少数鼓动排满之乱党",[122]并于光绪三十四年八月初一(1907年8月27日),颁布了中国历史上第一部宪法性文件——《钦定宪法大纲》,以及《议院法要领》《选举法要领》、议院未开以前的《逐年筹备宪政事宜清单》。

宪政编查馆和资政院在会奏颁布《钦定宪法大纲》的奏折中指出:"各国制度,宪法则有钦定、民定之别,议会则有一院、两院之殊。"在"甄采列邦之良规,折衷本国之成宪"的圣意指导下,"要当内审国体,下察民情,熟权利害而后出之。大凡立宪自上之国,统治根本,在于朝廷,宜使议院由宪法而生,不宜使宪法由议院而出。中国国体,自必用钦定宪法,此一定不易之理"。接着阐述了《钦定宪法大纲》的基本构成,"夫宪法者,国家之根本法也,为君民所共守,自天

---

[122] 朱寿朋编:《光绪朝东华录》,中华书局1984年版,总第5722页。

子以至庶人,皆当率循,不容逾越。东西君主立宪各国,国体不同,宪法互异,论其最精之大义,不外数端:一曰君主神圣不可侵犯,二曰君主总揽统治权,按照宪法行之,三曰臣民按照法律,有应得应尽之权利义务而已"。奏折虽然表达了三权分立的宪政构思,但其结论却是"立法、行政、司法,则皆综揽于君上统治之大权,故一言以蔽之,宪法者,所以巩固君权,兼以保护臣民者也"。这可以说是诠释《钦定宪法大纲》的画龙点睛之笔。基于此所形成的宪法大纲的结构就是"首列(君上)大权事项,以明君为臣纲之义。次列臣民权利义务事项,以示民为邦本之义,虽君民上下同处于法律范围之内,而大权仍统于朝廷;虽兼采列邦之良规,而仍不悖本国之成宪"。[123]

在以光绪皇帝名义颁发《钦定宪法大纲》的上谕中,首先,肯定了宪政编查馆和资政院"所拟宪法暨议院选举各纲要,条理详密,权限分明,兼采列邦之良规,无违中国之礼教",完全符合"大权统于朝廷、庶政公诸舆论之宗旨",并且强调"将来编纂宪法暨议院选举各法,即以此作为准则,所有权限,悉应固守,勿得稍有侵越"。

其次,明确了"兼采列邦之良规",主要就是采用日本1889年(明治二十二年)公布的《大日本帝国宪法》,作为制宪的蓝本。这是考察各国政治的五大臣"远法德国,近采日本"思想的具体化。《钦定宪法大纲》无论是基本政治体制、议院的权限,还是臣民的权利自由,都与日本宪法或相同,或相似。至于"无违中国之礼教",则是严格遵循中国传统的纲常名教,从伦理道德的角度继续维护君权、父权和夫权,表现了"中体西用"论在特定宪政问题上的新运用。

再次,宣布"开设议院,应以逐年筹备各事办理完竣为期宪政问题上",在"宪法未颁、议院未开以前,悉遵现行制度,静候朝廷次第筹办,如期施行"。[124] 根据《逐年筹备宪政事宜清单》中所列九年内应办事项,不外调查户口、实行会计法、编纂简易识字课本和国民识字课本、推广识字学塾等,并没有涉及国计民生的实质性问题。

最后,强调"非纪纲整肃不足以保治安""如有不靖之徒,附会名义,藉端构煽,或燥妄生事,紊乱秩序,朝廷唯有执法惩儆,断不能任其妨害治安"。[125] 这里所说的"不靖之徒",就是指自发开展反清斗争的群众和以推翻清朝为职志的资产阶级革命派。由此可见,九年预备立宪期内,并没有赋予人民较多权利自由,借以养成"立宪国民之资格";相反,却为限制和镇压民众争取民主的斗争,

---

[123] 朱寿朋编:《光绪朝东华录》,中华书局1984年版,总第5977~5978页。
[124] 朱寿朋编:《光绪朝东华录》,中华书局1984年版,总第5983~5984页。
[125] 朱寿朋编:《光绪朝东华录》,中华书局1984年版,总第5983~5984页。

制造了法律根据。

《钦定宪法大纲》包括"君上大权"和"臣民权利义务"两部分。君上大权是"正文",共十四条;臣民权利义务是"附录",共九条。这种结构形式,清楚地说明了它的重心在于维护君上大权。譬如《钦定宪法大纲》第一条、第二条规定"大清皇帝统治大清帝国万世一系,永永尊戴","君上神圣尊严不可侵犯"。这两条是《钦定宪法大纲》以及后来的《宪法重大信条十九条》不变的基石。而在《钦定宪法大纲》的其他规定中,进而将皇帝的权力具体化。皇帝享有颁行法律、发交议案、召集及解散议院、设官制禄、黜陟百司、统率陆海军、编定军制、宣战媾和及订立条约、宣布戒严、发布命令、总揽司法等权力。遇有紧急情况,还可以发布"代法律之诏令",用"诏令限制臣民之自由"。不仅如此,《钦定宪法大纲》还明确规定:"法律虽经议院议决而未奉诏令批准颁布者,不能见诸实行";"用人之权操之君上,议院不得干涉";"凡一切军事"皇帝得以全权执行,"皆非议院所得干预";"国交之事,由君上亲裁,不付议院议决"。可见议院的立法权和监督权是非常有限的,无论内容和形式,议院都不是最高立法机关。

《钦定宪法大纲》中有关君上大权部分,虽然近取《大日本帝国宪法》,远取《普鲁士宪法》,但《钦定宪法大纲》删去了日本宪法中限制天皇权力的条款,因此,它所规定的君上大权比起日本天皇的权力,更加漫无约束。实际上是利用宪法形式,把传统律典中的皇权,重新加以法定,如同宪政编查馆在奏折中所说,"立法,行政,司法则皆综揽于君上统治之大权,故一言以蔽之,宪法者,所以巩固君权,兼以保护臣民者也",由此不难理解"巩固君权",确保"君主总揽统治权",为什么被称作"宪法最精之大义"。[126]

与《钦定宪法大纲》同时公布的《议院法要领》中规定:"议院只有建议之权……并无行政之责,所有决议事件,应恭候钦定后,政府方得实行。"[127] 国家之岁出岁入及预算,议院只能"协赞",无权决定。对于行政大臣的违法情事,议院"袛可弹劾";"其用舍之权仍操之君上,不得干预朝廷黜陟之权";"议员言论不得对朝廷有不敬之语,及诬蔑毁辱他人情事,违者分别惩罚"。[128] 这些条款从另一方面对《钦定宪法大纲》所列"君上大权"的内涵作了注脚。

至于臣民之权利义务,《钦定宪法大纲》规定凡合乎法定"资格"之臣民,"得为文武官员及议员","臣民非按照法律所定",不受逮捕、监禁和处罚;臣民有呈诉权、财产权、居住权,臣民只受"法律所定审判衙门之审判"。但是"言论、

---

[126] 朱寿朋编:《光绪朝东华录》,中华书局1984年版,总第5578页。
[127] 朱寿朋编:《光绪朝东华录》,中华书局1984年版,总第5980~5981页。
[128] 朱寿朋编:《光绪朝东华录》,中华书局1984年版,总第5980~5981页。

著作、出版、集会、结社等事",均须在法律范围以内,始"准其自由"。可见其着眼点不是保障权利自由,而是依法限制权利自由,特别是"当紧急时,得以诏令限制臣民之自由"。为了使臣民的权利自由不超出法律范围,还在《钦定宪法大纲》颁布之前,颁行了一些特别法规,如《结社集会律》,其中规定各种"结社集会,凡与政治及公事无关者",可以"照常设立";"若其宗旨不正,违犯规则,或有滋生事端,妨害风俗之虞者,均责成该管衙门,认真稽察,轻则解散,重则罚惩,庶于揭倡舆论之中,不失纳民轨物之意,国家预备立宪,必以是为基础矣"。[129] 不久,宪政编查馆又在《通咨各省查察集会结社文》中,明确指出:"该项结社集会,有宗旨前后歧异,会章迁改无定,以及限制内不准入会之人杂厕其中,或另有秘密会议情弊,除照限禁解散惩治各条外,仍应按照轻重酌加惩罚,以假托会名,秘密会议为最重,应按新刑律罪各名办。"[130]尤其不许百姓干预外交,妄生议论,发表反对外国侵略者的言辞,所谓"断不可有违背条约之举"。[131]在清廷颁发的预备立宪上谕中,已经指出"民情固不可不达,而民气断不可使嚣……倘有好事之徒纠集煽惑,构酿巨患,国法具在,断难姑容,必宜从严禁办"。[132] 如果说臣民自由权利的规定非常狭窄,强调必须于清朝法律范围之内行使,那么臣民依法应尽的纳税、当兵、遵守国家法律等项义务,则是法律所强制履行的,而且不加任何限定语。

由于《钦定宪法大纲》以维护君上大权为重心,因而受到尖锐的谴责。《东方杂志》1908 年第八期载文指出:其"徒饰宪法之外貌,聊备体裁,以慰民望"。孙中山先生更是激烈地抨击清政府不过是借此"谋中央集权,拿宪法作愚民的工具"。[133] 马克思在揭露普鲁士国王的立宪活动时,曾经说过,"最后,他授权自己,如果春天反革命的势力扩大了,就用一种从中世纪等级差别中,有机地产生出来的基督教德意志的 Magna charta,去代替这块悬在空中的'纸片',或者干脆结束玩弄宪法的把戏。"[134] 这个分析说明宪政与宪法总是和阶级力量的对比关系密切关联的。端方在呈请立宪的奏折中,也曾以 1905 年俄国立宪为例,作了如下说明:沙皇"当时迫于时势,不能不由政府允许(立宪)。近则筹借外

---

[129] 朱寿朋编:《光绪朝东华录》,中华书局 1984 年版,总第 5859~5860 页。
[130] 《大清法规大全·民政部》卷七,政学社 1901 年印行,第 2~3 页。
[131] 《东方杂志》1908 年第八期。
[132] 朱寿朋编:《光绪朝东华录》,中华书局 1984 年版,总第 5806 页。
[133] 孙中山:《三民主义与中国前途》,载《孙中山选集》,人民出版社 1956 年版,第 79 页。
[134] [德]马克思:《资产阶级革命和反革命》,载《马克思恩格斯全集》(第 6 卷),人民出版社 2012 年版,第 146 页。Magna charta 即"自由大宪章"。

债、增练新兵、政府威信又稍稍复振,而议会所求各事,未能事事允行"。[135] 事实正如《民报》所揭露的,如果清朝有力量,"则可以以无道行之,不必假立宪之虚名也"。[136]

总括上述,《钦定宪法大纲》是中国特定历史条件下的产物。它反映了改良维新与固守传统之间的矛盾与妥协,也表现了中国本土法文化与外来的西方法文化之间的冲突与融合,因而具有显明的特点,在中国宪法史上是第一个宪法性文件。《钦定宪法大纲》虽然贯穿了"大权统于朝廷"的保守主义精神,但它肯定了对宪政的时代要求和以根本法的形式规定了种种君上大权,这意味着君上的权力受到了宪法的约束,对专制制度下口含天宪、出言为法的皇帝的立法权是一种否定。自秦以来,历代封建法典不断趋于细密,但从没有任何一部法典对皇权有所限定,法生于君,皇帝不会受自己订立的一家之法所约束。然而宪政编查馆和资政院会奏《钦定宪法大纲》的奏折中,已经明确提出,"宪法为君民所共守,自天子以至庶人,皆当率循,不容逾越""上自朝廷,下至臣庶,均守钦定宪法,以期永远率循,罔有逾越"。[137] 即使皇帝也不得以命令更改、废止法律。在这里公开确立了宪法作为国家根本法的合法地位。从某种意义说来,也是对奉行两千年之久的君主专制制度的不自觉的否定。

《钦定宪法大纲》关于审判权由审判机关依法行使,只服从法律,皇帝不得"以诏令随时更改"判决的规定,也是对封建时代皇帝握有最高和最后的司法权,可以任意生杀予夺的专制主义司法制度的否定。

不仅如此,在封建专制时代,广大民众在法律上是作为社会义务本位而存在的,但在《钦定宪法大纲》中第一次明确规定了臣民的权利自由,尽管它所规定的范围狭窄且有诸多限制,但毕竟改变了民众单纯作为义务本位的状态。这对民众权利意识的觉醒有着一定的意义。在中国近代史上,公民开始由义务本位转向权利本位,由重君权转向重民权,是中国人法观念的巨大变化,也是中国近代法制文明的重要标志。当然这是一个漫长的过程,晚清立宪还只是初露端倪。《钦定宪法大纲》的确是"其不能负全国人民之期"[138],但在当时的历史条件下,民族资本主义还很微弱,民族资产阶级的阶级力量还处于相对的劣势;西方的宪政与宪法观念还远远没有被广大民众所理解和接受;传统的纲常名教的网罗还没有被完全打破;再加上清朝所取法的日本与德国的宪法,也充满着维

---

[135] 朱寿朋编:《光绪朝东华录》,中华书局1984年版,总第5722页
[136] 《民报》第二十二号。
[137] 《大清法规大全·宪政部》卷四,第1~2页。
[138] 中国史学会主编:《辛亥革命(四)》,上海人民出版社1957年版,第6页。

护君权的保守性,这就决定了《钦定宪法大纲》所具有的特性。近代中国是在救亡图存中接受宪法这一西方现代法制文明的产物的。经历了曲折的斗争过程,付出了惨重的代价,中国人逐渐领略了宪法的真正价值,为争取民主的宪法而斗争,成为中国人半个多世纪以来的大潮流、大趋势。从历史发展的角度来看,晚清立宪虽然是被迫的,《钦定宪法大纲》也还是畸形的,但它的历史地位与作用应予以肯定。

(二)挽救危局的《宪法重大信条十九条》

晚清从宣布预备立宪到改革官制,筹设咨议局、资政院,颁布《钦定宪法大纲》等一系列活动,虽然赢得了国内外立宪派的期许,却没有能阻止以孙中山为首的革命党人推翻清政府的武装斗争。孙中山在《民报》周年纪念会的演说中强调革命党的目标,"定要扑灭他的政府,光复我们民族的国家"。[139] 这种从民族主义立场提出的排满口号,对晚清立宪是极具冲击力的。如果说"内乱可弭",是清廷实行宪政的重要考虑之一,然而事实却与此相反。正如孙中山所说,"我们汉人民族革命的风潮,一日千丈"[140],以"颠覆现今之恶劣政府"为目标的起义,自1907年至1911年,先后组织发起了八次起义,虽然遭到清政府的镇压,均告失败,但是"人心不靖,乱党滋多"[141],清政府已经处于风雨飘摇、濒临危亡的绝境。

拖延时日的预备立宪,也使立宪派逐渐丧失了信心。作为资产阶级上层的立宪派,是反对革命,对清政府立宪抱有幻想的群体。他们曾经发起了三次声势浩大倾动朝野的大请愿,要求速开国会,制定宪法,设立责任内阁,试图以此消解"且将燎原"的革命危机,争取分享政治上的一杯羹。但请愿的结果是,清廷虽然被迫缩短了预备立宪期,却公然推出一个令朝野共愤的"皇族内阁",使立宪派奢望借立宪分享权力、插足内阁的幻想落空。"皇族内阁"的出现,不啻为以反满为号召的民族革命增加了火种,使他们深深感到"人心愈涣",举国骚然,"大局难支",从而开始了转向革命的新的政治投机。至此,清朝统治集团陷入空前孤立,革命的时机已经完全成熟。

宣统三年八月十九日(1911年10月10日),武昌起义爆发,各省纷纷响应。处于土崩瓦解中的清政府一面派军队镇压,一面召集资政院临时会议,商讨对策。在起义的炮火声中开幕的资政院第二次常年会,提出将"视议院如弁髦"的邮

---

[139] 孙中山:《民报周年纪念演说词》,载《民报》第十号。
[140] 孙中山:《民报周年纪念演说词》,载《民报》第十号。
[141] 朱寿朋编:《光绪朝东华录》,中华书局1984年版,总第5770页。

传大臣盛宣怀,"视人民如土芥"的四川总督赵尔巽,"视职守如传舍"的湖广总督瑞澂等人,"按律严惩,以谢天下,而明国典"。同时要求"迅速组织完全责任内阁,以一事权,而明责任。并于明年提前召集国会,共筹大局,俾人心有所维系"。

同年九月六日(1911年10月27日),驻滦州新军第二十镇统制张绍曾和第二混成协统领蓝天蔚,奏请实行立宪。

同年九月九日(1911年10月30日),清廷连下数谕:

《准开党禁颁布特赦谕》宣布:"因政变获咎,与先后因犯政治革命嫌疑惧罪逃匿,以及此次乱事被胁自拔来归者,悉皆赦其既往……嗣后大清帝国臣民,苟不越法律范围,均享国家保护之权利。"[142]

《实行宪政谕》表示:"誓与我国军民维新更始,实行宪政……务即实行。"[143]

《著溥伦等迅拟宪法条文交资政院审议谕》要求:"著溥伦等敬遵钦定宪法大纲,迅将宪法条文拟齐,交资政院详慎审议,候朕钦定颁布,用示朝廷开诚布公、与民更始之意。"[144]

《侯简贤得人组织完全内阁不再以亲贵充国务大臣谕》指出:"一俟事机稍定,简贤得人,即令组织完全内阁,不再以亲贵充国务大臣。"[145]

同年九月十二日(1911年11月2日),在第二十镇统制张绍曾等电奏成立责任内阁,由议院制定宪法的胁迫下,颁发《组织完全内阁并令资政院起草宪法谕》宣告:"另简袁世凯为内阁总理大臣,组织完全内阁。所有大清帝国宪法著即交资政院起草,奏请裁夺施行,用示朝廷好恶同民,大公无私之至意。"[146]

同年九月十三日(1911年11月3日),张绍曾、蓝天蔚、卢永祥等五位军官,联名向清廷提出了类似最后通牒的《政纲十二条》,要求清廷"立决可否,明白宣示……"[147]《政纲十二条》的主要内容是在本年内召开国会,由国会制定宪法、

---

[142] 《准开党禁颁布特赦谕》,宣统三年九月初九日,故宫博物院明清档案部编:《清末筹备立宪档案史料》(上册),中华书局1979年版,第95~96页。

[143] 《实行宪政谕》,载故宫博物院明清档案部编:《清末筹备立宪档案史料》(上册),中华书局1979年版,第96页。

[144] 《著溥伦等迅拟宪法条文交资政院审议谕》,载故宫博物院明清档案部编:《清末筹备立宪档案史料》(上册),中华书局1979年版,第97页。

[145] 《侯简贤得人组织完全内阁不再以亲贵充国务大臣谕》,载《辛亥革命(四)》,上海人民出版社1957年版,第92页。

[146] 《组织完全内阁并令资政院起草宪法谕》,宣统三年九月十二日,载故宫博物院明清档案部编:《清末筹备立宪档案史料》(上册),中华书局1979年版,第98页。

[147] 《宣统三年九月十三日陆军第二十镇统制张绍曾会奏折》,载中国史学会主编:《辛亥革命(四)》,上海人民出版社1957年版,第96页。

组织责任内阁,内阁总理大臣由国会公举,皇族永远不得充任内阁总理及国务大臣,并准备商组燕晋联军,进攻北京,实行兵谏。

面对南北夹击的严重威胁,摄政王载沣下诏罪己,释放自戊戌变法以来的一切政治犯,承认革命党为正式政党,接受十二条政纲,命令资政院迅速起草和通过《宪法重大信条十九条》誓告太庙。

同年九月十三日(1911年11月3日),发布《择期颁布君主立宪重要信条谕》,肯定资政院"采用君主立宪主义""拟具的宪法重大信条十九条""均属扼要,著即照准","择期宣誓太庙……立即颁布……宣示天下"。

《宪法重大信条十九条》是在清朝大势已去,而且迫于发生在滦州、娘子关的兵谏的胁迫下,抛出的"急切挽救之方"。出于"以固邦本,而维皇室"的考虑,《宪法重大信条十九条》第一条、第二条仍然规定"大清帝国皇统万世不易""皇帝神圣不可侵犯",这是晚清立宪的一贯宗旨。正因为如此,在《择期颁布君主立宪重要信条谕》中明确表示,"将来该院草拟宪法,即以此为标准"。但是,在辛亥革命已然爆发的历史背景下,《宪法重大信条十九条》与《钦定宪法大纲》相比具有一些新的特点。总的来说,如同资政总裁李家驹所说:宪法起草的总原则是"固将采用最良君主立宪主义","伏查东西各国君主立宪,皆以英国为母。此次起草,自应采用英国君主立宪主义,而以成文法规定之"。[148] 在此原则指导下,制定的《宪法重大信条十九条》,缩小了皇帝的权力,扩大了国会的权力,实行责任内阁制,如"皇帝之权以宪法所规定者为限"(第三条);"宪法由资政院起草议决,皇帝颁布之"(第五条);"宪法修正提案之权属于国会"(第六条);"总理大臣由国会改选,皇帝任命之,……皇族不得为总理大臣、其他大臣并各省行政长官"(第八条);"国际条约非经国会之议决不得缔结"(第十二条);"官制官规以法律定之"(第十三条)等。[149] 原《钦定宪法大纲》中皇帝所掌握的内政外交、军备财政、赏罚黜陟等大权,分散转归国会、内阁和司法机关,传统的至高无上的皇权,已不复存在。

《宪法重大信条十九条》在国会、内阁和皇帝三者之间实行权力制衡原则。首先,提高国会的权力地位。国会议员均由国民公选产生,皇帝无权钦定;国会有起草宪法、议决宪法之权及宪法改正提案权;有选举内阁总理、弹劾内阁总理

---

[148] 《资政院总裁李家驹等请将草拟宪法内重大信条先行颁示并请准军人参与宪法起草意见折》,宣统三年九月十三日,载故宫博物院明清档案部编:《清末筹备立宪档案史料》(上册),中华书局1979年版,第101页。

[149] 《择期颁布君主立宪重要信条谕》,宣统三年九月十三日,载故宫博物院明清档案部编:《清末筹备立宪档案史料》(上册),中华书局1979年版,第102~103页。

之权;议决国际条约的缔结及宣战、媾和事项;议决预算决算、皇室经费及皇帝对内使用军队的特别条件等,这就使得国会成为真正的权力机关。其次,扩大了内阁总理的权力。由国会选举产生的内阁总理,有权推举国务大臣,组织内阁;在受到国会弹劾时,有权解散国会,"但一次内阁不得为两次国会之解散"。最后,皇帝与国会之间的权力制衡尤为明显,例如,国会有起草、修政、议决宪法权,但要以皇帝的名义颁布;有权公举内阁总理,但要由皇帝任命;有权议决条约、宣战、媾和诸事项,仍以皇帝名义施行。皇帝有权任命国务大臣,但需有内阁总理的推举;有权统率军队,但对外宣战须由国会议决,对内使用时应依国会议决之特别条件等。

上述三者之间的相互制衡,是资产阶级三权分立学说的具体体现,是保证实施宪政、防止专制复辟的体制保障。因此与《钦定宪法大纲》相比,无疑前进了一步。

但是,《宪法重大信条十九条》对臣民的自由平等权利,只字未提。就此而言,比起宪法大纲又是一个倒退。这是与资政院总裁李家驹在"草拟宪法内重大信条"时,所着眼的"重大"之处,即确认皇帝、国会、内阁三者之间新的权力关系分不开的。除此之外,"凡属立宪国宪法共同之规定,则暂从阙略,俟全部起草时,再行拟具"。[150] 可见,在他们的眼里只重视当政者的权力分配,而忽视民众的权利自由,以为只要调整好权力关系,就可以"以固邦本而维皇室"了,没有料到被他们忽视的为自身权利而斗争的民众,才是最终覆灭清政府的根本力量。

综括上述,晚清立宪是中国近代政治与法制相互作用的产物。它的发生,反映了国际历史潮流的推动和国内社会矛盾的激化,因而具有某种必然性。即使是奏请徐议立宪的通政使郭曾炘也承认:"夫时势非前人所逆料,使孔孟复生今日,亦不能不研新理谋变法。"[151] 作为清朝预备立宪重要成果的《钦定宪法大纲》《宪法重大信条十九条》以及《资政院章程》《咨议局章程》,虽然是晚清特定条件下君主立宪的纲领性文件,还带有专制皇权与等级特权的遗痕,但表现了以宪法作为法律体系的基石,以民主政治、法治、人权作为基本内涵,以救亡图存、谋求自存、自立、自强作为追求目标的近代法制文明。

---

[150]《资政院总裁李家驹等请将草拟宪法内重大信条先行颁示并请准军人参与宪法起草意见折》,宣统三年九月十三日,载故宫博物院明清档案部编:《清末筹备立宪档案史料》(上册),中华书局1979年版,第101~102页。

[151]《裁缺通政使郭曾炘奏宜徐议宪政折》,光绪三十三年七月初五日,载故宫博物院明清档案部编:《清末筹备立宪档案史料》(上册),中华书局1979年版,第208页。

晚清宪政运动是个历史发展的过程,从改良派倡导学习西方宪政的舆论起,到清廷实行自上而下的预备立宪,经历了近半个世纪,它的每一个前进的脚步,都与当时的经济条件、政治状况以及国民的教育程度和民主意识密切相关。尤其是阶级力量对比关系的变化和权利追求,是直接影响宪政进程的动力。各种各样的压力和斗争,使清朝统治集团在保守与开明的分界线上进行抉择,这种抉择是被迫的、痛苦的,在统治集团内部的认识也不尽然一致,由此造成晚清预备立宪的曲折性、矛盾性和欺骗性。

历史的发展常常与统治者的主观愿望相悖,曾经被视为异端邪说的民主、自由、平等、宪法、三权分立等思想观念,由非法到合法,成为指导仿行宪政的理论依据,并且为立宪派提供了号召民众、抨击政府、推进宪政的合法舆论,彻底打破了清朝的结社之禁、集会之禁。然而为保存国祚而进行的立宪,并没有挽救清政府的覆亡,但为继起的民国为宪政斗争提供了先验。从 19 世纪 50 年代开始形成的"中体西用"论,仍然在一定程度上支配着晚清宪政与法律近代化的走向。所谓"兼采列邦之良规,无违中国之礼教",就是具体的表现。由于中国传统的政治法律文化有着深厚的积淀,以至于开明的官僚士大夫常常运用古老的文献记载来阐释西方的民主政治和法律制度,借以减少推行的阻力。它往往使西方进步的制度在中国发生变形。因此,在引进先进的西方文化的同时,如何与传统的本土文化相结合,关系到中国法律近代化的出路,也是发展民主与科学事业的重要之点,这远不是"中体西用"所能解决的。

第六章　晚清修律崭露近代法制文明的曙光

以大清律例为主干的清朝法律虽然是中国封建法律的完备形态，但经过近两百年的发展历程，已经落后于社会的发展，处于不变亦变的形势。鸦片战争以后，清律更加无法调整新出现的社会关系。随着西学东渐的深入，西方资本主义国家的法律为清朝修律提供了范本。一些爱国的官僚士大夫也力图通过修律改变与西方法律悬绝的状态，进而收回治外法权。

修律作为预备立宪的一项内容也得到清朝最高统治者的首肯，在不到十年的时间，基本上完成了仿大陆法系的中国近代法律体系，这是中国法制近代化的最重要的一步，由此崭露了中国近代法制文明的曙光。

一、晚清修律的提出

光绪二十六年(1900年)十二月十日，慈禧太后发布的变法上谕，表明清政府的重大政策转变。光绪二十八年二月二日(1902年3月11日)，根据刘坤一、张之洞的"变法三折"，又颁谕："中国律例，自汉唐以来，代有增改。我朝《大清律例》一书，折衷至当，备极精详。惟是为治之道，尤贵因时制宜，今昔情势不同，非参酌适中，不能推行尽善。况近来地利日兴，商务日广，如矿律、路律、商律等类，皆应妥议专条。著各出使大臣查取各国通行律例，咨送外务部。并著责成袁世凯、刘坤一、张之洞，慎选熟悉中西律例者，保送数员来京，听候简派，开馆纂修，请旨审定颁发。总期切实平允，中外通行，用示通变宜民之至意。"[1]同月二十三日,袁世凯、刘坤一、张之洞连衔上疏声称:"经世宰物之方,莫大乎立法。律例者,治法之统纪,而举国上下胥奉为准绳者也。……方今五洲开通,华洋杂处,将欲恢宏治道,举他族而纳于大同,其必自修改律例始。"西方各国,"其变法皆从改律入手。而其改律也,皆运以精心,持以毅力,坚苦恒久,而后成之。故能雄视全球,得伸自主之权,而进文明之治,便民益国,利赖无穷"。同时遵谕举荐沈家本、伍廷芳主持在京开设修律馆,"就目前所亟宜改订者,择要译修,请旨施行,使内治改观,外交顺手,次第收回政权利权"。[2]

光绪二十八年(1902年)四月初六,正式下谕明确提出:"现在通商交涉,事益繁多,著派沈家本、伍廷芳,将一切现行律例,按照交涉情形,参酌各国法律,悉心考订,妥为疑议,务期中外通行,有裨治理。"[3]这道上谕所表述的"参酌各国法律""务期中外通行"为修律确定了宗旨,得到西方列强的认可和支持,因为他们深切觉察到扶植清政府,可以维护和扩大在华的利益。因此,光绪二十八年(1902年)八月,吕海寰、盛宣怀与英国商约大臣马凯,在上海续议的通商行船条约中,特别规定"中国深欲整顿本国律例,以期与各西国律例改同一律,英国允愿尽力协助以成此举。一俟查悉中国律例情形及其审断办法,及一切相关事宜皆臻妥善,英国即先弃其治外法权。"[4]稍后,在与美、日、葡等国修订的商约中,也将类似条款列入条约,表明列强对清朝修订法律的支持。尽管这个许诺出于帝国主义的利益考虑,是虚假的允诺,却刺激了清政府修律的热情。以沈家本为首的修订法律馆的官员们,之所以以极大的积极性投入修律工作,其动力主要就是期望通过修律,收回治外法权。当时只有张之洞从与列强的交涉经验中,体会到治外法权之能否收回,关键"视国家兵力之强弱,战守之成效以为从违"[5],不能专恃法律。

如果说在光绪三十一年(1905年)清廷宣布仿行宪政之前,修律的主要任务是适应变法新政的需要,以收回治外法权为主旨,那么在清廷宣布仿行宪政之后,修律便纳入了为宪政服务的轨道。沈家本曾以编纂新法典"实预备立宪

---

[1]《清实录》第五八册《德宗景皇帝实录(七)》卷四九五,光绪二十八年二月癸巳,第536页下栏~537页下栏。

[2] 袁世凯等:《会保熟悉中西律例人员沈家本等听候简用折》,载天津图书馆、天津社科院历史出版社研究所编:《袁世凯奏议(上)》,天津古籍出版社1987年版,第475~476页。

[3]《清实录》第五八册《德宗景皇帝实录(七)》卷四九八,光绪二十八年四月丙申,第577页下栏。

[4] 朱寿朋编:《光绪朝东华录》,中华书局1984年版,总第4919页。

[5]《张文襄公全集·奏议》卷六十九。

之要著"[6],向清廷陈词,他举日本为例,说明宪政与修律的关系,"日本明治维新,亦以改律为基础……卒至民风丕变,国势骎骎日盛,今且亚东之强国矣"。[7]

综上所述,晚清修律的动因主要是适应形势的变化、维持危机四伏中的统治,但与社会经济发展、法律文化的进步也有一定的联系。自洋务运动兴办实业以来,经过改良派重商恤商、讲求商战的奔走呼号,以及清廷相应的政策调整,至20世纪初,近代工商企业已有了进一步的发展。尽管资本主义经济在整个社会经济结构中,所占的比重还是微弱的,封建性的小农经济仍具有绝对的优势,但在经济发达的上海、江苏、广东、天津等地,工商企业合法经营的势头强劲,它们迫切需要法律的保护与调整。刘坤一、张之洞在《江楚会奏变法三折》第三折中,深有体会地说:"必中国定有商律,则华商有恃无恐,贩运之大公司可成,制造之大工厂可设,假冒之洋行可杜。"由此不难理解晚清仿照西法制定的第一部新法,是钦定的商律。还在光绪二十九年(1903年),谕令载振、袁世凯、伍廷芳起草商律。是年十月,编成《商人通例》(九条)、《公司律》(一百三十一条)上奏清廷后刊刻颁行,这是中国有史以来的第一部商律。此后,又陆续制定颁布了《公司注册试办章程》(十八条)、《破产律》(六十九条)、《银行注册章程》(八条)、《大小轮船公司注册给照暂行章程》(二十条)、《运送章程》(五十六条)等。

上述商法显然是急就章,它的迅速制定和颁布,是当时工商企业发展的紧迫需要。

虽然有的法案并未施行,但反映了商事立法与社会经济发展之间的内在联系,以及法制文明的进步总是和社会物质文明的进步密不可分的。

由于晚清修律是以"参酌各国法律""务期中外通行"为宗旨。因此,新修订的法律基本西方化了,这在当时是势所必然的。然而,对中国社会的实际状况和悠久的文化传统顾及不够,过多地重视移植西方法律,甚至简单的拿来主义,使中国法律近代化的进程从一开始就存在脱离本土、脱离真实的社会生活、缺乏民族个性的弊病,即使清朝不是覆亡在即,有些新法也难免会成为具文。

---

[6]《沈家本奏修订法律大概办法折》,载故宫博物院明清档案部编:《清末筹备立宪档案史料》,中华书局1979年版。

[7] 沈家本:《奏议·删除律例内重法折》,载沈家本:《寄簃文存》卷一,商务印书馆2017年版,第2027页。

二、晚清修律的成果与历史经验

沈家本在主持修订法律期间，本着"创法难、变法尤难""变而不善，其弊益滋""此不可不慎也"[8]的精神，积极贯彻会通中西的修律宗旨。在立法技术上注意到了调查中国流行的习惯，广泛了解和吸收各国的立法经验，特别是大量翻译外国的法律与法学著作，作为参考。

据沈家本统计，至光绪三十一年（1905年）三月，译出的外国法律与法学著作有《德意志刑法》《德意志裁判法》《俄罗斯刑法》《日本现行刑法》《日本改正刑法》《日本陆军刑法》《日本海军刑法》《日本刑事诉讼法》《日本监狱法》《日本裁判所构成法》《日本刑法义解》等。正在校正的还有《法兰西刑法》。

至光绪三十三年（1907年），译出的各国法律与法学著作有《法兰西刑法》《德意志刑法》《俄罗斯刑法》《荷兰刑法》《意大利刑法》《法兰西印刷律》《德国民事诉讼法》《日本刑法》《日本改正刑法》《日本海军刑法》《日本陆军刑法》《日本刑法论》《普鲁士司法制度》《日本裁判所构成法》《日本监狱访问录》《日本新刑法草案》《法典论》《日本刑法义解》《日本监狱法》《监狱学》《狱事谭》《日本刑事诉讼法》《日本裁判所编制立法论》。已译但尚未完成的有：《德意志民法》《德意志旧民事诉讼法》《比利时刑法论》《比利时监狱则》《比利时刑法》《美国刑法》《美国刑事诉讼法》《瑞士刑法》《芬兰刑法》《刑法之私法观》等。[9]

宣统元年（1909年），沈家本对光绪三十三年十一月法律馆脱离刑部独立以来的翻译成果，又做过一次统计，共译出《名律名词》（以现拟民诉草案所有名词为准）、《日本商法》《德国海商法》《英国国籍法》《美国国籍法》《德国国籍法》《奥国国籍法》《葡萄牙国籍法》《各国入籍法异同考》《比较归化法》《日本民法》（未完）、《德国民法》（未完）、《法国民法》（未完）、《奥国民法》（未完）、《西班牙国籍法》《日本票据法》《美国破产法》《美国公司法论》《英国公司法论》《亲族法论》《日本加藤正治破产法论》《罗马尼亚国籍法》《意大利民法关于国籍法各条》《德国改正民事诉讼法》（未完）、《日本条约改正后关于外国人之办法》《德国强制执行及强制竞卖法》（未完）、《日本改正刑事诉讼法》《日本改正民事诉讼法》《日本现行刑事诉讼法》《日本现行民事诉讼法》《法国刑事诉讼

---

[8] 沈家本：《历代刑法考·刑法分考十二·工役》，邓经元、骈宇骞点校，中华书局1985年版，第315页。

[9] 沈家本：《奏修订法律情形并请归并法部大理院会同办理折》，光绪三十三年五月十八日，载故宫博物院明清档案部编：《清末筹备立宪档案史料》（下册），中华书局1979年版，第838页。

法》(未完)、《奥国法院编制法》《奥国民事诉讼法》(未完)、《裁判访问录》《国籍法纲要及调查员志田钾太郎意见书》《日本民事诉讼法注解》《日本刑事诉讼法论》《日本民事诉讼法论纲》《德国高等文官试验法》《德国裁判惩戒法》《德国行政官惩戒法》《国际私法》[10]等。

至宣统元年(1909年)十一月,沈家本再次宣布,译出《德国民法总则条文》《奥国亲属法条文》《法国民法总则条文》《法国民法身份证条文》《法国民法失踪条文》《法国民法亲属条文》《日本奥田义人所著继承法》《奥国民事诉讼律》《德国强制执行法及强制竞卖法》《日本法律辞典》等。尚未完成者有日本冈松参太郎《民法理由总则物权债权》《德国改正民事诉讼法》《德国破产法》等。

西方法律的大量译成,为晚清制定新律提供了范本,随着西方资产阶级的法律体系、原则、内容、制度逐渐被中国新律所采纳,使中国固有的法系开始解体。如果说19世纪末主要翻译英美法律,那么至20世纪初,已逐渐转向翻译以罗马法系为渊源的日本法律。尤其是修订法律馆成立以后,日本法律译书的比重明显加大。这个变化反映了罗马法系逐渐超越英美法系,广泛渗透到晚清修订的新律中去。

除译书外,沈家本还派修订法律馆成员董康赴日本考察诉讼与监狱。在起草商律民律草案时,又组织了商事与民事习惯的调查。

在沈家本的领导下,修订法律馆群策群力,在短短的几年间,便完成了一系列重要的立法。如:

(1)《大清现行刑律》,1908年着手编定,1909年奏进,1910年颁布实施;

(2)《刑事民事诉讼法》,1906年奏进,由于部院督抚大臣的反对,未施行;

(3)《大清刑律草案》,1907年奏进,受到保守派的反对,多次修改,1910年颁行;

(4)《法院编制法》,1907年奏进,1910年颁行;

(5)《违警律草案》,1907年奏进,1908年颁行;

(6)《大清商律草案》,1908年着手制定,1909年奏进;

(7)《刑事诉讼律草案》和《民事诉讼律草案》,1910年奏进;

(8)《国籍条例》和《禁烟条例》,1909年奏准颁行。

上述立法,有些沈家本虽然没有直接主持和参与修订,如《大清民律草案》,但他的思想多贯注于其中,组织民商习惯法调查就是一例。

通过部门实体法与程序法的修订,改变了诸法合体、民刑不分的旧律框架。

---

[10] 《东方杂志》1910年第3期。

自从李悝著《法经》以来，逐渐形成了"民刑不分，诸法合体"的封建法典体例。这种体例在自然经济为主体、宗法家庭为本位、封闭保守为基本环境的历史背景下，有其必然性。但至鸦片战争以后，闭关锁国的环境已不复存在，中国和世界形成了不可分割的联系。此外，民族资本主义经济的发展和社会结构的复杂化，以及由此而产生的利益冲突，都要求多种多样的法律调整方式。因此，以刑法涵盖诸法的法典体例，完全不能满足社会的发展要求。戊戌变法时期，康有为便提出制定民法、民律、商法、市则、舶则、讼律、军律、国际公法，创建涵盖部门法的新的法律体系的奏议。这项维新派未能完成的历史性任务，在修订法律馆建立以后，经过沈家本之手，终于得到了实现。

中国近代法律体系的建立，深受大陆法系的影响，这是因为在变法图强的过程中，鉴于一衣带水的日本经过明治维新，一跃而成为世界强国。因此，以日为师在当时几乎成为共识。康有为在《上清帝第五书》便明确提出"闻日本地势近我，政俗同我，成效最速，条规尤详，取而用之，尤易措手"。[11] 梁启超也认为"日本法规之书至纤至悉，皆因西人之成法而损益焉也"。[12] 修律期间，通过翻译日本法律和聘请日本法学家参与起草新律，输入了以罗马法为基础的大陆法系。大陆法系以制定法为主要的法律形式，这与中国法律的传统是相合的。又以宪法、民法、刑法、诉讼法等主要部门法为法律体系的框架，从而为晚清分别起草诸法，改造中国传统法律提供了范式。沈家本说："窃维法律之损益，随乎时运之递迁，往昔律书体裁虽专属刑事，而军事、民事、商事以及诉讼等项错综其间。现在兵制即改，则军律已属陆军部之令责，民商及诉讼等律钦据明谕特别编纂，则刑律之大凡自应专注于刑事之一部。推诸穷通久变之理，实今昔之不宜相袭也。"[13]

沈家本不仅积极制定实体法，也十分重视制定程序法。鉴于华洋争讼案件中，"外人以我审判与彼不同，时存歧视"，"每因寻常争讼细故，酿成交涉问题"，因此，强调必须"变通诉讼之法"[14]，改革"诉讼断狱附见刑律"的旧律体例。他说："大致以刑法为体，以诉讼法为用，体不全，无以标立法之宗旨；用不

---

[11] 康有为：《上清帝第五书》，载翦伯赞等编：《戊戌变法（二）》，上海人民出版社2000年版，第195页。

[12] 梁启超：《变法通议》，载梁启超：《饮冰室合集》第一册《文集一》，中华书局2015年版，第68页。

[13] 《奏刑律草案告成由》，载故宫博物院明清档案部编：《清末筹备立宪档案史料》（下册），中华书局1979年版。

[14] 沈家本：《修订法律大臣沈家本等奏进呈诉讼法拟请先行试办摺》，载上海商务印书馆编译所编纂：《大清新法令（1901～1911）第一卷》，荆月新、林乾点校，商务印书馆2011年版，第418页。

备,无以收刑法之实功。二者相因,不可偏废。"[15]与此同时,他还指出"民事、刑事性质各异,虽同一法庭,而办法要宜有区别"。西方国家民事、刑事诉讼法各辑专书,在审判实践中收到了良好的效果,所谓"断弊之制,秩序井然,平理之功,如执符契""易使各国侨民归其铃束"。因此他认为诉讼法应"分别刑、民事"[16],各自分别编纂。

光绪三十二年(1906年),在沈家本主持下编成《刑事民事诉讼法》,奏请试行,从而突破了中国沿袭两千多年的诸法合体的法律体例,第一次专门制定了诉讼法。

为了贯彻资产阶级三权分立的原则,实现司法独立,沈家本仿照日本的裁判制度,主持制定了《大理院审判编制法》,后又编成《法院编制法》,于宣统元年十二月二十八日(1910年2月7日)正式颁布,这是中国第一部全国性的法院组织法。沈家本主张司法独立,反对政刑丛于一人之身的专制体制,无疑是符合进步的历史潮流的。但他为了辩护司法独立之合于中国古制,说其与周官相合,则有悖于中国法制历史的实际。

晚清修律不但取得了斐然的成就,而且提供了可资借鉴的历史经验。

(一)晚清修律是在开放环境中进行的,符合世界潮流

晚清时,中国是一个保守封闭的国家。从林则徐提倡"睁眼看世界",将视野投向西方起,殖民主义者通过侵略战争,强迫清政府向世界开放,中国已经不可能再回到过去抱残守缺、夜郎自大的时代。为了适应中国与世界的新关系,在同文馆曾经发生过华夏与夷狄之辩,这次辩论由于形势的剧变,结论已不再是维持华夏中心论,而是统一于洋务派的"中体西用"。其后,无论是维新派变法,还是民主派革命,其理论指导均是西方的学说,其变革的蓝图均是西方国家的体制,其最终的归宿是发展资本主义。虽然晚清的开放是在殖民主义者武力威胁下被迫实现的,并伴随着中国主权与领土的丧失,但毕竟使一个封闭的国家接触到外界的新思潮、新事物,从而启迪人们去反思探索,以期找到一条救亡图存、富国强兵之路。至19世纪末,变法改革已由议论进入实践阶段,这时的变法改革,与中国历史上的变法完全不同,它是在一个前所未有的开放环境中进行的,是以改造传统的经济结构与政治体制为目标的。可见开放是改革的前

---

〔15〕 沈家本:《修订法律大臣沈家本等奏进呈诉讼法拟请先行试办摺》,载上海商务印书馆编译所编纂:《大清新法令(1901~1911)第一卷》,荆月新、林乾点校,商务印书馆2011年版,第418页。

〔16〕 沈家本:《奏编纂诉讼法请颁行理由》,载故宫博物院明清档案部编:《清末筹备立宪档案史料》,中华书局1979年版。

提,改革是开放的结果,二者联系密切。如果说晚清开放是侵略者强迫的,那么改革也同样是被动的,因为只有革旧图新,才能救亡图存,这是贯穿鸦片战争后历史的一条主线,许多重大事件,包括修律,都是围绕这条主线进行的。

开放的环境,便于输入西方先进的法文化,从而为晚清修律提供了理论上的依据和可资仿效的范本。虽然晚清修律经过了艰难的历程,出现了集权与分权、守旧与图新、立法与变制的各种斗争,但几经折中之后,终于完成了一系列新法的制定,其数量之多、变动之大、速度之快,均为前所未有。但当时大小臣工中,徘徊瞻顾者不乏其人,使有些立法"虚悬草案,施行无期",而清朝的迅速覆亡,也使已立之法成为具文。然而晚清修律所开辟的道路,并没有被阻断,民国时期的法制建设,基本上是沿着前路继续走下去的,这不仅体现在成文法的继受上,更体现在价值取向上。总之,晚清修律与司法改革,符合世界的潮流和中国法制近代化的客观需要,是有生命力的。

(二)改良政治是推动修律的前提

晚清是在顽固的慈禧集团把持下的保守政府,虽然面对国是日非、江山凌替的险恶局面,却依然率由旧章,拒绝任何触及传统权力基础的改良,血腥镇压戊戌变法运动,就是明显的例证。然而20世纪伊始,拒绝一切变革的清政府统治集团,也不得不举起改良政治与立宪的旗帜,表示要"君民共主",这绝非偶然。

19世纪末发生的义和团运动,虽然被镇压下去,但资产阶级民主革命已经燃成燎原之势,清政府已经无法照旧统治下去,终于在慈禧太后流亡西安之际下诏变法,从此揭开了晚清最后十年变法新政的序幕。日俄战争以后,清庭又宣布:"时处今日,惟有及时详晰甄核,仿行宪政。大权统于朝廷,庶政公诸舆论,以立国家万年有道之基。"[17]在预备立宪期间,改革了中央官制,建立并召开了咨议局、资政院,颁布了宪法大纲。晚清立宪,总的来说是迫于形势的应变自救措施,但毕竟由极端专制走向了某种改良。尽管十分有限,却是近代中国政治史上的新进步,对于开发民智、灌输近代民主意识,起到了推动作用。各省咨议局的召开,也提供了一个发表议论、批评时政、抒发民情的平台。如果没有晚清的政治改良,就不可能出现修律并由此走向法治近代化。

沈家本曾以修律实"预备立宪之要著",日本明治维新也以"改律为立宪之基础",向清廷进言。在他看来,修律是新政与立宪的重要内容,只有在新政与

---

[17] 朱寿朋编:《光绪朝东华录》,中华书局1984年版,总第5563页。

立宪的基础上,才有可能取得修律的成功。事实正是如此,晚清政治改良与法制改革是互动的,前者是前提,而政治改良必然要求法律的确认与保证,也只有法律化的政治改良,才是切实的、定型的、具有支撑点的。虽然由于晚清政治改良的最终失败,修律与司法改革未能达到预期的结果,但不可否认中国法制的近代化是由此开端的。

(三)移植西方法律要从中国实际出发

晚清修律是一个急就章,是采用最便捷的翻译西方法律和聘请西方法学家参与立法来完成的。这种紧迫性,一是适应预备立宪期限将至的需要;二是急于建立新的仿西方的法律体系,以期收回治外法权。由于晚清修律基本上是移植西方某些法律,因此在速度与数量上,较之日本明治维新时期的立法,有过之而无不及。但是简单地移植西方法律,势必脱离中国的国情,降低立法的施行效果,使已制定之法大都停留在具文阶段,无法发挥调整社会关系的实际效力。例如,1906年《破产律》是仿日本相关法律制定的,然而当时的中国并没有建立起相应的企业运行机制,因而颁行不久,便因上海钱业大亨之请而暂缓执行。次年(1907年),农工商部奏请将该律交法律馆统筹编纂,实际是束之高阁。又如,晚清时期民间典买卖行为仍极流行,而在日本学者起草的《大清民律草案》债编中,却删去了典权,以致远离社会生活。这样的立法虽以钦定的形式公之于世,也不可能树立起应有的权威。

在人类文明的发展史上,法文化的移植无论是在东方文明还是在西方文明都屡见不鲜,而且是促进法文化共同发展的必要途径。但移植不能简单地适应某种政治的需要,更不能无视本土的实际情况而硬性嫁接、全面嫁接,否则只能流于形式。从晚清修律的历史背景来看,民族资本主义经济虽有明显的发展,但封建性的农业经济仍然占有较大的比重;封建专制主义的政治体制虽然发生某些改良,但其根基并未动摇;西方法文化虽然挟其不可阻挡之势猛烈冲刷着中华大地,但真正理解、掌握并用于改造中国法律的立法者毕竟是少数,而传统的礼制与习俗,作为一种惰性力量,仍然继续发挥着保持自我、抵制外来法文化的作用。无视这样的国情条件,徒具形式上移植西方法律,很难取得大众的理解和信任,而只有大众的理解和信任,才是法律权威性的主要来源,这样的法律才是具有效力的法律。简单移植与全盘西化,由于脱离实际,终将被社会生活所改变或扬弃。对于传统,也同样应持分析、批判的态度。

在五千多年的传统法文化中,不乏民主性的精华,譬如"民为贵、君为轻"的民主意识;以人为本,肯定人的价值的法理念与法律规定;人与社会、人与自然和谐的社会观、天道观、法律观;以礼为核心,礼乐刑政综合为治的政治导向;法与道德相互支撑,情理法三者统一的伦理法制;缘法断罪、罪当其罚的平等观和法治观;保护鳏寡孤独、老幼妇残等社会弱势群体的恤刑原则等,无疑应该汲取、继承、发扬光大。即使被封建统治者奉为中华民族本体文化的、以经义纲常为核心的礼制,也应该予以批判的总结。总之,无论是移植外来法文化,或是继承传统法文化,都要立足于中国的实际和时代的进步需要,注意可行性,避免盲目性,否则难免事与愿违,事倍功半。

如何解决西方法文化与传统法文化的矛盾关系,是一个贯穿百年法制历史的重大课题,也可以说是跨世纪的重大课题。悠久的中国法文化是以中华大地为摇篮的,它体现了一个民族的历史发展和精神,它的发生和存在有其合理性与必然性。但它所具有的因袭性和保守性,束缚了中国法制的发展,只能传承、沿袭。因此,打破传统的法文化,移植西方的法文化,同样有其合理性与必然性。但是被移植来的西方法文化,只有扎根于中国的土壤,成为本民族总体文化的一部分,才是成功的移植。

(四) 充分发挥新思想的作用

产生于中华大地的中国传统法制,经历了四千多年的发展,称得上历史悠久,影响深远。直到鸦片战争以后,国情剧变,传统的法制受到来自内外的冲击,发生了解体与转型。在这个过程中,先进人物的新思想所起的作用,需要充分认识与高度评价。

其一,由固守成法到师夷变法。鸦片战争后,严峻的救亡图存的斗争,冲破了盲目排外、固守祖宗成法的旧传统,被迫开始实行"中体西用"和"师夷"变法。从历来的"以夏变夷""严夷夏之防",到"师夷"变法,反映了法观念上的重大变化,由此才可能贯彻会通中西的修律宗旨。

其二,由维护"三纲"到批判"三纲"。从19世纪60年代以后便开始了这个转变,以谭嗣同为代表。谭嗣同反纲常的法观念是鲜明的、反潮流的,是对封建国家立法与司法指导原则的公然否定,体现了民主与法治意识的新觉醒。

其三,由专制神圣到君民共主,再到民主共和。中国自秦建立以皇帝为主宰的专制主义制度后,法律一直以其强制力维护专制皇权的神圣尊严及不可侵犯,因而专制制度一直沿着螺旋式上升的轨迹,不断强化。随着西方政治法律文化的袭来,先进的思想家和开明的政治家,朦胧地意识到西方的富强,根源于君民共主的议院制度。君权神圣的观念逐渐转向君主立宪和民主共和,这是主宰半个多世纪政治与法制改革的精神力量。梁启超在回顾这一段思想历史的巨大变化时说:"海禁既开,所谓'西学'者逐渐输入,始则工艺,次则政制。学者若生息于漆室之中,不知室外更何所有。忽穴一牖外窥,则粲然者皆或所未睹也,还暗室中,则皆沉黑积秽。于是对外求索之欲日炽,对内厌充之情日烈。欲破壁以自拔于此黑暗。"[18]由专制神圣到君宪、共和,是中国近代法观念最本质的改变和最丰富的内容。它反映了西方法文化输入中国以后,所引起的政治变革不断深化的阶段性。由专制到君宪是一种突破,但还保留了封建的尾巴;由君宪到共和是更深一层的突破,显示了精神力量与物质力量结合以后,所发挥的无坚不摧的作用。它所带动的是浩浩荡荡的大军,它所体现的是救亡图存,建立法治国家的中华民族的共同意愿。

其四,由以人治国到以法治国。所谓人治,实质上是君治和君主操纵下的官治,以人治为国家机器运行的杠杆,是专制制度所决定的。西方资产阶级革命时期,提出了建立法治国家以取代封建君主专制。潘恩、卢梭、孟德斯鸠、戴雪等,都是以法治国理论的缔造者和宣扬者。法治思想作为西方法文化的重要内容,也随着西方法文化输入中国,而为开明的官僚和知识界所理解和接受。人治和法治是两种不同制度的产物;人治与法治的对立,实质上是权力与法律谁服从谁的问题。由以人治国转向以法治国,不仅是崭新的法观念,而且也是大众为之奋斗的目标。

其五,由义务本位到权利追求。在封建法律中,民众对国家而言是义务本位,随着西方法文化的输入,传统的义务本位的法观念,逐渐让位给对权利的追求。西方启蒙思想家关于天赋人权、自由、平等、民主的理论,成为当时人们投身于救亡图存、改革自强的精神动力。权利意识的觉醒表现在法律上,就是要求平等权与自由权,依法维护自己应享的、正当的利益。

其六,由司法与行政不分,到司法独立。中国古代在专制制度下,司法与行政是不分的,从而助长了行政专横,妨碍了援法审判,损害了百姓的合法利益。因此,在西学东渐以后,洛克、孟德斯鸠的分权论,受到了先进的知识界的普遍欢迎,他们在接受孟德斯鸠的分权论以后,逐渐向着三权分立、司法独立的法观念转变。在这个新的法观念的影响下,晚清司法制度的改革与建设,开始沿着分权的方向运行,成为近代中国改革司法的重要内容之一。

其七,由以刑为主到诸法并重。中国古代的法律观念是以刑为主、重刑轻民的,以至于在法律体系上刑法是最基本的构成部分,刑法典是历朝历代的基本法典。海禁大开以后,原有的重刑的历史条件,已经发生了根本的变化。随

---

[18] 梁启超:《清代学术概论·二十》,岳麓书社2010年版,第65页。

着西方的法律与法律学说输入中国,开始由以刑为主,向着诸法并重的法观念转变。康有为首先提出了建立新的法律体系的主张,至晚清修律,更将制定各种部门法和程序法提上议事日程,建立了仿大陆法系的中国法律体系。

综上所述,在社会发生巨变和进行救亡图存的艰苦斗争中,人们的法思想、法理念发生了明显的变化,由传统的一端,开始转向近代化的一端,并在急剧变革中,改变着人们自身。法观念的转变,是促进政治法律制度变革的积极力量,也是在新世纪的挑战面前,在思想上作出的切实回答。从表面来看,中华法系最终解体,是沈家本主持下的修律之功。然而事实上中华法系的解体与转型不是几年,而是半个世纪之久;不是沈家本一人之功,而是从林则徐起几代人的努力;不是简单的法律条文上的移植,而是先进的中国人不断探索、思考以致流血斗争的结果。正是他们在掌握了西方法文化之后,才绘制了中国未来法制的蓝图,并组织力量加以实施。他们从改制与更法的斗争实践中,认识到人才的重要性,因而运用各种手段培养法制近代化所必需的人才。以法律学堂为例,不过数年间,便培养了近千名法律专门人才。没有这批骨干的努力实践,也就不会有民国的法制。

三、晚清修律与沈家本、伍廷芳

光绪二十九年(1903年)修订法律馆奉旨建立,光绪三十年(1904年),修订法律馆正式开馆办公,由沈家本、伍廷芳、俞廉三先后担任修订法律大臣,但以沈家本的工作时间最长,所起的作用也最为显著。伍廷芳虽然任职时间很短,但由于他长期受西方法文化的熏陶,因而在贯彻"会通中西"的修律宗旨初期,其影响也不应忽视。

(一)沈家本的生平

沈家本(1840~1913年),字子惇,别号寄簃,浙江归安(今浙江吴兴)人。他"少读书,好深湛之思"。光绪九年进士,留刑部补官,遂专攻法律之学。光绪十九年(1893年)出任天津知府,光绪二十三年(1897年)改任保定知府,此后历任山西按察使、刑部左侍郎、大理寺正卿、法部右侍郎等职。光绪二十八年(1902年),清廷变法修律开始筹备设立修订法律馆,任命沈家本为修订法律大臣。宣统元年资政院成立,任资政院副总裁,但此后不久即被迫辞去修订法律大臣及资政院副总裁二职。

沈家本生活在中国社会激烈动荡的时代,列强环伺、山河残破的局面,使他从步入宦场时起,便产生了维护主权,拯救清朝帝国危运的夙愿。光绪二十九年(1903年),刚刚擢升为直隶通永道的沈家本,被侵略军关押和软禁了九个月,其间他保持了国格、人格,怒斥侵略者"铁甲金戈气正嚣""烟尘到处都成劫",并为国家的被凌夷而感到痛心和悲愤。他在诗中说:"楚囚相对集新亭,行酒三觞涕泪零,满目山河今更异,不堪说与晋人听。"[19] 作为一个自幼深受经史之教的宦门子弟,沈家本的爱国思想是和忠君思想联系在一起的,他在脱出牢笼以后,以赤子之情,日夜兼程,奔赴西安扈驾,被接连任命为光禄寺卿、刑部侍郎,终于作为部院堂官,位跻公卿。两年后,作为修订法律大臣的沈家本,忠实地执行清廷"变法新政"的政策,锲而不舍地翻译西方法律,改革旧律,制定新律,充分体现了一个封建官僚忠君报国的传统道德和发奋图强、收回司法主权的民族主义与爱国主义精神。他的政治生命是同清朝相始终的。

由于沈家本长期任职刑部,得以浏览历代的法典王章、刑狱档案,他悉心整理了中国古代的法律资料,深入研究和考证了中国法律发展的源流与成败利钝,是谙熟中国古代法律并在一定程度上给予批判总结的著名法学家。直隶总督袁世凯、两江总督刘坤一、湖广总督张之洞,在保举沈家本主持修订法律馆奏折中,称赞他"久在秋曹,刑名精熟"。

不仅如此,在西学东渐、新学萌起的历史条件下,他也热心了解资本主义国家的法律,接受了资产阶级法律思想的影响,深感西方资本主义国家法制先进,尤其是"研精政法者复朋兴辈作",对于政体的改进、法制的健全,起了重要的作用。为了挽救"屡经变故、百事艰难"的中国,他主张"有志之士,当讨究治道之源,旁考各国制度,观其会通,庶几采撷精华,稍有补于当世"。[20] 他自己正是这方面的代表人物,作为一个熟悉中国法律历史的开明思想家,他不可能割断与封建法律的联系。相反,他要从中寻求革新的根据和可资借鉴的因素。他说:"当此法治时代,若但征之今而不考之古,但推崇西法而不探讨中法,则法学不全,又安能会而通之,以推行于世。"[21] 他批评一些人只看到"今日法理之学,日有新发明",而贬低总结中国法制历史经验的意义,甚至把以往的典章、文献、统统斥之为"陈迹耳""故纸耳"的言论,强调"理固有日新之机,然新理者,学士之论说也,若人之情伪,五洲攸殊,有非学士之所能尽发其复者,故就前人之成说而推阐之,就旧日之案情而比附之,大可与新学说互相发明,正不必为新学说

---

[19] 《枕碧楼偶存稿·稿十一》。
[20] 沈家本:《政法类典序》,载沈家本:《寄簃文存》卷六,商务印书馆2017年版,第2242页。
[21] 沈家本:《薛大司寇遗稿序》,载沈家本:《寄簃文存》卷六,商务印书馆2017年版,第2223页。

家所左袒也……"[22]

与此同时,他也正视急剧变化的现实,在担任修订法律大臣期间,积极贯彻"会通中西"的修律宗旨,力主取"彼法之善",以补己法之"不善"。为此,积极组织力量,翻译外国法律与法学著作,建立法律学堂,聘请外国法学家担任教学和实际立法工作。在短短几年里,大开研究西法的风气,成为有清一代立法最活跃的阶段。由于"采用西法互证参稽,同异相半"[23],通过修律使传统的中华法系逐渐解体,中国法律与西方大陆法系接轨,开始向近代转型,对中国法律制度乃至法律思想的发展,起到了承上启下的作用。可以说,晚清修律是中国走向近代法制文明的第一步。

(二) 沈家本的法律思想

沈家本生活的时代,是清朝学术思潮由朴学转向实学的转变时期,沈家本的学术思想也经历了这样的转变。他把朴学的严谨学风与实学的经世致用有机地结合起来,以讲求经世致用为指导思想,钻研律学和从事修律工作。

沈家本的法律思想,一方面,来自封建官僚家庭的家学和几十年的刑曹生活实践,深受传统的纲常伦理法制的影响;另一方面,西方19世纪法制革新时代的立法成果及其积极影响,也给予他深刻的启迪。因此,他主张"法律之为用,宜随世运而转移",以致在贯彻"会通中西"的修律宗旨时是坚定的、自觉的。他曾表示:"夫吾国旧学,自成法系,精微之处,仁至义尽,新学要旨,已在包涵之内……新学往往从旧学推演而出,事变愈多,法理愈密,然大要总不外情理二字。无论旧学、新学,不能舍情理而别为法也,所贵融会而贯通之。保守经常,革除弊俗,旧不俱废,新亦当参,但期推行尽利,正未可持门户之见也。"[24]

由此可见,沈家本的法律思想既反映了旧传统加给它的深刻烙印,也是中外法律文化碰撞的产物,中西杂沓、新旧并存,既矛盾而又统一,成为一种特定背景下的法律文化的代表。同时,也表现了一个接受西方法律文化影响而又具有深刻传统法文化底蕴的封建官僚思想体系上的特色。

由于沈家本既是法学家,又是变法修律的主持人,集理论、实践于一身。他对法律的见解,比单纯的法学家更为实际。譬如,他强调:"有极善之法,仍在乎学之行,不行而已。学之行也,萧何造律而有文景之刑措;武德修律,而有贞观之治。及其不行也,马、郑之学盛于下,而党锢之祸作于上;秦始之制颁于上,而

---

[22] 沈家本:《刑案汇览三编序》,载沈家本:《寄簃文存》卷六,商务印书馆2017年版,第2225页。
[23] 沈家本:《大清律例讲义序》,载沈家本:《寄簃文存》卷六,商务印书馆2017年版,第2233页。
[24] 沈家本:《法学名著序》,载沈家本:《寄簃文存》卷六,商务印书馆2017年版,第240页。

八王之难作于下。有法而不守,有学而不用,则法为虚器,而学亦等于卮言。此固旷观百世,默验治乱之原,有足令人太息痛哭者矣。"[25]

比起专职的司法官,沈家本对法律的认识更深刻、更系统。他说:"律者,民命之所系也,其用甚重而其义至精也。根极于天理民彝,称量于人情世故,非穷理无以察情伪之端,非清心无以祛意见之妄。设使手操三尺,不知深切究明,而但取办于临时之检按,一案之误,动累数人,一例之差,贻害数世,岂不大可惧哉。"[26]

他自己传世的法学著作,如《沈寄簃先生遗书》甲编二十二种、乙编十三种,未刻书目《秋谳须知》十卷、《律例偶笺》三卷、《律例杂说》二卷、《读律校勘记》五卷、《雪堂公牍》一卷、《刺字集》二卷、《文字狱》一卷、《刑案汇览》一百卷等,基本上是他的法律思想的结晶和实践经验的总结,对一系列法学基本理论和司法实践问题,作出了自己的回答和评价。他希望"法学由衰而盛,庶几天下之士,群知讨论,将人人有法学之思想,一法立而天下共守之,而世局亦随法学为转移"。[27]

1. 法理学方面的基本观点

(1)法律的概念、作用及其与国家政治的关系。什么是法,这是法理学开宗明义的第一章。沈家本认为"法者,天下之程式,万事之仪表也"[28],"当故,不改常也"[29]。他又说"律,法也"[30],"律者,一成不易者也"[31]。古时"律为万事根本,刑律其一端耳,今则法律专其名矣"[32]。至于法律的出现,他认为是社会发展的必然结果。他说,"三代之民其心安于善,而耻于不善",因此"威、刑不用"。只是到了"学校衰微,世教凌夷,巧伪变诈,无所不为"的时候,法律才产生。沈家本对于法律概念的阐述,主要是就前人所述进行疏解,没有根据进化了的时代要求作出新的概括,这同他提倡的讲究法理之学,颇不相称,说明他所关注的是法律的适用和后期的变法修律,以至于在法律适用的实践经验的总结方面,沈家本不愧为一位巨人,但对理论的抽象,则显得保守和贫乏。

对于法律的作用,沈家本认为一者治民,一者治国。他赞同管子所说,"夫

---

[25] 沈家本:《法学盛衰说》,载沈家本:《寄簃文存》卷三,商务印书馆2017年版,第2143页。
[26] 沈家本:《重刻唐律疏议序》,载沈家本:《寄簃文存》卷六,商务印书馆2017年版,第2207页。
[27] 沈家本:《法学盛衰说》,载沈家本:《寄簃文存》卷三,商务印书馆2017年版,第2144页。
[28] 沈家本:《新译法规大全序》,载沈家本:《寄簃文存》卷六,商务印书馆2017年版,第2243页。
[29] 沈家本:《历代刑法考·律令一·法》,邓经元、骈宇骞点校,中华书局1985年版,第813页。
[30] 沈家本:《历代刑法考·律令一·律》,邓经元、骈宇骞点校,中华书局1985年版,第809页。
[31] 沈家本:《通行章程序》,载沈家本:《寄簃文存》卷六,商务印书馆2017年版,第2220页。
[32] 沈家本:《历代刑法考·律令一·律》,邓经元、骈宇骞点校,中华书局1985年版,第810页。

法者,所以兴功惧暴也;律者,所以定分止争也;令者,所以令人知事也;法律政令者,吏民绳墨规矩也"[33]。为了阐明"为政之道,自在立法以典民"[34],他引管子的话说,"立法典民,则祥,离法而治,则不祥"。由于"刑法乃国家惩戒之具"[35],因此即使是"政得其道,仁义兴行,而礼让成俗","犹不敢废刑,所以为民防也"。如果"废常刑,是弛民之禁,启其奸",犹如"积水而决其防"。[36]

沈家本在总结中外古今法制历史经验的基础上,深切认识到法律对于国家的治乱兴衰,起着不容忽视的作用。他说,只有"法度立",才能"朝政明""世未有无法之国而能长治久安者也"。[37] 他举近世日本为例:日本明治维新以后,"举全国之精神胥贯注于法律之内",终于使得"国势日张"。[38] 但他从苛法激变的历史教训中,反对治国用重法淫刑,认为秦隋之亡,"淫刑者之龟鉴"。[39] 他又说五代之时"用事用法,皆偏于严厉"。其所谓法,"乃非法之法,不足为训",其国祚之不长,"多由于政令之不仁也"。[40] 他还就汉武帝颁布"沈命法"以后,盗贼并未见衰息的史实为例,反复说明"治盗之道,贵得其宜,徒悬重法,无益也","知重法之无益于治也",[41]"狱多之无益于政治也"。[42] 这说明社会之所以动荡不安和盗贼之所以蜂起,归根结底在于"政令之烦苛,而民生贫困"。[43] 徒用重法淫刑以求匡正动荡之世,是"治标之策",只会使社会矛盾激化。关键是"探本",即解决严重的社会问题,如此才能杜绝犯罪的发生。[44] 在这里,沈家本已接触到犯罪的社会根源问题。

---

[33] 《管子·七臣七主》。

[34] 沈家本:《旗人遣军流徒各罪照民人实行发配折》,载沈家本:《寄簃文存》卷一,商务印书馆2017年版,第2032页。

[35] 沈家本:《死刑唯一说》,载沈家本:《寄簃文存》卷三,商务印书馆2017年版,第2100页。

[36] 沈家本:《历代刑法考·刑制总考四·唐》,邓经元、骈宇骞点校,中华书局1985年版,第52页。

[37] 沈家本:《历代刑法考·刑制总考三·梁》,邓经元、骈宇骞点校,中华书局1985年版,第34页。

[38] 沈家本:《新译法规大全序》,载沈家本:《寄簃文存》卷六,商务印书馆2017年版,第2242页。

[39] 沈家本:《历代刑法考·刑制总考三·隋》,邓经元、骈宇骞点校,中华书局1985年版,第47页。

[40] 沈家本:《历代刑法考·盐法考》,邓经元、骈宇骞点校,中华书局1985年版,第1304页。

[41] 沈家本:《历代刑法考·汉律摭遗七·捕律》,邓经元、骈宇骞点校,中华书局1985年版,第1504页。

[42] 沈家本:《历代刑法考·汉律摭遗六·系囚》,邓经元、骈宇骞点校,中华书局1985年版,第1484页。

[43] 沈家本:《历代刑法考·汉律摭遗七·捕律》,邓经元、骈宇骞点校,中华书局1985年版,第1504页。

[44] 沈家本:《历代刑法考·律令五·盗分攻劫城镇劫掠乡村》,邓经元、骈宇骞点校,中华书局1985年版,第956页。

由此出发,沈家本强调政治是根本,"刑者,政之辅也"。[45] 法律与政治虽有主次之分,但法律是实现政治的工具,所以"律学明而刑罚中,于政治关系甚大"。[46] 他欣赏晚清"有志之士,探究治道之原,旁考各国制度"的学风,认为"有补于当世"。[47] 他在取法西方制定新律时,首先考虑的是"深究其政治之得失",力戒盲目袭用。[48] 沈家本虽然是"以律鸣于时"的律学大家,但与传统的律学家不同。他在倾心考察中国固有刑法沿革得失的同时,提倡明法穷理,发展法学研究。他说,"不明于法,而欲治民一众,犹左书而右息之。是则法之修也,不可不审,不可不明。而欲法之审,法之明,不可不穷其理"[49],只有"律学明",才能"刑法中"。[50] 他以深沉的笔触揭示了在专制主义统治下所形成的怪现象,"举凡法家言,非名隶秋曹者,无人问津。名公巨卿,方且以为无足轻重之书,摒弃勿录,甚至有目为不祥之物,远而避之者,大可怪也",[51] "中国法律之学不绝如缕,非官此官者,莫肯一寓目焉,遑云穷究其源流而讨论其得失哉"。[52] 他在《法学盛衰说》一文中透过历史的帷幕,论证了"法学之盛衰与政之治忽,实息息相通"。特别是他指出"自来势要寡识之人,大抵不知法学为何事,欲其守法或反破坏之,此法之所以难行,而学之所以衰也"[53]。

在沈家本就任修订法律大臣以后,从修订新律的需要出发,更加关注法理学的研究。他说:"议法者欲明乎事理之当然,而究其精意之所在,法学之讲求乌可缓乎?"[54] 他还从中外法学的比较中,发现了二者的区别:"大抵中说多出于经验,西学多本于学理。"他主张两者结合,不能只取一端,"不明学理,则经验者无以会其通;不习经验,则学理亦无从证其是。经验与学理,正两相需也"。[55] 所以,他在主持修律的过程中以十分严肃的态度寻理求源,他说"若设一律而未能尽合乎法理……则何贵乎有此法也"[56]。

---

[45] 沈家本:《历代刑法考·刑制总考四·唐》,邓经元、骈宇骞点校,中华书局1985年版,第52页。
[46] 沈家本:《熙宁律学》,载《沈寄簃先生遗书·日南随笔》卷六。
[47] 沈家本:《政法类典序》,载沈家本:《寄簃文存》卷六,商务印书馆2017年版,第2242页。
[48] 沈家本:《政法类典序》,载沈家本:《寄簃文存》卷六,商务印书馆2017年版,第2241页。
[49] 沈家本:《法学通论讲义序》,载沈家本:《寄簃文存》卷六,商务印书馆2017年版,第2234页。
[50] 沈家本:《熙宁律学》,载《沈寄簃先生遗书·日南随笔》卷六。
[51] 沈家本:《法学会杂志序》,载沈家本:《寄簃文存》卷六,商务印书馆2017年版,第2244页。
[52] 《天一阁书目跋》。
[53] 沈家本:《法学盛衰说》,载沈家本:《寄簃文存》卷三,商务印书馆2017年版,第2244页。
[54] 沈家本:《法学名著序》,载沈家本:《寄簃文存》卷六,商务印书馆2017年版,第2239页。
[55] 沈家本:《王穆伯佑新注无冤录序》,载沈家本:《寄簃文存》卷六,商务印书馆2017年版,第2217页。
[56] 沈家本:《论杀死奸夫》,载沈家本:《寄簃文存》卷二,商务印书馆2017年版,第2084页。

(2)法须统一。沈家本关于法须统一的思想,包括以下三方面的内容。其一,立法宗旨必须统一。他从"法乃国家惩戒之具,非私人报复之端"的认识出发,指出"立法宗旨一定不得两歧"。所谓两歧,就是既有"国家惩戒之意",又存"私人报复之心"。[57] 如果"以刑为泄忿之方",其流弊所至,将会使法"重之又重,更无穷已"。[58] 其二,断罪之律必须统一。针对清代律例新旧杂沓,轻重互异的弊端,强调"犯罪不论新旧,断罪自当一律,不得再有参差,致法律失信用之效也"。[59] 其三,适用法律必须统一,不因犯罪对象的身份而有差别。他举汉朝为例,说王章犯"非所宜言罪",身死狱中,妻子徒刑。然而张寿、王匡衡犯同样罪,却有诏"勿劾""勿治","等级之不同如此,可谓无定法矣"。[60] 他还抨击南朝士族享有各种法定的和法外的特权,以致法废而不行,说"凡人皆同类……法之及不及,但分善恶而已,乌得有士族匹庶之分,士族之恶者,戮之苟当其罪,何至使人离心。匹庶之善者,戮之苟不当其罪,其嗟叹岂少也哉"[61]。"使人但知士族匹庶之分,而不复知善恶之分矣,此大乱之道也。"正是从法须统一适用出发,沈家本反对不加区别地一概实行"八议"收赎制度,"至八议收赎之法,皆必其情之可原者,亦非尽人而宥之"。[62] 南梁时临川王阴谋弑逆,梁武帝以亲故放纵,不加制裁,结果"王侯骄横,罔知义理"。从"梁之弊在法废,不在刑轻"的历史教训中,沈家本总结出"法立而不行,与无法等"的结论。[63]

针对清朝统治时期,旗人犯遣军流徒各罪,享有减等换刑等特权,沈家本在修订刑律时,根据西方刑法同罪同罚的原则,主张"应照民人一体办理"。他说:"法不一则民志疑,斯一切索隐行怪之徒,皆得乘瑕而蹈隙。故欲安民和众,必立法之先统于一法。一则民志自靖,举凡一切奇衺之说,自不足以惑人心……若旧日两歧之法,仍因循不改,何以昭大信,而释群疑。"[64]

---

[57] 沈家本:《死刑唯一说》,载沈家本:《寄簃文存》卷三,商务印书馆2017年版,第2100页。

[58] 沈家本:《历代刑法考·刑法分考四·绞》,邓经元、骈宇骞点校,中华书局1985年版,第137页。

[59] 沈家本:《历代刑法考·明律目笺一·断罪依新颁律》,邓经元、骈宇骞点校,中华书局1985年版,第1807页。

[60] 沈家本:《历代刑法考·汉律摭遗三·大逆无道》,邓经元、骈宇骞点校,中华书局1985年版,第1427页。

[61] 沈家本:《历代刑法考·刑制总考三·梁》,邓经元、骈宇骞点校,中华书局1985年版,第34页。

[62] 沈家本:《历代刑法考·刑制总考三·梁》,邓经元、骈宇骞点校,中华书局1985年版,第34页。

[63] 沈家本:《历代刑法考·刑制总考三·梁》,邓经元、骈宇骞点校,中华书局1985年版,第34页。

[64] 沈家本:《旗人遣军流徒各罪照民人实行发配折》,载沈家本:《寄簃文存》卷一,商务印书馆2017年版,第2032页。

综上可见,处于封建末世海禁大开、新旧递嬗的变革时代,沈家本逐渐摆脱了封建等级特权法观念的束缚,接受了"法律面前人人平等"的法制原则,抒发了"法律为人人所当遵守"的思想,并在修律中向着传统律例关于法定等级特权的规定发起冲击。

(3)明刑弼教,不可偏废。沈家本沿袭汉以来"德(礼)主刑辅""明刑弼教"的传统观点,结合世界潮流的发展趋向,对法与教化问题作了较为深入的阐发。他指出"先王之世,以教为先,而刑其后焉者也。大司徒十二教而刑仅居其一,必教之不从而后刑之,则民之附于刑者亦少矣。不教而诛,先王所不忍也"[65]。"孔子言道政齐刑,又言道德齐礼,乃为政刑之当进之以德礼,方臻郅治耳。"[66]"老子云,我无为,民自化,我好静,民自正。……惟善体感格之意,使人人入于化导之中……而政本基焉。"[67]上述广征博引的中心在于说明"是刑者,非威民之具,而以辅教之不足者也"[68]。他在评论汉文帝废肉刑之后,几度掀起有关肉刑存废的争议时,表示"止奸之道在于教养,教养之不讲而欲奸之格也,难矣哉"[69]。

鉴于明初朱元璋以重刑治民、治吏而收效甚微的历史教训,沈家本指出"上之人不知本原之是务,而徒欲下之人之不为非也。于是重其刑诛,谓可止奸而禁暴,究之奸能止乎,暴能禁乎?朝治而暮犯,暮治而晨亦如之,尸未移而人为继踵,治愈重而犯愈多,此皆明祖阅历之言,著之大诰者也。然则欲以肉刑止奸而禁暴,其无效也可知矣"[70]。正因如此,他借古喻今,"观于《大诰》,而用威之不足言治"[71],"见重刑之无效,治世之道当探其源也"[72],否则"民将无所措手足,而心亦离矣。民心离则大患将至,可不惧哉"[73]。

---

[65] 沈家本:《历代刑法考·刑官考上·周》,邓经元、骈宇骞点校,中华书局1985年版,第1960页。

[66] 沈家本:《四库全书提要政书类后》,载沈家本:《寄簃文存》卷八,商务印书馆2017年版,第2275页。

[67] 沈家本:《历代刑法考·狱考》,邓经元、骈宇骞点校,中华书局1985年版,第1173页。

[68] 沈家本:《历代刑法考·刑制总考一·唐虞》,邓经元、骈宇骞点校,中华书局1985年版,第9页。

[69] 沈家本:《历代刑法考·刑法分考五·除肉刑》,邓经元、骈宇骞点校,中华书局1985年版,第166页。

[70] 沈家本:《历代刑法考·刑法分考五·议复肉刑》,邓经元、骈宇骞点校,中华书局1985年版,第180~181页。

[71] 沈家本:《书明大诰后》,载沈家本:《寄簃文存》卷八,商务印书馆2017年版,第2283页。

[72] 沈家本:《历代刑法考·刑制总考四·明》,邓经元、骈宇骞点校,中华书局1985年版,第64页。

[73] 沈家本:《书明大诰后》,载沈家本:《寄簃文存》卷八,商务印书馆2017年版,第2282页。

但是，沈家本虽然推崇道德教化为"政本"，却没有因此而漠视法律的作用。他援引《舜典》"明于五刑，以弼五教"以及《吕刑》"士制百姓于刑之中，以教祗德"的儒家经典，论证了即使是"唐虞三代之隆，尚赖有刑以辅治，未能废刑而不用"，更何况三代以下。他批评纪昀纂修《四库全书总目提要》在《政书类·法令》所加的"刑为盛世所不尚"的按语，是"持论不当"，并有悖于历史和现实。[74]

总之，沈家本认为，"刑罚与教育互为消长"，[75]"盖犯罪之人，歉于教化者为多，严刑厉法可惩肃于既往，难望浸被于将来"。[76] 因此，教化之功绝不可以忽视。然而，观于历史，每至王朝末世，阶级矛盾尖锐，统治者总是更多地乞灵于重刑，以致虽奉"德主刑辅"之说，而多不行其义。为此，沈家本慨然兴叹："国家设官，本以教养斯民，而后世之官，皆不识教养二字……下焉者则逞其刑威，肆其贪虐，而民生可知矣，教养云乎哉！"[77]"后世教育之不讲，而惟刑是务，岂圣人之意哉。"[78] 为了矫正时弊，沈家本大声疾呼："居今日而治斯民，刑其后者也，其惟以教为先乎？"[79] 他还有意识地引用西方国家的法律，来附会"明刑弼教"之说，提出"近来，泰西之法，颇与此旨暗合"[80]。在《奏请编定现行刑律以立推行新刑律基础折》中，根据"模范列强"的宗旨，沈家本不仅明确表示"惟是刑罚与教育互为盈朒"，还特别强调应该注重对于幼年犯的教养，他说："近日各国学说……刑者乃出于不得已而为最后之制裁也，幼者可教而不可罚，以教育涵养其德性，而化其恶习，使为善良之民也。此明刑弼教之义也。"[81] 他还就近数十年来欧洲学者关于废止死刑的讨论，阐发了教养与刑罚相互关系的见解，指出："欲废死刑，先谋教养，教养普而人民之道德日进，则犯法者自日见其少，

---

[74] 参见沈家本：《四库全书提要政书类后》，载沈家本：《寄簃文存》卷八，商务印书馆2017年版，第2275页。

[75] 沈家本：《奏刑律草案告成分期缮单呈览并陈修订大旨折》光绪三十三年八月二十六日，载故宫博物院明清档案部编：《清末筹备立宪档案史料》（下册），中华书局1979年版，第846页。

[76] 沈家本：《奏实行改良监狱宜注意四事折》光绪三十三年四月十一日，载故宫博物院明清档案部编：《清末筹备立宪档案史料》（下册），中华书局1979年版，第831页。

[77] 沈家本：《历代刑法考·刑官考上·周》，邓经元、骈宇骞点校，中华书局1985年版，第1960页。

[78] 沈家本：《书劳提学新刑律草案说帖后》，载沈家本：《寄簃文存》卷八，商务印书馆2017年版，第2286页。

[79] 沈家本：《历代刑法考·历代刑官考上》，邓经元、骈宇骞点校，中华书局1985年版，第1960页。

[80] 沈家本：《历代刑法考·刑制总考一·唐虞》，邓经元、骈宇骞点校，中华书局1985年版，第9页。

[81] 沈家本：《历代刑法考·丁年考》，邓经元、骈宇骞点校，中华书局1985年版，第1341页。

而死刑可以不用。"[82]"如教育未能普及,骤行轻典,似难收弼教之功。"[83]在《删除律例内重法折》中,他又从"治国之道,以仁政为先"的儒家理论出发,宣扬"化民之道,固在政教,不在刑威也"。[84] 由此出发,他提出改良监狱的意见:"藉监狱之地,施教诲之方,亦即明刑弼教之本义也。"[85]

以上可见,沈家本在折中古义与西法之间,阐述了法与教化二者相辅相成,各有侧重,不可偏废。由于道德所作用的范围比法律更广泛,而且容易被社会所承认,因此起着法律所起不到的作用。历代统治者都十分重视用法律的形式,确认有利于国家统治的道德观念和行为规范,同时又借助道德所具有的特殊力量,掩饰法律的实质,发挥法律的镇压职能。正因如此,"德主刑辅""明刑弼教"成了封建王朝立法的指导思想,如同沈家本所说:"然舍道德而言刑名,必不得其中,立法者可忽之乎?"[86]

沈家本关于法与道德教化关系的言论,不但是为修订刑律的某些观点辩护,而且具有现实的针对性。清朝中叶以后,阶级矛盾日益尖锐化,统治者为了加强法律的震慑作用,扩大了凌迟和枭首等酷刑的适用范围,使社会更加动荡不安。因此,借论证"除恶务本",引而不发地抨击清朝的重刑主义,并为改革封建旧律,制造舆论准备。

2. 传统法制的批判总结

作为沈家本代表作的《历代刑法考》,对历史悠久的中国古代法制,进行了系统的研究和批判的总结。他将上迄传说中的三皇五帝,下至明末的历代律令、律目、刑制、刑官、赦制等,分门别类、逐条逐制进行考证。受到乾嘉考据之风的某些影响,《历代刑法考》中往往从字义到音韵,从律条的沿革到法典的嬗变,从古代法律的源流到历代法律制度的得失优劣等,无不进行详细的考证与评述。沈家本对中国古代法律资料如此全面系统的整理是前所未有的。他对中国古代法律典籍的作者、版本、流传的细致考证,也为我们今天的研究奠定了基础。在《历代刑法考》中,除蕴涵乾嘉考据学风的遗痕外,更重要的是体现了道咸以来经世致用的实学影响。他是从鉴古明今的角度总结历代刑法得失的,

---

[82] 沈家本:《历代刑法考·死刑之数一卷》,邓经元、骈宇骞点校,中华书局1985年版,第1249页。

[83] 刘廷琛:《奏新律律不合礼教条文请严饬删尽折》,载故宫博物院明清档案部编:《清末筹备立宪档案史料》(下册),中华书局1979年版,第852页。

[84] 沈家本:《删除律例内重法折》,载沈家本:《寄簃文存》卷一,商务印书馆2017年版,第2023页。

[85] 沈家本:《奏实行改良监狱宜注意四事折》光绪三十三年四月十一日,载故宫博物院明清档案部编:《清末筹备立宪档案史料》(下册),中华书局1979年版,第831页。

[86] 沈家本:《论证指》,载沈家本:《寄簃文存》卷二,商务印书馆2017年版,第2094页。

特别是为修改律令寻找理论及历史的依据。下举数例为证:

(1)《汉律摭遗》与《明律目笺》考。《历代刑法考》中的《律令考》共九卷,阐述了法律条文的渊源与演变,勾画出法典沿革与发展的轨迹。特别是他在晚年完成了《汉律摭遗》二十二卷,对于汉律的篇目律条、源流演变、施用得失,进行了全面系统的研究。该书不但史料丰富,而且在综合前人研究成果的基础上,发挥了自己的创见。他将杜贵墀、张鹏一所辑《汉律辑证》《汉律类纂》等书,重为编次,"以律为纲,逐条分入",并据《晋志》考稽条目,互相验证,凡有牴牾之处,或一一辩证,或予存疑,其"特点是对材料的征稽探隐发微,力求穷尽,而考辨则多以汉人说法以解释汉律"。[87]

《汉律摭遗》一书,不仅取材广泛,考证详微,而且从汉唐律的纵向比较中,评论得失和传承关系,进而还对汉代的司法专横进行了抨击,其意在言外。

关于汉律与唐律的传承关系,沈家本在《汉律摭遗》一书的序言中说:"历代之律存于今者唯《唐律》,而古今律之得其中者亦唯《唐律》,谓其尚得三代先王之遗意也。唐律之承用《汉律》者,不可枚举,有轻重略相等者,有轻重不尽同者。试取相较,而得失之数可借以证厥是非,是则求《唐律》之根源,更不可不研究夫《汉律》矣。"在《重刻唐律疏议序》中,沈家本还阐明了汉唐清三代之律的传承关系。他说:"盖自有《疏议》,而律文之简质古奥者,始可得而读焉……《唐律》本隋,由魏而周而隋,渊源俱在。然则《唐律》之《疏议》虽不纯本太和,而郑义多在其中,《汉律》虽亡,其意犹赖以考见,深可宝贵。况我朝定律,监古立法,损益归于大中,而所载律条与《唐律》大同者,四百一十有奇;其异者,八十有奇耳。今之律文与《唐律》合者,亦十居三、四。沿波讨源,知其所从来者旧矣。"[88]

《明律目笺》,也是沈家本继薛允升所著《唐明律合编》之后的又一明代法制史力作。《明律目笺》与《唐明律合编》的不同之处,就在于它避免了后者褒唐贬明而失之偏颇。沈家本说:"长安薛氏《唐明律合编》,右唐而左明,此固非深求其故不能晓然也。"[89]他自己则是当褒则褒、当贬则贬,持论客观,既不囿于前人之见,又不以感情用事,尤其对明律中适应社会经济发展的需要而增补之条予以充分肯定。至于体现封建等级特权的八议制度和比附定罪、罪刑擅断,则均予以批评否定。他认为"八议之条……实在可删之列。存之律中,徒滋疑惑而已";又说"断罪无正条,用比附加减之律",结果"法令不一,冤滥滋多,

---

[87] 沈家本:《历代刑法考·点校说明》,邓经元、骈宇骞点校,中华书局1985年版,第2页。
[88] 沈家本:《重刻唐律疏义序》,载沈家本《寄簃文存》卷六,商务印书馆2017年版,第2208页。
[89] 沈家本:《历代刑法考·明律目笺一》,邓经元、骈宇骞点校,中华书局1985年版,第1783页。

可不慎欤!"[90]他在考察明代法外酷刑"廷杖惨毒"之后说:"吾尝谓明祚之亡,基于嘉靖,成于万历,天启不过扬其焰耳。"[91]正是从历史的借鉴和采西法以应世变的需要出发,他在受命制定新刑律时,首先删除清律中凌迟、枭首、戮尸、缘坐、刺字等酷刑。

(2)慎刑慎赦考。沈家本在总结历史经验的基础上,认为刑罚当否,直接关系国家的治乱存亡,因此,他强调"慎刑"。他说:"夫刑者,古人不得已而用之,不可不慎。"他赞美《周书·立政》篇所载"兢兢以庶狱勿误"为戒,指出"周家之于刑狱其钦恤明允固无异于唐虞也",希望后之用刑者"当知此意"。[92]

为了证明慎刑的重要性,沈家本举汉史为例说:"汉承秦苛法之后,慎狱恤刑,与民更始,高景之诏,尤于疑狱郑重言之,而以宽为先务。"因此,才取得了"文景之时,几于刑措"的社会效果。至汉武帝,重用张汤、赵禹等酷吏,使"风气为之一变","汉初慎狱慎刑之旨,澌灭殆尽"。[93]他肯定汉时地方有疑狱,"郡国主吏诣廷尉议"的制度,说"此法极善",是"慎刑之一端也",切望"近世亦行之"。[94]

沈家本对慎刑的要求,主要就是依法断狱,反对比附,并将法无明文规定不为罪的资产阶级刑法原则,贯穿到具体的论述中去。他批评自明迄清"断罪无正条,用比附加减之律",认为"若律无正条,而仍有刑,是不信于民也"[95]。他以"近来东西国刑法皆不用此文"[96]为据,用以支撑自己的观点。可是比附断狱在"中国沿习既久,群以为便,一旦议欲废之,难者蜂起"。为了回答顽固守旧者的非难,他以酣畅的笔墨,论证了"古人之议此律者,正非一人也",并就众说,分加按语,以抒发己见。他赞赏晋时律学家刘颂关于"律法断罪,皆当以法律令正文,若无正文,依附名例断之,其正文、名例所不及,皆勿论"的疏文,说按颂所

---

[90] 沈家本:《历代刑法考·明律目笺一·断罪无正条》,邓经元、骈宇骞点校,中华书局1985年版,第1809页。

[91] 沈家本:《历代刑法考·刑法分考十四·杖》,邓经元、骈宇骞点校,中华书局1985年版,第375页。

[92] 沈家本:《历代刑法考·刑制总考一·周》,邓经元、骈宇骞点校,中华书局1985年版,第13页。

[93] 沈家本:《历代刑法考·汉律摭遗六·鞫狱》,邓经元、骈宇骞点校,中华书局1985年版,第1494页。

[94] 沈家本:《历代刑法考·汉律摭遗六·鞫狱》,邓经元、骈宇骞点校,中华书局1985年版,第1494页。

[95] 沈家本:《历代刑法考·明律目笺一·断罪无正条》,邓经元、骈宇骞点校,中华书局1985年版,第1810页。

[96] 沈家本:《历代刑法考·明律目笺一·断罪无正条》,邓经元、骈宇骞点校,中华书局1985年版,第1807页。

言,"今东西国之学说正与之同,可见此理在古人早已言之,特法家之论说无人参究,故称述之者少耳"。[97] 此外,他又引《周书》宣帝纪宣政元年八月诏制九条中所载"决狱科罪皆准律文"说:"科罪准律,则律无文者不得科罪不待言矣。"[98] 然而,熟悉中国法制历史的沈家本,深知比附断狱非自明清始,只是明清以前比附断狱的适用,受到一些限制而已。随着专制制度的极端发展,比附断狱才汗漫无所限。例如,《唐律疏议·断狱》篇规定,"赦书定罪合从轻者,又不得引律比附入重",可见,"唐时虽有比附之事,而限制甚严","慎之又慎"。[99] 金世宗时,也曾颁发上谕:"近闻法官或各执所见,或观望宰执之意,自今制无正条者,皆以律文为准。"对此,沈家本按曰:"金代承用唐、宋刑法,而制无正条者一以律文为准,其不得用他律比附,灼然无疑。是中国本有此法,晋刘颂议之于前,金世宗行之于后,初不始于今东西各国也。世宗为金源一代令主,大定之世,其国人有小尧舜之号,而特颁诰戒如此,岂非深悉其弊哉。"[100]

明时,明律规定"引律比附应加应减定拟",遂与唐律的宗旨有所不同。尽管附加"议定奏闻,若辄断决,至罪有出入者,以故失论"的限语,也不过是"明知比附之流弊滋多,故特著此文,以为补救之法。而孰知沿习既久,问刑者辄刑断决","安得罪无出入也哉"。[101] 清律沿袭明律,"凡律令该载不尽事理,若断罪无正条者,(援)引(他)律比附",[102] 以至于"牵就依违……重轻任意,冤滥难伸"。尤其是"比附之不得其平者,莫如文字狱",[103] 他举康熙朝"戴名世南山集"一案说:"比附之未足为法,即此一狱,可推而知矣。"[104] 又说所谓文字狱,"律例既无正条,遂不得不以他律比附,事本微细,动以大逆为言"。因此,在沈家本主持制定的刑律草案中,明确提出"删除比附","依法断狱"。

---

[97] 沈家本:《历代刑法考·明律目笺一·断罪无正条》,邓经元、骈宇骞点校,中华书局1985年版,第1813页。

[98] 沈家本:《历代刑法考·明律目笺一·断罪无正条》,邓经元、骈宇骞点校,中华书局1985年版,第1813页。

[99] 沈家本:《历代刑法考·明律目笺一·断罪无正条》,邓经元、骈宇骞点校,中华书局1985年版,第1814页。

[100] 沈家本:《历代刑法考·明律目笺一·断罪无正条》,邓经元、骈宇骞点校,中华书局1985年版,第1815页。

[101] 沈家本:《历代刑法考·明律目笺一·断罪无正条》,邓经元、骈宇骞点校,中华书局1985年版,第1815~1816页。

[102] 沈家本:《历代刑法考·明律目笺一·断罪无正条》,邓经元、骈宇骞点校,中华书局1985年版,第1816页。

[103] 沈家本:《历代刑法考·明律目笺一·断罪无正条》,邓经元、骈宇骞点校,中华书局1985年版,第1816页。

[104] 沈家本:《历代刑法考·明律目笺一·断罪无正条》,邓经元、骈宇骞点校,中华书局1985年版,第1818页。

总之,法无明文规定者不为罪,不宜比附援引,是沈家本法律思想中具有民主主义色彩的内容,也是吸收资产阶级法制原则,用以保证慎刑的集中体现。为了论证它的合理性和在中国源远流长的历史,沈家本引用了大量史料,力图将这一原则纳入他主持制定的新刑律中去。但他在引古喻今时,混淆了中国古代依律断狱与资产阶级法无明文规定不为罪两者在性质上的区别。此外,沈家本虽然揭露了明朝以后任意比附现象的泛滥,却不可能阐明这种现象正是专制制度极端发展的结果。建立在小农经济基础上的封建法制原则,总是要受到封建专制特权的破坏。值得提出的是,沈家本在抨击清朝任意比附的危害时,以文字狱为例,不仅具有说服力,也颇有胆识。

沈家本在提倡慎刑的同时,也主张慎赦,反对滥赦。他认为大赦可能出现在春秋之初,"自汉以后,遂为常法矣"。[105] 汉代,特别是东汉大赦频繁,以至于获取珍禽异兽莫不有赦。沈家本指出:"文帝在位二十三年,祇四赦。灵帝在位二十二年,凡二十赦,盖几于无岁不赦。"[106] 其结果,遂使人轻于犯法,而希冀于赦,造成了社会的动荡不安,因此,后世对汉代的滥赦颇有讥评。沈家本说:"此事自汉以来论之者多,其弊则在于赦之数,赦数则犯法者多,已赦而得言是法不信也,不得言而人易犯法是法害法也,赦之害如此,赦数何为哉?"[107] 结论就是"大抵盛时赦少,乱时赦多"[108],形成了恶性循环。为了证明这个结论,沈家本举三国时孙吴为例说:"权在位三十一年,大赦七,赦死罪二;亮在位七年,大赦六;休在位七年,大赦三;皓在位十七年,大赦十五,皓政暴乱而赦最多,可以见赦非盛世事也。"[109] 唐代也是如此,"大抵盛时赦少而例严,及其衰也,赦多而例亦宽矣"[110]。由于"赦非善政",所以开明的圣君贤相都主张慎赦,"武侯佐蜀,十年不赦",[111] 原因就是法制与滥赦是互相冲突的。法制的作用在于惩恶以扬善,而滥赦适足以使恶人侥幸逃脱法网,反使善民良人的权利得不到保障,所以法制所体现的仁是天下之仁,是"大仁";而赦所体现的仁,是君主一人之仁,是"小仁"。

---

[105] 沈家本:《历代刑法考·赦一·原赦》,邓经元、骈宇骞点校,中华书局1985年版,第526页。
[106] 沈家本:《历代刑法考·赦三·汉世诸帝赦之次数》,邓经元、骈宇骞点校,中华书局1985年版,第587页。
[107] 沈家本:《历代刑法考·赦九·赦例三》,邓经元、骈宇骞点校,中华书局1985年版,第732页。
[108] 沈家本:《历代刑法考·赦三·汉世诸帝赦之次数》,邓经元、骈宇骞点校,中华书局1985年版,第587页。
[109] 沈家本:《历代刑法考·赦四·吴》,邓经元、骈宇骞点校,中华书局1985年版,第591页。
[110] 沈家本:《历代刑法考·赦八·赦例二》,邓经元、骈宇骞点校,中华书局1985年版,第720页。
[111] 沈家本:《历代刑法考·赦十二·论赦二》,邓经元、骈宇骞点校,中华书局1985年版,第787页。

需要指出,沈家本只是反对滥赦,并非绝对地反对赦。他认为赦是"不能遽废"[112]的,特别是"刑重之世,枉滥时闻,故偶放赦宥,可以召和气"[113]。但他强调对贪官赃吏,不应在赦免之列。他说:"唐、宋赦例,赃吏多在不原之列,故贪风尚不甚炽,今则不然矣。"[114]唐宋之时,"惩创贪吏","上下一心","而贪吏仍不绝于世",至于今世,"无以贪相戒者"。[115] 言外之意,是对清朝贪官赃吏可以得到赦免的一种批评。

针对宋朝民间房赁欠负也可以赦免之法,沈家本也进行了批评,指出:"民间债负乃私有之权,本不应在赦中,赦本非美事,此尤为失之甚者。今时之赦无此事,盖不用宋法矣。"[116]

总之,在中国历史上,赦愈滥,法愈坏,既不能邀仁政之名,更无以收缓和社会矛盾之效。沈家本所主张的慎刑慎赦,既表现了他对于法制历史经验教训的洞察,也反映了他坚持法制原则的立场。

(3)持平用法考。沈家本不仅要求立法详审,尤其重视执法公平,认为"有国家者,非立法之难,而用法之难也"[117],并借隋炀帝淫刑亡国来说明"法善而不循法,法亦虚器而已"[118]。

然而,如何用法才能有裨于治?沈家本的回答是:贵在持平。他说:"一代之法,不徒在立法之善,而在用法之得其平。"[119]所谓平就是公平,不以意废法。当然持平用法之法,也应是"平""准",否则执不平之法,也很难取得持平用法之效。为此,沈家本仿法家例以度量衡器的公平、客观、准确,来要求立法者,他说:"度长短者不失毫厘,量多少者不失圭撮,权轻重者不失黍絫……立法者,皆应如是。"[120]

---

[112] 沈家本:《历代刑法考·赦十二·论赦二》,邓经元、骈宇骞点校,中华书局1985年版,第790页。

[113] 沈家本:《历代刑法考·赦十二·论赦二》,邓经元、骈宇骞点校,中华书局1985年版,第787页。

[114] 沈家本:《历代刑法考·赦九·赦例三》,邓经元、骈宇骞点校,中华书局1985年版,第733页。

[115] 沈家本:《历代刑法考·赦九·赦例三》,邓经元、骈宇骞点校,中华书局1985年版,第733页。

[116] 沈家本:《历代刑法考·赦十一·论赦一》,邓经元、骈宇骞点校,中华书局1985年版,第774页。

[117] 沈家本:《历代刑法考·刑制总考三·隋》,邓经元、骈宇骞点校,中华书局1985年版,第44页。

[118] 沈家本:《历代刑法考·刑制总考三·隋》,邓经元、骈宇骞点校,中华书局1985年版,第47页。

[119] 沈家本:《历代刑法考·汉律摭遗自序》,邓经元、骈宇骞点校,中华书局1985年版,第1369页。

[120] 沈家本:《历代刑法考·律令一·律》,邓经元、骈宇骞点校,中华书局1985年版,第81页。

为了做到持平用法,沈家本引曾子的话说:"恕心用,则可寄枉直矣,夫贤人君子断狱,其必主于此乎。"[121]他赞赏汉郭躬"平刑审断""推己以议物,拾状以贪情",他说:"恕心用三字,实为平刑审断之本,酷虐残暴之人,习焉而不察者,皆由其心不恕也。恕则仁心自生,酷虐残暴之为,即有不忍为之者矣。"[122]他从历代封建王朝执法情况的纵向比较中,认为宋朝"立法之制严,而用法之情恕",即使南迁以后,"犹知以爱民为心"。[123]

在立法与用法贵得其平的观点影响下,沈家本反对立法畸重,滥用刑罚。他抨击武帝任用酷吏,以沈命法治盗贼,而又广设中都官狱,是"无益于治"的。他说:"治盗之道,贵得其宜,徒悬一重法,无益也。"[124]他历数中国古代滥用酷刑招致亡国的史例,也指出先秦法家商鞅以重刑禁奸止过,结果身罹重刑之害,受"车裂之诛";韩非主张"仁义爱惠不足用,而严刑重罚可以治",最后"亦不得其死"。[125] 至于奉行法家学说的秦朝,虽然"法密刑严",然而"二世即亡"。因此,他强调:"世之用刑者,慎勿若秦之以刑杀为威。"[126]

沈家本关于持平用法、反对重刑的思想,是从历代兴衰中总结出来的历史经验,有它的合理性。但是,法律既是统治阶级意志的体现,也是国家强制保证实施的行为规则,封建国家不可能对整个社会一视同仁地持"平"执法。封建时代的开明政治家、思想家,经常以用法畸重来抨击时政,这一方面是出于一定的政治需要,另一方面也是为了更好地发挥法律的控制作用。由于沈家本处在一个新的历史时期,他所主张的执法持平和反对重刑,反映了特定的时代背景,并且服务于修律的需要。他借用"治国之道,以仁政为先"这个古老的命题,论证"刑法之当改重为轻",为"今日仁政之要务",极应删除凌迟、枭首、戮尸等酷刑,代之以斩决、绞决、监候。[127]

---

[121] 沈家本:《历代刑法考·汉律摭遗二十·律说》,邓经元、骈宇骞点校,中华书局1985年版,第1747页。

[122] 沈家本:《历代刑法考·刑制总考四·宋》,邓经元、骈宇骞点校,中华书局1985年版,第55页。

[123] 沈家本:《历代刑法考·刑制总考四·宋》,邓经元、骈宇骞点校,中华书局1985年版,第55页。

[124] 沈家本:《历代刑法考·汉律摭遗七·捕律》,邓经元、骈宇骞点校,中华书局1985年版,第1505页。

[125] 沈家本:《历代刑法考·刑法分考五·肉刑》,邓经元、骈宇骞点校,中华书局1985年版,第162页。

[126] 沈家本:《历代刑法考·刑制总考二·秦》,邓经元、骈宇骞点校,中华书局1985年版,第17页。

[127] 参见沈家本:《删除律例内重法折》,载沈家本:《寄簃文存》卷一,商务印书馆2017年版,第2023页。

(4) 执法在人考。春秋战国时期，儒家和法家的代表人物，曾就人治与法治问题，展开过一场影响极其深远的论辩。封建制国家确立以后，这场论辩已经失去了原有的社会意义，但在不同时期，统治阶级内部仍有所谓任人和任法的纯属统治方法的争论。人们从悠久的统治经验中，认识到依法为治的法治和执法在人的人治，不能各执一端，须要互相配合，共同为治。

沈家本在主持修律的过程中，深感法律人才的缺乏，因此，他不吝笔墨用较多篇幅论证了"法贵得人""用法在人""有法而不循法，法虽善，与无法等"[128]的道理。他借用孟子"徒法不能以自行"的古训，强调"法之善者，仍在有用法之人，苟非其人，徒法而已"。[129] 他还举唐律为例，尽管这是一部封建时代宽严得体的著名法典，但仍然出现了置法于不顾的"武氏肆虐"和李林甫用事以后制造的大量冤案。由此，"益可知有其法者，尤贵有其人矣。大抵用法者得其人，法即严厉亦能施其仁于法之中。用法者失其人，法即宽平亦能逞其暴于法之外也。此其得失之故，实笼乎宰治者之一心。为仁为暴，朕兆甚微，若空言立法，徒虚器耳"。[130] 他反驳宋时马端临批评晋律"宽弛"，说晋初"修律诸人讨论颇为详审"，时人称誉"为便"。至于晋朝法制的败坏，"非法之过，而用法者之过也"。[131] "晋之法岂宽弛之弊哉，亦用法者非其人耳。苟非其人，徒法而已。"[132]

由于沈家本重视法贵得人，因此，他一方面提出无论是国家的中枢长官，还是百里长官，"皆宜知律"；另一方面反复强调"治狱乃专门之学，非人人之所能为"，"虞舜施刑，必属皋陶，周公敬狱，必推苏公"。[133] "后世人主，每有自圣之意，又喜怒无常，每定一狱，即成一例，畸轻畸重，遗害无穷，可不慎哉。"[134] 为了使官吏知法、执法，改善司法，他称赞周时对基层官吏进行法律教育的制度，他说："周礼地官之属，州长一岁三读法，党正一岁七读法，族师一岁十四读法，闾

---

[128] 沈家本：《历代刑法考·刑制总考四·隋》，邓经元、骈宇骞点校，中华书局1985年版，第46页。

[129] 沈家本：《历代刑法考·刑制总考四·唐》，邓经元、骈宇骞点校，中华书局1985年版，第51页。

[130] 沈家本：《历代刑法考·刑制总考四·唐》，邓经元、骈宇骞点校，中华书局1985年版，第51页。

[131] 沈家本：《历代刑法考·刑制总考二·晋》，邓经元、骈宇骞点校，中华书局1985年版，第28页。

[132] 沈家本：《历代刑法考·刑制总考二·晋》，邓经元、骈宇骞点校，中华书局1985年版，第29页。

[133] 沈家本：《历代刑法考·赦十二·六代虑囚》，邓经元、骈宇骞点校，中华书局1985年版，第794页。

[134] 沈家本：《历代刑法考·赦十二》，邓经元、骈宇骞点校，中华书局1985年版，第794页。

胥读法无定期；读即读其所掌之教法，以劝以戒。"[135]特别是作为出令的中枢长官，如不知法，就会在实践中造成危害。譬如唐时，中枢机关发布的赦文，竟与现行法律发生冲突，推其原因，不外中枢长官不知法之所致。他说："刑法定自刑官，而赦文则出自中书省官，中书省未必有深明刑法之人，遇有赦事，或沿袭旧文，或意为轻重，而孰知事多变迁，不加参考，遂至抵牾。往往法已改于数十年之前而仍列诸赦文之内，所司棘手，不得不思通变之方，以致赦书成为虚文，不足以取信于天下。"[136]

他赞扬明律中"有讲读律令之文"，古制也有"置律博士转相传授"之法，他说："律博士一官，其所系甚重，而不可无者也，法律为专门之学，非俗吏之所能通晓，必有专门之人，斯其析理也精而密，其创制也公而允，以至公至允之法律，而运以至精至密之心思，则法安有不善者。及其施行也，仍以至精至密之心思，用此至公至允之法律，则其论决又安有不善者。此设官之微意也，议官制者，其主持。"[137]即使对于"典狱"这样的小吏，也因其"统辖全监，非兼有法律、道德及军人之资格，不能胜任"。因此，建议"豫储管理之材"[138]作为改良监狱的第一步。

由于官吏司法，直接关系到法律的贯彻、民命的安危、社会的治乱以及国家的兴亡，因此沈家本主张严厉制裁枉法的官吏。他说："夫法者，官吏主之，法之枉不枉，官吏操之，则其罪亦官吏任之。不论所枉者何事，皆应以官吏当其重罪，此一定之法也。以执法之人而贪利曲断、孰法而法坏，故问罪加严，尚是整饬官常之至意。"[139]他在《日南随笔·获盗迁官》的记载中，借他人之口，述"戕人命，迁己官，非福也"，表达他自己对于枉法滥刑官吏的谴责。与此同时，对于明清两代实际操纵诉讼、弄权坏法的书吏，他也进行了抨击。他指出，自宋之后，"吏之权日益重"，迄至明清，"而其权益不可夺矣"。[140]

沈家本关于立法与司法者相互关系的论述，继承了历史上的传统看法，也渗入了时代的精神，特别是触及了封建末世司法不得其人是造成司法败坏的重要原因。明清两代，入仕之官大都是以八股文作为敲门砖的，对社会、风俗、人

---

〔135〕 沈家本：《范文澜重刊大明律跋》，载沈家本：《寄簃文存》卷七，商务印书馆2017年版，第2262页。

〔136〕 沈家本：《历代刑法考·赦十二》，邓经元、骈宇骞点校，中华书局1985年版，第789页。

〔137〕 沈家本：《设律学博士议》，载沈家本：《寄簃文存》卷一，商务印书馆2017年版，第2060页。

〔138〕 沈家本：《奏实行改良监狱宜注意四事折》，载故宫博物院明清档案部编：《清末筹备立宪档案史料》，中华书局1979年版，第832页。

〔139〕 沈家本：《与受同科议》，载沈家本：《寄簃文存》卷一，商务印书馆2017年版，第2057页。

〔140〕 沈家本：《历代刑法考·刑法分考十六》，邓经元、骈宇骞点校，中华书局1985年版，第459页。

情、法律、诉讼等茫然无知。踏入官场以后，面对纷至沓来的刑民诉讼案件，瞠目不知所措，而在清律中又规定了官吏审判时如用错律例要受到处罚，因此不得不依赖以研习律例作为世业的刑名书吏，从而纵容了他们舞文弄法、营私舞弊，甚至巧取豪夺、上下其手，使受害者有冤不得伸，饱受司法黑暗之苦。有清一代具有正义感的官僚，都反对书吏弄权，与沈家本同时代的改良派张謇等，也曾多次发出取消书吏的呼声。为了制定和推行新法，沈家本特别强调慎选知法之官司法，他在《法学盛衰说》中尖锐地指出："自来势要寡识之人，大抵不知法学为何事。欲其守法，或反破坏之，此法之所以难行，而学之所以衰也。"他渴望"人人有法学之思想，一法立而天下共守之"，"设使手操三尺，不知深切究明，而且取决于临时之检案，一案之误，动累数人，一例之差，贻害数世，岂不大可惧哉。是今之君子所当深求其源而精思其理矣"。[141] 晚清培养新司法人才的法律学堂，就是在沈家本积极建议和支持下建立起来的。不数年间毕业千余人，一时称为得人之盛。这批法律学堂的毕业生，很多都成为民国时期司法检察机关的中坚力量。

以上仅从《历代刑法考》中截取几个断面进行剖析，已经可以看出沈家本的考证，立论有据、沿革清晰，他对大量史例的总结，许多是发前人之所未发，不但具有较高的学术价值，而且从古与今、中与外、史与论的结合上，为晚清修律和法制改革提供了历史借鉴。

3. 近代比较法学领域的开拓

沈家本生活在西学东渐以后、中国社会思潮发生激烈变动的时代。中国传统的法律、法学在西方先进的法律、法学输入以后，遭到尖锐的挑战，而日益相形见绌，以致"举朝竞言西法，无敢持异议者"。[142] 沈家本利用当时有利的客观环境，并从修律的需要出发，将中西法律进行了全面的比较。他系统地研究了中国古代法律，深知其中的利弊得失，又是了解西法大略的修律者，因此他从非常务实的角度，批评了一味盲目地崇拜西法，指出"方今世之崇尚西法者，未必皆能深明其法之原本，不过借以为炫世之具，几欲步亦步，趋亦趋"。同时，也反驳了守旧派的陈腐之论，他说："而墨守先型者，又鄙薄西人，以为事事不足取。抑知西法之中，固有与古法相同者乎？"[143] 他从理论与实践相结合的立场出发，阐述了会通中西法律的重要性，他说："当此法治时代，若但征之今而不考之古，

---

［141］ 沈家本：《重刻唐律疏议序》，载沈家本：《寄簃文存》卷六，商务印书馆 2017 年版，第 2207 页。
［142］ 赵尔巽等：《清史稿》卷四百四十三《于式枚传》，第 12444 页。
［143］ 沈家本：《裁判访问录序》，载沈家本：《寄簃文存》卷六，商务印书馆 2017 年版，第 2235 页。

但推崇西法而不探讨中法,则法学不全,又安能会而通之以推行于世?"[144]他又说:"余奉命修律,采用西法互让参稽,同异相半。然不深究夫中律之本原,而考其得失,而遽以西法杂糅之,正如枘凿之不相入,安望其会通哉?是中律讲读之功,仍不可废也。"[145]

出于对每况愈下的国家情势的忧虑和奉命修律的责任感、使命感,沈家本意识到学习与引进西方法律是匡时之任。他说:"方今中国,屡经变故,百事艰难。有志之士,当时究治道之原,旁考各国制度,观其会通,庶几乎撷精华,稍有补于当世。"[146]为此,他一方面创设编译所,大量翻译西方法学书籍,另一方面派员出国考察。例如,1906年派董康等人东渡日本,考察诉讼和监狱制度。董康回国后,著《裁判访问录》《监狱访问录》两书。沈家本特为之作序。在序文中,他比较了中日两国诉讼、监狱制度的异同,肯定了通过科学的考察,引进外国法制的措施,可以取彼法之善,弥补我法之不善,完成修律的大业。这是沈家本开拓中外法律比较研究领域的根本目的。

正是在中西法律综合比较研究的基础上,沈家本得出了中西法律可以互补的结论。他说,"中学多出于经验,西学多本于学理","不明学理则经验者无以会其通,不习经验则学理亦无从证其是,经验与学理,正两相需也"。[147] 在这个思想指导下,沈家本不但较好地贯彻了"会通中西"的修律宗旨,而且对西方权力分治的阐述,其意超出了改革司法之外,实际是向晚清预备立宪进言。譬如,他说:"近今泰西政事,纯以法治,三权分立,互相维持。其学说之嬗衍,推明法理,专而能精,流风余韵,东渐三岛,何其盛也。"[148]"西国司法独立,无论何人皆不能干涉裁判之事,虽以君主之命,总统之权,但有赦免,而无改正。"[149]他又说:"日本旧时制度,唐法为多。明治以后,采用欧法,不数十年,遂为强国,是岂徒慕欧法之形式而能若是哉?"[150]

需要指出的是,沈家本对"西法"的理解,仍是肤浅和不全面的。在《法学名著序》中,他概括地表述了对于中西法律的基本认识:"抑知申韩之学,以刻覈为宗旨,恃威相去刃,实专制之尤。泰西之学,以保护治安为宗旨,人人有自由之

---

[144] 沈家本:《薛大司寇遗稿序》,载沈家本:《寄簃文存》卷六,商务印书馆2017年版,第2223页。
[145] 沈家本:《大清律例讲义序》,载沈家本:《寄簃文存》卷六,商务印书馆2017年版,第2233页。
[146] 沈家本:《政法类典序》,载沈家本:《寄簃文存》卷六,商务印书馆2017年版,第2242页。
[147] 沈家本:《王穆伯佑新注无冤录序》,载沈家本:《寄簃文存》卷六,商务印书馆2017年版,第2217页。
[148] 沈家本:《法学名著序》,载沈家本:《寄簃文存》卷六,商务印书馆2017年版,第2239页。
[149] 沈家本:《裁判访问录序》,载沈家本:《寄簃文存》卷六,商务印书馆2017年版,第2235页。
[150] 沈家本:《新译法规大全序》,载沈家本:《寄簃文存》卷六,商务印书馆2017年版,第2242页。

便利,仍人人不得稍越法律之范围。二者相衡,判然各别。"这里沈家本只是大体上把握了封建专制法律与资产阶级民主法律的区别,没有也不可能对西方法律和学说作出系统的论述和评判。不仅如此,沈家本对西法的解释往往比附中法,所谓"举泰西之制,而证之于古"[151],"西法之中,固有与古法相同者"[152]。他之所以经常引用《管子》,也是因为"其言与今日西人之学说流派,颇相近"[153]。如果说康有为托孔子以改制,沈家本又何尝不如此,他曾以《周礼》中的"三刺之法",比附西方的陪审制;又以汉文读鞫乃论,唐之宣告犯状,比附西法刑之宣告。他甚至将"日本全国新制,萃于《法规大全》一书",说成是"即《周官》《通典》《会典》诸书之流亚也"[154]。直到辛亥革命发生前夜,他仍认为"吾国旧学,自成法系,精微之处,仁至义尽,新学要旨,已在包涵之内,乌可弁髦等视,不复研求。新学往往从旧学推演而出,事变愈多,法理愈密,然大要总不外情理二字。无论旧学、新学,不能舍情理而别为法也,所贵融会而贯通之"[155]。沈家本的上述观点毫无疑义存在认识问题,但也不乏借古喻今、减少修律阻力的思考。譬如,在刑制问题上,他从中西横向比较中认为"中重而西轻",但与此同时,也指出古代圣贤及有道之君皆用轻刑,只有昏暴之主才用重刑。因此,"改重为轻",删除凌迟、枭首、缘坐、族诛、刺字等酷刑,既能跟上时代的潮流,使中国法制文明迈进一大步,而且也符合圣人立法的本意。他在《重刻明律序》中,明确表达了只有革除重刑,才能与西方国家为伍。他说:"方今环球各国,刑法日趋于轻,废除死刑者已若干国,其死刑未除之国,科目亦无多。此其故,出于讲学家之论说者半,出于刑官之经验者半,亦时为之也。今刑之重者,独中国耳。以一中国而与环球之国抗,其优绌之数,不待智者而知之矣。"[156]

在中国近代,薛允升著《唐明律合编》是一部比较法制史专著。但此书所采取的仍然是纵向比较,没有超出《历代刑法志》纵向比较的窠臼。沈家本为了使新修之律与世界先进的法律接轨,不可避免地进行了中西法律的比较。这种比较是横向的,是中国历史上前所未有的。他不仅从理论上论证了中西法律横向比较的重要性与现实性,还在横向比较中择善而从,将西方近代的法文化成就落实到新修的法律中来。沈家本不愧为中国近代比较法制史学的开拓者和奠基人。

---

[151]　沈家本:《监狱访问录序》,载沈家本:《寄簃文存》卷六,商务印书馆2017年版,第2238页。
[152]　沈家本:《裁判访问录序》,载沈家本:《寄簃文存》卷六,商务印书馆2017年版,第2235页。
[153]　沈家本:《新译法规大全序》,载沈家本:《寄簃文存》卷六,商务印书馆2017年版,第2242页。
[154]　沈家本:《新译法规大全序》,载沈家本:《寄簃文存》卷六,商务印书馆2017年版,第2243页。
[155]　沈家本:《法学名著序》,载沈家本:《寄簃文存》卷六,商务印书馆2017年版,第2240页。
[156]　沈家本:《重刻明律序》,载沈家本:《寄簃文存》卷六,商务印书馆2017年版,第2210页。

4. 主持修律的指导思想

(1)论证修律的合理性与必要性。沈家本继承了先秦法家为辩护变法的合理性而提出的"法与时转""治与时宜"的思想,指出"法律之损益,随乎时运之递迁……推诸穷通久变之理,实今昔之不宜相袭也"。[157] "法律之为用,宜随世运为转移,未可胶柱而鼓瑟。"[158] 为了说服清廷"祖宗成法"亦可变动,他举康、雍、乾三朝多次修改律例的"故事"说:"我朝雍正、乾隆年间,修改律例,于康熙时现行条例,删汰不知凡几。"[159]

他还从中国与世界的关系和进化的历史潮流出发,阐述了修订法律的必要。他说:"我中国介于列强之间,迫于交通之势,盖有万难守旧者。"其一,"国家既有独立体统,即有独立法权,法权向随领地以为范围。……独对于我国藉口司法制度未能完善,予领事以裁判之权,英规于前,德踵于后,日本更大开法院于祖宗发祥之地,主权日削,后患方长。此惩于时局不能不改也"。其二,"方今各国政治日跻于大同,如平和会、赤十字会、监狱协会等,俱以万国之名组织成之。近年我国亦有遣使入会之举,传闻此次海牙之会,以我国法律不同之故,抑居三等,敦槃减色,大体攸关,此鉴于国际不能不改者也"。其三,"教案为祸之烈,至今而极……凡遇民教讼案,地方闇于交涉,绌于因应,审判既失其平,民教之相仇益亟。盖自开海禁以来,因闹教而上贻君父之忧者,言之滋痛。推原其故,无非因内外国刑律之轻重失宜,有以酿之。此又惩于教案而不能不改者也"。[160]

沈家本更以编纂新法典"实预备立案之要著",[161]向清朝统治者陈词。他特别举日本明治维新为例说:"日本明治维新,亦以改律为基础……卒至民风丕变,国势骎骎日盛,今且为亚东之强国矣。"[162]

(2)阐述修律的宗旨。光绪二十八年四月初六日(1902年5月13日)颁发

---

[157] 沈家本:《奏刑律分则草案告成由》,载故宫博物院明清档案部编:《清末筹备立宪档案史料》,中华书局1979年版。

[158] 沈家本:《删除律例内重法折》,载沈家本:《寄簃文存》卷一,商务印书馆2017年版,第2027页。

[159] 沈家本:《删除律例内重法折》,载沈家本:《寄簃文存》卷一,商务印书馆2017年版,第2027页。

[160] 沈家本:《奏刑律草案告成分期缮单呈览并陈修订大旨折》,载故宫博物院明清档案部编:《清末筹备立宪档案史料》(下册),中华书局1979年版,第845页。

[161] 沈家本:《奏修订法律大概办法折》,载故宫博物院明清档案部编:《清末筹备立宪档案史料》,中华书局1979年版。

[162] 沈家本:《删除律例内重法折》,载沈家本:《寄簃文存》卷一,商务印书馆2017年版,第2027页。

的上谕中,已经明白地表达了晚清修律的宗旨:"现在通商交涉,事益烦多,著派沈家本、任廷芳将一切现行律例,按照交涉情形,参酌各国法律,悉心考订,妥为拟议,务期中外通行,有裨治理。"[163]沈家本是认同这个修律宗旨的,并积极予以贯彻。

为了使新修之律能够中外通行,沈家本以参酌近代西方国家的法律作为修律的范本。他从中西法律的比较中,认为近代西方国家的法律,较之中国封建旧律文明和进步。即以死刑为例,欧美日本各国死刑,"极为惨毒,近年则日从减轻,大约少者止数项,多亦不过二三十项。中国刑法……计现行律例内,死罪凡八百四十余条……不惟外人所骇闻,即中国数千年来亦未有若斯之繁且重也"。[164]因此,他在奏请编定现行刑律的奏折中,明确表示"专以折冲樽俎,模范列强为宗旨"[165],"参酌各国刑法,制定中国的新刑律"[166]。针对一些对西法的怀疑论者的非议,沈家本以鲜明肯定的语气回答说"取人之长,以补吾之短","彼法之善者,当取之,当取而不取,是之为愚"。[167]

与此同时,沈家本发现随着世界各国经济、科学、交通的发展,法律也出现了趋同之势。所谓"方今瀛海交通,俨同比伍,权力稍有参差,强弱因之立判,职是之故,举凡政令、学术、兵制、商务,凡有日趋于同一之势"[168]。因此,力图通过修律,改变中国固有的传统法系,以便"与各国无大悬绝"[169]。在他看来,这正是"趋时之义"。如果继续墨守成规,泥古而不化,拒绝世界潮流的影响,"以一中国而与环球之国抗,其优绌之数,不待智者而知之矣"。[170]沈家本确信按照资产阶级国家法律的模式修订中国的法律,可以收回治外法权。他说:"夫西国首重法权,随一国之疆域为界限,甲国之人侨寓乙国,即受乙国之裁判,乃独

---

[163]　《清实录》第五八册《德宗景皇帝实录(七)》卷四九八,光绪二十八年四月丙申,第577页下栏。

[164]　沈家本:《虚拟死罪改为流徒折》,载沈家本:《寄簃文存》卷一,商务印书馆2017年版,第2028页。

[165]　沈家本:《奏请编定现行刑律以立推行新律基础折》,载故宫博物院明清档案部编:《清末筹备立宪档案史料》(下册),中华书局1979年版,第852页。

[166]　沈家本:《虚拟死罪改为流徒折》,载沈家本:《寄簃文存》卷一,商务印书馆2017年版,第2028页。

[167]　沈家本:《裁判访问录序》,载沈家本:《寄簃文存》卷六,商务印书馆2017年版,第2236~2237页。

[168]　沈家本:《奏请编定现行刑律以立推行新律基础折》,载故宫博物院明清档案部编:《清末筹备立宪档案史料》(下册),中华书局1979年版,第852页。

[169]　沈家本:《虚拟死罪改为流徒折》,载沈家本:《寄簃文存》卷一,商务印书馆2017年版,第2029页。

[170]　沈家本:《重刻明律序》,载沈家本:《寄簃文存》卷六,商务印书馆2017年版,第2210页。

于中国不受裁制,转予我不仁之名,此亟当幡然变计者也。方今改定商约,英美日葡四国均允中国修订法律,首先收回治外法权,实变法自强之枢纽。臣等奉命考订法律,恭绎谕旨,原以墨守旧章,授外人以口实,不如酌加甄采,可默收长驾远驭之效。"[171] 他在奏章中多次提出:"参酌各国刑法,以冀收回治外法权。"[172]

但是,沈家本也反对在模仿西法时完全撤弃中国传统的法律,他说:"当此法治时代,若但征之今而不考之古,但推崇西法,而不探讨中法,则法学不全,又安能会而通之,以推行于世。"[173] 只有"参考古今,博辑中外"[174],才能贯彻"务期中外通行"的修律宗旨。

沈家本深知立国悠久的中国,"礼教风俗不与欧美同,即日本为同洲之国,而亦不能尽同,若遽令法之悉同于彼,其有阻力也固宜然"[175]。只有"不戾乎我国世代相沿之礼教、民情"[176],"方能融会贯通,一无扞格"[177]。"必熟审乎政教风俗之故,而又能通乎法理之原,虚其心,达其聪,损益而会通焉"[178],才能做到"以中国法律与各国参互考证",兼取中国固有的法律和西方资产阶级法律之长,使"我法之不善者当去之,当去而不去,是之为悖"[179]。

综上所述,沈家本较为全面地阐述了修律的宗旨,主张"甄采"各国立法,修改封建旧律,反映了进步的历史潮流。他对只崇西法、忽视探讨中法的批评,也有其合理的一面。至于他所期望的专以"模范列强为宗旨",使中法与西法无大悬绝,便可以收回治外法权的认识,显然是不切实际的。

(3)仿效大陆法系构建新的法律体系。法律体系是指由本国各个部门法构成的整体,任何一种类型的法律体系中,都必然含有相对独立的法律部门,既有各种实体法,也有程序法,既融合诸法于一个整体,又分别作用于不同的领域。由于中国古代自然经济长期占统治地位,以及专制主义的国家制度不断地强

---

[171] 沈家本:《删除律例内重法折》,载沈家本:《寄簃文存》卷一,商务印书馆2017年版,第2024页。

[172] 沈家本:《虚拟死罪改为流徒折》,载沈家本:《寄簃文存》卷一,商务印书馆2017年版,第2028页。

[173] 沈家本:《薛大司寇遗稿序》,载沈家本:《寄簃文存》卷六,商务印书馆2017年版,第2223页。

[174] 沈家本:《重刻明律序》,载沈家本:《寄簃文存》卷六,商务印书馆2017年版,第2210页。

[175] 沈家本:《裁判访问录序》,载沈家本:《寄簃文存》卷六,商务印书馆2017年版,第2236页。

[176] 沈家本:《奏刑律分则草案告成由》,载故宫博物院明清档案部编:《清末筹备立宪档案史料》,中华书局1979年版。

[177] 沈家本:《奏修订法律大概办法折》,载故宫博物院明清档案部编:《清末筹备立宪档案史料》,中华书局1979年版。

[178] 沈家本:《裁判访问录序》,载沈家本:《寄簃文存》卷一,商务印书馆2017年版,第2237页。

[179] 沈家本:《裁判访问录序》,载沈家本:《寄簃文存》卷六,商务印书馆2017年版,第2236页。

化，由此而形成的重公权益、轻私权益，使刑法为国家的基本法典，其他的部门法或散见于单行条例，或容纳于刑法典当中，这是中国封建法律体系的特点。沈家本在修律的过程中，深感以刑为主的法律体系，已经不能适应海禁大开以后的新形势，传统的诸法合体的法典体例的改革更是迫在眉睫。

值得提出的是，中国在接受西方法文化时，开始受英美法系影响较多，而后逐渐以大陆法系为取向，这不是偶然的，首先与法典化的传统有关。如前所述，中国古代法制是以成文法典为主干的，这个传统便于接受以法典化为特征的大陆法系。其次，在立法技术上，由于英美法系大多没有成文法典可供移植，而判例的数量又是巨大的，为运用判例还需培养高素质的法官，因此，移植大陆法系更具有可行性。再次，日本明治维新的成功，给中国以很大的启发。中日两国有着相同的文化渊源，明治维新之前的日本，同当时的中国也有着相似的政治、经济条件，因此通过日本的媒介，更易接受大陆法系。梁启超曾经说过："日本法规之书，至详至悉，皆因西人之成法而损益焉也。"[180] 顾燮光也指出："和文（日文）移译，点窜便易成书。"[181] 正是由于中日两国文字上有相通之处，因此翻译日本的法律与法学著作数量多、方面广，成为主流。最后，修订法律馆在起草新律的过程中，还聘请了熟悉大陆法系的日本法学家担任起草人，他们对中国接受大陆法系起着直接传导的作用。

在修律实践中，沈家本在修订刑律的同时，奏上《进呈诉讼法拟请先行试办折》，并且提出《刑事民事诉讼法》五章二百六十条，另附颁行例三条。稍后，沈家本、伍廷芳会同商部，上奏《商律》之《破产律》，并上书清廷"拟请编定全国性审判章程"及《法院编制法》。此外，在修订法律馆便设专科，分任民律、商律、刑事诉讼律、民事诉讼律的调查起草，并派员分赴各地调查、考察民事、商事习惯。截至清亡以前已经编成《大清新刑律》，还主持和参与制定《大清民律》《大清商律》《大清民事诉讼律》《大清刑事诉讼律》《大清法院编制法》等部门法典。上述法典基本属于草案，未及施行，清朝已经覆亡。但不可否认，一个仿大陆法系的中国近代法律体系已经基本建立，在这中间沈家本的思想影响及实际作为，均功不可没。

（4）运用西法中的人权观、法治观修改旧律。随着西学东渐的不断深入，西方启蒙思想家的法律学说在中国开明的官僚士大夫中有着广泛的读者，沈家本就是其中之一。他力求将西方法文化中的人权与法制观点落实到修律中。

---

[180] 梁启超：《变法通议》，载梁启超：《饮冰室合集》（第一册）《文集一》，中华书局2015年版，第68页。

[181] 顾燮光：《译书经眼录序例》，载张静庐辑注：《中国近代出版史料·近代二编》，中华书局1957年版，第97页。

其一，禁革买卖人口与使用奴婢。沈家本根据天赋人权的学说，针对盛行于清朝的人口买卖与蓄奴现象，进行了猛烈的抨击，并于光绪三十二年（1906年）提出了《禁革买卖人口变通旧例议》和《删除奴婢律例议》两个奏折。在《禁革买卖人口变通旧例议折》中，他指出，《大清律例》"律文虽有买卖奴婢之禁，而条例复准立契价买"，不仅造成"法令参差"，还使蓄奴盛行。由于奴婢"律比畜产"，既没有独立的法律地位，人身权和生存权也缺乏法律的保护。他说："以奴婢与财物同论，不以人类视之，生杀悉凭主命。……贫家子女，一经卖入人手，虐使等于犬马，苛待甚于罪囚。呼吁无门，束手待毙，惨酷有不忍言者。"[182] 鉴于"现在欧美各邦无买卖人口之事，系用尊重人权之主义，其法实可采取"[183]，因此应该"择善而从"，"嗣后无论满汉官员军民人等，永禁买卖人口。如违，买者卖者均照违制律治罪"。[184] 他还酌拟了十条办法，以便实施。即"契买之例宜一律删除""买卖罪名宜酌定""奴婢罪名宜酌改""贫民子女准作雇工""旗下家奴之例宜变通""汉人世仆宜酌量开豁""旧时婢女限年婚配""纳妾只许媒说""发遣为奴之例宜酌改""良贱不得为婚姻之律宜删除""买良为倡优之禁宜切实执行"。上述办法，虽然表现了改良主义的不彻底性，但无疑是重大的变革，是沈家本思想中最具民主色彩的部分，也是中国近代人权思想史上的一篇巨著。

稍后，沈家本在《删除奴婢律例议折》中，针对禁革买卖人口一事的反对意见，再次强调指出："不知奴亦人也，岂容任意残害？生命固重，人格尤宜尊，正未可因仍故习，等人类于畜产也。"[185] 他又说："方今朝廷颁行宪法，叠奉谕旨，不啻三令五申，凡与宪法有密切之关系者，尤不可不及时通变。买卖人口一事，久为西国所非笑，律例内奴婢各条，与买卖人口事实相因，此而不早图禁革，与颁行宪法之宗旨，显相违背，自应由宪政编查馆速议施行。至于此事办法，则本馆前议具有，自可查照，酌核办理。"

这份奏折，表现了沈家本不畏诸王与满蒙官员的抵制和传统习惯的局囿，坚持为社会最底层的奴婢的起码人权而积极争取的精神。

其二，修改等级特权与民族特权的法律规定。沈家本在孟德斯鸠、卢梭"天

---

[182]　沈家本：《禁革买卖人口变通旧例议》，载沈家本：《寄簃文存》卷一，商务印书馆2017年版，第2037页。

[183]　沈家本：《禁革买卖人口变通旧例议》，载沈家本：《寄簃文存》卷一，商务印书馆2017年版，第2039页。

[184]　沈家本：《禁革买卖人口变通旧例议》，载沈家本：《寄簃文存》卷一，商务印书馆2017年版，第2038页。

[185]　沈家本：《删除奴婢律例议》，载沈家本：《寄簃文存》卷一，商务印书馆2017年版，第2046页。

赋人权""权由天畀"的学说影响下,不仅萌生了重视"人格主义"的人权思想,还形成了法律上的平等意识,成为他改革旧律、制定新律的一项原则。

首先,向传统旧律中八议的特权收赎规定发起攻击。他指出:"凡人皆同类……法之及与不及,但分善恶而已,乌得有士族、匹庶之分?士族之恶者戮之,苟当其罪,何至使人离心;匹庶之善者戮之,苟不当其罪,其嗟叹岂少也哉"?他又说:"使人但知士族匹庶之分,而不复知善恶之分矣,此大乱之道也。至八议收赎之法,皆必其情之可原者,亦非尽人而宥之。……法立而不行,与无法等。"[186]因此,"八议之条……实在可删之列,存之律中,徒滋疑惑而已"[187]。他在《明律目笺一》中,再次强调:"法律为人人所当遵守,既定而颁行之,则犯罪不论新旧,断罪自当一律,不得再有参差,致法律失信用之效也。"[188]经过充分的舆论准备,终于在他主持修订的《大清新刑律》(草案)中,取消了行之已久的"八议"规定。由于"八议"是封建等级特权法的重要标志,"八议"之废,意味着中国法律向着近代化转变。正如沈家本在《进呈〈修订刑律草案〉折》中所说:"立宪之国,专以保护臣民权利为主。现行律中,以阶级之间,如品官制使良贱奴仆区判最深,殊不知富贵平贱,品类不能强之使齐,第同隶帡幪,权由天畀,于法律实不应有厚薄之殊。"

其次,抨击传统旧律中良贱同罪异罚。在传统旧律中,明确规定了良贱在法律上的不平等地位。因此,法律严禁压良为贱,例如"略买良人为奴婢者,杖一百,流三千里","若冒认良人为奴婢者,杖一百徒三年"。[189] 良贱之间门户不当,禁止通婚,"凡家长与奴娶良人女为妻者,杖八十","若妄以奴婢为良人,而与良人为夫妻者,杖九十"。[190] 特别是良贱相犯,严格执行同罪异罚,例如,"奴婢殴良人者,加凡人一等","良人殴伤他人奴婢者,减凡人一等",[191]"奴婢殴家长者,皆斩","奴婢殴家长之期亲及外祖父母者,绞","若奴婢雇工人违犯家长及期亲外祖父母教令,而依法决罚,邂逅致死,及过失杀者,各勿论"。[192] 沈家本在《禁革买卖人口变通旧例议》中特别指出:"官员打死奴婢,仅予罚俸,旗人

---

[186] 沈家本:《历代刑法考·刑制总考三·梁》,邓经元、骈宇骞点校,中华书局1985年版,第34页。

[187] 沈家本:《历代刑法考·明律目笺一·八议》,邓经元、骈宇骞点校,中华书局1985年版,第1791页。

[188] 沈家本:《历代刑法考·明律目笺一·断罪依新颁律》,邓经元、骈宇骞点校,中华书局1985年版,第1807页。

[189] 《大清律例》卷二十五《刑律·贼盗下·略人略卖人》。

[190] 《大清律例》卷一十《户律·婚姻·良贱为婚姻》。

[191] 《大清律例》卷二十七《刑律·斗殴上》。

[192] 《大清律例》卷二十八《刑律·斗殴下》。

故杀奴婢,仅予枷号,较之宰杀牛马,拟罪反轻,亦殊非重视人命之义。"

最后,主张旗民犯法一体同科,并允许交产。《大清律例》确认旗人享有经济、政治、司法各方面的特权。旗人犯法不归一般司法机关审理,如需处刑,则依例享有"减等""换刑"之权,笞刑可换鞭责,徒刑一年可换枷号二十日,流三千里可换枷号六十日,极边充军可换枷号九十日,死罪斩立决可减等为斩监候等。旗人的法定特权不仅是激发抗清斗争的原因之一,而且是革命派进行民族主义革命的重要内容。光绪三十三年七月初二日(1907 年 8 月 10 日),清廷鉴于《民报》发刊词所宣布的"驱逐鞑虏"的民族主义革命纲领所引起的巨大震动,同时也为了粉饰预备立宪,因而发布了《著内外各衙门妥议化除满汉畛域切实办法谕》,要求内外各衙门就如何全行化除满汉畛域,提出切实办法。此后,沈家本于光绪三十三年八月初二日(1907 年 9 月 9 日),呈上《旗人遣军流徒各罪照民人实行发配折》,其中提出:"窃维为政之道,首在立法以典民。法不一,则民志疑,斯一切索隐行怪之徒,皆得乘瑕而蹈隙,故欲安民和众,必立法之先统于一。法一,则民志自靖,举凡一切奇衺之说,自不足以惑人心。"针对顺天府尹孙宝琦提出的"旗人折枷,仍循其旧"的奏折,沈家本鲜明地表示:"现既钦奉明诏,化除满汉畛域,若旧日两歧之法仍因循不改,何以昭大信而释群疑?"他建议:"嗣后旗人犯遣军流徒各罪,照民人一体同科,实行发配。现行律例折枷各条,概行删除,以昭统一而化畛域。"[193]

同年十二月初七日,沈家本又上《变通旗民交产旧制折》,反对为保护旗人的经济基础而规定的"旗地、旗房概不准民人典买,如有设法借名私行典买者,业主、售主俱照违制律治罪,地亩、房间、价银一并撤追入官,失察该管官俱交部严加议处"。他认为"旗民不准交产,亦显分畛域之一端",并主张"自应及时变通,未可拘牵旧制……嗣后旗人房地准与民人互相买卖……至旗人之外出,居住营生者,准其在各省随便置买产业,毋庸禁止。旧时刑部例文二条,即应删除……庶旗民之赢绌有无,可以相济相通,而各有自养之路,便民生而化畛域,洵共保安全之一策也"。[194]

同日,沈家本与俞廉三向清廷上奏《遵议满汉通行刑律折》,提出:"方今中外交通,法律思想日趋新异,倘仍执旧律(指旗人犯罪免发遣之条),划分满汉之界,不惟启外人轻视之心,尤与立宪前途诸多阻碍。……拟请嗣后旗人犯罪俱

---

[193] 沈家本:《旗人遣军流徒各罪照民人实行发配折》,载沈家本:《寄簃文存》卷一,商务印书馆 2017 年版,第 2033 页。

[194] 沈家本:《变通旗民交产旧制折》,载沈家本:《寄簃文存》卷一,商务印书馆 2017 年版,第 2036~2037 页。

照民人各本律本例科断,概归各级审判厅审理,所有现行律例中旗人折枷各制,并满汉罪名畸轻畸重,及办法殊异之处,应删除者删除,应移改者移改,应修改者修改,应修并者修并……庶法权归于统一。"

在此折附片上,沈家本还提出了请求改变旗人特定的诉讼管辖,"嗣后旗人词讼案件,统归各级审判厅审理,其审判厅尚未设立省份,概归各州县审理,毋庸再由理事同知通判等官会审……至驻防旗人应入秋审人犯,亦请改归各督抚汇入民人秋审册内,一体办理,毋庸再由各将军都统核审,以昭画一,而免歧异"。[195]

沈家本的上述三折,均得到清廷的允准,已存在二百多年的满汉异法的规定从法律上消除,旗、民获得了平等的法定权利。

其三,主张司法独立。沈家本接受的民主法治思想影响,还体现在司法独立的主张当中。他认为"司法独立,为异日宪政之始基"[196],"宪法精理以裁判独立为要义,此东西各国所同也"。他在《酌拟法院编制法缮单呈览折》中提出:"东西各国宪政之萌芽,俱本于司法之独立,而司法之独立,实赖法律为之维持,息息贯通,捷于形影,对待之机,固不容偏废也。"他建议"改按察使为提法使,分设审判厅",建立四级审判制度及"合议制"。他还首先引进陪审制与律师制,在《大清刑事民事诉讼法》中明确了法庭之上陪审员和律师的地位和权限。这部真正意义上的诉讼法典,由于保守的封建官僚的非议与阻挠而未能实施。但是,它体现了中国实体法与诉讼法的分离,打破了中国几千年来以行政长官主宰的司法审判旧传统,反映了沈家本改革司法制度的魄力和决心。

(5)翻译西法与考察调研并举。沈家本认为翻译西方国家的法律与法学著作,是修律的重要起点,他说,"参酌各国法律,首重翻译","欲明西法之宗旨,必研究西人之学,尤必编译西人之书"。[197] 他举日本明治维新为例,认为日本君臣"发愤为雄,不惜财力,以编译西人之书,以研究西人之学,弃其糟粕而撷其英华,举全国之精神胥贯注于法律之内,故国势日张"。[198] 在沈家本主持修律期间,广购各国最新法典,多致译才,分任翻译。为使译员所译之书信达、准确,他亲与"原译之员,逐句逐字反复研究,务得其解"。[199]

---

[195] 李贵连编著:《沈家本年谱长编》,台北,成文出版社1992年版,第262~264页。
[196] 沈家本:《酌拟司法权限缮单呈览折》,光绪三十三年四月初三日,载故宫博物院明清档案部编:《清末筹备立宪档案史料》(下册),中华书局1979年版,第827页。
[197] 沈家本:《新译法规大全序》,载沈家本:《寄簃文存》卷六,商务印书馆2017年版,第2242页。
[198] 沈家本:《新译法规大全序》,载沈家本:《寄簃文存》卷六,商务印书馆2017年版,第2242页。
[199] 《奏修订法律大概办法折》,载故宫博物院明清档案部编:《清末筹备立宪档案史料》,中华书局1979年版。

为了编纂会通中西的新法律,沈家本"不惜重资,延请外国法律专家,随时咨问"。[200] 日本法学家冈田朝太郎等,不仅充任修律顾问,还参与起草新法,使得资产阶级的法律原则更直接、更便当地输入到中国的法律中去。

(6)设立法律学堂,培养新的司法人才。沈家本深知"法律为专门之学,非俗吏之所能通晓,必有专门之人"。[201] 然而在中国,法律之学又是"世皆懵暗……积习相仍,于今为甚"[202]。为了执行新法和适应司法制度改革的需要,倍感"造就司法人才,为他日审判之预备"的紧迫。他非常同意伍廷芳在修订法律馆设立后所说"法律成而无讲求法律之人,施行必多阻阂,非专设学堂培养人才不可"[203]。他也曾向清廷陈述了西方各国由于重视法律教育与人才的培养,致使司法后备力量极其充实。他说西方"各国法理昌明,学校林立,法律思想普及全国。其高等法学毕业之人,皆足备法官之登进,取才初不为难,故可由司法省大臣专任其事"。[204]

经过沈家本的奏请,终于"奉旨俞允",于光绪三十二年九月(1906年10月),设立了中国第一个法律学堂,学员数百人。法律学堂设立以后,沈家本对讲学非常重视,强调"法之修也,不可不审,不可不明,而欲法之审,法之明,不可不穷其理,而欲穷其理,舍讲学又奚由哉"。[205] 鉴于当时"教习无其人,则讲学仍记空言也",特别聘请日本法学家冈田朝太郎、松冈义正担任主讲,其薪俸高于中国教习数倍以上。由于培养司法人才是预备立宪与司法改革所急需,所以各地各类法政学堂纷纷设立,沈家本充满信心地说:"吾中国法律之学,其将由是而昌明乎。"[206]

鉴于"方今环球学说,月异日新,苟非会而通之,又乌能折衷而归一"[207],沈家本认为派员去外国考察法制,其重要性与译书同。他说:"与译事并重者,则为调查。"在《奏修订法律大概办法折》中,他详细陈述了派员调查的理由:"参考各国成法,必先调查也。日本变法之初,调查编订,阅十五年之久,而后施行。就我国今日之情势言之,较诸日本,益形迫切,而事关立法,又何敢稍涉粗疏。

---

[200] 《奏修订法律大概办法折》,载故宫博物院明清档案部编:《清末筹备立宪档案史料》,中华书局1979年版。

[201] 沈家本:《设律博士议》,载沈家本:《寄簃文存》卷一,商务印书馆2017年版,第2060页。

[202] 沈家本:《元史新编跋》,载沈家本:《寄簃文存》卷七,商务印书馆2017年版,第2259页。

[203] 沈家本:《法学通论讲义序》,载沈家本:《寄簃文存》卷六,商务印书馆2017年版,第2233页。

[204] 沈家本:《奏酌定司法权限并将法部原拟清单加具按语折》(附清单),光绪三十三年四月初九日,载故宫博物院明清档案部编:《清末筹备立宪档案史料》(下册),中华书局1979年版,第828页。

[205] 沈家本:《法学通论讲义序》,载沈家本:《寄簃文存》卷六,商务印书馆2017年版,第2234页。

[206] 沈家本:《法学通论讲义序》,载沈家本:《寄簃文存》卷六,商务印书馆2017年版,第2233页。

[207] 沈家本:《法学通论讲义序》,载沈家本:《寄簃文存》卷六,商务印书馆2017年版,第2234页。

拟……一面派员调查各国现行法制……调查明彻再体察中国情形,斟酌编辑,方能融会贯通,一无扞格。"根据沈家本的奏请,于光绪三十二年(1906年)派刑部候补郎中董康等,赴日本考察法制。后因经费不足,"仅将裁判、监狱两项查明归国,而考察欧美法制,力更未及"。为此他不断呼吁"此调查之应筹推广也"。派员赴外国考察具有放眼世界的积极意义,对于立法工作来说,是一项值得借鉴的历史经验。

除派员赴国外考察外,也派员赴国内各地调查民事、商事习惯。沈家本认为,"民商各律,意在区别凡人之权利义务而尽纳于轨物之中,条理至繁,关系至重,中国幅员广远,各省地大物博,习尚不同。使非人情风俗洞彻无遗,恐创定法规必多窒碍"。[208] 光绪三十四年(1908年)正月,沈家本奏派翰林院编修朱汝珍调查"关系商律事宜","该编修遍历直隶、江苏、安徽、浙江、湖北、广东等省,博访周咨,究其利病,考察所得至数十万言"。[209] 宣统二年(1910年)正月,沈家本又奏请派员调查各省民事习惯,得到清廷批准后,即着手制定调查民事习惯章程十条,规定了调查方法、调查内容及答复的期限等。在沈家本主持下进行的民商事习惯调查,不仅直接服务于制定《大清民律草案》和《大清商律草案》,对于中华民国时期民法的制定也提供了重要的基础。

(三)伍廷芳的生平与法律思想

伍廷芳(1842~1922年),字文爵,号秩庸,广东新会县人,出身于商人家庭。1861年自筹经费留学于英国林肯法学院,毕业后取得大律师资格,返回香港担任律师,并被香港政府聘为法官兼立法局议员。1882年充当直隶总督北洋大臣李鸿章幕僚。1896年清政府任命伍廷芳出使美国、西班牙、秘鲁等国。1902年,刘坤一、张之洞、袁世凯以"出使美国大臣四品卿衔伍廷芳,练习洋务,西律专家",推举他为修订法律大臣。根据刘坤一、张之洞、袁世凯的保奏,清廷颁发谕旨任命伍廷芳、沈家本为修订法律大臣。但不久又任命伍廷芳为会办商务大臣,由美国直达上海"妥协商约"。[210] 次年9月10日补授伍廷芳为商部左侍郎,"著即来京供职",[211] 旋又改派伍廷芳为外务部右侍郎,同时兼修订法律大臣。光绪二十九年(1903年)十二月七日,光绪皇帝在谕旨中说,外务部右侍郎伍廷芳等(含沈家本)奏:"遵旨修订法律,首以调员,译书两事为亟,请饬部岁

---

[208] 张国华、李贵连编著:《沈家本年谱初编》,北京大学出版社1989年版,第219页。
[209] 李贵连编著:《沈家本年谱长编》,台北,成文出版社1992年版,第329~331页。
[210] 《清实录》第五八册《德宗景皇帝实录(七)》,光绪二十八年九月壬午,第679页上栏。
[211] 《清实录》第五八册《德宗景皇帝实录(七)》,光绪二十九年七月辛丑,第857页下栏。

拨经费三万两,下户部知之。"[212] 光绪三十三年(1907年),伍廷芳再次出使美国、墨西哥、秘鲁、古巴,两年后被召回。1911年辛亥革命爆发后,伍廷芳赞成共和政体,曾致函摄政王载沣与庆亲王奕劻,劝清帝退位。而且他与张謇等人发起组织共和统一会,担任南方光复各省临时外交代表。1912年,以孙中山为首的南京临时政府成立以后,伍廷芳任司法总长。1916年他任段祺瑞内阁外交总长。1917年9月南下,他参加孙中山在广州建立的护法军政府,任外交部长。1921年5月,孙中山赴桂林前线指挥北伐时,伍廷芳代行总统职务。1922年4月他兼任广东省长,同年6月支持孙中山反击陈炯明叛乱,不久逝于广州。

伍廷芳是中国近代史上通晓西方国家的法学、热心改革中国封建法制的著名代表人物。他在和沈家本共同担任修订法律大臣期间,参与修订了新刑律草案,揭开了中国近代立法史上重要的一页。特别是辛亥革命以后,担任南京临时政府司法总长期间,协助孙中山制定和颁布了一系列具有资产阶级民主主义性质的法律和法令。而后在北洋军阀撕毁约法、擅权窃国的严峻形势下,勇敢地站在孙中山一边,进行以恢复《中华民国临时约法》为旗帜的护法斗争,成为孙中山的得力支持者。伍廷芳的主要著作有《中华民国图治刍议》《美国费城大书院演说》等。《中华民国图治刍议》虽然出版于民国初年,但其中所表现的法律思想显然是经历了一个发展的过程的,其源流清晰、内容精辟,可以说是其法律思想的代表作。

伍廷芳的法律思想主要表现在如下三个方面。

1. 抨击清朝专制政体,主张变法图强

伍廷芳的出身、学识与经历,使他敏锐地觉察到封建专制制度下的政治腐败、法纪废弛,所造成的社会危机,特别是在列强环逼下,民族危机一天天加深,因此,他大声疾呼只有变法,才能图强,如要"不战而抗行欧美",唯有"上下一心,变法图强而已"。[213] 为了改革清朝腐朽的政治法律制度,他"屡有条陈,辄思补救",[214] 希望按西方资本主义国家的模式,进行政治法律制度的改革。但是保守的清廷,动辄以"祖宗成法,不能循变"为词,以相抵制,使他的主张"奈终见沮,十不一行",[215] 终于"志敛心灰,浩然归去"[216]。从此,他从维护清朝统治的改良主义立场,逐渐转向支持孙中山领导的资产阶级民主革命。他认为清政

---

[212] 《清实录》第五八册《德宗景皇帝实录(七)》,光绪二十九年十二月丙辰,第937页上栏。
[213] 伍廷芳:《中华民国图治刍议》,商务印书馆1915年版,第2~3页。
[214] 伍廷芳:《中华民国图治刍议》,商务印书馆1915年版,自序。
[215] 伍廷芳:《中华民国图治刍议》,商务印书馆1915年版,自序。
[216] 伍廷芳:《中华民国图治刍议》,商务印书馆1915年版,自序。

府的专制腐朽与高压是驱动民心转向共和的重要原因。他说:"自数百年来,四海萧骚,咸狙伏于专制政府之下,如水益深,如火益烈,压迫太甚,炸力旋生,其热使然,以是人心之趋向,渐集民权。"[217]

1911年辛亥革命爆发以后,他在电促清帝退位和担任南北议和全权代表时,都坚持以废除清朝专制帝制、建立共和政府为前提。袁世凯复辟帝制,他持鲜明的反对态度;张勋复辟时,身为外交部长的伍廷芳,横眉冷对军阀的淫威,坚决拒绝副署解散国会的命令。辛亥革命以后,迭次发生的复辟与反复辟的斗争,使他从实践中认识到军阀的真面目,因而积极追随孙中山进行保卫民国的护法斗争,直到病逝。

2. 平等、自由以法律规定者为限

伍廷芳认为,所谓平等权,"殆指律例上而言。……以律例眼中所视全国之人,无分上下高低,皆属平等。国家法律,上下人须一律恪遵。位极长官,亦难枉法,犯法者无论上下,一同治罪,此之谓平等也"。[218] 可见,伍廷芳所主张的平等权,是指法律面前人人平等而言,这是资产阶级的法制原则之一,它同以公开确认等级特权为特征的封建法律是对立的。

对于自由,伍廷芳也强调以法律所赋予者为限,他说:"何谓自由,凡人于法律界内,不出范围,可以自由行事,无人可为拘制,如有稍涉拘制,而不依法律者,即可执拘制之人,起诉于法官,或官或民,犯者一律惩治……此之所谓自由也。"他强调守法是自由的前提,"人能守法,斯能自由",并以此嘱望国民"切勿误会也"。[219]

法律范围以内的平等权与自由权,是资产阶级民主与法制原则的具体表现,伍廷芳称为"真理"。虽然这种真理是盖有资产阶级权利的印章,但与封建主义的公开等级特权相比,无疑是历史的进步。尤其是在人民无权、专制肆虐的清朝,要求实行法律范围内的平等权与自由权,其目的无非是约束贵族官僚的特权,借以维护人民的法定权利,因而具有明确的针对性和积极的意义。辛亥革命以后,他十分注意人民依法所享有的平等权与自由权,在他拟定的以改革民国现状为目的的宪纲大旨七条中,强调维持人身权利。例如,无故不得擅入住宅,搜查"房屋铺户";无拘人票不准任意捕人;被拘拿之人必须于二十四小时内由法庭提审;一人犯罪不得牵连亲属等。[220]

---

[217] 伍廷芳:《中华民国图治刍议》,商务印书馆1915年版,第8页。
[218] 伍廷芳:《中华民国图治刍议》,商务印书馆1915年版,第57页。
[219] 伍廷芳:《中华民国图治刍议》,商务印书馆1915年版,第57页。
[220] 伍廷芳:《中华民国图治刍议》,商务印书馆1915年版,第37页。

但是，伍廷芳认为"上天生人，品类不齐，性质亦异"，因而反对"民国即立，国民无分上下，皆当视为平等，所享权利，均应一律"，[221]表现了唯心主义先验论的影响。

3. 改良司法，实行司法独立

第一，伍廷芳对司法工作十分重视，强调"中国政治，欲有所进步，须先从司法一门入手"。[222] 为了使人们认识到这一点，他"不惜务为浅显，三复赘言"，郑重指出"司法问题，范围甚广，关系外交及收回治外法权"之大事。伍廷芳早年参与李鸿章主持的外交谈判，而后又跻身法界，切身经历使他深感收回治外法权的重要。他说："鸦片战争以来，中西交涉时闻涉讼，而西人向无尊我法律者，中西会审，屡费周张，此时欲收回治外法权，终未能旦夕解决，故中国改良律例，慎重法庭，自是切要之问题也。"[223]

第二，他认为中国之所以衰弱，欧美之所以强盛，根本原因不在于西方资本主义国家船坚炮利，而在于政治制度优越。前者只是其"皮相"，后者才是其"富强之真相"。而为了达到政治清明，必须"锐意改良司法"，形成有利于资本主义工商业发展的政治秩序，才能建立起强盛的国家。所以，改良司法"是为缔造民国一大机枢"。[224]

第三，改良司法"关系商民安居与国家富强"。他认为自秦迄清，封建政府一贯实行的重农抑商政策和限制工商业发展的法律，是中国贫弱之源，他举洋务运动时期开办的漠河金矿为例，他说："按漠河当时定章，所得每百以二成报效，即而加至三成，迭增四、五成，后借题发挥，竟夺为官办。民不信官，不自今日始矣。"他又说远涉重洋华人绅商，常因"内地治安，逊于外洋远甚，官役敲诈，劫掠时虞"，而不愿"挟资回国""揣返父母之邦"，以致妨碍了对民族工商业的投资。因此，他希望改良司法，借以"鼓舞众商，一洗前清之旧染"。由于他把"整顿司法"看作是"以固民心"之先务，所以断言"国家致富，无逾于此"。

伍廷芳除扼要阐明了改良司法的必要性外，更以较多的笔墨论证了作为改良司法主要内容的司法独立与文明审判。他说："中国司法，向昧夫独立一理，循二千余年之专制，奉立法、司法、行政之鼎立三权，操于一身。……每因一案之龃龉，积久未能清理。"[225]因此，改良司法的首要步骤就是按照三权分立的原

---

[221] 伍廷芳：《中华民国图治刍议》，商务印书馆1915年版，第57页。
[222] 伍廷芳：《中华民国图治刍议》，商务印书馆1915年版，第57页。
[223] 伍廷芳：《中华民国图治刍议》，商务印书馆1915年版，第57页。
[224] 伍廷芳：《中华民国图治刍议》，商务印书馆1915年版，第57页。
[225] 伍廷芳：《中华民国图治刍议》，商务印书馆1915年版，第57页。

则,实行司法独立。他认为文明国的重要标志"须视其司法能独立与否。……文明强国,遵崇法律,推重司法神圣,不得或贬其权,更不准行政者越俎违章,稍作民权之侵犯,上下守法,四民安谧,此治国之第一要图也"。[226] 他在宪纲大旨七条中,特别提出"审判官所断之案件,行政官不能过问,如有冤抑,得上控于合格衙门"。此外,伍廷芳从实践经验中认识到,"司法者,全国治体命脉所系","鞫谳重大,为民生性命所托",司法官是否廉明是衡量一国文明程度的"另一标志"。为了改进司法审判,伍廷芳十分重视司法人员的培养和储备。他在担任修订法律大臣时便提出"法律成而无讲求法律之人,施行必多阻阂,非专设学堂培养人才不可"。[227] 同时,建议任命曾在东西洋接受高等法律教育的人才,担任地方审判之职,"纵或经验未深","援引法律,当无大失"。[228]

伍廷芳反对中国封建时代审判中所采取的罪从供定的原则和由此而产生的刑讯制度,主张根据证据和情理定案。他说:"中国讯案,向取旧法……行之今日,大非文明。即如靠供定谳,殊非得计,以犯事人多方闪烁,断无肯认罪者。一切用刑求,辄多冤枉,是以文明国审讯,不全靠供词,惟凭证据与情理而定。"[229] 他举确凿的历史事实为例,驳斥了朝廷中流行的不用刑不能查明案情、杜绝犯罪的传统偏见,并发出尖锐的诘问:"试看中国严刑提鞫数百年来,何尝见政简刑清?"[230] 辛亥革命以后,伍廷芳担任南京临时政府司法总长期间,曾以法令的形式正式宣布废除刑讯。在他草拟的宪纲大旨七条中也明确提出,无论"审讯刑事民事各案,均不准用刑"。[231] 在这里表现了他的人权与法治的思想。

伍廷芳虽然浮沉于清朝宦海几十年,但由于他长期学习和工作在欧美资本主义国家,因此所接受的资产阶级的法律影响是十分明确的,这是他法律思想的主要特点。由输入欧美法律改革封建旧律,到立法定制建立资产阶级的法律体系和司法制度,是当时开明的官僚、士大夫所共同追求的和经历过的。所不同的是,伍廷芳不仅在打破清朝恪守的祖宗成法,引进资本主义国家的法律和制定新律等方面作出了自己的贡献,还为创建和维护中华民国耗尽了最后的精力。

综括上述,鸦片战争以后至20世纪初期,是古老的中华法系在西方法文化的冲击下逐渐解体的时期,也是一个由中世纪封建法制进入近代法制的转型时

---

[226] 伍廷芳:《中华民国图治刍议》,商务印书馆1915年版,第108页。
[227] 沈家本:《法学通论讲义序》,载沈家本:《寄簃文存》卷六,商务印书馆2017年版,第2233页。
[228] 伍廷芳:《中华民国图治刍议》,商务印书馆1915年版,第38页。
[229] 伍廷芳:《中华民国图治刍议》,商务印书馆1915年版,第42页。
[230] 伍廷芳:《中华民国图治刍议》,商务印书馆1915年版,第37页。
[231] 伍廷芳:《中华民国图治刍议》,商务印书馆1915年版,第40页。

期。它是在铁与火的煎熬中和中华民族遭受巨大灾难中进行的,一代开明的官僚、士大夫为此付出了巨大的代价。由此不难理解沈家本、伍廷芳法律思想的脉络和时代加给他们的烙印。

沈家本继承了林则徐"睁眼看世界"的开放精神,从世界法制发展的历史大潮中丰富自己的认识,思考着中国法制的出路。为了适应"法典革新时代",他积极研究西法、吸收西法,成为中国当时唯一学贯中西的法学家。他深信介于列强之间的中国,万难守旧,因此反对恪守成法,积极贯彻"博辑中外""会通中西"的修律宗旨,力图通过修律改革司法,使中国自立于世界法制文明之林。

西方列强侵略的深入与救亡图存斗争的开展,推动着社会的变革进程,震撼着人们的思想观念,影响着国家的活动方向。沈家本和同时代的思想家、政治家们一样,都洋溢着爱国主义的激情,只是表现为力图通过修律收回治外法权,恢复中国的司法主权。收回治外法权成为沈家本积极从事修订法律的工作动力。他在向清廷陈述修律的奏折中,多次以"法权渐可挽回"自励自勉。虽然对外国侵略者缺乏本质的认识,以致通过修律收回治外法权成为不切实际的幻想,却表现了一个官僚的爱国主义情操。

沈家本作为拥有改良思想的官僚,支持新政与立宪,力图通过修律推动立宪的进程。正是由于修律是晚清立宪链条上的一个环节,因此,晚清政治改良的深度也决定和制约着法制改良的深度。

第七章　体现近代刑法文明的新章
——《大清刑律》

晚清修律以修订刑律为重点,在沈家本亲自主持下,一方面根据改良的精神,制定带有过渡性的《大清现行刑律》,以便先行适用。另一方面以西方国家的刑法为模式,并聘请外国法学家参与制定《大清刑律》(《钦定大清刑律》,又称《大清新刑律》),至宣统二年十二月二十五日(1911年1月25日),奉谕颁布,以备实行。《大清刑律》是晚清修律最具有代表性的成果,也是中西法律文化既冲突又融合的集中体现。它的制定,终结了中国传统的刑法发展历史和民刑不分的法典体例,揭开了中国近代刑法文明的新篇章。

一、删除《大清律例》内重法,以适应"会通中西"的宗旨

沈家本从"而各法之中,尤以刑法为切要"[1]的认识出发,始终以制定新刑法为主要任务,前后历时近六年之久。在这个过程中,首先从删除原《大清律例》中"不适于时"的条款入手。光绪三十一年三月十三日(1905年4月17日),沈家本在《奏请先将律例内应删各条分次开单进呈折》中提出,《大清律例》内的定例,"系一时权宜,今昔情形不同者;或业经奏定新章,而旧例无关引用者;或本条业已赅载,而别条另行复叙者;或旧例久经停止,而例内仍行存载

---

[1]《修订法律大臣沈家本奏刑律草案告成分期缮单呈览并陈修订大旨折》,载故宫博物院明清档案部编:《清末筹备立宪档案史料》(下册),中华书局1979年版,第845页。

者，凡此皆在应删之例。……综计共有三百四十四条之多"[2]显而易见，沈家本关于修改定例的意见，符合法与时转的客观规律，是正确的。同年三月二十日，他向清廷奏请《删除律例内重法折》，这个奏折阐述了《大清律例》内重法的野蛮性、残酷性、落后性以及删除的必要性。他采取中外刑法参互考证的方法，说明无论"刑制"或"罪名"，都是"中重而西轻者为多"，以致"西人每訾为不仁，其旅居中国者，皆藉口于此，不受中国之约束"。根据"治国之道，以仁政为先"，"化民之道，固在政教，不在刑威也"，他提出"刑法之当改重为轻"，为"今日仁政之要务"。如前所述，晚清修律是以"会通中西"为宗旨的，因此，删除重法不仅适应了修律宗旨的要求，而且可以实现不"授外人以口实"的目的。

奏折提出"亟应先议删除"的最重之法如下："一曰凌迟、枭首、戮尸"；"凡律内凌迟、斩枭各条俱改斩决"；"一曰缘坐。拟请将律例内缘坐各条，除知情者仍治罪外，其不知情者悉予宽免"；"一曰刺字。拟请将刺字款目概行删除"。以上重法酷刑是"西人每訾为不仁"的主要之点，"此而不思变通，则欲彼之就我范围，不犹南辕而北辙乎"。他举日本为例，"近日日本明治维新……新律未颁，即将磔罪、枭首、籍没、墨刑先后废止"。因此，奏请"将重法数端，先行删除，以明示天下宗旨之所在"[3]。这里所说的"天下"，显然是指世界范围而言，至于"宗旨"之所在，沈家本在奏折中特加注释，以便"天下晓然"。他说："伏维我皇太后、皇上深念时艰，勤求上理，特诏考订法律，期于通行中外。"这份《删除律例内重法折》，在当时颇有震撼力，也为后人所称赞。杨鸿烈说：这文将中国法律"最落后"不合时宜的部分真能恺切披陈，可算是对"中国法系"加以改造的一篇大"宣言"！[4]

凌迟、枭首等酷刑，突出地表现了《大清律例》的落后与野蛮，既和世界进步的历史潮流大相径庭，又与清廷所标榜的立宪改良的政策相矛盾，因此，这个以"裁之以义""推之以仁"，改重从轻的奏折，得到清廷的首肯，下谕"现在改订法律，嗣后凡死罪，至斩决而止，凌迟及枭首、戮尸三项，著即永远删除。所有现行律例内，凌迟、枭首各条俱改为斩决，其斩决各条俱改为绞决，绞决各条俱改为绞监候……至缘坐各条，除知情者仍治罪外，馀悉宽免。其刺字等项，亦著概行革除"[5]。废除《大清律例》中的酷刑，其意义不限于刑制本身，而是中国法制文明走向近代文明的重要一步。

---

[2] 李贵连编著：《沈家本年谱长编》，台北，成文出版社1992年版，第126页。
[3] 沈家本：《删除律例内重法折》，载沈家本：《寄簃文存》卷一，商务印书馆2017年版，第5页。
[4] 杨鸿烈：《中国法律思想史》（下册），上海书店出版社1984年版，第312页。
[5] 沈家本：《删除律例内重法折》，载沈家本：《寄簃文存》卷一，商务印书馆2017年版，第5页。

二、《大清现行刑律》——中国近代刑法的过渡形态

光绪三十一年三月（1905年4月），修订法律馆完成对《大清律例》的初步删修工作，共删除345条，对此清廷"全行照准"。次年，清廷宣布实行预备立宪，鉴于"刑律与宪政关系尤切……新刑律尤为宪政重要之端",[6]因此，修订法律馆积极起草《大清刑律》，并邀请日本法学家冈田朝太郎协助修订。光绪三十三年八月二十六日（1907年10月3日），编成《大清刑律草案》初稿，其中总则十七章，分则三十六章，共387条。沈家本将草案总则、分则分别缮单呈览，清廷将该草案分发部院督抚大臣核议。不久即有部分督抚大臣上奏，提出非议，特别是学部认为新刑律草案有妨礼教，进行全面批驳。清廷遂即下令"修订法律大臣，会同法部，按照所陈各节，再行详慎斟酌，修改删并"。[7] 由于督抚大臣对刑律草案的签驳尚待时日，通过施行更是遥遥无期，而在宣布预备立宪以后，旧有律例又颇多窒碍，为此，沈家本等奏上《编定现行刑律以立推行新律基础折》，提出"现在新律之颁布尚须时日，则旧律之删订，万难再缓"，在新刑律制订之前，须要编订现行刑律，以备急需，"一俟新律颁布之日，此项刑律再行作废"。[8] 为了说服清廷同意编订《大清现行刑律》作为新刑法的过渡，沈家本等仍举日本为例说："考日本未行新刑法以前……颁行改定律例三百余条，以补纲领所未备，维持于新旧之间，成效昭著。"[9]沈家本等在奏请编订《大清现行刑律》折中提出的"办法四则"，充分体现了作为过渡形态的现行刑律的立法原则。

（一）"总目宜删除也"

删除总目，即删除吏、户、礼、兵、刑、工诸律目。沈家本等解释说："刑律（指大清律例）承明之旧，以六曹分职，盖沿用元圣政典章及经世大典诸书，揆诸名义，本嫌未安，现今官制或已改名，或经归并，与前迥异，自难仍绳旧式，兹拟将吏、户、礼、兵、刑、工诸目一律删除，以昭划一。"[10]光绪三十四年五月二十八日（1908年6月26日），在宪政编查馆会同法部的议奏折中作了进一步阐述："删除总目一节，盖亦因时制宜之办法，查六官分治，为成周之旧制，夷考列代律目，

---

[6]《大清法规大全·法律部》（续编）卷二。
[7] 李贵连编著：《沈家本年谱长编》，台北，成文出版社1992年版，第200页。
[8] 故宫博物院明清档案部编：《清末筹备立宪档案史料》（下册），中华书局1979年版，第853页。
[9] 故宫博物院明清档案部编：《清末筹备立宪档案史料》（下册），中华书局1979年版，第852页。
[10]《大清现行刑律案语》。

汉魏以降，大率有篇目，而无总目，唐律及宋刑统均同，元典章目录始以诏令、圣政、朝纲、台纲居前，而吏、户、礼、兵、刑、工六部分列于后。自明洪武时废中书省，政归六部，故修律亦分六曹。我朝因之，相承未改。近今官制更张，已与前代不同，事例既增，自非旧日总目所能赅载。今律篇目，分名例、职制、公式、户役、田宅、婚姻、仓库、课程、钱债、市廛、祭祀、仪制、宫卫、军政、关津、厩牧、邮驿、盗贼、人命、斗殴、骂詈、诉讼、受赃、诈伪、犯奸、杂犯、捕亡、断狱、营造、河防，凡三十门。条举已详，即无总目，已便检查。应即仍照今律三十门分隶，而删除六律之名，以昭核实。"[11]

（二）"刑名宜厘正也"

厘正刑名即将《大清律例》内各项刑名，"概从新章厘订，以免纷歧"。对此，沈家本解释说："律以笞、杖、徒、流、死为五等，而例则于流之外，复增外遣、充军二项。自光绪二十九年刑部奏请删除充军名目，改为安置，是年刑部又于议复升任山西巡抚赵尔巽条奏，军、流、徒酌改工艺。三十一年臣家本与伍廷芳议复前两江总督刘坤一等条奏，改笞、杖为罚金。三十二年奏请将秋审可矜人犯随案改流。三十三年臣等遵旨议定满汉同一刑制。是年法部复奏请将例缓人犯，免入秋审等因各在案，叠届变通，渐趋宽简，质言之即死刑、安置、工作、罚金四项而已，而定案时因律例未改，仍复详加援引，偶一疏忽，舛迕因之，似非循名覈实之义。兹拟将律例内各项罪名，概从新章厘订，以免纷歧。"[12]

（三）"新章宜节取也"

沈家本认为："新章本为未纂定之例文，惟自同治九年以来垂四十年，通行章程，不下百有馀条，阅时既久，未必尽合于今。兹拟分别去留，其为旧例所无，如毁坏电杆、私铸银圆之类，择出纂为定例。若系申明旧例，或无关议拟罪名，或所定罪名复经加减者，无庸编辑。"[13]

（四）"例文宜简易也"

沈家本认为："律文垂一定之制，例则因一时权宜量加增损，故列代文法之

---

〔11〕 李贵连编著：《沈家本年谱长编》，台北，成文出版社1992年版，第271页。
〔12〕 《修订法律大臣沈家本等奏请编定现行刑律以立推行新律基础折》，载故宫博物院明清档案部编：《清末筹备立宪档案史料》（下册），中华书局1979年版，第853页。
〔13〕 《修订法律大臣沈家本等奏请编定现行刑律以立推行新律基础折》，载故宫博物院明清档案部编：《清末筹备立宪档案史料》（下册），中华书局1979年版，第853页。

名,唐于律之外有令及格式,宋有编敕,自明以大诰、会典、问刑条例附入律后,律例始合而为一。历年增辑,寖而至今,几及二千条以下。科条既失之浩繁,研索自艰于日力,虽经节次删除,尚不逮十之二三。其中与现今情势未符者,或另定新章;例文已成虚设者,或系从前专例无关引用者,或彼此互见,小有出入者,不胜缕举。凡此之类,拟请酌加删并,务归简易。"[14]

对于奏定新章、删并例文二节,宪政编查馆会同法部议奏时,进一步说明:"新例颁行,旧例停止,乃乘除自然之理。方今朝廷庶政咸新,群汇繁阜,有昔为厉禁,今已渐次解除者;有昔为附例,今已别辑专条者,即如民人出海例禁綦严,今则易为保护。各省矿山向多封闭,今则咸议开采,以及结社集会发行报纸之类,均非旧时律例范围所能限制,以上各项均应荟萃参考,以期一贯而免牴牾,否则张弛靡常,前后乖舛,有司顾瞻失据,吏胥影射为奸,似于推暨之功,不无阻碍,此原奏引申所未及亟应损益者也。"[15]

由于宪政编查馆和法部在议覆中同意"因新刑律草案虽经编拟,而一时教育、审判、警察、监狱各项规制,诸未完善,恐难急切见于实行,故援日本从前新律纲领及改订律例之办法,删订旧律,以利变通"。对于"系为循序渐进起见"而拟订的"四则办法",也都表示认同,并提出了补充说明。在得到清廷的允准之后,沈家本等遂即着手编订《大清现行刑律》,于宣统元年八月二十九日(1909年10月12日)完成,共律文414条,例文1066条,由沈家本、俞廉三联衔上疏呈进清单。宣统二年四月七日(1910年5月15日),"刊刻成书,颁行京外,一体遵守"。宣统二年九月二日(1910年10月4日),宪政编查馆大臣奕劻等在《奏现行刑律刊印告竣装潢呈览折》中引述上谕说:"朕详加披览(现行刑律),尚属妥协,著即刊刻成书,颁行京外,一体遵守。国家律令,因时损益,此项刑律为改用新律之预备,内外问刑各衙门,务当悉心讲求,依法听断,毋得任意出入,致滋枉纵,以副朝廷慎刑协中之至意。"[16]

《大清现行刑律》作为过渡性的刑法典,已将原《大清律例》中纯属民事的部分条款分出,不再科刑,以示民刑区分。在刑制上,除废除凌迟、枭首、戮尸、缘坐、刺字以及枷号外,采用罚金、徒、流、遣、死,取代原有的笞、杖、徒、流、死。罚金分十等,自银五钱至银十五两;徒刑分为五等,由一年至三年,依限工作,可

---

[14] 《修订法律大臣沈家本等奏请编定现行刑律以立推行新律基础折》,载故宫博物院明清档案部编:《清末筹备立宪档案史料》(下册),中华书局1979年版,第853页。

[15] 《大清现行刑律案语》。

[16] 《宪政编查馆大臣奕劻等奏现行刑律刊印告竣装潢呈览折》,载故宫博物院明清档案部编:《清末筹备立宪档案史料》(下册),中华书局1979年版,第880页。

以用银收赎;流刑分为三等,由二千里至三千里,工作由六年、八年至十年,收赎银由二十五两至三十五两,徒刑与流刑不加杖;遣刑分为二等,一为极边至四千里及烟瘴地方安置,一为新疆当差,工作十二年,收赎银三十五两;死刑仍为绞与斩。

三、吸收西方的刑法文化,起草新刑律

(一)制定新刑律的必要与变通旧律的意见

在删订现行刑律的过程中,修订大清新刑律的工作并未中断。新刑律的起草与现行刑律的删订完全不同,不仅从多种渠道引进了西方国家的刑法作为参照,而且聘请日本法学博士冈田朝太郎"帮同考订,易稿数四"。沈家本在《删除律例内重法折》中曾经陈述说:"……遴选谙习中西律例司员分任纂辑,延聘东西各国精通法律之博士、律师以备顾问,复调取留学外国卒业生从事翻译。……计自光绪三十年四月初一日开馆以来,各国法律之译成者,德意志曰刑法,曰裁判法,俄罗斯曰刑法,日本曰现行刑法,曰改正刑法,曰陆军刑法,曰海军刑法,曰刑事诉讼法,曰监狱法,曰裁判所构成法,曰刑法义解;较正者,曰法兰西刑法。至英、美各国刑法,臣廷芳从前游学英国,夙所研究,该二国刑法虽无专书,然散见他籍者不少,饬员依类辑译,不日亦可告成。"因此,在新刑律中融入了西方的刑法思想和原则,袭取了西方刑法的体系结构、基本规范和刑制,这是中国传统刑法的质的飞跃。

光绪三十三年八月二十六日(1907年10月3日),修订法律大臣沈家本在《刑律草案告成分期缮单呈览并陈修订大旨折》中,声称已编订总则十七章,分则三十六章,共387条。并对新刑律修订的必要与变通之处,以及采纳的西方刑法原则,一一作了说明。

沈家本从领事裁判权的存在、中国国际地位的低下以及国内教案的愈演愈烈,说明中国必须改革旧律,制定新刑法。与此同时,沈家本还注意到当时世界范围内法律变革的潮流。他说:"考泰西十九世纪,学者称为法典革新时代,创之者为法兰西,继之者为希腊、奥地利。近如比利时、德意志、意大利、荷兰、瑞士,尤声价之卓著者。君相协谋于上,国民讨论于下,学列专科,人耽撰述。统计法系约分法、德、英三派,若日本而又折衷法国与唐明律及我朝刑律,一进而为模范德意志者也。风气所趋,几视为国际之竞争事业。而我国介于列强之间,迫于交通之势,盖有万难守旧者。"充分显示了改革中国法律的落后状态,顺

应世界法制文明进步的历史潮流,与时俱进,是沈家本修订刑律的主要考量。

沈家本"审察现时之民俗,默验大局之将来,综核同异,絜校短见",强调"旧律之宜变通者,厥有五端":

"一曰更定刑名。"沈家本认为:"自隋开皇定律,以笞、杖、徒、流、死为五刑,历唐至今因之。即泰西各国初亦未能逾此范围。"但是,"迄今交通日便,流刑渐失其效,仅俄、法二国行之。至笞杖亦惟英、丹留为惩戒儿童之具。故各国刑法,死刑之次,自由刑及罚金居其多数。自由刑之名称,大致为惩役、禁锢、拘留三种"。根据世界刑制发展的趋势,建议"改刑名为死刑、徒刑、拘留、罚金四种,其中徒刑分为无期、有期。无期徒刑惩役终身,以当旧律遣军;有期徒刑三等以上者,以当旧律三流,四等及五等,以当旧律五徒。拘留专科轻微之犯,以当旧律笞、杖。罚金性质之重轻,介在有期徒刑与拘留之间,实亦仍用赎金旧制也"。[17] 宣统二年十二月二十五日(1911年1月25日)颁布的《大清新刑律》,采纳了沈家本的意见,将死刑、徒刑、拘留、罚金定为主刑,褫夺公权和没收定为从刑。在刑罚的执行方面,首次规定了"缓刑""假释""时效"制度。"缓刑"是有条件地暂不执行已宣告的刑罚,适用于初犯、偶犯或轻微犯罪以及情节可悯者,目的在于"免塞其自新之路,予以后悔反省之机"。缓刑源起于英、美,其后法、德、日相继援用。"假释"是一种附条件的提前释放,19世纪中叶盛行于西方各国。大清刑律的假释规定,源于1907年日本刑法中的"假出狱"。"时效"是刑罚权消灭的原因之一,在西方国家中法国率先在刑法中采用时效,后遂成为资产阶级刑法的重要制度。经过更定刑名,宣告了以刑罚威吓主义和报复主义为特征的封建刑制的终结和中国近代资产阶级性质的刑罚体系的建立。

"一曰酌减死罪。"沈家本认为:"欧美刑法,备极单简,除意大利、荷兰、瑞士等国废止死刑外,其余若法、德、英、比等国死刑仅限于大逆、内乱、外患、谋杀、放火等项,日本承用中国刑法最久,亦止二十馀条。"与外国相比,"中国死刑条目较繁,然以实际论之,历年实决人犯以命盗为最多,况秋审制度详鞫实缓,倍形慎重,每年实予勾决者,十不逮一,有死罪之名,而无死罪之实"。因此,应该"准唐律及国初并各国通例,酌减死罪,其有因囿于中国之风俗,一时难予骤减者,如强盗抢夺、发冢之类,别辑暂行章程,以存其旧。视人民程度进步,一体改从新律"。针对有人担心"罪重法轻,适足召乱",沈家本着重指出"刑罚与教育互为消长",一味重法并不能减少严重犯罪,这已为历史所证明,"况举行警察为

---

[17]《修订法律大臣沈家本奏刑律草案告成分期缮单呈览并陈修订大旨折》,载故宫博物院明清档案部编:《清末筹备立宪档案史料》(下册),中华书局1979年版,第846~847页。

之防范,普设监狱为之教养,此弊可无顾虑也"。[18]

沈家本在《虚拟死罪改为流徒折》中,还奏请将戏杀、误杀、擅杀三项虚拟死罪,改为徒流。他说,"此数项罪犯,在各国仅处惩役禁锢之刑",唐律"亦不概问死罪","中国现行律例不分戏误擅杀,皆照斗杀拟绞监候,秋审缓决一次,即准减流,其重者缓决三次减流,盖虽名为绞罪,实与流罪无殊,不过虚拟死罪之名,多费秋审一番文牍而已。现当综核名实,并省繁重之际,与其空拟以绞,徒事虚文,何如径改为流,俾归简易……拟请嗣后戏杀改为徒罪"。误杀、擅杀"现律应拟绞候者,一律改为流罪……总期由重就轻,与各国无大悬绝"。[19] 在这个奏折中,沈家本一者力图减少死罪的条款,使中国的律例规定贯彻人道主义思想,逐步达到世界的一般标准;一者主张"综核名实",反对徒事虚文,这是沈家本历来主张的。他曾说:"法必名实符而后可为一代经常之法,未有循其名则是,责其实则非,而可以法名者。"[20] 根据沈家本的意见,《大清刑律》的死罪条款,较之《大清律例》大为减少。

"一曰死刑唯一。"在新刑律草案中,拟采取斩、绞两种死刑执行方法,对此日本冈田博士曾提出异议,认为有违"世界之大势""依然野蛮未开之法","亦不外中国古来之陋习迷信耳"。针对此种批评,沈家本特著《死刑唯一说》,阐明中国"唐虞三代,死刑并称大辟……可见死刑止用一项,自古已然,不自近世也"。又说清朝"开国之初,死刑用斩一项……迨后采用明制,死刑遂多"。在用绞、斩取代凌迟、枭首诸重刑之后,如果"再议删去一项",唯恐"訾议蜂起,难遽实行",不得不采取"渐进主义"。同时,他反驳了重斩轻绞是囿于陋习迷信的非难,指出:"斩、绞既有身首殊、不殊之分……实非毫无区别,略分轻重,与他事之迷信不同。"事实上外国也同样杂用"枪毙之法"和"断头之刑",也还有军法与常刑的区别。因此,"独责中国死分斩绞之非"是不公允的。不过从《死刑唯一说》文中,可以看出沈家本思想上的矛盾,他一方面认为"死刑止用一项,则东西各国所同";另一方面又认为斩绞并用的合理。这里既有认识上的原因,也反映了客观上存在的严重阻力。正是为了使"众论不至纷挐,而新法可以决定",才不得不采取这种妥协之法。光绪三十三年八月二十六日(1907年10月3日),沈家本在《奏刑律草案告成分期缮单呈览并陈修订大旨折》中,进一步提出:"旧律死刑以斩、绞分重轻,斩则有胆之惨故重,绞则身首相属故轻,然二者俱属绝

---

[18] 《修订法律大臣沈家本奏刑律草案告成分期缮单呈览并陈修订大旨折》,载故宫博物院明清档案部编:《清末筹备立宪档案史料》(下册),中华书局1979年版,第847页。
[19] 沈家本:《虚拟死罪改为流徒折》,载沈家本:《寄簃文存》卷一,商务印书馆2017年版,第7页。
[20] 沈家本:《充军考下》,载沈家本:《历代刑法考》(上册),商务印书馆2011年版,第609页。

人生命之极刑,谓有轻重者,乃据炯戒之意义言之尔。查各国刑法,德、法、瑞典用斩,奥地利、匈牙利、西班牙、英、俄、美用绞,俱系一种。惟德之斩刑通常用斧,亚鲁沙斯、庐连二州用机械,盖二州前属于法,而割界德国者,犹存旧习也。惟军律所科死刑俱用铳杀,然其取义不同,亦非谓有轻重之别。"因此,新订之律死刑拟"仅用绞刑一种,仍于特定之行刑场所密行之",以符"死刑唯一"之本意。只有"谋反大逆及谋杀祖父母、父母等条,俱属罪大恶极,仍用斩刑",但皆作为例外,"别辑专例通行"。可见沈家本关于"死刑唯一"的思想前后是有别的。

《大清刑律》第三十八条规定:"死刑用绞,于狱内执行之。"在死刑的执行程序上,专门规定:"受死刑之宣告者,迄至执行,与他囚人分别监禁。"(第三十九条)"死刑非经法部复奏回报,不得执行。"(第四十条)但在《大清刑律》后附章程中对某些重大犯罪仍适用斩刑,表现了沈家本在声势浩大的守旧派的攻击下,被迫作出的妥协。

"一曰删除比附。"沈家本根据"法无明文规定不为罪"的资产阶级刑法原则,主张及时立法,断罪处刑;反对临事无所适从,只能比附断案。他在解释《新刑律草案》第十条"凡律例无正条者,不论何种行为,不得为罪"的理由时说:"本条所以示一切犯罪须有正条乃为成立,即刑律不准比附援引。"并指出:"断罪无正条,用比附加减之律,定于明而创于隋,国朝律法承用前明,二百数十年来,此法遵行勿替。近来东西国刑法皆不用此文,而中国沿习既久,群以为便,一旦议欲废之,难者锋起。"[21]为此,沈家本举例汉唐以来,著名的开明官僚痛诋比附之害,"奸猾巧法,转相比况",以致"罪同论异"。特别是从立法、司法、行政三权鼎峙的理论出发,他论证了"若许署法者以类似之文致人于罚,是司法而兼立法矣,其弊一。人之严酷慈祥,各随禀赋而异,因律无正条而任其比附,轻重偏畸,转使审判不能统一,其弊又一"[22]。为了回答"人情万变,断非科条数百所能赅载者"的指责,沈家本指出:"不知法律之用,简可驭繁,例如,谋杀应处死刑,不必问其因奸因盗。如一事一例,恐非立法家逆臆能尽之也。"[23]沈家本立足于新的历史条件,对比附援引流弊的揭露,可以说是明清以来审判实践的一个方面的总结。为了使"不复袭用旧例"的立论更有说服力,他还介绍了

---

[21]《断罪无正条》,《明律目笺一》,载沈家本:《历代刑法考》(下册),商务印书馆2011年版,第785页。

[22]《修订法律大臣沈家本奏刑律草案告成分期缮单呈览并陈修订大旨折》,载故宫博物院明清档案部编:《清末筹备立宪档案史料》(下册),中华书局1979年版,第848页。

[23]《修订法律大臣沈家本奏刑律草案告成分期缮单呈览并陈修订大旨折》,载故宫博物院明清档案部编:《清末筹备立宪档案史料》(下册),中华书局1979年版,第848页。

"欧美及日本无不以比附援引为例禁"。在修律的过程中,他因时应势,酌立新法,以适应新的需要,弥补因删除比附而在法律上出现的空白。例如,在《伪造外国银币设立专条折》中,明确提出:"与其就案斟酌,临事鲜有依据,何如定立专条,随时可资引用。"[24] 在《论诬指》一文中,要求根据时代的进化,考虑"律之当议增者"。[25] 不仅如此,在修订的刑律中,还增加了新的罪名,例如内乱之罪、外患之罪、泄露机务之罪、妨害公务之罪、逮捕监禁脱逃之罪、藏匿罪人及湮没证据之罪等。

"一曰惩治教育。"沈家本认为:"犯罪之有无责任,俱以年龄为衡,各国刑事丁年自十四以迄二十二不等,各随其习俗而定。中国幼年犯罪,向分七岁、十岁、十五岁为三等,则刑事丁年为十六岁以上可知。"他提出以十六岁为犯罪者的刑事责任年龄,凡丁年以内的未成年犯,"乃教育之主体,非刑罚之主体,如因犯罪而拘置于监狱,熏染囚人恶习,将来矫正匪易",如"责付家族,恐生性桀骜,有非父兄所能教育,且有家本贫窭无力教育者",因此,"惩治教育为不可缓也"。他还举德国、英国为例,说明惩治教育"始行之于德国,管理之法略同监狱,实参以公同学校之义,一名强迫教育,各国仿之,而英国尤励行不懈,颇著成绩"。沈家本建议采用英德惩治教育之法,"通饬各直省设立惩治场,凡幼年犯罪改用惩治处分拘置场中,视情节之重轻,定年限之长短,以冀渐收感化之效,明刑弼教,盖不外是矣"。[26]

(二)采纳西方近代刑法原则

西方资产阶级革命以后,在刑法的不断发展过程中,形成了三大原则:罪刑法定、罪刑相适应、人道主义。这三大原则是资产阶级启蒙思想的产物,它是构成西方近代刑法的柱石,也是沈家本制定新刑律草案时着重吸取之点。

1. 罪刑法定原则

西晋时,刘颂坚持"律法断罪,皆当以法律令正文,若无正文,依附名例断之,其正文名例所不及,皆勿论"。[27] 这是汉以来法律思想的重大发展,也是封建专制时代罪由法定的法制文明的体现。至唐代,强调司法官判决"诸断罪皆须具引律、令、格、式正文,违者笞三十",[28] 则是晋律的进一步发展。但是,中

---

[24] 沈家本:《伪造外国银币设立专条折》,载沈家本:《寄簃文存》卷一,商务印书馆2017年版,第9页。
[25] 沈家本:《论诬指》,载沈家本:《寄簃文存》卷二,商务印书馆2017年版,第70页。
[26] 《修订法律大臣沈家本奏刑律草案告成分期缮单呈览并陈修订大旨折》,载故宫博物院明清档案部编:《清末筹备立宪档案史料》(下册),中华书局1979年版,第849页。
[27] 《晋书·刑法志》,中华书局1974年版,第938页。
[28] 《断罪引律令格式》,载《唐律疏议》,岳纯之点校,上海古籍出版社2013年版,第476页。

国封建时代的罪由法定与西方资产阶级革命时期提出的罪刑法定在内容上虽有某种共同性,但在性质和实施上则有较大不同。前者在专制制度的影响下,不可能不受到人治的左右,法律的规定是附庸于特权的。而后者是在资产阶级民主制度下,所形成的刑法基本原则,不仅有着全新的理论基础,还得到政治体制的实施保障,成为资产阶级刑法的重要表征。

17~18世纪,资产阶级启蒙思想家卢梭、伏尔泰、孟德斯鸠、贝卡里亚等提出罪刑法定,即法无明文规定不为罪的原则,意在反对封建司法专横。这个原则以自然法理论、三权分立与心理强制说为思想渊源。自然法理论主张用制定法来限制刑罚对个人权利与自由的干涉;三权分立思想提出立法机关制定刑法,由司法机关适用刑法;心理强制学说要求事先明文规定犯罪及其法律后果,人们基于趋利避害的天性,能够对自己的行为作出选择,避免实施犯罪行为。罪刑法定原则是近代西方国家最重要的刑法原则,《大清刑律草案》仿此于第十条第一项规定"凡律例无正条者,不论何种行为不得为罪",并解释说:"本条所以示一切犯罪须有正条乃为成立,即刑律不准比附援引之大原则也……今惟英国视习惯法与成文法为有同等效力,此外欧美及日本各国,无不以比附援引为例禁者,本案故采此主义,不复袭用旧例。"[29] 为了在实践中实施罪刑法定的原则,坚持反对传统旧律中的比附援引、类推解释,同时强调刑罚不溯及既往。《大清刑律草案》第一条第一项规定"凡本律自颁行以后之犯罪者适用之",理由就是"第一项规定本于刑法不溯及既往之原则,与第十条规定采用律无正条不处罚之原则,相辅而行不可偏废也"。

2. 罪刑相适应原则

罪刑相适应原则亦即罪刑相当原则,中国先秦法家早在公元前四百余年,便提出了"罚当其罪"的思想。但在封建时代是以等级特权法为特征的,等级不同,同罪异罚,不能完全实现罚当其罪,经常是罚不当其罪、罪与罚相脱离。而在西方资本主义国家,在等价原则的作用下,罪与刑之间也形成了一种等价、相应的均衡关系,成为资产阶级刑法的又一原则。具体说来,就是对于犯罪行为人判处刑罚的轻重,应当与其所犯罪行和承担的刑事责任相适应。孟德斯鸠说:"惩罚应有程度之分,按罪大小,定惩罚轻重。"[30] 罪刑相适应原则所体现的是对特权与滥刑的公开否定,是人们对刑法的公平与公正的渴求,是资产阶级法制的价值取向。意大利著名刑法学家贝卡里亚说过:"为了不使刑罚成为某

---

[29] 《大清新刑律》第一案各条见《法律部》卷十一至十三,《法典草案》一至三。
[30] [法]孟德斯鸠:《波斯人信札》,商务印书馆1962年版,第141页。

人或某些人对其他公民施加的暴行,从本质上来说,刑罚应该是公开的、及时的,必须要在既定条件下尽量轻微的、同犯罪相对称的、并由法律规定的。"[31]

《大清刑律草案》关于法律适用的主体平等以及刑罚等级的设定,都体现了罪刑相适应原则。例如,草案关于有期徒刑等级特加说明:"有期徒刑分为五等,各等又附以最长期、最短期,因人之犯罪情节万殊,必须揆损害之程度,酌善恶之性质。本案除一二例外,其余之刑特设上下之限,庶应用之际,情理毫末不爽,此亦今世各国之通例也。"草案分则关于罪名与刑罚的具体规定,也都体现了罪刑相当的原则。例如,《大清刑律草案》第一百一十二条规定:"凡中国臣民聚众以暴力潜窃外领域者,照左列断处:首魁,无期或一等有期徒刑;执重要之事务者,二或三等有期徒刑;余人,三等以下有期徒刑或一千元以下一百元以上罚金。"又如,《大清刑律草案》第三百零一条规定:"凡伤害人之身体者从左列分别处断:因而致死或笃疾者,无期徒刑或二等以上有期徒刑;因而致废疾者,三等以上有期徒刑;因而致单纯伤害者,三等以下有期徒刑。"

3. 人道主义原则

西方资产阶级革命时期,启蒙思想家针对封建刑罚的严酷性,举起了人道主义的旗帜,在刑法中提出了刑罚人道主义的原则。孟德斯鸠说:"如果一个国家,刑法并不能使人产生羞耻之心的话,那就是由于暴政的结果,暴政对恶棍和正直的人,使用相同的刑罚。"[32]刑罚人道主义原则,是以从人性论出发的自然法为理论基础的,霍布斯说:"在凡是可以实行宽大的地方,实行宽大,也是自然法的要求。"[33]除启蒙思想家对刑罚人道主义原则进行一般论述外,西方的刑法学家更进行了深刻的阐述,贝卡里亚说:"人的心灵就像液体一样,总是顺应着它周围的事物,随着刑场变得日益残酷,这些心灵也变得麻木不仁了。生机勃勃的欲望力量,使得轮刑在经历了百年残酷之后,其威慑力量只相当于从前的监禁。严峻的刑罚造成这样一种局面:罪犯所面临的恶果越大,也就越敢于规避刑罚。为了摆脱对一次罪行的刑罚,人们会犯下更多的罪行。"[34]在《大清刑律草案》中,关于删除旧律内重法、禁止刑讯、酌减死罪、死刑唯一等,都体现了刑罚人道主义的原则。不仅如此,《大清刑律草案》第四十条规定:"凡孕妇受死刑之宣告者,产后经一百日,非更受法部之命令,不得执行。"《大清刑律草案》第四十九条规定:"对于十六岁以上,二十岁未满之犯罪者,得减本刑一等。"

---

[31] [意]贝卡里亚:《论犯罪与刑罚》,黄风译,中国大百科全书出版社1993年版,第109页。
[32] [法]孟德斯鸠:《论法的精神》,张雁深译,商务印书馆1997年版,第85页。
[33] [英]霍布斯:《利维坦》,黎思复、黎廷弼译,商务印书馆1985年版,第272页。
[34] [意]贝卡里亚:《论犯罪与刑罚》,黄风译,中国大百科全书出版社1993年版,第43页。

(三)法典体例的西方化

中国封建时代刑法典的体例,是"诸法合体、民刑不分"的,而且一直延续到清朝修律之前。但在西方国家 1791 年制定的《法国刑法典草案》,已开始将刑法划分为总则和分则两部分。由此而形成的体例,对整个世界刑法的发展有着深远的影响。《大清刑律草案》仿西方刑法的体例结构分为总则、分则。沈家本解释说:"总则之义略与名例相似,往古法制无总则与名例之称,各国皆然。其在中国李悝法经六篇殿以具法,汉律益户兴厩三篇为九章而具法列于第六,魏律始改称刑名居十八篇之首,晋律分刑名法例为二,北齐始合而为一,曰名例,厥后,历隋、唐、宋、元、明。泊于我朝,沿而不改。是编以刑名、法例之外,凡一切通则,悉宜赅载,若仍用名例,其义过狭。故仿欧美及日本各国刑法之例,定名曰总则。"[35]《大清刑律草案》总则分为十七章,其主要内容如下:

1. 关于新刑律的适用范围与时效。新刑律适用于在帝国内之犯罪者,不论何人;除适用于颁行后的犯罪行为外,其颁行以前未经确定审判者,亦适用之,但颁行以前之法律不以为罪者,不在其列。

2. 关于不为罪。凡法律无规定者,不问何种行为不为罪。此外,未满十二岁人及精神病人之行为、非故意之行为、正当防卫,及避不能抗拒之危难而不得已之行为,均不为罪。

3. 关于未遂罪。未遂罪之刑得减既遂罪之刑一等或二等。犯罪已着手而因己意中止者,准未遂论,得免除或减轻本刑。

4. 关于累犯罪。已受徒刑之执行,更犯徒刑以上之罪者,如再犯,加本刑一等。三犯以上者,加本刑二等。

5. 关于俱发罪。确定审判前犯数罪者,为俱发罪,各科其刑。但科死刑者,不执行他刑;科无期徒刑者,不执行他刑;科多数之有期徒刑者,于各刑合并之刑期以下,定其刑期,但不得逾二十年;科多数之拘役与科多数之罚金者,准此定其刑期。褫夺公权及没收并执行之。连续犯罪者,以一罪论。

6. 关于共犯。二人以上共同实施犯罪之行为者,皆为正犯,各科其刑。帮助正犯实施犯罪行为,准正犯论。教唆他人犯罪,为造意犯,准正犯论处。于实施犯罪行为前协助正犯,为从犯,得减正犯之刑一等或二等。在过失罪中,有共同过失者,也以共犯论。

7. 自首减罪。犯罪未发觉而自首于官接受审判者,得减本刑一等。

---

[35] 政学社:《大清法规大全·法律部》法典草案一,总第 1939 页。

8. 宥减。瘖哑人、未满十六岁人或满八十岁人犯罪者,得减本刑一等或二等。

9. 刑名分为主刑与从刑。主刑为死刑、无期徒刑、有期徒刑(一等,十五年以下十年以上;二等,十年未满五年以上;三等,五年未满三年以上;四等,三年未满一年以上;五等,一年未满二月以上)、拘役(二月未满一月以上)、罚金(一元以上)。从刑为褫夺公权和没收。

10. 对刑罚的执行,死刑经法部复准回报,于狱内用绞执行。徒刑于监内执行,并服法定劳役。拘役也于监内执行,一般服劳役。被处五等有期徒刑或拘役之刑者,其执行上确有窒碍时,得以一日折算一元易以罚金。罚金于裁判确定后,一月以内完纳,逾期不完纳者,或强制完纳,或以一元折算一日易以监禁。监禁于狱内监禁所执行,不得逾三年。褫夺公权即终身褫夺其为官员、为选举人、膺封赐勋章职衔出身入军籍、为学堂监督职员教习、为律师之资格,根据情节或褫夺以上资格之全部或一部。没收之物,包括违禁私有物、供犯罪所用及预备犯罪之物、因犯罪所得物。

11. 缓刑。凡被判处四等以下有期徒刑或拘役者,前此未曾受拘役以上之刑者,或虽受三等至五等有期徒刑,但已执行完毕,或免除后逾七年,或前受拘役执行完毕,或免除后逾三年,有一定之住所及职业者,有亲属故旧监督缓刑期内之品行者,可以缓刑。缓刑日期五年以下三年以上,但在缓刑期内更犯拘役以上罪,或丧失住所及职业者,得撤销其缓刑。

12. 假释。受徒刑之执行而有悛悔实据者,无期徒刑逾十年后,有期徒刑逾刑期二分之一后,由监狱官申递法部得假释出狱。但于假释期内更犯拘役以上罪者,撤销其假释。

分则以罪名为线索,规定各种犯罪类型及处罚。沈家本认为:"分则者,所以定各种犯罪成立之要件,然必待总则所定普通要件完备之后,始可论罪。各国立法例,俱规定各罪分为数大类,有以对国家罪、对个人罪、对身体罪、对财产罪等举其大纲者,更有以害公安罪、害生命罪、害身体罪、窃盗罪、诈欺取财罪等立其细目者。"[36]《大清刑律草案》分则共三十六章。由于新刑律是在中国社会性质发生根本性变化,社会经济、政治、文化取得明显发展的历史条件下的产物,因此许多罪名不见于《大清律例》。例如:

1. 内乱罪。凡"意图颠覆政府,僭窃土地,及其他紊乱国宪而起暴动者,为内乱罪",亦即封建法典中的"谋反"罪。犯此罪的首魁,处死刑或无期徒刑,预

---

[36] 政学社:《大清法规大全·法律部》法典草案一,总第1987页。

备或阴谋犯内乱罪者,处一等至三等有期徒刑。因犯内乱罪处二等以上有期徒刑者,褫夺公权,未至暴动而自首者,免除其刑。

2. 外患罪。凡"受帝国之命令委任与外国商议图利自己,或他人,或外国,故意议定不利帝国之条约者","臣民意图使帝国领域属于外国,而与外国开始商议者","通谋外国使对帝国开战端,或与敌国抗敌帝国者","意图利敌国或害帝国"等种种行为,均为外患罪。犯此罪者,处死刑、无期徒刑,或一等有期徒刑。对外患罪的未遂犯处罪,预备或阴谋犯,分别处以有期徒刑、拘役或罚金,一并褫夺公权。

3. 妨害国交罪。凡加危害或因过失致生危害于外国君主或大统领者,处死刑、二等至四等有期徒刑或二千元以下二百元以上罚金。对外国君主或大统领有不敬之行为者,处二等至四等有期徒刑或二千元以下二百元以上罚金。杀外国使节或伤害外国使节者,处死刑或无期徒刑、有期徒刑。对外国使节、外国之国旗、国章有侮辱、损坏等行为,分别处有期徒刑、拘役或罚金。值得提出的是,当时的清朝政府同西方列强之间,完全处于不平等的地位,因此妨害国交罪,实质上是为了维护不平等的国交现状。

4. 妨害选举罪。这是适应清廷推行的预备立宪政策而规定的犯罪。凡以诈术或不正当方法,登载、变更选举人、被选举人资格者,处四等以下有期徒刑、拘役或三百元以下罚金,官员知情者加重处罚。在选举中损害选举人的名誉、收受贿赂或进行强暴胁迫,以及骚扰会场等行为,根据情节分别处以有期徒刑、拘役或罚金。

5. 妨害秩序罪。凡"以文书图书演说,或他法公然煽惑他人犯罪者",列为妨害秩序罪之首,根据情节处以死刑、无期徒刑、有期徒刑、拘役、罚金不等。凡以强暴胁迫或诈术妨害正当之集会,及妨害贩运粮食、公共所需之饮食物品者,处有期徒刑、拘役或罚金。此项犯罪主要是针对反清的言论以及革命党人所发动的武装起义。

6. 渎职罪。在渎职罪中,官员、公断人利用其职务,索取收受贿赂,无论事后要求还是期约,分别处以三等至五等有期徒刑或拘役。审判或检察、巡警、监狱以及其他行政官员或其佐理,在执行职务时对被告与嫌疑人、关系人有强暴凌虐之行为者,处三等至五等有期徒刑,因而致人死伤者,按伤害罪处理。检察官、审判官、巡警对于刑事、民事诉讼案件不应受理而受理、应受理而不受理或不为必要之处分或不为审判者,处四等以下有期徒刑、拘役或三百元以下罚金。征收租税的官员,于正数以外浮收金、谷物件者,处三等至五等有期徒刑,图利为己者,处二等或三等有期徒刑,并科与浮收同额之罚金。

7. 伪造货币罪。凡伪造及行使伪造之通用货币者,处无期徒刑或二等以上有期徒刑。伪造与行使伪造之外国通用货币者,处一等至三等有期徒刑。伪造及行使伪造之有价证券或自外国贩运者,处二等至四等有期徒刑。

8. 妨害交通罪。凡损坏壅塞陆路、水路、桥梁、轨道、灯塔标识,冲撞、颠覆、破坏、搁沉载人之汽车、电车、船舰,损坏电信线、电话线及设施,以及强暴胁迫或诈术妨害邮件电信的运送收发者,均属妨害交通罪。根据情节分别判处死刑、无期徒刑、拘役、罚金。有关妨害交通罪的许多内容,是随着晚清社会经济、科技的发展而出现的。

9. 妨害公务罪。对执行职务的官员施加强暴、胁迫或诈术或当场侮辱,属妨害公务罪,处四等以下有期徒刑、拘役,或三百元以下罚金。

10. 骚扰罪。凡聚众意图为强暴胁迫已受该管官员解散之命令,仍不解散者,为骚扰罪。为首处无期徒刑或二等以上有期徒刑;执重要事务者处一等至三等有期徒刑;附和、随行、助势者,处四等以下有期徒刑、拘役或三百元以下罚金。

11. 妨害卫生罪。凡违背预防传染病之禁令,从进口船舶登陆或将物品搬运于陆地者,知情贩卖有害卫生之饮食物、器具、玩具者,违背法令贩卖药品者,未经有关机关允准以医为业者,属妨害卫生罪,分别处以有期徒刑、拘役、罚金。

12. 侵犯人身权利罪。对人以加害生命、身体、自由、名誉、财产之事相胁迫者,处五等有期徒刑、拘役或一百元以下罚金。散布流言或以诈术损害他人或其业务之信用,以及指责事实公然侮辱人者,均处五等有期徒刑、拘役或一百元以下罚金。如系加害尊亲属加重处罚。

(四)修律过程中的"礼法之争"

沈家本主持制定的《大清刑律》是晚清修律的核心部分,经过引进资产阶级的刑法文化,体例和内容变革极大,因此遭到保守派的激烈攻击,谴责沈家本"用夷变夏",违背了中国传统的礼教与民情。在激烈的争论中,形成了恪守封建礼教的传统刑法与实行资产阶级近代刑法理论与原则的鲜明壁垒。前者以张之洞、劳乃宣等人为代表,称为礼教派;后者以沈家本为首的一方,称作法理派。他们之间发生的激烈争论,虽然涉及传统刑法的许多方面,但焦点是新修订的刑律是否应继续纳入传统的封建礼教的内容,因此这场争论通称作"礼法之争"。这实际上是外来的资产阶级法律文化与本土的传统法律文化之间的矛盾冲突的具体表现。这场争论,不仅直接影响新刑律的价值,更重要的是展现了中国法制在走向近代化过程中的复杂性和艰巨性。

1. 礼教派的观点

光绪三十三年八月二十六日（1907年10月3日），沈家本奏《刑律草案告成分期缮单呈览并陈修订大旨折》以后，便将刑律草案总则十七章，分则三十六章，共387条，交各部院及各省督抚签注意见。光绪三十四年三月四日（1908年4月4日），署邮传部右丞李稷勋指责《刑律分则草案》"轻重失宜（指伦常犯罪处刑不当），流弊滋大，拟恳详加厘订，以维政体尔弭乱端"。[37] 同年五月七日（6月5日），学部覆奏新刑律草案时，根据军机大臣兼掌学部的张之洞关于"内乱罪无纯一死刑"，以及"奸通无夫妇女无治罪"条款等观点，在奏折中以有妨礼教的名义，对刑律草案进行全面批驳。该奏折说：

古昔圣王，因伦制礼，准礼制刑。……《书》曰："明于五刑，以弼五教。"《王制》曰："凡听五刑之讼，必原父子之亲，立君臣之义以权之"，此我国立法之本也。……我国以立纲为教，故无礼于君父者，罪罚至重。西国以平等为教，故父子可以同罪，叛逆可以不死。此各因其政教习俗而异，万不能以强合者也。今将新定刑律草案与现行刑律大相剌谬者，条举于左：

——中国既制刑以明君臣之伦，故旧律凡谋反大逆者，不问首从，凌迟处死。新律草案则于颠覆政府、僭窃土地者，虽为首魁，或不处以死刑；凡侵入太庙宫殿等处射箭放弹者，或科以一百元以上之罚金。此皆罪重法轻，与君为臣纲之义大相剌谬者也。

——中国既制刑以明父子之伦，故旧律凡殴祖父母、父母者死，殴杀子孙者杖。新律草案则凡伤害尊亲属因而致死或笃疾者，或不科以死刑，是视父母与路人无异，与父为子纲之义大相剌谬者也。

——中国既制刑以明夫妇之伦，故旧律妻殴夫者杖，夫殴妻者非折伤勿论；妻殴杀夫者斩，夫殴杀妻者绞。而条例中，妇人有犯罪坐夫男者独多……新律草案则并无妻妾殴夫之条，等之于凡人之例，是与夫为妻纲之义大相剌谬者也。

——中国既制刑以明男女之别，故旧律犯奸者杖，行强者死。新律草案则亲属相奸与平人无别。对于未满十二岁以下之男女为猥亵之行为者，或处以三十元以上之罚金，行强者或处以二等以下有期徒刑，且曰：犯奸之罪与泥饮惰眠同例，非刑罚所能为力，即无刑法制裁，此种非行，亦未必因是增加。是足以破坏男女之别而有余也。

——中国既制刑以明尊卑长幼之序，故旧律凡殴尊长者加凡人一等或数

---

[37]《署邮传部右丞李稷勋奏新纂刑律草案流弊滋大应详加厘订折》，载故宫博物院明清档案部编：《清末筹备立宪档案史料》（下册），中华书局1979年版，第854页。

等,殴杀卑幼者,减凡人一等或数等。干名犯义诸条,立法尤为严密。新律草案则并无尊长殴杀卑幼之条,等之于凡人之例,是足以破坏尊卑长幼之序而有余也。

又查原奏更定刑名一条,改旧律之笞杖徒流死为死刑、徒刑、拘留、罚金四种。按今日交通日便,流刑自是可除,而笞杖则有不能尽废者,罚金则有不尽可行者。如差役等犯法,惟笞杖为宜。拘留则太轻,罚金则流弊更不可言也。至于罚金,本古赎刑之遗制……所以养人愧耻以为改过之地。新律草案凡因过失之危害于乘舆车驾者,凡侵入太庙宫殿等处射箭放弹者,凡因过失致尊亲属于死或笃疾者,亦以罚金之例行之。则饶于赀者必轻于法……此刑名之未可全改也。

又原奏酌减死罪一条,有万不可减者,如谋反者,卑幼殴杀尊长者、强奸妇女者、强盗于盗所强奸者、发冢见尸者、发尊亲属冢见尸者、放火决水者,皆属殊等,不置之死,何以戢暴。原奏称每年秋审实决者十不逮一,不知刑部斗杀之案,分别实缓,酌核经年;减军减流,必遇恩赦。计算该犯监禁,少亦数年。若遽定以不死之刑,人更视人命为儿戏。……衙门办案,往往化重为轻,若开此方便之门,以授权于审判官,则官吏受贿,民间仇杀之风必炽,此死罪之未可过减也。

又原奏死刑唯一一条,案明律,斩绞分立决、监候,具有深意,国朝因之。新律草案称死刑仅用绞刑一种,大逆逆伦重案,俱用斩刑。然现当斩刑未废,如一律用绞,是等君臣于路人……将来流弊所极,有非臣子所忍言者……该大臣原奏亦谓大逆逆伦等条,俱属罪大恶极,别辑专例通行等语。应即先行提出,赶紧拟定,以维国纪而顺人心……此死刑之未可唯一也。

又原奏删除比附一条,尤为矛盾。据称比附易启意为轻重出入之弊,此诚不免。但由审判官临时判断,独不虞其意为轻重耶?引律比附,尚有依据,临时判断直无限制。即如罚金一项,多或数千元,少或数十元,上下更易,出入必多。且所定各条,多有同一罪而定三种之刑。悉任裁判官定拟,范围太广,流弊甚大,此比附之未可尽除也。

又原奏惩治教育一条,用意甚善可以仿行。惟原定凡犯罪在十六岁以下,不论大小轻重,皆无刑事上之一切责任,一以惩治教育处之。限年太宽,恐滋流弊,此惩治教育之尚须酌定年限也。

又原奏所注意者,只收回治外法权一事,此节自是今日急务。查外人所以深诋中国法律,必须改变者约有数事。一刑讯无辜,一非刑惨酷,一拘传过多,一问官武断,一监羁凌虐,一拖累破家。果能将此数端积弊严禁痛改,而国势实力日见强盛。然后属地主义之说可以施行,外人自不能干我裁判之权。并非必须将中国旧律精义弃置不顾,全袭外国格式文法,即可立睹收回治外法权之效也。盖收回治外法权,其效力有在法律中者,其实力有在法律外者。日本改律在明治二十三年,直至明治二十七年以后,各国始允其请,是其明证。依属地主义,除君主、大统领、公使之家属从官,及经承认之军队军舰有治外法权,其余侨居本国之人民,悉遵本国刑律管辖,不应由各国领事裁判,是所当收回者,为领事裁判权。今欲收回此权,则于旧律之有碍治外法权者,自不能不酌加删改。然原奏又云:统计法系约分英、法、德三派,是同于英者未必同于法,同于法者未必同于德。日本改律,初采法国制度,继又改用德制。夫英、法、德既各用其国律而无碍于完全之法权,日本采用各国法律亦不能事事尽同于各国,仍无碍于收回已失去之法权。可见我国今日改定刑律,于中国纲常伦纪之大有关系者,其罪名轻重,即使与各国有所异同,似亦无碍于收回此项法权也"。[38]

基于上述理由,学部请求将"新律草案与旧有律例逐条比较,其无伤礼教只关罪名轻重者,斟酌至当,择善而从;其有关伦纪之处,应全行改正。总以按切时势而仍不背于礼教为主,……庶几收变法之益,而不贻变法之害"。[39]

由于一些地方督抚及部院大臣的反对,最终导致清廷于宣统元年(1909年)正月二十七日发布《修改新刑律不可变革义关伦常各条谕》,其中强调"凡我旧律义关伦常诸条,不可率行变革,庶以维天理民彝于不敝,该大臣务本此意,以为修改宗旨,是为至要"。[40] 这道上谕表明了清廷对礼教派观点的肯定和继续维护封建纲常的立场。此后,同年二月初二日江苏巡抚陈启泰覆奏《新订刑律与礼教不合之处应酌加修订》,江西巡抚冯汝骙也覆奏《刑律草案不合伦常民情》,山西巡抚宝棻覆奏刑律草案有关"名教纲常宜特立防闲"。[41] 迫于来自清廷和各方面的压力,法理派遵照法部尚书廷杰关于"中国名教必须永远奉行勿替者,不宜因此致令纲纪荡然"[42]的指令,在刑律正文后附加《附则》五条,于宣统元年十二月二十三日(1910年2月2日)修改完毕,由沈家本、廷杰联衔奏呈清廷,并由清廷批交宪政编查馆核议。

宣统二年十月初四日(1910年11月5日),宪政编查馆将《修正刑律草案》核议完毕,改名《大清新刑律》,由宪政编查馆大臣奕劻署名,上奏朝廷。该奏折

---

[38] 李贵连编著:《沈家本年谱长编》,台北,成文出版社1992年版,第272~276页。

[39] 《清朝续文献通考·刑考六》。

[40] 《修改新刑律不可变革义关伦常各条谕》,载故宫博物院明清档案部编:《清末筹备立宪档案史料》(下册),中华书局1979年版,第858页。

[41] 故宫博物院明清档案部编:《清末筹备立宪档案史料》(下册),中华书局1979年版,第858、867~868页。

[42] 《钦定大清刑律》卷前,奕劻等奏疏。

内称：

　　草案中详列中外各衙门签注，持平抉择，以定从违。并于有关伦纪各条，恪遵谕旨，加重一等。窃维议律之与议礼，皆为历代朝野聚讼大端，而当创制之初，新旧异同，尤难期议论一致。惟法律所以维持政治，轨范人民，其文野进退之机，皆视乎此。……今各国刑律，皆除其旧日惨酷之习，以进于大同。则刑律之是非，但当论收效之治乱为何如，不必以中外而区畛域。且必折衷于唐、虞、夏、商刑措之盛，而不容指秦汉以后刑律为周、孔之教所存，则是非得失，乃可断言，治忽盛衰，由兹以决。谨将新律亟宜颁行之故，为我皇上披沥陈之。

　　一曰根本经义。诸经首重《四书》，治平则传于《大学》，絜矩之道，使上下先后左右均平方正如一。诂训家曰："刑者，平也。平之如水。"《尧典》《吕刑》屡言赎赦，《周礼》详列三宥、三赦之法，亦皆重人命、重人格之意。《论语》曰："齐之以刑，民免而无耻。"又曰："善人为邦百年，可以胜残去杀。"至圣垂训，尤为深切著明。准《春秋》"三世"之说，今已去据乱而为升平，断不能仍用重刑，致乖《大司寇》："刑平国用中典，刑乱国用重典"之义。此新律之所本者一也。

　　一曰推原祖制。伏维列圣抚有中夏，蠲除前代苛法，一尚仁厚。入关之始，即除锦衣卫镇抚司诸刑，废廷杖诸法，停勾减等，无代无之。而于刑律有比照逆案减轻之旨；有祖、父惑于后妻、爱子，因荫袭财产捏告子、孙更正之条；有卑幼拒非礼致伤尊长，夹签声叙不句之案。光绪三十一年钦奉先朝特旨，除凌迟、缘坐、枭示诸刑，举秦汉以后相沿惨酷之法，扫而去之，更为历代所无。此新律所本者又一也。

　　一曰揆度时宜。今学校教授已不用科举旧法，且兴办女学。凡所谓国民教育者皆力行之。军队则用外国编制、战术，交通则用铁轨、轮船，凡此之类，不胜枚举。亦如夏葛冬裘，因时而变。现在朝廷博采各国成法，预备立宪，其要旨重在保护人权。《钦定宪法大纲》，所有臣民权利义务，均逐一规定。旧律之与立宪制度背驰之处，亦应逐加增损，上年，臣馆奏定禁止买卖奴婢之律，即本此意。盖必用宪政同一之法律，而后可保臣民之权利，以尽义务。刑律不改，则国民主义无由赞助，练兵兴学阻碍多端，是欲北辙而南其辕，与吏书而掣其肘，匪特无成，且将生患。此新律之宜行者一也。

　　一曰裨益外交。英、日、美、葡商约，皆以中国改用各国刑律，著之条约，为撤去领事裁判权之本。日本以修改刑律收回法权，暹罗亦然。而土耳其等国不能改者，则各国名曰半权之国。韩、越、印度、西域诸回部之用旧律者，则尽亡矣，得失如斯，从违宜决。且各国商约订后，于改刑律收法权之约，未有疑贰之辞，盟府昭然，必应力践。今果用同一之法律，以收法权，则将来各邦领事所驻，不致尽为其法权所及之地。此新律之当行者又一也。

臣等此次核订,谨以四者为指归。……总之,时无古今,地无中外,惟以合乎公理,见乎治乱者为定衡。近来京外问刑衙门,自贼盗、人命、斗殴三律外,率多存而不用。否则官、商、士、庶,将无不罹文网之人。此旧律虽有,而未概实用之情事也。当此时局孔艰,迭奉谕旨,尚忠尚实,更宜示大同之法,用黜文崇实之意,以挽大局,而利推行。惟草案中有应据各国通例改正者,总则于不论之罪,推及十五岁,年龄过长,恐滋流弊。兹拟照德意志等国刑法,缩为十二岁,并修复宥恕减轻之例。又国交之罪,凡对外国君主、大统领有犯,用相互担保主义,与侵犯皇室之罪从同。此泰西最近学说,各国刑法尚无成例,中国未便独异。此章应与第四章互易,依次修正。

又和奸有夫之妇,原案定为三等以下有期徒刑,较旧律加至六七等。立法之意,本含亲属相奸在内,然词旨隐晦,易兹疑问。兹参仿德国刑法,增入本支亲属相奸一条,定为二等至四等有期徒刑,而将原案和奸罪名,减轻一等,以昭平允。此其应改正者也。

有应据全书体例增辑者,原案于卑幼对尊亲属有犯,如杀伤、暴行、遗弃、逮捕、监禁及残毁尸体等项,均有专条,而犯威逼、触忤、诬告者,并无治罪明文。盖原案加暴行未至伤害一语,已包括威逼触忤在内,而诬告之罪则就本条最重之刑处断。惟暴行,指直接于身体者而言,若威逼,则应以胁迫论。触忤,则与侮辱相近,非暴行二字所能赅括。至诬告,有告轻、告重之殊,概科本条最重之刑,未为允洽。兹拟于第三十一章,增入对尊亲属有犯胁迫、侮辱并损害信用加等治罪之法;于诬告条下,增入诬告尊亲属加等治罪之法。庶体例较为完密,且与旧律干名犯义之意相符。此其应增辑者也。……至内、外各衙门签注于未列子孙违犯教令及和奸无夫妇女两条,争之尤力,诚维持名教之苦心。查旧律所谓违犯教令,本与十恶之不孝有别,故罪止十等罚。历来呈控违犯之案,大抵因游荡荒废、不务正业而起,现行之违警律,于游荡不事正业,本有明条,足资引用。如有殴詈父母或奉养有缺情形,则新刑律原案之暴行、胁迫、遗弃尊亲属,此次拟增之侮辱尊亲属各条,皆可援引,无虞疏漏。

其和奸无夫妇女一项,旧律罪止八等罚。历年成案,此项罪名,因他案牵及则有之,因本案告发者绝少。各国刑法不设此例者,良以易俗移风,宜端教育,初非任其放佚。如谓中冓之争久悬令甲,未宜遽事屏除,则不妨另辑暂行章程,以示郑重维持之意。盖家庭之际,全恃道德,以涵养其慈孝贞洁之风,不宜毛举细故,动绳国宪。……且所列如亲属容隐、亲属相盗,原案已有专条。亲属相奸,此次业经增入正文。干名犯义,即原案之诬告、侮辱,此次亦经加重。亲属相殴,可于判决例中,就各条所定范围,酌量情节,定上附、下附之差。至存留养亲,本为遣配之制而设,现在改习工艺,除徒罪外,流遣人犯,非常赦所不原,并不实发,无须查办留养。若系常赦不原之犯,本不在准留之列。其应拟死罪人犯,情节俱较旧律为重,更不待言。均请勿庸置议,应仍照该大臣第一次原奏,将危害乘舆、内乱、外患、对尊亲属有犯、强盗、发冢各项及和奸无夫妇女之罪,并附则第五条,酌拟暂行章程五条,借以沟通新旧而利推行。将来体察全国教育、警察、监狱周备之时,再行酌量变通,请旨办理。[43]

由于清廷在法理与礼教的争论上向着后者倾斜,因此经过修改的新刑律草案,仍然受到礼教派的攻击。大学堂总监督刘廷琛指责新刑律"其不合吾国礼俗者,不胜枚举,而最悖谬者,莫如子孙违犯教令及无夫奸不加罪数条";"礼教可废则新律可行,礼教不可废则新律必不可尽行"。[44] 当时反对新刑律最为系统、最为全面的是继张之洞之后的江宁提学使劳乃宣。他针对沈家本《修正刑律草案》按语中的观点进行批评,指出"刑法之源本乎礼教",三纲五常"实为数千年相传之国粹,立国之大本",旧律中凡属"亲亲也""尊尊也""长长也""男女有别"等义关伦常诸条,均为"不可变革者"。由于中国"皆以义关伦常为主与外国平等之法不同",因此,他提出"干名犯义""犯罪存留养亲""亲属相奸""亲属相盗""亲属相殴""亲属相为容隐""故杀子孙""杀有服卑幼""妻殴夫""夫殴妻""无夫奸""子孙违反教令"等一系列条款,"应逐一修入刑律正文"。他指责新刑律将其一笔抹杀,大失明刑弼教之意;攻击沈家本"专摹外国不以伦常为重者,特狃于一时之偏见","不可不亟图补救"。为了制造声势,他将着意撰写的《修正刑律草案说帖》,遍示京内外。其主要内容如下:

今查法律大臣会同法部奏进修正刑律草案,于义关伦常诸条,并未按照旧律修入正文。但于附则第二条声称"中国宗教尊孔,向以纲常礼教为重,况奉上谕再三告诫,自应恪为遵守。如大清律中十恶、亲属容隐、干名犯义、存留养亲,以及亲属相奸、相盗、相殴、并发冢、犯奸各条,均有关伦纪礼教,未便蔑弃。如中国人有犯以上各罪,应仍照旧律办法,另辑单行法以昭惩创"等语。窃维修订新刑律,本为筹备立宪,统一法权之计。凡中国人及在中国居住之外国人,皆应服从同一法律。是此法律本当以治中国人为主,特外国人亦在其内,不能异视耳,非专为外国人设也。今乃仍按旧律另辑中国人单行法,是视此新刑律专为外国人设矣。本末倒置,莫此为甚。谓宜将旧律中义关伦常诸条,逐一修入新

---

[43] 《大清新刑律·奏疏》,宪政编查馆排印本。
[44] 《大学堂总监督刘廷琛奏新刑律不合礼教条文请严饬删尽折》,载故宫博物院明清档案部编:《清末筹备立宪档案史料》(下册),中华书局1979年版,第888页。

刑律正文之内，方为不悖上谕修改宗旨。足以维伦纪而保治安。

顾草案按语内谓，修订刑律所以为收回领事裁判权地步，刑律中有一二条为外国人所不遵奉，即无收回治外法权之实，故所修刑律专为摹仿外国为事。窃谓此论实不尽然，泰西各国凡外国人居其国中者，无不服从其国法律。而各国法律互有异同，有一事而甲国法律有罪，乙国法律无罪者，乙国之人居于甲国有犯，即应治罪，不能因其本国法律无罪而不遵也；甲国法律罪轻，乙国法律罪重者，甲国之人居于乙国有犯，即应治以重罪，不能因其本国法律罪轻而不遵也。……今我中国修订刑律，乃谓为收回领事裁判权地步，必尽舍其固有之礼教风俗，而一一摹仿外国，然后能行。不知各国法律彼此互异，合乎甲即悖乎乙，从乎丙即违乎丁，无论如何迁就，断不能纤悉相符。……若外国人在中国犯罪，必中国律内罪名与其本国律内罪名毫发无异，然后能遵。则同乎此国者，彼国必有违言；同乎彼国者，此国必相反对，是必穷之道也。

考光绪二十七年英国商约第十二款云："中国深愿整顿中国律例，以期与各西国律例改同一律，英国允愿尽力协助，以成此举。一俟查悉中国律例情形及其审断办法，及一切相关事宜皆臻妥善，英国即允弃其治外法权。"日本商约第十一款"各西国"作"东西各国"，"英国"作"日本国"，余皆相同。窃谓所谓整顿本国律例，以期与东西各国改同一律者，但期大体相同。如罢除笞杖、停止刑讯、裁判独立、监狱改良之类，非必罪名条款一一相同也。罪名条款东西各国之律，本自各不相同，而谓一国之律可遍与各国条款一一相同，为理所必无之事，是"改同一律"一语，不作此解明矣。所谓"审判办法及一切相关事宜"即指民、刑诉讼等律及民律、商律及法院编制法等而言。曰"查悉皆臻妥善即允弃其治外法权"，所谓"妥善"即以上所述各节，非条款一一相同之谓也。是但得各国视为妥善，即有收回裁判权之望矣。故今日修订刑律，欲为收回领事裁判权地步，但当力求妥善，不必悉求相同。此确凿有凭毫无疑义者也。今修订刑律必尽舍其固有之礼教风俗，而一一摹仿外国者，其所持之说以收回领事裁判权一语为唯一无二之主张，故果于冒天下之不韪而毅然为之，以前说证之，其说不攻自破矣。收回领事裁判权之说既破，则于上谕内"凡我旧律义关伦常诸条不可率行变革"之宗旨，无所窒碍矣。

且夫国之有刑所以弼教，一国之民有不遵礼教者，以刑齐之，然后民不敢越。所谓礼防未然，刑禁已然，两者相辅而行，不可缺一者也。故各省签驳草案，每以维持风化立论。而按语乃指为浑道德法律为一。其论无夫奸也，有云："国家立法期于令行禁止，有法而不能行，转使民玩法而肆无忌惮。和奸之事，几于禁之无可禁，诛之不胜诛，即刑章具在，亦只为具文，必教育普及，家庭严正,舆论之力盛,廉耻之心生,然后淫靡之风可以少衰。"又云:"防遏此等丑行,尤不在法律而在教化,即列为专条亦毫无实际。"其立论在离法律与道德教化而二之,视法律为全无关于道德教化之事,故一味摹仿外国,而于旧律义关伦常诸条弃之如遗。外国之律有数国尊长卑幼皆平等者,有数国卑幼犯尊长有加重之条者,至尊长之于卑幼则全与凡同,毫无分别矣。今草案内卑幼犯尊长列有加重之条,非重伦常也,摹仿外国也。若尊长之于卑幼,则无只字异于凡人,是虽祖父而杀子孙,亦将处于死刑;祖父而致子孙轻微伤害,亦将处于三等至五等有期徒刑矣。以中国人心风俗衡之,窃恐未能允当也。今使有人于此,其在室未婚之女与人通奸,而父杀其女,以旧律论,当以奸夫抵命,而其父无罪,若按今刑律草案论之,则奸夫无罪,其父当以杀人处死刑。设使果有此事,吾恐将万众哗然,激为暴动也。非特不能为伦纪,且将无以保治安,又焉用此法律为乎!

夫法律与道德教化诚非一事,然实相为表里。必谓法律与道德教化毫不相关,实谬妄之论也。其言曰:"和奸之事,几于禁之无可禁,诛之不胜诛,即刑章具在,亦只为具文。"又曰:"防遏此种丑行,尤不在法律而在教化。"推其意,盖谓法律具在,而犯者依然,是乃道德教化未至,非法律所能禁,法律即为无用之具文,不如去之。然则有杀人之律,而仍有犯杀者,乃仁之教化未至也,将并杀人之律而去之乎?有盗贼之律而仍有犯盗者,乃义之教化未至也,将并盗贼之律而去之乎?鸦片烟之罪、赌博之罪,亦与奸罪同一教化未至,何以不去之乎?无夫和奸之罪,因禁之无可禁,诛之不胜诛,遂以专待于教化为词而去之矣;有夫和奸之罪,同一禁之无可禁,诛之不胜诛也,何以不纯任教化而仍科以罪乎?以子之矛,陷子之盾,法律与道德教化无关之说,不攻自破矣。此说既破,则上谕内"凡我旧律义关伦常诸条不可率行变革"之宗旨,必当恪遵矣。

收回领事裁判权之说,道德法律不当浑而为一之说,乃说者恃以抵制纲常名教之说之坚垒也,今既摧陷廓清,无复余蕴矣,则旧律有关伦纪礼教各条,万无另辑中国人单行法之理,必应逐一修入刑律正文无疑矣。

劳乃宣还着重提出:"应本旧律之义,用新律之体,每条兼举数刑,以期简括。"具体如下:

一十恶。十恶之名本诸《唐律》,历代相沿,列于名例,以律例中每有关涉十恶之文,故本条虽无罪名,亦资引用。今新刑律内已无十恶诸名,则此条无关引用,似可不列。

一亲属相为容隐。草案第十一章《藏匿罪人及湮灭证据之罪》,其第一百八十三条云:"犯罪人或脱逃之亲族,为犯罪或脱逃者利益计,而犯本章之罪者,免除其刑。"即与亲属相容隐之律相同,无庸另辑。

一干名犯义。干名犯义之律,与亲属相容隐之条相为表里,证父攘羊,有乖大义,父子相隐,本乎性真,天理人情之至也。前条已具,而此条未备,殊为阙典,今拟其文曰:

告尊亲属者得实处四等有期徒刑,尊亲属同自首免罪,诬告者处死刑、无期徒刑。亲属相告者得实,被告同自首者免罪,卑幼处拘役。诬告者,卑幼处一等至三等有期徒刑,尊长处拘役。

一犯罪存留养亲。旧律:犯罪而有祖父母、父母老疾应侍者,苟非常赦所不原,死罪以下皆许留养,所以教孝也。新刑律有宥恕减轻、酌量减轻、缓刑、暂释诸条,用意至仁厚,而无存留养亲之条,实属漏义。今拟其文曰:犯罪人祖父母、父母老疾应侍,家无次丁者,死刑以下,皆得存留养亲。

一亲属相奸。亲属相奸,古称内乱禽兽行,在中国习俗,为大犯礼教之事,故旧律定罪极重。在德国法律,亦有加重之条。若我刑律不特立专条,非所以维伦纪而防渎乱也。今拟其文曰:奸父、祖妾、伯叔母姑姐妹、子孙之妇、兄弟之女者,处死刑、无期徒刑。其余亲属相奸者,处一等至三等有期徒刑。

一亲属相盗。旧律亲属相盗,罪比凡人为轻,以亲属有同财之义而宽之也。草案第三十二章第三百六十六条及第三百七十六条为窃盗之罪,其第三百八十条云:"于本支亲属配偶者、同居亲属之间犯第三百六十六条及第三百七十六条之罪者,免除其刑。于其余亲属之间,犯前项所揭各条之罪者,须待告诉始论其罪。非亲属而与亲属共犯者,不得依前二项之例论。"即与亲属相盗旧律大致相同,可无庸另辑。

一亲属相殴。旧律:亲属相殴,卑幼殴尊长则加等,尊长殴卑幼则减等,所以重伦常、正名分、维持乎世道人心者至为深远。今草案于伤害尊亲属之身体及对尊亲属加暴行者,均有加重于凡人专条,特于旁支尊长尚无加重明文;而尊长之于卑幼,则无论直系旁支,皆无减轻之典。是虽祖父而殴伤子孙,亦将与凡人同论也,揆诸中国礼教,殊为未协。今为补拟数条以弥其阙。其文曰:

凡伤害期功以下有服尊长之身体者,依左列分别处断。

因而致死、笃疾者,死刑或无期徒刑及一等有期徒刑。

因而致废、笃疾者,无期徒刑或一等至二等有期徒刑。

因而致轻微伤害者,二等至四等有期徒刑。

凡对期功以下有服尊长加暴行未致伤害者,处四等至五等有期徒刑及拘役。凡故杀子孙处五等有期徒刑;若违犯教令,依法决罚,邂逅致死者不为罪。

凡杀期功以下有服卑幼者,处死刑、无期徒刑或一等至四等有期徒刑。凡伤害期功以下有服卑幼身体者,依左列分别处断:

因而致死、笃疾者，无期徒刑或五等以上有期徒刑。

因而致废疾者，二等至五等有期徒刑。

因而致轻微伤害者不为罪。

旧律妻殴夫者加等，夫殴妻者减等，与尊长卑幼同科，本乎夫为妻纲之义也。然夫妻有敌体之礼，与尊长卑幼略有不同。西国夫妻皆平等，日本与中国同，今已改为平等。今草案无夫妻相犯专条，是亦视为平等也。但于中国礼俗尚不甚协。《传》曰："妻者齐也。"又曰："妇人伏于人也。"是于平等之中又有服从之义。考旧律：妻之子殴父妾者加等，妾殴妻之子者以凡人论。此尊于彼而彼不卑于此，与夫于妻，而妻不卑于夫，情形最为相近，可以比拟规定。分拟条文曰：

凡妻伤害夫之身体及加暴行未致伤害者，与卑幼对尊长同；致死者处死刑。夫伤害妻者，照凡人处断。

一发冢。草案第二百五十八条："凡损坏、遗弃、盗取死尸者，处二等至四等有期徒刑；若损坏、遗弃、盗取遗骨、遗发、其余棺内所藏之物者，处三等至五等有期徒刑"……业已规定甚详，虽较旧律稍轻，亦足以示惩戒，可无庸另辑。

一犯奸。旧律和奸杖八十，有夫者杖九十，有夫本重于无夫。今草案专列有夫奸罪，其无夫犯奸者不为罪，则失之太过矣。中国风俗视奸情之事于处女孀妇尤重，若竟不以为罪，殊不当人心。惟有仍按旧律，分别有夫、无夫两等，最为平允。但旧律止科杖罪，新律原草案加至四等以下有期徒刑，已为较重；迨各省签驳，又于修正案加至三等有期徒刑，则未免太重矣。今拟有夫者仍定为四等以下有期徒刑，而无夫者定为五等有期徒刑，以昭平允。拟其文曰：

凡和奸处五等有期徒刑，有夫者处四等以下有期徒刑。

一子孙违犯教令。旧律子孙违犯教令者杖，屡次触犯呈请发遣者发遣，祖父母、父母呈请释回者，亦有释放成案。子孙治罪之权全在祖父母、父母，实为教孝之盛轨。草案则未列此条，殊非孝治天下之道。考俄国之律与中国相仿，可见为人心之所同，今补其文曰：

凡子孙违犯祖父母、父母教令及奉养有缺者，处拘役；屡次触犯者，处一等有期徒刑。皆祖父母、父母亲告乃坐。如祖父母、父母代为求请减少期限或宽免者，听。[45]

面对礼教派的猛烈攻击，为了挽救新刑律免遭夭折的危机，沈家本"独当其

---

[45] 李贵连编著：《沈家本年谱长编》，台北，成文出版社1992年版，第341~349页。

冲,著论痛驳"。[46]

2.法理派的观点

沈家本在《书劳提学新刑律草案说帖后》文中,针对劳乃宣的攻击逐一反驳,并就若干问题阐述了法理派的观点。

干名犯义。此告诉之事,应于编纂《判决录》时,于诬告罪中详叙办法,不必另立专条。

犯罪存留养亲。古无罪人留养之法,北魏太和中,始著之令格。《金史·世宗记》:大定十三年,尚书省奏邓州民范三,殴杀人当死,而亲老无侍。上曰:"在丑不争谓之孝,孝然后能养斯人。以一朝之忿忘其身,而有事亲之心乎?可论如法。其亲官与养济。"是此法之未尽合理,前人有议之者矣。又嘉庆六年,上谕论承祀、留养两条,有云"凶恶之徒,稔知律有明条,自恃身系单丁,有犯不死,竟至逞凶肆恶。是承祀留养,非以施仁,实以长奸,转似诱人犯法"等语。是我朝祖训亦尝申言其弊,此所当敬谨寻绎者也。此法不编入草案,似尚无悖于礼教。

亲属相奸。新草案和奸有夫之妇,处三等至五等有期徒刑。较原案又加一等者,原包亲属相奸在内,但未明言耳。此等行同禽兽,固大乖礼教,然究为个人之过恶,未害及于社会,旧律重至立决,未免过严究之。此等事何处无之,而从无人举发,法太重也。间有因他事牵连而发觉者。办案者亦多曲为声叙,由立决改监候,使非见为过重,何若是之不惮烦哉?大抵法太重,则势难行,定律转同虚设;法稍轻,则人可受,遇事尚可示惩。如有此等案件,处以三等有期徒刑,与旧法之流罪,约略相等,似亦不为过宽。应于《判决录》详定等差,毋庸另立专条。

亲属相盗、亲属相殴。此两条并在酌量减轻之列,应于《判决录》内详定等差,毋庸另立专条。其关乎殴尊亲属者,修正草案内已定有明文矣。

故杀子孙。《公羊传》僖五年:"晋侯杀其世子申生。曷为直称晋侯以杀?杀世子母弟,直称君者,甚之也。"何休注:"甚之者,甚恶杀亲亲也。"又疏引《春秋》说:"僖五年,晋侯杀其世子申生。襄二十六年。宋公杀其世子痤。残虐枉杀其子,是为父之道缺也。"此可见故杀子孙,实悖《春秋》之义。《康诰》称:"于父不能字厥子,乃疾厥子。"在刑兹无赦之列。古圣人于此等之人,未尝稍恕之也。《唐律》"子孙违犯教令,而祖父母、父母殴杀者,徒一年半。以刃杀者,徒二年。故杀者,各加一等(二年、二年半)。即嫡、继、慈、养杀者,又加一等"。《明

---

[46] 江庸:《五十年来中国之法制》,载《清华法学》2006年第2期。

律》改一年半者为满杖,改二年及二年半者为一年,既失之太轻;其嫡、继、慈、养之致失绝嗣者,复加至绞,又失之过重。此本当损益者也。今试以新草案而论,凡杀人者处死刑、无期徒刑,或一等有期徒刑(此专指谋、故而言)。如系故杀子、孙,可处以一等有期徒刑,再以酌量减轻条,犯罪之事实情轻,减二等之法减之,可减为三等有期徒刑;而三等之中,又可处以最轻之三年未满,则与《唐律》之轻重亦差相等矣。此亦可以明定于《判决录》内,毋庸另立专条。

杀有服卑幼。宋李缇言:"风俗之薄,无甚于骨肉相残。"是同宗自相杀伤,即尊长于卑幼,亦非风俗之善者。若必明定于律文之中,亦徒见其风俗之不良耳。且谋、故杀卑幼,旧律之应拟死罪者,于新《草案》"同凡人论",尚无甚出入。其殴死及殴伤者,照新《草案》,虽与凡人同论,而按之旧法,亦无大出入。此等但当于《判决录》规定等差,不必多立专条。

妻殴夫、夫殴妻。《唐律》"殴伤妻,减凡人二等;死者,以凡人论。以刃及故杀者,亦同凡人论斩。妻殴夫,徒一年,伤重者,加凡人三等;死者,斩"。故杀亦止于斩也,与凡人罪名相去不远。《明律》"殴妻非折伤,勿论;折伤以上,减凡人二等,死者,绞;故杀亦绞。殴夫满杖;折伤以上加凡斗三等;笃疾,绞决;死者,斩;故杀者,凌迟处死"。夫则改轻,妻则改重,遂大相径庭矣。夫妻者,齐也,有敌体之义,乃罪名之轻重,悬绝如此,实非妻齐之本旨。今酌拟办法,凡罪之至死者,无论矣。其殴伤及殴死者,即照伤害人身体条,夫从轻比,妻从重比,与凡人稍示区别,似不致大乖乎礼教。亦于《判决录》内详细规定,不必另立专条。

发冢。修正草案已有此条,在第二十章。与此条所拟大略相等,不必再补。

犯奸。无夫之妇女犯奸,欧洲法律并无治罪之文。俄律"污人名节门",有十四岁以上,尚未及岁之女,为师保人等及仆役诱奸一条;"违禁嫁娶门",有奸占无夫妇女一条。前条指师保人等言,后条指奸占言,非通常之和奸罪名也。近日学说家多主张不编入律内,此最为外人着眼之处。如必欲增入此层,恐此律必多指摘也。此事有关风化,当于教育上别筹办法,不必编入刑律之中,孔子曰"齐之以刑",又曰"齐之以礼",自是两事。"齐礼"中有许多设施,非空颁文告遂能收效也,后世教育之不讲,而惟刑是务,岂圣人之意哉!

子孙违犯教令。违犯教令出乎家庭,此全是教育上事,应别设感化院之类,以宏教育之方。此无关于刑事,不必规定于刑律中也。[47]

针对劳乃宣攻击最有力的"无夫奸"和"子孙违犯教令"两条,沈家本强调

---

[47] 沈家本:《书劳提学新刑律草案说帖后》,载沈家本:《寄簃文存》卷八,商务印书馆2017年版,第254页。

"此事有关风化,当于教育上别筹办法,不必编入刑律之中",表现了反对礼法合糅的资产阶级法治精神。

沈家本对于礼教派的反驳,得到冈田朝太郎、松冈义正以及修订法律馆中许多人的支持。其中杨度撰写的《论国家主义与家族主义之区别》、吴廷燮撰写的《用旧说议律辩》两文,也阐发了新刑律的根据,驳斥了守旧派的攻击。

参与刑律草案起草的日本著名的法学家冈田朝太郎,针对"无夫奸"和"子孙违犯教令"两个争论焦点,发表意见说:和奸罪入律"不合法理,及实地上之不便如此之故,人亦非不知之也。而何以主张增入和奸罪之多也,无他,中国重视伦常风化,复惑于处罚和奸,即可以维护伦常风化之空论。于是,明知为无益具文,仍哓哓置辩不已。推原其故,亦不明礼教法律之界限,且欲藉此博旧社会之虚名耳。况违反伦常,侵害社会之行为,苟为刑罚效力所不及,其适用必至困难。人民若知法律为有名无实之具,则刑律之威信扫地,必至因此无益之条项,而蔑视全体之法则。故增入和奸之具文,其弊犹小;失刑律全体之威信,其弊何可胜言耶。东西各国,亦认和奸为宗教上道德上之罪恶,且进而认为妨害社会之罪恶,原与中国无异。然其刑律中,概无和奸罪之规定者,岂偶然哉?泥于礼教,不明法理,其法决非完全之法。矧以资政院为中国立法机关,一言一字,皆为世界各国所注视。苟因此无益之问题,致贻笑柄于环球法学界中,是岂仅资政院之耻耶"。[48] 关于"子孙违犯教令"如何制裁,针对劳乃宣增设"凡直系尊亲属正当之教令而故违者处拘役"的提案,冈田朝太郎批驳说:"查现行律,凡子孙违犯父母、祖父母,杖一百。小注谓:教令可以而故违者,祖父母、父母亲告,乃坐。按新律删去此条之理有四:律文所用教令字样范围过广,不能辨识入于罪之行为与出于罪之行为,是其一;祖父母、父母教令权限未经明定,若其所命教令彼此不一致时,不能判断子孙之有无犯罪,是其二;若将一切违犯教令之行为科以刑罚,是逾越法刑范围而侵入伦常范围者,若斟酌取舍或罚或不罚,殆将刑律视为具文,理论与实地两未合宜,是其三;祖父母、父母在民法上分别享有亲权以及惩戒权,于其权内本可督责子孙之行为,无须用刑事之制裁,是其四。""总之,祖父母、父母于伦常有教令之力,于人道有慈爱之情,于法律有惩戒之权,不藉刑律之威力也。"[49] 宣统二年九月(1910年10月),资政院正式开会审查《钦定大清刑律》,杨度受宪政编查馆的委托莅会阐明《钦定大清刑律》的宗旨和实行国家主义取代家族主义的理由。他说:家族主义,就是以家族为本位

---

[48]《冈田博士论刑律不宜增入和奸罪之罚则》。转引自李贵连:《沈家本传》,法律出版社2000年版,第327页。

[49] [日]冈田朝太郎:《论〈大清新刑律〉重视礼教》,载《法学会杂志》第1卷第1期。

的国家制度,"以家族为本位,对于家族的犯罪,就是对于国家的犯罪。国家须维持家族的制度,才能有所凭藉,以维持社会"。"国家为维持家族制度,即不能不使家长对于朝廷负责任,其诛九族、夷三族就是他对于朝廷负责的意思"。因此,"在法律上就不能不与之特别之权,并将立法权司法权均付其家族,以使其责任益为完全,所以有家法之说"。国家"要恃家族制度,以保护国家与治安,故并立法司法之权予家长。故家长对于一家之中,可以行其专制之手段,有无上之权柄"。[50] 所谓国家主义,就是以个人为本位的国家制度。"国家对于人员有教之之法,有养之之法,即人民对于国家亦不能不负责任。其对于外,则当举国皆兵以御外侮;对于内,则保全安宁之秩序。必使人人生计发达、能力发达,然后国家日臻发达,而社会也相安于无事。"杨度强调,由国家主义取代家族主义是历史的必然,他说中国四亿人口"只能称四万万人,不能称四万万国民",因为他们"都是对于家族负责任,并非对于国家负责任"。尤其是女子,"不仅对国家不负责任,即对于家族亦不负责任"。所以"自国家观之,所与国家直接者亦不过是少数家长而已。其余家人概与国家无关系也"。即使是家长也更多的是尽家庭义务,而不是尽国家的义务。"中国之坏,就由于慈父孝子贤兄悌弟之太多,而忠臣之太少。"从历史进化论的观点看来,一切国家都经过家族制度的阶段,但或迟或速都要由家族主义进至国家主义。就法律而言,以国家主义为精神的西方各国法律,以个人为本位,保障人权,促使国家富强;而以家族主义为精神的中国法律,以家族为本位,没有人权,造成国家积弱。因此,要使中国走上富强之路,也须以国家主义的法律取代家族主义的法律,这是关系到国家兴衰存亡的大计,是实施三权分立的立宪政体的重要举措。他以明确的语言表达了"新刑律实以国家主义为其精神","此即新律之精神及主义所在,即与旧律之区别所在"。[51]

上述反驳礼教派的观点,无疑是积极的、进步的,即使有些偏颇之处,也应给予历史主义的肯定。但是,杨度并没能说服礼教派,相反再次受到劳乃宣的攻击。劳乃宣邀集亲贵议员105人提交《新刑律修正案》,对《大清刑律》作了增删、修改、移改、修复共十三条又二项。经过沈家本(时任资政院副总裁)"煞费经营""力排众议,始终维持",[52] 终于使新刑律总则获得通过。劳乃宣提案中的移改"对尊亲属有犯不得适用正当防卫"一条,被否决;但对移改"和奸无夫妇女罪"一条,因礼教派占优势获得通过,并被写进新刑律。

---

[50] 《资政院议场速记录》第二十三号。
[51] 《资政院议场速记录》第二十三号。
[52] 《吴兴沈子惇先生追悼会记事》。

宣统二年十二月二十五日(1911年1月25日)，奕劻、沈家本等将刑律总则上奏清廷，拟将犯罪责任年龄由十五岁改为十二岁，并增加未满十六岁的犯罪人得减本刑一等或二等。对于刑律分则，由于"资政院未及议决，而又不能违误誊黄清单颁布之期"，为此，宪政编查馆"请求不等资政院第二次会期议决，先将分则颁布"。此议得到清廷同意，遂于同日，下谕："新刑律尤为宪政重要之端……事关筹备年限，实属不可缓行，著将新刑律总则、分则暨《暂行章程》，先为颁布，以备实行。"[53]《暂行章程》共五条，是根据礼教派的坚决要求而增加的，它凸显了以重刑惩治纲常伦理犯罪，否定了刑律正文中所确认的某些资产阶级刑法原则。但对礼教派的观点采取暂行章程的形式处理，也反映了礼教派与法理派相互妥协与力量对比上的某种均势。《暂行章程》的主要内容是：凡危害皇帝乘舆车驾者、内乱罪、外患罪以及杀伤尊亲属须处以死刑者，仍用"斩"刑；凡损坏、遗弃、盗取尸体，发掘尊亲属坟墓等罪，"应处二等徒刑以上者，得因其情节仍处死刑"；凡犯强盗罪者，也可"因其情节仍处死刑"；与无夫妇女通奸者，双方各处五等有期徒刑、拘役或一百元以下罚金；"对尊亲属有犯，不得适用正当防卫之例"。

因修订刑律而引发的礼法之争，在当时的历史背景下几乎是不可避免的。双方分歧的焦点，最后归结为"无夫奸"和"子孙违犯教令"两条，但实质上是中西法律文化的冲突以及争取在修订刑律草案中的主导地位的斗争。如同当时的《法政浅说报》所言："新刑律为采取世界最新之学理，与我国旧律统系所持主义不同，故为我礼教派所反对。"[54]以沈家本为首的法理派，在西方资产阶级刑法学说的指导下，以个人为本位，以国家主义为号召，以模范列强为宗旨，力图通过修订刑律与西方国家的刑律"无大悬绝"，借以收回治外法权。19世纪60年代以来，这是爱国的官僚士大夫救亡图存、图强的目标之一。沈家本相信中国改订律例，可使西方国家放弃领事裁判权，因此，力图按照西方国家法律的模式修订中国的法律。他说："方今改订商约，英、美、日、葡四国均允中国修订法律，首先收回治外法权，实变法自强之枢纽。"[55]为此他积极"参酌各国刑法，以冀收回治外法权"。[56] 这可以说是法理派修订刑律的真实动力，由此不难理解，他们对于旧律中反映封建纲常伦理精神的、不符合资产阶级刑法学说的一些条款，如干名犯义、犯罪存留养亲、亲属相奸、亲属相盗、亲属相殴、故杀子孙、

---

[53] 李贵连编著：《沈家本年谱长编》，台北，成文出版社1992年版，第376页。
[54] 《法政浅说报》1911年第11期，第17页。
[55] 沈家本：《删除律例内重法折》，载沈家本：《寄簃文存》卷一，商务印书馆2017年版，第2页。
[56] 沈家本：《虚拟死罪改为流徒折》，载沈家本：《寄簃文存》卷一，商务印书馆2017年版，第6页。

杀有服卑幼、夫妻相殴、发冢、犯奸、子孙违犯教令等，概从刑律草案中删除。只是在礼教派劳乃宣等人的坚持下，违心地保留了"犯奸"条。

作为饱受传统诗礼教育，而又在封建宦海浮沉了几十年的沈家本，也反对完全摒弃中国传统的封建礼教，他认为中国"礼教风俗不与欧美同，即日本为同洲之国，而亦不能尽同，若遽令法之悉同于彼，其有阻力也"[57]；"必熟审乎政教风俗之故，而又能通乎法理之原，虚其心达其聪，损益而会通焉"[58]。但是，传统的礼教文化并没有干预他所坚持的修订刑律的指导思想。他关于尊重政教风俗的观点，除受制约于本人的学术熏陶与出身经历外，更多的是为了表示贯彻清廷"会通中西"修律宗旨的虔诚姿态，同时也是应付礼教派攻击的一种舆论准备。

由于法理派在修律的具体实践中，几乎把心力贯注在移植西法上，因而出现了采取简单的拿来主义的倾向，其结果恰恰使新修订的刑律草案缺乏社会的适应性。他们在立法必须与社会发展的进程相适应的认识上是相对滞后的，而他们所修订的刑律，从总体上看却又带有某种超前性。如果说制定民商法时，沈家本曾经组织对各地民商习惯进行调查，那么在制定刑律的过程中，所追求的却是如何移植西方的刑法，忽视了中国近代变动中的经济结构所形成的现实基础以及社会关系的实情与法律的依从关系，以致期望由此收回治外法权的追求也完全落空。

以张之洞、劳乃宣为首的礼教派，以封建的纲常名教为修订刑律的指导原则，以家族为本位，以忠君孝亲为号召，他们同意制定"会通中西"的新刑律，但是反对完全模仿西方刑法，删除义关伦常的基本条款。礼教派在酌定新律收回治外法权的目标上，与法理派并无分歧，因为领事裁判权是中国丧失司法主权的标志，收回治外法权，是爱国的志士仁人所共同奋斗的目标。张之洞从多年的政治经验中认识到，收回治外法权主要是凭借国家实力，而不能仅凭修律。他说"近年与英、美、日本订立商约，彼国虽允他日放弃治外法权，然皆声明，俟查悉中国律例情形、审断办法及一切相关事宜皆臻妥善"，方给予考虑。但西方各国"专视国家兵力之强弱，战守之成效以为从违"。如果只注重修律，不仅"难挽法权，而转滋狱讼者也"[59]。他在礼部奏折中也说："盖收回治外法权，其效力有在法律中者，其实力有在法律外者。"[60]可见礼教派在收回治外法权问题

---

[57] 沈家本：《监狱访问录》序，载沈家本：《寄簃文存》卷六，商务印书馆2017年版，第206页。
[58] 沈家本：《监狱访问录》序，载沈家本：《寄簃文存》卷六，商务印书馆2017年版，第206页。
[59] 《张文襄公全集·奏议》卷六十九。
[60] 《张文襄公全集·奏议》卷六十九。

上，比起法理派更切合实际。为了收回治外法权，礼教派同意酌加删改旧律中的有些部分，但举以日本为例，证明新修刑律不必尽同于外国。张之洞说："日本采用各国法律亦不能事事尽同于各国，仍无碍于收回已失去之法权。可见我国今日改定刑律，于中国纲常伦纪之大有关系者，其罪名轻重，即使与各国有所异同，似亦无碍于收回此项法权也。"[61] 但是，礼教派中有些人闭目塞听，不了解世界大势，他们以礼入律的观点带有很大的保守性、陈腐性，没有跳出礼律结合、以礼为主的传统旧律的窠臼。譬如，大学堂总监督刘廷琛在奏折中竟把纲常说成是永恒的，不管政治如何与时变通，"纲常万古不易"，否则便有"亡天下""人道灭绝之忧"，"不论新律可行不可行，先论礼教可废不可废"，"礼律必期一贯……如仍阳奉阴违，即重治以违旨之罪"。[62] 浙江巡抚增韫说："窃维化民之道，礼教为先，礼教所不能化者，则刑罚以济其穷，此法律所由设也。"[63] 江苏巡抚陈启泰说："刑罚之原，基于礼教，礼教既异，刑罚即不能尽同。"[64] 河南巡抚吴重憙说："窃维刑之原则与礼相为维系，白虎通曰：礼为有知设，刑为无知设，出乎礼则入乎刑，此大较也。"[65] 劳乃宣甚至说："天下刑律，无不本于礼教。"[66] 可见，礼教派是封建纲常名教的卫道士，是中体西用论的继承者。自汉以来，以儒家纲常思想为核心所形成的礼的体系，经过两千多年的宣传推广，已经深入社会生活的各个层面，经过引礼入法，礼法关系形成了昏晓阳秋、密不可分的紧密关系，成为中华法系的一大特色。礼入于法，使得礼的规范具有强制性。礼法结合，使得法获得了规范人心的效力。封建法律的延续性和稳定性都得力于此，同时它又成为一种抗拒新思潮、阻碍改革旧律的一种惰性力量。晚清修律时，无论是法理派还是礼教派都不可能科学地协调西法和国情的关系。法理派"以法治国"的主观努力是不彻底的；礼教派维护祖宗之法的拼杀，终究要被时代所淘汰。但他们都留给后人一个继续思考与探索的课题。

在礼法斗争中，还涉及道德与法律的关系，两派各执一端，发生了激烈的争论。在中国法律传统中，德主刑辅成为国策和立法指导思想。由此道德义务法

---

[61]《张文襄公全集·奏议》卷六十九。

[62]《大学堂总监督刘廷琛奏新刑律不合礼教条文请严饬删尽折》，载故宫博物院明清档案部编：《清末筹备立宪档案史料》(下册)，中华书局1979年版，第888~889页。

[63]《浙江巡抚增韫覆奏刑律草案有不合礼教民情之处择要缮单呈览折》，载故宫博物院明清档案部编：《清末筹备立宪档案史料》(下册)，中华书局1979年版，第856页。

[64]《江苏巡抚陈启泰覆奏新订刑律与礼教不合之处应酌加修订折》，载故宫博物院明清档案部编：《清末筹备立宪档案史料》(下册)，中华书局1979年版，第859页。

[65]《河南巡抚吴重憙奏签注刑律草案缮单呈览并陈制律应顾立国本原折》，载故宫博物院明清档案部编：《清末筹备立宪档案史料》(下册)，中华书局1979年版，第870页。

[66] 李贵连编著：《沈家本年谱长编》，台北，成文出版社1992年版，第353页。

律化,遵守道德义务与遵守法律义务具有一致性,道德体系的完备与稳定,成为支撑法律稳定性的重要力量。道德入律并不是中国独有的,即便在西方国家也不乏道德规则转化为法律的例证。美国法理学家博登海默曾说过:"那些被视为是社会交往的基本而必要的道德正义原则,在一切社会中都被赋予了具有强大力量的强制性质,这些道德原则的约束力的增强,是通过将它们转化为法律规则而实现的。禁止杀人、强奸、抢劫及人体伤害,调整两性关系,制止在合意契约的缔结与履行过程中欺诈与失信等,都是将道德观念转化为法律规定的例子。"[67] 正因为道德与法律之间存在千丝万缕的联系,而且道德法律化的例子在中外法律传统中屡见不鲜,所以关于道德与法的关系的议论是古今中外历久常新的话题。例如,近代自然法学派强调法律的道德性,而实证法学派则主张法律与道德的分离。晚清法理派与礼教派的争论中,法理派所关注的是道德与法律在调整对象与方法上的不同,沈家本对于子孙违犯教令、和奸无夫妇女等行为是否科以刑罚公开表示"盖家庭教育,全恃道德,以涵养其慈孝贞洁之风,不宜毛举细故,动绳国宪","有关风化"问题当"于教育上别筹办法,不必编入刑律之中"。而礼教派所坚持的是德主刑辅、明刑弼教的传统,认为法律与道德"互为表里","法律与道德、教化毫不相关实谬之论也"。两派的终极目的都是延续清朝的统治,政治利益的考虑和民族文化传统的情绪使他们最终只能以妥协收场。如果说法理派接受"义关伦常诸条,不可率行变革"的谕旨,以及在新刑律中继续沿袭和奸无夫妇女治罪的条文是一种妥协的话,那么礼教派接受了子孙违犯教令排除在刑律之外的意见,这同样是一种妥协。

(五)《大清刑律》的主要特点

1.新旧杂糅,既冲突又妥协

《大清刑律》以德国、日本刑法为原型,大量移植西方的刑法文化,无论刑法理论还是刑法原则,都以西方国家刑法的有关规定为渊源。譬如,犯罪的构成要件、刑法的时间和空间效力、犯罪人的责任能力、罪刑法定、刑罚的人道主义、刑罚体系,甚至某些犯罪的名称都取自西方国家的刑法。也正因如此,才可以说《大清刑律》与世界刑法开始接轨,才可能成为民国时期北洋政府和南京国民政府制定刑法的重要历史依据。

由鸦片战争以后至晚清修律,历时已半个多世纪,社会经济、文化、科学技

---

[67] [美]博登海默:《法理学——法哲学及其方法》,邓正来、姬敬武译,华夏出版社1987年版,第361页。

术都取得了迅速的发展,阶级关系也发生了极大的变化。而西方国家的深入侵略,也造成了前所未有的复杂的中外关系。无论罪与罚都面临新的问题,远非《大清律例》所能调整。在新刑律中便出现了旧律中所没有的经济犯罪,如"伪造外国货币罪"等。在政治性犯罪中,也增加了"妨害国交罪"。必须要指出,当时的清朝与西方列强之间是不平等的关系,西方列强不仅在政治上控制了清政府,而且外国垄断资本也控制了中国的铁路、航运事业和金融市场,因此新刑律中一些涉外的罪名,显然是为了维护帝国主义在华的特权和经济利益,防范和压制人民大众自发的反对帝国主义的斗争。

在20世纪初制定《大清刑律》时,清廷中的保守势力依然发挥着重要的作用,以致以沈家本为首的法理派,不可能完全实行"模范列强"的方针,而只能是"折衷各国大同之良规、兼采近世最新之学说,而仍不戾乎我国历代相沿之礼教民情"。[68] 这就使在新刑律中非常不协调地杂有维护封建皇权、等级特权以及纲常礼教等内容。譬如,分则第一章基本保留了旧律"十恶"中的大逆、大不敬的条款。凡对封建帝王的侵害,无论既遂、未遂、预谋,均处死刑。犯跸者,处四等以下有期徒刑、拘役或三百元以下罚金。对宗室的危害和不敬,也被列为重罪,凡加危害于皇帝缌麻以上之亲者,处死刑、无期徒刑或一等有期徒刑。对皇帝缌麻以上之亲属有不敬之行为者,处三等至五等有期徒刑。

在分则第二章"内乱罪"中,将旧律"谋反"加以扩大。犯者除"首魁"和"执行重要事务者",处以死刑或其他重刑外,预备犯、未遂犯、阴谋犯及附和随行者,也要处无期或有期徒刑。

此外,"藏匿罪人及湮灭证据罪"中规定:"犯罪人或脱逃人之亲属,为犯罪人或脱逃利益计而犯本章之罪者,免除其刑。"这种规定仍属旧律中以伦理法为基础的"亲亲相隐"原则的再现。在"伪证及诬告罪""亵渎礼典及发掘坟墓罪""奸非及重婚罪""杀伤罪"中,如果侵害对象为尊亲属或本宗缌麻以上亲属,在处刑上或予减轻,或予加重,均依血缘关系的亲疏为准。如果说《大清刑律》是中国法制开始走向近代化的产物,那么它所具有的形式和内容的矛盾,以及先进的刑法文化与封建的刑法文化的冲突和融合,正是时代的特点所加给它的烙印。

2. 吸纳西方刑法的"三原则"

《大清刑律》第十条规定:"法律无正条者,不问何种行为,不为罪。"这是西方罪刑法定原则在中国刑事立法上的第一次明确规定。为了贯彻这一原则,在

---

[68]《大清光绪新法令》第二十册。

第一条中还肯定了法律不溯及既往:"本律于凡犯罪在本律颁布以后者,适用之。"

在贯彻罪刑相适应原则方面,《大清刑律》强调法律适用的主体平等,例如第二条规定:"本律于凡在帝国内犯罪者,不问何人适用之。"这是对封建旧律中公开的等级特权的否定。此外,对于特定的犯罪主体,或不加刑,或适用不同的刑罚,例如"凡未满十二岁人之行为与精神病人之行为不为罪";"聋哑人或未满十六岁人,或满八十岁人犯罪者,得减本刑一等或二等"。

关于刑罚人道主义在《大清刑律》中的体现,主要表现为删除重法、酷刑,代之以西方近代的刑罚制度,以及实行对未成年人犯罪的惩治教育、对特殊的社会弱势群体的犯罪减免其刑。

前述沈家本在修律中提出的旗人犯遣军流徒各罪应照民人一体同科、禁革买卖人口等主张,在新刑律中都得到了落实。

3. 打破旧体例,成为单一的刑法典

中国古代在专制制度的长期统治下,重公权、轻私权,由此而产生了重刑法轻民法的倾向。此外,自然经济在19世纪中叶海禁大开以前,始终占统治地位;封建国家推行的重农抑商与禁海政策,极大地束缚了商品经济的发展,以致缺乏产生罗马私法那样的社会物质基础。人身依附关系的长期存在和法律化,也不可能广泛提供私法发展所需要的私人之间权利与义务的平等。因此,中国古代的法律体系虽然事实上是"诸法并存、民刑有分"的,但作为国家最重要的立法——刑法所采取的编纂体例,却是"诸法合体,民刑不分"的,亦即在一部刑法中涵盖了行政、民事、经济、诉讼等内容,而不是一部单纯的刑法典。在《大清刑律》修订的过程中,首先适应世界法制发展的潮流,剔除了不属于刑法范畴的民事法律规范。随即又仿西方刑法典的体例,制定了《大清刑律》,成为一部单一的刑法典。在中国近代的法律体系中,刑法已成为独立的组成部分,中国的刑法文明从此进入了近代化的发展阶段。

《大清刑律》是晚清修律最重要的成果,耗时既多,讨论亦详,虽有种种不足,但不失为是体现近代刑法文明的新章,成为民国时期制定刑法的重要依据。

第八章　与西方民法接轨的《大清民律草案》

1840年海禁大开以后,中国悠久的自然经济结构遭到破坏,商品经济迅速发展。至19世纪末20世纪初,资本主义性质的民族工商企业,已经在社会经济生活中占有一定的地位。由此而形成的遍及城乡的复杂的财产关系和人身关系,已经不是原有的零散的民法渊源所能调整的,迫切要求制定新的集中的民事法律,推动了中国民事法律由传统向近代转型。民事法律与其他法律相比较,尤须切合社会生活的实际需要。资本主义生产关系的发展,也带动了阶级结构的新变化,出现了近代资产阶级和无产阶级,他们在民事法律关系上处于平等的主体地位。原来的广大农民、手工业工人、中小商人,也在社会的激烈变动中,涌入商品经济的大潮,并在摆脱对地主、坊主、行帮主的人身依附关系的斗争中,争得了更多的民事主体的平等权利。即便是处于社会底层的奴婢和贱民,也强烈地要求对他们的人身关系和财产关系给予法律保护和调整。中国传统的身份法的观念和制度,都面临新的冲击。

此外,西方私法文化的输入,也使开明的官僚和士大夫的法观念发生了变化。他们抛弃了重刑轻民的传统认识,力求打破沿袭两千余年的"诸法合体、民刑不分"的法典编纂体例,热切希望制定独立的民律。至19世纪末,康有为在光绪二十四年(1898年)《上清帝第六书》,通称《应诏统筹全局折》中,明确提出制定"民法、民律、商法、市则、舶则、讼律、军律、国际公法"。[1] 虽然康有为对于民法、民律的概念缺乏科学的界定,但他把制定民法作为维新变法的一部分

---

[1] 康有为:《上清帝第六书》,载中国史学会编:《戊戌变法》(第2册),神州国光社1953年版,第200页。

的观点是鲜明的。

一、厘定民律，图治之要

光绪三十三年五月(1907年6月)，民政部奏请速定民律，理由如下："查东西各国法律，有公法私法之分。公法者，定国家与人民之关系，即刑法之类是也。私法者，定人民与人民之关系，即民法之类是也。二者相因，不可偏废……民法所以防争伪于未然之先，治忽所关，尤为切要。各国民法编制各殊，而要旨闳纲，大略相似。举其荦荦大者，如物权法定财产之主权，债权法坚交际之信义，亲族法明伦类之关系，相续法杜继承之纷争，靡不缕晰条分，著为定律。临事有率由之准，判决无疑似之文，政通民和，职由于此。中国律例，民刑不分，而民法之称，见于尚书孔传。历代律文，户婚诸条，实近民法，然皆缺焉不完……窃以为推行民政，澈究本原，尤必速定民律，而后良法美意，乃得以挈领提纲，不至无所措手。拟请饬下修律大臣斟酌中土人情政俗，参照各国政法，厘定民律。会同臣部奏准颁行，实为图治之要。"[2]

这个奏折论证了速定民律的理由，介绍了西方各国民法的大略，展示了民法的调整对象，也初步规划了制定民律的方针、步骤，因此圣旨批准"如所议行"。[3]

光绪三十三年五月初一日(1907年6月11日)，大理院正卿张仁黼在《奏修订法律请派大臣会订折》中，首先，从法律性质不可不辩的角度，论证了制定民法的重要性。他说："中国法律，惟刑法一种，而户婚、田土事项，亦列入刑法之中，是法律既不完备，而刑法与民法不分，尤为外人所指摘。故修订法律，必以研究法律性质之区别为第一义。"[4] 他认为民法是调整"人与人之关系"，属"私法"范畴；而刑法属"公法"范畴，二者不能混为一编。其次，他提出制定民法"为刑措之原"。他说："小民争端多起于轻微细故，于此而得其平，则争端可息，不致酿为刑事。现今各国皆注重民法，谓民法之范围愈大，则刑法之范围愈小，良有以也。"[5] 最后，他强调："一国之法律，必合乎一国之民情风俗。"他举日本民法为例说："民法五编，除物权、债权、财产三编，采用西国私法之规定外，

---

[2] 朱寿朋编:《光绪朝东华录》，中华书局1958年版，总第5682~5683页。
[3] 朱寿朋编:《光绪朝东华录》，中华书局1984年版，总第5683页。
[4] 《大理院正卿张仁黼奏修订法律请派大臣会订折》，载故宫博物院明清档案部编:《清末筹备立宪档案史料》(下册)，中华书局1979年版，第835页。
[5] 《大理院正卿张仁黼奏修订法律请派大臣会订折》，载故宫博物院明清档案部编:《清末筹备立宪档案史料》(下册)，中华书局1979年版，第836页。

其亲族、相续二编,皆从本国旧俗。"因此,修订新法"必以保全国粹为重,而后参以各国之法,补其不足。此则以支那法系为主,而辅之以罗马、日耳曼诸法系之宗旨也"。[6]

光绪三十三年七月二十六日(1907年9月3日),张之洞在《遵旨核议新编刑事民事诉讼法折》中,也阐述了编定独立民法的主张。他说:"民法一项,尤为法律主要,与刑法并行。盖东西诸国法律,皆分类编定,中国合各项法律为一编,是以参伍错综,委曲繁重。今日修改法律,自应博采东西诸国律法,详加参酌,从速厘订,而仍求合于国家政教大纲,方为妥善办法。"[7]

光绪三十三年九月初五日(1907年10月11日),宪政编查馆大臣奕劻等在《奏议覆修订法律办法折》中,提出:"拟请仿照各国办法,除刑法一门……不日告成外,应以编纂民法、商法、民事诉讼法、刑事诉讼法诸法典及附属法为主,以三年为限,所有上列各项草案,一律告成。"[8]

同年十月,修订法律大臣沈家本,为了完成三年内制定民法、商法、民事诉讼法、刑事诉讼法的任务,奏请:"一面广购各国最新法典及参考各书,多致译材,分任翻译;一面派员确查各国现行法制,并不惜重赀,延聘外国法律专家,随时咨问,调查明澈,再体察中国情形,斟酌编辑,方能融会贯通,一无扞格。"[9]

同年十一月,沈家本鉴于"民商各法,意在区别凡人之权利义务,而尽纳于轨物之中,本末洪纤,条理至密,非如昔之言立法者,仅设禁以防民,其事尚简也",因此,奏上《修订法律馆办事章程》,于"开馆之初,公同商酌,拟设二科,第一科掌民律、商律之调查起草,第二科掌刑事诉讼律、民事诉讼律之调查起草"[10] 从而表明了修订法律馆的主要工作方向。修订法律馆"广罗英彦",不仅调进江庸、王宠惠、丁士源、陈策、朱献文等留学各国的优秀人才,还聘请了日本法律专家担任顾问或充当起草人,使修订法律馆不仅完成了修订民律草案的工作,更成为当时中国民法的研究中心。

除清廷主管其事的官僚力主制定民法外,社会舆论方面也广为呼应。光绪三十二年(1906年),《时报》发表《论改良法律所应注意之事》一文,提出:"我国自昔所谓法律,不过听君主之意旨,为官吏所把持,其于法律之意义,本不完

---

[6] 《大理院正卿张仁黼奏修订法律请派大臣会订折》,载故宫博物院明清档案部编:《清末筹备立宪档案史料》(下册),中华书局1979年版,第834~835页。

[7] 李贵连编著:《沈家本年谱长编》,台北,成文出版社1992年版,第168页。

[8] 《宪政编查馆大臣奕劻等奏议覆修订法律办法折》,载故宫博物院明清档案部编:《清末筹备立宪档案史料》(下册),中华书局1979年版,第850页。

[9] 朱寿朋编:《光绪朝东华录》,中华书局1984年版,总第5766页。

[10] 朱寿朋编:《光绪朝东华录》,中华书局1984年版,总第5803页。

全,是直不可以言法律……故今日之立法,非沿袭也,实创制也。"进而论证了法律虽然分析多门,"然大别之,实民法、刑法两项,其余皆从此而生,而法律之精神,实亦即寄于此"。特别指出,在专制制度下,"人民与人民之交涉,视之殆无足轻重。自民法独立,别与刑法分驰,然后人民之权利,日益尊重"。不仅如此,该文还就立法修律"宜有次第、宜缓公布、宜求实行、宜有准备、宜与他政事联络、宜求机关之统一",发表了意见。在"宜有次第"的意见中,阐明了民法与宪法、商法、民诉法的立法次第问题——"然民法又原于宪法,宪法未立,又几无民法之可言。故必次第分明,然后下手不至错乱,得收相维之益"。"今者民法未立,而商法先颁,民事刑事诉讼法又继出焉",这是"本末倒置……不可不首先注意者也"。[11]

以上关于制定独立民法的奏折和社会舆论,是鸦片战争以前所未有的。只有在海禁大开以后,中国和世界发生了密切的联系,已经不可能再故步自封、自绝于世界之外的历史背景下,才是可能的。必须制定民法才能适应时代的需要,有效地推动社会经济的发展,调整财产关系和人身关系,逐渐成为人们的共识。正是在朝内外的舆论压力下,清廷终于将制定大清民律提上了议事日程。由于晚清同文馆化学教习法国人毕利干(Ana-tole Adrien Billequin)翻译的《法国律例》中,将《法国民法典》译为《法国民律》,因此,修订法律馆起草民法时,采用"民律"一词,称为《大清民律草案》。

为了加快立法的步伐,沈家本奏准聘用日本法学士松冈义正起草民律草案总则、物权、债权三编。至于亲属编和继承编,由修订法律馆会同礼学馆起草。在民律完成之前,采取以下变通办法:"现行律内户役、承继、分产、婚姻、田宅、钱债各条,应属民事者,毋再科刑。……此本为折衷新旧,系指纯粹之属于民事者言之,若婚姻内之抢夺、奸占及背于礼数违律嫁娶;田宅内之盗卖、强占;钱债内之费用、受寄,虽隶于户役,揆诸新律俱属刑事范围之内,凡此之类均应照现行刑律科罪,不得诿为民事案件,致涉轻纵……"[12]

为了配合民律草案的起草工作,修订法律馆所译的外国法律和法学著作,逐渐由以刑法为重点向着民法转移,所译大陆法系民法为起草民律草案提供了重要基础。与此同时,还仿照法国、德国、日本编订民法典的先例,计划以民事调查作为编订民律草案的准备。沈家本在《奏馆事繁重恳照原请经费数目拨给折》中,对此表达得更为清楚,他说"民商习惯,中外异同,因时因地之各殊,见异

---

[11]《东方杂志》第12期,第243页。
[12]《政治官报》折奏类,第922号,第7页。

闻异之不一",因此"中国现定民商各律,应以调查为修订之根柢"。[13] "而民事习惯视商律尤为复杂,非派员分省调查无以悉俗尚而资考证"[14],在这里表现了他起草民商律的立法眼光与决心。

修订法律馆在派员分赴各地调查、考察民事、商事习惯之前,为了取得地方上的协助,明确调查的范围,以提高效率、减少时日,特别制定了调查民事习惯章程十条:[15]

△民事习惯视商事尤为复杂,且东西南北,类皆自为风气,非如商业之偏于东南,拟派员分途前往调查,以期详悉周知,洪纤必举。

△省会各府厅州县集中之地,且多已设有调查局所,其机关亦较灵通。调查员应至省会与该局所商同调查,固执简而驭繁,亦事半而功倍。

△本馆于光绪三十四年奏定调查局章程声明,调查员于应行调查之件,如有力所不及者,得随时商请咨议官协助办理等语。各省提法司、按察司,业经本馆派为咨议官,调查员应即与商同妥办。

△调查民事必得该省绅士襄助,方得其详,调查员应与面加讨论。至应如何约合各处绅士会晤,临时与调查局或提法司、按察司酌量办理。会晤时,将本馆问题发交研究,询以有无疑义,有疑而质问者,应即为之解释;并示以调查之方法,答复之限期。至该府厅州县绅士无人在省,又不易约集者,应商由调查局或臬司,将问题发交该府厅州县地方官,转饬绅士研究,按限答复。

△各处答复必须时日,调查员事难坐候,应酌定限期,商由调查局或提法司、按察司随时催收汇齐,咨送本馆。

△本馆民法起草在即,各处答复期限至迟不得过本年八月。其调查员自行调查所得,应随时陆续报告来京,不必俟事竣始行报告。

△法律名词不能迁就,若徇各处之俗语,必不能谋其统一,调查员应为剀切声明,免以俗语答复,致滋淆乱。

△各处乡族规、家规,容有意美法良、堪资采用者,调查员应采访蒐集,汇寄本馆,以备参考。

△各处婚书、合同、租券、借券、遗嘱等项,或极详细,或极简单,调查员应搜集各抄一分,汇寄本馆以备观览。

△各处如有条陈,但不溢出于民法之范围,调查员均可收受,报告本馆,以

---

[13] 《奏馆事繁重恳照原请经费数目拨给折》,载《政治官报》折奏类,第922号,第7页。
[14] 李贵连编著:《沈家本年谱长编》,台北,成文出版社1992年版,第330页。
[15] 全文见《调查民事习惯章程》。参见郭成伟:《撷英集粹》(选集),中国政法大学出版社2016年版,第164页。

备采择。[16]

晚清民事调查部署较为周详,调查的程序要求严格,但由于经费拮据,修订法律馆只能依靠地方代为调查而无力派员,因而,工作进程较计划缓慢,调查资料的选用由于数量庞杂,也存在极大困难。诚如修订法律馆官员董康所言:"法律馆调查报告已汗牛充栋,资料愈多编辑愈难。"[17]实际上,民事习惯调查对起草民律草案并没有产生直接的影响。

二、体现固有民法与西方民法初步整合的指导原则

《大清民律草案》是晚清修律的重要组成部分,就总体而言,同样贯彻"参酌古今,博辑中外""务期中外通行"的修律宗旨。但由于民事立法对象的特殊以及固有民事法律渊源的多样性,所体现的礼教民情的广泛性,修订民律草案的基本指导原则较之修订其他法律不同,就是传统民法与西方民法的初步整合。

在中国封建时代的制定法中,有关户役、田宅、钱债、亲属、婚姻等规定,一般属于民事法律规范。除制定法外,流行的民事习惯、家法、族规、义理准则等,也具有一定的民事法律的调整效力,从而极大地补充了国家民事立法的不足。在西方的民法系统中,按法系可以分为大陆法系和英美法系。其中对中国影响较大的是大陆法系,例如《德国民法典》的五编编制体例,《日本民法典》和《瑞士民法典》的高度概括性的"法例"规定,《日本民法典》关于民事主体、身份制度的独特设置,以及相关的法律价值观念、私法学说等,都是中国起草民律继受的要点。由于固有民法与西方民法存在极大的差异,所以这二者的整合,不是简单的汇合和形式上的变易,而是在统一的法律价值观念的基础上重新组成的具有全新体系的、独立的近代民法。这种初步的整合,不仅表现在民律的形式与内容上,也表现在立法的指导原则上。

宣统三年九月初五日(1911年10月26日),修订法律大臣俞廉三等《奏编辑民律前三编草案告成缮册呈览折》,该折首先阐述了"吾国民法,虽古无专书",但从周礼起,已有债法、婚姻方面的规定。隋唐时期,"凡户婚、钱债、田土等事,摭取入律。宋以后因之,至今未替,此为中国固有民法之明证"。其次,论证了导源于罗马民法的西方民法的系属原流。再次,说明了民法"功用之宏",以及中国制定统一民法的必要。为此,除延聘日本法学士松冈义正参与修订

---

[16] 参见李贵连编著:《沈家本年谱长编》,台北,成文出版社1992年版,第330页。
[17] 董康:《前清法制大要》,载《法学季刊》第2卷第2期(1924年10月)。

外,还遴选馆员奔赴各省,采访民俗习惯,"依据调查之资料,参照各国之成例",完成前三编草案。最后,奏呈"编辑之旨,约分四端",[18]亦即固有民法与西方民法初步整合的具体原则,具体体现为以下四个原则。

(一)"注重世界最普通之法则"

早在俞廉三等上奏之前,法部尚书戴鸿慈等在《奏拟修订法律办法折》中便指出:"方今世界文明日进,法律之发达,已将造乎其极,有趋于世界统一之观。"[19]俞廉三等在奏折中也提出"瀛海交通,于今为盛",也就是清朝所面对的当今世界,是一个开放、交流的世界,一个经济发达的世界,一个文化既冲突又融合的世界。与此同时,他们也认识到这个世界又是充满竞争的世界,"凡都邑钜埠,无一非商战之场"。因此,中国在与世界各国的交往中,不可避免地会发生法律争端,特别是"华侨之流寓南洋者,生齿日益繁庶,按国际私法,向据其人之本国法办理,如一遇相互之诉讼,彼执大同之成规(公认的法则。——作者注),我守拘墟之旧习,利害相去,不可以道里计"。为了避免这种情形发生,"凡能力之差异,买卖之规定,以及利率、时效等项,悉采用普通之制",以便做到"以均彼我,而保公平"。正是基于对世界的认识,修订民律草案需要"注重世界最普通之法则",以便在世界范围所发生的商战和民事纠纷中,依靠普遍认同的世界最普通之法则,维护自己的利益,保持世界性与地域性之间的平衡。

(二)"原本后出最精确之法理"

奏折认为"学说之精进,由于学说者半,由于经验者半"。这种认识对应用科学的法学而言是适用的。正是由于"各国法律愈后出者",能体现最新的学术成就、最新的学说和最新的经验,也"最为世人注目"。因此,中国制定民律,自当引进世界先进的民法,只有取法乎上,才能有效地改造中国封建落后的民法;只有起点高,才更能激发民众的意气。法部尚书戴鸿慈等在《奏拟修订法律办法折》中,曾经指出:"中国编纂法典最后,以理论言之,不仅采取各国最新之法而集其大成,为世界最完备之法典。"

作为一种法律或学说而言,大陆法系的民法和民法学说是人类社会的共同财富,是没有国界的,所谓"良以学问乃世界所公,并非一国所独也"。所以,修

---

[18]《修订法律大臣俞廉三等奏编辑民律前三编草案告成缮册呈览折》,载故宫博物院明清档案部编:《清末筹备立宪档案史料》(下册),中华书局1979年版,第912页。

[19]《法部尚书戴鸿慈等奏拟修订法律办法折》,载故宫博物院明清档案部编:《清末筹备立宪档案史料》(下册),中华书局1979年版,第841页。

订民律采取世界上最精确的民法法理,"义取规随,自殊剿袭"。不仅如此,奏折还举民律草案中,"法人及土地债务诸规定,采用各国新制"为例,说明采用后出最精确的法理,可以通行无碍,"自无凿枘之虞"。

(三)"求最适于中国民情之法则"

这是民律起草者的另一关注之点,也是体现具有中国特色的民律的基本立足点。俞廉三等在奏折中提出,即使"立宪国的政治,几无不同",但是基于"种族之观念、宗教之支流"的不同,而形成的民情风俗,也"不能强令一致,在泰西大陆尚如此区分,矧其为欧亚礼教之殊"。尤其中国是一个重礼教的国家,礼教、礼俗已经广泛渗透到社会生活中去,化为民情风俗习惯。流行于各地的礼俗习惯,对民事纠纷往往起着实际的调整作用。鉴于"人事法缘于民情风俗而生",所以民律草案不能一概仿效泰西大陆,"强行规抚""削趾就屦"。在民律草案起草过程中,之所以广泛派员赴全国各地调查流行的习惯,目的就是制定"最适于中国民情之法则"。当时在青岛任教的德国法科教授赫善,便正确地指出"中国修订法律一事,只有熟悉自己国民的道德及其旧律的中国人,方能胜任"。[20]

正是在"求最适于中国民情之法则"的指导下,民律草案"凡亲属、婚姻、继承等事,除与立宪相悖,酌量变通外,或取诸现行法制,或本诸经义,或参诸道德,务期整饬风纪,以维持数千年民彝于不敝"。体现了既热衷于移植西方民法,又力图立足于本土的国情,这种认识是无可非议的。但在实践中移植西方民法时,往往脱离了中国的实际,而兼顾中国的国情时,又对精华与糟粕缺乏应有的批判态度,以致民律草案前三编是西方化的、是超前的,而后二编是本土化的、是滞后的。所以,民律草案只是固有民法与西方民法初步整合的产物,带有机械性契合的痕迹。

(四)"期于改进上最有利益之法则"

民律草案的起草者为了推进新政,谋求法制的进步,他们一方面论证了民事法律"乃权利义务区判之准绳,凡居恒交际往还,无日不受其范围",并且借用"文子有言:君者盘也,民者水也,盘圆水圆,盘方水方",强调君主立宪的价值和立法以导民的必要性;另一方面坚持"匡时救弊,贵在转移,拘古牵文,无裨治

---

[20] 王健编:《西法东渐——外国人与中国法的近代变革》,中国政法大学出版社2001年版,第13页。

理"的立场,比较清醒地认识到,在中国传统的法制历史中,"大抵稗贩陈褊,创制盖寡",尤其是私法方面,"验之社交,非无事例,征之条教,反失定衡",如果希图从中国传统的法制历史中寻求改进私法的途径,只能是"改进无从,遑谋统一"。正是"有鉴于斯",民律草案"特设债权、物权详细之区别,庶几循序渐进,冀收一道同风之益"。所谓"一道同风",就是移植西方民法,采取新篇章、新体例、新内容,以适应中国固有民法与西方民法整合的趋向和要求。所谓"期于改进上最有利益之法则",就表现于此。

民律草案的起草者深知清廷中反对法制改良的顽固守旧势力仍大有人在,因此有针对性地提出"匡时救弊,贵在转移"的论断。当然其中也反映了起草者急功近利的心态。

奏折最后表示"以上四者",只是"就其大者言之","此外凡关于民生利用,不遗涓细,依次撰录,藉便遵循,而杜争讼"。根据上述"编辑之旨"而制定的民律草案,"凡分总则、债权、物权、亲属、继承五编,三十七章。内亲属、继承二编,关涉礼教,钦遵叠次谕旨,会商礼学馆后再行奏进"。[21]

民律草案在整合中国固有民法与西方近代民法的过程中,不可避免地存在矛盾冲突。但由于立法者敢于面对世界大势,因而其法律意识符合近代法律发展的潮流,比较理性地对待和解决民法整合中的矛盾冲突,最终完成了无论性质、形式、内容、体系都与中国固有的民事法律完全不同的《大清民律草案》,从此,揭开了中国民法独立发展的新的一页。

三、中西汇合的体系与内容

《大清民律草案》于宣统二年(1910年)十二月草成,经过反复核阅,于宣统三年(1911年)九月初五日最后完成。

由于民律草案的起草,以德国民法为主要蓝本,因此其编纂体例也仿德国民法设总则及分则(债权、物权、亲属、继承)各编,共三十六章,一千五百六十九条。总则所规定的是民法范畴的一般法律关系,分则所规定的是基于不同的权利义务而形成的特殊法律关系,二者相辅相成。

(一)总则编的体系与内容

《大清民律草案》总则编共八章,三百二十三条,第一章法例,是贯穿于整个

---

[21] 《修订法律大臣俞廉三等奏编辑民律前三编草案告成缮册呈览折》,载故宫博物院明清档案部编:《清末筹备立宪档案史料》(下册),中华书局1979年版,第911~913页。

民律的基本原则。其第一条规定:"民事本律所未规定者依习惯法,无习惯法者依法理。"这条规定,显示了在第一次制定的民律草案尚不完备的情况下,依靠习惯法予以补充,这是必要的,也是世界一些国家民法中所通用的。但在政治、经济、文化发展不平衡的中国,流行于各地的习惯法多种多样、千差万别,具有突出的地方性。因此,对于习惯法要持分析的态度。当取当舍,不应一概而论。1928年民国政府制定的《中华民国民法》,将此条改为"民法所未规定者,依习惯……但法官认为不良之习惯不适用之"。反映了立法者认识水平的提高和立法技术的改进。

《大清民律草案》第二条规定:"行使权利履行义务,依诚实及信用办法。"诚实与信用原则是各国民法所采取的基本原则之一,民律草案仿此通例加以规定。第二章第一节第四条规定:"人于法令限制内,得享受权利,或担负义务。"这里第一次用法律的形式,规定了人在法律范围内既享受权利,同时也承担义务。这种权利与义务的统一,是封建民事法律中所未有的。第五条还特别规定了"权利能力于出生完全时为始"。

第二章第二节第七条规定"有行为能力人,始有因法律行为取得权利,或担负义务之能力",从而明确了行为能力的概念。同时还统一了成年人的年龄,第十条规定"满二十岁者为成年人",成年人即应获得行为能力。这条规定源于日本、瑞士民法。按中国传统,"成丁"之年,即所谓丁年,是古代获得行为能力的年龄起点。民国七年北洋政府大理院判例中,仍然认定"成丁之人,自应认为有完全行为能力"。但在中国封建时代,对于丁年的规定各有不同,汉初二十三岁、晋十六岁、唐初二十一岁、唐中叶二十五岁、宋二十岁、元十五岁、明清十六岁。丁年的规定过高,实际是对行为人行为能力的一种限制,因此民律草案统一规定满二十岁者为成年人,较之参差不齐、具有不确定性的丁年,无疑是科学的。

除此之外,民律草案还仿罗马法在第二十条规定:"禁治产人应置监护人。"禁治产人泛指无行为能力人,民法禁止此种人独立地为自己财产上的法律行为,禁止其治理自己的财产,而应由监护人代其行使,这无疑是正确的。以妻为限制行为能力人,此项规定源于日本民法,表现了男尊女卑、夫为妻纲的封建传统影响。

第二章第三节规定了责任能力,体现了过失责任原则。例如,第三十七条规定:"因故意或过失而侵害他人之权利者,于侵权行为须负责任。"第三十八条、第三十九条规定:未满七岁或虽满七岁但无识别能力之人为侵权行为时,不负侵权责任。第四十条规定:"在心神丧失中为侵权行为者,不负责任,但其心神丧失因故意或过失而发者,不在此限。"过失责任原则是古典资本主义民法三大原则之一,民律草案肯定了这一原则,较之传统旧律中的恤刑原则,明确、具体,便于操作,是一大进步。

民律草案还仿照德、日民法典,将人格保护列为一节,并规定人格由三种权利组成:权利能力及行为能力、自由权和姓名权。人格的概念,最早为罗马法所提出,系指自然人的权利能力。只有具备完全人格的人,才能取得完全的权利能力。人格概念的提出,为后世资产阶级人权理论奠定了基础。民律草案关于人格的规定是有限的,并没有包括荣誉权、结婚权等。尽管如此,在饱受专制主义统治下漠视人权之苦的中国,用法律的形式肯定了人格权,不仅维护了人的权利,也刺激了人权的觉醒。

第三章对法人的性质与组织形式、设立与消灭、权利能力与行为能力、活动方式、目的等,分别作了规定。早在罗马时期,罗马法学家已经注意到除自然人外,还存在另一类法律主体即团体,但他们还没有提出法人的概念。至公元十二三世纪,罗马法在欧洲复兴,罗马法的早期注释法学家开始使用"法人"一词。他们提出"法人为有团体名义之多数人的集合",法人是独立存在的"抽象人",是法律所拟制的人。至19世纪末,又出现了法人是有机体说。至于财团法人,是以捐助行为为其成立条件的法人;社团法人,是以一定组织的社员为其成立条件的法人,如公司、企业。社团法人有以营利或公益为目的之分。《大清民律草案》第六十条规定:"社团及财团得依本律及其他法律成为法人。"第六十一条规定:"法人于法令限制内享有权利担负义务之能力,但专属于人之权利义务不在此限。"值得指出的是,财团法人的成立,须经主管部门的允许、手续比较严格;而社团法人如有经济目的,无须经主管衙门允许,只有无经济目的,才须经主管衙门的允许,从而表现出对于推动经济发展的重视。对于外国法人成立制度,另设专条规定。

第四章第一百六十六条规定:"称物者谓有体物。"民法上的"物",不仅指自然属性,还必须是能为人们所控制,具有经济、文化、科学价值的物,如土地、森林、河流、矿物、机器。在清朝,奴婢被看作民事法律关系的客体,是和牲畜一样的物,所谓"律比畜产",但在民律草案中的"物"已经不包含奴婢在内。

第五章"法律行为"包括五节:意思表示、契约、代理、条件及期限、无效撤销及同意。

第七章仿日本、德国、瑞士民法,专章规定取得时效及消灭时效。中国古代,自宋以后在民事活动中逐渐提出时效问题。在清代典买卖中,已经明确规定"民人典当田宅,契载年份,统以十年为率"。"民人契典旗地,回赎期限以二十年为断。"[22]《大清民律草案》第二百七十四条规定:"时效溯及起算日发生取得权利或消灭权利之效力。"第三百条规定:"以所有之意思,于三十年间和平并公然占有他人未登记之不动产者,取得其所有权。"第三百零一条规定:"未取得不动产之所有权,而用所有人之名义为登记以所有之意思,于二十年间和平并公然占有其不动产,并其占有之始系善意而无过失者,取得其所有权。"第三百零四条规定:"债权之请求权,因三十年间不行使而消灭,但法律所定期间较短者,不在此限。"民律草案关于时效的规定,对于剖决现实中大量的民事纠纷,具有十分重要的价值。

第八章第三百一十二条规定:"权利人于法律限制内,得自由行使其权利。但专以损害他人为目的者,不在此限。"第三百一十八条规定:"凡提出担保,应依下列各款方法:一提存金钱或有价证券;二设定抵当权;三设定质权。"

(二)债权编的体系与内容

《大清民律草案》债权编共分八章,六百五十四条。在本编第一章通则的一百八十八条中,对债权人的权利作了较为详尽的规定,反映了修律者的着眼点在于保护债权人的利益,而对债务人的合法权益则缺乏保护性的条款。顾名思义,债权编意在维护债权人的利益,显然有违民法上的平等原则。因此,民国时期,北洋政府和国民政府的民法典都改债权为债,以示此编系指债权与债务两方面,以示保护债权人、债务人双方之意。事实上,债权与债务是相互依存的,没有债务也就不存在债权。

第二章"契约"中,确立了契约自由的原则以及应有的法律效力。例如,第五百一十三条规定:"依法律行为而债务关系发生,或其内容变更消灭者,若法令无特别规定,须依利害关系人之契约。"契约自由是商品交换的必然要求,是资本主义制度下人们相互联系的主要纽带,因此,被确立为古典资本主义三大民法原则之一。亨利·梅因在《古代法》中称:"所有进步社会的运动,到此处为止,是一个'从身份到契约'的运动。"[23] 在奴隶制社会和封建社会中,人们在法律上的地位与权利,受到来自家庭、家族、社会、国家等各方面的限定,以至于人与人之间在身份上是不平等的。有些人完全没有个人的人格,因而也无法自主自立地进行经济活动。只有在资本主义社会里,人们才从身份的束缚中解放出来,才有可能通过体现个人意志的契约,进行经济交易和社会联系。因此,确立

---

[22]《田赋·置产投税部》,《户部则例》卷一。
[23] [英]梅因:《古代法》,商务印书馆2011年版,第112页。

契约自由，无疑是一种"进步社会的运动"。

第二章第二节以后还详细规定了有关买卖、互易、赠与、使用赁贷权、用益赁贷权、使用贷借、消费贷借、雇佣、承揽、居间、委任、寄托、合伙等契约形式和法律关系。

第七章"不当得利"中规定："无法律上之原因，因他人之给付或其他方法受利益，致他人损失者，负归还其利益之义务。"（第九百二十九条）

第八章"侵权行为"中规定："因故意或过失侵他人之权利而不法者，于因加侵害而生之损害，负赔偿之义务。"（第九百四十五条）"因侵权行为之侵害，非直接被害人不得请求赔偿，但法律别有规定者，不在此限。"（第九百五十七条）"害他人之身体、自由或名誉者……亦得请求赔偿相当之金额。"（第九百六十条）

（三）物权编的体系与内容

《大清民律草案》第三编物权，分为七章，共三百三十九条。通观物权编，其中心内容是保护所有权。第一章"通则"中规定："依法律行为而有不动产物权之得、丧及变更者，非经登记，不生效力。"（第九百七十九条）"动产物权之让与，非经交付动产，不生效力。"（第九百八十条）在第二章"所有权通则"中规定："所有人于法令之限制内，自由使用、收益、处分其所有物。"（第九百八十三条）"所有人于其所有物，得排除他人之干涉。"（第九百八十四条）

在不动产所有权的规定中，以土地所有权为核心内容。"土地所有权于法令之限制内，及于地上、地下。"（第九百九十一条）"土地所有人，得禁止他人入其内地。"（第一千零一十三条）"水源地之所有人，得自由使用泉水。"（第一千零一十六条）不仅如此，民律草案还规定了因土地所有权而产生的其他物权，如地上权、永佃权、地役权、担保物权、抵押权、不动产质权等，并分别予以保护。例如，第三章"地上权"中规定："地上权依法律行为而设定之。"（第一千零七十条）"因契约而设定地上权者，须立设定书据。"（第一千零七十一条）"地上权人应向土地所有人支付定期地租。"（第一千零八十条）"地上权人虽因不可抗力于使用土地有妨碍，不得请求免除地租，或减少租额。"（第一千零八十二条）地上权人如果"继续三年以上怠于支付地租，或受破产之宣告，若无特别习惯，土地所有人得表示消灭其地上权之意思，并得请求涂销其设定之登记"（第一千零八十三条）。

第四章"永佃权"中规定："永佃权依法律行为而设定之。"（第一千零八十七条）"永佃权存续期间，为二十年以上五十年以下。"（第一千零八十九条）"永佃权人得支付佃租，而于他人土地为耕作或牧畜。"（第一千零八十六条）"永佃权人继续二年以上怠于支付佃租,或受破产之宣告者……土地所有人得表示消灭永佃权之意思。"(第一千一百条)以上可见,民律草案对地主土地所有权的保护。

由于民律草案以德国民法为主要依据,因此在物权编仅设定不动产质权,而舍弃在中国普遍流行、历史悠久的典权,以致脱离中国社会生活的实际。至1925年民国政府完成的《中华民国民律草案》中,才重新设立了典权一章。

(四)亲属编的体系与内容

《大清民律草案》第四编亲属,分为七章,共一百四十三条。该编主要内容仍然承袭中国封建的法律传统,维护封建礼教和封建婚姻家庭关系。在亲属编起草过程中,曾就指导思想上取家属主义还是取个人主义发生过争论。但多数立法者认为,十八行省皆盛行家属主义,而且具有数千年的历史与习惯,因此最后仍采取家属主义,以至于在亲属编中继续实行宗法家长制度。例如,第一章"通则"中规定:亲属分为宗亲、夫妻、外亲、妻亲,亲等关系以服图计算(第一千三百一十七条,第一千三百一十八条)。第二章"家制"中规定:家长"以一家中之最尊长者为之"(第一千三百二十四条),"家政统于家长"(第一千三百二十七条)。修订法律馆对此说明如下:"家长既有统摄之权利,反之,则家属对于家长即生服从之义务。"

第三章"婚姻",基本援引《大清律例》中"户婚"的内容,如第一千三百三十三条规定:"同宗者,不得结婚。"此条规定较之传统法律中同姓不婚之禁,是一大改革。按同姓不婚始于周,历代于同姓为婚者,皆按律定罪。在中国古代人口稀少,同姓多为同宗,根据宗法原则,同宗不得通婚姻,因此法律禁止同姓为婚。随着社会的发展、人口的繁衍,同姓不同宗已是普遍现象,因此民律草案规定"同宗者,不得结婚",较之同姓不得为婚,范围大大缩小,是符合社会实际的。

在结婚的条件上,《大清民律草案》继续规定:"结婚须由父母允许。"(第一千三百三十八条)法律馆解释说:"婚姻为男女终身大事,若任其自由结合,往往血气未定,不知计及将来,卒贻后悔……况家属制度,子妇于成婚后,仍多与父母同居,则姑媳间之感情,亦宜先行筹及。"

在夫妻关系上,《大清民律草案》规定:"关于同居之事务,由夫决定。"(第一千三百五十一条)"妻于寻常家事,视为夫之代理人,前项妻之代理权,夫得限制之。"(第一千三百五十五条)"妻于成婚时所有之财产,及成婚后所得之财产为其特有财产,但就其财产,夫有管理使用及收益之权。夫管理妻之财产显有足生损害之虞者,审判厅因妻之请求,得命其自行管理。"(第一千三百五十八条)对此,法律馆解释说:"中国男帅女,妇从男,于夫妇财产向无契约之说……本法定归之于其夫者,以吾国礼俗本应如是。"

在离婚问题上,继续实行宽于男而严于女的原则。如"妻与人通奸者",即行离婚;但夫犯"奸非罪"被处刑者,妻才可以提起离婚。(第一千三百六十二条)

在亲子关系中继续确认亲权。"行亲权之父母于必要之范围内,可亲自惩戒其子,或呈请审判衙门送入惩戒所惩戒之。"(第一千三百七十四条)此项规定与《大清律例》基本一致。

此外,"子营职业须经行亲权之父或母允许"。(第一千三百七十五条)"子之财产归行亲权之父或母管理之"。(第一千三百七十六条)按法律馆解释:"子妇无私货、无私蓄、无私器之义,似乎为人子者,不应私有财产。"由此可见亲属编起草人的封建意识。

由于亲属编沿袭宗法原则,因此仍然重嫡庶之别。"妻所生之子,为嫡子。"(第一千三百八十条)"非妻所生之子,为庶子。"(第一千三百八十七条)既然承认庶子为合法,娶妾自然也是合法的。法律馆明白解释说:"吾国社会习惯于正妻外置妾者尚多,故亲属中不得不有嫡庶子之别。"由于重宗法,因此无子立嗣是合法的。"成年男子已婚而无子者,得立宗亲中亲等最近之兄弟之子,为嗣子。"(第一千三百九十条)独子兼祧亦属合法。(第一千三百九十三条)但是,"若无子者不欲立亲等最近之人,得择立贤能或所亲爱者,为嗣子"。(第一千三百九十条)"若无子者不欲立同宗兄弟之子,得由其择立下列各人为嗣子:姊妹之子;婿;妻兄弟姊妹之子。"(第一千三百九十一条)这条规定显然是与宗祧继承不同的,反映了时代的进步加给民律草案的烙印。此外,"以遗嘱择立嗣子者,从其遗嘱"。(第一千三百九十五条)

(五)继承编的体系与内容

《大清民律草案》第五编继承,分为六章,共一百一十条。其中规定:"遗产继承人,以亲等近者为先。若亲等同,则同为继承人。"(第一千四百六十六条)"继承人若在继承前死亡,或失继承之权利者,其直系卑属承其应继之分,为继承人。妇人夫亡无子守志者,得承其夫应继之分,为继承人。"(第一千四百六十七条)若无前述继承人者,"依下列次序定应承受遗产之人:夫或妻;直系尊属;亲兄弟;家长;亲女。直系尊属应承受遗产时,以亲等近者为先。"(第一千四百六十八条)"乞养义子,或收养三岁以下遗弃小儿,或赘婿,素与相为依倚者,得酌给财产,使其承受。"(第一千四百六十九条)"继承人有数人时,不论嫡子、庶

子,均按人数平分,私生子依子量与半分。"(第一千四百七十四条)

以上规定,基本上与《大清律例》中的有关规定相同。继承编中另一个显著特点是关于遗嘱的规定较为细密。例如,"遗嘱,非依本律所定方法,由所继人自立者,无效"。(第一千四百八十八条)"所继人之遗嘱,定有分产之法或托他人代定者,须从其遗嘱。"(第一千四百八十一条)此外,关于遗嘱之方法、遗嘱之效力、遗嘱之执行、遗嘱之撤销等,都分节作出专门规定,以示对死者财产权的保护。在《大清律例》中,宗祧继承重于财产继承,以致争产经常是通过争继出现的。而在民律草案中,财产继承的重要性显然高于宗祧继承,这是由于宗法制度的衰落,社会经济的发展,西方法文化的影响等因素的作用下,传统的继承法向着近代转型,并改变着人们传统的法观念。

综上可见,晚清修订的民律草案,所展示的中西汇合的全新体系与内容,并且体现了由固有民法向近代民法转变时期的走向。

四、《大清民律草案》的历史地位与特点

《大清民律草案》是在中国海禁大开以后,社会性质发生根本变化的历史条件下制定的,它标志着中国固有民法的基本终结和与西方近代民法接轨的开端。它所体现的新与旧、中与外的整合,虽有若干的缺点和不足,但无论如何它是近代民法奠基之作,民国时期民法典的修订与完善都是以它为基础而展开的。

(一)体现了中国民法发展中的重大转折

中国古代的民事立法起源很早,《周礼》中已有债法的若干记载。东周时期的铜器铭文中,更保留了所有权关系变动以及民事诉讼的确切物证。但是,中国古代的国情、社情决定了民事法律的发展是迟缓的,直到民律草案制定以前,有关户役、田宅、继承、婚姻、钱债等民事法律规定,仍然散见于《大清律例》《大清会典》《户部则例》之中。俞廉三、刘若曾在《民律前三编草案告成奏折》中说"各朝凡户婚、钱债、田土等事,撮取入律,至今未替",这是符合中国民事法律发展的实际的。缺乏独立的民法体系,是中华法系封闭性的表现,也是在民事法律关系上礼法混同的结果。

19世纪中叶以来,被迫开放的历史环境,民族资本主义经济的相对发展,社会结构的变动所形成的法律上私人平等的新局面,以及西方私法文化的广泛输入,使制定民律草案成为可能。民律草案所展现的新的体系和新的内容,说明

了中国民法终于突破了固有民法的束缚。民律草案接受了"世界最普通的法则"和"后出最精确的法理",开始与世界先进的民法系统接轨。虽然为了实现这个接轨,民律草案中有些规定是超前的、强求同一的,但它对中国民法走向近代化所起的导向作用是不可忽视的。民律草案对于启迪人们的私法意识、权利意识,甚至推动社会跟上进步的潮流,都有一定的意义。这个历史性的重大转折,构成了民律草案最基本的价值和特点。

(二) 新旧杂糅,反映了特定的国情社情

民律草案以德国民法为主要蓝本,大量吸纳了大陆法系先进的民事法律,譬如,适应商品经济的发展,确立了契约自由的债法的基本规则,以及一系列新的规范;设立了法人制度、用益物权和担保物权制度等。民律草案弥补了固有民法中的空白,体现了社会的巨大进步。

民律草案的起草,也贯穿了"务期中外通行"的宗旨,从而为采取"通行的原则""后出的法理"提供了政策上的依据,使固有民法与西方民法的初步整合成为可能。民律起草者热切期望移植大陆法系民法,以致有些规定脱离了中国的社会实际。譬如,忽视由来已久的"老佃""典"等民事法律关系,未作任何规定。在民律草案亲属编、继承编中,却又表现出对固有封建民法的承袭。民律中亲属、继承二编是由国粹派人物集中的礼学馆会同起草的,以至于明确宣布采取家属主义的立法精神,公开捍卫封建的宗法礼治,固有民法中的伦常关系与秩序得到了民律草案的认定。

不仅如此,民律草案还肯定了以父权和夫权为支柱的家长制度。父母继续拥有对子女的婚姻权、财产管理权和惩戒权。在夫妻关系上,继续确认夫权主义。这说明当时的中国还存在深厚广泛的封建身份法的社会基础和宗法礼治的文化基础,以及以义务为本位的固有法律传统的强烈影响。这样的亲属法和继承法,与前三编的近代民法的规定是冲突的,只是通过立法技术把新旧杂糅的内容整合在一起。这种新旧杂糅的整合缺乏自然的基础,不可避免地存在形式与内容、移新与守旧、精神与实质、传统与现代的种种矛盾,反映了当时中国特定的国情社情和民律起草者极其复杂的立场和心态。

(三) 以形式上的平等掩盖事实上的不平等

民律草案虽然传承了西方民法典中的一些原则,但对于最为重要的各国民法通常所采取的平等原则却略去不用,而平等原则恰恰是民事责任人双方权利与义务处于平等地位的法律保障。民律草案不取平等原则不是偶然的,而是和

它继续确认父子、夫妻、男女之间许多不平等的关系相关的。但与此同时,却又在财产法上采取形式上的平等掩盖事实上的不平等,譬如规定"所有权人于法令限制内,得自由使用、收益、处分其所有权,他人不得稍加妨害。若他人干涉其所有物时,得排除之";"土地所有权于法令之限制内及于地上、地下"。这些规定从表面上看,似乎对所有公民一视同仁,然而实际上农村土地百分之七十至百分之八十被地主占有,而占人口百分之五十以上的佃农却没有土地,因此上述条款所保护的对象是不言自明的。不仅如此,地主官僚资本家还可以凭借手中所掌握的政治权力和雄厚财富,在这条法律的支持下,扩大对土地的占有,以迅速集中财富,而这种政治经济条件是一般农民、工人所不具备的,甚至农民虽有不可抗力的原因,也不得请求免除和减少地租。

此外,债权编虽然以契约自由为指导原则,但强调保护债权人的利益。譬如,在债务关系中规定债权人得向债务人请求给付或请求不履行之损害赔偿。晚清时期的社会实际状况是广大劳动者家无恒产,靠出卖劳动力维持生计,在天灾人祸、战乱频仍的背景下,一些濒于破产的农民和小手工业者、小商人,为了渡过难关只好借贷,一旦到期不能偿还,便要承担各种损害赔偿。他们和地主、资本家仍处于事实上不平等的地位,所以民律草案规定的民事权利,有些是他们享受不到的。

以上可见,民律草案是以财产法的形式上的平等,掩盖了事实上的不平等。

综括上述,经过四年的时间,于宣统三年七月(1911 年 9 月)告成的《大清民律草案》是中国法律史上第一部以德国、法国、瑞士等大陆国家的民法作为原型的民法典。尽管由于清朝的迅即覆亡,民律草案未及施行,但它打破了诸法合体、民刑不分的旧体例,使古老的中华法制文明揭开了新的一页,并且为继起的民国政府制定民法典提供了重要的基础。不仅如此,通过制定民法,用独立的民法典的形式来维护私权,确认民事权利主体在民事法律关系中的平等地位,维护私人间的权利与义务关系等,无疑是一次对广大群众养成近代法律意识的普及教育。

《大清民律草案》是最具时代性的立法,它所体现的新与旧、中与外的整合,形象地反映了西方民法文化与中国固有的民法文化的冲突与融合,虽然这种整合缺乏客观的基础,但在当时不仅不可避免,还是一种合于时宜的历史性的进步。在民律起草的过程当中,修订法律馆提出调查民间习惯作为起草民律的参考,表现了立足本土、从国情实际出发的态度,是很有见地的。所积累的经验,不但对制定大清民律草案,而且对民国初期起草民法,都具有参考价值。如果能将引进的西方民法与民间的某些良好习惯相结合,无疑会提高民律草案的价值和实用性。可惜的是,民律起草者过分注意与西方民法的求同,对于调查来的大量民事习惯未能认真地甄别采纳,尤其表现在财产法上,完全置民间流行已久的习惯和法律关系于不顾。曾任北洋政府司法总长的法学家江庸提出《大清民律草案》必须修正的理由之一就是:"前案多继受外国法,于本国固有法源,未甚措意。如《民法债权篇》于通行之'会',《物权篇》于'老佃'、'典'、'先买',《商法》于'铺底'等全无规定,而此等法典之得失,于社会经济消长盈虚,影响极巨,未可置之不顾。"[24] 民国十二年(1923 年),杨元洁在为《中国民事习惯大全》所作的"序"中,也指出:"溯自前清变法之初,醉心欧化,步武东瀛,所纂民律草案大半因袭德日,于我国固有的民事习惯考证未详,十余年来不能施行适用。"[25] 从而表现了"求最适于中国民情之法则"的原则,未能全面落实。

中国的固有民法是简陋的,只是由于得到各种形式的民事习惯的补充,才得以有效地调整民事法律关系与冲突。修订法律馆一方面表示尊重民事习惯,并派员调查整理了大量资料;但另一方面却对已调查来的资料,未能认真地甄别采纳,甚至弃之不用。这种现象,固然与修律的时间紧迫有关,但更重要的是反映了修律者削足适履,急于与西方民法求同的急迫心情,以致民律草案前三编,基本继受外国民法,无视或忽视中国固有的民事法源。而民律草案的后两编,又基本因袭中国固有的民法,无视或忽视社会的发展。因此,即使清朝不被迅速推翻,《大清民律草案》也必定会进行修改,否则难以成为融于社会生活中的真实的法律。

---

[24] 谢振民编著:《中华民国立法史》(下册),张知本校订,中国政法大学出版社 2000 年版,第 748 页。

[25] 前南京国民政府司法行政部编:《民事习惯调查报告录》,胡旭晟、夏新华、李交发点校,中国政法大学出版社 2000 年版,第 11 页。

第九章　由抑商到护商的商业立法

清朝统治期间,继续实行传统的重农抑商的政策,尤其是通过禁海扼杀了南宋与明初的海上贸易,摧残了东南沿海一带的资本主义萌芽。1840年鸦片战争以后,国门大开,外国的商品和商业资本如潮水般涌入中国,剥夺了中国工商业的利权,严重阻遏了民族工商业的发展。为此,代表民族工商业利益的早期改良派,提出商战的口号,以争取应有的利权。同时呼吁清政府制定商律,以法护商。中国近代的商律便在这样的历史背景下产生了。

一、改良派提出商战和以法护商的呼吁

19世纪70年代以后,外国商品大量输入中国,为了挽救对外贸易入超所造成的民族经济危机,夺回利权,早期改良派提出重商和以法护商的主张,并向清政府提出制定商律的建议。

在早期改良派的变法主张中,振兴商务、以法护商,是一个重要的内容。他们针对重农抑商则"国势可久"[1]"正其谊(义)不谋其利,明其道不计其功"[2]的传统观点,提出了尖锐的批评。他们指出,所谓的重农,实际上"徒知丈田征赋,催科取租,纵悍吏以殃民,为农之虎狼而已"。[3] 至于不谋利、不言利,更具有虚伪性和消极影响。陈炽说:"吾虑天下之口不言者,其好利有甚于

---

[1] 盛昱:《书铁路述略后》,载中国史学会主编:《洋务运动》(六),上海人民出版社2000年版,第318页。
[2] 《汉书·董仲舒传》。
[3] 王韬:《兴利》,载《弢园文录外编》卷二,中华书局1959年版,第45页。

人也。"[4] 何启、胡礼垣说："以理财为迂，以言利为耻，而中国财用自古至今遂无一日而能正本清源矣。"[5] 改良派从古今之异的时局变迁和"万国交通"的世界大势出发，论证了通商和振兴商务的必要性和紧迫性。薛福成说："古之时，小民各安生业，老死不相往来，故粟布交易而止矣。今也不然，各国兼并，各国利己。"[6] 因此，"当闭关绝市以前，我行我法焉可也"，[7] 时至今日，"既不能禁各国之，惟有自理其商务而已"。[8]

为了推动清政府改变重农抑商的政策，提高商人的社会地位，改良派接过洋务派求强致富的旗帜，以振兴工商作为"富强救国"的根本途径。马建忠说："治国以富强为本，而求强以致富为先。"[9] 薛福成说："欲图自强，先谋自治，必先致富。"[10] 根据"富与强实相维系"的观点，他们极力主张重商、以法护商。薛福成从反传统的角度，论证了商在四民中的重要地位，他说："盖有商，则士可行其所学，而学益精，农可通其所植，而植益盛，工可售其所作，而作益勤。"因此，"握四民之纲者，商也"。[11] 他以西方国家为例，说明"西人之谋富强也，以工商为先，耕战植其基，工商扩其用"。[12] 陈炽也说："商务盛衰之枢，即邦国兴亡之券也。"[13] 马建忠在其早期著作中，便一再强调保护商会、发展贸易、减轻商税。

改良派重商、以法护商的思想，是在西方国家经济侵略的严峻形势下提出的，有着鲜明的针对性。郑观应在所著《盛世危言》中深刻描述了西方国家对华的经济侵略。他说："洋人之到中华，不远数万里，统计十余国，不外通商……通商则渐夺华人之利权。""彼之谋我，噬膏血非噬皮毛，攻资财不攻兵阵……迨至精华销竭，已成枯腊，则举之如发蒙耳！故兵之并吞，祸人之易觉，商之搰克，敝国无形，我之商务一日不兴，则彼之贪谋亦一日不辍。纵令猛将如云，舟师林立，而彼族谈笑而来，鼓舞而去，称心餍欲，孰得而谁何之哉！"[14] 正是由于认识

---

[4] 陈炽：《续国富策》卷三《攻金之工说》，载赵树贵、曾雅丽编：《陈炽集》，中华书局1997年版，第212页。

[5] 何启、胡礼垣：《新政真诠》三编《新政始基》，辽宁人民出版社1994年版。

[6] 郑观应：《盛世危言·商务》，华夏出版社2002年版。

[7] 陈炽：《庸书·考工》，朝华出版社2018年版。

[8] 薛福成：《商政》，载《筹洋刍议》，辽宁人民出版社1994年版，第72页。

[9] 马建忠：《富民说》，载中国史学会主编：《戊戌变法》（第1册），上海人民出版社1957年版，第163页。

[10] 薛福成：《出使英法义比四国日记》，朝华出版社2017年版。

[11] 薛福成：《出使英法义比四国日记》，载钟叔河主编：《走向世界丛书》，岳麓书社1985年版，第82页。

[12] 薛福成：《筹洋刍议·商政》，朝华出版社2017年版。

[13] 陈炽：《庸书》外篇卷上《公司》，豫宁余氏重校付刊本1897年版，第38页。

[14] 郑观应：《商战（上）》，载陈志良选注：《盛世危言》，辽宁人民出版社1994年版，第238页。

到西方列强对中国进行经济侵略的危害,郑观应提出了"习兵战不如习商战""商战为本"[15]的口号,以期收回利权,振兴民族工商业。

重商、以法护商的提出,也是针对商人的无权地位和饱受官府压榨的一种呐喊。由于郑观应是由买办而跻身于官督商办企业的,所以他对官场中的腐败陋习有着深刻的了解,痛感官府对民间工商业"视如熟肉、随意割剥"[16]。他在修改的庚子八卷本的《盛世危言》中,对乙未十四卷本的"商务(二)"进行了大量的修改,重点在于申诉商贾无权,揭发官府札委的官员"位高而权重,得以专擅其事,假公济私"。他在诗中揭露说:"名为保商实剥商,官督商办势如虎,华商因此不如人,为丛驱雀成怨府。"[17]

一方面改良派,希望清朝能够扶植工商业,制定相应的法律。他们从切身经历中体会到,官不恤商与国家缺乏应有的法律保护攸关,郑观应说"官不恤商者……实亦国家立法之未善",因此建议"仿西法颁定各商公司章程","全以商贾之道行之,绝不拘以官场体统"[18]。陈炽、薛福成还分别向清廷建议:"宜仿泰西各国,增设商部,管以大臣,并立商律、商情、商平、商税四司,分任其事";[19]"如西洋各国有商尚书,以综核贸易之亏盈,又有商务委员以稽查工作之良窳"[20]。郑观应特别提出翻译西方国家的商律,再斟酌中国的情况,"量为删改",制定商律,并于各府州县设立商务工所,由商人自举商董,形成自商部至州县的保护商务的机构网络。果真如此,"数十年后,中国商务之利有不与西欧并驾者,不信也"[21]。这些建议反映了新兴资产阶级广泛参与工商管理的强烈愿望。

另一方面,改良派反对官督商办、官商合办,主张商办。他们强调:"今欲扩充商务,当力矫其弊,不用官办而用商办。"何启、胡礼垣尖锐地抨击说,中国有诸多不善之政,"首在官督商办也"[22]。

改良派大多是从洋务派营垒中分化出来的,尽管他们批判了官督商办的政策,但在兴办矿务、铁路、保险等重大项目中,仍然借官以"助商","借官权为振

---

[15] 郑观应:《盛世危言后编》自序,载夏东元编:《郑观应集》(下册),上海人民出版社1988年版,第13页。
[16] 郑观应:《盛世危言》卷七《后编》,华夏出版社2002年版。
[17] 郑观应:《罗浮偫鹤山人诗草》卷二《商务叹》。
[18] 郑观应:《禀北洋通商大臣李傅相条陈轮船招商局利弊》,载《洋务运动》(第6册),第113页。
[19] 陈炽:《庸书》外篇卷上《商部》,朝华出版社2018年版。
[20] 薛福成:《出使日记续刻》卷五,蔡少卿整理:《薛福成日记》,吉林文史出版社2004年版,第737页。
[21] 郑观应:《商务》,载陈志良选注:《盛世危言》,辽宁人民出版社1994年版,第258页。
[22] 何启、胡礼垣:《新政真诠》六编《新政变通》,郑大华点校,辽宁人民出版社1994年版。

作",说明他们在思想上与洋务派有着千丝万缕的联系,同时也反映了他们所代表的新生的民族资产阶级上层对封建势力的依赖性,以致改良派的认识和实践常常是脱节的。

为了振兴商务,改良派强烈主张关税自主和修改税则。马建忠曾经愤懑地指出,西方国家"乘我未及深悉洋情,逼我猝定税则",以致"数十年吸中国膏血",[23]他提出应根据对华商"轻其赋税"、对洋商"重其科征"[24]的原则,修改现有的税则。郑观应也谴责不平等条约中片面最惠国待遇的规定,强调:"通商之约必曰两国均益,今益于人而损于我,则我亦以损人益我者报之。"[25]

改良派也主张收回外国人把持的中国海关行政大权,陈炽说"利之所在,即权之所在,不可轻以假人",他建议一年以后无论总税务司还是各关税司捐手,"概易华人"。[26]

与此同时,从与西方国家进行商战的需要出发,改良派主张取消太平天国起义后,为解决军饷而新增的以商品为对象的厘金税则。郑观应指出:"发捻肃清三十余年",厘金非但没有裁并,反而有增无减,以致"厘抽十文,国家不过得其二、三,余则半饱私囊,半归浮费","病民之端莫甚于厘卡"。[27] 尤有甚者,厘金税制还妨碍了中国商品与洋货竞争。因为"洋人货物,则有关税而无卡厘,华人为之,则反收卡厘而兼征关税,故同一货物同一贩运,洋人则赢,华人则绌"。[28] 马建忠和郑观应都提出了裁撤厘金的具体办法,即"仿照各国通商章程,择其可加者加之,以与厘捐相抵,然后将厘卡尽行裁撤",以"便商贾之往来,苏其隐困";[29]"凡商贾过冲要之卡,既完厘后即给以凭单,所经分卡一体查验放行,不得重捐。倘前卡未及完厘,准在后卡补完,以示体恤。将无关紧要之卡一律裁撤,既可便民亦可省费焉"[30]。晚清的厘金制度,虽然并未因改良派的反对而裁撤,但是他们的主张无疑有利于促进商品生产和流通,以及同洋商进

---

[23] 马建忠:《复李伯相札议中外官交涉仪式洋货入内地免厘禀》,载马建忠:《适可斋记言》卷4,中华书局1960年版,第77页。

[24] 马建忠:《复李伯相札议中外官交涉仪式洋货入内地免厘禀》,载马建忠:《适可斋记言》卷4,中华书局1960年版,第79页。

[25] 郑观应:《条约》,载夏东元编:《郑观应集》(上册),上海人民出版社1982年版,第437页。

[26] 陈炽:《庸书·税司》,朝华出版社2018年版。

[27] 郑观应:《条约》,载夏东元编:《郑观应集》(上册),上海人民出版社1982年版,第554页。

[28] 何启、胡礼垣:《新政真诠》二编《新政论议》,辽宁人民出版社1994年版。

[29] 马建忠:《复李伯相札议中外官交涉仪式洋货入内地免厘禀》,载马建忠:《适可斋记言》卷4,中华书局1960年版,第77页。

[30] 郑观应:《条约》,载夏东元编:《郑观应集》(上册),上海人民出版社1982年版,第553~554页。

行合法的竞争。

改良派还主张采用西方国家推动经济发展的专利制度,对专利制度的认识与洋务派李鸿章有所不同。李鸿章在开办上海机器织布局时,曾规定:"十年以内,祗准华商附股搭办,不准另行设局。"[31]这实际上是行业垄断,并不是近代经济法所认定的专利制度。改良派的认识与此相反,他们主张"倘有别出新裁造成一器,于国计民生有益者,视其利之轻重,准其独造数年,并给顶戴,以资鼓励。""华人创一业,稍沾微利,则必有人学步后尘,甚且贬价争售,互相诋毁,以至两败。若照西例,凡创一业,官给准照,独享其利若干年,剽袭诈伪者无赦,则无此弊矣。"特别提出"有自出新意制器利用者",如无力自措,"官为按验核议,出示招股"。"其有独出心裁制成一物利便于人,为人赏鉴者,国家则给以功牌,畀以专权,独制独卖,使世其业,他人不得假冒"。[32]

综括上述,振兴商务、以法律保护民族工商业的发展,是改良派思想中的重要内容之一。他们对西方经济立法的了解是直观的、感性的,还缺乏深入的理解和理论上的探讨。尽管如此,在当时沉闷的法制环境下,仍然展现了一幅前所未有的重商、恤商、以法护商的愿景。他们的思想主张对开明的官僚也有所影响,为《大清商律》的制定起到了舆论准备的作用。

二、《钦定大清商律》的制定及主要内容

光绪二十七年(1901年)二月,出使俄奥大臣杨儒以考察欧洲见闻,奏陈发展商业之策:"亟应订商务之律,设商务之局,遍询商家之疾苦不便,而善谋补救;博访商家之赢虚利弊,而为主持。"[33]

同年五月、六月,两江总督刘坤一、湖广总督张之洞在第三次会奏变法事宜折中痛陈商法缺失之弊:"互市以来,大宗生意全系洋商,华商不过坐贾零贩。推原其故,概由中外懋迁,机器制造,均非一二人财力所能。所有洋行皆势力雄厚,集千百家而为公司者,欧美商律最为详明,其国家又多方护持,是以商务日兴。中国素轻商贾,不讲商律,于是市井之徒,苟图私利,彼此相欺,巧者亏逃,拙者受累。以故视集股为畏图,遂不能与洋人争衡。"他们认为商律制定以后,"则华商有恃无恐,贩运之大公司可成,制造之大工厂可设,假冒之洋行

---

[31] 《李文忠公全集·奏稿》卷四十三《试办机器局析》。
[32] 何启、胡礼垣:《新政真诠》二编《新政论议》,辽宁人民出版社1994年版。
[33] 清宪政编查馆辑:《大清法规大全续辑》,宪政编查馆刊本。

可杜"。[34]

光绪二十八年(1902年),商约大臣吕海寰、盛宣怀在上海与英、美等国修订商约。他们目睹西方各国商会组织之严密、商事法律之完备,深有感触,遂奏请清政府设立上海商业会议公所,且应远规西法,近采舆论,讲求对商业保护提倡之法。[35] 商约大臣的奏折直接促成了商事立法的展开。同年二月,清廷发布变法上谕:"近来地利日兴,商务日广,如矿律、路律、商律等类,皆应妥议专条。"[36]

光绪二十九年(1903年)三月二十五日,清廷再次颁布上谕,指出:"通商惠工,为古今经国之要政,急应加意讲求,著派载振、袁世凯、伍廷芳先订商律,作为则例。"商律之修订历经数十年之朝野议论,至此正式纳入朝廷立法计划。

同年七月,清政府设立商部,遂即进行多方面的工商立法。伍廷芳等人认为:"编辑商律,门类繁多,实非克期所能告成,而目前要图莫如筹办各项公司,力祛曩日涣散之弊,庶商务日有起色,不致坐失利权,则公司条例亟应先为妥订,俾商人有所遵循,而臣部遇事维持,设法保护,亦可按照定章履办,是以赶速先期拟商律之公司一门,并于卷首冠以商人通则。"[37] 清政府准其所请。

光绪二十九年(1903年)十二月公布施行《钦定大清商律》,其由《商人通例》和《公司律》组成。《商人通例》共九条,主要规定了有关商事主体和商行为的标准:凡经营商务、贸易、买卖、贩运货物者,均为商人。满十六岁以上之男子得营商业。女子于法定之场合,得营商业,但必须呈报商部。妻得夫之许可,且呈报商部,得营商业;但夫于妻之债务,不能辞其责。该条例对于商业注册、商业使用人、代理商等商事重要规范均未加规定,作为全部商律之总则不免过于简略,仅为一暂行章程,以应急迫之需而已。

《公司律》共131条,分十一节:公司分类及创办呈报法、股份、股东权利各事宜、董事、查账人、董事会议、众股东会议、账目、更改公司章程、停闭、罚则等。《公司律》虽然粗疏简陋,但对晚清各种公司的建立起到了推动的作用。光绪二十九年(1903年)以前,向官府注册的私人公司仅三家。《钦定大清商律》颁行实施以后,从光绪三十年(1904年)至宣统三年(1911年)的八年间,在注册局注册的华资私人公司逾300家,全国各种华资企业注册资本数额以平均每年14% ~

---

[34] 朱寿朋编:《光绪朝东华录》,中华书局1984年版,总第4763页。
[35] 参见盛宣怀:《愚斋存稿》卷七,第35页。
[36] 《清实录·德宗景皇帝实录》卷四九五,中华书局1987年版,第537页。
[37] 朱寿朋编:《光绪朝东华录》,中华书局1984年版,总第5013~5014页。

15%的速率增长。[38]

为奖励商人投资促进工商业发展,商部仿欧美奖励发明、鼓励投资之法,于光绪二十九年(1903年)九月颁行《奖励华商公司章程》,根据所集股份的多少,分别给予不同品级的顶戴、商部顾问官或商部议员。光绪三十二年(1906年)颁行《奖给商勋章程》,凡"有创制新法、新器,以及仿制各项工艺,确能挽回利权,足资民用者","各按等级予顶戴"及一至五等商勋。后又连续颁行《农工商实业爵赏章程》《华商办理农工商实业爵赏章程》《奖励华商公司章程》等。爵赏虽是虚衔,但仍反映了官方的政策导向,起到了振兴实业的积极作用。时人盛赞此举"一扫数千年'贱商'之陋习,斯诚稀世之创举"。[39]

光绪二十九年(1903年)十月,商部奏《劝办商会酌拟简明章程折》:"纵览东西诸国,交通互市,殆莫不以商战角胜,驯至富强。而揆厥由来,实皆得力于商会。……现在体察情形,力除隔阂,必先使各商有整齐划一之规,而后臣部可以尽保护维持之力,则今日当务之急,非设立商会不为功。"[40]

同年十一月,清廷颁行商部奏定《商会简明章程》[41],共计二十六条,其中规定:"凡属商务繁富之区,不论系省垣或系城埠,均应设立商务总会,商务稍次之地,设商务分会。"该章程仿照欧陆商会组织模式,商会由民间组织,但须得官府认可。

商会为政府商政咨询团体,辅助政府实施商法。依据该章程规定,商会的职能包括:保护商人利益,推动商业发展;官商之间下情上达,商人之间互通商情;仲裁国内商事案件,调处涉外商事纠纷;合理使用商会公积金,维护商业秩序;代为申报专利,保护与商业相关的知识产权。

《商会简明章程》颁行后,商部旋即向各省颁发《劝办商会谕帖》:"商会一设,不特可以去商与商隔膜之弊,抑且可以去官与商隔膜之弊,为益商务,良非浅鲜。冀收上下一心、官商一气之效。"[42]对已成立的商会组织起到规范作用,同时促进了全国各地乃至海外华人商会组织的设立。

至宣统三年(1911年),全国已有五十余处设立商务总会,八百八十余地设

---

[38] 参见樊百川:《二十世纪初期中国资本主义发展的概况与特点》,载《历史研究》1983年第4期。

[39] 相铨:《五十年来中国之工业》,载《东方杂志》1912年第8卷第7期。

[40] 《商部奏劝办商会酌拟简明章程折》,载《东方杂志》1904年第1卷第1期。

[41] 参见上海商务印书馆编译所编纂:《大清新法令·实业》第4卷,洪佳期(等)点校,商务印书馆2011年版。

[42] 《商部劝办商会谕帖》,载《东方杂志》1904年第1卷第2期。

立了商务分会。[43] 各地商人依托商会已形成了一种有组织的社会力量,于地方商业的发展、行业自律,乃至商事法律的编订均发挥重要作用。

修订法律馆鉴于《钦定大清商律》仓促制定,内容过于简略,于光绪三十四年(1908年)八月,聘请日本法学家志田钾太郎,仿日本立法例,编纂独立而完整的商法典。

自宣统元年(1909年)起,志田钾太郎负责起草的《大清商律草案》陆续脱稿。该草案又称作《志田案》,共一千零八条,分五编:

第一编《总则草案》,共一百零三条,分九章:法律、商业、商事登记、商号、营业所、商业账簿、商业所有人、商业学徒、代办商等。其内容较之《商人通例》详备。

第二编《商行为草案》,共二百三十六条,分八章:通则、买卖、行铺营业、承揽运送业、运送营业、仓库营业、损害保险营业、生命保险营业等。此编大体仿照日本商法详定各种商事营业规则。

第三编《公司律草案》,共三百一十二条,又分为六小编十六章:第一编"总则",第二编"合名公司",第三编"合资公司",第四编"股份公司",第五编"股份合资公司",第六编"罚则"。此草案较之《公司律》条文详细,内容充实。

第四编《票据法草案》,共九十四条,又分为三小编十五章:第一编"总则",第二编"汇票",第三编"期票"。

第五编《海船律草案》,共二百六十三条,又分为六小编十一章:第一编"总则",第二编"海船关系人",第三编"海船契约",第四编"海损",第五编"海难之救助",第六编"海船债权之担保"。该编虽名为海船律,实为海商法之主体部分。

志田钾太郎所编订《大清商律草案》,体例虽严谨,内容亦较为详备,但多取法于《日本商法典》,与中国社会现实相去甚远。以至于该草案公布以后,各地商会及学者多持批评意见,直至清室覆亡未能审议通过。

在编纂《钦定大清商律》时,伍廷芳在翻译外国商事法律的同时,开始调查、收集各地商事习惯。但时间仓促,资料有限,未能编入商事法律。光绪三十三年(1907年)五月,大理院正卿张仁黼奏陈:"凡民法商法修订之始,皆当广为调查各省民情风俗。"[44] 同年九月,清政府根据奕劻呈请,发布《令各省设立调查

---

[43] 参见禾英:《清末商会的成立与官商关系的发展演变》,载《社会科学战线》1990年第2期。
[44] 《大理院正卿张仁黼奏修订法律请派大臣会订折》,载故宫博物院明清档案部编:《清末筹备立宪档案史料》(下册),中华书局1979年版,第836页。

局各部院设立统计处谕》[45]。

光绪三十四年(1908年)至宣统元年(1909年),修订法律馆为编纂商律草案主持开展了商事习惯调查。宣统元年(1909年)三月,修订法律馆为调查商事习惯下发《调查各省商习惯条例》,该条例仿效日本《商法》的体例结构,分为总则、合伙与公司、票据、各种营业、船舶五部分,共计六十五条。修订法律馆先后派调查员赴直隶、江苏、安徽、浙江、湖北、广东等地调查;各地的提法使、按察使兼任修订法律馆咨议官,协助进行调查。此次调查采取询问式的调查方式,即由调查员依照《调查各省商习惯条例》向地方士绅询问该地方的各种商事习惯,调查员对士绅的回答加以记录、汇编;各地咨议官札饬下级州县长官询问调查各该地方商事习惯,将调查结果上报主管长官,再由主管长官转呈调查员或报送修订法律馆。同时,各地商会、士绅也多有对本地商事习惯进行自主调查,以期全面研究商事规则、调解商事纠纷。

商事习惯调查从光绪二十九年(1903年)开始,至宣统二年(1910年)历时颇久,但仍未形成系统的资料汇编,而《钦定大清商律》起草工作在光绪二十九年已完成,因而,商事习惯未能对《钦定大清商律》产生影响。

各地商会不仅对清政府所编订商律不满,对起草之方法亦多有批评,认为:"定法律的人没有法律思想,也不明商业习惯,徒有规定,不能实施。"[46]对于起草商事法律的方法,批评者认为:"订定法律,其权操之于政府。而东西各国立宪,其订定法律,权操于国民;订定商法,权操于商民,政府只有认可、宣布之权耳。故其商法随时改良变通,绝无阻碍,而商务得以发达。"[47]

光绪三十三年(1907年)初,经会商酝酿,上海商务总会、上海商学公会与预备立宪公会联合发起了商人自订商法的活动,并得到全国各地商会的响应。是年六月,由预备立宪公会发起"商法起草委员会",于同年十月,预备立宪公会、上海商务总会、上海商学公会在豫园召开了第一次全国商法讨论会,来自国内各地以及海外共85家商会143名代表参加了此次会议。上海商务总会会长李云书在开会致词中阐明本次商法研讨大会的宗旨在于"联合全国商人,自造商法草案,要求政府施行"[48] 参会各地商会代表多认为现行商律系直接仿效外国商法,与中国国情不合,对于保护国家利益、商人权利颇有窒碍。经过全国

---

[45] 参见故宫博物院明清档案部编:《清末筹备立宪档案史料》(上册),中华书局1979年版,第52、53页。

[46] 《无商法之弊害》,载《中华全国商会联合会报》第一年第一号。

[47] 《中国新闻》,载《农工商报》第9期。

[48] 《商法特会第一日记事》,载《申报》1907年11月20日。

多数商会议决，认为商法应由商人参与讨论修订，不能由少数人包办。会议决定首先实际调查商事习惯，并聘任张家镇、秦瑞玠、汤一鄂、孟森、邵义、孟昭常等精通商务与法律之人，参照各国最新立法例，自行编纂商法草案。与会代表以"商法自然平等为基本原则，欲在完成商法制定之后，实现对华商、洋商在法律上的平等保护"。[49]

光绪三十四年（1908 年）十一月，预备立宪公会和上海商务总会召集全国各地商会代表在上海召开第二次商法讨论会，有 72 个商会委派代表出席会议。会议对已经起草完成的商法《总则草案》（共八十四条，分为七章，附《商法总则调查案理由书》）、《公司律草案》（共三百三十四条，分为六章，附《公司律调查案理由书》）两编进行了讨论和修订。会议通过该两编草案后，与会代表公推秦瑞玠、孟昭常赴京将商法呈交农工商部，呈请清廷颁布施行。本次会议之后，商法草案的起草人多当选为地方咨议局议员，商法草案后继各编的起草工作遂即搁置。

农工商部审查两编草案及所附调查案理由书后，认为该草案系全国各地商会专聘通晓商律之士，调查各埠习惯，参酌法理编纂而成，于实际不无裨益，经逐条考核，参互研求，较之日人志田钾太郎起草之《大清商律草案》，于学理、于中国社会实际更为允协。遂将草案略加修订，定名为《大清商律》，即《改订商律草案》，于宣统二年（1910 年）提交宪政编查馆审核，再呈交资政院议决。但未及资政院审议通过，清政府已为辛亥革命所推翻，修订商法工作遂告于终止。

由《商法调查案》修订而成的《改订商律草案》，较之《钦定大清商律》，规范详密，切合实际。例如，关于商事主体，该草案将商人定义为"由自己出名为主而经营商业者，为商人"[50]，并列举十五种商事行为作为界定商人的具体标准。该草案将公司定义为"凡以商事或别种营利事为业，而依法律结合之团体"，[51] 公司之范围较《公司律》更为广泛；且公司在具备法律人格的基础上，分为无限公司、两合公司、股份有限公司、股份两合公司，对公司之制度约束更为明确和规范。四类公司之中，有三类属于无限责任公司，只有股份有限公司属于有限责任公司，此种分类符合中国工商业的发展状况。

关于优先股权、公司治理结构方面，《改订商律草案》均在比较各国立法例的基础上，采取符合中国需要之规制。《改订商律草案》第二百一十二条、第二百四十三条规定，公司可以发行优先股，但优先股权须在公司章程和法律的规

---

[49]《商法特会第二日记事》，载《申报》1907 年 11 月 21 日。
[50]《商法总则调查案理由书》，载《商法调查案》，民友社 1914 年刊行，第一条。
[51]《公司律调查案理由书》，载《商法调查案》，民友社 1914 年刊行，第一条、第二条、第三条。

定范围内,以适应中国金融资本稀缺之现状,又对商法的平等性予以法律保障。此外,在政府适度干涉、规范的前提下,采纳了诸多的规定,便利于商业自由发展。

《改订商律草案》在清末虽未付诸实行,但对民国商事立法产生了重大影响。民国二年(1913年)一月,北京政府农工商部总长张謇,改清末农工商部修订之《公司律》为《公司条例》;同年三月,张謇改清末农工商部修订之《商法总则》为《商人通例》,先后呈交总统公布实施。由此,清末之草案遂成为民国初年的商事条例。

综括上述,晚清制定商法是修订法律馆的一项重要工作内容,也是晚清构建近代法律体系的组成部分,由抑商贱商到重商恤商、以法护商,是重大的国策转变。这种转变只有在国门开放以后,仿行宪政、改良政治之时,才是可能的。商法的制定虽有不尽如人意之处,但它凸显了晚清法制的现代化,其意义不仅在于推动经济的发展,更在于法制文明的进步。特别是商会组织商人代表自行编制商律,是在中国法制史上所少见的。其表现了对修订法律馆聘请洋人制定脱离中国国情的立法模式的反对,更显示了商人群体法制意识的提高。

第十章　走向司法文明的改革

清朝在鸦片战争前,拥有完整的、独立的司法主权,依据《大清律例》"化外人有犯"条款处理涉外司法案件,现有的涉外案例充分说明,清政府坚持司法主权原则处理华洋纠纷。鸦片战争以后,西方列强通过不平等条约获得了领事裁判权,从此清政府丧失了司法主权。随着西方列强侵略的深入,通商口岸和租界内建立了领事法院与会审公廨,进一步践踏了中国的司法主权,以致收回领事裁判权成为晚清修律的动因,不但制定了诉讼程序法与法院组织法,而且按照三权分立的原则进行了制度改革。由于司法改革比起开国会、建立责任内阁,较少涉及中枢权力的基础,因此阻力较少,取得了明显的成绩,在走向司法文明的艰难而又漫长的道路上,迈出了重要的一步。

一、仿西方的司法改革的提起

(一)司法改革的酝酿

早在鸦片战争以前,地主阶级改革派的代表人物龚自珍、魏源、包世臣等人,已经深感清朝司法制度的危机。他们一方面奋笔抨击司法的黑暗、腐败,揭露官吏"市法鬻狱"的弊端;另一方面强调治狱是"万民托命于此"的、关系百姓身家性命和财产的大事。因此,各级官吏务要"明于律令",避免幕吏擅权,以提高办案效率,减少刑讯逼供,等等。特别是倡导"师夷长技以制夷"的魏源,还介绍了西方"主谳狱"的刑官由"推选充补",若有"偏私不公",则"众废之"的制度,作为改革清朝司法的参照。他们的主张虽然没有产生直接的结果,但仍不失为晚清改革司法的最初呐喊。

其后,以"自强""求富"相号召,以挽救清朝统治为己任的洋务派代表人物曾国藩,也抨击了地方审案彼此推诿,"院仰司,司仰府,府仰县","但求出门,不求了事",以致"迁延时日,上月展下月,春季展夏季"[1],使"一家之讼,十家破产;一人沉冤,百人含痛"[2]。他深感"冤狱太多,民气难伸",已经成为晚清影响社会安定的重要矛盾之一。

资产阶级维新派登上历史舞台以后,不仅继续揭露抨击清朝的司法制度,还从正面提出了走出危机的改革设想与方案。维新派的代表人物康有为,在谴责清朝的司法审判"非人生所忍言也"的同时,提出实行三权分立,作为摆脱危机的出路。他在《上清帝第六书》中提出:"近泰西政论,皆言三权,有议政之官,有行政之官,有司法之官,三权立,然后政体备。"维新派另一代表人物严复,则进一步论证说:"所谓三权分立,而刑权之法庭无上者,法官裁判曲直时,非国中他权所得侵害而已。然刑权所有事者,论断曲直,其罪于国家法典,所当何科,如是而止。"[3]

近代中国民主革命的先行者孙中山、章太炎,也赞赏和力主实行三权分立的体制。章太炎说:"晚世之言治者,三分其立法行政司法而各守以有司,惟刑官独与政府抗衡,苟傅于辟,虽达尊得行其罚。"[4]"司法不为元首陪属,其长官与总统敌体,官府之处分,吏民之狱讼皆主之,虽总统有罪,得逮治罢黜。"[5]孙中山还将三权分立的思想,融入《中华民国临时约法》的规定中,即"法官独立审判,不受上级官厅之干涉","法官在任中不得减俸或转职,非依法律受刑罚宣告,或应免职之惩戒处分,不得解职"。熟悉中外法律的伍廷芳,更将司法独立作为"视一国之文明与否"[6]的尺度。他们在主张司法独立的同时,也强调培养司法官吏的重要性。章太炎说:"诸司法官,由明习法令者自相推择为之。"[7]伍廷芳则建议任命曾在东西洋接受高等法律教育之人,担任地方审判官或检察官之职;并要"优给俸薪……务令司法俸薪高出于行政者,以示优厚养廉,尊重人格",借以保持其"冰霜节操,免为利念所动也"[8]。

---

[1] 《曾文正公全集》"杂注",卷二。
[2] 《曾文正公全集》"奏稿",卷一。
[3] 严复:《法意》第19卷,第26章案语。转引自杨永华、叶晓川:《司法的独立和独立的司法》,载《比较法在中国》,法律出版社2003年版,第244页。
[4] 章太炎:《代议然否论》,载《章氏丛书·检论》卷七。
[5] 章太炎:《代议然否论》,载《章氏丛书·检论》卷七。
[6] 伍廷芳:《中华民国图治刍议》,商务印书馆1915年版,第十二章。
[7] 章太炎:《代议然否论》,载《章氏丛书·检论》卷七。
[8] 伍廷芳:《中华民国图治刍议》,商务印书馆1915年版,第十二章。

除清朝司法制度固有的弊端亟须改革外，西方侵略者通过领事裁判权，践踏中国司法主权的事实，也激发了晚清改革司法的觉醒。沈家本在《奏刑律草案告成分期缮单呈览并陈修订大旨折》中，表达得十分清楚。他说："国家既有独立体统，即有独立法权，法权向随领地以为范围……独对于我国藉口司法制度未能完善，予领事以裁判之权。英规于前，德踵于后，日本更大开法院于祖宗发祥之地，主权日削，后患方长，此揆于时局不能不改也。"[9] 宣统元年（1909年）六月三十日，浙江巡抚增韫在《奏浙江筹办各级审判厅情形折》中，把改革司法制度与收回治外法权联系在一起，他说："沿流至今，外人且藉口司法制度之不善，而领事裁判权遂有迫我不得不许容之势。国权攸系，自宜亟谋挽回，朝廷预备立宪，改良司法制度，俾各级审判厅分年筹备，依限成立，非独明法敕法已也，而巩固国权之道亦在是。"[10] 至于清朝最高统治者，也不得不面对现实，从改革中寻求出路。

就改革司法的舆论准备而言，占据主流的是对司法独立的向往，但夹杂其中的也有反对之音。例如，洋务派官僚张之洞，虽然在江楚会奏折中建议"省文法""省刑责""改罚锾"，但却反对司法独立。他认为司法独立不过是"出自东洋学生二三人偏见"，如果"坚持司法独立之议"，则"大局危矣"。[11] 在清朝官僚中与张之洞颇相类似者，不乏其人，他们对于司法独立的内涵还不甚了然，更没有认识到改革司法体制的必要性和紧迫性，他们的近代法律意识依然是贫乏的。

清廷宣布预备立宪以后，开明的官僚遂借立宪为动力，吁请改革司法制度，实现司法独立。光绪三十二年十二月二十一日（1907年2月3日），御史吴钫在《奏厘定外省官制请将行政司法严定区别折》中提出："以行政官而兼有司法权，则必有循平时之爱憎，变更一定之法律，以意为出入。"所以"司法独立，揆时度势，最为切实可行"。他又说："惟司法分立一事，最得预备立宪之本原……窃以为司法分立，关乎时局安危者甚大，而有万不可以再迟者。"[12] 光绪三十三年八月初二日（1907年9月9日），修订法律大臣沈家本在《奏酌拟法院编制法缮单

---

[9] 张国华、李贵连编著：《沈家本年谱初编》，北京大学出版社1989年版，第169、170页。

[10] 《浙江巡抚增韫奏浙江筹办各级审判厅情形折》，载故宫博物院明清档案部编：《清末筹备立宪档案史料》（下册），中华书局1979年版，第876页。

[11] 《张文襄公全集》。

[12] 《御史吴钫奏厘定外省官制请将行政司法严定区别折》，载故宫博物院明清档案部编：《清末筹备立宪档案史料》（下册），中华书局1979年版，第821~822页。

呈览折》中,也着重指出:"窃维东西各国宪政之萌芽,俱本于司法之独立。"[13] 光绪三十三年九月初五日(1907年10月11日),宪政编查馆大臣奕劻等,上呈《奏议覆修订法律办法折》,再次强调"查立宪各国,以立法、行政、司法三项分立为第一要义"。[14] 宣统元年二月二十七日(1909年4月17日),御史徐定超在《奏司法官制关系宪政始基应加厘正统一折》中,从"司法官制关系宪政始基"的角度提出:"立宪之要,以三权分立为先,司法一权,动关举国之秩序,与人民之治安,东西各邦,莫不同力一心,维持司法独立。"[15] 此外,浙江巡抚增韫、邮传部主事陈宗蕃等,也都在奏折中表示司法独立"为立宪政体之要素",[16]"窃维宪政之本,首重三权分立……有是者,谓之立宪,无是者,谓之非立宪"[17],"实行宪政,期以宣统五年,司法独立更不容或缓矣"[18]。

由于在专制政体下司法与行政不分,司法权成为行政权的附庸,一旦倡议分立,势必引起保守的官僚们的责难与争议,这在编纂官制大臣载泽就行政司法分立一事,向各省督抚所作的说帖中,已可窥见端倪。为此他不得不反复陈述行政与司法分立的重要意义:"三权分立之说,各国宪法俱奉为圭臬,现在议院未立,立法机关未易骤议,所为预备立宪之最要者,实惟严行政与司法之权限。考各国行政司法,其初莫不兼摄,其后文明愈进,法制愈备,于是知司法之权寄之于行政官之威福,贾人民之愿望。盖官之于民,惟听讼最足以施恩威;民之于官,亦惟讼狱最足以觇向背。官而贤固不至滥用职权,不贤则擅作威福,民受其累。始而积怨于官长,终且迁怨于朝廷。弱者饮恨,强者激变矣,各国革命风潮莫不源于讼狱之失平。故立宪之国,莫不以修明法律、保障人权为先务之急,而藉法律以保障人权之机关,莫不另立法衙使人民共信。惟法衙始能遵法律,惟法律始能保人权。非不知行政官亦有足以奉法律以卫民者,而要不若专立法衙之尤足以固人民之信用,此立宪各国之所以专立审判衙门,而不使行政

---

[13]《修订法律大臣沈家本奏酌拟法院编制法缮单呈览折》,载故宫博物院明清档案部编:《清末筹备立宪档案史料》(下册),中华书局1979年版,第843页。

[14]《宪政编查馆大臣奕劻等奏议覆修订法律办法折》,载故宫博物院明清档案部编:《清末筹备立宪档案史料》(下册),中华书局1979年版,第850页。

[15]《御史徐定超奏司法官制关系宪政始基应加厘正统一折》,载故宫博物院明清档案部编:《清末筹备立宪档案史料》(下册),中华书局1979年版,第862页。

[16]《浙江巡抚增韫奏浙江筹办各级审判厅情形折》,载故宫博物院明清档案部编:《清末筹备立宪档案史料》(下册),中华书局1979年版,第876页。

[17]《邮传部主事陈宗蕃陈司法独立之始亟宜豫防流弊以重宪政呈》,载故宫博物院明清档案部编:《清末筹备立宪档案史料》(下册),中华书局1979年版,第883页。

[18]《邮传部主事陈宗蕃陈司法独立之始亟宜豫防流弊以重宪政呈》,载故宫博物院明清档案部编:《清末筹备立宪档案史料》(下册),中华书局1979年版,第885页。

官兼管之大原因也。"[19]

预备立宪所营造的大环境以及宪政运动的推进,使司法独立的观念逐渐得到清朝上下的认同。可以说立宪是改革司法的重要动力,终于在步履维艰的进程中,实现了司法制度的改革。

(二) 以西方为改革司法的模式

主持修律的沈家本,对于司法独立,不仅倡言造势,还通过翻译西方有关的法律作为依据。光绪三十二年五月十八日(1906年7月9日),他在《奏修订法律情形并请归并法部大理院会同办理折》中,[20]说明在已译成的二十六种法学著作与法典中,与司法审判有关的占五种,它们是《德国民事诉讼法》《普鲁士司法制度》《日本裁判构成法》《日本刑事诉讼法》《日本裁判所编制立法论》。已译而尚未译完的还有《德意志旧民事诉讼法》和《美国刑事诉讼法》。这些译书使改革者对西方的司法审判制度有了理性的了解,并且获得了改革司法的参照物和起草相关法律的依据。

除翻译相关的法律外,清廷还派遣考察团到西方国家实地考察司法制度。光绪三十二年(1906年)二月,派遣考察团到德国考察,涉及法庭的布局,审判人员的组成,原、被告的地位,辩护律师的参与等诸多方面。以下是当年考察的记录:

二月十九日:午一时,往观裁判所,此普鲁士王国裁判,属之内部,柏林止此一所,自高等法堂至小法堂皆在焉。先观小法堂,上坐者五:中为正法官,次为陪法官二人,又次则书记官一人,政府所派检查官一人。旁一栏设有几,被告者坐之。面法官者,为辩护士位。其余四人,率司书记者也。廷丁往来传递案卷及侍候观客。室前,即听审栏。入观者随意,惟严整勿哗而已。[21]

次观高等法堂,规模稍广。上坐五人如前,皆玄衣、玄冠,盖法官开庭之礼服,类取平顶之冠,博袖之衣,两法堂皆然也。旁坐陪审员十二人,由于公举,面法官坐者,为原告、辩护士。其被告人则羁木栏中,栏后有门通羁押所,引致于此。寻导观各案卷所及检查旧案之法。[22]

通过实地考察,确实加深了对西方国家司法独立的认识。宣统元年(1909年)八月,出使日本的考察宪政大臣李家驹,在奏折中对于司法独立已经有了比

---

[19] 《东方杂志》1907年第8期,内务,《附编纂官制大臣泽公等原拟行政司法分立办法说帖》。
[20] 参见故宫博物院明清档案部编:《清末筹备立宪档案史料》(下册),中华书局1979年版,第838页。
[21] 戴鸿慈:《出使九国日记》,陈四益校点,湖南人民出版社1982年版,第123页。
[22] 戴鸿慈:《出使九国日记》,陈四益校点,湖南人民出版社1982年版,第124页。

较准确的表达。他说:"至所谓司法独立,亦有二义。凡行使司法权以裁判所为机关,与立法机关、行政机关分立,不相统摄,故谓之独立,此一义也。凡司法官裁判案件,悉依法规所定,自行判断,不受上官指挥,故谓之独立,此又一义也。"又说:"司法独立之制,创始于法兰西……厥后欧洲大陆诸国迭相仿效,司法独立制度遂为各国通行不易之规。其所以必须独立者,盖立宪制度之精义,在防官吏专断之弊,保人民自主之权。行政官兼司裁判,往往有所瞻徇,流于偏私,其极也,官吏肆其威福,而国家丛为怨府,驯致招乱,故欧美各国斤斤于司法独立一事,诚有鉴于此也。"结论就是:"司法独立,厥要有三:凡组织裁判所及裁判方法,皆须以法律规定,一也;以法律保持裁判官之地位,不得无故罢免,二也;按照宪法,使人民有受裁判官裁判之权,三也。三者缺一,不得谓之司法独立。"[23]

以上可见,资产阶级三权分立学说,为晚清司法改革提供了理论导向;而西方国家实行司法独立的实际状况,又为晚清改革司法制度展示了可资仿效的模式。

二、官制改革中的新司法体制

(一)新司法体制的雏形

预备立宪开始以后,由于以议院为形式的立法机关一时难以成立,因此,建立与行政分立的新司法体制就成为清末推行宪政的重心之一,并被提到"能否收回治外法权","关乎中外之瞻观,国运之所系"的高度。光绪三十一年(1905年)十月,沈家本在日本《裁判访问录序》中,对比了中日司法体制的差异,要求实行以司法独立为目标的改革。他说:"西国司法独立,无论何人皆不能干涉裁判之事,虽以君主之命,总统之权,但有赦免,而无改正。中国则由州县道府,而司,而督抚,而部,层层辖制,不能自由。从前刑部权力颇有独立之势,而大理稽察,言官纠劾,每为所牵制……"[24]随后,以首席军机大臣、庆亲王奕劻为首的官制编纂大臣,将"厘定中央各衙门官制缮单进呈",提出按照立宪国制,以"立法、行政、司法三权并峙,各有专属,相辅而行","如是则中央集权之势成,政策统一之效著"[25]。"除立法当属议院,今日尚难实行,拟暂设资政院以为预备外,行政之事则专属之内阁各部大臣……司法之权则专属之法部,以大理院任

---

[23]《政治官报》,宣统元年八月初九日,第六八四号,奏折类,第4~10页。
[24]《裁判访问录序》,载沈家本:《寄簃文存》卷六,商务印书馆2015年版,第206页。
[25]《总理大臣厘定京内官制折》,载《大清法规大全·吏政部》卷二十三。

审判,而法部监督之,均与行政官相对峙,而不为所节制。"[26] 清廷采纳了官制编纂大臣的建议,于光绪三十二年九月二十日(1906年11月6日)颁布上谕:"刑部著改为法部,专任司法。大理寺著改为大理院,专掌审判。"[27] 从此行政与司法分立,中国传统的司法制度开始向近代转型。

作为大理院正卿的沈家本,立即着手大理院的筹设事宜。光绪三十二年(1906年)十月四日,他上奏清廷,详论设置最高审判机构大理院的重要意义:"方今环海交通,强邻逼处,商约群争进步,教会遍布神州,愚民每激而内讧,利源遂因之外溢。且复藉口于我之裁判法制不能完善,日谋扩张其领事裁判权。主权不伸,何以立国。故欲进文明之治,统中外而纳于大同,则大理院之设,诚为改良裁判,收回治外法权之要政……东西各国皆以大审院为全国最高之裁判所,而另立高等裁判所、地方裁判所,层累递上,以为辅翼,条理完密,秩序整齐。其大审院法庭,规模严肃,制度崇闳;监狱精良,管理有法……今欲仿而行之,则法庭宜先设也,监狱学宜讲求也,高等裁判及地方裁判所与谳局宜次第分立也,裁判人才宜豫为储备也。"[28]

光绪三十二年(1906年)十月二十七日,沈家本上奏《审判权限厘订办法折》,认为"中国行政司法二权向合为一,今者仰承明诏,以臣院专司审判,与法部截然分立,自应将裁判之权限、等级、区划分明,次第建设,方合各国宪政之制度"。[29] 他提出拟参照日本成法加以变通,成立大理院、高等审判厅、地方审判厅和乡谳局等四级审判机构,并拟会同法部先行设立京师地方厅及城谳各局。该折被清廷认可,谕示:"如所议行。"此后,为规范大理院和京师各级审判厅的组织、权限、职责,沈家本主持编成《大理院审判编制法》,并得到清廷"谕准施行"。

《大理院审判编制法》分为五节(总纲、大理院、京师高等审判厅、城内外地方审判厅、城谳局),共四十五条,它确认了不同于传统司法审判制度的诸多原则,是中国具有近代意义的第一部法院编制法。例如,该法第三条规定:"自大理院以下,各审判厅局均分民事刑事二类为审判事。"第六条规定:"自大理院以下及本院直辖各审判厅司,关于司法裁判,全不受行政衙门干涉,以重国家司法独立大权,而保人民身体财产。"第九条规定:"大理院、京师高等审判厅、城内外

---

[26]《庆亲王奕劻等奏厘定中央各衙门官制缮单进呈折(附清单二)》,载故宫博物院明清档案部编:《清末筹备立宪档案史料》(上册),中华书局1979年版,第464页。

[27]《裁定奕劻等核拟中央各衙门官制谕》,载故宫博物院明清档案部编:《清末筹备立宪档案史料》(上册),中华书局1979年版,第471页。

[28] 朱寿朋编:《光绪朝东华录》,中华书局1984年版,总第5586页。

[29] 朱寿朋编:《光绪朝东华录》,中华书局1984年版,总第5579页。

地方审判厅,均为合议审判,以数人审判官充之。"第十二条规定:"凡大理院以下审判厅局,均须设有检察官,其检察局附属该衙署之内,检察官于刑事有公诉之责。检察官可请求用正当之法律,检察官监视判决后正当施行。"第十九条规定:"大理院之审判,于律例紧要处表示意见,得拘束全国审判衙门。"[30]

在四级三审制的司法系统中,大理院"为全国最高之裁判所,凡宗室官犯,及抗拒官府,并特交案件,应归其专管……其地方审判厅初审之案,又不服高等审判厅判断者,亦准上控至院为终审"。[31]

高等审判厅不收初审案件,"凡轻罪案犯,不服乡谳局,并不服地方审判厅判断者,得控至该厅为终审。凡重罪案犯,不服地方审判厅之判断者,得控至该厅为第二审。其由该厅审判之案,内则分报法部及大理院,外则咨执法司以达法部,至死罪案件并分报大理院"。

地方审判厅"自徒流以至死罪、及民事讼案银价值二百两以上者,皆得收审,讯实后拟定罪名;徒流案件,在内则径达法部并分报大理院,在外则详由执法司以达法部;死罪案件,在内在外,俱分报法部及大理院"。

城谳局审理"笞杖罪名及无关人命之徒罪,并民事讼案银价值二百两以下者,皆得收审,讯实以后,迳自拟结,按月造册报告。在内则分报法部及大理院,在外则详执法司,以备考核"。[32]

《大理院审判编制法》以法律的形式明确了民刑分理的体制,强调了司法权独立的原则,规定了不同审级的审判方式,引进了西方审判监督机制,所以它的制定和颁行,标志着晚清司法制度改革进入了一个全方位的阶段,引起了较大的反响。

光绪三十三年五月二十七日(1907年7月7日),地方官制改革方案颁布,规定各省设提法司,置提法使,管理司法行政,监督各级审判厅,调度检察事务,设立高等、地方和初级审判厅。[33] 提法使与各级审判厅的关系仿照法部与大理院关系的原则性规定。同日,清廷发布《各直省官制先由东三省开办俟有成效逐渐推广谕》,择定"风气渐开"的直隶、江苏择地先行试办。各省地方官僚为迎合朝廷预备立宪的布局,也积极推动地方的司法制度改革。时任直隶总督的袁世凯率先在天津成立各级审判厅。由于袁世凯在试办过程中先定章程,后设机构,因

---

[30] 《大清法规大全》卷七,法律部,审判。
[31] 朱寿朋编:《光绪朝东华录》,中华书局1984年版,总第5599页。
[32] 朱寿朋编:《光绪朝东华录》,中华书局1984年版,总第5599~5600页。
[33] 参见故宫博物院明清档案部编:《清末筹备立宪档案史料》(上册),中华书局1979年版,第507、510页。

此饬令天津府县组织谙习法律之人,及由日本法政学校学成归国的留学生,起草了《天津府属试办审判厅章程》,并于光绪三十三年(1907年)三月,颁布实施。

该章程共四编,一百四十六条。第一编为总纲,规定高等审判分厅设于天津府,天津县设地方审判厅,"又量分天津城乡匀设乡谳局四处";凡受理的案件,均区分刑事与民事二项;对谋反、叛逆及杀一家三命的犯罪,照旧律例归按察司处理。此外,人命重案归高等审判分厅管辖,其他民事诉讼归地方审判厅管辖。乡谳局只管辖违警罪和应罚笞杖的轻罪案件,以及民事钱债与诉讼物价格未满百元和地界雇佣契约的诉讼案件。第二编为厅局官制,规定高等审判分厅、地方审判厅、乡谳局,厅局官吏之职务、各级审判厅官吏权限、各厅局官吏之回避等内容。第三编规定刑事、民事诉讼规则,第四编为讼费规则。

《天津府属试办审判厅章程》作为地方实力派改革司法的产物,在诉讼审判机制、形式各方面,都不可避免地仿效西方。如同袁世凯所说:"于变通旧法之中,寓审慎新章之意。"为了标榜新的司法体制在天津实施的效果,他在奏折中说:"现经试办数月,积牍一空,民间称便。"他又说:"开厅以来,由县府移交以及洋商径自来厅控告者,已断结十余起。外人于过堂时则脱帽致敬,于结案时则照缴讼费,悉遵该厅定章,亦有不先赴该国领事投禀而径赴该厅起诉者。惟司法独立,未易一蹴而几,但既办有端倪,则此后之进步改良尚非难事。至目前府县虽不专亲审判,而仍兼厅长之职,亦因报案移文既用守令印信,且一切布置建筑,不能使府县不任责成。"由于该法"调和新旧",因而被清廷赞许为"最称允协"。[34]

《天津府属试办审判厅章程》的制定和实施,为光绪三十三年十月二十九日(1907年12月4日)奉旨试行的《京师高等以下各级审判厅试办章程》,提供了先验。

《京师高等以下各级审判厅试办章程》共一百二十条,分为总纲、审判通则、诉讼、各级检察厅通则、附则等五章。其主要内容有:(1)对刑事、民事案件作了新的界定,凡"因诉讼而审定罪之有无者",为刑事案件,"因诉讼而审定理之曲直者",为民事案件。这比起中国古代"争罪曰狱""争财曰讼"的界定,更为准确;比起沈家本在《刑事民事诉讼法》中所解释的"凡叛逆、谋杀、故杀、伪造货币印信、强劫并他项应遵刑律裁判之案为刑事案件","凡因钱债、房屋、地亩、契约及索取赔偿等事涉讼为民事案件",又较为概括,避免挂一漏万。在中国近代司法制度史上,首次对民事诉讼与刑事诉讼作出明确的解释,对于指导司法实践

---

[34] 朱寿朋编:《光绪朝东华录》,中华书局1984年版,总第5694~5695页。

具有重要的意义。(2)明确了各级审判厅的管辖范围,对于管辖不明者,由受理之审判厅申请上级审判厅指定。(3)扩大了回避的范围,凡是审判官本人为被告或原告、审判官与诉讼人有家族或姻亲关系、审判官对于案件现在或将来有利害关系、审判官曾为该案的证人或鉴定人、审判官是该案的前审官而诉讼人对审判结论不服等,经审判官、检察官或诉讼人声明后,由该管长官核准审判官回避。(4)规定了刑事案件由检察官公诉,民事案件"非本人或其代理人不得诉讼"。(5)确立了各级检察厅通则,形成较为完备的检察官制度。

以上可见,《京师高等以下各级审判厅试办章程》是一部兼法院组织法和刑事民事诉讼法为一体的简明章程,体现了晚清司法改革从体制到程序的全面启动。它的实施,对各省筹办审判厅起了重要示范作用。但是,该章程也有因袭传统诉讼制度的痕迹。例如,规定了职官为原告时可以请人代诉的特权;妇女"不得充当代诉人";对于律师在诉讼中的法定地位不仅未正面肯定,反而限制其权利。当该章程由清廷下发各省及各部和宪政编查馆核议时,法部为维护贵族特权利益,"又奏请将宗室觉罗民刑诉讼,仍归大理院特别裁判,其步军统领及各衙门奏交之案,暂由大理院审判"。

此后,为使各省省城、商埠等处依法设立审检机构,以"固法权而昭统一",另行拟定了《各省城商埠各级审判检察厅编制大纲》十二条,以及《各省城商埠各级审判厅筹办事宜》等章程,颁发各省,以供执行。特别是将经过修改的《京师高等以下各级审判厅试办章程》,作为全国各地建立新式审判的范式,颁行全国。

(二)部院司法权限之争

部院司法权限之争,是指中央官制改革以后,法部与大理院围绕司法职权而展开的一场争议。这场争议是晚清司法改革中发生的震动朝野的重大事件。部院之争的源起是中央官制改革方案未能坚定地贯彻"司法独立"的原则,以致部院权限划而不清。法部虽为中央司法行政机关,负责司法行政事务,但对大理院拥有司法监督权和全国重罪案件的覆核权,因而具有以行政机关而兼司法机关的双重职能。大理院在名义上是最高审判机关,但必须接受法部监督,其判决很可能被法部驳回再审,使审判机关受制于司法行政机关,而只能有限地行使独立审判权。终于由法部、大理院属下之争,发展成部院长官的全面之争。

光绪三十三年四月初三日(1907年5月14日),法部尚书戴鸿慈等呈上《奏酌拟司法权限缮单呈览折》,针对"刑部著改为法部,专任司法。大理寺著改为大理院,专掌审判"的谕令,提出:"审判权必级级独立,而后能保执法之不阿,而司法权则必层层监督,而后能防专断之流弊。"他们引用"王大臣原奏法部节略所称大辟之案,由大理院或执法司详之法部,以及秋审大典,均听法部覆核,此外,恩赦特典,则由法部具奏等语",得出"此臣部所有司法权之明证也"的结论。为此专门拟就司法权限十二条上奏。

司法权限十二条中的第一条规定:"大理院自定死刑之案,咨送法部核定。将人犯送法部收监,仍由大理院主稿会同具奏。其秋后人犯于完案后,移送法部监禁。朝审册本由法部核议实缓,再由法部及钦派大臣覆核,黄册专由法部进呈。"第六条规定:"速议之件,外省奏请奉旨后,专由法部核议。如情罪不符者,咨交大理院,俟供勘到后,援律驳正,仍由法部具奏。"第七条规定:"汇案死罪之件,外省具奏奉旨交法部议奏者,应令各省将供勘分达部院,由大理院覆核,限十日咨送法部核定,即由法部具折覆奏。如有情罪未协者,仍咨大理院驳正。"此外,大理院自定的遣、军、徒、流案件,须报法部备案;地方各级审判厅成立后,其所定死罪案,分详部院,大理院覆核后,咨法部核定,并由法部主稿会同大理院具奏;遣、军、流、徒以下案件,均详法部办理;法部负有监督、处分各级审判厅、检察厅之责;等等。[35]

以上可见,法部将所拥有的司法行政权不仅扩大为涵盖广阔的司法监督权,而且大理院以及各级审判厅所审理的重大案件,均须经其核定上奏。这种司法行政权,完全违背了司法独立的真谛。而且重大案件均需法部核定之后上奏皇帝,仍然是承袭皇帝垄断最高司法权的旧制,显然与预备立宪的精神背离,难怪皇帝欣然"从之"。

时为修订法律大臣、大理院正卿的沈家本,鉴于法部的方案不但大大侵削了大理院的职权,而且与"司法独立"的宪政精义大相径庭,因此不顾清廷已然谕准,仍于光绪三十三年四月初九日(1907年5月20日),呈上《奏酌定司法权限并将法部原拟清单加具案语折》,针锋相对地提出反驳。首先,就"司法权限,酌加厘定"一事进行申辩。他指出"法部所任系司法中之行政,臣院所掌系司法中之审判,界限分明可无异议",并且强调"司法独立为异日宪政之始基,非谓从前刑部现审办理不善故事更张也"。其次,他从"宪法精理以裁判独立为要义,此东西各国之所同也"的立论出发,阐明"臣院为最高之裁判,环球具瞻,以征其信用,今死罪必须法部覆核,秋朝审必须法部核定,权限未清,揆诸专掌审判之

---

[35] 参见故宫博物院明清档案部编:《清末筹备立宪档案史料》(下册),中华书局1979年版,第824~826页。

本意,似未符合"。最后,对于法部掌管各省审判官及大理院官员的人事任用权,他表示"今兹尚非其时",并且具体陈述说,东西各国"法理昌明,学校林立,法律思想普及全国,其高等法学毕业之人,皆足备法官之登进,取才初不为难,故可由司法省大臣专任其事"。由于中国人才短缺,司法改革不可能"悬事待人",尤其是"刑名判决关系至重",如果大理院"不亲加试验,难期得力"。因此,大理院从各部院调用人才,实属不得已之举,一旦"各学堂法律人才造就着有成效,各省审判官俱由法部任用之后",大理院用人之权,"亦归之法部"。为此,希望法部"见谅"。

沈家本等还针对法部已奏准的十二项权限清单,有选择地加具案语和提出修改意见,恭呈御览。原第一条案语:"谨案各国裁判制度,皆以大审院为全国最高裁判之地,定拟各案,惟死罪送交司法大臣执行,如情罪或有可原,则由司法大臣奏请减免,并无驳审之权……若大审院自定死刑之案,犹须咨送法部核定,似与原定官制节略及各国办法均不相符,窃恐贻笑外人,而治外法权之收回,迄无效果。"与此同时,提出了以下"通融办法":"凡臣院审定死罪之案,钞隶经供奏底连折搞送由法部覆核,会画以后,本系臣院自审及京师地方审判厅以上审理之案,查外省秋审人犯,必须各省自拟实缓,先行奏闻,则京师各审判衙门定拟秋审人犯,亦应由臣院审拟实缓,咨由法部核办,黄册则由法部进呈。"

原第六条案语:"谨案外省重大案件,如奉朱批法部速议具奏者,自应由法部核议。若情罪不符,既咨交臣院驳正,则具奏之日,亦应会同臣院,以备对明垂问。"原第七条案语:"谨案汇奏之件,既由臣院覆判,则检查例案及查核减等等项,巩需时日,拟于供勘到后,以二十日为限,咨送法部覆奏。若由臣院驳正者,仍须会衔具奏。"原第九条案语:"谨案光绪三十二年九月二十日钦奉懿旨,大理寺著改为大理院,专掌审判,原拟各部院等衙门职掌事宜及员司名缺,仍著各该堂官自行核议,会同军机大臣奏明办理等因。钦此。臣等数月以来,业经核议竣事,今谓会同法部具奏,显与慈谕不符,似应仍遵原旨,由臣院会同军机大臣奏明办理。至检察总厅职掌,实与审判相关,盖各国之有检事者,藉以调查罪证,搜索案据。其宗旨在于护庇原告权利,与律师之为被告辩护者相对立,而监督裁判特其一端。该检事官厅,大都附设于裁判衙门,故大理院官制清单,列入检察各官,职是故也。至推丞推事等官,以今日开办伊始,应由臣院请简奏补,以一事权而免贻误。异日法学材多,法院编制法纂定颁行,自可部院公商公同奏请。若检察厅丞及检察官,职任与审判相维系,而所司多行政事务,应俟官制奏定后,会同法部请简奏补。"[36]

从上述奏折可以看出,由于法部关于部院权限划分的奏折已经得到允准,因此,大理院只能在不否定法部对于重案拥有覆核权的前提下,为大理院争取署名权,以示符合最高审判机关的地位。尽管奏折中提出的修改意见,不过是个折中方案,但是上奏后,光绪皇帝仍为大理院敢于对煌煌谕旨表示异议而震怒,立即下谕,令大理院与法部"会同妥议,和衷商办,不准各执意见"。[37] 三日后将大理院正卿沈家本与法部右侍郎张仁黼对调任职,以压制部院司法权限的争议。迫于圣谕,"惶悚莫名"的部、院终于妥协,会同奏上《法部、大理院会奏遵旨和衷妥议部院权限折》,提出修改和补订的条款如下:

"大理院自定死刑之案,先行钞录红供奏底,咨送法部复核,有无签商,于三日内片复大理院,再由院备稿送部会划,定期具奏。系立决人犯,即送交法部收监,以便执行处决。秋后人犯,于定案后,移送法部监禁。朝审册本由法部核议实缓后,并照旧章奏请钦差大臣复核,黄册专由法部进呈。

速议之件,外省奏请奉旨后,专由法部核议。如情罪不符者,咨交大理院,俟供勘到后,援律驳正,仍由法部缮折,会同大理院具奏。

汇案死罪之件,外省具奏,奉旨交法部议奏者,应令各省将供勘分达部院,由大理院复核,限二十日咨法部核定,即由法部具折复奏。如有情罪未协者,仍咨大理院驳正后,再行咨部缮折,会同大理院具奏。

大理院官制,拟会同法部具奏后,所有附设之总检察厅丞及检察官,由法部会同大理院分别开单请简、请补。其刑民科推丞,应由部院会同妥商,将大理院审判得力人员开列清单,由部会院请简。推事以下各官,即由院会部奏补,以收得人之效。

外省奉到部文后,应即遵照新章,将死罪案件供勘,分别咨达部院,听候大理院复判、法部核定。如未经奉到部文之先,业已交部核议者,仍由法部照常办理,以免参差。"[38]

上述经过修改和补订的部院权限,经过清廷谕准之后,司法权限之争遂告一段落。

晚清改革司法过程中发生的部院职权之争,不是偶然的,从表面上看是司法行政权与审判权之争,实际上是传统的司法审判机制同近代西方的司法审判机制的激烈冲突。迄至晚清司法体制改革以前,中央司法机关仍然仿照明代建

---

[36]《大清法规大全·法律部》卷四《司法权限》。
[37]《清实录》,德宗朝卷五七二。
[38]《大清法规大全·法律部》卷四《司法权限》。

立的"三法司"的体制,以"刑部受天下刑名,都察院纠察,大理寺驳正"。但刑部权力较大,"外省刑案,统由刑部复核,不会法者,院寺无由过问,应会法者,亦由刑部主稿。在京讼狱,无论奏咨,俱同刑部审理"。[39] 固有体制的悠久影响,使法部大臣戴鸿慈、张仁黼等力图沿袭刑部旧有的司法权,通过扩大法部的司法行政权,使执掌最高审判权的大理院成为法部的下属机关,从而严重侵害了司法独立的原则。当时主持修律的大理院正卿沈家本极力主张审判独立,扩大大理院的职权范围。这是法部所不甘心的。因此,以法部尚书戴鸿慈、法部右侍郎张仁黼为一方,以大理院正卿沈家本为另一方,在权限协商未能一致的情形下,分别上奏朝廷,引发了所谓的部院权限之争。

晚清司法改革中,法部蓄意扩大司法行政权,说明戴鸿慈、张仁黼二人的思想,还没有完全超越司法与行政不分的旧体制的樊篱,他们对于司法独立的认识,更多地停留在文字层面。试看在部院职权划分争议的过程中,他们不是从理论上寻求解决的启迪,也没有从完善司法独立制度,使之更符合宪政体制的要求提出方案,而是采取最后听由皇帝决断。从这里倒是揭穿了晚清预备立宪所奉行的"大权统诸朝廷"的真相。

部院之争及其解决,说明了晚清预备立宪期间鼓吹的司法独立,并不是真正意义上的司法独立,以至法部取得了一时的优势,并对地方审判制度的改革有明显的影响。但是,历史的潮流毕竟不可阻挡,人们从部院之争中,增加了从制度上建设审判独立的自觉性。随着《各级审判厅试办章程》《法院编制法》的制定,法部从钦定中取得的司法审判权,也逐渐丧失。

三、司法改革中的相关立法

(一)《法院编制法》的制定

沈家本从"审判官制诸多未备,非特辑专例,不足统一事权"的认识出发,组织修订法律馆人员,在《大理院审判编制法》的基础上,以《日本裁判所构成法》为蓝本,"考古今之沿革,订中外之异同",起草《法院编制法》。又令法律学堂日本教习法学博士冈田朝太郎帮同审查,于光绪三十三年(1907年)八月初二日编成《法院编制法草案》,经过宪政编查馆审核后,奏请颁行。宪政编查馆的奏折中表示"凡以前法部大理院权限未清之处,自此次法院编制法颁行以后,即

---

[39]《清史稿》卷一四四,刑法志三。

应各专责成","拟请嗣后属于全国司法上之行政事务,如任用法官、划分区域以及一切行政上调查执行各项既应钦遵筹备事宜清单筹办者,统由法部总理主持,勿庸会同大理院办理,其属于最高审判暨统一解释法令事务即由大理院钦遵国家法律办理,所有该院现审死罪案件勿庸咨送法部覆核,以重审判独立之权"。[40] 宣统元年(1909年)二月二十八日在允准颁行的上谕中再次指明:"此法之行政事务,著法部认真督理,审判事务著大理院以下审判各衙门各按国家法律审理。嗣后各审判衙门,朝廷即予以独立执法之权,行政各官即不准违法干涉。该审判官吏等遇有民刑诉讼案件,尤当恪守国法,听断公平。设或不知检束,或犯有赃私各款,一经觉察,必当按律治罪,以示惩儆,而维法纪。"[41]

《法院编制法》共十六章,一百六十四条。它确认了实行辩护、陪审、回避、公开审判以及复判等西方国家的审判制度。为了保证审判独立,《法院编制法》还具体规定"其属于最高审判及统一解释法令事务,即由大理院钦遵国家法律办理。所有该院现审死罪案件,勿庸咨送法部覆核,以重审判独立之权。凡京外已设审判厅地方,无论何项衙门,按照本法无审判权者,概不得违法收受民刑事诉讼案件",从而使独立审判制度得以法律化。为保证《法院编制法》的实施,宪政编查馆在诉讼律颁布之前,行将"律内万不容缓各条,先行提出,作为诉讼暂行章程"。同时,把先后制定的《法官任用考试暂行章程》《司法区域分划暂行章程》和《初级及地方审判厅管辖案件暂行章程》,作为《法院编制法》的附件,一并实施。

《法院编制法》是晚清制定颁行的一部较为全面、系统的法院组织法,体现了当时较为先进的西方近代法制原则,例如审判独立、公开审判、民刑分理、审检分立、合议制等。封建的司法制度基本上被废除了,刑讯逼供被取消了,司法从属于行政的情况,也有了极大的改变。尽管《法院编制法》有关机关之设备,及其职掌、权限等规定,并没有在全国普遍实行;司法独立原则也并没有完全、切实地实施,但是它的颁行使晚清的司法制度脱离了传统的轨道。这种改革无疑具有历史进步的意义,并为民国政府所传承。

作为调整中央司法权限矛盾妥协产物的《法院编制法》,对于大理院主审、法部复核的案件,仍需圣裁定夺,依然保留着专制主义的遗痕。在《法院编制法》颁行后,沈家本等于宣统二年(1910年)三月,又奏准废除了清朝固有的三法司会审、九卿会审、秋审、朝审、热审等封建审判制度,以期确保行政不干预司

---

[40] 《大清法规大全·法律部》卷四《司法权限》。
[41] 《大清法规大全·法律部》卷四《司法权限》。

法,这在中国司法制度史上是具有划时代意义的。

至于各省各级审判厅的筹建工作,多受制于地方官制改革,只能由东三省先行试办,"俟有成效后,逐渐推广"。在"风气渐开"的直隶、江苏两省,也可先行试办,其他各省,准"由该督抚,察度情形,请旨设置"。[42]

从1909年2月到1911年3月,山东、湖北、安徽、四川、新疆、云南、广东、河南、广西、贵州、湖南等十四个省,先后奏拟各自的筹办情形,基本上按照"九年筹备清单",次第展开建设。但实际上,《各级审判厅试办章程》和《法院编制法》,仅在京师、奉天、直隶省天津府等地试行,并没有在全国普遍实行,司法独立原则也没切实完全的实施。

改革司法制度不是孤立的,是政治体制改革的一部分,晚清预备立宪的进程,决定了司法制度改革的广度和深度。特别是传统司法制度的影响,不可能一时肃清,民众法律意识的提高,也尚须时日。此外,法律教育的普及和近代司法人员的培养,都不可能计日程功,因此,司法制度改革只能是渐进的过程。晚清所建立的司法体系的基本框架,以及所吸纳的西方近代的审判制度,较之传统的司法审判制度,显然是历史性的进步,尽管有些不可避免地带有超前的、形式主义的倾向。

(二)《大清刑事民事诉讼法草案》的被搁置

熟悉中国传统法制的沈家本,深知中国旧律中诉讼和断狱附于刑律,无专门的程序法,而这种体例已不适应新的形势。他从世界法制发展的态势中,认识到当今之世,各国法制"大致以刑法为体,以诉讼法为用;体不全,无以标立法之宗旨;用不备,无以收行法之实功。二者相因,不容偏废"。[43] 因而,他提出模仿西方国家,将诉讼之法分为民事、刑事两项,另辑专书,既可以使裁判、诉讼咸得其宜,又有助于收回治外法权。当时另一位修订法律大臣伍廷芳,由于长期生活、工作在国外,又曾经担任过香港地区的律师,因而对于制定程序法具有极大的热情,于光绪三十二年(1906年)三月二十二日,完成《大清刑事民事诉讼法草案》,共五章,二百六十条,上奏清廷。

沈家本等在奏请试行折中,根据"法律一道,因时制宜"的精神,阐述了编定《大清刑事民事诉讼法草案》的必要性。他们说:"查中国诉讼断狱,附见刑律……用意重在简括。揆诸今日情形,亟应扩充,以期详备。泰西各国诉讼之法,均系

---

[42] 故宫博物院明清档案部编:《清末筹备立宪档案史料》(上册),中华书局1979年版,第504页。
[43] 朱寿朋编:《光绪朝东华录》,中华书局1984年版,总第5503页。

另辑专书,复析为民事刑事二项……以故断弊之制,秩序井然,平理之功,如执附契。日本……维新而后,踵式泰西,于明治二十三年间,先后颁行民事刑事诉讼等法,卒使各国侨民,归其钤束,藉以挽回法权……中国华洋讼案,日益繁多,外人以我审判与彼不同,时存歧视。商民又不谙外国法制,往往疑为偏袒,积不能平。每因寻常争讼细故酿成交涉问题……若不变通诉讼之法,纵令事事规仿,极力追步……于法政仍无济也……然民事刑事性质各异,虽同一法庭,而办法要宜有区别……谨就中国现时之程度,公同商定简明诉讼法,分别刑事民事,探讨日久,始克告成。"

按照沈家本、伍廷芳的立法设想,在《大清刑事民事诉讼法草案》中特别规定了实行陪审员制度和律师制度。他们强调此二端不仅是"各国通例",而且是"我国亟应取法者"。但由于陪审员制度和律师制度是从西方国家引进的,与传统的诉讼审判制度冲突较大,所以沈家本在奏折中,不得不对此详为解释。借用周礼"三刺"之法中的"讯万民,万民皆以为可杀,然后施上服下服之刑",认为此古法"实为陪审员之权舆","今东西各国行之,实与中国古法相近"。为了建立陪审员制度,他们提出:"拟请嗣后各省会并通商钜埠,及会审公堂,延访绅富商民人等,造具陪审员清册,遇有应行陪审案件,依本法分别临时试办……庶裁判悉秉公理,轻重胥协舆评,自无枉纵深故之虞矣。"

此外,他们又阐述了"宜用律师"的理由:"盖人因讼对簿公庭,惶悚之下,言词每多失措。故用律师代理一切质问对诘覆问各事宜。"他们举外国为例,说明律师"俱以法律学堂毕业者,给予文凭,充补是职。若遇重大案件,则由国家发予律师。贫民或由救助会派律师代伸权利,不取报酬……中国近来通商各埠,已准外国律师辩案……夫以华人讼案,藉外人辩护,已觉扞格不通。即使遇有交涉事件,请其伸诉,亦断无助他人而抑同类之理。且领事治外之权,因之更形滋蔓,后患何堪设想。拟请嗣后凡各省法律学堂俱培养律师人才……卒业后考验合格,给予文凭,然后分拨各省,以备辩案之用……总之国家多一公正之律师,即异日多一习练之承审官也"。

奏折最后再次申明"以上二者,俱我法所未备,尤为挽回法权最要之端",[44]希图获得清廷的允准。

尽管沈家本等在奏折中慷慨陈词,清廷仍然谕示:"法律关系重要,该大臣所纂各条,究竟于现在民情风俗能否通行,著该将军督抚都统等体察情形,研究

---

[44] 朱寿朋编:《光绪朝东华录》,中华书局1984年版,总第5504~5506页。

其中有无扞格之处,即行缕析条分,据实具奏。"[45]

清廷谕旨下达后不久,光绪三十二年(1906年)十月二十二日,热河都统廷杰奏:"刑事民事诉讼法,边地骤难试办,并择扞格难行数条,请旨饬下法律大臣,再行核议。"[46] 十月二十八日,广西巡抚林绍年奏:"新纂刑事民事诉讼各法,广西尚难通行,盖俗悍民顽,全恃法律为驾驭,闻以不测示恩威。若使新法遽行,势必謷张百出,未足以齐外治,先无以靖内江。"[47] 十月十三日,直隶总督袁世凯奏:"新纂刑事民事诉讼法,内有扞格者数条,请饬再议。下法部再行核议。"[48] 四川总督锡良在回奏中,也认为"有完全之法律,尤需有法律之人才",现在审判、律师人才奇缺,况且新律之性质与国民之程度息息相关,"必须俟民德增进、人格完全之时,乃可以求执行而有效力",否则,"恐治外之权未收,而治内之权转碍"。[49] 湖广总督张之洞在光绪三十三年(1907年)七月二十六日奏折中一方面指出:"综核所纂二百六十条,大率采用西法,于中法本原似有乖违,中国情形变未尽合,诚恐难挽法权,转滋狱讼……袭西俗财产之制,坏中国名教之防,启男女平等之风,悖圣贤修齐之教。"但是,另一方面他也认为固有的诉讼断狱之法,不合于时,因而"请饬下法律大臣先就所纂各条内,择其相宜者,暂为修订章程,请旨遵行"。等到各项法律各编专书以后,"再议刑事民事诉讼法,庶可收变法而不废法之效"。[50]

根据回奏的意见,清廷遂将《大清刑事民事诉讼法草案》交由法部复核,实际是加以搁置。须要指出,《大清刑事民事诉讼法草案》吸收了西方一些近代诉讼原则与制度,例如平等原则、公开审判原则、辩护原则以及律师制度和陪审制度,因而是一部与传统的诉讼审判原则与制度不同的新型诉讼法,在修订法律开始不久的条件下,它的被搁置是不难理解的。

(三)《大清刑事诉讼律草案》与《大清民事诉讼律草案》的完成

1.《大清刑事民事诉讼法草案》虽被搁置,但修订编纂刑事诉讼法和民事诉讼法仍然被列入《钦定逐年筹备事宜清单》。从光绪三十三年(1907年)起,经过修订大臣沈家本近三年的努力,至宣统二年(1911年)十二月二十四日,沈家

---

[45] 朱寿朋编:《光绪朝东华录》,中华书局1984年版,总第5506页。
[46] 《清实录》,德宗朝卷五六四。
[47] 《清实录》,德宗朝卷五六四。
[48] 《清实录》,德宗朝卷五六五。
[49] 中国科学院历史研究所第三所主编:《锡良遗稿·奏稿》(第1册),中华书局1959年版,第611页。
[50] 李贵连编:《沈家本年谱长编》,山东人民出版社2010年版,第145页。

本、俞廉三将《大清刑事诉讼律草案》奏呈清廷,并详陈立法的理由:

"窃臣等于上年十一月间奏臣馆筹办事宜折内,曾声明民律、商律、刑事民事诉讼律,俟成书后,次第奏进等因在案。查诸律中,以刑事诉讼律尤为切要。西人有言曰:刑律不善,不足以害良民;刑事诉讼律不备,即良民亦罹其害。盖刑律为体,而刑诉为用,二者相为维系,固不容偏废也。中国第有刑律,而刑事诉讼律向无专名,然其规程,律文中不少概见。李悝《法经》有囚法、捕法;《唐律疏议》谓囚法即断狱律,捕法即捕亡律,此即刑诉之权舆。汉魏以降,篇目迭更,亦暨宋明,代有修改。其中如告劾、传复、系囚、鞫狱、讨捕、斗讼诸律,规定綦详。我朝《钦定大清律例》,亦列诉讼、断狱、捕亡等目,是中国未尝无刑事诉讼律,特散见于刑律之中,未特设专律耳。臣等受命以来,昕夕督率馆员,或司译述,或事编纂,兹拟定《刑事诉讼律》六编,五百一十五条。仅将修订大旨,为我皇上缕晰陈之:

一曰诉讼用告劾程式。查诉讼程式,有纠问告劾之别。纠问式者,以审判官为诉讼主体,凡案件不必待人告诉,即由审判官亲自诉追,亲自审判,所谓不告亦理是也。告劾式者,以当事人为诉讼主体,凡诉追由当事人行之,所谓不告不理是也。在昔各国多用纠问式,今则概用告劾式,使审判官超然屹立于原告被告之外,权衡两至,以听其成,最为得情法之平。

二曰检察提起公诉。犯罪行为与私法上之不法行为有别,不法行为不过害及私人之利益,而犯罪行为无不害国家之公安。公诉即实行刑罚权以维持国家之公安者也,非如私诉之仅为私人而设,故提起之权,应专属于代表国家之检察官。

三曰摘发真实。其义有三。一为自由心证。证据之法,中国旧用口供,各国通例则用众证。众证之优于口供无待缕述,然证据而以法律预定,则事实皆凭推测,真实反为所蔽,宜悉凭审判官自由取舍。一为直接审理。凡该案关系之人与物,必行直接讯问调查,不凭他人申报之言辞及文书,辄与断定。一为言辞辩论。于原被两造之言辞辩论而折衷听断,自经辩论之后,于被告之一造,亦可察言观色,以验其情之真伪。

四曰原被待遇同等。同等云者,非地位相同,指诉讼中关于攻击防御俾以同等便利而言。盖原告之起诉既为谙习法律之检察官,若被告系无学识经验之人,何能与之对待?故特许被告人用辩护人及辅佐人,并为蒐集有利证据,与以最终辩论之权。庶两造势力不至有所盈朒。

五曰审判公开。此本为宪政国之第一要件,盖公开法庭,许无关系之人旁听,具瞻所在,直道自彰,并可杜吏员营私玩法诸弊。

六曰当事人无处分权。查民事诉讼乃依私法上请求权,请求私权之保护者,当事人于诉讼中均得随时舍弃。惟刑事诉讼乃依公法上请求权,请求国家科刑权之适用者,其权固属国家,虽检察官不得随意处分,被告更不待言。是以近日各国立法例,除亲告罪外,不准检察官任便舍弃起诉权,不许犯人与被告人擅行私和,并在诉讼中撤回公诉。

七曰用干涉主义。民事诉讼当事人有处分权,审判官不得干涉。至刑事诉讼,当事人无处分权。审判官因断定其罪之有无,应干涉调查一切必要事宜,而不为当事人之辩论所拘束。

八曰三审制度。三审制度者即《法院编制法》所定:不服第一审,可以提起控告而请求第二审之审判;不服第二审,可以提起上控而请求第三审是也。

以上数端,均系各国通例,足以补我之所未备,敬谨甄择,分列各章。惟预审制度,各国均属诸审判官,而考厥制度之由来,实始于法国。论其性质,本与侦查处分无异,而法国治罪强分为二,以侦查处分属检察,以预审处分属审判。其立法之意,无非恐检察官滥用职权,致滋流弊,不知特就法国当日情形而言,本非通论。如虞其滥用职权,岂审判官独毋虑?是以一侦查处分而强分为二,法理既不可通,事实亦多不便。用是舍外国之成例,使预审处分属检察厅,以彰本律之特色……所有进呈《大清刑事诉讼律草案》缘由,谨恭折具陈。伏乞皇上圣鉴。谨奏。"[51]

《大清刑事诉讼律草案》共六编,五百一十五条。其篇章结构为:第一编总则。第一章审判衙门,分为事物管辖和土地管辖等二节。第二章当事人,分为原告人和被告人、辩护人及辅佐人等二节。第三章诉讼行为,分为被告人之讯问、被告人之传唤拘摄及羁押、检证搜索扣押及保管、证言、鉴定及通译、急速处分、文件、送达、期间、裁判等十节。第二编第一审。第一章公诉,分为通则、侦查处分、预审处分、提起公诉等四节。第二章公判。第三编上诉。第一章通则,第二章控告,第三章上告,第四章抗告。第四编再理。第一章再诉,第二章再审,第三章非常上告。第五编特别诉讼程序。第一章大理院特别权限之诉讼程序,第二章感化教育及监禁处分程序。第六编裁判之执行。

《大清刑事诉讼律草案》远法德国,近取日本,是以日本1890年刑诉法为蓝本,并经日本法学家冈田朝太郎的协助完成的,是一部较为单纯的移植来的刑诉法典。由于它是程序法典化最重要的成果,所以它的制定标志着中国古代重实体、轻程序的传统的终结。这部草案引进了西方近代的一系列诉讼原则和制

---

[51] 李贵连编著:《沈家本年谱长编》,山东人民出版社2010年版,第288页。

度，例如民刑分理、审判公开、原被告诉讼地位对等、陪审与辩护制度等，说明它与世界先进的刑事诉讼法开始接轨，是中国刑事诉讼法走向近代化的重要开端。虽然清亡在即，未获颁行，但在1912年5月9日民国的司法部令中，明确宣布部分地援用该草案，[52]直至1922年北洋政府颁行新的《刑事诉讼条例》时为止，体现了《大清刑事诉讼律草案》在中国近代刑诉法发展史上的地位和价值。

2. 在《大清刑事诉讼律草案》奏呈三天后，《大清民事诉讼律草案》告成。修订法律大臣沈家本、俞廉三在《奏民事诉讼律草案编纂告竣缮册呈览折》中，首先从"保护私权，实关重要"的角度，论证了制定民事诉讼法的必要性。他们说："中国民刑不分，由来已久，刑事诉讼虽无专书，然其规程尚互见于刑律。独至民事诉讼因无整齐划一之规，易为百弊丛生之府。若不速定专律，曲防事制，政平讼理未必可期，司法前途不无阻碍。"他们举法制发达的国家为例："东西各国法制虽殊，然于人民私权秩序，维持至周。既有民律以立其基，更有民事诉讼律以达其用，是以专断之弊绝，而明允之效彰。"

其次，根据"列国之成规"和"最新之学理"，而且"斟酌中国民俗，逐一研求"之后，提出民事诉讼律的四端纲要。其一，关于审判衙门权限。凡"审判权及内部组织任用资格，乃制度之事，法院编制法定之。至外部组织及奉职资格及职务之事，民事诉讼律定之"。如此，才可以使"权限辗轕之弊一清"。其二，关于当事人。"民事诉讼非俟人民起诉不能成立，既有起诉人，则必有相对人。起诉人一曰原告，相对人一曰被告。其受委任而从事诉讼者，则有诉讼代理人。其偕同而就审判者，则有诉讼辅佐人。命名既殊，地位各异。惟讼廷责无旁贷，案牍绝少牵连，庶两造有平等之观，而局外免波及之虑。至诉讼费用，必有所归；或预为征收，或事后交纳，亦关系于当事人之权利义务者也。"其三，关于通常程序。"诉讼既与程序迭进，以主义言之，则有言词审理、书状审理、直接审理、间接审理诸名目。以阶级言之，则有第一审、上诉审、再审之区别……自起诉以迄裁判，必须有法定之准绳，乃能杜民情之诡辩。"其四，关于特别程序。例如督促程序、公示催告程序、证书诉讼、保全诉讼、人事诉讼，"凡此之属，皆必设特别人法，乃能推行尽利"。

最后，鉴于"诉讼关系与执行关系不能强同。诉讼关系其主旨在确定私权，执行关系其主旨在实行私权。二者之旨趣程序均各不同，如强合为一，揆诸法理，实所未安"，所以仿效"奥国例，析而为二，于民事诉讼律外，续定执行律。拟

---

[52]《中华民国政府公报第十九号》转载。

俟编纂告成,再行奏陈。庶分别部居,不至凌杂,自可收相得益彰之效"。[53]

《大清民事诉讼律草案》以日本1890年民诉法为蓝本,篇章结构基本雷同。例如:第一编审判衙门。第一章事物管辖,第二章土地管辖,第三章指定管辖,第四章合意管辖,第五章审判衙门职员之回避、拒却及引避。第二编当事人。第一章至第七章分别为能力、多数当事人、诉讼代理人、诉讼辅佐人、诉讼费用、诉讼担保、诉讼救助。第三编通常诉讼程序。第一章总则,第一节至第八节分别为当事人书状、送达、日期及期间、诉讼行为之濡滞、诉讼程序之停止、言词辩论、裁判、诉讼记录。第二章地方审判厅之第一审诉讼程序,分起诉、准备书状、言词辩论、证据(包括通则、人证、鉴定、书证、检证、证据保全六款)、裁判、缺席判决、假执行之宣示等七节。第三章初级审判厅之诉讼程序。第四章上诉程序,包括控告程序、上告程序、抗告程序等三节。第五章再审程序。第四编特别诉讼程序。第一章至第四章依次为督促程序、证书程序、保全程序、公示催告程序。第五章为人事诉讼,设有禁治产宣告程序、准禁治产宣告程序、婚姻事件程序、亲子关系事件程序等四节。

从以上内容可见,《大清民事诉讼律草案》与清朝旧律中的民事诉讼部分截然不同,是一部独立的民事诉讼法,这是中国立法史上的创举,它标志着中国民事诉讼法近代化的开端。民国时期曾经宣布部分援用该草案,并且经过修正,编成《修正民事诉讼律》,共三十四编八百条,一直沿用到1935年南京国民政府颁行《中华民国民事诉讼法》为止。

四、晚清司法制度改革的特点

晚清在特定的历史背景下,适应预备立宪的需要进行的司法改革,具有以下特点。

(一)司法与行政分立

中国古代传统的司法体制是行政与司法不分的。在专制制度下,皇帝既是国家的最高行政首脑,也是最高的司法官,对于一切大案、要案拥有最后的判决权。不仅如此,凡属涉及贵族官僚及特权者的案件,无论是诉讼的提起、审判还是判决,都必须事先奏闻取旨,否则主审官要受到刑法的制裁。皇帝还通过会审的形式,控制最高的司法权。至于一般行政机关干预司法的主要表现是:从

---

[53] 李贵连编著:《沈家本年谱长编》,山东人民出版社2010年版,第295页。

汉朝起,遇有重大、疑难案件,便实行"杂治",即由行政官与司法官共同审理;唐代的"三司推事",明代的"三法司"会审、圆审、热审和大审,清代的"九卿会审"、朝审和秋审等,无一不是如此。在行政官与司法官的会同审理中,司法官的数量往往少于行政官。以清朝的"九卿会审"为例,职掌司法的刑部尚书和职掌司法监督的都察院左右都御史以及职掌复核的大理寺卿,只占三分之一,除了准备会审的资料由刑部负责外,不存在独立行使审判权的问题。会审的判决,也只是供皇帝最后裁决时的参考而已,无论"立决""监候"都须听从御笔决断。

至于地方司法,清朝虽于省级设专职司法官,但仍然受制于省级长官总督和巡抚。至于省以下概由行政长官兼任司法官,他们既"掌治民、进贤、劝功",也"掌察冤滞,听狱讼"。正因如此,监察御史巡察地方时,以察稽司法作为行政监察的主要内容之一。

中国古代,司法之所以与行政不分,是由特定的国情条件,特别是严格的专制制度所决定的。在行政权高于司法权,皇权垄断一切的背景下,司法权只能附庸于行政权。因此,晚清实行的以独立审判为目标的司法改革,只有在封建专制制度转向君主立宪的政治环境下,才是可能的。晚清的司法改革,既包括司法机关独立行使审判权,不再从属于任何其他机关,也包括司法官独立行使审判的职能,而且不可以随意调离、免职。宣统元年(1909年)十二月制定的《法院编制法》第二条规定:"审判衙门掌审判民事、刑事诉讼案件。"第四条规定:"初级审判厅为独任制,其审判权以推事一行之";"地方审判厅为折衷制";"高等审判厅为合议制,其审判权以推事三员合议庭行之"。第二条还规定:"大理院卿有统一解释令、必须处置之权,但不得指挥审判官所掌理之审判。"第一百二十五条规定:"法部对于推事及检察官,不得有勒令调任、借补、停职、免职、减俸等事。"

上述规定是以日本法院编制法为原型的,对于中国传统的司法体制和审判制度无疑是重大的改革。但在当时的条件下,上述规定还不可能完全付诸实施。譬如,《法院编制法》所规定的各级审判厅,一直处于筹备阶段,虽有试点,但进展缓慢,对于审判官之养成、考试、任用等,均未落实。就实际情况而言,缺少训练有素的、能够独立行使审判权的专职法官,是一个突出的问题。按照《法院编制法》第一百零七条规定,即使是候补推事,也须具有"在法政法律学堂三年以上"的学历,然后再经两次专门考试合格,方能录用。根据粗略推算,当时全国急需的厅丞、厅长、推事、检察官等,约在五万员以上。沈家本在光绪三十三年(1907年)八月二日的奏折中也承认,"中国现在审判人材尚未储备,凡供帐之繁苛,胥吏之婪索,在所不免,利弊倚伏,无资补救"。[54] 宣统元年(1909年)五月二十七日,山东巡抚袁树勋在奏折中提出:"东省一百零七州县,需人至少在二千以上。仅恃司法讲习科之附设,断断不敷。"[55] 可见,晚清有关司法独立的法律也是急就章,缺乏实施的客观基础,但它的价值与导向示范作用,不可以忽视。

(二)民事诉讼与刑事诉讼分理

中国古代虽从西周起,已有"狱""讼"的初步划分,所谓"争罪曰狱,争财曰讼"。但在整个封建时代的诉讼审判中,民事诉讼与刑事诉讼缺乏严格的界定。这种情况经过晚清修律与司法改革才发生改变。新修订的程序法以划分民事诉讼与刑事诉讼为基本点,在司法实践中民刑分理成为晚清司法制度的一大改革,也是中国司法制度走向近代化的特征之一。

早在光绪三十一年(1905年)四月,御史刘彭年便提出民刑分理的奏议,他说:"东西各国裁判所,原系民事、刑事分设,民事即户婚、田产、钱债等是也,刑事即人命盗贼斗殴等是也。中国民事刑事不分,至有钱债细故、田产分争,亦复妄加刑吓,问刑之法似应酌核情节,以示区别。所有户婚、田产、钱债等事,立时不准刑讯,无待游移。至于人命、盗贼,以及情节较重之案,似未便遽免刑讯,相应请旨饬下修律大臣体察时势,再加详慎,并饬于刑法及刑事诉讼法告成后,即将民法及民事诉讼法尅期纂订,以成完备法律,则治外法权可以收回。"[56]

光绪三十二年(1906年),当修订法律馆编成《大清刑事民事诉讼法草案》时,沈家本、伍廷芳在奏请试行折中,便对民事、刑事诉讼作出界定:"凡关于钱债、房屋、地亩、契约及索取赔偿者,隶诸民事裁判;关于叛逆、伪造货币官印、谋杀、强劫、窃盗、诈欺、恐吓取财及他项应遵刑律定拟者,隶诸刑事裁判。"[57]

此后,在《各级审判厅试办章程》中进一步界定:"凡因诉讼而审理之曲直者"为民事案件;"凡因诉讼而定罪之有无者"为刑事案件。同时,还对民事诉讼的几个主要环节作出明确规定:民事案件"除属大理院及初级审判厅管辖者外,皆由地方审判厅起诉";民事诉讼费用"责令输服者缴纳";"职官、妇女、老幼、废疾为原告时,得委托他人代诉,但审判时,有必须本人到庭者,仍可传令到庭";民事

---

[54] 《修订法律大臣沈家本奏酌拟法院编制法缮单呈览折》,载故宫博物院明清档案部编:《清末筹备立宪档案史料》(下册),中华书局1979年版,第844页。

[55] 《山东巡抚袁树勋奏山东筹办审判厅并请变通府县审判厅办法及初级审判厅权限折》,载故宫博物院明清档案部编:《清末筹备立宪档案史料》(下册),中华书局1979年版,第873页。

[56] 朱寿朋编:《光绪朝东华录》,中华书局1984年版,总第5357页。

[57] 朱寿朋编:《光绪朝东华录》,中华书局1984年版,总第5504~5505页。

上诉人包括原告人、被告人或代诉人，但上诉不得越级，上诉期限为十日。

至宣统二年(1909年)年底，《大清刑事诉讼律草案》与《大清民事诉讼律草案》告成，这是中国第一次将民事诉讼与刑事诉讼分别起草的单行法律。如果说四年以前提出的《大清刑事民事诉讼法草案》，受到地方大吏反对而搁置。四年以后，这两个单行诉讼律却没有受到批评、阻挠，这是与局部地区实行民刑诉讼分理的事实分不开的。这两个诉讼律，虽因清朝灭亡而未及颁布，但对民国时期的司法审判和程序法的制定，仍有重要的影响。

(三)初步展现近代意义的司法文明

晚清司法制度改革的主旨和大方向，是建立趋同于西方近代的司法文明，譬如：

1. 维护诉讼当事人的合法权益。"凡审讯原告或被告及诉讼关系人，均准其站立陈述，不得逼令跪供。""凡审讯原告、被告及各证人，均不得拘留。"

2. 公开审理。中国传统的审判方式是不公开的，所谓"读鞫"与"乞鞫"，仅限于罪犯的家属。只有宋代包拯改革司法时，允许局外人至大堂旁听，但那只是历史上的特例而已。晚清改革司法，以推行公开的审判作为一项重要内容。根据《大清刑事民事诉讼法草案》，无论是庭审过程，还是宣判，均须公开。"凡开堂审讯，准案外之人观审，不得秘密举行。有关风化及有特例者草案不在此限。""凡审讯终结，即定裁判之期，先期知会该案原告、被告及各律师，届期到堂，听候宣告判词。"即使庭审须秘密进行，至宣告判决时，仍应公开。宣统二年(1910年)，沈家本奏呈《大清刑事诉讼律草案》时，特别提出审判公开是立宪国的通例，有助于监督司法和保护当事人的合法权益。

3. 依法判决。中国封建时代的律法断罪与西方国家"法无明文不为罪"的法治原则，在性质上是不同的。晚清司法改革中所强调的依法判决，不是旧传统的继续，而是新原则的引进。《大清刑事民事诉讼法草案》明确规定："凡裁判均须遵照定律，若律无正条，不论何项行为，不得判为有罪。"这就从法律上约束了司法官的主观擅断，维护了当事人的合法权益。

4. 禁止刑讯、重视证据。中国古代司法实行罪从供定的原则，为了取供，刑讯遂不可避免。早在先秦的文献中，已有刑讯罪犯的记载，《云梦秦简》提供了刑讯取供的确证。唐代的《狱官令》规定："诸察讯之官，先备五听，又验诸证信，事状疑似，犹不首实，然后拷掠。"[58]从唐迄清，刑讯入律，可见在中国古代司法

---

[58] [日]仁井田升：《唐令拾遗》，栗劲等编译，长春出版社1989年版，第712页。

中,刑讯已有悠久的历史,由此而带来了大量的冤狱。例如,唐时王涯"榜笞不胜其酷,仍令手书反状,自诬与(李)训同谋,惨遭冤杀"。[59] 因此,鸦片战争前,思想家龚自珍、包世臣等都从恤民慎刑、维持社会稳定出发,反对刑讯逼供。刘坤一、张之洞会奏"省刑责"一款中,也极言刑讯之弊:"敲扑呼号,血肉横飞,最为伤和害理,有悖民牧之义。夫民虽犯法当存哀矜,供情未定,有罪与否,尚不可知,理宜详慎。况轻罪一笞,日后仍望其勉为良民,更宜存其廉耻。拟请以后除盗案、命案证据已确,而不肯认供者准其刑讯外,凡初次讯供时及牵连人证,断不准轻加刑责。其笞杖等罪,酌量改为羁禁,或数日,或数旬,不得凌虐久系。"[60]

光绪三十二年(1906 年),沈家本在《裁判访问录序》中指出:"西方无刑讯、而中法以拷问为常……中法之重供相沿已久,虽律有众证明白即同狱成,及老幼不拷讯,据众证定罪之文,特所犯在军流以下者,向来照此办理。至死罪人犯,出入甚巨,虽有此律,不常行用……西方重证不重供,有证无供,虽死罪亦可论决。"[61] 在他制定的诉讼律中,改变了罪从供定、刑讯取供的审判传统,体现了重视证据的作用,明确规定:"凡审讯一切案件,概不准用杖责、掌责及他项刑具或语言威吓、交逼,令原告、被告及各证人偏袒供证,致令混淆事实。"对于实行刑讯逼供的司法官,要"降革治罪"。"凡刑事、民事各案之原告或被告,均可带同证人到公堂作证,并可呈请公堂知会某人到堂作证。"

宣统元年制定的《法院编制法》中,对于证据的重要性作出了新的规定:"承审官确查所得证据,已足证明被告所犯之罪,然后将被告按律定拟。""凡失而复得之物或相争之物,或可为原告或被告作据之物,均须当堂核验。""如证据未齐,原告或被告尚愿再呈他项证据,公堂可将该案展期审讯,使该造得以齐集证据。"

上述法律或法律草案的规定,对于革除刑讯制度具有非常重要的意义。不仅反映了法制文明的进步,也体现了广大群众要求尊重人格的呼声。

(四)采用律师制度

春秋时期,郑国邓析曾经充当"法律辩护士"的角色,史书说:"邓析……与民有狱者约,大狱一衣,小狱襦袴,民之献衣襦袴而学讼者,不可胜数。"[62] 邓析

---

[59]《旧唐书·王涯传》。
[60]《奏核议恤刑狱各条折》,载《伍廷芳集》(上册),中华书局 1993 年版,第 261 页。
[61]《裁判访问录序》,载《寄簃文存》卷六,第 205 页。
[62]《吕氏春秋·离谓》。

教民学讼,使"众口欢哗",终于为统治者所忌,身遭杀害。邓析可以算作是中国讼师的始祖。

至宋代,商品经济的发展与保护私权的强调使得讼师已经成为一种群体,而由各种讼师秘本构成的讼师文化,也日渐兴起。

为了限制讼师操纵诉讼,法律严格限定其活动范围。《明律》规定:"凡教唆词讼及为人作词状,减情罪诬告人者,与人同罪。若受人雇,诬告人者,与自诬告同,受财者计赃以枉法从重论。"[63]

至清代,对讼师的防范及其非法活动的打击,超过了历代。《大清律例》规定:"讼师教唆词讼,为害扰民,该地方官不能查拿禁缉者,如止系失于觉察,照例严处。若明知不报,经上司访拿,将该地方官照奸棍不行查拿例,交部议处。""审理词讼,究出主唆之人,除情重赃多实犯死罪,及偶为代作词状,情节不实者,俱各照本律查办外,若系积惯讼棍,串通胥吏,播弄乡愚,恐吓诈财,一经审实,即依棍徒生事扰害例,问发云、贵、两广极边、烟瘴充军。"凡钦差驰审重案,如果审出虚诬,除赴京捏控之人照诬告例治罪之外,其有无"讼师"唆使、扛帮情节,原审大臣即就案严行跟究,按例分别问拟,失察之地方从重议处。"坊肆所刊讼师秘本,如《惊天雷》《相角》《法家新书》《刑台秦镜》等,一切构讼之书,尽行查禁销毁,不许售卖。有仍行撰造刻印者,照'淫词小说'例,杖一百,流三千里。将旧书复行印刻及贩卖者,杖一百,徒三年。买者,杖一百。藏匿旧板不行销毁,减印刻一等治罪。藏匿其书,照违制律治罪。其该管失察各官,分别次数,交部议处。"[64]《大清律例》对于讼师防范之严,恰恰说明了讼师已成为影响民间正当诉讼活动的一种蠹虫。晚清名幕汪辉祖说:"讼师教唆词讼,例禁甚严。"[65]

中国古代,尤其是明清两代之所以严防讼师,查禁有关诉讼之书,不是偶然的。其一,与统治者奉行的无讼理想有关,特别是民间细事能调处者,通过各种形式调处息讼,避免赴官告理,这是地方官吏的重要政绩之一,因此反对讼师挑讼。其二,由于诉讼繁多,势必影响生产、生活和社会的稳定,故而打击构词挑讼。其三,防止讼师包揽词讼,形成特殊的势力集团,威胁到官府行使统一的司法权。《福惠全书·刑名立状式》中有以下记载:"凡原告状准发房,被告必由房抄状……告抄状入手,乃请刀笔讼师,又照原词破调,聘应敌之虚情,压先攻之劲势。"

---

[63]《大明律·教唆词讼》。
[64]《大清律例》卷三十《刑律·教唆词讼》。
[65] 汪辉祖:《牧令书》卷十八《刑名》。

需要指出,中国古代的讼师产生于本土的政治文化土壤,他们所奉行的理论指导与做人的准则,以及活动的范围、目标、价值取向等,都与西方国家的律师不同。因此,晚清司法制度改革明确规定了采取西方的律师制度,标志着中国由来已久的讼师行业即将终结。正是因为人们对讼师的普遍憎恶,所以沈家本、伍廷芳才在奏请采取律师制度的奏折中,反复阐明律师的活动内容、性质及其维护法律和当事人利益的作用。在《法院编制法》中,还特别规定了律师在庭审中的权利。例如,"承审官应准被告或所延聘律师,得向原告当堂对诘","被告或所延律师,均准向原告各证人对诘","凡律师俱准在各公堂为人辩案","被告或其律师向堂上申辩后,原告律师可将被告或其律师所申辩之理由,详细向堂上解释辩驳"等。

为了使律师胜任相应的职责,严格规定律师的资格条件。一般须经各省法律学堂培养的专门法律人才,合格者给予文凭,分拨各省以备办案之用。但培养合格的律师非一朝一夕之功,直到清亡前夜,律师依然极度缺乏。宣统二年(1910年)十月二十七日,邮传部主事陈宗蕃在奏折中说:"律师之用,所以宣达诉讼者之情,而与推事相对待,有推事而无律师,则推事之权横而恣。今推事设矣,而录用律师,必迟至一、二年以后,则奚以故,或谓律师关系甚重,必待造就相当之人才,始可设立,否则弊与旧日之讼师等固也。然推事关系尤重于律师。奚为不待诸人才造就以后。"[66]

鉴于律师数量的不足,沈家本曾经提出:"如各学堂骤难选就,即遴选各该省刑幕之合格者,拨入学堂,专精斯业。俟考取后,酌量录用,并给予官阶,以资鼓励。总之,国家多一公正之律师,即异日多一习练之承审官也。"[67]

晚清司法改革引进律师制度,是维新派出现以来的先进中国人所追求的目标。严复曾以其切身观察,论证了辩护律师出庭参与审判的价值。他说:"夫泰西之所以能无刑讯而情得者,非徒司法折狱之有术,而无情者不得尽其辞也,有辩护律师,有公听之助理,抵瑕蹈隙,曲证旁搜,盖数听之余,其狱之情,靡不得者。"[68]

晚清时期,现代意义上的律师制度的雏形已基本形成,它是体现司法走向现代文明的重要表征。

---

[66] 《邮传部主事陈宗蕃陈司法独立之始亟宜豫防流弊以重宪政呈》,载故宫博物院明清档案部编:《清末筹备立宪档案史料》(下册),中华书局1979年版,第883页。

[67] 朱寿朋编:《光绪朝东华录》,中华书局1984年版,总第5506页。

[68] 法学教材编辑部《中国法律思想史》编写组编:《中国法律思想资料选编》,法律出版社1983年版,第859页。

综合上述,晚清在预备立宪以拯救国祚,改革司法以收回治外法权的驱动下,开始了司法制度的改革。这个改革不仅触及了司法体制,还极大地冲击了传统的诉讼审判制度与方式。为了推动改革和巩固改革的成果,先后制定了有关诉讼与法院编制的法律。从法律上明确行政与司法分立,建立了新的司法机关体系;采取了仿西方的诉讼与审判的原则和制度,废弃了沿行已久的司法与行政不分的体制和一系列封建性质的诉讼与审判的原则和制度。因此,这个改革是走向近代司法文明的改革,它在晚清变法、新政与立宪的过程中,取得了最为明显的成就。

晚清司法制度改革所体现的近代化是以社会的发展为基础的。很难设想在固守封建社会的条件下,会出现近代意义的司法改革。尽管晚清司法改革是缓慢的、不彻底的,但仍然是社会进步的反映与结果。

司法改革又是以政治改良为前提的。晚清实行的预备立宪,虽然是被迫的,却是由极端专制走向君主立宪的重要一步。正是在朝野上下呼之欲出的、仿行宪政的氛围中,才有可能出现司法制度的改革。这二者是互动的,但政治改良是前提,司法改革是政治改良的重要支撑。

除此之外,外国相关法律的引进和先进学说的导向作用,以及掌握新学说、锐意改革的人的主观能动性,都是晚清司法制度改革不可忽视的积极因素。

然而,晚清的司法改革更多的是呼应宪政和希望借此换取外国列强放弃治外法权,缺乏真正的自觉。加上顽固派的掣肘,物质条件的不配套,新式司法人才的严重不足,导致改革难以达到预期的目标。但是,它所取得的成就为继起的中华民国的司法制度的全面改革提供了重要的基础。

晚清的司法改革,虽然较之其他方面的改革成绩显著,但由于面对着极大的阻力,所以不得不走着艰难曲折的路。历史的借鉴往往是一种动力,它启发我们在新时代的背景下继续探索改革司法的尝试。

第十一章　民主共和的国家方案与法制文明的新纪元

进入20世纪以后,在中国近代史上起主要进步作用的,既不是改良维新的思潮,也不是预备立宪的政治活动,而是资产阶级革命派高举起的建立民国的旗帜,和他们所发动的以推翻清朝为目标的政治革命。1911年爆发的辛亥革命推翻了统治中国二百六十余年的清朝政府,建立了南京临时政府,并制定了具有资产阶级共和国宪法性质的《中华民国临时约法》,实现了酝酿已久的资产阶级共和国的方案,使民主共和的观念深入人心,起到了"敢有帝制之为者,天下共击之"的历史积极作用。南京临时政府存在的时间虽然短暂,但无论是立法还是建政都展现了近代法制文明的曙光。

一、资产阶级民主派法律思想的产生及其代表人物

(一)民主派法律思想的产生

早在19世纪末,民族资本主义工商业已有了一定的规模,至20世纪初期,得到进一步的发展。从1905年至1911年,新设厂矿共有三百二十家,资本总额达七千七百多万元,为前三十年的1.4倍。特别是1906年、1907年、1908年三年中,新创设的工矿企业有一百七十八家,投资额达五千三百万元。尽管这些民族资本企业的规模还不大,而且集中在一些城市当中,但是仍然具有重要的社会影响。与此相适应,民族资产阶级中下层的力量也有了迅速的成长,反映在政治上就是资产阶级民主派迅速地走上政治历史舞台。

1900年义和团运动被镇压以后,帝国主义列强迫使清政府签订了不平等的《辛丑条约》,此后,英、美、日等国又强迫清廷分别签订新的《通商行船条约》,进一步确认外国商品进口享有免征厘金的权利,并扩大其内河航行权。与此同时,帝国主义进一步争夺在中国的铁路修筑权和矿山开采权,并且广泛开设工厂,加紧资本输出,贪婪地掠夺中国丰富的资源,榨取中国廉价的劳动力,严重地摧残了中国的社会经济,使"其商凄凉,其农憔悴,其士苦,其工苦"。[1]

在帝国主义列强深入侵略下的中国,出现了"谓之不亡不可,谓之亡亦不可"的严峻局面。清朝为了苟延残喘,无耻地宣布"量中华之物力,结与国之欢心"的卖国政策。随着帝国主义与中华民族的矛盾、封建主义与人民大众的矛盾的日益激化,资产阶级民主革命已然呈燎原之势,革命的民主主义思潮也如洪波汹涌,猛烈荡涤着腐朽反动的污泥浊水。资产阶级民主共和的国家方案,如丽日经天,成为动员群众反对清朝专制统治的强大动力。

1894年,孙中山在美国檀香山组织了兴中会,这是近代中国第一个资产阶级革命团体。兴中会提出了"振兴中华"的口号,这不但在当时产生了振聋发聩的伟大号召力,而且至今仍然具有追求民族复兴的震撼力。1895年2月,孙中山在香港成立兴中会总部,以"创立合众政府"作为入会的誓词,并且着手组织武装起义。

1903年邹容发表《革命军》,以民主革命为号召,主张在推翻清朝之后,按照西方资产阶级宪法,建立一个自由、独立的中华共和国,他第一次提出了惊天动地的"中华共和国万岁"的响亮口号。

1904年,孙中山发表《敬告同乡书》,揭露了康有为、梁启超自称"名为保皇,实则革命"的欺骗性。指出他们"所言保皇为真保皇,所言革命为假革命",强调"革命、保皇二事,决分两途,如黑白之不能相混,如东西之不能易位"。

1905年,孙中山成立了中国革命同盟会,创办了《民报》,作为机关报。为了积极开展思想战线的斗争,他领导了同资产阶级改良派的论战。这场论战是从康有为抛出鼓吹保皇,反对革命的《辩革命书》揭开序幕的。面对保皇派的挑战,章太炎发表《驳康有为论革命书》,痛斥"革命必召内乱、亡国"的谬论,阐明了革命的必然性、可能性和必要性。在1905年至1907年,以《民报》为一方,与以梁启超为主笔的《新民丛报》为另一方,就十二个基本问题,展开了政治思想领域的一场大论战。论战的焦点是:要不要以暴力革命推翻清王朝?要不要建立资产阶级民主共和国?要不要改革封建土地制度?保皇派的谰言违背历史

---

[1]《国魂篇》,载《浙江潮》第1期。

的潮流,大失人心,因而遭到惨败,《新民丛报》于1907年7月宣布自行停刊。通过这次论战,资产阶级民主派全面阐述了关于革命和建立民主共和国的主张,大造了革命舆论,扫除了前进道路上的思想障碍,为迎接革命高潮的到来做了思想准备。

民主派揭露和批判了清朝专制主义法律的腐朽、暴虐,历数了它给人民群众带来的深重灾难,坚持以武力"驱逐鞑虏,恢复中华",提出民主共和国的方案,即实行三权分立,强调行政不得干涉司法,以确保司法独立。在行政、立法、司法三权以外,增加考试权和监察权,形成五权宪法的理论体系。五权宪法是这个时期最重要的、影响最大的、真正具有会通中西意义的法律思想。

资产阶级民主派的法律思想,不仅具有强烈的反封建性质,也带有一定程度的反对帝国主义侵略的色彩。它同维新派的法律思想,既有联系,又有区别,联系之处表现为具有共同的资产阶级法理学的基础。维新派中严复、梁启超等人所介绍的西方资产阶级政治、法律学说,对民主派也起了一定的启蒙作用。区别之处在于,民主派的法律思想,不仅较之维新派的法律思想内容丰富,更重要的是反对维新派依靠皇帝以君权变法,以君权立宪,建立君主立宪国家,而是主张用武力推翻清朝专制帝制,建立民主共和制的国家。

此外,民主派比起维新派,更热情地宣传天赋人权论和资产阶级的自由、平等、博爱。他们并不盲目地推崇西方,而是从本土法文化出发,形成了具有某种批判精神的理论体系。譬如,孙中山以三权分立为基础提出的五权宪法;章太炎质疑议会政治,提出的代议然否论。辛亥革命的胜利,使民主派的法律思想、学说得到了一次实践的机会。1912年,在民主派主持下的南京临时政府成立以后,立即着手立法建制,改革司法。虽然南京临时政府只存在了短暂的时间,却在政权与法制建设上留下了辉煌的业绩。

(二)民主派法律思想的代表人物

孙中山(1866~1925年),名文,字载之,号日新,后改号逸仙,由于他曾经化名为中山樵,又称孙中山。他出生于广东香山县(现称中山县)的农民家庭,是我国近代史上"适乎世界之潮流,合乎人群之需要"的资产阶级民主革命的领导者,是向西方寻找真理的先进思想家。由于广东是反抗英国侵略的鸦片战争的爆发地,又是太平天国农民起义的摇篮,因此,孙中山幼年便受到革命传统的影响,怀有救国救民的伟大抱负。他青年时期在香港、广州、澳门读书,接受了西方资本主义文化科学知识的教育。结束学生生活后,他一度以行医为业。面对清朝的腐败,民族的危机,民生的痛苦,他产生了"改良祖国"、"拯救同群"、扭转国家"积贫积弱"的思想,终于放弃医学,从事革命活动,立志以欧美资产阶级民主共和国为模式,把中国改造成富强的民主国家。从孙中山走向革命的历程看,也经历了曲折的道路。1894年,在高涨的改良思潮的影响下,他曾经上书李鸿章,提出社会政治改革的建议,但遭到拒绝。现实的教训使他"抚然长叹,知和平方法无可复施"。

1894年11月,孙中山于檀香山华侨中,建立了第一个以"振兴中华,挽救危局"为宗旨的资产阶级革命团体"兴中会"。在会员入会的秘密誓词中,提出了"驱逐鞑虏,恢复中华,创立合众政府"的纲领。1895年10月,他发动了广州起义,这次起义虽因事泄未遂,但却是孙中山以武装起义实现民主共和国理想的第一次尝试,标志着他的思想由某种程度的改良转趋于革命的新的飞跃。广州起义失败以后,孙中山出走海外,历经日、英、美等国,体察世界发展的潮流,寻求救国的革命理论,初步形成了三民主义的思想体系。

1905年,在孙中山的倡议下,成立了具有资产阶级政党性质的"中国革命同盟会",制定了"驱逐鞑虏,恢复中华,创立民国,平均地权"的纲领。同年11月,孙中山在同盟会机关报《民报》发刊词中,明确提出了以民族主义、民权主义、民生主义为组成部分的三民主义,这是近代中国资产阶级民主革命的指导思想和理论基础,同时,也是驳斥以康有为为代表的保皇派种种谬论的锐利武器。

同盟会成立以后,孙中山在广东、广西、云南等地,多次组织和领导武装起义,虽然都遭到失败,但他"愈挫愈奋,再接再厉"。直到1911年爆发辛亥革命,终于推翻了统治中国二百六十余年的清朝,结束了延续两千余年的封建帝制,建立了资产阶级专政的中华民国,孙中山就任临时大总统。

但是,辛亥革命虽然建立了民国,却并没有触动半殖民地半封建社会的经济、政治基础。以袁世凯为首的北洋军阀,在帝国主义列强的支持下,窃取了革命果实,篡夺了国家权力,使民国徒有虚名,依旧是军阀独裁政治。正如孙中山所指出的:"夫去一满洲之专制,转生出无数强盗之专制,其为毒之烈,较前尤甚,于是而民愈不聊生矣!"[2]此后,孙中山与北洋军阀进行了不屈不挠的斗争。1914年7月,孙中山去日本东京组织中华革命党,1919年11月,改组中华革命党为中国国民党。1924年1月召开了国民党第一次全国代表大会,改组国民党为新民主革命统一战线的联盟,并将旧三民主义改造为联俄、联共、扶助农工的三大政策的新三民主义。他在晚年,不顾国民党右派的阻挠破坏,决心同共产党人合作,为实现独立、自由、平等的新中国而奋斗,直到逝世。

---

〔2〕 孙中山:《建国方略之一》自序,载《孙中山选集》,人民出版社1981年版,第116页。

孙中山的一生是战斗的一生,革命的一生,他是中国近代民主革命的先行者和伟大的思想家。他追求真理,始终站在中国民主革命的前头,指导革命斗争。他为改造中国耗费了毕生的精力,对中国革命作出了伟大的贡献。

孙中山的法律思想虽然散见于演说、政论和经他批准的法令当中,但仍有着内在的联系性和典型性,是资产阶级民主主义与中国传统文化,以及近代中国实际相结合的产物,也是中国最具有代表性的资产阶级法律思想,在中国近代法律思想史上占据重要的位置。

孙中山的法律思想是在革命斗争中逐渐形成、发展起来的,因此具有明显的革命性与民主性。在孙中山领导下的南京临时政府,虽然只存在了短短的三个月,却颁布了许多具有民主主义性质的法律和法令,建立了前所未有的司法制度。尽管这些法律、法令还很不系统,特别是对于废除封建土地制度这个涉及革命成败的根本问题,还没有进行必要的立法,但总的来说,毕竟是以法律的形式宣布废除了在中国沿袭两千多年的封建帝制,确认了以主权在民为根本原则的三权分立的中华民国。同时,也借助法律所具有的特殊强制作用,与封建专制时代的某些弊症以及社会恶习进行了斗争。这些法律、法令具有毋庸置疑的历史进步意义,是中国近代法制史上极其珍贵的文献。辛亥革命以后,资产阶级民主共和的观念之所以深入人心,成为不可抗拒的历史潮流,是和当时的革命立法的影响分不开的。

孙中山作为一位资产阶级革命家、思想家,不能不受到历史条件和本身阶级地位的限制。他的法律思想虽然比较注重从中国实际出发,但基本上没有超出资产阶级法律观的框架,而且过分迷信法律的效力,忽视政权是法律实施的保障。直到晚年历经沧桑之后,他才在法律和政治,法律和阶级力量对比关系,法律和民众的关系等一系列基本问题上,实现了认识上的飞跃。由此也可以证明,他的一生始终是站在时代前面指导运动的,是"充满着崇高精神和英雄气概的、革命的民主主义者"。[3]

章太炎(1869~1936年),原名学乘,后易名为炳麟,字枚叔,别号太炎,浙江余杭人,出身于世代书香门第。青年时期曾就学于经学大师俞樾,对音韵、训诂、典章制度之学有很深的造诣。1894年中日战争以后,民族危机的加深,对他的思想产生了强烈的影响,使他满怀救国图存之志走出书斋,投身于政治活动,并且突破了封建传统教育的拘囿,发愤向西方学习。他曾经赞助康有为、梁启

---

[3] [苏联]列宁:《中国的民主主义和民粹主义》,载《列宁选集》(第2卷),人民出版社1995年版,第292页。

超等人推行的改良主义运动,跻身于康有为主持的强学会,并在上海参加编辑当时很有影响的《时务报》。戊戌变法失败以后,他迫于清政府通缉,逃亡日本,在横滨结识了孙中山,开始接受资产阶级革命民主主义思想。19世纪末20世纪初,正是中国风云突变的大动荡时代,阶级矛盾、民族矛盾错综复杂,异常尖锐。1900年义和团运动遭到中外反动势力联合镇压的事实,使章太炎看清了清廷作为帝国主义走卒和帮凶的真面目,认识到不推翻清朝的统治,"欲士之爱国,民之敌忾,不可得也",[4]从而与改良主义决裂,转向资产阶级民主革命。1900年,他在上海张园,批评改良派唐才常欲趁慈禧逃窜西安之机,以勤王为名,要挟清廷作某些改革,是"不伦不类"。当场"断发易服",以示反满革命的决心。1902年,他因受唐才常株连,再次流亡日本,进一步受到孙中山的思想影响。1903年归国后,因替邹容所著《革命军》作序,公开宣传革命,以及在上海《苏报》上发表《驳康有为论革命书》的文章,被横加以"亵渎皇帝,倡言革命"罪,与邹容同时入狱。他在监三年,斗志不屈,仍与外界的反满斗争保持不断的联系。1904年他与蔡元培、陶成章等人筹划组织革命团体光复会。1906年6月获释后,他东渡日本,加入孙中山领导的同盟会,主编同盟会机关报《民报》。在这期间,他以敏锐的思想、犀利的笔锋,痛斥保皇派的种种谬论,积极鼓吹革命,这是章太炎一生中最光辉的岁月。

从戊戌变法到辛亥革命前夜,章太炎"七被追捕,三入牢狱,而革命之志,终不屈挠"。[5]他那饱含战斗气息的文章,"所向披靡,令人神旺",[6]促进了资产阶级民主革命思潮的发展,扫荡了保皇派散布的君主立宪的阴霾,为辛亥革命做了重要的舆论准备。

作为民族民主革命的思想家的章太炎,他的民族思想中主要是排满,即推翻满洲贵族控制下的清朝专制政权,同时,也含有反对帝国主义,务使中华民族从帝国主义压迫下解放出来的内容。他痛感"西人之祸吾族,其烈千万倍于满洲",并以犀利之笔揭露了帝国主义的侵略本性:"至于帝国主义,则寝食不忘者,常在劫杀,虽磨牙吮血,赤地千里,而以为义所当然……综观今世所谓文明之国,其屠戮异洲异色种人,盖有甚于桀纣。"[7]因此,他强烈抗议帝国主义侵犯中国的主权,主张收回被帝国主义霸占的中华神圣领土,使十八行省不得为帝国主义的势力范围。他曾经被清政府投入帝国主义设在上海的"西狱",亲眼

---

[4] 章太炎:《客帝匡谬》,载《章太炎选集》,上海人民出版社1981年版,第119页。
[5] 鲁迅:《关于章太炎先生二三事》,载《且介亭杂文末编》,人民文学出版社2006年版,第58页。
[6] 鲁迅:《关于章太炎先生二三事》,载《且介亭杂文末编》,人民文学出版社2006年版,第57页。
[7] 章炳麟:《五无论》,载《章太炎全集》(第4卷),上海人民出版社1985年版,第438页。

看到了以文明标榜的帝国主义监狱的黑暗和狱卒的残暴,不禁"咋舌眦裂"。[8]因此,他满怀悲愤地揭露了外国侵略者通过不平等条约,强迫中国接受的领事裁判权,迫害中国人民的罪行。同时,他也痛诋清政府实行的半殖民地的司法制度,他说:"民刑事自有主管衙门,予罪乃烦外部制定;予为中国人,各公使为外国人,定予罪乃烦各公使会议,奇奇。"不仅如此,他还无情地抨击了清政府在涉外案件中曲意媚外的立场,指出:"……通商之岸,戎夏相捽一有贼杀,则华人必论死,而欧美多生,制律者欲屈法以就之,以为罪从不服,则吾民可以无死,呜呼,以一隅之事变革域中,吾未见其便也。"[9]

辛亥革命以后,以反满为职志的章太炎,错误地认为清朝专制帝制已被推翻,资产阶级民主革命已经成功,主张解散同盟会,另立政党。他公开反对孙中山和孙中山领导下的南京临时政府,甚至反对资本主义的物质文明,歌颂和赞美封建制度。所有这些,不仅表现了阶级的拘囿,也有世界观上的原因。章太炎在革命时期,曾经反对过君权神授之类的天命论,强调了人的作用,所谓"拨乱反正,不在天命之有无,而在人力之难易"[10]并把反对神权和反对专制制度联系起来,他指出:"唯物之说,狱近乎等,唯神之说,崇奉一尊,则与平等远也,欲使众生平等,不得不先破神权。"但他的整个思想体系是唯心主义范畴的,特别是随着政治上的保守倒退,更加陷入主观唯心主义的泥淖,以致虚构了一个无政府、无聚落、无人类、无众生、无世界的五无境界。正如鲁迅所说,"既离人民,渐入颓唐","用自己所手造的和别人所帮造的墙,和时代隔绝了","身衣学术的华衮,粹然成为儒宗"。[11]

历史唯心主义的世界观和形而上学的方法论,使他不能以科学的态度批判地总结中国古代法律的历史传统和西方资产阶级法制建设的现实经验,或者全面否定,或者无保留地肯定。这种矛盾性恰恰反映了一个出身于封建士大夫的、资产阶级革命者的特定人物在特定时代的思想状态。但是,章太炎毕竟是中国近代史上爱国反帝的思想家,他虽然发表过反共言论,但与唯利是图的反动政客不同。1931年"九一八"事变后,章太炎虽届晚年,仍主张抵抗日本帝国主义的侵略,反对卖国。1936年临终之前,面对日益深重的民族危机,他表示赞成中国共产党提出的"八一宣言"和团结抗日的主张,说明他的爱国反帝之心至

---

[8]《狱中与威丹唱和》,载《章太炎政论选集》。
[9]《定律》,载《訄书三十八》。
[10] 章炳麟:《驳康有为论革命书》,载《中国近代史资料选辑》,三联书店1954年版,第599页。
[11] 鲁迅:《关于章太炎先生二三事》,载《且介亭杂文末编》,人民文学出版社2006年版,第56~58页。

死不渝。

章太炎一生在政治、经济、史学、文学各方面的著作甚多。已出版的有《章氏丛书》《章氏丛书续编》《章氏丛书三编》《太炎最近文录》等。其中《国家论》《原法》《五朝法律索引》《代议然否论》比较集中地反映了他的法律思想。

与章太炎在辛亥革命以后政治态度的消沉、蜕变不同,伍廷芳由改良转向革命以后,一直坚定地拥护民主共和,直至溘然长逝。

辛亥革命发生以后,面对来自各方面的对于共和制度的怀疑与攻击,以及对革命后人民权利与自由的无限扩大的曲解,他撰文或作解释或予驳正。他在其撰写的《中华民国图治刍议》一文中,完成了历史赋予他的这个使命。他认为共和政治,"乃专指全国政体"而言,其实质"是国民代表执行政事"。针对某些人引用中国古代周召共和之制,将民国歪曲为仍"属于君主政体",他严正指出,"今日称共和者,乃以别于专制及君主立宪之谓也",绝不能"附会牵合"。在这个"由国民代表取决"并"肩其责任"的共和政体下,国民应该享有平等权与自由权。南京临时政府成立以后,尽管新建立的民国还远不成熟,但已确较清朝不可同日而语。他严正驳斥了帝国主义者对民国的讥评,指出:"夫以美法经营百年多,完善共和之国,望我责我,岂能一蹴而几哉。"[12] 何况中国是一个"数千年最大最古之国,一旦鼎新革故,自较欧美为难"。[13] 他还针对清朝的遗老遗少发出的"亡清易国"的哀思与对民族主义的歪曲,专门写了《论前清官吏当知民国非易国》一文,指出:"民国者,吾五族同胞之民国,非一人一族可得而私有之,谊本一家,亲同手足,知乎此,则国界族界之臆说,全行打破,无复疑之可言。"伍廷芳的这一段论述是颇为精彩的,可以说是孙中山民族民权论的一个具体补充。

为了加强民国的建设,他提出了宪纲大旨七条。其中以维护国民的人身权利为基点。例如:无故不得擅入住宅搜查与封禁"房屋铺户";无"合格衙门"发出的拘人票,不准任意捕人;拘捕之人,必须于二十四小时内提交法庭提审;一人犯罪不得牵连家属。以上各条如有违反,受害人可以起诉,要求赔偿。他认为这七条是"中国立宪基础",如能切实奉行,可使国民安居乐业。[14]

伍廷芳还站在民主主义的立场上,批驳了"民国即立,国民无分上下,皆当视为平等,所享权利,均应一律"的论调。他指出,所谓平等权与自由权,"殆指

---

[12] 伍廷芳:《中华民国图治刍议》,商务印书馆 1915 年版。
[13] 伍廷芳:《中华民国图治刍议》,商务印书馆 1915 年版。
[14] 参见伍廷芳:《中华民国图治刍议》,商务印书馆 1915 年版。

律例上而言……以律例眼中所视全国之人,无分上下高低,尽属平等。国家法律,上下人须一律恪遵。位极长官,亦难枉法。犯法者,无论上下,一同治罪,此之谓平等也"。[15] 对于自由,伍廷芳也认为应以法律所赋予者为限,他说:"何谓自由,凡人于法律界内,不出范围,可以自由行事,无人可为拘制,如有稍涉拘制,而不依法律者,即可执拘制之人,起诉于法官,或官或民,犯者一律惩治……此之所谓自由也。"他强调守法是自由的前提,"人能守法,斯能自由",并以此嘱望国民"切勿误会也"。[16]

伍廷芳关于维护法律范围以内的平等权与自由权的主张,是维护资产阶级民主与法制原则的具体表现。他把这称为"真理",虽然这个真理,钤有资产阶级权利的印章,但在军阀武力干政的历史条件下,要求实行法律范围内的平等权与自由权,其针对性是十分明显的,意在约束军阀官僚法律以外的自由,借以维护人民的法定权利,保卫共和国的存在,因而具有积极的意义。

被章太炎称为小弟的邹容,是辛亥革命前为民主共和而牺牲的年轻的思想家。邹容(1885～1905年),原名桂文,字蔚丹,又作威丹,四川巴县人。他是资产阶级民主派中最具有活力的青年思想家、革命家。戊戌维新运动期间,他受严复所译《天演论》以及宣扬新学的《时务报》的影响,开始接触西方资产阶级的政治法律思想。他曾经就读于吕冀文主办的重庆经学书院,后因"指天画地,非尧舜,薄周孔,无所避",而被开除。1902年春,他自费留学日本,进一步接触西方资产阶级的法律文化,热心研读卢梭的《民约论》、孟德斯鸠的《法意》以及《法国革命史》《美国独立宣言》等著作,并积极参加留日学生运动。1903年3月31日,邹容邀集同学,痛打破坏留学生运动的、清政府留日陆军学生监督姚文甫,剪其发辫以示惩戒。同年4月,邹容返回上海,随即参加上海爱国人士在张园召开的拒俄大会,他登台演说,慷慨陈词。5月,保皇派妄图将拒俄运动引入他们策划的君主立宪的轨道,对此,邹容不仅自己拒不参加保皇派组织的国民议政会,还劝说受骗的爱国学社学生退出议政会。不久,他创立了中国学生同盟会,以团结全国学生为宗旨,得到了广泛的支持。他撰写的《革命军》,以洋溢的爱国热情,辛辣而又流畅的文字,猛烈抨击清朝的卖国罪行和对人民的残酷迫害。他指出,革命是"天演之公例""世界之公理",是"顺乎天,而应乎人"的伟大行动,是"国民之天职"。他号召用革命的行动推翻清朝的统治,"扫除数千年种种之专制政体","以恢复我声明文物之祖国,以收回我天赋之权利,以挽

---

[15] 伍廷芳:《中华民国图治刍议》,商务印书馆1915年版,第57页。
[16] 伍廷芳:《中华民国图治刍议》,商务印书馆1915年版,第57页。

回我有生以来之自由,以购取人人平等之幸福"。他把理想中的国家定名为"中华共和国",这个共和国是"自由独立之国"。他在《革命军》一书的篇末,大书"中华共和国万岁""中华共和国四万万同胞的自由万岁"[17]。这是惊天动地的一吼,显示了他的伟大无畏、气吞山河的革命胆略与气魄,其影响极为深远。

《革命军》一书由章太炎作序,并在《苏报》上撰文介绍。章太炎称赞《革命军》是"今日国民教育之第一教科书","笔极犀利,文极沉痛,读之无不拔剑起舞,发冲眉竖"。《革命军》所造成的社会影响使清朝惊恐不安。1903年6月30日,清朝勾结上海公共租界工部局逮捕章太炎等五人,邹容得知章太炎被捕后,于7月1日自动到巡捕房投案。清朝的官吏竟然在中国本土的外国租界法庭上充当原告,无理地判处章太炎监禁三年,邹容监禁二年。1905年,年仅二十岁的邹容被折磨死于监狱中。1912年2月,南京临时政府成立,追认邹容为大将军。

二、共和国方案的提出与基本内容

(一) 以民族革命推翻清朝政府

资产阶级民主派为了进行推翻清朝的政治革命,全面揭露了清朝的腐朽统治。孙中山说:"前清沿数千年专制之秕政,变本加厉,抑又甚焉。"[18] "政治不修,纲维败坏,朝廷则鬻爵卖官,公然贿赂,官府则剥民刮地,暴过虎狼,盗贼横行,饥馑交集,哀鸿遍野,民不聊生。"[19] 一小撮统治者为了私利,"盗窃仁义、锢蔽天下,使无异志。帝制之计既周且备,将借奸术,长保不义"[20]。1900年义和团运动被镇压以后,清朝又"借立宪之名,行敛财之实,杂捐苛细,民不聊生"[21]。

孙中山特别指出清朝法律对于人民的束缚以及司法镇压的残酷。他说:"对于人民的行动,于皇位有危险的,便用很大的力量去惩治。故中国一个人造反,便连到诛九族,用这种严重的刑罚去禁止人民造反,其中用意,就是专制皇帝要永远保守皇位。"[22] 随着清朝统治的危机,"法令益严,罪罟益密。嗟我汉

---

[17] 石峻等编:《中国近代思想史参考资料简编》,三联书店1957年版,第661页。
[18] 《南京临时政府公报》第41号。
[19] 胡汉民编:《总理全集》(下编第二集),民智书局1930年版,第1页。
[20] 《南京临时政府公报》第17号。
[21] 《南京临时政府公报》第1号。
[22] 《民权主义第二讲》,载《孙中山选集》,人民出版社1981年版,第715页。

人,有重足倾耳箝口结舌以葆性命不给"。[23] 除律例外,皇帝还随时颁发诏谕,作为补充形式。甚至地方长官的命令也都起着法律的作用,所谓"官场一语等于法律"。[24] 由于"国家之法律,非平民所能与闻",[25] 所以百姓"对于现行之法律典章,惟有兢兢遵守而已"。在严密的法网束缚下,整个社会"无一非被困于黑暗之中"。

至于司法镇压的野蛮,尤为历代所少有。"其身为民牧者,操有审判之全权,人民身受冤抑,无所吁诉。"司法官吏"上下相蒙相结,有利则各饱其私囊,有害则各委其责任,婪索之风已成习惯,官以财得,政以贿成"。[26] 在法庭上,司法官"不依照适当的法律程序,而剥夺我们(被告)的各种权利"。[27] 特别是"在审讯被指控为犯罪之人时,使用最野蛮的酷刑拷打,逼取口供"。[28] 他谴责刑讯是清朝种种虐政中,最使人深恶痛绝之一端。

孙中山还揭露了清朝借助法律的强制,来"涂饰人民之耳目,锢蔽人民之聪明",在思想文化领域实行专制主义统治。他说:"无论为朝廷之事,为国民之事,甚至为地方之事,百姓均无发言或与闻之权。"[29] "凡政治之书,多不得流览;报纸之行,尤悬为厉禁。是以除本国外,世界之大事若何,人民若何,均非其所知……谈兵之书,不特为禁品之一,有研究者甚或不免于一死……士人当束发受书之后,所诵习者不外于四书五经及其笺注之文字……以养成其盲从之性。学者如此,平民可知。"[30] 孙中山对于文化专制深恶痛绝,不仅猛烈抨击清朝禁锢人们思想与文化的法律,也不允许此种现象出现在辛亥革命以后的政权建设中,他批评南京临时政府内务部颁布的《暂行报律》的理由之一,就是唯恐使人怀疑"满清钳制舆论之恶政,复见于今"。[31]

孙中山对清朝专制主义统治的深刻揭露和尖锐批判并没有停留在语言文字上,他更注重于行动的批判与武器的批判。他旗帜鲜明地宣布:"欲救国救人,非锄去此恶劣政府不可。"即通过"驱逐鞑虏"的民族革命和政治革命手段,推翻清朝。

邹容在《革命军》这一具有历史意义的讨清檄文中,从扫除数千年的专制政

---

[23] 《南京临时政府公报》第17号。
[24] 孙中山:《伦敦被难记》,载《孙中山选集》,人民出版社1981年版,第18页。
[25] 孙中山:《伦敦被难记》,载《孙中山选集》,人民出版社1981年版,第18页。
[26] 孙中山:《伦敦被难记》,载《孙中山选集》,人民出版社1981年版,第18页。
[27] 孙中山:《中国问题的真解决》,载《孙中山选集》,人民出版社1981年版,第65页。
[28] 孙中山:《中国问题的真解决》,载《孙中山选集》,人民出版社1981年版,第65页。
[29] 孙中山:《伦敦被难记》,载《孙中山选集》,人民出版社1981年版,第18页。
[30] 孙中山:《伦敦被难记》,载《孙中山选集》,人民出版社1981年版,第18~19页。
[31] 《南京临时政府公报》第30号。

体出发,揭露了每年死于清朝"滥酷刑法之下者,不知凡几"。他以悲愤的笔触写道:"不知今无灭族,何以移亲及疏?今无肉刑,何以毙人杖下?今无拷讯,何以苦打成招?今无滥苛,何以百毒备至?至若监牢之刻,狱吏之惨,犹非笔墨所能形容,即比以九幽十八狱,恐亦有过之无不及。"他还揭露了"开创于顺治","滥觞于乾隆"时期的文字狱,使"抗议发愤之徒绝迹,慷慨悲咤之声不闻,名为士人,实则死人之不若"。他赞美法国卢梭、孟德斯鸠等人的著作"为起死回生之灵药,返魄还魂之宝方"。他号召同胞进行革命,"使中国大陆成干净土,黄帝子孙皆华盛顿"。

(二)民主共和国方案的提出

孙中山作为伟大的民主主义革命家,一直把民族革命与推倒清朝的政治革命紧密联系在一起。他自称,"予自乙酉中法战败之年",便已立下了"倾覆清廷、创建民国之志"。[32]

1894年,孙中山创立兴中会,以"创立合众政府"为会员的入会誓词。他理想中的"合众政府"是以美国政府为原型的。1903年,孙中山在对檀香山华侨的讲话中说:"效法美国选举总统,废除专制,实行共和。"[33]凡此都可以说明孙中山提出的"创立合众政府"是指美国式的民主共和政体。从而树立了民主派的革命目标,彻底划清了与改良维新、保皇派的政治界限。

1904年,孙中山在美洲手订的"致公堂"章程中,提出"驱逐鞑虏,恢复中华,创立民国,平均地权"的宗旨。创立民国与创立合众政府,不仅有着内在的联系,而且是它的发展,使得建立共和国的宗旨更为明确。

1905年,同盟会成立以后,在同盟会宣言中,对于"创立民国"的政纲作了如下的解释:"今者由平民革命以建国民政府,凡为国民皆平等以有参政权。大总统由国民共举,议会以国民公举之议员构成之。制定中华民国宪法,人人共守,敢有帝制自为者,天下共击之。"[34]

1905年,孙中山在《民报》发刊词中,提出了"民族""民权""民生"的三民主义,构成了孙中山完整的思想体系。其中民权主义是孙中山共和国思想的集中体现,他表示:"顺乎世界的潮流,非用民权不可。"为民权而斗争的目标,就是仿欧美建立一个以自由、平等、博爱为其一贯精神的共和政体。孙中山

---

[32] 孙中山:《建国方略第八章》,载《孙中山选集》,人民出版社1981年版,第192页。

[33] 孙中山:《在檀香山正埠荷梯厘街戏院的演说》,载《孙中山全集》(第1卷),中华书局1981年版,第226页。

[34] 孙中山:《中国同盟会革命方略》,载《孙中山全集》(第1卷),中华书局1981年版,第297页。

坚持推翻清朝之后，代之以共和政府，因此，他强调"就算汉人为君主，也不能不革命"。[35] 从而突破了单纯"反满"的目标，赋予民族革命以深刻的政治内容。

孙中山关于资产阶级民主共和国的思想，是鸦片战争以来，中国先进思想家向西方寻求真理的重要结晶，它不仅粉碎了保皇派关于君主立宪、开明专制等反历史潮流的说教，还阐明了在推翻清朝之后，不是汉族帝国的重建，而是代之以民主共和的国家。这是带有划世纪意义的伟大思想，它指导了辛亥革命的发动和南京临时政府的建设。

需要指出的是，孙中山的三民主义思想是一个动态的体系，随着形势的发展和孙中山认识的深化，而不断丰富其内容。旧三民主义主要以西方天赋人权的自然法理论为依据，以法国和美国的民主制度为样板，[36] 带有较为浓重的理想主义色彩。在经历了军阀政府以专制约法取代《中华民国临时约法》，并将民选的国会变为军阀的御用工具等事变以后，特别是中国工农运动的发展和俄国十月革命的胜利，孙中山的思想发生了重大转变。1924年1月，在《国民党第一次全国代表大会宣言》中，他提出了"联俄、联共、扶助农工三大政策"，开始把俄国贫民革命的理论与中国的实践经验结合起来，重新阐发了三民主义的民权观，成为由旧三民主义到新三民主义的转折点。

年轻的思想家、革命家邹容在《革命军》中提出的中华共和国，实际是民主共和国的同义语，中华共和国"为自由独立之国"，所有制定宪法与自治法律，以及设官分职，均参照美国办理。至于中华共和国内的国民，无论男女一律平等，无上下贵贱之分，既享有天赋的自由与权利，也承担对国家的法定义务。对于个人权利，中华共和国政府必须保护，如有"干犯人民权利之事，人民即可革命，推倒旧日之政府……整顿权利，更立新政府"。"所有宣战议和、订盟通商，及独立国一切应为之事，俱有十分权利与各大国平等。"可见，孙中山与邹容关于共和国的认识及来源，具有共同性。

首先，在本源上澄清了民权不是天赋的，而是革命争取的结果。孙中山早年的民权观建立在西方天赋人权学说的基础上，把争民权落实到争个人的平等、自由以及各项基本权利上。然而实践证明，西方的民权理论与制度在中国的实施遭遇极大的阻力，需要不断地斗争。例如，1912年3月南京临时政府所

---

[35] 孙中山：《在东京〈民报〉创刊周年庆祝大会的演说》，载《孙中山选集》，人民出版社1981年版，第82页。

[36] 孙中山的民族、民权、民生与法国大革命以来平等、自由、博爱的人权学说以及美国林肯政府民有、民治、民享的民主原则是对应的。

颁行的《中华民国临时约法》就是仿自法国人权理论和责任内阁制,孙中山和其他民主派人士曾经期望这部宪法性文件能够成为民权的宣言书和保障书,能够约束北洋军阀的专制恣肆。然而,《中华民国临时约法》不仅没有阻止袁世凯复辟帝制,也没能约束皖系、直系、奉系各派军阀践踏民权。孙中山终于认识到:"民权不是天生出来的,是时势和潮流造就出来的。故推到进化的历史上,并没有卢梭所说的那种民权事实。""历史上的事实是,不自由和不平等是人为造成的,那么自由和平等的实现,也只能是人为的。"[37]

其次,阐明了民权的内涵以及权利本位、自由与秩序的关系。在新三民主义思想体系中,民权的内涵主要是指"全民政治"。孙中山说,"今以人民管理政事,便叫做民权",实现民权"是要把政权放在人民掌握之中"。[38] 在这里他特别强调了人民掌握政权的重要意义,这既是民主政治的基础,也是个人权利的前提。全民政治意义上的民权,其内涵还体现在民权基本问题——权利本位上,以及自由与秩序的关系之中。孙中山认为,西方的人权理论是以个人权利本位为核心,以崇尚自由为特征的。他说:"外国是以个人为单位,他们的法律对于父子、兄弟、姐妹、夫妇个人的权利,都是单独保护的。打起官司来,不问家族的情形是怎么样,只问个人的是非怎么样。"[39]他说西方这种个人权利本位是不适合中国的,因为"若是用个人作单位,在一国之中,至少有几千万个单位,像中国便有四万万个单位;要想把这样多的单位联络起来,自然是很难的"。中国传统文化的价值原则是团体本位,"中国人最崇拜的是家族主义和宗族主义"。[40] 中国传统的团体本位权利观虽然符合革命的需要,但一定要加以创造性地转化。

在自由与秩序的问题上,孙中山在《三民主义·民权主义》中说:"政治里面有两个潮流,一个是自由的潮流,一个是秩序的潮流。政治中有这两个力量,正如物理之有离心力与归心力。如离心力大,则物质必飞散无归;如归心力大,则物质必愈缩愈小。两力平均,方能适当,此犹自由太过,是成为无政府;秩序太过,则成为专制。"[41]

以上可见,孙中山的新民权观更加注重中国革命的实际需要和国情特点,他把民权与国家独立和全民民主政治紧密结合在一起,这是具有重要理论意义

---

[37]《孙中山全集》(第9卷),中华书局1986年版,第264页。
[38]《孙中山选集》,人民出版社1981年版,第693、769页。
[39]《孙中山全集》(第9卷),中华书局1986年版,第238页。
[40]《孙中山全集》(第9卷),中华书局1986年版,第185、238页。
[41]《孙中山全集》(第5卷),中华书局1985年版,第491页。

和实践意义的。至于如何将中国传统的团体权利本位创造性地转化为个人权利本位,孙中山虽然提出,然则语焉不详。

与此同时,章太炎也设计了他理想中的共和国方案。在章太炎设计的国家方案中,反对以国家为主体、人民为客体的理论。他指出:"近世国家学者则云:国家为主体,人民为客体……或曰:国家自有制度法律,人民虽时时代谢,制度法律则不随之以代谢,即此是实,故名主体。此亦不然。制度法律自有变更,非必遵循旧则。纵令无变,亦前人所贻之……其功能仍出于人,云何得言离人以外,别有主体然。"他指责持此种理论者,"真与崇信上帝同其昏悖"。[42] 章太炎对国家主体说的批判体现了资产阶级"主权在民"的思想。不仅如此,他还有力地批驳了保皇派关于"君权变法""开明专制"等谬论,指出"夫如是,则固君权专制也,非立宪也……立宪可请,则革命亦可请乎,以一人之诏旨立宪,其所宪非大地万国所谓宪也"。[43] 他贬斥保皇派尊为"圣上"的光绪皇帝,不过是"未辨菽麦""孱弱少用""仁柔寡断"的小丑,"夫一身之不能保,而欲其与天下共忧;督抚之不能制,而欲其使百姓守法,庸有几乎"。[44] 在当时专制制度仍存的历史条件下,章太炎公开置皇帝于不屑一顾的小丑地位,的确显示了一个革命者的胆略,引起了强烈的社会反响。

章太炎虽然主张建立共和政府,但对资产阶级议会制度并不盲目崇拜,因而与 19 世纪 60 年代以来的改良派、维新派不同。这和他曾去日本实地考察不无关系,特别是欧美以及日本等帝国主义列强对亚洲民族的侵略和掠夺,使他产生了资产阶级议会政治也是"乱政"与"腐败"的新认识,并于 1908 年 10 月写成《代议然否论》一文,对议会制进行了尖锐的批评。他说:在"趣于拜金"的资产阶级国家里,议会并不是"国民意志的代表",而是富人利益的代表,"凡为代议士者,营求入选,所费金无虑巨万,斯与行贿得官何异?"议员们"依附政党,与官吏相朋比,扶持门户之见,则所计不在民生利病,惟便于私党之为。故议院者,国家所以诱惑愚民而钳制其口者也"。[45] 他还尖锐地抨击说:"官吏受贿,议院得弹劾而去之,议院受贿,谁弹劾而去之? 一议士受贿,他议士得弹劾而去之,尽议院皆受贿,谁弹劾而去之。"[46] 为了说明这一点,他举出以民主立宪著称于世的美法两国为例,他说"今法之政治以贿赂成,而美人亦多以苟且致显

---

[42] 章太炎:《国家论》,载《章氏丛书·别录卷三》。
[43] 章太炎:《驳康有为论革命书》,载《章氏丛书·文录二》。
[44] 章太炎:《驳康有为论革命书》,载《章氏丛书·文录二》。
[45] 章太炎:《官制索隐》,载《章氏丛书·文录一》。
[46] 章太炎:《五无论》,载《章氏丛书·别录卷三》。

贵",[47]其所以如此,就在于"有议院,而无平民鞭笞于后,得实行其解散废黜之权,则设议院者,不过分官吏之赃以与豪民而已"。[48] 结果"民权不藉代议以伸,而反因之扫地"。[49]

对于议会制度能否实行于中国,章太炎也持否定的意见,理由是:其一,中国地广人众,与欧美不同,多选议员,则集会不便,少选议员,则势必为富豪把持,"名曰议院,实为奸府","徒为力者缚其羽翼"。中国"尚不欲有一政皇,况欲有数十百议皇耶"。其二,中国如实行议会制度,在地方管理上势必分州,从而破坏了多民族国家的统一,"南北美战争将亟见于汉土"。其三,议会享有立法权,则"凡法自上定者,偏于拥护政府;凡法自下定者,偏于拥护富民……求垄断者唯恐不足,况肯以土田平均相配?"他批评自己曾经一度服膺美国民主共和制,是"徒见肤表"。

章太炎在抨击资产阶级议会制度的论著中,表达了无论农民、工人都应在政治上、经济上有地位、有权利,享有直接民权,而无须"横置议士于其间"的构想。尤其可贵的是,他在辛亥革命发生之前,已经敏锐地觉察到资产阶级议院的实质和"自由、平等、博爱"口号的虚伪性,提出了选择政体要考虑到社会历史、文化传统、人口和地理环境等社会因素,不能机械照搬。但是,他把资产阶级议会制度的"蠹民"说成"尤剧于专制",显然是偏激与荒谬的。

在国家体制上,章太炎主张实行总统制的共和国,即不设议会为最高权力机关,而以民选的总统为国家元首,执掌行政、军事、外交大权。总统不得以非法手段谋取职位;总统对任职多年和有功的官吏可以依法提拔,但不得以个人好恶任意更换有专门技能和无罪的官吏;总统权力的行使,与有关国务长官共同负责,不能卸过,如有失职、受贿,一体治罪。在这个总统制的共和国内,人民不仅享有集会、言论、出版的自由,而且实行直接民权。譬如增税,地方官须先征询其民,民可则行之,否则止之。遇有外交宣战等急务,人民可以派人与政府共同议定。

从章太炎的国家方案中,可以看出他力图避开资产阶级民主制的缺失,表现了敢于改革的精神。但是,章太炎思想中的另一面,即封建复古主义的部分,也对他产生了严重的羁绊,以致他开历史的倒车,提倡复古。

---

[47] 章太炎:《官制索隐》,载《章氏丛书·文录一》。
[48] 章太炎:《五无论》,载《章氏丛书·别录卷三》。
[49] 章太炎:《代议然否论》,载《章氏丛书·别录卷一》。

（三）以法治国、司法独立

早在 1878 年 5 月，孙中山随其兄孙眉抵达檀香山时，便因"地方秩序良好，物产丰富，商业发达，人民安居乐业"，与清朝统治下的中国迥然不同，而留下了深刻的印象。稍后，他发现其所以如此，"实由政府有法律，民众得保障所致"，[50] 体现了孙中山对法治和民权的响慕。1897 年，孙中山在英国为寻求救国救民的真理，阅读了大量书籍，其中法律是他所关注的重要内容之一。据康德黎记述，孙中山经常"阅读有关政治、外交、法律、军事海军的书籍……占据了他的注意，而且细心和耐心地研究"。[51] 这对孙中山理论体系的形成有着重要的意义。经过艰苦的探索，特别是实际斗争经验的积累，他逐渐形成了"国家除了官吏之外，次重要的是法律"[52] 的观念，认识到法律对于实现国家统治所起的重要作用。

章太炎则引古喻今，从多角度、多侧面论证了实行以法治国的法治原则的价值，并且阐述了相应的措施保证。他援引法家旧说，认为"法者所以兴功惧暴，律者所以定分止争，令者所以令人知事"，它们之间虽各有不同的调整范围，但又互相为用，承担共同的任务，所谓"论功计劳未尝失法律"。[53] 他强调"以法律为治"管理国家，国势必张。

在民主派提出的民主共和国的方案中，实行三权分立是一项重要内容，如果说民主派中对于议院尚有"然否"的分歧，那么对于三权分立下的司法独立，认识上是一致的。孙中山不仅是三权分立的言者，也是行者。辛亥革命发动以后，在他主持下制定的《中华民国临时约法》明确规定"法官独立审判，不受上级官厅之干涉"，"法官在任中不得减俸或转职，非依法律受刑罚宣告，或应免职之惩戒处分，不得解职"。为了保证法官谙习法理，胜任称职，他还明令"所有司法人员，必须应法官考试，合格人员，方能任用"。[54]

章太炎对于三权分立的主张则是始终坚持并对其寄予极大的希望和信心的。为了辩护司法独立的重要性，他不适当地引古喻今，认为明代设布政使主管"理财、掌民、课吏"；设按察使"掌刑名廉劾之事"，就是"司法行政异官之隧也"，并把它夸张为华夏两千年来的"五善政之一"。

---

[50] 《中国百科全书》（法学卷），中国大百科全书出版社 1984 年版，第 570 页。
[51] 《孙逸仙与新中国》。
[52] 孙中山：《三民主义之具体办法》，载《孙中山全集》（第 3 卷），中华书局 1984 年版，第 41 页。
[53] 章太炎：《原法》，载《章氏丛书·检论》卷三。
[54] 《南京临时政府公报》第 48 号。

(四)建国三时期与五权宪法

孙中山鉴于中国专制势力的强大、西方列强的干预以及人民教育程度的低下,因而认为中国的国民革命与政治民主化进程需要循序渐进,不可能在短时期内建成民主国家。早在1906年拟订《中国同盟会革命方略》时,孙中山便提出革命的次序当分为军法之治、约法之治、宪法之治三个阶段。至1919年以后,他又系统阐述了循序渐进的革命建国方略:"予之于革命建设也,本世界进化之潮流,循各国已行之先例,鉴于利弊得失,思之稔熟,筹之有素,而后定为革命方略,规定进行之时期为三:第一军政时期,第二训政时期,第三宪政时期。"[55]

军政时期,实行军法之治。"第一步使武力与国民相结合,第二步使武力为国民之武力"[56],以消灭割据的军阀,最终实现全国的统一。他说:"中国的各省在历史上向来都是统一的,不是分裂的,不是不能统属的,而且统一之时就是治,不统一之时就是乱的。"[57]可见,在他的思想中,国家的统一是民权建设和社会改造的重要条件。

训政时期,是从军政到宪政的"过渡时期"。"拟在此时期内,实行约法(非现行者),建设地方自治,促进民权发达。以一县为自治单位,县之下再分为乡村区域,而统属于县。每县于敌兵驱除、战事停止之日,立颁布约法,以之规定人民之权利义务与革命政府之统治权……俟全国平定之后六年,各县之已达完全自治者,皆得选举代表一人,组成国民大会,以制定五权宪法。"[58]训政时期的民权建设是上下并行的,在中央公布全国根本法性质的约法,指导人民如何行使法定权利。在全国实现统一的六年以后,选举国民代表,制定宪法。在地方以县为单位,实行自治,并由执政党训导人民行使选举权、罢免权、创制权、复决权四项政权。

宪政时期,为民权发展的最高阶段,以五权宪法作为人民权利的保障。根据孙中山的设想,宪政时期的民权达到了自治民主与集权的完美结合。他说:"拟在此时期实行宪政,此时一县之自治团体,当实行直接民权。人民对于本县之政治,当有普遍选举之权、创制之权、复决之权、罢免之权,而对于一国政治除

---

[55]《孙中山全集》(第6卷),中华书局1985年版,第204页。
[56]《北上宣言》,载《国民日报》1925年4月12日。
[57]《孙中山全集》(第9卷),中华书局1986年版,第304页。
[58]《孙中山全集》(第6卷),中华书局1985年版,第204页。

选举权之外,其余之同等权,则托付于国民大会之代表以行之。"[59] 虽然公布了全国一体遵守的五权宪法,但是地方的自治权仍然得到尊重。由地方自治团体选举产生民选代表组成的国民大会只决定国家政权层面上的事务,地方自治范围内的事务由地方民选代表大会和政府决定。

孙中山循序渐进的革命方略把国家的独立和统一放在首位,把发展、保障个人权利放在第二次序,也就是先实现民族主义革命的胜利,才能得到真正的民权。这和欧美资产阶级革命的进程有所不同。他说:"从前欧洲在民权初萌芽的时代,便主张争自由,到了目的已达,各人都扩充自己的自由。于是,由于自由太过,便发生许多流弊。"[60] 欧美"是为个人争自由","常常被平等自由引入歧路"。[61] 在中国,"自由的用法不同",为了国家能够自由,"便要大家牺牲自由",[62] 等到国家自由了,个人才能获得真正的自由。

孙中山关于建国三时期的学说在一定程度上反映了民主革命运动的进程以及在不同阶段的任务,从而有利于革命运动的发展、深化。但是,其中也包含有消极的因素,主要是低估了人民群众的力量和觉悟,未能把政权建设的着眼点置于发动群众的基础之上。

孙中山关于宪法的论述是其法律思想中最重要的内容。他在总结中外法制历史经验的基础上,提出了五权宪法的理论,并且用它来指导革命政权的建设。孙中山的宪法理论是将西方资产阶级的宪法学说与中国的实际相结合的产物,并且随着革命斗争的发展,而不断地丰富、提高。

首先,孙中山阐述了宪法的概念。他说:"……到底什么叫做宪法?所谓宪法者,就是将政权分几部分,各司其事而独立。"[63] "宪法者,国家之构成法,亦即人民权利之保障书也。"[64] 又说:"法律是一种人事的机器……宪法就是一个大机器……现在讲民治,就是要将人民置于机器之上。"[65]

其次,孙中山论证了制定宪法与建立民主共和国的关系。早在同盟会宣言中,孙中山便指出:"今者由平民革命以建立国民政府……制定中华民国宪法,人人共守。敢有帝制自为者,天下共击之!"[66] 而后他又明确指出"我们有了良

---

[59] 《孙中山全集》(第6卷),中华书局1985年版,第204页。
[60] 《孙中山全集》(第9卷),中华书局1986年版,第278页。
[61] 《孙中山全集》(第9卷),中华书局1986年版,第293页。
[62] 《孙中山选集》,人民出版社1981年版,第729页。
[63] 孙中山:《五权宪法》,载《孙中山选集》,人民出版社1981年版,第425页。
[64] 孙中山:《中华民国宪法史前编序》,载《孙中山全集》(第5卷),中华书局1985年版,第319页。
[65] 孙中山:《五权宪法》,载《孙中山选集》,人民出版社1981年版,第493~494页。
[66] 孙中山:《中国同盟会革命方略》,载《孙中山全集》(第1卷),中华书局1981年版,第297页。

好的宪法,才能建立一个真正的共和国家",[67]才能使人民有集会、结社、言论、出版、居住、信仰之绝对自由权。孙中山不仅主张制定全国的统一宪法,而且主张各省也可以自定宪法,自举省长,以便实现地方自治,贯彻中央与地方的"均权主义"原则。

再次,孙中山以批判的眼光总结了欧美各国宪法。他说,历观各国宪法,"有文宪法是美国最好,无文宪法是英国最好。英是不能学的,美是不必学的",因为经过一百多年的岁月,随着美国文明的进步和财富的增长,"当时的宪法,现在已经是不适用的了"。

最后,孙中山表达了他设计的五权宪法。1906年12月,孙中山在《民报》创刊周年纪念会上,第一次提出了五权宪法。他说:"兄弟的意思,将来中华民国的宪法是要创一种新主义,叫做'五权分立'。""五权分立,这不但是各国制度上所未有,便是学说上也不多见,可谓破天荒的政体。"[68]由于"五权分立"是"立宪政体之精义",因此,以五权分立为基本内容的宪法就称作五权宪法。孙中山说:"五权宪法是根据于三民主义的思想,用来组织国家的……总而言之,三民主义和五权宪法,都是建国的方略。"[69]

所谓五权分立,是在欧美各国实行的立法、行政、司法三权分立之外,参酌中国固有的考试制度和监察制度,另立考试权和监察权。因此,五权分立和三权分立之间并没有实质的不同,前者是在后者的基础上发展而成的,旨在克服三权分立的弊病。孙中山对资产阶级三权分立的理论和实践都进行了认真的研究和考察,认为从洛克、孟德斯鸠创立三权分立的理论以后,美国独立和法国革命所建立的资产阶级共和国都以三权分立作为政治制度的根本原则。他说:"英的宪法所谓三权分立……是从六七百年前由渐而生,成了习惯,但界限还没有清楚。后来法国孟德斯鸠将英国制度作为根本,参合自己的理想,成为一家之学。美国宪法又将孟氏学说作为根本,把那三权界限更分得清楚,在一百年前算是最完美的了。一百二十年以来,虽数次修改,那大体仍然是未变的。"[70]孙中山在研究、考察中,虽然肯定了三权分立通过权力的制约避免了封建专制时代集国家大权于君主一人之身的弊端,但是,他也发现三权分立存在严重的缺陷,那就是人民没有直接民权,容易出现议会专制。他说:"在代议制政体存

---

[67] 孙中山:《五权宪法》,载《孙中山选集》,人民出版社1981年版,第488页。
[68] 孙中山:《在东京〈民报〉创刊周年庆祝大会的演说》,载《孙中山选集》,人民出版社1981年版,第89页。
[69] 孙中山:《宣传造成群力》,载《孙中山选集》,人民出版社1981年版,第564页。
[70] 孙中山:《在东京〈民报〉创刊周年庆祝大会的演说》,载《孙中山选集》,人民出版社1981年版,第87页。

在之先，欧美人民争民权，以为得到了代议制政体便算是无上的民权。各国实行这种代议政体，都免不了流弊，不过传到中国，流弊更是不堪问罢了……大家都知道，现在的代议士都变成了猪仔议员，有钱就卖身，分赃贪利为全国人民所不齿。"[71]

与此同时，他从欧美资本主义国家的现实统治中发现，经过选举和委任两个途径产生的政府官员，"难免于埋没人才和任用私人"。因此，他提出建立独立的考试机关，执掌考试权，经过考试选用合格的大小官吏。他说，考试权是他"个人独创出来的"，"宪法中能够加入这个制度，我想是一定很完备，可以通行无碍的"。"如果有了考试，那么必要有才能、有学问的人，才能够做官，当我们的公仆。"此外，他提出应建立独立的监察机关，对官吏进行监督、弹劾，只有这样才是"完全无缺的治理"。

为了扩大直接民权，修正西方的代议制政府的缺陷，孙中山提出"权""能"分治的政府组织理论。他认为："政治之中，包含有两个力量：一个是政权，一个是治权……一个是管理政府的力量，一个是政府自身的力量。"[72]人民是政权的享有者，为了使人民能够管理政府，必须赋予人民四项基本权利，即选举权、复决权、罢免权、创制权，以保证行使立法权和对官吏的监督权。由政府行使治权，这样才能使它成为万能的、高效率的，"人民和政府的力量，才可以彼此平衡"。[73] 孙中山把人民和政府的关系比作阿斗与诸葛亮、车主与车夫的关系，在地位上是主从关系，在能力上是无能与有能的关系。他说："国民是主人，就是有权的人，政府是专门家，就是有能的人。由于这个理由，民国的政府官吏，不管他们是大总统、是内阁总理、是各部总长，我们都可以把他们当作汽车夫，只要他们是有本领，忠心为国家做事，我们就应该把国家的大权托付于他们，不限制他们的行动，事事由他们自由去做，然后国家才可以进步，进步才是很快。如果不然，事事都是要自己去做，或者是请了专门家，一举一动都要牵制他们，不许他们自由行动，国家还是难望进步，进步还是很慢。"[74]

孙中山认为由人民掌握政权，政府行使治权，所体现的权与能的分治不是对立的，而是统一的。人民掌握政权是为了造成一个为其服务的"万能"政府；政府行使治权是通过职能上的分工合作实现有效率的统治，以确保人民掌握政权。可见，五权分立既是直接民权的结果，又是直接民权的保证，它们"各有各

---

[71]《孙中山选集》，人民出版社1981年版，第756页。
[72] 孙中山：《民权主义第六讲》，载《孙中山选集》，人民出版社1981年版，第791页。
[73] 孙中山：《民权主义第六讲》，载《孙中山选集》，人民出版社1981年版，第798页。
[74]《孙中山全集》（第9卷），中华书局1986年版，第331~332页。

的统属,各有各的作用"。[75] 孙中山说:"……在一国之内,最怕的是有了一个万能政府,人民不能管理;最希望的是要一个万能政府,为人民使用,以谋人民的幸福。"[76]他又说:"用人民的四个政权,来管理政府的五个治权,那才算是一个完全的民权政治机关。""中国能够实行这种政权和治权,便可以破天荒在地球上造成一个新世界。"[77]由此可见,直接民权是五权宪法的核心,权能分治是五权宪法学说的重要组成部分。正如孙中山曾经形象比喻的那样:"五权宪法如一部大机器,直接民权又是机器的制扣。"[78]至于直接民权的内容就是:"其国民有直接选举官员之权,有直接罢免官员之权,有直接创制法律之权,有直接复决法律之权。"[79]

然而,孙中山关于权能分治的理论是存在严重缺陷的。他认为国家权力之所以需要划分为政权和治权,并采取分治的原则,是因为社会是由"后知后觉""不知不觉""先知先觉"三种人构成的。后知后觉者,掌握选举、罢免、创制、复决的所谓政权,而被称为"有权的人"。先知先觉者行使立法、司法、行政、考试、监察的所谓治权,而被称为"有能的人"。至于不知不觉的"群氓",只可听任"训导",而被排除于政权和治权之外。这种观点反映了资产阶级唯心主义的天才论的世界观和社会历史观,而在实践中,由于治权的作用凌驾于政权之上,使得独裁政治仍然有可能在民主的形式下改头换面,继续保留,使得人民的"四权"成为空话。这个理论的消极方面恰恰被后来的南京国民政府中的少数人用来排斥广大人民参加政治生活,建立独裁统治。

三、南京临时政府的立法建制

(一)南京临时政府的建立

南京临时政府是辛亥革命的产物,在南京临时政府筹建过程中,充分显示了孙中山建立民主共和国思想的指导作用。武昌起义后不久,湖北军政府发刊的《中华民国公报》,便以"中华民国军政府大总统孙"的名义,向各省发出号召:"凡我各省义军代表,同心勠力,率众前驱……直抵黄龙府,与同胞痛饮策

---

[75] 孙中山:《民权主义第六讲》,载《孙中山选集》,人民出版社1981年版,第800页。
[76] 孙中山:《民权主义第六讲》,载《孙中山选集》,人民出版社1981年版,第798页。
[77] 孙中山:《民权主义第六讲》,载《孙中山选集》,人民出版社1981年版,第801页。
[78] 孙中山:《五权宪法》,载《孙中山选集》,人民出版社1981年版,第497~498页。
[79] 孙中山:《国民政府建国大纲》,载《孙中山选集》,人民出版社1981年版,第601页。

勋,建立共和国。"[80]上海沪军都督府都督陈其美在邀各省代表来沪的通电中也声称:"自武昌起义,各省响应,共和政治,已为全国所公认……美利坚合众国之制,当为我国他日之模范。"[81]对此,美国报纸作出了符合实际的报道:"武昌革命军为奉孙逸仙命令而起者,拟建共和国体,其首任总统当属之孙逸仙云云。"[82]这时,尚在国外的孙中山多次向媒体表述了在中国创建共和国的夙愿。1911年11月中旬,他在《与伦敦〈海滨杂志〉记者的谈话》中说:"启蒙和进步的浪潮,业已成为不可阻挡的,中国……是全世界最适宜建立共和政体的国家。在短期间内,它将跻身于世界上文明和爱好自由国家的行列。"[83]在与英国人康德黎的谈话中说:"今之中国似有分割与多数共和国之象,余甚希望国民速建设一善良之中央政府。"[84]同年11月中下旬,《在欧洲的演说》中又说:"中国现时除北京及直隶一省外,均在革命军势力之下。但须联为一气,则满洲皇室早无望矣……甚愿洗尽所有极秽恶之记念,则组织联邦共和政体尤为一定不易之理。"[85]同年11月21日至23日,《在巴黎的谈话》中他再次阐明:"中国革命之目的,系欲建立共和政府,效法美国,除此之外,无论何项政体,皆不宜于中国,因中国省份过多,人种复杂之故。美国共和政体甚合中国之用,得达此目的,则振兴商务,改良经济,发掘天然矿产,则发达无穷。"[86]他在回答美国《独立》杂志代表李佳白关于"共和政府的形式,是否真正适合于中国人民"的问题时,斩钉截铁地表示:"那正是我的计划的一部分;我不但要推翻满清政府,并且要建立共和政府的制度……没有理由要以君主政体去妨害这种民主观念。中国人民不但爱好和平,而且……感染了选择自己的代表来管理自己事务的观念。我们所需要做的,只是要把这种民主观念实行出来,在首都及各省都有人民自己选出的代表,为人民自己最高的利益而工作。"[87]"总要择地球最文明的政治、法律,来救我们中国",建立"一个二十世纪头等的共和国来"。[88]

稍后,在各省都督府代表联合会制定的并经过三次修正的《中华民国临时政府组织大纲》中,也接受了孙中山的意见,采用美国宪法所规定的总统制共和

---

[80] 《湖北军政府文献资料汇编》,武汉大学出版社1986年版,第31~32页。
[81] 李新主编:《中华民国史》,中华书局1982年版,第417页。
[82] 《孙中山选集》,人民出版社1981年版,第210页。
[83] 《孙中山全集》(第1卷),中华书局1981年版,第557~558页。
[84] 《孙中山全集》(第1卷),中华书局1981年版,第559页。
[85] 《孙中山全集》(第1卷),中华书局1981年版,第560、563页。
[86] 《孙中山全集》(第1卷),中华书局1981年版,第560、563页。
[87] 孙中山:《中华民国》,载《史料与史学》。
[88] 《孙中山全集》(第1卷),中华书局1981年版,第280页。

政体。作为"国家之构成法"[89]的《中华民国临时政府组织大纲》,就内容而言,尚不完整、不全面,但是,它用法律的形式肯定了辛亥革命推翻封建帝制、代之以资产阶级民主共和国的重要成果,并且为建立以孙中山为首的南京临时政府提供了法律依据,树立了中华民国的法统,因而是具有重要历史意义的法律文献。

1912年1月1日,南京临时政府正式成立,孙中山在典礼上宣读誓词:"颠覆满清专制政府,巩固中华民国,图谋民生幸福,此国民之公意,文实遵之,以忠于国,为众服务。至专制政府既倒,国内无变乱,民国卓立于世界,为列邦公认。斯时,文当解临时大总统之职。谨以此誓于国民。"[90]与此同时,还发布了《临时大总统宣言书》和《告全国同胞书》。在宣言中,提出中华民国临时政府的任务是:"尽扫专制之流毒,确定共和,以达革命之宗旨。"其对内方针是:"民族之统一""领土之统一""军政之统一""内治之统一""财政之统一"。对外方针是:"满清时代辱国之举措,与排外之心理,务一洗而去之;持平和主义,与我友邦益增睦谊,将使中国见重于国际社会,且将使世界渐趋于大同。"[91]从孙中山就职的誓词和宣言书中,可以看出,他推翻帝制、建立民主共和国的革命精神和原则立场。

南京临时政府是以孙中山为领导的、以革命党人为主体的资产阶级共和国性质的政权。南京临时政府成立以后,遵照资产阶级的法治原则,进行了两个方面的立法活动:一是从法律上确认资产阶级共和制度,制定了《修正中华民国临时政府组织大纲》《中华民国临时政府中央行政各部及其权限》《中华民国临时约法》;二是以"去专制之淫威,谋人民之幸福""人权神圣"为中心,颁行了一系列反映革命民主精神的单行法律、法令。

虽然南京临时政府只存在了三个月,但却进行了一系列立法建制,其社会影响是巨大的,在近代法制史上占有重要的位置。

(二)《中华民国临时约法》的制定

在孙中山设计的建国方略中,革命成功以后的建设程序分为三个时期——军政时期、训政时期、宪政时期。与此相适应的国家统治也分为"军法之治"、"约法之治"和"宪法之治"。南京临时政府成立以后,便进入了约法之治的历史时期,与此相适应地制定《中华民国临时约法》,成为南京临时政府最主要的立法活动。1912年3月8日,南京参议院全案通过《中华民国临时约法》。同月

---

[89]《孙中山全集》(第5卷),中华书局1985年版,第319页。
[90]《孙中山全集》(第2卷),中华书局1985年版,第1页。
[91]《南京临时政府公报》第1号。

9日,参议院咨请临时大总统孙中山予以公布,11日孙中山正式予以公布。

《中华民国临时约法》是由辛亥革命所产生的、具有资产阶级共和国宪法性质的历史文献,它以根本法的形式宣告了封建专制制度的灭亡,确认了民主共和的国家制度的诞生,在中国宪法史上具有奠基的作用。

《中华民国临时约法》共七章五十六条,在"宪法未施行以前,本约法之效力与宪法等"。[92] 如果说南京临时政府政治设计的蓝图主要是来自美国,那么临时约法民主自由的规划则取自法国、美国。孙中山曾经把美国总统林肯提出的"民有、民治、民享",以及法国的自由、平等、博爱口号与三民主义加以比较,并得出结论说:"民有、民治、民享主义就是兄弟的民族、民权、民生主义。"[93]他又说:"法国的自由和我们的民族主义相同……平等和我们的民权主义相同,博爱和我们的民生主义是相通的。"[94]

在孙中山的民权思想中,最具有价值的是主权在民的思想,他在《建国方略》中多次阐述说:"夫中华民国者,人民之国也,君政时代则大权独揽于一人,今则主权属于国民之全体。""盖国民为一国之主,为统治权之所出。"[95]正是在主权在民的理论指导下,《中华民国临时约法》规定:"中华民国由中华人民组织之"(第一条);"中华民国之主权,属于国民全体"(第二条)。这两条规定是资产阶级民主派为之流血牺牲的奋斗目标,它不仅宣告朕即国家的君主专制制度的死亡,也与改良派主张的君主立宪、开明专制彻底划清了界限。

《中华民国临时约法》第三条规定:"中华民国领土,为二十二行省、内外蒙古、西藏、青海。"这也是中国历史上第一次以根本法的形式规定中国的领土疆域,其重要意义在于:对外维护中国领土的完整,不容侵犯;对内则反对民族分裂,加强人民的领土意识和统一多民族的国家观念。曾经提出"驱除鞑虏"的孙中山,在辛亥革命以后,着眼于中华民族的整体利益,表现出高度的理性与宽容精神。他在致喀尔沁亲王的电文中便明确宣布:"实欲合全国人民,无分汉、满、蒙、回、藏,相与共享人类之自由。"[96]这反映了孙中山民族主义思想的发展,以及其与民主思想的密切联系和互相渗透。

《中华民国临时约法》根据三权分立的原则,规定了中华民国的国家机构:"中华民国以参议院、临时大总统、国务员、法院,行使其统治权。"参议院为立法

---

[92]《南京临时政府公报》第35号。
[93] 孙中山:《三民主义的解释》,载《孙中山全书》(第3册),广益书局1929年版,第23页。
[94] 孙中山:《三民主义》,载《孙中山全集》(第9卷),人民出版社1981年版,第283页。
[95] 孙中山:《建国方略之三》,载《孙中山选集》,人民出版社1981年版,第384页。
[96]《南京临时政府公报》第4号。

机关,大总统、国务员为行政机关,法院为司法机关。早在19世纪70年代,早期改良派便鼓吹实行三权分立,经过了近半个世纪的斗争,终于在南京临时政府得以实现,这在中国近代历史上是具有划时代意义的。值得注意的是,《中华民国临时约法》与《修正中华民国临时政府组织大纲》有一个明显的不同,即《中华民国临时约法》不采取总统制,而采取内阁制。这个变动是由南北议和已经告成,孙中山即将让位于袁世凯的形势所决定的。迫于袁世凯咄咄逼人之势,孙中山和民主派的一些领导人设想以内阁制限制袁世凯专权,以维护民国的存在,这确实含有"因人立法"之意。

《中华民国临时约法》还规定了人民享有的权利和应尽的义务:中华民国人民一律平等,无种族、阶级、宗教之区别(第五条);人民享有人身、居住、财产、营业、言论、集会、通信、信教等自由,以及请愿、陈诉、诉讼、任官、考试、选举及被选举等权利(第六条至第十二条);并负有依法纳税和服兵役的义务(第十三条、第十四条)。尽管临时约法所规定的民主权利与自由是有条件、有限制的,特别是为了增进公益,维持治安,或非常紧急必要时可依法律予以剥夺,但它体现了资产阶级关于人民平等自由权利的宪法原则,是中国历史上第一个以民族平等为号召的立法。它与《钦定宪法大纲》关于臣民的权利、义务的规定,在性质上是完全不同的,对于唤醒人民争取自由、建立民主的国家制度,起了积极的作用。

《中华民国临时约法》还确认了保护私有财产的原则,规定"人民保有财产及营业之自由"(第六条)。这条规定虽然主要是保护有财者的财产所有权,但对一般的民众也并非毫无意义。至于以法律的形式宣布自由营业的权利,等于否定了清朝实行的、限制私人资本主义发展的"官办""官督商办"的政策,从而有利于民族资本主义经济的发展。

综上所述,《中华民国临时约法》是伟大的辛亥革命的产物。它以西方的民主法治学说及孙中山的三民主义为理论基础,以美国合众政府宪法为模式,开创了中国资产阶级民主政治的新局面。它是革命党人经过无数次流血牺牲、百转千回之后所得到的不易之果,它使民主共和的观念深入人心,成为20世纪初期亚洲各国中最有影响的一部宪章。

《中华民国临时约法》成为南京临时政府的法律渊源或法律根据,由此奠定了南京临时政府的法统。"法统"一词是民国初期流行的政治术语,其含义是指政府权力的法律来源或权力的法律依据,用以判别政权的合法性与正当性。民国初期发生的法统之争,其实质就在于争夺统治权的合法地位。由于《中华民国临时约法》是民国政府的法律渊源,法统之争也就围绕毁法与护法而展开。凡根据《中华民国临时约法》而产生的政府便被认为是合法的。这是辛亥革命以后中国法制继续走向近代化的一个新的内容。

在中国古代,国家权力的来源被说成是天命神授,或者根据血缘关系承继大统。然而,辛亥革命所产生的权力法定的法统论,说明了只有依据《中华民国临时约法》产生的政府才是合法的政府,反之依靠武力毁弃约法而产生的政府是非法的。人们开始以合法与非法的观点判断政府权力的正当性,这是前所未有的。因此,毁法者也往往假借法统的外衣,为扩展自己的权力寻找正当性的根据,以致在掌权之后也积极制定宪法之类的文件,以显示其统治的合法性。尽管他们蔑视约法宪法,但又不得不佯视尊重。直系军阀所喧嚣的"恢复法统""法统重光",并不能掩盖其借助法统的外衣推行武力统一政策的实质。民国时期出现的毁法与护法之争,反映了民国时期政治斗争的复杂性和时代特点。

(三) 革旧立新的各项立法

为了开展卓有成效的立法工作,维护立法权的统一,孙中山发布大总统令,强调:"民国一切法律,皆当由参议院议决宣布,乃为有效。"[97]并就内务部发布《暂行报律》一事,严饬该部取消"未经参议院议决,自无法律之效力"的《暂行报律》,不得以"暂行"或"从权办理"为托辞。为了顺利地开展编订法律的工作,孙中山建议组织中外法律专家参加,他说:"查编纂法典,事体重大,非聚中外硕学,积多年之调查研究,不易告成。"[98]由于孙中山的重视和积极组织、督促,南京临时政府在短短的三个月里,进行了涉及行政、经济、教育、社会各方面的立法活动。这些立法具有革旧立新的性质,是资产阶级法治学说在近代中国的一次伟大实践。它们虽然不系统、不成熟,但却展现了近代意义的资产阶级的法制文明。

1. 提倡平等、尊重人权的立法

(1) 革除反映封建官僚特权的称呼。孙中山从中华民国以国民为主体,"总统官吏皆国民之公仆也"的认识出发,不仅严申反对封建专制制度下官吏所享有的法定的和法律外的特权,而且还下令内务部通知各官署,革除清朝时期反映官僚等级特权的称呼。他指出:"官厅为治事之机关,职员乃人民之公仆,本非特殊之阶级,何取非分之名称。查前清官厅,视官等之高下,有大人、老爷等名称,受之者增骄心,施之者失体,义无取焉……嗣后各官厅人员相称,咸以官职。民间普通称呼则曰先生、曰君,不得再沿前清官厅恶称。"[99]与此同时,也

---

[97]《南京临时政府公报》第 33 号。
[98]《南京临时政府公报》第 47 号。
[99]《南京临时政府公报》第 27 号。

明令废除了跪拜礼,代之以鞠躬。改变旧称呼,废除跪拜礼,虽然变革的是形式,但却反映了新旧政权的更迭,体现了资产阶级所提倡的法律面前人人平等的原则,以及对人格的尊重。

(2)严禁买卖人口,保护人民的人身自由权。晚清修订的《大清新刑律草案》虽然废除了买卖人口与蓄奴的条款,但尚未及施行,清朝已经覆亡。孙中山在《大总统令内务部禁止买卖人口》文中,首先揭示了这种现象产生的社会根源:"前清入主,政治不纲,民生憔悴,逃死无所,妻女鬻与妾媵,子侄沦为皂隶,不肖奸人从而市利,流毒播孽,由来久矣。尤可痛者,失教同胞艰于生计,乃有奸徒诱以甘言,转贩外人,牛马同视,终年劳动,不得一饱。"其次,根据天赋人权的学说,宣布:"民国开国之始,凡属国人咸属平等,背此大义,与众共弃。"最后,"通饬所属,嗣后不得再有买卖人口情事,违者罚如令,其从前所结买卖契约,悉予解除,视为雇主雇人之关系,并不得再有主奴名分"。[100]

特别是,孙中山针对鸦片战争以来帝国主义为了从中国掠夺廉价劳动力而出现的贩卖"猪仔"(华工)的严重侵犯人权的现象,在《大总统令外交部妥筹禁绝贩卖猪仔及保护华侨办法》文中,以一个主权国家临时大总统的身份,庄严宣布:"查海疆各省,奸人拐贩猪仔,陷人涂炭,曩在清朝,熟视无睹,致使被难同胞,穷而无告。今民国既成,亟应拯救,以尊重人权,保全国体……除令广东都督严行禁止猪仔出口外,合亟令行该部,妥筹杜绝贩卖及保护侨民办法,务使博爱平等之义,实力推行。"[101]中华民国"何忍侨民向隅,不为援手"。

(3)彻底开豁贱民贱籍。雍正初年曾经颁发开豁贱民贱籍的上谕,但那是有条件的、极不彻底的。因此,南京临时政府成立以后,孙中山发布《开放蛋户惰民等许其一体享有公权私权文》,指出:"天赋人权,胥属平等。自专制者设为种种无理之法制,以凌轹斯民,而自张其毒焰……若闽粤之蛋户,浙之惰民,豫之丐户,及所谓发功臣暨披甲家为奴,即俗所称义民者,又若薙发者并优倡隶卒等,均有特别限制,使不得与平民齿。一人蒙垢,辱及子孙,蹂躏人权,莫此为甚。当兹共和告成,人道彰明之际,岂容此等苛令久存,为民国玷。为此特申令示,凡以上所述各种人民,对于国家社会之一切权利,公权若选举、参政等,私权若居住、言论、出版、集会、信教之自由等,均许一体享有,毋稍歧异,以重人权,而彰公理。"[102]此法令解放了在清朝专制统治下处于社会最底层、被剥夺了一切法定权利的"贱民",使他们享有法律上的平等权。

---

[100] 《南京临时政府公报》第 27 号。
[101] 《南京临时政府公报》第 42 号。
[102] 《南京临时政府公报》第 41 号。

(4)确保妇女的平等权利。为了确保妇女享有和男人平等的法定权利,孙中山一方面论证了"天赋人权,男女本非悬殊,平等大公,心同此理"。另一方面阐述了妇女在准备革命期间的贡献:"女界多才,其入同盟会,奔走国事、百折不回者,已与各省志士媲美","扫平鞑虏,女界亦与有功焉"。因此,他强调共和国成立以后,女子首先应有参政权,这是"事所必至"的自然之理。[103] 此后,孙中山于1924年在《中国国民党第一次全国代表大会宣言》中,进一步宣告"于法律上、经济上、教育上、社会上,确认男女平等之原则,助进女权之发展"。他还在《女子要明白三民主义》的讲演中,阐明男女平等与民权主义的关系,指出:"大家从此以后,要把我们民权主义中所包括男女平等的道理,对二万万女子去宣传,在女子一方面建设民国的国基,要她们都知道从前的地位是很低,现在的地位很高,这个女子地位抬高的原因,就是由于我们主张了民权主义。"

上述提倡平等、尊重人权的立法体现了孙中山的民权思想,显示了他忠诚地履行就任临时大总统时所宣布的"颠覆满清专制政府,巩固中华民国,图谋民生幸福"的誓词,也勾画出中国近代法制文明的基本内涵,极大地激发了人民群众支持革命的热情和对于民国政府的拥护。

2. 编定各部官制与相应法规

为了建立和逐渐完善新官制体系,南京临时政府成立不久,孙中山便提出:"所有各部局官制通则及各部官制,亟应编定以利推行。"[104] 1912年2月初,他将法制局拟就的《各部官制通则》和各部局(财政、实业、海军、司法等部除外)的官制各一件,咨送参议院议决。此外,他还命令法制局审定司法部呈拟的《临时中央裁判所官制令草案》。除中央官制外,同年3月10日他以临时大总统名义公布了《南京府官制》二十三条。南京府是民国临时中央政府所在地,《南京府官制》的制定,不仅对南京临时政府所在地区新政权的建立和统治秩序的稳定起着重要的作用,也为类似地区地方官制的确立提供了范例。

在编订各部官制的同时,还制定了一系列相应的法规,使政府各机关的组织、活动有法可循。这是南京临时政府政权建设上的重大举措,反映了立法建制的多样性和革命性。

不仅如此,由于孙中山历来重视官吏在治理国家、贯彻法治上的重要作用,因此,在他主持南京临时政府期间,非常重视官吏的选拔,确定了"任官授职,必赖贤能"[105]原则,提出了以考试作为选拔官吏的办法。他说,"尚公去私,厥惟

---

[103]《南京临时政府公报》第9号。
[104]《南京临时政府公报》第9号。
[105]《南京临时政府公报》第24号。

考试"[106],"整饬吏治,惟有举行官职试验,以合格人员分发各省,以资任用"[107]。为了使官职试验制度化、法律化,特令法制局"迅将文官试验章程草案,妥为编纂"。[108] 在孙中山的敦促下,南京临时政府法制局拟定了文官考试委员会官职令、文官考试令、外交官及领事官考试委员会官职令、外交官及领事官考试令等,均由孙中山咨送参议院议决。不仅如此,他还提出"必定诠选之程",以便使官吏的诠选有法有章。同时,他建议根据"官惟其才,赏惟其功"的精神设立稽勋局,以杜绝有伤国本的"借官为酬""有功不录"等现象发生。

以上可见,孙中山对于改革官制和整饬吏治这个关系到政权建设和巩固的大事,花费了很多心血,既提出了原则,论证了必要性,还组织力量制定相应的法律。他在这方面的思想与活动,同样显现了资产阶级民主与法治的精神。他所确立的官制、官规,虽然在当时的历史条件下,特别是由于南京临时政府只存在了短暂的时间,没有也不可能完全实行,但它所提供的历史经验很有借鉴意义。

3.保护私人财产权

在《中华民国临时约法》中,已经根据资产阶级关于私有财产神圣不可侵犯的原则规定了"人民保有财产及营业之自由"。鉴于"财产之重,等于生命",[109]孙中山就任临时大总统后不久,特饬内务部通令内务、陆军两部,保护人民财产。"凡假托名义擅自查封房屋、搜抄家产诸弊端,必须切实防杜。"[110] 内务部遵照孙中山的命令,颁布了五条保护人民财产令,其中规定:"凡在民国势力范围之内之人民,所有一切私产,均应归人民享有;前为清政府官产,现入民国势力范围者,应归民国政府享有;前为清政府官吏所得之私产,现无确实反对民国证据,已在民国保护之下者,应归该私人享有;现虽为清政府官吏,其本人确无反对民国之实据,而其财产在民国势力范围内者,应归民国政府管理,俟该本人投归民国时,将其财产交该本人享有;现为清政府官吏,而又为清政府出力,反对民国政府,虐杀民国人民,其财产在民国势力范围内者,应一律查抄,归民国政府享有。"[111]

1912年3月30日,孙中山在解除临时大总统职务的前夕,得知地方军政长官"凭借权势,凌轹乡里",滥入民宅,搜索财物,托名筹饷,强迫勒索,甚至任意

---

[106] 《南京临时政府公报》第24号。
[107] 《南京临时政府公报》第21号。
[108] 《南京临时政府公报》第19号。
[109] 《南京临时政府公报》第27号。
[110] 《南京临时政府公报》第27号。
[111] 《内务部通饬保护人民财产令》,载中国第二历史档案馆藏:《南京临时政府档案》第26号。

逮捕人民,擅行处死,抄没家财等,再次通令各省都督,保护人民生命、财产,严申:"各省都督具有治兵察吏之权,务须严饬所属,勿许越法肆行……人民有受前项疾苦者,许其按照临时约法来中央行政陈诉,或就近向都督府控告,一经调查确实,立予尽法惩治。"[112]

4.革除社会陋习

针对清朝专制统治所造成的危害家庭、国家、社会以及个人身体健康的缠足、吸食鸦片与赌博等恶习,孙中山迭发禁令,力图借法律的强制力移风易俗,彻底予以革除。

(1)劝禁缠足。为了革除损害女子肢体的缠足陋习,孙中山于1912年3月11日,特别下令内务部通饬各省劝禁缠足,并把它提到"以培国本"的高度。该令指出:"夫将欲图国力之坚强,必先图国民体力之发达;至缠足一事,残毁肢体,阻阏血脉,害虽加于一人,病实施于子孙,生理所证,岂得云诬?至因缠足之故,动作竭蹶,深居简出,教育莫施,世事罔问,遑能独立谋生,共服世务?以上二者,特其大端,若他弊害,更仆难数。曩者仁人志士尝有天足会之设,开通者已见解除,固陋者犹执成见。当此除旧布新之际,此等恶俗,尤宜先事革除,以培国本。为此令仰该部速行通饬各省,一体劝禁,其有故违禁令者,予其家属以相当之罚。"[113]内务部根据大总统令,在通饬各省文中,提出下列要求:"已缠者令其必放,未缠者毋许再缠,倘乡僻愚民,仍执迷不悟,则或编为另户,以激其羞恶之心,或削其公权,以生其向隅之感。"[114]

由于缠足是宋代以后妇女普遍遵守的规矩,因此,劝禁缠足不仅是革除社会陋习,还具有将妇女从封建桎梏下解放出来的意义。

(2)严禁鸦片。为了禁烟,孙中山发布《大总统令禁烟文》,指出:"鸦片流毒中国,垂及百年,沉溺通于贵贱,流衍遍于全国,失业废时,耗财殒身,浸淫不止,种姓沦亡,其祸盖非敌国外患所可同语。"[115]"为此申告天下,须知保国存家,匹夫有责,束脩自好,百姓与能,其有饮鸩自安,沉湎忘返者,不可为共和之民,当咨行参议院于立法时,剥夺其选举被选一切公权,示不与齐民齿,并由内务部转行各省都督,通饬所属官署,重申种吸各禁。""尤望各团体讲演诸会,随分劝导,不惮勤劳,务使利害大明,趋就知向,屏绝恶习,共作新民,永雪亚东病

---

[112] 《南京临时政府公报》第52号。
[113] 《大总统令内务部通饬各省劝禁缠足文》,载《南京临时政府公报》第37号。
[114] 《内务部咨各省都督禁止缠足文》,载《南京临时政府公报》第45号。
[115] 《大总统令禁烟文》,载《南京临时政府公报》第27号。

夫之耻,长保中夏清明之风。"[116] 在他解职临时大总统后,仍为禁烟事致伦敦各报呼吁说:"鸦片为中国之巨害,其杀吾国民,甚于干戈疠疫饥馑之患。吾人今既建筑共和政体,切望扫除此毒,告成全功。予自引退临时总统之任后,对于此事,潜心推考,知今日最要紧之举,即在禁绝中国栽种罂粟。然非同时禁绝售卖,势难停种,故必须将买卖鸦片悬为禁令,则禁种始能收效。兹因与贵国订有条约,碍难照行,予今敢请贵国于吾新国定基之初,更施无上之仁惠,停此不仁之贸易。予切愿以人道与真正之名义,恳贵国准许吾人在本国境内禁止售卖洋药、土药、害人毒品,并许悬为厉禁,则栽种自能即停,谨为全国同胞乞助于英国国民。"[117]

(3)禁止赌博。内务部在向临时大总统呈请禁止赌博文中说:"凡人民宴会游饮集合各场所,一概不准重蹈赌博旧习。其店铺中有售卖各种赌具者,即着自行销毁,嗣后永远不准出售。责任各该地方巡警严密稽查,倘有违犯,各按现行律科罪,以绝赌风,而肃民纪。"[118]

综上可见,南京临时政府的立法与清朝残民以逞的封建法律形成了鲜明的对比,是孙中山民族、民权主义法律思想的具体体现,有力地革除了危害人民的陋习,激发了人民群众的民主热情和民族自豪感。

孙中山在长期的革命斗争中,逐渐认识到"一国之趋势"系于"万众之心理"。因此,他力图通过法律的形式将民主意识和共和国的观念灌输到人们的心中,以维系民国的长存。他在当时还不理解,没有政权,任何法律都等于零,以致随着南京临时政府迅速终结,上述立法或者没有完全实行,或者遭到毁弃。

(四)改革司法,实行文明审判

熟悉中外法律、担任南京临时政府司法总长的伍廷芳,对于改革司法十分重视,认为民国成立以后,虽然"治国之法多端",但改革司法是首要任务。他说,"中国政治,欲有所进步,须先从司法一门入手","盖内政外交,均系于此"。[119] 为了使人们认识到改良司法的重要性和必要性,他"不惜务为浅显,三复赘言"。伍廷芳早年曾经参与李鸿章所主持的外交谈判,而后又跻身法界,切身的经历使他深感鸦片战争以来,"中西交涉,时闻涉讼,而西人向无遵我法律

---

[116]《大总统令禁烟文》,载《南京临时政府公报》第27号。
[117]《为禁烟问题致伦敦各报书》,载《国父全集》(第3册),中央文物供应社1981年版,第264～265页。
[118]《内务部请大总统查禁赌博陋习及禁售各种赌具呈》,载《南京临时政府公报》第31号。
[119] 伍廷芳:《中华民国图治刍议》,商务印书馆1915年版,第十一章。

者,中西会审,屡费周张,此时欲收回治外法权,终未能旦夕解决"。因此,他强调司法问题"关系外交及收回治外法权","故中国改良律例,慎重法庭,自是切要之问题也"。[120]

伍廷芳从中西比较中认识到,中国所以贫弱,欧美所以强盛,根本原因在于西方国家政治与法制优越,这是西国"富强之真相"。他认为文明国家的特征不外"尊重法律,崇敬法官",为此他在担任司法总长期间"锐意改良司法",谆谆告诫说:司法问题"是为缔造民国一大机枢",是"全国治体命脉所系……国民知此,必深望政府办行改革也"。[121]

伍廷芳还从改革司法利于"商民安居与国家富强"的认识出发,指出远涉重洋的华人绅商何止千数百万人,常因"内地治安,逊于外洋远甚,官役敲诈,劫掠时虞",而不愿"挟资回国","端返父母之邦"。[122] 由此可见,法制不善、司法窳败妨碍了华侨对民族工商业的投资,不利于民族资本主义经济的发展。他希望通过改良司法,"鼓舞众商,一洗前清之旧染"。由于"整顿司法"可以收到"以固民心"之效,所以他断言:"尊重司法,保护国民,国家致富,无逾于此。"

以上伍廷芳关于改革司法制度的观点,不仅见于晚清修律和司法改革,更是他指导南京临时政府司法改革的经验总结。在改革司法的问题上,临时大总统孙中山给予了积极的支持。作为辛亥革命胜利产物的《中华民国临时约法》肯定了根据三权分立的原则建立起民国的司法机关体系,实行四级三审的审级制度。孙中山曾经驳斥了江西南昌地方检察长郭翰提出的"轻案采取二审制度",指出这是"不知以案情之轻重,定审级之繁简,殊非慎重人民生命财产之道。且上诉权为人民权利之一种,关于权利存废问题,岂可率而解决。"他明确表态说:"四级三审之制,较为完备,不能以前清曾经采用,遽尔鄙弃。"[123]

南京临时政府在改革司法、采用文明审判方面,首先从废止刑讯入手。根据"人权神圣,岂容弁髦,刑期无刑,古有明训"的认识,孙中山于1912年3月2日发布《大总统令内务、司法两部通饬所属禁止刑讯文》(以下简称《禁止刑讯文》),指出刑罚的目的与手段应该随着文化的进步,而有所改变,"昔之喝、威吓、报复为帜志者,今日则异。刑罚之目的在维护国权、保护公安……国家之所以惩创罪人者,非快私人报复之私,亦非以示惩创,使后来相戒,盖非此不足以保持国家之生存,而成人道之均平也"。他谴责清朝统治下草菅人命,滥施刑

---

[120] 伍廷芳:《中华民国图治刍议》,商务印书馆1915年版,第十一章。
[121] 伍廷芳:《中华民国图治刍议》,商务印书馆1915年版,第十二章。
[122] 伍廷芳:《中华民国图治刍议》,商务印书馆1915年版,第十二章。
[123] 《南京临时政府公报》第34号。

讯，以致"三木之下，何求不得……转相师法，日糜吾民之血肉以快其淫威"。为此，他郑重申明："本总统提倡人道，注重民生……对于亡清虐政，曾声其罪状，布告中外人士，而于刑讯一端，尤深恶痛绝，中夜以思，情逾剥肤，今者光复大业幸告成功……当肃清吏治，休养民生，荡涤烦苛，咸与更始。为此令仰该部转饬所属，不论行政司法官署，及何种案件，一概不准刑讯……其从前不法刑具，悉令焚毁。"[124] 鉴于封建时代司法审判专以口供为根据，所谓"罪从供定"，使刑讯合法化，为此他宣布："鞠狱当视证据之充实与否，不当偏重口供。"为了使这项命令贯彻实施，孙中山还"不时派员巡视，如有不肖官司，日久故智复萌，重煽亡清遗毒者，除褫夺官职外，付所司法以应得之罪"。[125]

根据孙中山的命令，内务部咨司法部严令所属各官厅、各省府厅州县所有行政、司法部门，一律停止刑讯。3月8日，司法部又咨各省都督，传达孙中山关于不准刑讯的命令全文，从此，刑讯逼供成为非法。然而，根深蒂固的封建司法制度和漫长岁月所形成的积习，不是一纸法令就能彻底革除的。就在《禁止刑讯文》颁布后数日，上海市裁判所就发生了"犹用戒责，且施之妇女"之事。就此，孙中山于1912年3月11日发布《大总统令内务、司法两部通饬所属禁止体罚文》，再次命令内务部、司法部通饬所属禁止体罚。他严厉指出："近世各国刑罚，对于罪人或夺其自由，或绝其生命，从未有滥加刑威，虐及身体，为体罚之甚者。盖民事案件，有赔偿损害、回复原状之条；刑事案件，有罚金、拘留、禁锢、大辟之律，称情以施，方得其平，乃有图宣告之轻便，执行之迅速，逾越法律，擅用职权，漫施笞杖之刑，致多枉纵之狱者，甚为有司不取也。夫体罚制度为万国所摒弃，中外所讥评，前清末叶虽悬为禁令，而督率无方，奉行不力。顷闻上海南市裁判所审讯案件，犹用戒责，且施之妇女。以沪上开通最早，四方视听所系之地，而员司犹蹈故习，则其他各省官吏，保无有乘民国初成，法令未具之际，复萌故态者。亟宜申明禁令，迅予革除。为此令仰该部速行通饬所属，不论司法行政各官，审理及判决民刑案件，不准再用笞杖、枷号及他项不法刑具。其罪当笞杖、枷号者，悉改科罚金、拘留，详细规定，俟之他日法典。"[126]

辛亥革命以后的司法实践，虽然没有因孙中山发布的两道命令而杜绝刑讯体罚，但它的确反映了孙中山法律思想中的民主精神，他无愧为"能够代表真诚

---

[124]《南京临时政府公报》第27号。
[125]《南京临时政府公报》第27号。
[126]《南京临时政府公报》第35号。

的、战斗的、彻底的民主主义的资产阶级"的杰出领袖。[127]

伍廷芳提倡的文明审判,也集中表现为废除刑讯。他主张模仿西方国家根据证据和情理定案的审判制度,他说:"中国讯案,向取旧法……行之今日,大非文明。即如靠供定谳,殊非得计,以犯事人多方闪烁,断无肯认罪者。一用刑求,辄多冤枉。是以文明国审讯,不全靠供词,惟凭证据与情理而定。"[128]在中国漫长的封建社会,开明的思想家都谴责刑讯制度。但由于罪从供定已被奉为亘久不易的原则,因此刑讯制度在不同时期,虽有程度的变化,但总的说来始终沿行如故。至清末,随着西方资产阶级法律思想的输入,要求废除刑讯的呼声日渐高涨。辛亥革命以后,南京临时政府司法总长伍廷芳曾严饬所属各省府厅州县所有司法行政部门一律停止刑讯。他批驳了当时仍在流行的"不用刑不能查明案情与杜绝犯罪"的传统看法,郑重指出:"试看中国严刑提鞫数百年来,何尝见政简刑轻?"他尤其愤怒谴责所谓"华人性质不同,不能依西法判断罪案"的荒谬论调,他说:"何不观于出洋华侨数百万之众,均未闻以刑讯取决。"[129]

南京临时政府实行文明审判的重要标志还表现为除由司法部派精通中外法律的官员承审外,还另选通达事理、公正和平、名望素著者为陪审员,并准许聘请律师到庭辩护,以及审讯公开,任人旁听,等等。其中尤以建立律师辩护与公开审判制度受到时人关注。

时任内务部警务局长的孙润宇曾向孙大总统呈文,阐述建立律师制度的重要意义,并且呈送《律师法草案》。他呈文说,"司法独立为法治国分权精神所系,而尤不可无律师以辅助之","泰西各邦,皆有律师之规定,日本维新之初,于明治二十三年,颁行裁判所构成法,随后即颁行辩护士法。诚以司法独立,推检以外,不可不置律师,与之相辅相制,必使并行不悖,司法前途可达圆满之域"。呈文还以辛亥革命后苏沪各地律师发展的实际状况阐明制定律师法的必要性。他说:"苏沪各处,渐有律师公会之组织,于都督府领凭注册,出庭辩护,人民称便,足为民国司法界放一线之光明。然以国家尚无一定之法律巩固其地位,往往依都督之意向,可以存废。故各处已设之律师机关,非但信用不昭,且复危如巢幕,若竟中止,则司法前途,势必重坠九渊。因此特于公余之暇,采取东西成法,就吾国所宜行者,编成《律师法草案》若干条,呈请大总统,准予咨送参议院

---

[127] [苏联]列宁:《中国的民主主义和民粹主义》,载《列宁选集》(第2卷),人民出版社1995年版,第296页。

[128] 伍廷芳:《中华民国图治刍议》,商务印书馆1915年版,第十二章。

[129] 伍廷芳:《中华民国图治刍议》,商务印书馆1915年版,第十二章。

议决施行,庶司法机关得以完固,民间冤抑凭以雪伸。"[130]

孙中山在《大总统令法制局审核呈复律师法草案文》中,对孙润宇拟制的《律师法草案》批复如下:"律师制度与司法独立相辅为用,夙为文明各国所通行。现各处既纷纷设立律师公会,尤应亟定法律,俾资依据,合将原呈及草案发交该局,仰即审核呈复,以便咨送参议院议决。切切!此令。"[131]此前,律师业务兴起较早的上海已于1912年1月发起成立律师公会,制定了《中华民国律师总公会章程》。1912年1月28日,在上海召开中华民国律师总公会成立大会,选举蔡寅为临时会长,许继祥、涂景耀为临时副会长,从而表明资本主义国家通行的律师制度已在这个新政权的辖区内日渐兴起。

至于实行公开审判制度,《中华民国临时约法》第五十条规定:"法院之审判须公开之。但有认为妨害安宁秩序者,得秘密之。"湖北军政府在制定的《临时上诉审判所暂行条例》中也规定:"诉讼之辩论及判断之宣告,均公开法庭行之。但有特别事件,可宣示理由,停止公开。"[132]

辩护制度与公开审判制度是资产阶级司法制度的重要内容,孙中山力图在南京临时政府权力所及之处加以实施。为了起到示范作用,还就特定案件组织包含辩护、陪审与公开审判在内的所谓"文明审判"。1912年2月下旬,临时大总统孙中山电令沪军都督审理前山阴县令姚荣泽擅杀一案,伍廷芳认为此案情节重大,须要审慎周详,以示尊重法律,并企图借此显示南京临时政府所实行的文明审判。为此,他特"准两造聘请辩护士,到堂辩护",[133]并致电孙中山建议"审讯时任人旁听",如此,"则大公无私,庶无出入之弊"。[134]

---

[130] 《南京临时政府公报》第35号。
[131] 《南京临时政府公报》第45号。
[132] 《湖北军政府文献资料汇编》,武汉大学出版社1986年版,第735~736页。
[133] 许师慎:《国父当选临时大总统实录》(上册),国史丛编社1992年版,第366页。
[134] 许师慎:《国父当选临时大总统实录》(上册),国史丛编社1992年版,第366页。

第十二章　北京政府时期*近代法制文明的推动与顿挫

1912年4月,袁世凯在北京就任临时大总统,建立了北京政府。北京政府虽保持着民国的形式,但军阀迭起执政,以致徒具民国之名,而无民国之实。孙中山曾经发起二次护法运动,并进行了护法战争,但均以失败告终。北京政府期间也进行了多方面的立法活动,虽取得一定的成绩,但由于向封建礼制的妥协和屈从于军阀的肆虐,以致损害了其光彩,可以称道者是民律二草的修订和大理院在独立审判方面的贡献,尤其是法界精英的理论著述和立法司法实践,为法制文明的进步写下了浓重的一笔。

一、北京政府建立后的毁法与护法

1911年2月,在南北议和已为袁世凯篡夺革命政权铺平了道路,孙中山被迫"尽让政权于袁氏"的严峻形势下,坚持制定和公布《中华民国临时约法》,"必令袁世凯宣誓遵守约法,矢忠不二",作为南北统一之条件,以防止袁世凯对于权力的滥用。因此,1912年3月11日由南京临时政府颁布的《中华民国临时约法》,不仅是辛亥革命的胜利成果,也是孙中山为保卫民国而进行斗争的法律武器。如果说推翻清朝建立民国以后,民主派便失去了前进的目标,那么在制定《中华民国临时约法》以后,民主派更是错误地以为民国已经得到了保全,而

---

* 此处指 1912~1928 年。

呈现出一派瓦解涣散的状态。事实上,随着南京临时政府的终结,《中华民国临时约法》被撕毁的噩运也已经到来了。

袁世凯从上台之日起,便蓄意炮制舆论,诋毁《中华民国临时约法》,力图消除这个横在他窃国道路上的障碍。他叫嚣说:"临时约法限制过苛,因而前参议员干涉太甚,即无内忧外患之压迫,必且穷年累月莫以为功。"[1]他甚至以"朕即国家"的口吻声称:"本大总统一人一身之受束缚于约法,直不啻胥吾四万万同胞之身命财产之重,同受束缚于约法。"[2]为了撕毁约法,他首先下令解散根据《中华民国临时约法》产生的国会,使《中华民国临时约法》变成毫无实际意义的一纸空文。然后又于1914年3月18日,召开了制定新约法的会议。袁世凯在开会颂词中,继续发出对《中华民国临时约法》的攻击,他说:"若长守此不良之约法以施行,恐根本错误,百变横生,民国前途危险不可名状。"[3]经过约法会议,正式废除了《中华民国临时约法》,代之以被时人讥讽为《袁记约法》的《中华民国约法》。

《中华民国约法》以确认作为大总统的袁世凯的无限权力为特征,取消了责任内阁制和国会对总统行使权力的一切牵制。总统不仅垄断行政、立法、军事各种大权,还可以连选连任终身。在施行新约法的名义下进行的官制改革,公然复活了部分封建官制,成为复辟帝制的先声。"司马昭之心路人皆知",连外国的评论也指出:"中国看来已趋向于一个民主外貌下的专制政府。"[4]袁世凯猖狂毁法窃国的事实粉碎了资产阶级民主派"法律限袁"的迷梦,使一些人清醒了,所谓法律限袁,不过是在军阀势力的压力下无可奈何的消极抗争和自我安慰。

继袁世凯之后,皖系、直系军阀翻云覆雨,迭起执政,他们拒绝恢复作为民国象征的《中华民国临时约法》,以示对民国的深恶痛绝。在此期间还发生了洪宪帝制和张勋复辟,公然推翻民国,恢复帝制。就在民国迭遭危机之际,孙中山鉴于《中华民国临时约法》是奠定资产阶级共和国政体的根本(如他所说:"约法……共和国之命脉也。"[5]),以恢复《中华民国临时约法》为号召,发起并领导了反对北洋军阀政府、保卫民国的"护法运动"。

1917年7月,当皖系军阀践踏民国法统之际,孙中山率领受革命影响的应

---

[1]《袁大总统书牍汇编》卷一,上海广益书局1914年版,第13页。
[2]《袁大总统书牍汇编》卷一,上海广益书局1914年版,第15页。
[3]《约法会议开会颂词》,载《袁大总统书牍汇编》卷一,上海广益书局1914年版,第39页。
[4] 惠勒:《中国与世界战争》。
[5]《中山先生之乐观——东京归客述》,载《民国日报》1916年5月6日。

瑞、应琛两舰官兵和部分旧国会议员,由上海抵广州。8月31日,召开国会非常会议,通过《中华民国军政府组织大纲》,建立了中华民国军政府。9月1日,选举孙中山为海陆军大元帅,正式揭开了保卫民国的护法运动。孙中山在《中华革命军大元帅檄》中,痛斥袁世凯"改毁约法,解除国会,停罢自治,裁并司法,生杀由己,予夺唯私……朋坐族诛,淫刑以逞"。同时,强调《中华民国临时约法》为"民国开创时国民真意之所发表,而实赖前此优秀之士,出无量代价以购得之者也……违反约法,则愿与国民共弃之……尊重约法,则愿与国民共助之"。[6]

护法与毁法的斗争,是以孙中山为代表的资产阶级民主派和以北洋军阀为代表的封建买办势力之间,围绕真共和与假民国而展开的激烈斗争。护法运动是孙中山发动的又一次保卫民国的斗争,正如孙中山所阐明的那样:"拥护约法,即所以拥护民国,使国人对于民国无有异志也。"他发愤借此"为民国一清官僚盗贼之害,以树立真正之共和"。[7]他坚定地表示:"既以护法为职志,则只有努力奋斗,期必达目的而后止。"[8]在北洋军阀肆无忌惮地践踏民国的情况下,高举保卫民主共和制度、反对军阀独裁的"护法"旗帜,具有一定的进步意义。四川、湖北、安徽、浙江、湖南、陕西等地也遥相呼应,组织了护法军、靖国军,一时之间,声势大作。

但是,护法运动仅以恢复约法和旧国会为目的,缺乏积极的政治内容,既没有触及当时中国社会的根本问题,也未能反映广大工农群众的迫切要求,因而缺乏动员的力量,以致"闻有毁法者不加怒,闻有护法者亦不加喜"。[9]尤其是孙中山寄希望于地方军阀的支持,这就注定了护法运动必然要失败。当时佯示拥护护法的滇、桂两系军阀,不过是借以猎取政治资本,扩充实力,巩固其割据下的独立王国,对抗皖系军阀的"武力统一"政策而已,他们的立场是随着北京政府付出的筹码而随时转移的。当直、皖系军阀由于权力之争公开分裂时,滇、桂系军阀遂即附和直系,互相勾结,极力排挤孙中山,破坏护法斗争。1918年5月,他们悍然修改了护法军政府组织法,将大元帅制改为总裁制,孙中山仅为七总裁之一,被剥夺了领导权,护法运动遂告夭折。孙中山在护法军政府内"艰难支撑一年之久,孑然无助,徒为亲厚所痛,仇雠所快,终至于解职以去"。[10]至于各地的护法力量,互不统属,孤军作战,最终陷于自生自灭,严酷的现实使

---

[6] 孙中山:《讨袁宣言》,载《孙中山选集》,人民出版社1981年版,第113页。

[7] 中国国民党中央党史委员会编订:《国父全集》(第3册),中央文物供应社1981年版,第585页。

[8] 孙中山:《中华民国宪法史前编序》,载《孙中山全书》(第4册),广益书局1929年版,第1221页。

[9] 孙中山:《制定建国大纲宣言》,载《中山丛书》(四),太平洋书店1927年版,宣言第21页。

[10] 《复港商陈庚如函》,载胡汉民:《总理全集》(第3册),上海民智书局1930年版,第311页。

孙中山认识到南北军阀"如一丘之貉"。[11] 护法运动虽然失败了，但是袁世凯帝制自为和张勋复辟的瞬间破灭，使孙中山深切感到民意不可违，约法对保卫民国所可能起的积极作用，归根结底在于它所代表的民意。他说："民国约法……此四万万人民公意之表示也，是故袁世凯以洪宪奸之于前而不可，张勋以复辟于后而辄败。"[12]

1921年1月，孙中山借助广东军阀陈炯明的支持，再度南下广州，由国会非常会议选举为大总统，又一次树起"护法"的旗帜，史称第二次护法运动。由于第二次护法运动发生在新民主主义已经开始时期，因此更加失去了政治上的号召力。屈从于军阀势力的旧国会早已声名狼藉，失去人心，因此，第二次护法运动比起第一次护法运动的影响更小，势力仅及广东一省之间，很快便因为陈炯明勾结直系军阀发动武装叛变，宣告失败。两次护法运动的失败，使孙中山认识到"护法断断不能解决根本问题"。[13] 他在总结这段历史教训时，沉痛地说："辛亥之役，汲汲于制定《临时约法》，以为可以奠民国之基础，而不知乃适得其反……试观元年《临时约法》颁布以后，反革命之势力不惟不因以消灭，反得凭借之以肆其恶，终且取《临时约法》而毁之。"[14]

历史证明，《中华民国临时约法》是进步的社会力量通过群众性的斗争的产物，它反映了阶级力量对比关系的新变化。但是，在外有帝国主义列强扼制，内有军阀势力割据争雄的历史条件下，要想实现资产阶级共和国的方案和约法，首先必须解决帝国主义和中华民族的矛盾，封建主义和人民大众的矛盾，这是一场更为深刻、更为尖锐的斗争，不是靠善良的愿望所能达到的。护法运动是孙中山在辛亥革命以后发动的保卫民国的一场严肃的斗争，也是中国旧民主主义革命的尾声。如果说把民国的命运系在一纸约法上，表现了民主派政治上的软弱，那么《中华民国临时约法》的迭遭撕毁和护法运动的频连失败，则进一步证明了"如果没有政权，无论什么法律，无论什么选出的机关都等于零"。[15] 如同孙中山所说："元年以来尝有约法矣，然专制余孽、军阀官僚僭窃擅权，无恶不作，此辈一日不去，宪法即一日不生效力，无异废纸，何补民权。"[16] 他又说："宪

---

[11]《中山丛书》讲演，第55页。
[12]《中华民国宪法史前编序》，载《孙中山全书》（第4册），广益书局1929年版，第1221页。
[13]《中山丛书》讲演，第55页。
[14]《制定建国大纲宣言》，载《中山丛书》（第4册），太平洋书店1927年版，第21页。
[15][苏联]列宁：《杜马的解散和无产阶级的任务》，载《列宁全集》（第11卷），人民出版社1959年版，第98页。
[16]《中国国民党第一次代表大会宣言》，载《孙中山选集》，人民出版社1981年版，第588页。

法之成立,唯在列强及军阀势力颠覆之后耳。"[17]

经过革命斗争的实际教育,孙中山对于西方民主制度的认识也进入了一个新的境界。他在《民权主义》的演讲中指出:"考察欧美的民权事实,他们所谓先进的国家,像美国、法国,革命过了一百多年,人民到底得了多少民权呢?照主张民权的人看,他们所得的民权还是很少。"不仅如此,他还从中国的具体情况出发,阐明了把代议政体视为"人类和国家的长治久安之计,那是不足信的"。"各国实行这种代议政体都免不了流弊,不过传到中国,流弊更是不堪问罢了。大家对于这种政体如果不去闻问,不想挽救……国家的前途是很危险的。"[18] 1924 年国共第一次合作以后,孙中山重新解释了三民主义,提出了联俄、联共、扶助农工的三大政策,开始了他一生中又一个伟大的转变。他在《中国国民党第一次全国代表大会宣言》中,提出了"推行宪法之先决问题"在于民众的拥护和组织民众。他说:"民众果无组织,虽有宪法,即民众自身亦不能运用之,纵无军阀之摧残,其为具文自若也。"[19] 从而表明这位站在时代潮流前面的先进人物已经摆脱了护法斗争的拘囿,迈出了更加铿锵有力的步伐。鲁迅在《孙中山先生逝世后一周年》一文中,对他那永不停滞的革命精神作了如下的评价:他"站出世间来就是革命,失败了还是革命;中华民国成立以后,也没有满足过……直到临终之际,他说道:'革命尚未成功,同志仍须努力!'"他是一个"永远的革命者,无论所做的哪一件全都是革命"。[20]

二、制宪与法统之争

(一)《天坛宪草》的历史命运

由袁世凯建立的北京政府,又称北洋军阀政府。北京政府是帝国主义支持下的、以军事实力为支柱的、带有浓厚封建性的军阀政府。在袁世凯帝制自为覆灭以后,皖系军阀段祺瑞,直系军阀曹锟、吴佩孚,奉系军阀张作霖,先后控制北京政府,直到第一次国内革命战争,才最终推翻了达十六年之久的北洋军阀的统治。

北京政府虽然是带有浓厚封建性的军阀政府,但是社会经济的发展、文化

---

[17] 孙中山:《中国国民党第一次代表大会宣言》,载《孙中山选集》,人民出版社 1981 年版,第 588 页。
[18] 孙中山:《民权主义第四讲》,载《孙中山选集》,人民出版社 1981 年版,第 757 页。
[19] 《孙中山选集》,人民出版社 1981 年版,第 588 页。
[20] 《鲁迅全集》(第 7 卷),人民文学出版社 1981 年版,第 393~394 页。

的进步,特别是辛亥革命的实践,使绝大多数中国人选择了民主共和的政治体制,这就使他们虽不情愿,但又不得不进行制宪活动;虽不情愿,但又不得不标榜所谓的法统。

辛亥革命期间产生的南京临时政府制定了《中华民国临时约法》,由此而形成了法统的观念。所谓法统,是指统治权力的法律依据、法律来源,亦即先有一定的宪法性的法律,而后根据这种法律产生的国家政权,才是合法的、正统的、不可动摇的。正因如此,从袁世凯到冯国璋、段祺瑞都迫不及待地进行立宪活动,以取得法统地位。

根据1912年《中华民国临时约法》的规定,在该法施行后十个月内,由临时大总统召集国会;由国会制定宪法。这项规定也含有借助国会和宪法限制袁世凯专权恣肆之意。袁世凯虽然深恶国会的形式,但在辛亥革命后民主思潮高涨时期,一时还不敢公开抵制国会的召开。同时,他也奢想利用国会把自己选为合法的总统,以便"挟国会以号召天下"。但他绝不容许民主派利用辛亥革命的影响获得国会多数席位而展开议会内的斗争。为此,在国会召开前夕,他派人刺杀了幻想以多数党的身份组织责任内阁的国民党代理理事长宋教仁,并策动梁启超等人将原君主立宪派、旧军阀官僚和同盟会的一些人组织的民主、共和、统一三个小党合并成进步党,以对抗在议会选举中取得了多数席位的国民党。不仅如此,袁世凯又唆使亲信、总统府秘书长梁士诒收买了一部分议员组成公民党,作为他在国会内的御用工具。

1913年4月8日,在不同的政治势力围绕权力而展开的纵横捭阖的激烈斗争中,中华民国国会召开了。根据国会选举法和组织法关于先制定宪法而后依据宪法选举总统的规定,众、参两院各选出三十名宪法起草委员会委员,于1913年7月12日,成立宪法起草委员会,开始起草宪法。在这期间,袁世凯镇压了孙中山领导的南方七省讨袁的"二次革命",起草委员会中属于国民党的十几人,或被捕杀,或逃亡,只有很少人参加活动。

袁世凯同意先制定宪法,固然是迫于当时的形势,但更为重要的原因是以此取代《中华民国临时约法》,巩固其"合法"的法统地位。当时处于在野党地位的国民党等政治势力,则企图通过制宪实行政治权力的再分配。由于双方意见分歧,制宪进展迟缓,不能满足袁世凯就任正式大总统的迫切愿望。因此,他指使党徒制造舆论说:"宪法产生,需时甚久,若长此无正式负责之元首,对内对外均属不便。"与此同时,策动全国十九个省区的都督通电,声称"先选总统,后定宪法,在今是拥护共和、巩固民国的重要关键",并以所谓"不先选出正式总统,列强不承认中华民国"相威胁,迫使国会接受了先选总统、后定宪法的意见。

于 1913 年 10 月 4 日,通过《大总统选举法》,并于当日颁布。10 月 6 日,完成了选举袁世凯为总统的法定程序,10 月 10 日,袁世凯正式就职大总统。国会在完成这个程序以后,不仅在全国人民面前丧失了权威和尊严,也成了袁世凯的赘物,不到一个月便被下令解散。10 月 31 日,在国会解散前夕,宪法起草委员会三读通过了《中华民国宪法草案》,这是北洋政府时期第一部宪法草案。由于宪法起草委员会是在北京天坛祈年殿进行起草活动的,因此,这部宪法草案通称《天坛宪草》。

《天坛宪草》共分十一章,一百一十三条。从总体上看,由于距离辛亥革命发生的时间较短,民主共和体制的影响仍然深入人心,因此《天坛宪草》在第一章"国体"中规定:"中华民国永远为统一民主国。"宪法起草委员杨铭源特作如下说明:"自辛亥革命之后,遂由君主变为民主,然此种变更实非容易得之者,在辛亥未革命以前,已牺牲无数性命,及改革时,又抛掷无数头颅以为代价",因此将民主国规定为第一条,"即所以使后世之人知民主成立之难,必须常存保全之念"。[21]

在第二章"国土"规定:"中华民国国土依其固有之疆域。国土及其区划,非以法律不得变更之。"

在第三章"国民"规定:"凡依法律所定属中华民国国籍者,为中华民国人民";"中华民国人民,于法律上无种族、阶级、宗教之别,均为平等。"

在国家制度上,实行三权分立的原则。国会采取两院制,众议院对于国务总理之任命有同意权,对于国务员,得为不信任之决议;大总统经参议院同意,得解散众议院;大总统由国会议员组织总统选举会选举之,并设副总统;法官独立审判,依法律受理民、刑、行政及其他一切诉讼。

在《天坛宪草》的起草过程中,围绕着总统制或内阁制的选择上,各种政治势力展开了激烈的权力角逐。袁世凯主张实行总统制,以便于集权;国民党则坚持实行内阁制,以分享权力。宪法起草委员会虽然否定了总统制的意见,但迫于袁世凯的压力,却又规定了总统有颁布紧急命令权以及总统控制下的政府有财政紧急处分权。为了限制这两种重大职权的行使,国民党提议由两院议员内各选出二十名委员,组成"国会委员会",在国会闭会期间,如行使上述两项权力,须经国会委员会议决。对此,袁世凯断然予以拒绝。1913 年 10 月 25 日,他在发给各省文武长官的"有电"中,声称"草案内谬点甚多","影响于国家治乱兴亡者极大"。他指责由国会委员会议决发布紧急命令权和财政紧急处分权,

---

[21] 吴宗慈:《中华民国宪法史前编》,第四章,文海出版社 1988 年版,第 101 页。

是"侵夺政府应有之特权",是"以少数人专制多数人,此尤为蔑侮立法之甚者也"。[22] 与此同时,他还指责宪法草案所规定的"国务总理之任命,须经众议院之同意""众议院对于国务员,得为不信任之决议",是"行政权全在众议员少数人之手,直成为国会专制矣"。"有电"要求各省文武长官"于电到五日内,迅速条陈电复"对于宪法草案的意见。根据袁世凯的授意,张勋、冯国璋等在复电中说:"关于宪法草案,该党(指国民党)主张奇谬,破坏三权分立之原则……非将该党从速禁除,无以定国本之动摇,餍人民之心理。"[23] 11月4日,袁世凯借口国民党议员"勾结乱党",下令解散国民党,撤销国民党议员资格,连夜搜查追缴了四百三十八名国民党议员的证书、徽章,使国会不足法定人数,无法开会。1914年1月,袁世凯正式下令解散国会;2月,又接连下令停办地方自治,解散了各省省议会。《天坛宪草》就这样还没有出台,便成了一张废纸。

在《天坛宪草》起草过程中,还曾经掀起将孔教列入宪法的争论。进步党议员提出应将孔教定为国教,理由是:以宪法规定国教,普鲁士、意大利等国都有先例,"信教自由之规定,列国皆所从同,我国之尊孔教,久成事实,许信教之自由,亦久成事实。两皆事实,则此条规定,本属骈枝,惟本宪法既从各国通例,将各种自由权悉为列举,信教一项,不容独遗……故以为既将许信教自由之事实,列入宪法,同时亦宜将崇仰孔教之事实,一并列入也"。[24] 国民党议员则明确反对,认为孔子的学说是一种哲学思想,不是宗教;孔子的学说是二千年以前产生的,现已过时;中国是五族共和,每个民族各有自己的宗教,不能强迫一个民族信奉他民族的信仰;孔子的学说属于道德范围,不能规定于宪法之中。[25]

经过争论、协商,最后折中双方的意见,定为"国民教育,以孔子之道为修身之本"。这场争论的发生不是偶然的,因为孔子学说是以"三纲"为核心的,是有利于复辟帝制的,可见,孔教入宪是和袁世凯阴谋复辟帝制分不开的。因此,袁世凯在"保存国粹"的幌子下公然下令尊孔读经。与此相呼应,以康有为为首的一批前清的遗老遗少、文人墨客也纷纷成立各种名目的尊孔组织。康有为不仅和孔教会掀起要求"以孔教为国教""编入宪法"的请愿活动,还在他主办的《不忍》杂志上连续发表文章,攻击共和制,鼓吹只有孔教和复辟才能救中国。他们所掀起的尊孔复古的逆流是对辛亥革命前后民主思潮的反动,遭到新文化运动

---

[22] 《袁世凯致黎元洪等电》,1913年10月25日,见《奉天省公署档》。
[23] 吴经熊、黄公觉:《中国制宪史》(上册),商务印书馆1937年版,第50~52页。
[24] 张国福:《民国宪法史》,华文出版社1991年版,第94页。
[25] 参见张国福:《民国宪法史》,华文出版社1991年版,第94页。

的倡导者和参加者陈独秀、李大钊、吴虞、鲁迅等人的尖锐抨击,扫荡了他们所散布的舆论尘埃。

《天坛宪草》虽然是妥协的产物,但国民党在宪法草案起草过程中发挥了主导作用,因此基本坚持了《中华民国临时约法》的精神实质,规定了责任内阁制,限制了袁世凯独裁权力的发展。然而,资产阶级的软弱性使《天坛宪草》中没有规定反帝反封建的民主革命的内容和平均地权的政策,对于人民的民主自由权利也缺乏物质保障。如果说制定《中华民国临时约法》意在限制袁世凯专权恣肆,那么,在制定《天坛宪草》时,国民党仍然把防止袁世凯独裁、捍卫共和国体的愿望寄托在一纸宪法上。所不同者,这时的国民党除法律限袁外,还掺杂有依法分享权力的动机。

(二)"贿选宪法"的破产与法统之争的余音

袁世凯帝制自为失败以后,北洋军阀政权遂由形式上的统一走向公开的分裂。中国地方性的农业经济和帝国主义的分裂剥削政策造成了北洋军阀的割据和连年混战。在英国、美国和日本帝国主义的分别操纵下,争夺控制中央政府的北洋军阀主要是直系、皖系和奉系。

继袁世凯之后任总统的黎元洪,为了表明继承民国的法统,以确保自己的地位,力主恢复《中华民国临时约法》和国会。当时控制北京政府实权的皖系军阀、国务总理段祺瑞,在各方压力下,被迫宣布恢复《中华民国临时约法》和根据《中华民国临时约法》产生的国会,并于1916年6月29日以大总统命令:"召集国会,速定宪法……宪法未定以前,仍遵行中华民国元年三月一日公布之'临时约法'。"同年8月1日,国会在北京开会,议决继续"制宪",并以《中华民国宪法草案》(即《天坛宪草》)为国会两院宪法会议讨论的基础。9月5日,宪法会议开幕,正式开始"制宪"活动。段祺瑞企图制定一部加强中央集权、打击和排除异己势力的宪法;而反段的军阀势力则希望通过"制宪"抑制和削弱皖系对政权的控制。因此,争论的主要问题是中央和地方的关系。部分议员主张各省可制定省宪,省长民选,认为:"民国成立以来,各种法制未备,中央与地方每多自由行动,于是中央责地方之跋扈,地方责中央之专横,此皆无法律为之限制,故发生此种问题耳。若使省制定入宪法,则中央与地方皆有所遵守,跋扈者无从跋扈,专横者无从专横。"他们又说:"省制不加入宪法,则中央不能稳固。如将省制列入宪法,则地方人民视国事如家事,无不自行负责。各国之强盛全由地方人民权力扩张,中国屡弱俱由地方人民无法行使权力,以致遇有国事之事,即如秦人视越人之肥瘠漠不相关,似此地方安能发展,如将省制定入宪法……则人民政治思想日益发展,国事必臻强盛。"他们还举世界各国为例说:"无论单一国、联邦国,所有地方制度大抵多加入宪法之中。"[26]

另外一部分议员反对省制列入宪法,认为将影响宪法的稳固,增加议会与督军的隔阂,有负全国人民切盼早日制定宪法之期望。双方争执不下,最后酿成民国宪法史上有名的"大讼案"。段祺瑞为了抵制总统集权和将省制列入宪法,仿袁世凯故伎,唆使皖系各省督军组成督军团,攻击总统权力过大,议会专制,"与责任内阁制的精神完全不相符合"。

更有甚者,段祺瑞发动丁巳宣统复辟,而后又以"再造共和"元勋自命,控制北京政府,并组织"安福国会"进行制宪。但随即发生的直皖战争,皖系失败,"安福国会"随即解散。

得到英美帝国主义支持的直系军阀曹锟、吴佩孚,经过直皖战争和直奉战争,先后击败了由日本帝国主义扶植的皖系军阀段祺瑞和奉系军阀张作霖,独自控制了北京政府。为了迎合民众要求民主与法治的心理,并把自己塑造成民国"法统"的继承者和维护者,吴佩孚在通电中称:"自法统紊乱以来,南北相持,各不相下……当局者矜念孑遗,捐弃成见……开国是会议于庐山,解以往之纷争,消日前之战乱,开建设之程序。"[27]因而,一方面宣布恢复《中华民国临时约法》,另一方面重开国会,修订《天坛宪草》。英美帝国主义为了加强其在中国的侵略地位,竭力支持曹锟、吴佩孚的"武力统一"政策,积极赞助曹锟登上总统的宝座。1923 年 5 月,美国驻华公使亲自赴保定和曹锟商谈"最高问题"(即总统选举问题)。6 月,美国总统哈丁表达了美国银行团可以帮助中国"统一"的意见。1923 年 10 月 5 日,曹锟通过贿选,被国会选举为大总统,为了平息反对贿选的浪潮,曹锟加紧制定宪法,于 10 月 10 日公布了《中华民国宪法》,这是旧中国正式公布的第一部宪法。

《中华民国宪法》是在《天坛宪草》的基础上制定的,共分十三章,依次为国体、主权、国土、国民、国权、国会、大总统、国务院、法院、法律、会计、地方制度、宪法之修正解释及其效力,共一百四十一条。这部宪法既然是为平息反对贿选而制定的,因此,在形式上较多地援引西方资产阶级共和国宪法的条款,规定"中华民国永远为统一共和国";"中华民国主权,属于国民全体",还特别规定了"国体不得为修正之议题",以表示对袁世凯洪宪帝制和张勋复辟所持的反对态度。除此之外,大总统各项权力的行使须依法律,或经国会同意;任命国务总

---

[26] 吴宗慈:《中华民国宪法史》,法律出版社 2013 年版,第六章第 287 页。

[27] 赵恒惕等编:《吴佩孚先生集》,台北,文海出版社 1971 年版,第 352 页。

理须经众议院同意;众议院对大总统、国务员有弹劾权;等等。但与此同时,宪法也规定了大总统总揽民国的行政权,并为陆海军大元帅,统率陆海军;大总统不仅有权"停止众议院或参议院之会议",并有权解散众议院,从而保证了大总统的实际权力凌驾于国会之上。

在这部宪法中专列"国权"和"地方制度"两章,明确规定中央和地方政府的权力和职能。曹锟由于"贿选"招致举国反对,处境十分狼狈,因此企图通过向地方军阀许诺权限的办法换取地方各派军阀势力的支持。但是,宪法虽然罗列了数十条地方权限,但要以服从中央政府为前提,否则"得以国家权力强制之","得以法律之规定惩戒之",实际仍是武力统一政策的继续。不仅如此,在中央与地方的权力划分上,还存在明显的有悖法理的现象。杨幼炯批评《中华民国宪法》中关于"国权"和"地方制度"的规定,"既列举中央与省之权限,实具有联邦之性质,而又居然以统一国家冠其篇,其矛盾模糊,是此次宪法之最大缺点"。[28] 他又说:"如有未列举事项发生时,其性质关系国家者,属之国家;关系各省者,属之各省。遇有争议,由最高法院裁决之。""盖何种事件为关系国家之事项,何种事件为仅关系一省之事件,纯属于政治问题。法院为解释法律机关,以之处理此种政治性质之争议,既不相宜,且难免不因是而动摇法院之独立。"[29]

至于宪法规定的中华民国人民一律平等,无种族、阶级、宗教的区别,人民依法享有保有财产、营业、言论、著作、刊行、集会、结社、通信秘密、居住迁徙、信教等自由,以及请愿、诉讼、选举、被选举等权利,均需以依照法律为享有和行使的先决条件。所谓"非依法律不受限制","得以法律予以限制"。如果说北洋政府法律的实质是地主买办阶级及军阀官僚意志的体现,那么依法赋予人民多少权利自由,也就可想而知了。1923年9月30日,蔡和森同志在《向导周报》上发表文章,指出:"今年双十节第一桩应注意的事,无用说是曹锟的登台。无论是他用贿选的形式,或拥戴的形式而登台,其在中国政治上的影响,不仅是加强反动而黑暗的军阀政治,而且一定要加强美英帝国主义在中国的统治权力。曹锟上台之后,不仅吴佩孚得着英国大借款的帮助,武力统一之祸愈遍全国,而英美挟持曹锟这个软弱贪庸的机械于其手,予取予求将无不如愿以偿,中国国权领土之丧失,将加倍迅速莫可究诘。所以双十节这一日,不仅应有反对曹锟登台的表示,并应有激烈的革命性质的大示威。"[30]

---

[28] 杨幼炯:《近代中国立法史》,上海书店出版社1989年版,第313页。
[29] 杨幼炯:《近代中国立法史》,上海书店出版社1989年版,第313页。
[30] 《今年双十节应注意的四大事》,载《向导周报》第42期。

直系军阀凭借武力和金钱贿选取得的统治权招致全国人民的坚决反对,已不是一纸《中华民国宪法》所能挽救的。就在全国纷纷通电声讨之际,北京政府又血腥镇压了京汉铁路罢工的工人,戳穿了宪法所规定的民主的虚伪性和军阀独裁的本质,并且掀起了更为激烈的反抗。直系军阀终于瓦解了,这部冠以贿选之名的《中华民国宪法》也被抛入"历史的垃圾堆"。

继曹锟之后,段祺瑞出任临时执政府执政,他上台伊始便声明"法统已坏,无可因袭",下令撤销了曹锟的"贿选宪法",同时宣告《临时约法》失效,国会也因之无形解散。随后又宣布"法统已成陈迹,望制宪大业,早日观成",于1925年8月3日成立了"国宪起草委员会",同年12月11日三读通过《中华民国宪法草案》,通称《十四年宪法草案》。该草案分为五编,十四章,一百六十条。它一方面规定总统握有较大的权力,另一方面又采取所谓联邦主义,赋予各省以实权,等于确认了军阀割据的既成事实。由于段祺瑞策划的、担当"议决宪法"任务的"国民代表会议"难产,这个段记宪法草案也胎死腹中。

手握兵权的北洋军阀是凭借武力夺取并控制北京政府的,在他们眼里无论宪法、法律都是没有约束力的,但却又不得不积极制定宪法,标榜所谓的法统,以辩护其统治权的合法性和正统地位。尽管法统之说并不科学,却反映了时代的变化所加给梦想武力统一者的一种约束,以致北洋军阀统治时期的制宪活动都是和法统问题联系在一起的。

三、进两步退一步的立法活动

(一)法学家的成长及其立法作用

中华民国建立以后,北京政府统治的十几年是中国社会经济与社会结构发生重大变化的时期。由自然经济为主体的农业社会向着工商业为主体的近代社会发展演变;原有的尊卑等级的社会秩序以及儒家的伦理观念受到了尖锐的冲击,传统的价值体系处于动荡和瓦解之中。过去在农业社会所形成的比较简单的社会关系,随着向工商业社会的发展而不断地复杂化,形成了多元关系。

1914年第一次世界大战前后,中国私人资本主义经济迎来了发展的黄金时期,即使是城乡手工业中的资本主义因素也取得了突破性的发展,在整个国民经济中占有重要的地位。至于国内的市场和商业,由于提倡国货运动而得以不断扩展;金融业也开始兴盛,并对社会经济起着积极的支持作用。

社会经济的发展必然要求法律的调整与保护,从而推动了立法的发展。南京临时政府时期,振兴实业的政策方针及其贯彻确实起到了振兴实业的作用。北京政府通过修订民律和颁布鼓励农业、商业、矿业的单行法,继续推动中国经济向着近代化迈进。在刑事立法方面,除1915年完成第一次刑法修正案、1918年完成第二次刑法修正案外,还颁布了一系列特别法。例如,1913年的《惩治盗匪法》、1915年的《陆军刑事条例》等。

以上可见,适应社会经济的发展,民商立法占有较大的比重,但民法典始终处于草拟阶段,在实践中还须适用《大清现行刑律》中的民事有效部分。至于刑事立法,基于军阀专政和社会的动荡不安而颁行的军事法和特别刑法突出地反映了时代的特点。

需要指出,辛亥革命后,法学家获得了施展才能的平台,他们为北京政府的立法起了积极的指导作用,经他们之手完成了北京政府的一系列立法。活跃在该时期的立法与司法领域的主要法学家有王宠惠、王世杰、江庸、史尚宽、吴经熊等。他们的成果丰硕,业绩彪炳史册。

王宠惠(1881～1958年),广东东莞人。1900年他毕业于北洋大学堂法律系,获钦字第一号文凭,为中国第一位本土的大学毕业生。1901年他赴日研读法学,1902年转赴美留学,在耶鲁大学获法学博士学位,后赴英国再行研究法学,取得英国律师资格。他还游历欧洲,考察各国宪法,并被选为柏林比较法学会会员。他赞同孙中山学说,组织发起成立国民会,1904年曾在美国协助孙中山撰写《中国问题的真解决》的英文稿。辛亥革命后,他曾任南京临时政府外交总长、北京政府司法总长、大理院院长、教育总长,并一度组阁,署理国务总理。至南京国民政府建立,先后出任司法院院长、外交部长等职。王宠惠的法学功底极为深厚,有多方面的成就。其主要著作有:《宪法刍议》《宪法危言》《宪法平议》《比较民法》《中华民国宪法之要点》《宪法之功用》《五权宪法》《五权宪法之理论与实践》等。在主持立法方面,1928年修订刑法时,他起草了《刑法草案》,经通过后于4月10日公布,即1928年《中华民国刑法》;其后他又以顾问身份参与了民法典的起草编订工作;1946年他还参与了宪法的制定。

王宠惠还于1921年代表中国出席太平洋会议,提出废除日本逼迫中国签订的"二十一条",为中国争取权利作出了贡献。1923年他被国际联盟选为海牙常设国际法庭正法官。1945年4月他代表中国出席《联合国宪章》制宪会议,对《联合国宪章》的制定提出了富有建设性的意见,并被委以润色和审定中文版工作的重任。同年,海牙国际法院遴选出世界最杰出的50位法学家,王宠惠名列其中。

王世杰(1891～1981年),湖北崇阳人。巴黎大学法学博士。1920年冬,他受北大校长蔡元培之聘回国,任北大法学教授,后任法律系主任。1929年至1933年,他担任国立武汉大学首任校长。1927年王世杰被任命为立法委员,同时担任法制局局长,兼任海牙国际仲裁所裁判官。他曾主持制定南京国民政府的民法、刑法、民事诉讼法等,后任教育部长、外交部长等职。王世杰治学,以宪法学见长,他与钱端升合撰的《比较宪法》影响深远。此外,他还著有或与他人合著有《宪法论理》《代议政治》《中国不平等条约之废除》《女子参政之研究》《中国奴婢制度》等。

江庸(1878~1960年),福建长汀人。1906年他毕业于日本早稻田大学法律学部,回国后就职于修订法律馆,参与了晚清的修律工作。民国时期,他担任北京政府大理院推事、京师高等审判厅厅长、司法总长、修订法律馆总裁等。1912年他参与创办私立朝阳大学,并于1927年出任校长。1923年他主办《法律评论》杂志,为推动法学发展作出了积极贡献。他的主要著作有《撤废领事裁判权问题》《选举诉讼释义》《现行间接选举制之障碍》《继母在民刑法上之地位》《五十年来中国之法制》等。

史尚宽(1898~1970年),安徽枞阳人。他毕业于东京帝国大学法律系,获法学学士学位。1922年秋,他赴德国柏林大学研究法律,后赴巴黎大学研究政治经济。史尚宽1927年回国后曾任中山大学、中央大学及政治大学教授,又先后担任立法委员、立法院法制委员会委员长、司法院大法官、司法行政部司法官训练所所长等职。他曾参与民法、宪法等重要法典之起草编订工作。其著述影响最大、最有学术价值的当数"民法全书":《民法总论》《物质法论》《债法总论》《债法各论》《亲属法论》《继承法论》。

吴经熊(1899~1986年),浙江宁波人。1920年他毕业于东吴大学法科,后留学于美国密歇根大学法学院,1921年获法学博士学位。此后他又游学于欧洲,曾在巴黎大学、柏林大学等从事哲学和法学的研究。1923年吴经熊应邀至美国哈佛大学进行比较法哲学的研究。1924年回国,他出任东吴大学法科教授。1927年他任上海特别市法院法官,并兼任东吴大学法学院院长。1928年他出任南京国民政府立法院的立法委员。1933年他出任立法院宪法草案起草委员会副委员长,任上公布有《中华民国宪法第一草案》,被称为《吴氏宪草》。吴经熊著有《中国制宪史》《法律哲学研究》《约法释义》等书,以及《关于编订民法之商榷》《我国旧法制底旧道德的成分》《新民法和民族主义》等文章。

就法制史学界而言,程树德、陈顾远、杨鸿烈等均有传世之作。程树德(1877~1944年),福建闽县人。他是清末举人,后留学日本,毕业于日本法政大学法律科。他回国后曾任法典编纂会纂修、国务院法制局参事,并担任北京大学、清华大学教授,著有《九朝律考》。陈顾远(1896~1981年),陕西三原人。1923年他毕业于北京大学。之后他曾任立法院立法委员,并任北京大学、复旦大学、中央大学、安徽大学、朝阳大学教授。他著有《中国法制史》《中国国际法溯源》等。杨鸿烈(1903~1977年),云南晋宁人。他毕业于国立师范大学外文系,后入清华大学国学研究院师从梁启超、王国维等国学大师。1937年他获日本东京帝国大学法学博士学位。他曾在南开大学、中国公学、北京师范大学、云南大学、河南大学等校任教。他著有《中国法律在东亚诸国之影响》《中国法律发达史》《中国法律思想史》等。

以上可见,民国时期的法学家所缔造的法学较之晚清有了重大发展,而且形成了新的特点。其主要表现为法学研究在广度和深度上得到拓展、深化。晚清时期法学主要是继受日本的法律学说,法学家们还缺乏批判地吸纳和创新的能力。至民国时期,中国学者已经学会了从比较法的角度来选取自己所需要的法律。1930年完成的《中华民国民法》就是在借鉴德国、瑞士民法的同时,也吸纳了日本、法国、苏俄等国民法的要素。如果说晚清时期法学主要是翻译外国著作和外国教习的讲义,那么民国时期已经从译书开始转向独立著述,不但有教科书,而且有大量的专业论文和著作。可以说,民国时期的法学研究已具有了相对的独立性和系统性。当然,民国时期法学研究的局限性也是显而易见的。由于法学家们主要围绕着紧迫、繁重的立法使命进行思考、著述,仍然没有走出以外国同类著作为宗的窠臼,在理论体系与研究方法上还缺乏原创性。此外,法学研究与现实生活和司法实践之间也缺乏有机的结合,立法中还存在着一些理想化的内容。

民国时期的法学家除关注专业的研究外,也致力于各种部门法的制定工作。如果说晚清修律只是初建了近代法律体系的雏形,那么,民国时期经过法学家的努力,通过各种部门法的制定和修订,最终完成了中国近代仿大陆法系的法律体系。

除此之外,在法学家的推动下,民国时期的法学教育也取得了长足的进步,法学教育的规模远远超过了晚清,呈现出多元化的发展趋势。为了保证法学教育的质量,北京政府教育部公布了《大学令》《大学规程》《法政专门学校规程》等法规,力图使中国的法律教育与国外的法律教育接轨。同时,根据"留良汰莠,勿失法政教育之精神",整顿和撤销因时而立、唯利是图的一些私立法律院校,借以实现"法政专门学校以养成法政专门人才"的宗旨。

辛亥革命所建立的民国政府,毕竟解除了桎梏人们思想自由发抒的专制枷锁,使法学家得以一展所长。无论法学、法律教育,还是立法活动,都较之清朝不可同日而语，这也显示了辛亥革命伟大的历史功绩。

(二)刑法典的修订和特别刑法的广泛适用

1912年3月，北京政府发布《临时大总统宣告暂行援用前清法律及〈暂行新刑律〉令文》，宣称："现在民国法律未经议定、颁布，所有从前施行之法律及《新刑律》，除与民国国体抵触各条应失效力外，余均暂行援用，以资遵守。"1912年4月30日，《大清刑律》被略加修订，改称《中华民国暂行新刑律》作为刑事基本法正式公布。只删除《分则》第一章"侵犯皇室罪"十二条；删除《暂行章程》五条；删除伪造或毁弃"制书""御玺"，窃取、强取或损害"御物"等七条；将"帝国"改为"中华民国"，"臣民"改为"人民"，"覆奏"改为"覆准"，"恩赦"改为"赦免"，此外与《大清刑律》基本相同。

1913年，袁世凯镇压"二次革命"以后，为了实现独裁统治，提出"以礼教号召天下，重典胁服人心"。[31] 据此，于1914年12月24日公布《暂行新刑律补充条例》十五条。其中恢复了"对尊亲属有犯不得适用正当防卫之例"，以及无夫奸为犯罪；确认了家长的"送惩权"，尊亲伤害卑幼从宽，以及亲属相隐(《暂行新刑律补充条例》第二条规定"藏匿刑事暂保释人者，处四等以下有期徒刑、拘役或三百元以下罚金。意图犯前项之罪而顶替自首者，亦同。刑事暂保释人之亲属，为暂保释人利益计而犯前二项之罪者，免除其刑")。可见《暂行新刑律补充条例》为了贯彻以礼教号召天下，不仅沿行《大清刑律》所附《暂行章程》的某些条款，而且恢复了《大清刑律》中业已取消了的某些封建刑法原则，实现了礼教派在礼法之争中所没有争得的法律规定。

1915年4月以《中华民国暂行新刑律》为基础，完成《修正刑法草案》，共分总则、分则两编，五十五章，四百三十二条。在《刑法草案修正要旨》中，也以伦理为号召，宣称："中国数千年来，以礼教立国，昔人所谓礼之所去，刑之所取，则立法自必依乎礼俗。"以致在总则中增加《亲属加重》一章，并将《暂行新刑律补充条例》中关于尊亲属相犯不得实行正当防卫以及"无夫奸"的规定纳入刑法草案正文。在分则中增加"侵犯大总统罪"以及"私盐罪"。前者反映了当时的立法者对于袁世凯发展专制权力的迎合，后者是为了保障国家盐税收入，以满足财政的需要。《修正刑法草案》由于袁世凯统治的崩溃，未及议决公布。

1918年7月继袁世凯之后，掌握北京政府大权的皖系军阀段祺瑞下令设立修订法律馆，重新修订刑法草案，以著名法律家董康、王宠惠为总裁。鉴于"编

---

[31] 谢振民编著：《中华民国立法史》(下册)，中国政法大学出版社2000年版，第887页。

订《修正刑法草案》时,方处袁氏专制之下,不免迎合意旨,或有顾及,时势变迁,则刑事政策自有变更之必要",[32]因而作了较大的修改。1919年草成《刑法第二次修正案》,共分总则、分则两编,四十八章,三百九十三条。总的特点是采用了近代资产阶级刑事立法的某些原则和内容,减少了封建性质的条款。譬如,明文规定故意及过失之范围、提高刑事责任年龄、部分废除刑期等级制度、改革缓刑制度,等等。此外,对分则各章加以合理地整合,例如将《中华民国暂行新刑律》中的"杀伤罪"分为杀人罪与伤害罪,以示杀人与伤害两者轻重悬殊、性质各异。又如,将《中华民国暂行新刑律》中的放火、决水及妨害水利、妨害交通、妨害饮料水、妨害卫生、危险物等罪,由各分一章,归并为"公共危险罪"一章。第二次修正案由于当时政治形势错综复杂,风云瞬变,没有颁布施行,但却成为南京国民政府制定刑法的基础。

北京政府除基本适用《中华民国暂行新刑律》外,还根据维持秩序、控制社会、镇压工农运动的需要,制定了数量繁多的刑事特别法。例如,1912年12月15日公布《戒严法》,1914年3月2日公布《治安警察条例》,1914年8月29日公布《治安警察法》,1914年11月27日公布《惩治盗匪法》,1915年1月1日公布《乱党自首条例》,1915年3月19日公布《陆军刑事条例》,1915年4月7日公布《海军刑事条例》,等等。以上单行法规基本上属于特别法,其适用优先于普通法,以发挥特别法的制裁作用。例如,在公布《惩治盗匪法施行法》的命令中,公然提出"刑乱不嫌用重,纵恶适以养奸";在《戒严法》中,还可以借口"非常事变""战争状态"进行军事镇压。总之,北京政府力图以"重典胁服人心",镇压民主运动,从而暴露了北京政府刑法的实质。

北京政府的刑法除表现出了军事镇压的特点外,还表现出了向封建性刑法倒退的倾向。在刑罚制度上,也同样存在着向封建刑制倒退的倾向,例如,1914年颁布《徒刑改遣条例》和《易笞条例》,恢复了业已废除的遣刑和笞刑。1914年9月19日,大总统袁世凯公布《徒刑改遣条例》,原令如下:"世界刑法惟吾国之流刑为最古,遣与流制虽各异而按诸刑事政策与移民政策,究亦名异而实同。清季修订《新刑律》,始一律定为徒刑,易以拘禁。盖以最新刑事政策,义取感化,服定役于监狱,易发其迁善改过之心,正不必屏诸远方,俾其自甘暴弃,揆当时立法之用意,陈义非不甚高,而不谓行之数年,其结果乃适与相反。狱政尚未修明,则多数杂居,既难以实施教化,设备多仍旧贯,则分房未易,更不免妨害卫生。积是种种原因,遂使在狱者,几成学习犯罪之地,因之出狱者,适为奖励犯

---

[32] 谢振民编著:《中华民国立法史》(下册),中国政法大学出版社2000年版,第891页。

罪之媒,为害公安,所关甚巨。加以事变而后,盗贼横行,反狱重案,既时有所闻,管狱各官,每穷于防护,法久生弊,亟宜酌量变通。本大总统为执行刑律起见,特别制定徒刑改遣条例,以济监狱执行之穷。嗣后凡属于本条例第一条所列徒刑各犯,均一律酌改发遣,并准其入各该遣地户籍,近可以为疏通监狱之谋,远可以收充实边防之效,于刑事政策、移民政策两有裨益。"[33] 事实上发布徒刑改遣的真正动机是加重若干重要犯罪的刑罚,如同江庸所说:"改遣条例,亦系民国三年颁行,由政治会议提出。用意初不在疏通监狱,特以大清律徒刑以上,尚有流刑,新刑律只有徒刑一种,新监又待遇囚徒太宽,不足以示惩儆,故定此改遣之法。"[34]

至于《易笞条例》,源于1914年4月,司法总长梁启超条陈改良司法计划,目的是疏通监狱。在世界各国久已废止身体刑的形势下,又是在民国建立以后,居然恢复笞刑,还规定:笞的质地为竹制,平其节;长四尺九寸,大头阔一寸四分,小头阔一寸三分,重不过九两;平击臀部,不得责打腰背胸胁手足,及其他虚怯等处。笞刑的恢复使人感到与法制文明的大趋势背道而驰。江庸曾以无可奈何的口吻谴责说:"恢复笞刑,虽易笞以轻重之破廉耻者为限,与前清笞刑不同,然当改良法制之日,而采用文明诸国久经废止之身体刑,实足堕司法之声誉。"[35]

由于民国北京政府统治时期,也是群众性反帝爱国斗争和工人运动的高涨时期,因此《修正刑法草案》及刑事特别法中,关于"妨害国交罪""内乱罪""妨害秩序罪""妨害公务罪"的矛头都指向群众爱国反帝和反抗军阀统治的言论与行动。凡"从事同一业务之工人,同盟罢工者,首谋处四等以下有期徒刑,首魁处无期徒刑,或二等以上有期徒刑"。《治安警察条例》也规定:禁止工人聚集"同盟罢工",或"强索报酬",违者处以徒刑或罚金。在北京政府刑法的镇压下,湖南、上海等地工人运动的领袖不断遭到迫害。人民群众逐渐觉醒到"我们不得不将这走狗的法庭与他的主人——军阀一齐推翻"。[36] 中国共产党于1922年6月15日发布《中国共产党对于时局的主张》,明确提出:"保障人民结社集会言论出版自由权,废止治安警察条例及压迫罢工的刑律。"[37] 1924年11月,由孙中山以"陆海军大元帅"名义正式公布的《工会条例》宣布:"凡刑律违

---

[33] 谢振民编著:《中华民国立法史》(下册),中国政法大学出版社2000年版,第949页。
[34] 江庸:《五十年来中国之法制》,载申报馆编:《最近之五十年》,商务印书馆1923年版。
[35] 江庸:《五十年来中国之法制》,载申报馆编:《最近之五十年》,商务印书馆1923年版。
[36] 《五四时期期刊介绍》第二集,三联书店1959年版,第346页。
[37] 中央档案馆编:《中共中央文件选集》(第1册),中共中央党校出版社1982年版,第26页。

警律中所限制之聚众集会等条文,不适用于本法。"[38] 1926年12月,湖南农民代表大会通过的《司法问题决议案》宣布:"民刑法律须全部改订,凡不利于农民的条文,须一律废除。"[39]可见,中国人民开始把反对北京政府刑法的斗争纳入新民主革命的轨道。

(三)民律二草与大理院民事判例要旨

1912年,大理院根据袁世凯发布的"所有从前施行之法律及新刑律,除与民国国体抵触各条,应失效力外,余均暂行援用,以资遵守"的命令,参议院于同年4月议决:"嗣后凡关民事案件,应仍照前清现行律中规定各条办理。"[40] 1914年在《上字第三零四号判例》中进一步确认:"民国民法典尚未颁布,前清之《现行律》除制裁部分及与国体有抵触者外,当然继续有效。至前清《现行律》虽名为《现行刑律》,而除刑事部分外,关于民、商事之规定,仍属不少,自不能以名称为刑律之故,即误会其为已废。"[41]《大清现行刑律》中民事有效部分的主要内容是:服制图、服制、户役、田宅、婚姻、钱债各门。在北洋政府的司法实践中,《大清现行刑律》民事部分经常被援引作为解决民事纠纷的法律依据,说明它确实是有效的,而且一直沿用到1929年《中华民国民法典》实行后,才予以废止。

1913年,大理院在上字第64号判决中明确宣布:"判断民事案件应先依法律所规定;法律无明文者,依习惯法;无习惯法者,依条理。"从而确认习惯法和条理作为补充性的民事法律渊源,共同构成了一个民事法律体系,对于规范民事行为、调整民事关系起了重要作用。

《大清现行刑律》的民事部分虽以财产法和身份法为基本构成,但无论体系和内容都不具备近代意义上的民法典的性质。其只是作为走向民法近代化过程中的一种过渡形态,在此基础上将中国传统的民事法律与西方近代民法加以整合。

1914年2月,北京政府设立法律编查会,对《大清民律草案》中最具有封建色彩的亲属编加以修订,编成《民律亲属编草案》,共七章、一百四十一条,但因国会已被解散,《民律亲属编草案》未能交付立法机关审议。

1922年华盛顿会议以后,为了撤废领事裁判权,应付各国联合考察团对中国法制状况的考察,北洋政府修订法律馆加紧起草民法典的工作。至1926年

---

[38] 《孙中山全集》(第11卷),人民出版社1981年版,第129页。
[39] 《第一次国内革命战争时期的农民运动资料》,人民出版社1983年版,第423页。
[40] 《中华民国民法制定史料汇编》,台北,1976年印行。
[41] 中国第二历史档案馆藏档案,全宗号:241,卷号:1940。

编成《民国民律草案》,分五编(总则、债编、物权编、亲属编、继承编),共一千五百二十二条,通称"第二次民律草案"。

《民国民律草案》突出的特点和价值在于它对中国传统民法与西方近代民法的整合。例如,关于自然人的规定中,对于《大清民律草案》限制独立人格的条款多加以删除。特别是删除了关于男女不平等的条款,增设"夫妻之权利义务"和"夫妻财产制",表明对于西方近代民法中的平等、自由原则的进一步认同。又如,《大清民律草案》简单袭取《德国民法典》的"不动产质权""动产质权",没有规定在中国久已存在的典权,而《民国民律草案》将典权制度专列一章,规定了较完备的近代典权制度。这种整合比起清末修订的民律草案仅在形式上和某些原则上袭取西方民法,而在身份法上又较多地继受传统民法前进了一步,使传统民法与西方民法由形式层面的契合逐渐向内在的融合发展。

此外,《民国民律草案》采取民法社会化的价值取向,对绝对的个人权利加以限制。例如,在"物权编"中,强调所有权的行使不得损及第三人合法权益;第二编由"债权编"改称"债编",以兼顾债权人和债务人的利益;至于签订契约与履行契约,须无悖于诚实信用原则,其着眼点均在于维护社会公益。

《民国民律草案》编成以后,由于军阀混战不能履行正常的立法程序,只是在1926年11月,由民国北京政府司法部通令各级司法机关作为"条理"加以适用,说明它在司法实践中所具有的价值。

除《民国民律草案》外,民国北京政府还颁行了单行民事法规,弥补了立法上之不足。例如,1914年的《验契条例》《契税条例》,1915年的《清理不动产典当办法》,1921年的《物品交易所条例》,1922年的《不动产登记条例》等。特别是作为最高审判机关的大理院,在当时特定的历史条件下,通过判例的形式行使着某些法律创制的职能。大理院的民事判例要旨,不仅指导着中央和地方的民事司法活动,也体现了传统民法与西方近代民法以及制定法、民事习惯和"条理"的整合。民国时人胡长清描述民事判例要旨的适用情况时说:"《判例要旨汇览》正编三卷,续编二卷,承法之士无不人手一编,每遇讼争,则律师与审判官皆不约而同,而以'查大理院某年某字某号判决如何如何'为讼争定谳之根据。"[42]

例如,根据西方民法行使所有权以"不害于他人合法权利"的准则,大理院于1913年创制了"行使所有权(土地)非绝对无限制"的判例(上字第一六六号)要旨,解释说:"所有人惟应以法令所许及不害他人合法权利范围内,行使其

---

[42] 胡长清:《中国民法总论》,中国政法大学出版社1997年版,第35~36页。

权利,决非绝对无限制者也。"

又如,中国传统民法中,由于血缘、地缘关系,在买卖不动产时,本族、乡邻具有先买权,这种限制不仅与西方物权法的原理冲突,不符合平等交易的民法原则,而且与社会经济的发展不相适应。为此,民国四年大理院上字第二八二号"卖业先尽亲房之习惯非有效"的判例要旨,解释说:"卖业先尽亲房之习惯,既属限制所有权之作用,则于经济上流通及地方之发达,均有障碍,即难认为有法之效力。"

再如,(民国四年上字第一○七七号)"绝卖不必限于契上注明绝卖字样"的判例要旨,解释说:"虽载卖主无力回赎,许凭公估找贴,另立绝卖契纸。然此系专指自初并未绝卖,或已注定回赎,至后回赎无力者而言。"

还如,(民国八年上字第二一九号)"立嗣不论昭穆之习惯"之判例要旨,解释说:"现行律例无子立嗣不得紊乱昭穆伦序之规定,原为保护公益而设,应属强行法规,其与此项法规相反之习惯,当然不能有法之效力。"

除判例要旨属于司法解释外,大理院刊著的解释例要旨也属于司法解释。例如,民国四年统字第二二八号解释例要旨,对于成年卑幼的财产权与处分权,作出了与传统民法完全不同的认定:"卑幼得有私财为现行法律所不禁……已达成年之子均可自由处分。"与此相联系的卑幼可以请求分析家产,而且"法院得以判决代为分析"。同时,严格限制家法族规对族属成员的制裁效力,特别是族内制裁不得违背宪法,不得剥夺族人的人权,不得对族人加以私刑。

至于以民事判决为基础编成的判例,也同样具有法源的性质。某些判例还体现了传统民法与西方民法的初步整合。例如,限制家长、尊长主婚权的滥用,民国九年上字第八三一号判决认定"主婚人之同意非要式行为"。同年,统字第一二○七号判决明确表示:"如父母对于成年子女之婚嫁,并无正当理由,不为主婚,审判衙门得审核事实以裁判代之。"民国十一年上字第一○○九号判决认定,父母代订的婚姻,子女成年后如不同意者,"不能强其履行",实际上取消了家长、尊长对成年子女婚姻的无理干涉及主婚权。至于孀妇改嫁,大理院于民国六年上字第八六六号判决中认定,"孀妇改嫁必须出于自愿"。

综括上述,从大理院判例、解释例以及具有司法解释意义的要旨中可以看出,北洋政府的立法进一步体现了传统民法与西方民法的整合,对于传统民法中最具封建色彩的部分进行了力所能及的改造,使个人在宗族、家庭中得到了新的定位。这说明立法者对于移植外来法律如何与本土文化相结合认识的提高。尽管作出的司法解释是针对具体的法律问题,因事而发,因而是个别的、分散的,还没有形成完整的体系和稳定统一的准则,但它在民法理论上的进步是显而易见的,在司法实践中所起的作用也是不容置疑的,它所提供的历史经验也是值得加以借鉴。从 1915 年大理院编辑《大理院判决要旨》,到 1919 年、1924 年编辑的《大理院判例要旨汇览》正续集,首尾相衔,颇为系统,加上私家的有关著述,例如郭卫等人编辑的《大理院判决例全书》之类的著作,都反映了并且推动着私法文明的进步。当时担任大理院院长和庭长、推事等一批兼容中西法律文化素养的法学家,例如姚震、余棨昌、王宠惠、江庸、朱学曾等人,都对民法的近代化作出了自己的贡献。

四、大理院的独立审判地位与军阀的干预司法

北京政府成立之初,便由国务院发布通告,强调"立法、行政、司法分权鼎立,为共和国之精神,凡司法范围以内之事,无论何项机关,均不得侵越干预"。1913 年 9 月,公布《修正各级审判厅试行章程》;1914 年 4 月 3 日,公布《地方审判厅刑事简易庭暂行规则》在援用经验的基础上,将清末《法院编制法》重新修订,称为《暂行法院编制法》,正式公布,形成了以大理院为最高审判机关,地方则分设高等、地方、初等三级审判厅的四级三审制。1914 年 3 月还根据大陆法系将行政诉讼同普通刑民事诉讼分开的原则,公布了职掌行政案件裁判的《平政院编制令》,建立了行政法院,形成二元的司法体制。

根据《暂行法院编制法》,非依法律规定,各级官署不得对推事进行调任、借补、停职、免官、减俸。在赋予推事优厚的职俸保障的同时,也严格要求其道德操守,即推事不得参加各种政治团体,不得被选任为各级议会议员,不得经营商业,不得兼职有报酬的报社编辑等职,更不得沾染不良嗜好。作为最高审级的大理院,按照"精英司法"的理念进行建构,对于推事的资格要求极严。大理院推事须具备国内外修习法律 3 年以上,经过两次司法考试合格,具有 10 年以上的司法实践经验及良好的司法工作记录,并由司法部推荐,然后才能得到总统的任命。

由于大理院认真实行"法官独立审判,不受上级官厅之干涉"的原则,即使是大理院院长,也"不得指挥审判官所掌理各案件审判"。与此同时,大理院比较注意精简机关,严格司法官的品行操守,因而在履行独立的审判权和统一法律解释权的过程中,不但赢得了社会舆论较为普遍的认可,而且无论是横向的中央政府层面,还是纵向的司法机关层面,都树立了较大的司法权威,在中国近代司法史上留下了一段虽短暂但却值得研究重视的一页。但是,北洋政府时期,军阀专政,连年混战,国家财政主要用于军费开支,司法经费极为匮乏,司法人才尤为短缺,而在当政者的认识上,又对司法独立存在抵触,再加上文化和民

族习惯及心理上的某种隔阂,使北洋政府的司法制度中西杂糅,几度反复,就全国范围而言,司法独立更多地还停留在理想化的阶段。

地方司法机关虽按《暂行法院编制法》实行四级三审制,但由于司法经费拮据,专门司法人才短缺,各县级地方难以设立独立审判机关。1913 年 3 月,北洋政府不得不采取变通办法,在应设初级审判厅的县级地方,先行设立审检所,以具有一定法律知识的人出任帮审员,负责审理民事、刑事案件,以该县县知事兼任检察官。1914 年 4 月,北洋政府裁撤初级审判厅,同时废止审检所。在条件较为成熟的县设立地方审判分厅或地方刑事简易厅;在条件较差的县实行县知事兼理司法,同时还公布了《县知事兼理司法事务暂行条例》。此后,县知事兼理司法实际上成了县级地方的主要司法模式,以致又恢复到封建时代县级地方官行政与司法不分的状态。

由于县知事兼理司法弊窦丛生,以致遭到严厉的批评,湖南高等审判厅民庭庭长左赋才、湖南高等检察厅首席检察官康文旂等 16 人,于 1916 年 11 月 14 日联名向司法部提出《拟请废除县知事兼理司法制度、暂规复司法署办法意见书》,其中提出实施县知事兼理司法制度,"初犹以为该制度之不良,其流弊所极,不过如前清州县衙门而止。不谓目前现象乃甚于前清州县之黑暗,人民疾首蹙额,冤屈无伸,痛苦有不堪言状者。其情形大致各省相同"。司法总长张耀曾也提出《县知事兼理司法应否废止咨询案》,认为:"现时制度中,以县知事兼理司法为最无理。则云改良,亦以此制为最不容缓。"[43]

鉴于废除县知事兼理司法制度的呼声甚高,北京政府于 1917 年 5 月 1 日公布《县司法公署组织章程》,试图改变县知事兼理司法的体制,规定在未设立独立司法机关的各县,应设立司法公署,"地方所有初审民、刑案件,不问事务轻微、重大,概归司法公署管辖"。县司法公署由审判官和县知事组成,"关于审判事务,概由审判官完全负责,县知事不得干预"。县知事只负责检举犯罪、缉捕罪犯、刑事执行等司法事务。县司法公署的设立,在体制上向实现地方司法独立的目标前进了一步,尽管县知事在司法活动中仍具有举足轻重的地位。由于北洋军阀统治下的中国政治、经济、文化的发展极端不平衡,以致 1926 年年底,在全国两千多个县中设立司法公署仅 46 所,[44]绝大部分的县依旧实行县知事兼理司法制度。

特别需要指出的是,在北洋军阀统治下的特定的历史背景下,专门设置了

---

[43] 《司法公报临时增刊》,1916 年第 71 期,公慎书局。

[44] 《法律评论》第一八二期,《法界消息》,民国北京政府司法部的统计,1926 年 12 月。

陆军军事法院和海军军事法院审理军人犯罪案件。然而,实践中往往利用军法审判干涉正常的司法审判。例如,根据《陆军军事条例》与《海军军事条例》的规定,非军人如触犯上述陆海军条例者,由陆海军审判机关审判。然而1923年"二七惨案"中施洋大律师并未触犯上述军事条例,却被军事法庭审判执行死刑。又如,1927年4月18日对无产阶级革命家李大钊也是由"安国军总司令部""京畿卫戍总司令部""京师高等审判所""京畿警察厅"联合组成的"军法会审"经过秘密审判杀害的。

由于军事审判机关所采取的诉讼程序是特别程序,因此军事审判案件不得控诉及上告,不准旁听,不准选请辩护人,一切服从于军事长官的意志。《东方杂志》曾经载文说:"军人干政及于司法,以致司法独立为之危害。此种异常举动,常借戒严以为口实,而公然为之。"[45]可见,军阀干预司法,任意冲击司法程序,是北洋政府统治时期司法制度的一大弊政。

以上可见,北洋政府在司法制度方面的主要成就是中央大理院独立司法审判地位的确定,以及司法解释的广泛应用。至于地方县知事继续兼管司法审判,说明了在一个经历了两千多年的封建国家里,实行司法独立的任务是异常艰巨的,这是一个充满斗争的历史的发展过程。它所遭遇的行政权力的干涉,习惯势力的阻挠,权力上的争夺等,较之司法经费短缺,司法人才不足,更加难以逾越。

北洋政府时期的诉讼与审判基本上沿用晚清修订的有关法律,只是作了局部的调整而已。如同杨鸿烈所说:"民国时代编纂法典,不过完成清代未竟之业而已。"[46]北洋政府时期,内阁虽然更迭频繁,直接立法的机关也变动无常,但是起草法律的工作却始终没有间断。由于有法律专家参与立法,并由专门机关负责,因此,北洋政府时期在立法技术方面有了较大的进步。特别是法律专家们能够结合本国司法经验和现实的需要来继受西方法律,初步形成了复合型的法律体系,既包含有各项法典、单行法,也有在司法实践中发挥重要作用的司法解释。但就整个法律体系而言,还缺乏完整性、稳定性和统一性。

北京政府时期,军阀们翻云覆雨,迭掌政权,不仅影响了政权的稳定性,也不断摧残了国会制度和责任内阁,还发生了洪宪帝制与张勋复辟,唯一尚可称道者,是由精英法律人才执掌的司法。曾于1913年至1914年任司法总长的梁启超作过以下的评价:"十年来,国家机关之举措,无一不令人气尽,稍足系中外

---

[45]《东方杂志》卷二四,第二号。
[46] 杨鸿烈:《中国法律发达史》(下册),上海书店出版社1990年版,第1032页。

之望者,司法界而已。所以能尔者,则亦由法条方严,程序峻密,不易舞文一也。登庸循格,保障有规,久任谙事二也。职属冷曹,巧宦弗趋,流品较清三也。是故司法界成绩所以稍优于他界,存乎法者半,存乎人者半。"[47]北洋政府对于司法官员考试资格的要求和素质的重视,是很有借鉴意义的。

---

[47] 梁启超:《法律评论》之"题词",载《法律评论》第 1 期。

第十三章　南京国民政府*的《六法全书》

1927年4月背叛国民革命的蒋介石集团于南京建立国民政府，通称"南京国民政府"。南京国民政府标榜奉行孙中山先生的遗教，建立了"五权分立"的政权体制，并在"训政"的名义下实行国民党的一党专政。

国民政府建立以后，沿袭晚清的立法传统，继续展开仿大陆法系的修订法律的工作。自1928年至1937年，先后完成宪法、刑法、民法、刑事诉讼法、民事诉讼法和法院组织法以及相关法律的修订工作，形成了远较北京政府时期完备的法律体系。由上述六种部门法汇编而成的法典，即通常所谓的《六法全书》。

南京国民政府通过引进西方资本主义国家的法律，达到了相当完备的程度，但由于国民党集团推行独裁与内战的基本国策，力图消灭以中国共产党为代表的民主进步势力，因而制定了大量凌驾于普通法之上的极为反动的特别法，并且实行法西斯式的司法独裁，从而戳穿了法律形式上的民主与平等的伪装，这种矛盾性是国民党法制的基本特点，它是由南京国民政府的本质所决定的。随着新民主主义革命的不断发展和根据地内民主政权的不断扩大，南京政府的法制也日趋于反动，终于在军事、政治、经济全面大崩溃中撤离了大陆，偏安于台湾一隅之地。

＊ 此处指1928～1949年。

一、由《中华民国训政时期约法》到《中华民国宪法》

（一）《中国国民党训政纲领》与《中华民国训政时期约法》

1928年10月，根据训政时期实行党治主义的原则，国民党中央常务会议通过《中国国民党训政纲领》（以下简称《训政纲领》），其宗旨是"中国国民党实施总理三民主义，依照建国大纲，在训政时期，训练国民使用政权，至宪政开始，弼成全民政治"。从此，国民党以"政治保姆"的身份建立起"一党治国，以党训政"的政治制度，实际就是一党专政的政治制度。它规定训政时期不成立全国国民大会，其职权由国民党全国代表大会代行，在国民党全国代表大会闭会期间，由国民党中央执行委员会行使。国民党中央执行委员会政治会议"指导监督国民政府重大国务之施行"。《训政纲领》虽然宣称由国民党"训练国民使用政权"，实际上是由国民党代替国民行使政权，国民党的中央政治会议凌驾于国民政府之上，从而为确立国民党的一党专政政权奠定了"理论"基础。

1931年3月2日起草《中华民国训政时期约法》，6月1日由国民政府公布施行。《中华民国训政时期约法》是国民党"训政"时期颁布的最基本的宪法性文件，共八章，八十九条。约法标榜以孙中山先生的遗教为根本的立法原则，声称"国民政府本革命之三民主义五权宪法以建设中华民国"。

它以根本法的形式确认了《训政纲领》中国民党一党专政的党治原则，并将《训政纲领》全文载入约法，使国民党的纲领成为全国人民必须遵守执行的法律。约法重申："训政时期由中国国民党全国代表大会代表国民大会行使中央统治权。"在国民党全国代表大会闭会时，其职权由国民党中央执行委员会行使。"本约法之解释权，由中国国民党中央执行委员会行使之。"

约法标榜"中华民国国民无男女、种族、宗教、阶级之区别，在法律上一律平等"，并罗列了各项公民权利与自由。但同时公民可以享有的每一项权利都是"非依法律不得停止或限制之"。换言之，国民党可以通过制定种种法律"停止或限制"公民享有或行使这些权利，即使对于在孙中山先生看来是中华民国每一个国民都应享有的、最重要的选举、罢免、创制、复决四项权利，约法也规定须"在完全自治之县"才得享有，且须在国民党控制的国民政府"训导"下行使，实际上国民的各种权利往往在"训导"中被剥夺了。

总之，这部约法的核心就是在所谓"训政时期"实行国民党一党专政和蒋介石个人独裁的国家制度。如同宪法学家王世杰、钱端升所批评的那样："……约法虽已颁布,而党治的制度初未动摇,统治之权仍在中国国民党的手中。在党治主义之下,党权高于一切;党的决定,纵与约法有所出入,人亦莫得而非之……约法,并未尝为中国政治划一新的时期。"[1]

(二)《中华民国宪法》

1946年6月,国民党撕毁旧政协决议,大举进攻解放区。同年11月,召开非法的国民大会。11月28日,立法院三读通过《中华民国宪法草案》,交由国民大会审议,12月25日,国民大会通过《中华民国宪法》。1947年1月1日,其由国民政府正式公布。

《中华民国宪法》共十四章,一百七十五条,各章依次是:总纲,人民之权利义务,国民大会,总统,行政,立法,司法,考试,监察,中央与地方之权限,地方制度,选举、罢免、创制、复决,基本国策,宪法之施行及修改。

《中华民国宪法》基本精神与《中华民国训政时期约法》一脉相承,但碍于有国共两党及其他党派和众多民主人士的代表人物参加的政治协商会议通过的"宪法修改原则"十二条(国会制、内阁制、省自治、司法独立、保护人民权利等)的重大影响,不得不在具体条文上有所变动。以"全民政治"、"主权在民"、"保障民权"、"地方自治"以及"民生主义"等形式主义的规定,掩盖一党专政和总统独裁的实质。

《中华民国宪法》标榜"全民政治"与"主权在民"。该宪法以孙中山先生"遗教"为指导,在总纲中规定"主权在民"的国体性质:"中华民国基于三民主义,为民有、民治、民享之民主共和国","中华民国之主权属于国民全体"。

在该宪法第二章详列了人民所享有的各种权利和自由,但同时规定:"以上各条列举之自由权利,除为防止妨碍他人自由,避免紧急危难,维持社会秩序,或增进公共利益所必要者外,不得以法律限制之。"这就将旧政协关于宪草问题中规定的对人民自由权利采取宪法保障和保障自由的原则,改为法律限制主义的原则,即用普通法律就可以限制宪法上的自由和权利,从而便于政府以"防止妨碍他人自由"、"避免紧急危难"、"维持社会秩序"和"增进公共利益"为借口,用普通法律或特别法规限制和剥夺宪法上的"自由"和"权利"。

《中华民国宪法》标榜孙中山先生的均权主义原则,规定省、县实行"自治"。但同时规定:"省自治法制定后,须即送司法院。司法院如认为有违宪之处,应将违宪条文宣布无效";"省法规与国家法律有无抵触发生疑义时,由司法

---

[1] 王世杰、钱端升:《比较宪法》,中国政法大学出版社1997年版,第143页。

院解释之";"省自治法施行中,如因其中某条发生重大障碍",由司法院院长主持召开由五院院长组成的委员会,"提出方案解决之"。可见,这种关于中央—地方权力的宪法划分,不是以均权主义为原则,而是以集权主义为出发点;不是以地方自治为基础,而是以中央集权为准则。至于少数民族的自治权,宪法中没有具体规定,完全被漠视。总之,在这部宪法中,均权原则变成了集权原则,所谓的"地方自治",只不过把中央集权残余的事权留给地方而已。

《中华民国宪法》形式上保留旧政协有关宪法草案问题协议中关于实施国会制、内阁制的某些原则,而实际上实行的却是总统集权制。依照宪法所规定的政治制度,中央设国民大会、总统以及行政院、司法院、立法院、考试院、监察院五院。从形式上看,国民政府体制带有议会内阁制的特征,但是实际实行总统集权制。宪法规定总统享有极为宽广的权力:除拥有统率全国军队,依法行使宣战、媾和、缔结条约、大赦、特赦、减刑、复权、宣布戒严、任免文武官员等权力以外,还有发布紧急命令之权、核可行政院移请立法院复议决议案之权、有关各院院长解决与院间争执之权,总统还实际上拥有否决立法院的法律案之权。如果说《中华民国训政时期约法》的基本特点是一党专政,《中华民国宪法》的基本特点就是总体独裁。

《中华民国宪法》还借助"民生主义"的旗号,巩固和发展官僚资本主义。在"国民经济"一节中,规定"国家对于私人财富及私营事业,认为有妨害国计民生之平衡发展者,应以法律限制之",同时又强调"公用事业及其他有独占性之企业,以公营为原则","金融机构,应依法受国家之管理",从而在实际上为四大家族排斥民族资本,以垄断经济命脉提供了宪法保障。这些规定使所谓"平均地权,节制资本,以谋国计民生之均足"成为空谈。

《中华民国宪法》是中华民国政府颁布的最后一部宪法,它产生于国内民主和平运动不断高涨的形势下,如果仅从"文本中的法律"的角度考察,称得上是民主的宪法。法学家雷震、萧公权曾评论说,"《中华民国宪法》为民主宪法","已含有充足之民主精神与实质,吾人果能充分实施,则中国必可列于世界民主国家之林而无逊色"。他们还号召"根据这部宪法,建立民主制度"。但是,形式上的民主却是服务于国民党一党专制的工具。1948年5月10日,国民政府颁布《动员戡乱时期临时条款》,以"戡乱"为由,将宪法规定的紧急处分和宣告戒严的总统权力不再置于立法院的限制之下。同时,进一步限制和剥夺了人民的自由民主权利,至于"戡乱时期"何时结束,须由总统宣告。这样,总统的独裁权力再不受制约。

二、刑事法律的构成与特别法的地位

1927年4月,国民政府定都南京以后,亟须颁行刑法,以稳定社会秩序。司法部部长王宠惠将北京政府1919年制定的《刑法第二次修正案》略加修订,完成《刑法草案》。由国务委员伍朝枢、最高法院院长徐元浩审订,并经国民党中央常务委员会议决通过,于1928年9月1日开始施行,通称"旧刑法"或"二八刑法"。"旧刑法"属于急就章,篇章内容大体沿袭民国北京政府的《刑法第二次修正案》,分为总则、分则两编,共四十八章,三百八十七条。

"旧刑法"施行后,国民政府为强化社会治安,继续援用刑法制定以前的刑事特别法,并不断颁行各种特别刑事法规,于是造成刑法体系极为复杂,刑法典难以发挥刑名总汇的功能。再者,"旧刑法"所反映的是1919年以前的刑事法律理论,而此后世界新的刑事立法对传统刑事法律理论体系多有突破,而"旧刑法"未能加以借鉴。基于刑法的实施情况和学理上的考虑,国民政府的立法委员相继提出《划一刑法案》和《划一刑法补充办法案》,主张修订刑法,将刑事特别法纳入法典之中,同时更新刑事立法的理论基础。1931年12月,国民政府立法院组成刑法起草委员会,负责起草《刑法修正案》。至1934年12月国民政府立法院三读通过《刑法修正案》,国民政府于1935年公布《中华民国刑法》,该刑法通称"新刑法"或"三五刑法"。

与"旧刑法"相比,"新刑法"吸收了西方最新的刑法理论和立法经验,由"客观主义"改为"侧重于主观主义",强调犯罪性质而非客观后果;由"报应主义"改为"侧重于防卫社会主义",强调"保全与教育机能";等等。"新刑法"分为总则、分则两编,共三百五十七条。同"旧刑法"相比,在"总则"编增加了"保安处分"一章,在"分则"编增加了"伪造有价证券罪"一章,其他部分内容亦有增改。"新刑法"除继续实行西方刑法中的罪刑法定、罪刑相适应、刑罚人道主义三大原则外,依据流行的社会防卫主义,增设保安处分制度。

19世纪末,社会防卫主义逐步取代报应主义,成为西方国家主流刑法思想。其要义在于定罪科刑非以报应为目的,而是为了预防犯罪的发生,以维护社会的安全。根据社会防卫主义,在西方国家刑法中产生了保安处分的制度。1930年的《意大利刑法典》最早将保安处分作为一种系统的制度规定在法典中。此外,《瑞士刑法草案》《奥地利刑法改正草案》《德国刑法改正草案》也都采纳了保安处分。所谓"保安处分",是对有犯罪行为的人或有犯罪嫌疑、妨害社会秩序嫌疑的人所采取的社会防卫制度,是用以补充或替代刑罚,预防犯罪、维护社会秩序的强制性措施。有拘禁(拘于一定场所实施感化教育)、非拘禁(监视、限制活动自由)两种方式。作为刑罚的补充,保安处分有其合理性,在实践中对某些确有危害社会可能的人员予以一定的监护,借此防止危害社会的犯罪行为的发生。所采取的保安处分措施分为七种:感化教育处分、监护处分、禁戒处分、强制工作处分、强制治疗处分、保护管束、驱逐出境处分。

"新刑法"增设保安处分,虽说适应世界刑法的发展潮流,但更重要的是面对反独裁民主运动的高涨和新民主主义革命的发展,为了扩大刑法的打击面,经常以"预防犯罪"和"保安"的名义,拘禁进步人士和共产党人。凡违反《暂行反革命治罪法》《危害民国紧急治罪法》的犯人,或符合《共产党人自首法》的相关规定者,在审判前或刑罚执行中或刑罚执行后,均可送至反省院反省,期限6个月至5年。由此可见,"新刑法"中增设保安处分的主要目的和实质,导致保安处分成为国民党刑法法西斯化的标志。

在国民政府的刑法体系中,除刑法典外,刑事特别法占有较大比重,其作用往往超过刑法典,这是国民政府刑法的又一重要特点。例如:1927年11月颁布的《惩治盗匪暂行条例》,1928年3月公布的《暂行反革命治罪法》,1931年3月施行的《危害民国紧急治罪法》,1935年的《共产党人自首法》,1936年的《维持治安紧急办法》,1939年秘密发布的《共产党问题处置办法》,以及1947年的《戡乱总动员令》《修正妨害兵役治罪条例》《戡乱时期危害国家紧急治罪法》,1948年的《特种刑事法庭组织条例》《特种刑事法庭审判条例》《戒严法》等。这些刑事特别法不受一般立法原则的局限,便于规定普通法不便规定的内容。因此,补充和扩大了刑法典关于犯罪的内容和范围。如《暂行反革命治罪条例》规定:凡意图颠覆中国国民党及国民政府或破坏三民主义而起暴动者,宣传与三民主义不相容之主义及不利于国民革命之主张,均构成"反革命罪"。这不仅补充和扩大了"内乱罪"的内容和范围,还把刑法典没有规定的内容,如反对国民党和三民主义,也列为"反革命罪"的打击范围,公开维护国民党的一党专政统治。

刑事特别法采取重刑主义,其规定的刑罚多重于刑法典的相关规定,特别是对于"内乱罪""强盗罪"等罪的量刑,远远高于刑法典的规定。

对于触犯刑事特别法的案件,多由军事机关、军法机关或特种刑事法庭审理,这些特别的审判机构不按一般的诉讼程序审理,以便于司法镇压。

刑事特别法在适用上优于刑法典,实际上取代了刑法典的有关规定。

刑事特别法数量多,范围广,效力又高于普通刑法,决定了它在南京国民政府的刑法中不仅处于特殊地位,还具有特殊的效力,发挥着特殊的作用。

"新刑法"也吸纳了对亲属犯罪的特别规定,如对直系血亲尊亲属实施诬告、伤害、遗弃、妨害自由等犯罪行为时,比侵犯常人加重刑罚二分之一;对普通人施加暴力而未致伤者,一般不构成犯罪,但若对直系血亲尊亲属施用暴力,即使未成伤也构成犯罪;尤其是"配偶、五亲等内之血亲,或三亲等内之姻亲",纵放、藏匿依法应逮捕、拘禁之人,或湮灭刑事证据,顶替、隐蔽犯人罪行,可以减轻或免除其刑罚。

刑法是南京国民政府的法律体系中的核心部分,发挥着重要的作用。随着新民主主义革命的发展,为了维护统治,刑法的反民主反人民的性质也日益彰显。

三、《中华民国民法》的正式公布

(一)"民商合一"的立法体系与民法典的起草

南京国民政府成立之初,在处理民事案件时,沿用北京政府的民事法规、判例和民间习惯,并无统一适用的民法典。国民政府法制局认为亲属与继承制度因袭了数千年的宗法观念,与男女平等的宪政潮流相违背,决定先行修订亲属与继承二编。1928年10月,两编相继完成。亲属编共七章八十二条,继承编共八章六十四条。在立法原则上,"一本革命原理之所指示,期成革命化之法规",注重男女平等,尊重个人权利,摒弃固有的家庭主义。1929年,国民政府立法院成立后,开始起草民法典的工作,力求吸纳、整合外国民法之最新学理与最新立法经验,在编纂体例上,没有采取德国、法国、意大利、日本、荷兰等国"民商分立"的立法体例,而是采取英国、美国、瑞士等国"民商合一"的立法体例。1929年5月,起草民法债编时,立法院院长胡汉民、副院长林森提议编订民商统一的法典,以符合最新立法趋势:"查民商分编,始于法皇拿破仑法典,维时阶级区分,迹象未泯,商人有特殊地位,势不得不另定法典,另设法庭以适应之……吾国商人本无特殊地位,强予划分,无有是处。此次订立法典,允宜社会实际之状况,从现代立法之潮流,订为民商统一法典。"[2]此提案经国民党中央政治会议审查通过,将"民商合一"定为民法债编的编纂体例。所谓"民商合一",就是将商法总则中之经理人及代办商,商行为中之交互计算、行纪、仓库、运送营业及承揽运送等并入(民法典),不能并入的商事法律规范,如《银行法》《票据法》

---

[2]《中华民国民法制定史料汇编》(下册)。转引自叶孝信主编:《中国民法史》,上海人民出版社1993年版,第611页。

《公司法》《海商法》《保险法》等以单行法另行规定。

民法起草委员会依照国民党中央政治会议分别制定立法原则,拟定各编草案;立法院对完成的草案进行讨论,三读通过以后定稿;最后由国民政府逐编公布并确定生效日期。经过上述立法程序,民法总则编于1929年5月23日公布,共七章一百五十二条,同年10月10日起施行;债编于1929年11月22日公布,分二章六百零四条,物权编于1929年11月30日公布,共十章二百一十条,此二编均自1930年5月5日起施行;亲属编于1930年12月26日公布,共七章一百七十一条,继承编于1930年12月26日公布,共三章八十八条,此二编均自1931年5月5日起施行。《中华民国民法》是中国历史上第一部正式颁行的民法典,是晚清以来民法法典化的最高成就。

(二)《中华民国民法》的基本内容

1.《中华民国民法》第一条明确规定:"民事法律所未规定者,依习惯;无习惯者,依法理。"这表明习惯和法理构成南京国民政府民事法律的渊源。在无法可依的情况下,习惯与法理可作为审理民事案件的依据。审判官不得借口"法律无明文"而对法律关系之争论不为判断。但民事所适用之习惯,以不违背公共秩序或善良风俗者为限。

2.关于民事权利主体的权利能力与行为能力。权利主体,是指能够参与民事法律关系,享有民事权利和承担民事义务之人。权利主体分为自然人和法人两种。自然人的权利能力,始于出生,终于死亡。自然人不论生存时间长短,均有权利能力。自然人的死亡有自然死亡和宣告死亡两种。凡年满二十岁,即有完全行为能力,未满七岁的未成年人,无行为能力;满七岁的未成年人为限制行为能力人。但是未成年人已结婚者,有行为能力。此外,禁治产人无行为能力。所谓"禁治产人"是指那些心神丧失或精神衰弱以致不能处理自己事务者,因本人配偶或最近亲属二人之申请,可由法院作出禁治产宣告。受禁治产宣告之人所为民事行为,在法律上不发生效力。法律严格保护自然人的人格权和姓名权,受侵害者可以请求法院去除侵害,并要求侵害人进行赔偿。

法人是法律赋予一定的社会组织的人格,使其成为私法上的权利、义务的主体。因此,法人必须依照法律的规定才能成立。在法律的限制内,法人具有民事权利能力。法人须设董事,董事就法人一切事务对外代表法人,对于董事代表权所加之限制,不得对抗善意第三人。法人分为财团和社团两种,前者以捐助财产为基础,是物之组织体;后者以社员的结合为基础,是人之组织体。设立法人必须订立章程,同时进行登记,这是法人成立的必要条件。

3.关于民事权利的客体——物与法律行为。物的分类有三：

一为不动产与动产。不动产"谓土地及其定着物；不动产之出产物，尚未分离者，为该不动产之部分"。动产系"不动产以外之物"。

二为主物与从物。主物为一般独立之物，从物为"非主物之成分，常助主物之效用，而与主物同属于一人者"。但交易上有特别习惯者，依其习惯。主物之处分及于从物。

三为原物与孳息。原物是指能产生孳息之物，孳息则指由原物所得之物或收益。孳息可分为法定孳息、天然孳息，归属于原物所有权人。

作为民事权利客体的法律行为即民事法律行为，是指以设立、变更或终止民事权利义务为目的，以意思表示为要素，依法产生民事法律效果的行为。依照民法典的规定，法律行为违反强制或禁止之规定者、有悖于公共秩序或者善良风俗者、不依法定方式者，均无效。

法律行为中的一项重要制度是代理。代理者，代理人于代理权限内，以本人名义，向第三人为意思表示，或由第三人受意思表示，而直接对于本人发生效力之行为也。代理有直接代理与间接代理、积极代理与消极代理、有权代理与无权代理、意定代理与法定代理、一般代理与特别代理等分类。

民事权利不得滥用。如"违反公共利益"或是"以损害他人"为主要目的，则为权利的滥用，民法予以明文禁止。民法还规定"行使权利、履行义务，应以诚实信用方法"。通常因保护自己的权利，有侵越他人权利范围的必要时，自应依法定程序，请求国家予以协助，是为公力救助；但在情形急迫时，法律有时也允许个人以私力救济，即所谓自己行为及自助行为。自己行为，又有正当防卫及紧急避难（险）的区别；自助行为是指以私力保护自己的请求权，使之归于安全的行为。这两种行为在法律上不负赔偿责任，但是须有条件行使之。

4.关于物权。物权是财产权利的一种，是指由法律确认的主体对物依法所享有的支配权利，亦即权利人在法定的范围内直接支配一定的物，并排斥他人干涉的权利。"物权"一词在法律上得到确认，源自1900年开始实施的《德国民法典》，该法典第一次设立了"物权编"，规定了完整的物权制度。此后，许多国家如日本、瑞士等国纷纷仿效，在民法典中专门设立物权编，将物权制度作为民法典的重要内容加以规定。国民政府民法典仿照《德国民法典》，在第三编"物权"中以二百一十条的篇幅专门规定了物权制度，其中包括所有权、地上权、永佃权、地役权、抵押权、质权（动产质权及权利质权）、典权、留置权等权利。

除上述八项权利外，依法规定的物权还有著作权、商标权、渔业权、耕地权、航空器抵押权、动产抵押权等。不动产物权采取登记生效要件主义，即不动产物权的取得、设定、丧失及变更者,非经登记,不生效力。

5. 关于债权。国民政府民法典从保护弱者的原则出发,将历次民律草案中的"债权"编改为"债",以示对债务人的保护。如规定:"永佃权人(租佃关系中交纳地租的债务人)因不可抗力致其收益减少或全无者,得请求减少或免除佃租;约定利率超过周年百分之二十者,债权人对超过部分之利息,无请求权;损害非因故意或重大过失所致者,如其赔偿致赔偿义务人之生计有重大影响时,法院得减轻其赔偿金额或免除之。"民法典采用社会公益与保护弱者的原则,主要着眼于稳定财产关系和正常的经济交往,以利于社会的发展。

债是特定的当事人之间的民事法律关系,是指按照契约或者依法律的规定,在当事人之间产生的特定的权利和义务关系。就其本质来说,反映的是社会的财产流转关系,主要是商品交换之间的关系。

民法典规定,债的发生有因契约而产生的债、因代理权的授予和行使而产生的债、无因管理之债、不当得利之债和侵权行为之债五种情形。关于债的效力,民法典专有一节,共五十二条,详细规定了给付、迟延、保全和契约等四款内容。债可以因为法律规定或法律行为而发生移转,亦可因清偿、提存、抵消、免除和混同而消灭。

6. 关于婚姻、家庭与继承。国民政府民法典第四编"亲属"和第五编"继承"属于身份法的范畴,规定的是关于婚姻家庭和继承方面的法律制度,有别于"债""物权"两编财产法的体系。但这两编也吸收了很多西方国家的先进立法原则和精神,表现了现代男女平等等一系列价值观念。

(1) 婚姻

国民政府民法典承认婚约的效力。结婚的法定最低年龄男子十八岁,女子十六岁。未成年人结婚应征得法定代理人的同意。结婚要求有公开的仪式和二人以上的公证人。法律禁止近亲结婚,还规定了婚姻撤销的情形。结婚时属于夫妻的财产以及婚姻关系存续期间夫妻所取得的财产,为夫妻的联合财产,其所有权由夫妻共同拥有,夫妻的一方不得单独处分共同财产的应有部分。夫妻结婚前的财产及婚姻关系存续期间所取得的财产,均各自保有所有权、管理权及使用收益权。

离婚以夫妻双方自愿为原则,但未成年人离婚应得到其法定代理人的同意。男女双方离婚后,关于子女的监护权,由夫行使;但另有约定的,从其约定。夫妻一方因判决离婚而受有损害者,可以向有过失的他方请求赔偿。夫妻无过失的一方,因判决离婚而陷于生活困难者,他方纵无过失,也应给予相当的赡养费。

(2) 亲属

在父母子女关系方面,民法规定,子女从父姓。赘夫之子女从母姓,但另有约定者,从其约定。未成年子女以其父之住所为住所。民法对非婚生子女的身份地位及相应权利也作出了规定。父母对于未成年子女有保护和教养的权利与义务,并可在必要范围内行使惩戒子女权。

未成年人无父母,或父母均不能行使、负担对于其未成年子女之权利、义务时,应设置监护人。但未成年人已结婚者,不在此限。禁治产人因无行为能力,也应设置监护人。

在亲属编中仍保留父权家长制的遗痕,如民法典第一千一百二十三条、第一千一百二十四条规定:家置家长。同家之人,除家长外,均为家属;虽非亲属而以永久共同生活为目的同居一家者,视为家属。家长由亲属团体中推定之;无推定时,以家中之最尊辈者为之;尊辈同者,以年长者为之。家长的职能是管理家庭事务,保护家属全体的利益。

(3) 继承

依照国民政府民法典的规定,遗产继承人的顺序除配偶外,依次为:直系血亲卑亲属;父母;兄弟姐妹;祖父母。法定继承人可因法律规定事由丧失继承权。继承因被继承人死亡而开始。继承人自继承开始时,除法律另有规定者外,承受被继承人财产上的一切权利和义务。被继承人可立遗嘱处分遗产。无行为能力人和不满十六岁的限制行为能力人,不能为遗嘱;满十六岁以上的限制行为能力人,可以无须其法定代理人同意而立遗嘱。遗嘱人在不违反继承人的特留份额规定范围内,可以自由指定如何处理遗产。

(三)《中华民国民法》的特点

南京国民政府公布《中华民国民法》后,改变了中国无独立民法典的历史,肯定了自清末沈家本主持修律以来中国引进西方资本主义国家民事法律规范所取得的成果,对扭转中国重刑轻民的传统具有一定的积极作用。这部民法典的特点如下:

1. 借鉴与移植西方国家的民法

南京国民政府民法典从立法指导思想、体例、形式、技术到立法原则、具体内容,都对西方国家民法进行了全方位的引进和移植。

在立法指导思想上采世界之普遍法则。立法者继承了自沈家本修律以来所确定的基本指导方针:以西方先进之法改造中国固有法。在清末第一次民法草案的奏疏中,修律大臣俞廉三、刘若曾陈述"编辑之旨":注重世界最普遍之法则;原本后出最精确之法理;求最适于中国民情之法则;期于改进上最有利益之法则。这一思想实际上也是后来1925年北京政府起草《中华民国民律草案》的指导思想。

"采世界之普遍法则"在国民政府制定民法典中表现最突出的,就是社会本位主义法律思想的吸收。在19世纪以前的资本主义社会,个人主义的社会思潮占据统治地位。在个人主义思想影响下,自由主义盛行,提倡尊重个性,主张人格独立和解放,以促进个人奋斗和社会的自由竞争。这种思潮在资本主义发展的前期,对于反对封建专制,倡导自由、人权和民主,发展自由的市场经济具有十分重要的意义。个人主义时代的国家法制的主要职能是伸张个人的绝对自由权利,而国家基本上不对社会生活进行干预。在民事立法上,以1804年《法国民法典》为代表,反映了自由资本主义时期社会经济生活的基本要求,即个人享有最大限度的自由,国家实行最低程度的干涉。它所确立的公民民事权利平等的原则、无限私有制原则、契约自由原则、过失赔偿责任原则,都贯穿着以个人权利为本位的精神。但19世纪后期,自由竞争经济向垄断经济发展,社会本位思潮应运而生。在法律思想领域,社会连带主义法学和社会法学派占据了西方主要发达国家的思想阵地,法律社会化的倾向越来越明显。表现在民法方面,就是传统的民法的基本原则受到极大的挑战,对权利滥用的禁止和诚实信用原则的普遍适用成为各国民事立法乃至立宪的基本指导原则。权利的行使不再是绝对的,必须符合社会公共利益,否则国家将积极干预。契约的自由也受到限制,无过失责任的适用逐渐增多。

民国民法典显然深受这种法律社会化的影响,在注重保护民事权利的同时,增进社会公益,维护"公共秩序"和"善良风俗"。民法总则立法理由中第二点便是"社会公益之注重",指出:

自个人主义之说兴,自由解放之潮流,奔腾澎湃,一日千里,立法政策,自不能不受其影响。驯至放任过甚,人自为谋,置社会公益于不顾,其为弊害,日益显著。且我国人民,本已自由过度,散漫不堪,尤须及早防范,藉障狂澜。本党既以谋全民幸福为目的,对于社会公益,自应特加注重,力图社会之安全。此编之所规定,辄孜孜致意于此点,如对于法人取干涉主义,对于禁治产之宣告,限制其范围,对于消灭时效,缩短其期间等皆是[3]。

其实,不仅总则编贯彻了社会本位的价值理念,在物权编和债权编中,更是

---

[3] 谢振民编著:《中华民国立法史》(下册),张知本校订,中国政法大学出版社2000年版,第756页。

具体体现了社会化的立法精神。在一般地承认"私法自治"的同时，民法典对个人权利的行使、契约的订立及其他民事法律行为作出了严格的限制，如规定所有人必须于"法律限制之范围内"行使其所有权，"有悖于公共秩序或善良风俗"的民事行为无效。国民党思想家胡汉民曾以简洁的语言表述说："中国向来的立法是家族的，欧美向来的立法是个人的，而我们现在三民主义的立法乃是社会的。"[4]民法学者史尚宽在论述《民法》的立法基础时也指出："故现今立法既不宜于立足于家庭制度，尤不宜袭取个人主义之糟粕，而应以全民族之利益为基础……个人之利益于全民族利益之中，始受其保护。故既非从前家族本位之立法，亦非西欧个人本位之立法，而为全民本位之立法矣。"[5]

就立法形式和体例而言，许多方面都是直接学习西方的结果，如在编制体例上，继承大陆法系的传统，采用《德国民法典》的编制方法，分为总则、债、物权、亲属和继承五编。

在立法原则上撷取西方自由平等精神。国民政府民法典的起草人史尚宽认为，我国民法之最高立法原则为三民主义，即自由、平等、博爱三原则上之平均适用，而期于中和状态也。实际上，所谓的"自由、平等、博爱"不过是法国大革命以来，西方资本主义国家最基本、最普遍的社会价值观，也是其法制建设的基础。所以，史尚宽虽然标榜民法的最高立法原则是三民主义，并加以新的诠释，但实质上仍然只是表明立法者努力采撷西方国家的基本法制精神和原则，作为中国民事立法的借鉴。史尚宽还通过列举、分析民法典的内容，具体说明民法中自由原则、平等原则、博爱原则、道义之尊重原则以及全民族之利益原则的体现。

在国民政府民法典各编中，也具体体现了西方基本价值观念的支配性影响。如亲属编草案所附说明将其立法大原则归为三种，即承认男女平等、增进种族健康、奖励亲属互助而去其依赖性。而继承编所采主义则有六种：废除封建遗制之宗祧继承；男女在法律上之地位完全平等；除为遗族酌留生活费外，许继承人以遗嘱自由处置其财产；继承人仅于继承之限度内对于被继承人之债务负清偿之责；配偶继承遗产之次序不后于直系卑亲属等。

在立法的内容上，国民政府民法典更是大量引进甚至不惜抄袭西方，特别是德国、瑞士和日本民法典中的制度，以达到改造固有法的目的。在婚姻家庭法方面，根据社会进化发展理论和西方各国立法的经验，废除了在中国影响达

---

[4] 胡汉民：《三民主义之立法精义与立法方针》，载胡汉民：《革命理论与革命工作》，民智书局1932年版。

[5] 史尚宽：《民法总论》，中国政法大学出版社2000年版，第68页。

数千年之久的宗法制度,取消了传统的宗祧继承制度,否定了以宗法为标准,将亲属分为宗亲、外亲、妻亲的分类法,而是按照世界各国通用的以血统、婚姻相结合的亲属分类标准,即将亲属分为配偶、血亲、姻亲三种,并采用罗马的亲等计算方法;在家庭关系方面,民法典也通过对于民事权利和义务的规定,使男女平等的原则进一步具体化。这些立法内容上的引进,显然是试图彻底摧毁封建制度的遗存及其在中国深厚的思想基础。

除此之外,国民政府民法典还继受了外国民法中法人的地位、法律行为、期间与期日、时效制度、权利行使,各种债的厘定与发生原因,所有权观念的确立、动产与不动产的区别、物权法定主义的采用、婚姻要件、亲属会议、财产继承、限定继承等内容。

由于急于做到民法"与世界潮流的结合",国民政府民法典过于倚重于移植外国法律,甚至直接地大量抄袭德国、瑞士、日本等国的民法内容。这种过于西化的民法,显然不能完全契合当时中国国情。立法委员吴经熊坦承:"全部《民法》已由立法院于最近二年中陆续通过,并已正式公布了!此后中国已为一个有民法典的国家了,这是在法制史上何等重要何等光荣的一页!但是我们试就新《民法》从第一条到第一二二五条仔细研究一遍,再和《德意志民法》及《瑞士民法》和'债编'逐条对校一下,倒是百分之九十五是有来历的,不是照账誊录,便是改头换面!"[6]

2. 保留固有民法中的某些规定,尊重流行已久的民事习惯

注重本国传统,适当保留固有法是南京国民政府民事立法的一个重要的指导方针。中国传统民事法律的渊源具有多元性,除国家制定法外,礼、习惯、家法族规以及儒家学说等都可成为解决民事纠纷的依据。自清末修律以来,立法者就非常重视对民间民事习惯的实地调查。著名民法学家梅仲协先生认为,习惯法者,基于国民之直接的法之认识,以继续不息,反复奉行之习惯,确信为法律,而援用之法规也。在南京国民政府的民法典中,表现出了对于民事习惯的尊重。第一条即规定:"民事法律所未规定者,依习惯;无习惯者,依法理。"债权编第一百六十一条规定:"依习惯或依其事件之性质承诺无须通知者,在相当时期内有可认为承诺之事实时,其契约成立。"物权编第七百八十四条关于变更水流权及其限制、第七百八十五条关于堰之设置与利用、第七百八十六条关于线管安设权的规定中均有"(如)另有习惯者,从其规定或习惯"。由此可见,立法者对于传统民事习惯十分重视。

---

[6] 吴经熊:《法律哲学研究》,清华大学出版社2005年版,第172页。

在保留固有法的传统方面,国民政府的立法者根据国情民风吸纳了一些在中国沿用已久且能够为社会所接受的内容,如典权制度的保留。中国古代典卖田宅的制度出现于唐代,至宋代开始普遍化,宋代以后典卖制度更加发达,《大元通制》《大明律》《大清律例》均设"典卖田宅"条。国民政府的立法者认为典权制度有其内在的合理性,应予保留,于是在民法典中专设"典权"一章。

对于固有法的保留,还有一些是迁就历史惰性、不利于社会进步的糟粕,主要表现在亲属编中的伦常秩序和家长制度等。

3. 文本的折中主义和实践中的人治主义

清末民初以来的民事立法充满了折中主义,这在国民政府民法典中仍有所表现。例如,既有创新,又有守旧,新旧结合,古今折中;既有继受外来法,又有保留固有法。从法制演进的横向看,国民政府民法典是东西方的调和与折中,表现出民族主义与世界潮流的结合。既有权利本位,又有社会本位;既有立足于农业社会的立法表现,又有立足于工商社会的立法内容,是中国传统社会由农业社会向工商社会发展过渡的产物。这种文本上的折中与调和表现出了特定历史条件下诸多影响立法的因素所起的作用,也是立法者在移植西方国家的法律与结合中国国情保留某些固有法之间寻求折中的结果。

就总体而言,国民政府民法典在立法的形式和技术方面是成功的,在法律文本意义上它是中国历史上具有开创性的一部民法典。

但是,由于南京国民政府统治下的中国仍然没有摆脱半殖民地半封建社会的状态,经济贫穷、政治专制、文化落后,所以无论制定出多么完美的法律,其实施的程度必然要受到局限,民法典实际上很难发挥其规范、调整、控制、保护、制约社会和经济生活的作用。另外,法律在实践中表现出来的社会价值总是滞后于立法者的理想,社会与环境留下的依然是人治主义的空间。这使民法典中体现现代民法自由、平等、博爱的法律条文很难得到落实,有时甚至通过司法解释例和判例而被变更或曲解,成为法律对于社会实际生活的二次妥协。例如,民法典规定,婚约应由男女当事人自行订定,但未成年人的婚姻,应征得法定代理人的同意。对此,司法院的解释例说得很明白:"男女婚姻,其主婚权在父母。"这事实上又回到了以"父母之命,媒妁之言"为特点的封建婚姻制度的老路上。在司法院的解释例中囿于包办婚姻、买卖婚姻与纳妾的现实存在,肯定买卖婚姻与纳妾的合法性。

总之,在半殖民地半封建社会的中国,在人治主义的传统未加根本改变的情况下,无论是民法典还是一部良好的法律,它所能发挥的作用都是有限的,特别是民法中所规定的形式平等,并不能改变事实上的不平等。

综括南京国民政府的立法活动,沿袭了自清末以来的立法传统,进一步引进西方资本主义国家的法律,形成了以《六法全书》为代表的法律体系,把近代法制文明推向了一个新的阶段。南京国民政府的立法主要特点是:

一者标榜以孙中山先生的"遗教"作为立法的根本原则。无论是1928年的《训政纲领》、1931年的《中华民国训政时期约法》,还是1946年的《中华民国宪法》,都以遵循孙中山先生"建国三时期""三民主义""权能区分""五权分立"学说为旗号。《训政纲领》开宗明义地说,"实施总理三民主义"是纲领的制定宗旨。《中华民国训政时期约法》也标榜"国民政府本革命之三民主义五权宪法以建设中华民国"。《中华民国宪法》更声称"中华民国国民大会受全体国民之付托,依据孙中山先生创立中华民国之遗教,为巩固国权,保障民权,奠定社会安宁,增进人民福利,制定本宪法,颁行全国,永矢咸遵"。

二者特别法多于普通法,其效力往往也高于普通法。南京国民政府鉴于特别法的制定程序比较简单,针对性强,更能及时反映统治阶级的意志和利益,因而大量颁行特别法,尤其是刑事特别法,以加强对共产党和革命群众的镇压和统治。如《惩治盗匪暂行条例》《危害民国紧急治罪法》《戡乱总动员令》《特种刑事法庭组织条例》。这些特别法破坏了国民党在普通成文法典立法中所树立的建设民主、法制国家的形象,使国家法律在实质上和形式意义上产生强烈的反差与冲突。

三者成文法与不成文法的例、令互补互用。南京国民政府是采用大陆法系以成文法为主的法律体系,《六法全书》体系的建立,标志着中国法律近代化在形式上达到一个顶点。不成文法在南京国民政府法律体系中也占据重要地位。南京国民政府最高法院判决例、司法院的解释例、司法机关认可的习惯以及法理,都可作为司法机关行使审判权的依据。另外,蒋介石的手令、国民党中央的决议也具有法律效力,而且往往具有最高的法律效力。如1939年国民党中央执行委员会通过的《国防最高委员会组织大纲》规定:"国防最高委员会委员长,对于一切事务,得不依平时程序以命令为便宜之措施。"这样,蒋介石以委员长名义发布的命令,便不再受任何机关、任何程序的约束。成文法与不成文法的紧密结合、互补互用,共同发挥巩固政府统治的作用。

四、国民政府的司法制度

(一)司法体制

南京国民政府建立以后,随即公布《司法院组织法》建立司法院,后又参照清末及北京政府《法院编制法》，同时又仿德国、意大利等国立法例，拟定《暂行法院组织法草案》。1930年6月，司法行政部以此为基础制定了《法院组织法（草案）》。《法院组织法》于1932年正式公布，1935年7月1日施行。根据《法院组织法》建立了国民政府的司法机关体系，形成了三级三审制的司法体制。

原北京政府时期的大理院被改为最高法院，职掌民刑事案件的最高审判权。分设民事庭和刑事庭，管辖一审终审案件及上诉、抗诉案件。最高法院不设分院，以统一全国法律之解释。

1932年11月公布《行政法院组织法》，建立行政法院职掌行政审判职权。

地方司法机关于各省或特别区设高等法院，审理一审上诉和抗告案件，以及"内乱""外患""妨害国交"等罪的第一审案件。如区域辽阔者可设高等法院分院。县或市设地方法院，地方法院依管辖审理民事、刑事第一审案件及非诉案件。然而多数县由于财政拮据，司法人才短缺，难以普遍设立地方法院，遂以县司法处兼理审判，由县长兼理检察。直到1947年，全国设立的地方法院仅七百八十二所，约占全国县市总数的五分之二，多数县仍以县司法处兼理司法。

在普通司法机关中，设立相应的检察机关或一定数量的检察官，行使检察职权。检察官在刑事案件的整个诉讼过程中起着重要的作用。检察官依据法律的规定，有权对刑事案件作出侦查或不侦查的决定，提起或不提起公诉的决定，刑事案件判决后的执行，也由检察官来指挥并监督实施。

除一般司法机关外，还建立了特别司法机关。一为军事审判机关。其对战区内发生的刑事案件拥有优先管辖权，亦可根据军事需要接管地方行政事务，管辖民事案件。二为特别审判机关。1927年，成立特种刑事法庭，受理特种刑事审判的案件。1948年，为了迫害共产党人和爱国进步人士先后颁布实施《特种刑事案件诉讼条例》《特种刑事法庭组织条例》《特种刑事法庭审判条例》，根据这些条例，设立中央特种刑事法庭和高等特种刑事法庭，分别设于南京和司法行政部指定的地方。特种刑事法庭依据特殊的程序审理案件，对其裁判不得上诉或抗告。

（二）诉讼与审判的特点

南京国民政府以北京政府公布的诉讼法为基础，分别起草了《刑事诉讼法》与《民事诉讼法》，1928年7月公布《刑事诉讼法》，同年9月施行。该法分为九编，共五百一十三条，采取四级三审制，实行国家追诉主义。随着《刑法》《法院组织法》的修订，1933年年底，立法院着手拟定《修正刑事诉讼法草案》。于

1935年1月公布新《刑事诉讼法》,于同年7月施行。新《刑事诉讼法》仍分为九编,共五百一十六条,改四级三审制为三级三审制,增设执行保安处分及执行训诫等规定。

《民事诉讼法》于1932年5月公布施行,分五编,共六百条。1934年4月,司法行政部认为,现行《民事诉讼法》"关于诉讼程序各规定,有过于繁杂者,亦有尚嫌疏漏者,于诉讼人既多不便,而法院结案亦不免因之延滞";并拟定了《修正民事诉讼法草案》。经立法院审议通过,于1935年2月公布,同年7月施行。修正公布的新《民事诉讼法》分为九编,共六百三十六条。

除《刑事诉讼法》与《民事诉讼法》外,1932年11月,立法院还公布了《行政诉讼法》,次年6月施行。该法不分章节,共二十七条,规定当事人对于行政官署的违法处分可以提起行政诉讼,行政诉讼由行政法院管辖,实行一审终审制。

上述诉讼法的公布施行,构建了相当完备的诉讼法律体系,并且采纳了公开审判、律师辩护、合议审判等资本主义国家先进的诉讼原则。

根据《刑事诉讼法》,实行以公诉为主、自诉为辅的追诉原则。检察官代表国家,在刑事案件中行使原告职能。同时,对于某些特定的刑事案件,允许被害人或有告诉权人直接向审判机关提起诉讼。为有效打击犯罪,《刑事诉讼法》还规定,检察官有独立上诉的权力,对于撤回自诉或上诉的案件,检察官可依法行使干涉权。

另外,《特别刑事诉讼法》旨在限制与剥夺被告人的诉讼权利,如《特种刑事法庭审判条例》规定,"依本条例所为之裁判,不得上诉或抗告",对处五年以上有期徒刑之判决,始得声请中央特种刑事法庭复判。

《刑事诉讼法》还规定了严密的侦查制度。不仅如此,检察官、司法警察、宪兵、军士、特务等都有刑事侦查权力。特别是检察官,几乎可以运用一切人力、物力,侦查或处分任何人或事,这突出地反映了国民党政府侦查制度的反动性。

实行秘密审判制度和陪审制度。依据《法院组织法》的规定,对于"妨害公共秩序"的政治性案件,实行秘密审判。特别是对于违犯《戡乱时期危害国家紧急治罪条例》的刑事案件,采取秘密审判,当事人对判决不得上诉或抗告。国民政府还于1929年12月颁布了《反革命案件陪审暂行法》,规定在"反革命案件"上诉过程中,可由国民党地方最高级党部派出的国民党员所组成的陪审团陪审评议。在评议中,由陪审团提出"有罪"、"无罪"或"犯罪嫌疑不能证明"的答复。法院则要根据这个答复作出裁判,命取妥保或通知。这种"陪审制"实际是国民党一党专政在诉讼制度上的反映。

在民事诉讼中,采取"不干涉主义"。所谓"不干涉主义",又称为"当事人进行主义",是指在民事诉讼程序中,审判活动原则上以当事人自己的意思为准,法院一般不作职权上的干预。此原则形式上有利于当事人自由处分其实体与诉讼权利,但却容易造成不同阶级、不同文化程度、不同能力的当事人间诉讼权利的事实上的不平等。有产者往往挟其资财聘请有经验的律师,运用复杂烦琐的民事实体和程序法为自己辩护。因此,这是在平等的外衣掩盖下的不平等,也是国民政府司法制度的基本特点之一。

民事诉讼还沿袭中国固有的调解结案的传统。1929 年 12 月,立法院院长胡汉民提出《民事调解条例》草案时特别说明:"查民事诉讼,本以保护私权,而一经起诉之后,审理程序异常繁重,往往经年累月,始能结案。甚非所以息事宁人之旨。是以晚近各国,均励行仲裁制度,期于杜息争端,减少讼累,意至良善,我国夙重礼让,以涉讼公庭为耻。牙角细故,辄就乡里耆老,评其曲直,片言解纷,流为美谈。今者遗风渐息,稍稍好讼,胜负所系,息争为难,斯宜远师古意,近采欧美良规,略予变通,以推事主持其事,正名为调解,并确定其效力,著之法令,推行全国。庶几闾阎无缠累之苦,讼庭有清简之规。"[7] 1930 年 1 月 20 日立法院公布《民事调解法》,规定民事调解为民事诉讼事件和部分刑事案件法定的必经程序,不经调解程序,不得提起诉讼。法定民事调解由第一审法院民事调解处主持,由该法院法官任调解主任,双方当事人各推选一人为调解人。调解结果一旦形成,即具有约束力,其效力与法院判决相同。

1931 年公布实施《区乡镇坊调解委员会权限规程》,规定民事纠纷经当事人同意,刑事案件经被害人同意,即可交由区、乡、镇、坊调解委员会实施调解。

调解作为法定的必经程序,是带有强制性的。这就不可避免地存在着利益的牺牲,以此为代价换来的迅速结案,其结果践踏了司法的公平和正义。

无论是刑事诉讼还是民事诉讼都实行"自由心证"的诉讼原则。所谓"自由心证",就是在诉讼过程中,证据的证明力及其是否被采用,不是依据法律规定,而是依据法官的内心信念,即依"心证"来自由判断和取舍。这使法官在认定和取舍事实问题上,可以根据法律意识和利益需要,随意主观擅断,从而加剧了司法专横的作风。

国民政府司法制度虽然在形式上标榜司法独立,但由于实行"司法党化",司法独立受到严重破坏。譬如,要求司法官一律参加国民党,所作出的裁判必须以国民党三民主义为总指导,以三民主义的立法原则和法理作为论证依据。

居正曾系统地阐述了司法党化问题,指出司法党化应包含两方面的含义:

---

[7] 参见谢振民:《中华民国立法史》,正中书局 1937 年版,第 1273 页。

"(一)司法干部人员一律党化——主观方面;(二)适用法律之际必须注意于党义之运用——客观方面。"司法党化是国民政府司法制度的又一基本特点。

南京国民政府还就1943年1月英美两国分别与中国签订的《关于取消在华治外法权及其有关特权的条约》,而大肆宣扬废除领事裁判权,然而1943年10月国民政府颁行的《处理在华美军人员刑事案件条例》规定:"中华民国政府为便利共同作战,并依互惠精神,对于美军人员在中国境内所犯之刑事案件,归美军军事法庭及军事当局裁判。"该条例实际又确认了美军在华的司法特权。

综上可见,自1928年至1935年,南京国民政府基本完成了构建现代司法制度的立法活动。除《司法院组织法》《法院组织法》《刑事诉讼法》《民事诉讼法》《行政诉讼法》外,还制定了《律师法》和《监狱行刑法》。但由于国民党推行一党专政的政治制度和司法党化的理念,所以不可能实现司法公正的价值取向。所有组织法、诉讼法所规定的平等的保护诉讼的权利,追求司法公正的价值的原则,只能流于形式。为了稳定一党专政的统治秩序,推行独裁内战的政策,迫害反独裁反内战的民主人士和共产党人,司法镇压成为重要的工具。

第十四章　谱写新民主主义法制
　　　　文明的根据地法制*

辛亥革命虽然实现了资产阶级共和国的方案,但并未真正建立起民主法制国家,相反,在北京政府统治期间,军阀专政使民主制饱受摧残。在无休止的争夺中央统治权的战争中,人民大众陷入了深重的灾难,中国的出路究竟在哪里?一批激进的民主主义思想家如陈独秀、李大钊等在彷徨中寻找救中国的路径。1917年,俄国发生了十月社会主义革命,建立了劳农专政的国家,给了这批激进的民主主义者以极大的启迪,他们在迷茫中看清了前进的方向。1919年又爆发了"五四"爱国运动,揭开了新民主主义革命的序幕。从此,激进的民主主义思潮转向社会主义,人民共和国的方案取代了资产阶级共和国的方案。1927年4月,蒋介石发动了反革命政变,破坏了第一次国共合作,使反帝反封建的革命战争失败。为了挽救革命,中国共产党发动了南昌起义和秋收起义,在农村开辟了第一个革命根据地——井冈山革命根据地,建立了人民民主政权和法制,形成了前所未有的新民主主义的法制文明。这是马克思主义国家与法律学说同中国社会与革命实践相结合的产物。经过十年内战和抗日战争时期,人民民主政权和法制逐渐臻于成熟,星星之火,终于燎原。1949年10月1日,伟大的中华人民共和国成立,并且开始了向社会主义过渡的历史征程。

---

* 此处指1927~1949年。

一、由激进民主主义转向社会主义的新思潮

(一)激进民主主义的思想内容

在北京政府统治期间,面对军阀混战和帝国主义深入侵略的危机,出现了一批力图"挽狂澜于既倒"的爱国主义的激进民主主义思想家,其中的代表人物是陈独秀、李大钊等。

激进民主主义者的批判锋芒,首先是指向民国形式下的军阀专政。李大钊沉痛地指出:辛亥革命以后,"神州天府,继续陆沉","鞠为茂草",溯本追源仍然是"君主专制之祸耳"。[1] 陈独秀尖锐地揭露说:"中华民国的假招牌虽然挂了八年,却仍然卖的是中华帝国的药,中华官国的药,并且是中华匪国的药。"[2] 广大人民"……于共和国体之下,备受专制的痛苦"。[3] 特别是针对迭起的帝制复辟,激进民主派很自然地将北洋军阀政府和封建专制制度联系在一起,进行了猛烈的鞭挞。李大钊说,"真皇帝是大盗的代表","大盗不结合乡愿,作不成皇帝"。[4] 陈独秀则剥下了儒家加给皇帝的所谓"天的儿子""神的替身"等外衣,而斥之为"一种偶像","他本身并没有什么神圣出奇的作用,全靠众人迷信他,尊崇他,才能够号令全国,称作元首"。[5] 李大钊不仅痛斥形形色色的帝制复辟派是"国家之叛逆,国民之公敌",还要"诛其人,火其书,殄灭其丑类,摧拉其根株,无所姑息,不稍优容"。[6] 与此同时,他还以犀利的笔锋,揭露了北洋军阀统治下的民国政治,实质上是"武人专制的政治——也可以叫做武乱";[7] 是把人民当作猪宰,用人民的血肉骨头,喂饱那些"文武豺狼"的"宰猪场式的政治";[8] 是"几个政客,抱住了强盗的大腿转来转去,混一口饭吃"的政治。[9] 在这样的民国统治下,广大人民的生活权,乃至生存权,都被少数特权者所剥夺。因此,他发出了"民与君不两立,自由与专制不并存,是故君主生则

---

[1] 李大钊:《民彝与政治》,载《李大钊选集》,人民出版社1959年版,第56页。
[2] 陈独秀:《实行民治的基础》,载《新青年》第七卷第一号。
[3] 陈独秀:《吾人最后之觉悟》,载《独秀文存》卷一,上海书店出版社1989年版,第51~52页。
[4] 李大钊:《乡愿与大盗》,载《李大钊选集》,人民出版社1959年版,第128页。
[5] 陈独秀:《偶像破坏论》,载《独秀文存》卷一,上海书店出版社1989年版,第227页。
[6] 陈独秀:《实行民治的基础》,载《新青年》第七卷第一号。
[7] 李大钊:《文治国庆》,载《李大钊选集》,人民出版社1959年版,第245页。
[8] 李大钊:《宰猪场式的政治》,载《李大钊选集》,人民出版社1959年版,第167页。
[9] 李大钊:《政客》,载《李大钊选集》,人民出版社1959年版,第123页。

民国死,专制活则自由亡"[10]的呐喊。面对黑幕重重的军阀统治,李大钊提出了"共和国的政主到底是谁?"的诘问,这在已经黯然失色的"民国",恰如惊雷骇电,使人猛省,发人深思。

到底谁是政主? 在五四运动发生以前,激进民主派们还没有掌握马克思主义的批判武器和批判精神去观察世界,预见未来,仍然崇尚西方资产阶级民主政治,以西方资产阶级国家为自己心目中的理想国家。陈独秀当时就曾宣称:"自由、平等、博爱",为"近世文明"的精华;资产阶级的立宪民主制,是世界发展的"潮流"和"轨道"。钱玄同等人继续主张中国应"把法国美国做榜样"。他们虽然痛恨民国的窳败,但却归咎于"中国创造共和岁月,比起欧美来还是太浅,陈年老病那有着手成春的道理"。[11] 这种观点一方面说明了他们的思想仍然无法摆脱资产阶级民主共和制的窠臼,另一方面也反映了他们无力阻止中华民国走向没落的无可奈何的心声。他们虽然在反对军阀独裁统治的斗争中发挥了一定的积极作用,但找不到新的出路,仍在迷茫探索。曾经是资产阶级民主共和制度拥护者的李大钊,面对严酷的军阀专政导致作为中华民国民主象征的国会时而被解散,时而被贿买的事实,对资产阶级的代议制度产生了怀疑,提出代议政治"犹在试验之中,其良其否,难以确知,其存其易,亦未可测"。[12] 青年时代的毛泽东认为君主国和三纲、宗教、资本家"同为天下恶魔也",反对从枝节入手的变法,强调应致力于追索"本源","改建政体"。[13]

总之,这时的激进民主主义者在与以民国之名行军阀专制之实的北洋政府的斗争中,开始探索和追求一种更优越的制度,以取代资产阶级民主共和国。

其次,谴责北京政府毁法残民,要求尊重民权与法制。"五四"时期,争取民主政治是和争取民主的法制联系在一起的。北洋军阀篡夺辛亥革命的成果,建立北洋政府以后,一边撕毁《中华民国临时约法》及其他反映资产阶级民主原则的法律,一边恢复晚清旧律的部分效力和刑讯制度,并且颁布《惩治盗匪法》《治安警察法》《出版法》等一系列单行法,猖狂地剥夺人民群众的基本权利,加紧镇压全国的进步活动。例如,针对工人运动的日益高涨,制定了专门镇压工人罢工的条款,如"从事同一业务之工人,同盟罢工者,首谋处四等以下有期徒刑、拘役或三百元以下罚金"。"聚众为强暴胁迫者",按"骚扰罪"判决,首魁处无期徒刑或二等以上有期徒刑。此外,《治安警察条例》也规定,禁止工人聚集"同盟

---

[10] 李大钊:《民彝与政治》,载《李大钊选集》,人民出版社1959年版,第56页。
[11] 陈独秀:《实行民治的基础》,载《新青年》第七卷第一号。
[12] 李大钊:《民彝与政治》,载《李大钊选集》,人民出版社1959年版,第56页。
[13] 周世钊:《第一师范时代的毛主席》,载《新观察》第二卷第二期。

罢工"或"强索报酬",违者处以徒刑或罚金。在北洋政府刑法的镇压下,湖南、上海等地工人运动的领袖不断遭到迫害。为此,站在争取民主和法制斗争前列的陈独秀、李大钊,号召发扬"尊重民权、法治、平等的精神",[14] 与北洋政府的毁法残民展开坚决的斗争。他们发出了严厉的谴责:"你哪里还有约法!哪里还有自由!""约法上明明有言论自由,可是记者可以随便被捕,报馆可以随便被封。约法上明明有出版自由,可是印刷局可以随便被干涉,违反约法的管理印刷法,可以随便颁布,邮局收下的印刷刊物,可以随便扣留。约法上明明有书信秘密的自由,可是邮局可以随时随意派人检查。"[15] 人们从封建军阀"拥兵纵乱,毁法残民,无恶不作,无罪不备"的倒行逆施中受到教育,从而觉醒起来,既争民主,也争法制。

"五四"时期,陈独秀、李大钊号召"打破北洋军阀专制主义的'特权人治'",[16] "尊重民权、法治、平等的精神",[17] 主张"法律面前人人平等,绝无尊卑贵贱之殊"。[18] 这些观点虽然没有超越资产阶级法制的范畴,但对于反对军阀的独裁统治,仍有一定的积极意义。

与此同时,激进民主派还揭露了北洋政府颁布的法律的实质,"就是欺骗平民的宗教",[19] 是"掠夺的工具"[20] 和钳制人民言论自由的枷锁。周恩来在《少年》杂志上著文,一针见血地指出北洋军阀的法律乃"维护特权阶级的法律","不要说实行反抗旧制度,反抗'上层阶级'了,便是为拥护被压迫阶级而有所结合,有所主张,也要常常受那维持特权阶级的法律干涉"。[21] 李大钊针对北洋政府以严刑峻法惩治宣传科学、民主的思想言论的行为,抨击说"禁止思想是绝对不可能的","禁止研究一种学说的,犯了使人愚暗的罪恶,禁止信仰一种学说的,犯了教人虚伪的罪恶"。[22] 他严厉谴责北洋军阀政府公然将孔教列入宪法,强制统一思想的行径,指出:"孔子者,历代帝王专制之护符也。宪法者,现代国民自由之证券也。专制不能容于自由,即孔子不当存于宪法。"[23] 同时,还以进化论的观点批判将孔教列入宪法的荒谬。李大钊说:"孔子者,数千年前之

---

[14] 陈独秀:《今日中国之政治问题》,载《新青年》第五卷第一号。
[15] 李大钊:《那里还有自由》,载《李大钊选集》,人民出版社1959年版,第252页。
[16] 陈独秀:《"新青年"罪案之答辩书》,载《新青年》第六卷第一号。
[17] 陈独秀:《今日中国之政治问题》,载《新青年》第五卷第一号。
[18] 陈独秀:《宪法与孔教》,载《新青年》第二卷第三号。
[19] 杨亦曾:《社会为什么要改进》,载《国民杂志》第二卷第二号。
[20] 陈独秀:《谈政治》,载《新青年》第八卷第一号。
[21] 周恩来:《宗教精神与共产主义》,载《少年》第二期,1922年。
[22] 李大钊:《危险思想与言论自由》,载《每周评论》第二十四号。
[23] 李大钊:《孔子与宪法》,载《甲寅》日刊,1917年1月30日。

残骸枯骨也。宪法者,现代国民之血气精神也。以数千年之残骸枯骨,入于现代国民之血气精神所结晶之宪法,则其宪法将为陈腐死人之宪法,非我辈生人之宪法也。"[24] 陈独秀也说:"孔教本失灵之偶像,过去之化石,应于民主国宪法,不生问题。"[25]

由于北洋政府制定的法律"莫非资产者的保障物",所以"社会一切罪恶,就变成贫贱者的专有物,有资产的人就可以受法律制度的保障,无资产的人就要受法律和制度的摧残"。[26] 这种法律是"劳动者颈子上一条大而且重的铁链",若不废除,"劳动界前途的命运,还是鸡笼里的鸡",[27] 只能听任宰割。

经过激进民主派的推动,争取法制的斗争逐渐发展成推翻军阀统治的革命运动。他们代表备受反动法律蹂躏之苦的广大人民,大声疾呼:"法庭把司法尊严都丧尽了,我们不得不将这走狗的法庭与他的主人——军阀——一齐推翻。""法律是人群的规则,群变则法变","法律范围,不合于现在人生,就得变。所取的手段,不能和平解决,只有激烈的一个法子,就是革命"。[28]

中国共产党于 1922 年 6 月 15 日发布《中国共产党对于时局的主张》,明确提出:"保障人民结社、集会、言论、出版自由权,废止治安警察条例及压迫罢工的刑律。"[29] 1924 年 11 月,孙中山以"陆海军大元帅"名义正式公布的《工会条例》明文宣布:"凡刑律违警律中所限制之聚众集会等条文,不适用于本法。"[30] 1926 年 12 月湖南农民代表大会通过的《司法问题决议案》宣布:"民刑法律须全部改订,凡不利于农民的条文,须一律废除。"[31] 这表明中国人民开始把反对北洋政府毁法残民的斗争纳入新民主革命的轨道。

最后,批判封建的家族制度与纲常名教。"五四"时期,激进民主主义者在反对封建专制制度的同时,也猛烈抨击作为封建专制制度支柱的封建的家族制度和纲常名教。吴虞提出"家族制度为专制主义之根据",他说,"儒家以孝悌二字,为二千年来专制联结之根干","居家能孝,则可由无禄位而为官"。这不是偶然的,封建统治者从长期的统治经验中,深知"其为人也孝悌,而好犯上作乱

---

[24] 《孔子与宪法》,载《李大钊文集》(上册),人民出版社 1984 年版,第 258 页。
[25] 陈独秀:《宪法与孔教》,载《新青年》第二卷第三号。
[26] 仙槎:《非暴动论》,载《五四爱国运动档案资料》,中国社会科学出版社 1980 年版,第 660 页。
[27] 仙槎:《非暴动论》,载《五四爱国运动档案资料》,中国社会科学出版社 1980 年版,第 660 页。
[28] 《五四时期期刊介绍》第二集,三联书店 1959 年版,第 346 页。
[29] 刘明逵、唐玉良主编:《中国近代工人阶级和工人运动》第四册,中共中央党校出版社 2002 年版,第 318 页。
[30] 刘明逵、唐玉良主编:《中国近代工人阶级和工人运动》第一册,中共中央党校出版社 2002 年版,第 741 页。
[31] 《第一次国内革命战争时期的农民运动资料》,人民出版社 1959 年版,第 423 页。

者,未之有也",因而竭力维护封建的家族制度,作为"消弭犯上作乱之方法",使"家族制度之与专制政治,遂胶固而不可以分析"。[32] 李大钊进而揭示了"君臣关系的忠,完全是父子关系的孝的放大体,因为君主专制制度,完全是父权中心的大家族制的发达体……"[33] 封建统治者不仅竭力宣扬"天下之本在国,国之本在家","家齐而后国治"的教条,还利用严刑峻法的强制维护,使家族的族长不但握有经济的支配权、家法的执行权和对家族成员的人身处分权,而且承担着推行国家政令的职能,他的权威是专制制度在家族关系中的具体表现。一些大家族的族长与地方官府紧密勾结,"家""国"权力相通,"就像皇帝通常被尊为全国的君父一样,皇帝的每一个官吏也都在他所管辖的地区内被看作是这种父权的代表"。[34] 因此,彻底地反对封建专制制度,必然要反对封建家族制度,粉碎族权、父权和夫权的"绳索"。李大钊说,"政治上民主主义的运动,乃是推翻父权的君主专制政治之运动","社会上种种解放的运动,是打破大家族制度的运动,是打破父权(家长)专制的运动,是打破夫权(家长)专制的运动,是打破男子专制社会的运动,也就是推翻孔子的孝父主义、顺夫主义、贱女主义的运动"。[35]

由反对封建专制进而反对封建家族制度,这是辛亥革命所不曾有过的,是"五四"时期争取民主政治走向深入的标志。

"五四"时期,反对专制主义的政治制度和家族制度,必然要触及作为其精神支撑的纲常伦理思想。汉初,董仲舒为适应封建专制统治的需要,创立了"三纲"学说,在禁锢广大劳动人民的思想方面,起到了暴力镇压所起不到的作用,因而被统治者奉为统治思想,维护"三纲"是封建法典的核心内容。至宋朝,随着阶级矛盾的尖锐和专制制度的强化,"三纲"被理学家吹捧为"天理",赋予它以神权的威慑力量,凡属违反纲常的行为,均构成"反天理"的大罪。"三纲"的说教,奠定了君权、父权神圣不可侵犯的社会伦理基础,是封建道德体系的基干。两千年来,封建的专制制度由于得到"三纲"学说的密切结合,得以沿着螺旋上升的轨迹,不断地加强。辛亥革命以后,封建余孽为复辟帝制张目,大肆鼓噪"三纲"的伦理道德的永恒性。因此,反对封建纲常名教、伦理道德,是摆在进

---

[32] 吴虞:《吴虞文录》,黄山书社2008年版,第3页。
[33] 李大钊:《由经济上解释中国近代思想变动的原因》,载《李大钊选集》,人民出版社1959年版,第296页。
[34] [德]马克思:《中国革命和欧洲革命》,载《马克思恩格斯全集》(第9卷),人民出版社1961年版,第110页。
[35] 李大钊:《由经济上解释中国近代思想变动之原因》,载《李大钊选集》,人民出版社1959年版,第300页。

步思想家面前的一项反击尊孔复古逆流,争取民主的历史任务。陈独秀对于"三纲"学说进行了总结性的批判,他说:"儒者'三纲'之说,为一切道德政治之大原。君为臣纲,则臣于君为附属品,而无独立自主之人格矣。父为子纲,则子于父为附属品,而无独立自主之人格矣。夫为妻纲,则妻于夫为附属品,而无独立自主之人格矣。率天下之男女为臣、为子、为妻,而不见有一独立之人者,'三纲'之说为之也。缘此而生金科玉律之道德名词,曰忠、曰孝、曰节,皆非推己及人之主人道德,而为以己属人之奴隶道德也。"[36] 他还揭露了所谓名教、礼教,都是以维护"别尊卑,明贵贱"的"等级制度"为宗旨,而与共和立宪不相容,"存其一必废其一……焉有并行之余地?"[37]

对"三纲"的批判发展为"打倒孔家店",钱玄同说:"欲祛除三纲五伦之奴隶道德,当然以废孔学为唯一之办法。"[38] 李大钊站在彻底反对封建伦理道德的立场上,痛斥"依违调和"的资产阶级改良派,坚定地表示要以"人为之力"促成一切陈腐、僵死的旧道德的崩溃,"虽冒毁圣非法之名,亦所不恤矣!"[39] 陈独秀也强调指出:"民主共和国重在平等精神……一方面既然承认共和国体,一方面又要保存孔教,理论上实在是不通,事实上实在是做不到。"[40] 他还尖锐地指出尊孔是为了复辟,"盖主张尊孔,势必立君,主张立君,势必复辟"。[41]

但无论是陈独秀还是李大钊,他们批判孔教都是为反对北洋政府的统治服务的,并没有否定孔子及其学说的价值。陈独秀明确表示,"反对孔教,并不是反对孔子个人,也不是说他在古代社会无价值"。[42] 孔学是"当时社会之名产","使其于当时社会无价值,当然不能发生且流传至于今日"。[43] 人们之所以"不满于儒家者,以其分别男女尊卑过甚,不合于现代社会之生活也"。[44] 李大钊也认为:"孔子于其生存时代之社会,确足为其社会之中枢,确足为其时代之圣哲,其说亦确足以代表其社会其时代之道德。""余之掊击孔子,非掊击孔子之本身,乃掊击孔子为历代君主所雕塑之偶像的权威也;非掊击孔子,乃掊击专

---

[36] 陈独秀:《一九一六年》,载《青年杂志》第一卷第五号。

[37] 陈独秀:《吾人最后之觉悟》,载《独秀文存》卷一,上海书店出版社1989年版。

[38] 钱玄同:《中国今后之文字问题》。转引自石峻等编:《中国近代思想史参考资料简编》,生活·读书·新知三联书店1957年版,第1028页。

[39] 李大钊:《自然的伦理观与孔子》,载《甲寅》日刊,1917年2月4日。

[40] 陈独秀:《旧思想与国体问题》,载《新青年》第三卷第三号。

[41] 陈独秀:《复辟与尊孔》,载《新青年》第三卷第六号。

[42] 陈独秀:《孔教研究》,载《每周评论》第二十号。

[43] 《答常乃意》(孔教),载《新青年》第三卷第二号。

[44] 陈独秀:《阴阳家》,载《新青年》第五卷第一号。

制政治之灵魂也。"[45]

以上可见,"五四"新文化运动批判的锋芒,触及了封建专制制度的社会支柱,粉碎了封建传统法律借以矗立的、以纲常学说为核心内容的思想理论基础,其影响之深广,无愧为20世纪以来中国人民所经历的第一次伟大的思想解放运动。

(二)社会主义思潮的兴起

1917年十月社会主义革命的胜利,和五四运动革命风暴的洗礼,大大开阔了先驱者们的视野,如同瞿秋白所说,"帝国主义压迫的切骨的痛苦,触醒了空泛的民主主义的噩梦",[46]使他们由激进的民主主义开始向马克思主义转变,其突出的标志是赞赏劳农专政。具有初步共产主义觉悟的先驱者们,见微而知著,从十月革命的胜利和苏俄无产阶级专政国家的建立,看到了"工人阶级的'平民政治',必将取代中产阶级的'平民政治'"。由此,他们的认识发生了新的飞跃,从对"中华民国"的抨击,转为揭露欧美资产阶级民主的实质,指出:"表面上是共和政治,实际上是金力政治,所以共和的自由幸福多数人民是没有份的。"[47]"共和政治为少数资产阶级所把持,无论哪国都是一样,要用它来造成多数幸福,简直是妄想。"[48]与此同时,他们公开赞美社会主义的民主政治,推崇在国民革命中"当先锋的亦只有无产阶级"。[49]并以火一样的热情宣布:"在十月革命的火光里,诞生了劳农群众的国家和政府!也是全世界劳农群众的祖国、先驱、大本营。"[50]

由于建立无产阶级专政的政权是无产阶级革命的根本问题,也是马克思主义和机会主义斗争的焦点,因此,李大钊、毛泽东、周恩来同当时纷至沓来的、形形色色的反马克思主义的流派和思潮,进行了激烈的斗争。他们在斗争中论证了无产阶级专政的必要性,及其与一切剥削阶级政权根本不同的实质。为了回答当时对"劳农专制"的攻讦,李大钊从阶级本质上阐明"专制的确专制,但要问:他的专制,是绅士阶级的专制呢?还是劳动阶级的专制呢?"[51]这种专制,

---

[45] 《自然的伦理观与孔子》,载《甲寅》日刊,1917年2月4日。
[46] 瞿秋白:《赤都心史》,东方出版社2015年版,第27页。
[47] 陈独秀:《国庆纪念的价值》,载《新青年》第八卷第三号。
[48] 陈独秀:《国庆纪念的价值》,载《新青年》第八卷第三号。
[49] 李大钊:《追悼列宁并纪念"二七"》,载《李大钊选集》,人民出版社1959年版,第500页。
[50] 李大钊:《十月革命与中国人民》,载《李大钊选集》,人民出版社1959年版,第401页。
[51] 施存统:《我们的大敌究竟是谁呢?》,载《觉悟》,1920年9月20日。

不仅"是无产阶级为贯彻阶级斗争,消灭一切阶级所必需的……"[52],而且是真正民主的国家制度。这种专制的"政治机关,只是为全体人民,寓于全体人民,而由全体人民执行的事务管理工具"。[53] 毛泽东在回复蔡和森的信中,还说明了采取俄国式革命、实行劳农专政,为斗争所不可避免,因为"历史上凡是专制主义者,或帝国主义者,或军国主义者,非等到人家来推倒,决没有自己肯收场的"。[54] 周恩来一方面指出劳农夺取政权,不仅是"为解放全人类全体……肃清旧毒,扶植自由的新芽",更是真正的民主政治的体现;另一方面还以列宁服从"劳动会议(苏维埃)中央执行委员会,以及人民委员会的决议"和"劳动会议及中央执行委员会常常变更人民委员会的决议"为例,[55] 来具体说明劳农专政的民主性,批判了当时颇为流行的无政府主义的思潮。马克思主义者和无政府主义者的论战,雄辩地揭示了在中国无产阶级专政的民主必将取代资产阶级专政的民主。

在社会主义思潮崭露光辉,显示了旺盛的生命力的同时,改良主义、无政府主义、实用主义等各种思想流派也都纷纷登场。

研究系的政客张东荪之流,用改装的改良主义冒充社会主义,鼓吹用所谓"政府之立法",以及"社会之监督"等手段,唤起资产阶级的"觉悟","矫正"资产阶级的态度,妄图以此麻痹和欺骗群众。为此,李大钊在《再论问题与主义》的著名论文中,依据马克思主义的唯物史观,阐明了"社会上法律、政治、伦理等精神的构造,都是表面的构造",只有"经济的构造作他们一切的基础"。所以欲谋求中国社会的改造,必须改变社会经济制度,"经济问题的解决,是根本解决","经济问题一旦解决,什么政治问题、法律问题……都可以解决"。但从根本上解决中国社会经济制度问题的方法,就是"彻底的革命斗争"。[56] 陈独秀也宣布:"不承认现存的资产阶级(即掠夺阶级)的国家、政治、法律,有扫除社会罪恶的可能性",必须"用革命的手段,建设劳动阶级(即生产阶级)的国家,创造那禁止对内对外一切掠夺的政治法律,为现代社会第一需要"。[57]

正当李大钊介绍马克思主义的时候,无政府主义思想也在北京出现。他们以一种小型杂志《自由》为基础,以李石曾、吴稚晖为无政府主义信徒的首脑。

---

[52] C. T:《读费觉天君的"从罗素先生的临别赠言中所见的"政治支配政策》,载《觉悟》,1921年9月25日。

[53] 《平民主义》,载《李大钊选集》,人民出版社1959年版,第426页。

[54] 参见《中国新民主主义革命时期通史》第一卷,上海人民出版社2001年版,第89页。

[55] 周恩来:《宗教精神与共产主义》,载《少年》第二期。

[56] 李大钊:《再论问题与主义》,载《每周评论》第三十五号。

[57] 陈独秀:《谈政治》,载《新青年》第八卷第一号。

他们把法律和自由完全对立起来,混淆无产阶级专政国家的法律同剥削阶级专政国家的法律的原则区别,既"反对剥削者压制劳动者的法律,也反对劳动者压制剥削者的法律",主张取消一切国家与法律。陈独秀曾经著文斥责这种绝对不要国家与法律的谬论"是因噎废食,是拿'德谟克拉西'(民主)和'自由'当口头禅,来反对阶级战争,反对无产的劳动阶级专政和法制,以致作了资产阶级的朋友"。他阐述了从革命发生时起,直到"私有财产在人心上的消灭",要经过长久的岁月。在这长久的岁月里,"都有发生阴谋使资本制度死灰复燃,甚至恢复帝制的可能"。[58] 因此,建设无产阶级的专政和法制是完全必要的。共产主义者在《共产党》杂志第五号上还发表了《我们要怎么样干革命?》的文章,反驳无政府主义思想:"我们的最终目的,也是没有国家的,不过我们在阶级消灭以前,却极力主张要国家,而且是主张要强有力的无产阶级专政的国家的……我们的目的,并不是要拿国家建树无产阶级的特权,是要拿国家来撤废一切阶级的。"周恩来在1922年发表的《共产主义与中国》一文中,深刻揭露了无政府主义者的真面目:"无政府主义在中国已有了十年以上的历史,他们利用中国人的惰性和容忍,竟与些思想堕落者结成了不解之缘。他们都自命为提倡科学的人,其实他们只会谈那空想艺术,高谈几个'真''善''美'的名词,谈到实在的开发实业的方法,恐怕除掉毁坏大规模生产,反对集中制度外,竟无什么具体主张。"

曾经鼓吹君主立宪的政客张君劢,通过翻译魏玛共和国宪法,宣扬德国宪法的"调和精神",说其中表现了"苏维埃政治与代议政治之调和"、"个人主义与社会主义之调和"、"劳工阶级与资本阶级之调和"。他诋毁俄国革命是"偏于革命手段,得于社会主义,而失于法律主义";攻击社会主义法制的产生,"无一定之机关、一定之顺序",是"非法";抨击对剥削者的专政及剥夺其资产,与"平等"和"法制主义"原则"无不相叛谬";等等。[59] 针对张君劢的谬论,周恩来在《少年》杂志第二期上发表文章,予以痛斥:"旧制度旧思想既然把人心锢蔽得这样,一旦无产阶级为解放全人类全体,而夺取政权,在过渡中要肃清旧毒,扶植自由的新芽,对他如何不能加以限制?不然还得请出'沙'(指沙皇),请出克伦斯基政府来好了。"为了驳斥形形色色的对社会主义法制的中伤和诽谤,使中国人民了解俄国革命的历史和革命后的现状,李大钊等人还发表了许多介绍俄国革命的文章,并翻译了苏俄宪法及土地法、婚姻法等重要法典,这不仅给了张君劢之流以有力的回击,也捍卫了马克思主义的国家观与法律观。

---

[58] 陈独秀:《劳动专政》,载《新青年》第八卷第三号。
[59] 参见《五四时期期刊介绍》第一集,三联书店1959年版,第363~364页。

总括以上,1912年建立北洋政府以后,种种摧残民主、践踏法制的现实,使以李大钊、陈独秀、毛泽东、周恩来等人为代表的先驱者们,奋笔揭露了以民国为名,行军阀独裁之实的北洋政府的实质,痛斥了康有为帝制复辟派掀起的复古逆流。他们犀利的笔锋洋溢着斗争精神,但是在目标上还没有超出资产阶级民主共和国的藩篱,尽管他们已经开始以批判的态度对待西方的民主与法制。可以看出,他们在艰苦地探索,渴求寻找一条新的出路。1917年十月革命的胜利和1919年五四运动的发生,使他们的思想认识豁然开朗。从此,他们为之奋斗的目标,不再是资产阶级民主共和国,而是社会主义的国家。他们从劳农大众的利益出发,赞美无产阶级专政下的民主与法制,并且介绍苏联的宪法、土地法、婚姻法,表明他们新的马克思主义的法律观的初步建立。

五四运动以后,马克思主义的社会思潮逐渐居于主流地位。但与此同时,各种反马克思主义的思想派别也纷至沓来,因而在思想界形成了壁垒鲜明的激烈的斗争。在这场十分复杂的斗争中,具有共产主义觉悟的先驱者们逐渐成熟了,他们的马克思主义的法律观虽然还不成体系,但却有着丰富多彩的内容和强悍的战斗力。历史展现了由社会主义民主取代资产阶级的民主,也如资产阶级民主取代封建专制一样,是不可抗拒的。人们从激进民主主义者争取真正的民主共和国的实践中,发现资产阶级的政治文明与法制文明的影响越来越小。人们也从激进民主主义者向着马克思主义转变的过程中,看到社会主义的政治文明与法制文明必将赢得历史性的胜利。他们在批判旧世界中,宣告了一个新世界即将诞生,这是划破天际的曙光、昭苏大地的春雷,从此,中国近代法制文明的历史揭开了全新的一页。

二、革命根据地的创建与立法活动

(一) 革命根据地的创建与发展阶段

1927年8月,中国共产党召开了"八七"会议,确定了开展土地革命和以武装斗争推翻国民党政权的总方针。1927年10月,在江西茨坪创建了第一个农村革命根据地,形成了武装割据的局面,根据马克思主义关于革命与国家的学说,并仿照苏联的国家范式,建立了苏维埃共和国,召开了两次全国工农兵代表大会,并根据革命战争和建设根据地的需要积极立法建制,先后制定了宪法大纲、选举法、政权组织法、土地法、婚姻法、劳动法、惩治反革命条例、司法组织条例等,初步形成了新民主主义的法律体系。但这一时期,由于受到"左"倾机会主义思想路线的影响,加之片面学习苏联,缺乏独立的建设政权与法制的经验,以致所立之法的大方向——反帝反封建,是明确的和正确的,但在许多具体规定上脱离了中国社会与革命的实际。看似革命的过"左"规定,给革命带来了严重的损失。

经过十年内战血与火的洗礼,中国共产党在建设革命政权与法制的问题上逐渐成熟了,因而在抗日战争时期,革命根据地的政权迅速扩大,取得了重大的进展。

抗日战争时期,中国共产党开辟了敌后根据地,建立了以陕甘宁边区为代表的抗日民主政权。各抗日民主政权摆脱了"左"倾机会主义思想路线的影响,并在总结苏区法制建设经验与教训的基础上,进行了创造性的立法活动,制定了各边区施政纲领、人权财权保障条例以及单行的刑事与民事立法,还在司法活动中总结出了深入群众、方便群众的马锡五审判方式。抗日战争时期处于第二次国共合作的历史阶段,各抗日民主政权在形式上受到了南京国民政府的节制和六法全书的约束,但在实践中无论政权与法制建设都坚持独立自主的原则,所达到的成就远不是六法全书所能包容的。

三年解放战争时期(1946~1949年),军事斗争是第一位的,人民民主政权的立法活动以保障战争胜利为中心任务,最具代表性的立法是制定了《中国土地法大纲》,形成了没收官僚资本、没收地主土地、保护民族工商业的三大经济纲领。还通过颁布的《中国人民解放军宣言》宣告了一系列政策,中共中央还有针对性地发布了废除国民党六法全书和确定解放区的司法原则的指示,为革命胜利后的法律建设指明了方向。

综括上述,在不同历史时期,虽然各根据地立法的侧重点有所不同,立法的内容也有所差异,但始终以反帝、反封建的革命纲领为指导,以实现党的政策为目标,因而各根据地的立法是新民主主义性质的。它是以马克思列宁主义为理论基础,以中国共产党的纲领为指导原则,基于革命斗争的需要和人民群众的根本利益而创建形成的。它是近代中国法制文明的新纪元。

(二)《中华苏维埃共和国宪法大纲》与《陕甘宁边区施政纲领》

1.《中华苏维埃共和国宪法大纲》(以下简称《宪法大纲》)

(1)《宪法大纲》的制定

自19世纪末以来,先进的中国人曾经为追求旧民主主义的政治而流血牺牲,经过半个多世纪的斗争并没有取得成功。中国共产党成立以后,在《中国共产党第二次全国代表大会宣言》中,提出了建立"真正民主共和国"的主张,实质上就是工人阶级领导的人民共和国,是新民主主义范畴的民主政治。从此,争取新民主主义的民主政治成为历史的主流,并且在革命根据地内逐步加以实现。

第一次国内革命战争失败以后,在帝国主义、封建势力、买办资产阶级的扶持下,国民党取代了北洋军阀,建立了新军阀的统治。中国共产党《政治决议案》中关于革命动力作出以下表述:"资产阶级性的民权革命阶段之中的动力,现在只是中国的无产阶级和农民",因此必须建立工农兵代表会议(苏维埃)的政权。这个《政治决议案》对于根据地所拟定的宪法大纲,有关政权领导力量和专政对象的规定有着重要的影响。中国共产党的理论准备及其领导下的革命根据地民主政权建设经验的积累,尤其是各地苏维埃政权的建立,使成立(全国性)苏维埃政权不仅十分必要,也是可能的。与此同时,制定作为新兴工农民主政权根本法的任务,也被提上了议事日程。

随着第三次反"围剿"的胜利,以江西瑞金为中心的中央各根据地连成一片,建立中央政权机关和制定宪法的条件趋于成熟。1931年11月7日,在江西瑞金召开中华苏维埃第一次全国代表大会,通过了《第一次全国工农兵代表大会宣言》,宣告中华苏维埃共和国的成立,决定由任弼时、王稼祥、毛泽东、曾山、张鼎丞和各代表团推举出一名代表共十七人组成宪法起草委员会,起草宪法大纲。1934年1月召开中华苏维埃第二次全国代表大会,对《中华苏维埃共和国宪法大纲》进行修正,在第一条内增加了"同中农巩固的联合"。这是在总结苏维埃建设和土地革命的经验教训之后,纠正"左"倾错误的带有政策性的重大修改。此外,有些变动基本是文字上的修改,如将"中国苏维埃"改为"中华苏维埃"等。

(2)《宪法大纲》的主要内容

《宪法大纲》,共十七条,主要内容如下:

第一,确认反对帝国主义和封建主义的任务。《宪法大纲》第一条规定:"中华苏维埃共和国的基本法(宪法)的任务,在于保证苏维埃区域工农民主专政的政权和达到他在全中国的胜利。这个专政的目的,是在消灭一切封建残余,赶走帝国主义列强在华的势力,统一中国,有系统的限制资本主义的发展,进行苏维埃的经济建设,提高无产阶级的团结力与觉悟程度,团结广大贫农群众在他的周围,同中农巩固的联合,以转变到无产阶级的专政。"在《宪法大纲》第六条、第八条还具体规定了反帝反封建的一系列政策措施:"宣布中国民族的完全自主与独立,不承认帝国主义在华的政治上、经济上的一切特权,宣布一切与反革命政府订立的不平等条约无效,否认反革命政府的一切外债。在苏维埃领域内,帝国主义的海陆空军绝不容许驻扎,帝国主义的租界、租借地无条件的收回,帝国主义手中的银行、海关、铁路、商业、矿山、工厂等一律收回国有。""中华苏维埃政权以消灭封建剥削及彻底的改善农民生活为目的,颁布土地法,主张没收一切地主阶级的土地,分配给雇农、贫农、中农,并以实现土地国有为目的。"

第二,宣布工农民主专政是中华苏维埃共和国的国体。《宪法大纲》第二条规定:"中华苏维埃政权所建设的,是工人和农民的民主专政国家。苏维埃政权是属于工人、农民、红军兵士及一切劳苦民众的。在苏维埃政权下,所有工人、农民、红色战士及一切劳苦民众都有权选派代表掌握政权的管理。只有军阀、官僚、地主豪绅、资本家、富农、僧侣及一切剥削人的人和反革命的分子,是没有选举代表参加政权和政治上自由的权利的。"这一方面是根据地民主政权本质的体现,另一方面也反映了第一次国内革命战争后期,民族资产阶级和上层小资产阶级在帝国主义和国民党政权的双重压力下,退出了革命营垒,革命的动力只剩下了工人阶级、农民阶级和小资产阶级的特定的阶级关系。

第三,确定苏维埃为基本政治制度。《宪法大纲》第三条规定:"中华苏维埃共和国之最高政权为全国工农兵苏维埃代表大会,在大会闭会的期间,全国苏维埃临时中央执行委员会为最高政权机关,在中央执行委员会下组织人民委员会处理日常政务,发布一切法令和决议案。"工农兵苏维埃代表大会是工农民主专政的政权性质所决定的、实现工农兵权力的组织形式。它既便于广大工农大众参加国家管理,又有助于实行民主集中制的原则,提高工农政府的职能和效率。

第四,规定工农劳动群众的各项民主权利。《宪法大纲》第四条规定:"在苏维埃政权领域内,工人、农民、红色战士及一切劳苦民众和他们的家属,不分男女、种族(汉满蒙回藏苗黎和在中国的台湾、高丽、安南人等)、宗教,在苏维埃法律前一律平等,皆为苏维埃共和国的公民……凡上述苏维埃公民在十六岁以上皆是有苏维埃选举权和被选举权,直接派代表参加各级工农兵苏维埃的大会,讨论和决定一切国家的、地方的政治事务。"实行对政权的管理。另据《宪法大纲》第十条、第十一条、第十二条规定,工农劳苦民众"有言论、出版、集会、结社的自由……并用群众政权的力量,取得印刷机关(报馆印刷所等)、开会场所及一切必要的设备,给予工农劳苦民众,以保障他们取得这些自由的物质基础。"为了彻底解放妇女,不仅规定婚姻自由,而且"实行各种保护妇女的办法,使妇女能够从事实上逐渐得到脱离家务束缚的物质基础,而参加全社会经济的政治的文化的生活"。为了"保证工农劳苦民众有受教育的权利……在进行革命战争许可的范围内，应开始施行完全免费的普及教育，首先应在青年劳动群众中施行……积极的引导他们参加政治的和文化的革命生活，以发展新的社会力量"。

《宪法大纲》第九条还特别规定，苏区工农劳苦群众享有"手执武器参加革命战争的权利"。

以上可见，《宪法大纲》为实现苏区工农劳苦群众享有一系列的权利自由所提供的物质保证。尽管在当时革命战争的严酷条件下完全不具备这种可能性，但却显示了它与资产阶级宪法有关人民权利自由规定的明显区别。

第五，彻底改善工人阶级和农民的生活，保障工农利益。《宪法大纲》第五条、第六条、第七条规定，为"彻底改善工人阶级的生活状况……制定劳动法，宣布八小时工作制，规定最低限度的工资标准，创立社会保险制度与国家的失业津贴"；为"彻底的改善农民生活……颁布土地法，主张没收一切地主阶级的土地，分配给雇农、贫农、中农"；为"保障工农利益，限制资本主义的发展，更使劳动群众脱离资本主义的剥削，宣布取消一切反革命统治时代的苛捐杂税……采取有利于工农群众并为工农群众了解的走向社会主义去的经济政策"。

第六，实行各民族平等的民族政策。《宪法大纲》第十四条规定："中华苏维埃政权……要努力帮助这些弱小民族脱离帝国主义、国民党、军阀、王公、喇嘛、土司的压迫统治而得到完全自主。苏维埃政权，更要在这些民族中发展他们自己的民族文化和民族言语。"

第七，确立外交政策的基本原则。《宪法大纲》除宣布中华民族完全自由与独立，不承认帝国主义在中国的一切特权和不平等条约外，还在第十五条、第十六条规定："中华苏维埃政权对于凡因革命行动而受到反动统治迫害的中国民族以及世界的革命战士给予托庇于苏维埃区域的权利，并帮助和领导他们重新恢复斗争的力量，一直达到革命的胜利。""对于居住苏维埃区域内从事劳动的外国人，一律使其享有苏维埃法律所规定的一切政治上的权利。"

(3)《宪法大纲》的特点

其一，《宪法大纲》是中共中央的原则性要求与革命根据地宪法法制建设的实际进程相结合的产物，是对各革命根据地政权建设经验的总结。

《宪法大纲》是中国共产党领导人民制定的第一部宪法性文件，是中国共产党领导苏维埃政权建设的重要组成部分，因此，坚持中国共产党的领导是《宪法大纲》制定过程中一以贯之的指导思想。1928年7月，中国共产党第六次全国代表大会关于《苏维埃政权的组织问题决议案》指出，"苏维埃政权之正确的组织是要以党的坚固指导为条件的"，"党随时随地都应作苏维埃思想上的领导者"。

中国共产党领导革命根据地宪法法制建设的经验教训和理论探索，为《宪法大纲》奠定了理论基础。而在《宪法大纲》制定的过程中，中共中央更给予了经常性的指导，1930年8月中共中央提出的《中华苏维埃共和国国家根本法（宪法）大纲草案》，1931年1月中共六届四中全会起草的《中华苏维埃共和国宪法草案》就是具体的表现。正如中共苏区中央局于1931年11月15日给中央的电报中所说，"宪法此间根据中央来电原则……正讨论中"，[60]《宪法大纲》实际上是以中共中央发来的"宪法原则要点"电报稿为基础，结合各革命根据地宪法实践经验而成就的辉煌之作。

《宪法大纲》明确了苏维埃政权反帝反封建的根本任务，确定了维护工农民主权利的基本原则，坚持了维护妇女权益的基本立场。这些具有革命性的宪法原则、国家政策和法律制度，表明了《宪法大纲》的先进性，其理论渊源就是中国共产党第二次全国代表大会所提出的奋斗目标。[61] 而《宪法大纲》中所规定的工农兵苏维埃代表大会制、没收帝国主义的银行及没收地主阶级的土地的经济政策、无产阶级的国际主义立场，则是中国共产党第六次全国代表大会通过的"中国革命之十大要求"的法律化。

在《宪法大纲》产生之前，各革命根据地在党的土地革命路线指引下，已经开展了轰轰烈烈的工农民主政权建设，制定出数量可观的包括地方政权组织法和土地法等地方性法规。这些法律法规集中反映了广大工农群众反帝反封建的意志，维护了他们的切身利益和权利，初步建立起了革命根据地的法律秩序，为根据地的发展提供了法律保障。

《宪法大纲》在总结各根据地建设经验的同时，也作出了一些有针对性的规定。总体来说，《宪法大纲》是对根据地内已然的民主事实的承认和巩固，它的制定是在中国共产党的方针政策指引下，与革命的形势和根据地内民主政权建设的进程紧密关联的。它是各革命根据地政权与法制经验的总结，同时又起着统一的指导作用。

从根据地法制建设的发展形势来看，《宪法大纲》的制定还有统一根据地法制的价值。在敌人分割和封锁的形势下，彼此分散孤立的革命根据地政权的法制建设，只能采用独立自主、各自为战的形式。虽然因地制宜能够收到机动灵活的效果，但也出现了法律不统一的缺陷。毛泽东在领导井冈山的斗争中，已

---

[60] 参见黄允升：《试论一苏大会制定宪法大纲》，载《党的文献》2002年第3期。
[61] 参见《中国共产党第二次全国大会宣言》，载中共中央党史研究室、中央档案馆编：《中国共产党第二次全国代表大会档案文献选编》，中共党史出版社2014年版，第3～10页。

经深感创建统一法律的重要性,并倡议由"中央制订一个整个民权革命的政纲,包括工人利益、土地革命和民族解放,使各地有所遵循"。[62] 而《宪法大纲》无疑正是统一法制的最好方式和根据。例如,关于劳动者的工作时间,《上杭县劳动法》和《永定县劳动法》未作明确规定,《闽西劳动法》只规定工厂工人和自由手工业工人,每日工作时间不得超过八小时。《宪法大纲》在总结各地经验的基础上,并以中国共产党的宪法法制建设思路为指导,明确规定实行八小时工作制,从而为各根据地的劳动立法提供了范式。

其二,《宪法大纲》借鉴了苏联的制宪经验。1922年5月,中国共产党第二次全国代表大会宣布加入以苏联为首的共产国际,成为它的一个支部,服从它的所有指示。因此,苏联的模式不能不影响中国工农民主政权宪法法制建设的进程。尤其是国共合作彻底破裂,中共走上独立领导中国革命的道路以后,无论是革命根据地的政权建设模式和国家基本制度,还是宪法的取向都是以苏联为范本的,这在《宪法大纲》中有着明显的表现。

1917年10月苏联社会主义革命胜利后,于1918年颁布了《俄罗斯社会主义联邦苏维埃共和国宪法(根本法)》(以下简称1918年苏俄宪法),1924年颁布了《苏维埃社会主义共和国联盟根本法(宪法)》,这两部宪法都确认了城乡无产阶级与贫农专政的国家性质,由全俄苏维埃代表大会、中央执行委员会和人民委员会组成中央最高国家权力机关体系,和苏维埃代表大会制的政权组织形式;都规定了无产阶级领导、民主集中制及"议行合一"的政权组织与活动原则;承认民族自决权的联邦制的国家结构形式。这种政权体制和系统,在共产国际的大力推动下,对于正在进行民族民主革命并渴望建立新型政权的民众说来,是很有吸引力和影响力的。这就是中国共产党领导的根据地宪法法制建设以苏联为范式的基本原因。《宪法大纲》受苏联制宪模式的影响,违背了中国自秦朝建立以来一直实行的统一中央集权的国家结构传统,完全不考虑中国自古以来就形成了统一的民族大家庭的国情实际,竟然宣布"承认中国境内少数民族的民族自决权",错误地提出了"中国苏维埃联邦"的口号。

苏联制宪模式的影响还表现在《宪法大纲》的体例和结构上。如《宪法大纲》正文之前的序言就是仿照两部苏联宪法的体例,用以宣布中华苏维埃政权的基本任务及《宪法大纲》的制定理由。

此外,从《宪法大纲》的条文表达方式,也可以看到苏联宪法的痕迹。例如,1918年苏俄宪法将权利主体规定为"劳动者",《宪法大纲》也仿此将权利主体

---

[62] 毛泽东:《井冈山的斗争》,载《毛泽东选集》(第1卷),人民出版社1991年版,第78~79页。

规定为工人、农民、劳苦民众。又如,1918年苏俄宪法关于外国人权利的规定是"俄罗斯社会主义联邦共和国……对于居住在俄罗斯共和国境内从事劳动并属于工人阶级或不使用他人劳动的农民中的外国人民,给予俄国公民的一切政治权利"。《宪法大纲》则仿此规定为"中华苏维埃政权对于居住苏维埃区域内从事劳动的外国人,一律使其享有苏维埃法律所规定的一切政治上的权利"。

其三,由于《宪法大纲》是中国共产党领导人民制宪的初次尝试,加之当时党内"左"倾错误思想占据了领导地位,这些必然在《宪法大纲》中得到反映。如不顾中国的现实国情,照搬苏联的联邦制国家结构形式。

就《宪法大纲》的内容而言,也存在一些需要补充和完善之处。如《宪法大纲》在序言中虽然宣布"只有在打倒帝国主义、国民党在中国的统治,在全中国建立苏维埃共和国的统治之后,而且在那时,中华苏维埃共和国的宪法大纲才能具体化,而成为详细的中华苏维埃共和国的宪法"。但不能以此为理由辩解它所存在的重大疏漏。譬如在政权制度上,最为突出的就是没有作出对司法机关的规定。古希腊伟大的思想家亚里士多德基于对雅典政制的考察,得出了这样的结论:"一切政体都有三个要素,作为构成的基础,一个优良的立法家在创制时必须考虑到每一要素,怎样才能适合于其所构成的政体。……三者之一为有关城邦一般公务的议事机能(部分);其二为行政机能部分……其三为审判(司法)机能。"[63]这个规律性的认识,对于工农民主政权也同样适用。《宪法大纲》之所以出现这种疏漏,反映了制宪者对司法制度建设的忽视和法制观念的缺乏。正因如此,苏区内审判组织的设立及其运作,显得过于随意。尤其是国家政治保卫局及其分局的设立和活动,不但缺乏法律规范,而且在实践中,竟然取得了"紧急处置权",即直接逮捕(无须任何机关批准)、审判和处决反革命案犯的特权。[64] 由此导致了工作中的神秘主义和孤立主义,造成了严重的恶果。毛泽东曾经指出:"由于错误的肃反政策和干部政策中的宗派主义纠缠在一起,使大批优秀的同志受到了错误的处理而被诬害,造成了党内极可痛心的损失。"[65]

再如,《宪法大纲》中对工农基本权利虽然作出了一系列规定,却对财产权利只字未提。这不是偶然的,是企图借消灭个人所有权,实现简单的国家所有制,走向社会主义的经济政策的"左"倾错误的体现。其他如土地国有、地主不分田、富农分坏田,过高的劳动条件都脱离了中国国情的实际,是"左"倾思想路

---

[63] [古希腊]亚里士多德:《政治学》,吴寿彭译,商务印书馆1965年版,第214~215页。
[64] 参见《中华苏维埃共和国临时中央政府人民委员会命令第五号》(1934年2月9日)。
[65] 毛泽东:《关于若干历史问题的决议》,载《毛泽东选集》(第3卷),人民出版社1991年版,第987页。

线的种种表现,造成了思想混乱,影响了革命根据地内经济的发展,也增加了革命的阻力。

尽管《宪法大纲》存在这样或那样的缺点问题,但是不能由此而抹杀它的革命性和民主性的价值,没有《宪法大纲》所提供的珍贵的经验与教训,便不会有此后民主政权制宪活动的成熟。

(4)《宪法大纲》的历史地位

《宪法大纲》是在中国共产党领导下制定的、中国历史上第一部体现人民民主的宪法性文件,它以其鲜明的革命性和进步性对中国立宪史产生了较为深远的影响。

《宪法大纲》在中国立宪史上确立了全新的宪政模式。自清末预备立宪到《宪法大纲》产生为止,中国曾经出现了形形色色的宪法或宪法性文件。但这些所谓的宪法,或者因为缺乏政治、经济等社会条件的支持而成为一纸空文;或者因为制宪者借民主立宪之名,行独裁专制之实,而成为一种政治骗局。因此,尽管有了诸多的宪法,也建立了徒有其表的民意机关,但是这样的立宪并没有带来人民的民主权利和社会进步。然而,《宪法大纲》没有使用含义模糊的"国民"概念,而是明确宣布"中华苏维埃政权所建设的,是工人和农民的民主专政国家","苏维埃政权是属于工人、农民、红军兵士及一切劳苦民众的","只有军阀、官僚、地主豪绅、资本家、富农、僧侣及一切剥削人的人和反革命的分子,是没有选举代表参加政权和政治上自由的权利的",从而旗帜鲜明地表达了政权的阶级归属。劳动群众从对比中认识到,工农民主政权是属于自己的政权,《宪法大纲》是保护自己权利和利益的根本大法,由此激发起革命的积极性和主动性,推动了土地革命的发展,促进了政权的巩固,保证了武装斗争的不断胜利。

中国共产党借鉴苏联政权建设的经验,并从总结中国近代民主建政的经验出发,摆脱了议会制和总统制的窠臼,创造性地建立了苏维埃代表大会制。所有行使国家权力的代表,都来自人民的选举,而无前此宪法所强加的财产、种族、教育程度等多方面的限制,实现了广泛的工农民主。

《宪法大纲》还明确提出并坚定地贯彻了反帝反封建的基本原则。这是民国政府宪法中所未有的,表达了中国人民自强不息、积极寻求民族独立和国家富强的革命精神。

民国政府制定的宪法关于国民的基本权利的规定,无论是种类还是范围,都在迎合世界的潮流,模仿西方国家的规定,追求形式上的完善。但是,在国家未获独立、社会未得发展、军阀专政的近代中国,这些权利和自由对于广大劳苦大众而言,是可望而不可即的。然而革命根据地工农民主政权的阶级属性,决定了《宪法大纲》所规定的权利和自由是具有真实性的。《宪法大纲》所确立的工农兵苏维埃代表大会制的政体,为工农大众的选举权及其他政治权利的行使,提供了组织保证。此外,没收地主土地、没收帝国主义的财产、保障工农利益的经济政策,也为工农大众的生存权和发展权的实现提供了物质保证。毛泽东曾经指出:"苏维埃实现了世界上最完满的民主制度,他是为广大民众直接参加的,他给予广大民众一切民主的权利,他对民众绝对不使用也绝不需要使用任何强力。"[66] 它证明了"充分的民主精神只有在苏维埃制度下才能存在"。[67] 人们从两类宪法的对比中看到了民主的曙光,验证了《宪法大纲》不同于以往宪法的特性。

除此之外,《宪法大纲》在建设和规范民主政权的组织和运行、确认工农民主权利以及实施的各项政策方面,积累了成功的经验,为以后抗日民主政权、解放区人民民主政权的立宪活动提供了范本。

2.《陕甘宁边区施政纲领》(以下简称为《施政纲领》)

抗日战争时期,中国共产党在敌后开辟了革命根据地,建立了抗日民主政权。为了广泛动员人民群众参加抗日战争,打败日本帝国主义侵略者,各根据地抗日民主政权都加强了民主制度建设,制定了抗日与民主密切结合的施政纲领,其中,以《施政纲领》最具代表性。1941年11月,陕甘宁边区第二届参议会通过《施政纲领》,共二十八条,是抗日战争时期各解放区施政纲领的代表作。

《施政纲领》规定抗日民主政权的主要任务,是发扬民主,团结边区内部各社会阶级、各抗日党派,集中一切人力、物力、财力、智力,为保卫边区、保卫中国、驱逐日本帝国主义而战。

为充分发扬人民民主,各抗日根据地在政权组织上实行"三三制",即在边区参议会中,共产党员占三分之一,各党派及无党派人士各占三分之一;行政机关之主管为共产党时,"就保证该机关之职员有三分之二为党外人士充任"。

同时,保障一切抗日人民的人权、政权、财权及言论、出版、集会、结社、信仰、居住、迁徙之自由权。除司法系统和公安机关依法执行其职务外,任何机关、部队、团体不得对任何人加以逮捕、审问或处罚。

---

[66] 《中华苏维埃共和国第二次全国苏维埃代表大会关于苏维埃建设的决议案(1934年1月第二次全国苏维埃代表大会通过)》,载中共江西省委党校党史教研室、江西省档案馆选编:《中央革命根据地史料选编》(下册),江西人民出版社1982年版,第310页。

[67] 《中华苏维埃共和国第二次全国苏维埃代表大会关于苏维埃建设的决议案(1934年1月第二次全国苏维埃代表大会通过)》,载中共江西省委党校党史教研室、江西省档案馆选编:《中央革命根据地史料选编》(下册),江西人民出版社1982年版,第306页。

关于经济文化政策,实行减租减息与交租交息,实行十小时工作制,实行公平合理的累进税制,普及国民教育,实行成年补习教育,以消灭文盲;奖励自由研究,提倡科学知识与文艺运动;推广卫生行政,增进医药设备。

在民族政策方面强调中国境内少数民族"与汉族联合建立统一的国家"[68];宣布"依据民族平等原则,实行蒙、回民族与汉族在政治经济文化上的平等权利,建立蒙、回民族的自治区,尊重蒙、回民族的宗教信仰与风俗习惯"。

《施政纲领》在新民主主义的指导下,从保障抗战、团结人民的战略决策出发,在完善抗日民主政权的选举制度、"三三制"的政权组织原则及加强抗日人民政治权利、人身权利和财产权利等方面,作出了全面规定。在总结经验的基础上,纠正了苏维埃时期曾经发生的"左"的政策错误,发挥了坚持抗日、坚持民主、加强团结、巩固抗日民族统一战线的积极作用,成为中国宪法史上洋溢民主精神和科学态度的历史文件。

在抗日民主政权的立法中,另一重大成就是保障人权财权条例的制定。其中,以1942年2月陕甘宁边区政府公布的《陕甘宁边区保障人权财权条例》最具代表性。它规定:"边区一切抗日人民,不分民族、阶级、党派、性别、职业与宗教,都有言论、出版、集会、结社、居住、迁徙及思想之自由,并享有平等之民主权利","边区人民之财产、住宅,除因公益有特别法令规定外,任何机关、部队、团体不得非法征收、查封、侵入或搜捕"。

司法、公安机关逮捕人犯应证据充分,依法执行;其他任何机关、部队、团体不得对任何人逮捕、审问、处罚,但现行犯例外。过去边区逃亡在外的地主、富农,返回家园遵守法令,一律不咎既往,依法保护,禁止侵犯其人权。对于侵害人民之自由或权利的各级政府公务人员除依法惩办外,还应负刑事及民事责任,被害人得就其所受损害依法请求赔偿。

《陕甘宁边区保障人权财权条例》将人权保护的对象界定为"抗日人民",适应了民族矛盾取代阶级矛盾成为中国社会主要矛盾的革命形势,坚持了抗日民族统一战线的基本立场,使抗日民主政权获得了更为广泛的支持。毛泽东曾经指出:"关于人民权利,应规定一切不反对抗日的地主资本家和工人农民有同等的人权、财权、选举权和言论、集会、结社、思想、信仰的自由权,政府仅仅干涉在我根据地内组织破坏和举行暴动的分子,其他则一律加以保护,不加

---

[68] 毛泽东:《论新阶段》,载中共中央统战部编:《民族问题文献汇编》,中共中央党校出版社1991年版,第595页。

干涉。"[69]

《陕甘宁边区保障人权财权条例》是中国共产党领导下的最早的关于人权的立法,是对《施政纲领》的重要补充。它将抗日战争时期如何保障人权财权落到了实处,有利于克服根据地内存在的一些侵犯人权的现象,是抗日民主政权民主性的突出表现,也为以后人权保障法的制定提供了先验。该条例增强了各级干部的法制观念,推动了边区民主制度的发展,调动了一切积极因素投入民族解放的艰巨斗争中去。

解放战争时期,中国共产党及其所领导的解放区继续为争取国内和平、民主、独立而奋斗。1946年4月,陕甘宁边区在延安召开了第三届参议会第一次大会。这次会议根据重庆谈判和政治协商会议决议的精神,为了反对国民党的一党专政,推动全国的政治民主进程,保障解放区民主政治建设所取得的成果,提出了建设"模范自治省区"的口号。在会上,陕甘宁边区政府主席林伯渠根据旧政协《宪法草案决议》中在不与国宪相抵触的前提下,"省得制定省宪"的规定,提议大会责成本届参议会常驻委员会限期完成宪法起草工作。

1946年4月23日,大会通过了《陕甘宁边区宪法原则》,对边区的民主政治建设、人民的民主权利及发展经济的基本政策等根本问题,作了明确规定,作为"模范省区"建设的基本法依据,准备下次大会讨论。6月底,《陕甘宁边区省宪(基本法)》草拟完成,但由于国民党反动派发动了全面内战,宪法制定工作被迫中断。

《陕甘宁边区宪法原则》以新民主主义理论为指导原则,分列"政权组织""人民权利""司法""经济""文化"五个部分,共二十六条。将边区民主政权建设实践经验和制宪的经验,以根本法的形式加以肯定,成为这一阶段代表性的宪法性文件。

关于政权的组成和组织形式规定:"人民普遍、直接、平等、无记名选举各级代表。""边区、县、乡人民代表会议(参议会)为人民管理政权机关。"一方面将人民代表会议制度作为政权建设的目标,另一方面又承认参议会存在的合理性,体现出一种尊重历史又放眼将来的灵活态度。

关于民族区域自治规定:边区各少数民族在其居住集中地区得划成民族区,组织民族自治政权;而且在不与省宪抵触的原则下,得订立自治法规。该规定把少数民族的自治权利法律化、制度化,发展了陕甘宁边区抗日民主政权关

---

[69] 毛泽东:《论政策》(一九四〇年十二月二十五日),载《毛泽东选集》(第2卷),人民出版社1991年版,第768页。

于少数民族建立自治区的规定,是解放区民主政权在民族自治法制建设方面的重要成就。

关于人民权利规定:边区人民不分民族,一律平等;妇女有与男子平等的权利。特别是规定了采用减租减息与交租交息、改善工人生活与提高劳动效率、大量发展经济建设、救济灾荒、抚养老弱贫困等方法,使"人民有免于经济上偏枯与贫困的权利"。

关于司法制度规定:各级司法机关独立行使职权,除服从法律外不受任何干涉。除司法机关、公安机关依法执行职务外,任何机关、团体不得有逮捕、审讯行为。

关于经济政策规定:应保障"耕者有其田",劳动者有职业,企业者有发展的机会;用公营、合作、私营三种方式组织所有的人力、财力,为促进繁荣、消灭贫穷而斗争。这里值得注意的是,将抗日时期的减租减息政策,改为没收地主土地分配给农民的"耕者有其田"的土地政策,体现了抗日战争胜利后,随着形势的变化所引起的新民主主义经济纲领的重大变化。

在文化政策方面规定:普及并提高一般人民的文化水准,从速消灭文盲;减少疾病与死亡现象;保障学术自由,致力科学发展。

《陕甘宁边区宪法原则》是在新形势下争取和平改革社会政治阶段的产物。它既是陕甘宁边区政府民主制宪经验的总结,又反映了政策上的调整与变动,具有重要的历史价值。

《陕甘宁边区宪法原则》由于解放战争的迅即开始而未得实施,只是在人民民主政权的制宪史上留下了可贵的一笔财富。

随着解放战争的发展,解放区内民主政权陆续制定了适应本地区的施政纲领,有力地推进了解放战争的胜利进程,也为新中国的制宪活动提供了宝贵的经验。

上述的历史充分说明,新民主主义宪法法制建设是争取尚未取得的民主的一场艰巨的斗争,当革命根据地内建立了人民民主政权以后,又要根据形势的需要迅速制定宪法性文件,以巩固争得的民主事实。它不同于旧民主主义宪政运动的根本标志,就是无产阶级的领导权和无产阶级领导下的革命联合阶级的专政,因而具有广泛的群众基础,终于发展成人民民主专政的新中国的成立。

(三)保护人民、打击犯罪的刑事法律

革命根据地内的刑事法律,是最重要的法律构成,根据不同时期革命的任务,具有不同的刑法打击的对象和特点。苏维埃时期,革命面临极其险恶的形势,既有正面的国民党军队的围剿,又有渗透到革命根据地内的各种特务和反革命分子。因此,苏区刑法的主要锋芒是打击反革命分子。

1934年4月,苏区工农民主政权颁行《中华苏维埃共和国惩治反革命条例》,凡意图保持或恢复地主资产阶级反动统治,即构成反革命罪。为了有效地打击和瓦解反革命集团,《中华苏维埃共和国惩治反革命条例》确定了一系列刑法原则:分清首要和附和,区别对待;对自首、自新者减免刑罚;罪刑法定主义与类推原则相结合;废止肉刑,实行革命的人道主义;等等。值得一提的是,在当时浪费也构成了犯罪。1932年2月,中央执行委员会《关于惩治贪污浪费行为》的训令规定,凡工作人员玩忽职守而浪费公款,致使国家受到重大损失者,即构成浪费罪。这显然与当时物质极端匮乏的战争环境有关。

至于刑罚制度,有死刑、监禁、拘役以及强迫劳动、褫夺公权、没收财产、罚金、驱逐出境等。

抗日战争时期,在尖锐严峻的反抗日本帝国主义侵略的形势下,根据地的刑法主要打击三种犯罪:一为汉奸罪,凡以破坏抗战为目的的行为均构成汉奸罪;二为破坏边区罪,凡以破坏边区为目的的各种犯罪行为均构成该罪;三为破坏坚壁财物罪,凡勾结敌伪挖索或毁损、盗窃坚壁财物者均构成该罪。

1939年,陕甘宁边区制定的《抗战时期惩治汉奸条例》为各根据地同类立法的代表。除此之外,陕甘宁边区还制定有《抗战时期惩治盗匪条例》《惩治贪污条例》等。

边区政权在总结苏区肃反扩大化的教训的基础上,形成并充实了镇压与宽大相结合、尊重人权、反对威吓报复、实行感化教育等刑法原则,起到了积极的作用。

边区刑罚制度,主刑为死刑、无期徒刑、有期徒刑、拘役,从刑为褫夺公权、没收财产、罚金。对于轻微犯罪或教育释放,或当庭给予训诫。

解放战争时期,刑事立法的核心任务是摧毁一切敌特与反动组织,肃清土匪,镇压地主恶霸,惩治战争罪犯,取缔封建会道门等。各解放区先后颁行的刑事法律,主要有1946年《苏皖边区危害解放区紧急治罪暂行条例》,1947年《东北解放区惩治贪污暂行条例》,1948年《晋冀鲁豫边区惩治贪污条例》《惩处战争罪犯命令》,1949年《华北区禁烟禁毒暂行办法》等。

在刑法原则上与刑罚制度上,确立了"首恶者必办、胁从者不问、立功者受奖"的刑法原则,创立了"管制"的新刑种。

综上可见,革命根据地内的刑事立法紧紧围绕着不同时期的中心任务,不但有力地打击了犯罪,保护了人民的利益,而且在实践中不断丰富和发展了具有新民主主义性质的刑法原则。它是马克思主义关于法的理论的具体化。它鲜明的政治性与相应的民主性显示了新型的刑事法律文明的特征。

(四) 实现"耕者有其田"的土地法

通过土地立法实现"耕者有其田"是解决农民问题的关键,也是中国新民主主义革命的基本内容和取得胜利的保证,因此根据地内人民民主政权高度重视,积极地进行土地立法。

1928年12月,湘赣边界工农民主政府颁行《井冈山土地法》,这是人民民主政权最早的土地立法。由于受到"左"倾思想路线的影响,《井冈山土地法》错误地规定"没收一切土地",而不是只没收地主的土地;实行"土地国有",而不是归农民所有;禁止土地买卖,农民只有土地的使用权。

1929年4月,毛泽东根据中国共产党第六次全国代表大会的精神,制定了《兴国土地法》。该土地法规定:"没收一切公共土地及地主阶级的土地",农民原有的土地,仍属于农民私有。这就纠正了《井冈山土地法》"没收一切土地"的错误,推进了工农民主政权土地立法的发展。

1931年11月,中华苏维埃第一次全国代表大会通过了《中华苏维埃共和国土地法令》,这是第二次国内革命战争时期适用范围最广、影响最大的一部土地法,共十四条。其主要内容是:没收所有地主、豪绅、军阀、官僚、富农、反革命分子以及其他大私有主的土地,废止一切封建租佃契约和高利贷债权、债务关系。被没收的土地,经过苏维埃由贫农与中农实行分配,雇农、苦力、劳动农民不分男女,同样享有分配土地的权利。不参加反革命活动的富农,可分得较坏的土地。上述规定,彻底废止了封建的土地剥削制度,使广大贫苦农民获得了自己的土地,在很大程度上实现了"耕者有其田"的目的。但是,其中规定"地主不分田、富农分坏田",实行从肉体上消灭地主、从经济上消灭富农的政策,不符合民主革命的基本要求,实践中,也给革命根据地的革命和生产造成了不良后果。鉴于此,1935年12月,中共中央执行委员会发布《关于改变对富农政策的命令》,宣布:"富农自耕及雇人经营之土地,不论其土地之好坏,均一概不在没收之列";"以前颁布之土地法及一切其他法令,凡与本命令有抵触者悉废除之"。

1937年8月,在抗日民族统一战线形势下,中国共产党发布《抗日救国十大纲领》,将"消灭封建剥削制度"改为"减轻封建剥削程度",提出了"减租减息"的土地政策。各革命根据地依据土地政策相继制定了一系列土地法规,例如1938年《晋察冀边区减租减息条例》,1939年《陕甘宁边区土地条例》,1940年《山东省减租减息条例》,1941年《晋西北减租减息暂行条例》,1942年《陕甘宁边区土地租佃条例》,1943年《晋察冀边区租佃债息条例》等。

上述土地立法确认了抗日人民的土地所有权。为保护农民在土地改革中已经取得的土地所有权,凡"已没收了的土地不应还原主,已取消了的租债不许索取"。回乡参加抗日的地主,可以分配与农民同等数量的土地。同时实行"二五减租",无论实物地租或现金地租,一律减收百分之二十五,所有高利贷悉予废除。虽允许合法的私人借债,但年利息不得超过一分。已偿还超过原本二倍以上者,视为借贷关系消灭。

抗日民主政权土地法的实施,改善了农民的生活和经济地位,削弱了封建剥削制度,调整了农民和地主的关系,巩固了抗日民族统一战线,加强和发展了人民民主政权。

解放战争时期,为充分动员群众,取得战争的胜利,满足农民对土地的要求,1946年5月4日,中共中央发布《关于土地问题的指示》(《五四指示》),将抗战时期减租减息的土地政策,改为没收地主土地分配给农民的土地改革政策。1947年10月,中共中央在河北平山县召开全国土地会议,制定颁行《中国土地法大纲》,共十六条。其主要内容是:"废除封建性及半封建性剥削的土地制度,实行耕者有其田的制度。"废除一切地主、祠堂、庙宇、寺院、机关及团体的土地所有权。土地改革以前的土地契约、债约一律无效。

分配土地按乡村全部人口,不分男女老幼,统一平均分配,"在土地数量上抽多补少,质量上抽肥补瘦,使全乡村人民均获得同等的土地";地主及国民党官兵的家属也可分得与农民同样的土地。农民分得的土地归私人所有,由政府发给土地所有证,允许土地所有人自由经营、买卖以及在特定条件下出租土地。同时还规定:"保护工商业者的财产及其合法的营业,不受侵犯。"

土地改革的执行机关为乡村农民大会。为保障土地改革的进行,还建立了人民法庭,惩治破坏土地改革的分子。

《中国土地法大纲》是解放战争时期最重要的土地立法,它将各解放区的土地改革工作纳入统一的法律轨道,推动了土地改革工作的开展,发展了根据地内的经济,稳定了根据地内的社会秩序,扩大了人民解放军的兵源,有力地支援了解放战争的胜利进行。

(五)解放妇女的婚姻法

为了将广大妇女从封建的婚姻制度下解放出来,并动员她们参加革命,1934年4月,苏区工农民主政权公布《中华苏维埃共和国婚姻法》,确认妇女婚姻自由,实行一夫一妻制。严禁强迫、包办、买卖婚姻及蓄婢纳妾;废除童养媳,结婚须由达到法定婚龄且无禁婚的血族关系和疾病的男女双方,在自愿的前提下,共同去乡、市、区苏维埃登记并领取结婚证书;虽规定离婚自由,但为保护军婚,红军战士之妻要求离婚,必须征得其夫同意。

抗日战争时期,陕甘宁边区政府于1939年制定《陕甘宁边区婚姻条例》,1944年通过了《修正陕甘宁边区婚姻条例》,此外,比较有影响的边区婚姻立法还有《晋察冀边区婚姻条例》《晋冀鲁豫边区婚姻暂行条例》《晋绥边区婚姻暂行条例》《山东省婚姻暂行条例》等。上述立法虽杂有地方特点,但共同的新民主主义的婚姻原则是一致的,如男女平等、婚姻自由、一夫一妻制以及保护妇女儿童,成为各边区婚姻立法的基石。

解放战争时期,民主政权的婚姻立法主要为1946年《陕甘宁边区婚姻条例》和1949年《修正山东省婚姻条例》等。在新解放区还制定了暂行的婚姻法草案,鉴于解放战争的进行和婚姻关系中出现的问题,婚姻立法强调保障革命军人的婚姻以及干部离婚的处理原则等。一方面规定夫妻一方是恶霸、地主、富农,或有反革命活动者,他方可以以此为理由提出离婚。另一方面严格规定干部离婚坚持以"夫妻感情意志根本不合"为标准。凡以威胁、利诱、欺骗等手段制造离婚条件的,原则上不准离婚;如不得不离,需在财产处理上照顾对方。

婚姻立法是反封建的新民主主义法律的重要内容之一,不同历史时期的婚姻立法虽根据时代的需要而有所不同,但基本原则是一致的。与封建时代的父母同意婚不同,结婚须至基层政权机关领取合法证明,方为有效。马克思主义认为,妇女解放是社会解放的尺度,婚姻法所确立的新的婚姻制度,革除了一切落后的、丑陋的婚姻关系,是文明的进步,也是法制文明的体现。

(六)保障劳动者权益的劳动法

苏区工农民主政权的性质决定了它必然要维护工人阶级和其他劳动者的权益。1931年制定的《中华苏维埃共和国劳动法》,规定了维护工人劳动权益的若干原则措施。1933年颁布修订了《中华苏维埃共和国劳动法》,这两部劳动法都不同程度地受到"左"倾思想路线的影响,"不以发展生产、繁荣经济、公私兼顾、劳资两利为目标,而以近视的片面的所谓劳动者福利为目标"。[70] 这种模仿苏联的劳动立法,在当时既没有实施的条件,也使工人阶级陷于孤立,不利于劳动者之间的团结。

抗日战争时期,根据"调节劳资双方利益,团结资本家抗日"的原则,制定了

---

[70] 毛泽东:《目前形势和我们的任务》,载《毛泽东选集》(第4卷),人民出版社1966年版,第1199页。

一系列劳动立法,改变了苏区时期过高的劳动条件和福利等项的规定。其中以1941年《晋冀鲁豫边区劳工保护暂行条例》和1942年《陕甘宁边区劳动保护条例草案》为代表,规定:工人有组织工会的权利,雇主开除工人事先得工会同意;实行8小时至10小时工作制;工资标准由工会、雇主、工人三方协商;男女同工同酬。此外,还有保护女工、青工、童工的条款,以及关于劳动合同与集体合同和奖励技术发明等规定。

解放战争时期,随着大中城市的解放,劳资关系逐渐凸显出来。为此,1948年6月制定公布了《中央关于工资问题的指示》,1949年2月发布《关于处理劳资纠纷问题的数点提议》等,维护了劳动者的权益,协调了劳资关系,有利于发展生产。

革命根据地内的劳动立法具有鲜明的开创性,它只有在人民民主政权建立以后才可能制定和实施。在实践中积累的经验对于新中国成立后的劳动立法,具有积极的借鉴意义。

三、人民司法制度的创建与发展

第二次国内革命战争初期,工农武装割据的局面初步形成,作为革命政权重要组成部分的司法机关一时还难以建立,多以政治保卫机关或肃反机关行使司法审判的职能。1930年以后,各根据地工农民主政权先后建立专门的司法机关并制定了相应的司法条例。如1930年5月,闽西苏维埃政府颁布《裁判条例》;1931年9月鄂豫皖苏维埃政府颁行《革命军事法庭暂行条例》;1931年12月,中华苏维埃共和国中央执行委员会发布《处理反革命案件和建立司法机关的暂行程序》的训令;1932年6月,中央执行委员会公布《裁判部暂行组织及裁判条例》;1934年4月,中央执行委员会公布《中华苏维埃共和国司法程序》。根据上述法令,苏维埃的司法机关包括苏维埃法庭、军事裁判所、劳动法庭、政治保卫局与肃反委员会相继成立。其中,苏维埃法庭为独立的司法审判机关,由临时最高法庭和各级裁判部(科)构成。

临时最高法庭是苏维埃共和国最高审判机关,受苏维埃共和国中央执行委员会领导,受理不服省裁判部或高级军事裁判所一审的裁判,解释一般法律,监督各级裁判部裁判。

在苏维埃共和国省、县、区各级政府机关内设立裁判部(科),为地方各级法院设立之前的临时审判机关,负责管辖非军事人员的一切民事、刑事案件。

军事裁判所是军事审判机关,在红军的军、师一级设立初级军事裁判所,在中央革命军事委员会内设立高级军事裁判所,审理现役军人及军事机关工作人员的民事、刑事案件;在作战地区也管辖非军事人员的民事、刑事案件。

在审判制度上,采取二审终审制与"审检合一"制。同时,实行审判公开、人民陪审、巡回审判、合议与辩护、死刑复核等制度,但限于残酷的战争环境,许多规定还无法实行。

抗日战争时期,根据地内的人民司法制度是趋于定型的重要阶段,1939年4月,陕甘宁边区政府颁布《陕甘宁边区高等法院组织条例》,1940年5月颁布《晋察冀边区陪审暂行办法》,1942年3月颁布《晋西北巡回审判办法》,1943年1月颁布《陕甘宁边区军民诉讼暂行条例》,1943年3月颁布《陕甘宁边区县司法处组织条例草案》。上述法律为抗日民主政权司法组织建立与活动提供了法律依据。

边区设高等法院,负责全区审判及司法行政工作。下设刑庭、民庭,由庭长、推事负责审判,必要时组织巡回法庭。1943年,为便利诉讼、加强对县司法工作的领导,设置了高等法院分庭,审理所辖分区县司法处一审上诉案件,由分庭庭长(专员兼任)、推事、书记员组成二审法庭。

县设司法处,重大案件交县政府委员会或政务会议决定。

以上可见,边区司法机关体系已经稳定地建立起来,从而有效地开展了司法活动。作为人民司法制度的显著特点之一的群众路线的审判方式已经趋于成熟。以调查研究、实事求是、依靠群众、就地审判著称的马锡五审判方式就是突出的代表。

马锡五(1898~1962年)在担任陕甘宁边区陇东专员兼边区高等法院陇东分庭庭长期间,摒弃坐堂问案的审判作风,深入农村,密切联系群众,将群众路线贯彻到巡回审判之中。1946年1月,陕甘宁边区政府主席林伯渠在《关于改善司法工作》的专题讲话中推广"马锡五审判方式",指出马锡五审判方式的以下特点值得司法工作者深入学习:(1)深入群众、调查研究,不轻信呈状、草率判决;(2)在坚持原则、执行政府的政策法令的前提下,照顾群众生活习惯,维护群众基本利益;(3)诉讼手续简便,审判方式是座谈式的,而不是坐堂式的,审理案件不敷衍,不拖延。马锡五审判方式在各抗日根据地得到广泛推广,成为司法工作的一面旗帜。

此外,还广泛推行便利群众及时解决纠纷的人民调解制度作为司法审判工作的重要补充。各抗日根据地分别颁行了有关人民调解制度的法规,如1941年《山东省调解委员会暂行组织条例》,1942年《晋察冀边区行政村调解工作条例》,1943年《陕甘宁边区民刑事案件调解条例》等。

在司法审判中,坚决废止肉刑,重证据不重口供。

解放战争时期,随着各解放区逐渐连成一片,建立了大行政区人民法院、省(行署或行政区)人民法院、县人民法院。各级人民法院隶属于同级人民政府,但独立行使审判职能。1947年《中国土地法大纲》颁行以后,为了保证土地改革的顺利进行,设立了专门司法机关——人民法庭,审理破坏《中国土地法大纲》、危害土地改革以及侵犯人民民主权利的案件,在土地改革完成以后,各地人民法庭即行撤销。

自苏区起,人民的司法制度经过不断的总结提高,逐渐趋于成熟和定型;坚定地依靠群众、相信群众、深入群众、便利群众,完整地实施群众路线,是人民司法文明的主要标志。人民的拥护是司法的权威性所在,而公正无私又是人民相信司法的重要根据。尽管司法制度形成与发展的二十八年间,革命战争始终不断,但在极端艰苦险恶的环境,司法不仅从一个重要的方面支持了革命战争,也充分发挥了保护人民、发动人民群众的积极性和打击犯罪的职能。人民司法的历史经验是值得珍视的。

中共中央于1949年2月发布《中央关于废除国民党〈六法全书〉与确定解放区司法原则的指示》,全面确立了新民主主义的人民司法原则,统一了司法干部的思想认识,对于新中国的司法建设有着重要的影响。

总括前述,人民民主政权法制是在中国共产党领导下以武装斗争开辟的根据地为依托建立起来的。它是以中国共产党的纲领政策为指导,以马克思列宁主义为理论基础,基于革命斗争需要和人民群众的根本利益驱动而形成的。人民民主政权法制是新民主主义性质的法制,它经历了由点到面,由不成熟到成熟的发展历程。它所创造的成功经验,是建设新中国法制的宝贵财富,是先进的法制理论与中国国情相结合的重要成果,是中国法制文明历史发展长河中值得珍视的一部分。

第十五章　新中国法制文明奠基之作
——《中国人民政治协商会议共同纲领》

1949年9月21日,中国人民政治协商会议第一次全体大会召开,通过了具有临时宪法性质的《中国人民政治协商会议共同纲领》(以下简称《共同纲领》),其成为新中国成立初期的国家根本大法。在《共同纲领》的原则指导下,进行了一系列的立法,形成了新中国成立初期的法律体系,保障了国家机器的运行、社会秩序的稳定、人民的正常工作和生活。《共同纲领》不仅起到了临时宪法的作用,而且为新中国的法制文明奠下了基石。

一、废除国民党《六法全书》与新民主主义法制原则的确立

(一)中共中央关于废除《六法全书》的指示

毛泽东在1949年1月14日《关于时局的声明》中提出了"废除伪宪法""废除伪法统"的号召,鲜明地体现了中国共产党在夺取政权后废除"伪宪法""伪法统"的坚定立场。

1949年2月,中共中央又发布了《中央关于废除国民党〈六法全书〉与确定解放区司法原则的指示》。针对司法干部中对于《六法全书》的错误认识,该指示指出:"国民党全部法律只能是保护地主与买办官僚资产阶级反动统治的工具,是镇压与束缚广大人民群众的武器……不能因国民党《六法全书》有某些似是而非的所谓保护全体人民利益的条款,便把它看作只是一部分而不是在基本上不合乎广大人民利益的法律,而应当把它看作是基本上不合乎广大人民利益

的法律。"不能把抗日战争时期根据地内曾经利用过国民党法律中"有利于人民的条款来保护或实现人民的利益"的一时策略行动,解释为"我们在基本上承认国民党的反动法律"。"在无产阶级领导的工农联盟为主体的人民民主专政的政权下,国民党的《六法全书》应该废除……在目前,人民的法律还不完备的情况下,司法机关的办事原则,应该是:有纲领、法律、命令、条例、决议规定者,从纲领、法律、命令、条例、决议之规定;无纲领、法律、命令、条例、决议规定者,从新民主主义政策……只有这样做,才能使我们的司法工作真正成为人民民主政权工作的有机构成部分……"[1]

根据中共中央指示的精神,1949 年 3 月 31 日,董必武以华北人民政府主席的名义签署了《废除国民党的六法全书及其一切反动法律》的训令,该训令对《中央关于废除国民党〈六法全书〉与确定解放区司法原则的指示》作了诠释:"废除国民党的六法全书及其一切反动法律,各级人民政府的司法审判不得再援引其条文。""国民党的法律,是为了保护封建地主买办官僚资产阶级的统治与镇压广大人民的反抗。人民要的法律,则是为了保护人民大众的统治与镇压封建地主买办官僚资产阶级的反抗,阶级利益既相反,因而在法律的本质上就不会相同。""不要以为国民党法律,也有些似乎是保护人民的条文,因而也就值得留恋。要知道国民党统治阶级和世界各国资产阶级一样,为着缓和人民的反抗,不能不假装'公正'掩蔽其阶级专政的实质。这是老虎的笑脸,其笑脸是为着吃人。""不要以为新法律尚不完全,旧法律不妨暂时应用。要知道这是阶级革命,国民党反动统治阶级的法律,是广大劳动人民的枷锁。现在我们已经把这枷锁打碎了,枷锁的持有者——国民党的反动政权也即将完全打垮了,难道我们又要从地上拾起已毁的枷锁,来套在自己的颈上吗?反动的法律和人民的法律没有什么'蝉联交代'可言,而是要彻底地全部废除国民党的法律,人民的法律已有了,解放区人民相当长期的统治经验,有的已经研究好,写在人民政府人民解放军发布的各种纲领、法律、条例、命令、决议等规定里;有的正在创造,各级司法机关办案,有纲领、条例、命令、决议等规定的从规定;没有规定的照新民主主义的政策办理,应该肯定,人民法律的内容,比任何旧时代统治者的法律,要文明与丰富,只须加以整理,即可臻于完备。""用全副精神来学习马列主义—毛泽东思想的国家观、法律观,学习新民主主义的政策、纲领、法律、命令、条例、决议,来搜集与研究人民自己的统治经验制作出新的较完备的法律来。"

---

[1]《中央关于废除国民党〈六法全书〉与确定解放区司法原则的指示》,载法学教材编辑部《中国法制史资料选编》编写组编:《中国法制史资料选编》下册,群众出版社 1988 年版,第 1188~1189 页。

《中央关于废除国民党〈六法全书〉与确定解放区司法原则的指示》获得了司法机关和各地群众的认同和支持。但党的指示毕竟不是法律,并不具有强制力,因此在随后制定的《共同纲领》中,以法律的形式宣布"废除国民党反动政府一切压迫人民的法律、法令和司法制度,制定保护人民的法律、法令,建立人民司法制度"。自此之后,该指示取得了形式上的合法性。

该指示从某种意义上来说也是打碎国民党政府国家机器的一部分,在当时既有合理性也有必要性,当时的形势不允许也没必要全面评价《六法全书》的是与非,如同彭真同志所说:"……《六法全书》那样的法恰恰不是人民所需要的。我们必须以革命实践作基础,制定能够反映出并服务于我们的经济基础即生产关系的法律。"[2]

(二)新中国法制原则的确立

新中国成立后,我国立法、司法工作进入了崭新的阶段,体现新中国的国家性质的立法与司法的原则不断充实。尽管时间还比较短暂,法制面临的任务还比较简单,但已经体现了新型的法制文明的特质。

1. 民主立法原则

马克思主义认为,立法应当"使法律成为人民意志的自觉表现"[3]。在总结新民主主义革命和新中国成立初期的立法经验后,毛泽东提出:"我们的法律,是劳动人民自己制定的。"[4] 劳动人民直接参与立法,在立法中起决定作用,把他们认为应该怎样管理国家的想法和意见集中起来,上升为国家意志,通过国家立法机关制定成为法律,并亲自参加和监督其执行。这是劳动人民管理国家各项事业的一个重要途径,也是劳动人民作为国家主人,享有行使国家权力的一个主要表现。

民主立法一般应包含三个方面:一是立法主体具有广泛性,立法权在根本上属于人民;二是立法内容具有人民性,以维护人民利益为宗旨;三是立法活动过程和立法程序具有民主性,在立法过程中贯彻群众路线。

立法的民主原则体现了享有立法权主体的广泛性,使民主立法权由旧制度下历来少数人的狭小范围,扩大到社会居民的绝大多数人。

---

[2] 彭真:《论新中国的政法工作》,中央文献出版社1992年版,第71页。

[3] [德]马克思:《论离婚法草案》,载《马克思恩格斯全集》(第1卷),人民出版社1956年版,第184页。

[4] 毛泽东:《在省市自治区党委书记会议上的讲话》,载《毛泽东选集》(第5卷),人民出版社1977年版,第359页。

2. 社会主义原则

实行生产资料的社会主义公有制,是社会主义制度最根本的特征。建立和维护社会主义全民所有制和社会主义劳动群众集体所有制,以及保障实施社会主义的分配原则是我国法制坚持社会主义原则的基本方面。1954年《宪法》(以下简称"五四宪法")用根本大法的形式把社会主义的目标确定下来。宪法还对实行社会主义改造的方针、政策作了具体规定。根据宪法精神,国家先后制定了一系列法规,以确保我国社会主义建设的顺利进行。

3. 法制统一原则

法制统一作为我国立法的基本原则,主要体现在统一立法思想、统一立法权力和统一法律效力三个方面。我国是单一制国家,在国家权力中,立法权是最根本的权力,"五四宪法"规定:"全国人民代表大会是行使国家立法权的唯一机关。"保证立法权的统一,是维护法制统一的根本方面。同时,我国又是一个统一的多民族国家,各地情况千差万别,要充分估计地方的特点和不可避免的差别,因此,应该允许法制建设具有不妨碍统一的灵活性。法律效力的统一是法制统一的重要方面,即一个国家具有不同法律效力的法律文件按照效力大小形成的统一体。在这个统一体内,宪法具有最高的法律效力,法律次之,其他法律文件再次之,形成一个高低有序、彼此不相抵触的法律统一体。

4. 政策导向原则

政策导向体现了法律与政治的关系和党与国家的关系。我国是中国共产党领导的社会主义国家,法律不但蕴含政治的内容,而且是为政治服务的,而政治又必然体现在执政党所制定的政策中。

中国共产党所制定的政策是在马克思列宁主义、毛泽东思想指导下,从中国实际出发,根据一定时期的客观形势和社会发展规律制定的。制定和执行政策是党最重要的工作。我国的宪法和法律就是在这些政策指导下制定的。"五四宪法"和其他法律、法令,全面体现了中国共产党过渡时期的总政策和各项具体政策。由于法律具有相对的稳定性,党的政策也有一个实践和总结经验的过程,所以贯彻政策导向原则,并不是要求每一个政策的变化都立刻反映到法律上来。法律一经制定和实行,就应保持它的稳定性。当然,法与时转,情况变了,法律不变即失去作用;法律又不可常变,常变则无定规,同样起不到行为规范的作用。

5. 实事求是原则

毛泽东同志曾对"实事求是"做过精辟的论述,他说:"'实事'就是客观存在着的一切事物,'是'就是客观事物的内部联系,即规律性,'求'就是我们去研究。"[5]国家立法必须遵从实事求是的原则,这样的立法才具有科学性,才能符合客观发展的需要和广大人民群众的利益。马克思说得好:"立法者应该把自己看作一个自然科学家。他不是在制造法律,不是在发明法律,而仅仅是在表述法律,他把精神关系的内在规律表现在有意识的现行法律之中。如果一个立法者用自己的臆想来代替事情的本质,那么我们就应该责备他极端任性。"[6]

实事求是的原则表现为尊重客观实际,对于社会和自然界中存在的客观规律进行科学的研究和探索,尽可能在立法中表述出这些客观规律的要求。一旦发现原有的法律有不切实际、违反某一客观规律的情况,则应按照法定程序,尽可能及时地予以修订,从而使所定之法能够发挥更有效的作用。新中国法制历史雄辩地说明,只有坚持实事求是原则的立法,才能得到人民的拥护,享有极大的权威;反之,违背实事求是原则的立法,不仅会失去应有的约束力,也会损害人民的利益和法律应有的权威。

6. 科学原则

毛泽东在新中国成立后制定第一部宪法时说:"搞宪法是搞科学。"[7]他还具体诠释说:"支票开得好看,但不能兑现,人民要求兑现,怎么办?还是老实点吧!"[8]这种科学的态度对我国的立法工作推进曾经起到过良好的作用。其实,立法的科学要求不限于宪法,也适用于一切立法。所谓立法的科学原则,与立法的实事求是原则是一致的,都表现为尊重客观实际,尊重事物的内在规律,剔除主观的随意性。在制定新中国第一部宪法时,中共中央和毛泽东同志力求从我国客观存在的经济、政治、文化、地理、人口以及其他实际情况出发,而不是从主观臆想出发。这一原则充分体现在宪法的内容当中,使宪法规范的深刻内涵得到最佳表现,取得了理想的效果。此外,宪法条款的设置合理、有序,宪法文字的表述准确、一致,也都体现了科学性的要求。如果说"五四宪法"是尊重科学的结果,那么"七五宪法"(1975年颁布宪法的简称)就是反科学的、纯属主观臆造的产物,其历史命运不过是涂满荒唐色彩的一张废纸。

综上所述,新中国的法制原则体现了中华人民共和国的性质。只有在人民当家做主的国家,才有可能形成和实施这些原则。随着中国法制建设的跌宕起

---

[5] 毛泽东:《改造我们的学习》,载《毛泽东选集》(第3卷),人民出版社1977年版,第801页。

[6] [德]马克思:《论婚姻法草案》,载《马克思恩格斯全集》(第1卷),中共中央马克思恩格斯列宁斯大林著作编译局译,人民出版社1956年版,第183页。

[7] 毛泽东:《关于〈中华人民共和国宪法草案〉的报告》,载《毛泽东选集》(第5卷),人民出版社1977年版,第131页。

[8] 毛泽东:《在宪法起草委员会第一次会议上的插话(节录)》,载《党的文献》1997年第1期。

伏,这些原则也时存时废。直到改革开放以后,法制建设才走上了稳定发展的康庄大道,依法治国被写入宪法,成为治国的方略。社会主义的法律体系也已宣告形成,与此相联系的我国的立法原则、司法原则也都得到了极大的丰富和发展。

二、《共同纲领》的制定与主要内容

新中国成立前夕,1949年3月5日至13日,中国共产党于河北省平山县西柏坡村召开党的七届二中全会,毛泽东在报告中阐明:"无产阶级领导的以工农联盟为基础的人民民主专政,要求我们党去认真地团结全体工人阶级、全体农民阶级和广大的革命知识分子,这些是这个专政的领导力量和基础力量。没有这种团结,这个专政就不能巩固。同时也要求我们党去团结尽可能多的能够同我们合作的城市小资产阶级和民族资产阶级的代表人物,它们的知识分子和政治派别,以便在革命时期使反革命势力陷于孤立,彻底地打倒国内的反革命势力和帝国主义势力;在革命胜利以后,迅速地恢复和发展生产,对付国外的帝国主义,使中国稳步地由农业国转变为工业国,把中国建设成为一个伟大的社会主义国家。"[9]

全会批准了由中国共产党发起,协同各民主党派、人民团体和无党派民主人士,召开没有反动派参加的新的政治协商会议以及成立民主联合政府的建议。

1949年6月15日至19日,在北平召开政治协商会议筹备会第一次全体会议,称为新政协筹备会。参加这次会议的包括中国共产党和各民主党派、各人民团体、各界民主人士、国内少数民族、海外华侨等二十三个单位的代表共一百三十四人。毛泽东在筹备会开幕时的讲话指出:"必须召集一个包含各民主党派、各人民团体、各界民主人士、国内少数民族和海外华侨的代表人物的政治协商会议,宣告中华人民共和国的成立,并选举代表这个共和国的民主联合政府,才能使我们的伟大的祖国脱离半殖民地的和半封建的命运,走上独立、自由、和平、统一和强盛的道路。这是一个共同的政治基础。这是中国共产党、各民主党派、各人民团体、各界民主人士、国内少数民族和海外华侨团结奋斗的共

---

[9] 毛泽东:《在中国共产党第七届中央委员会第二次全体会议上的报告》,载《毛泽东选集》(第4卷),人民出版社1991年版,第1436~1437页。

同的政治基础,这也是全国人民团结奋斗的共同的政治基础。"[10]会议通过了《新政治协商会议筹备会组织条例》和《关于参加新政治协商会议的单位及其代表名额的规定》,并决定由周恩来主持《共同纲领》的起草工作。

1949年6月30日,为纪念中国共产党成立二十八周年,毛泽东发表了《论人民民主专政》一文,从理论和实践的结合上深刻地总结了中国革命的历史经验,系统地回答了新中国所要建立的是什么样的国家以及它所执行的基本任务和对内对外的基本政策。

早在1948年9月,在西柏坡召开的中央政治局会议上,毛泽东便提出了"建立无产阶级领导的以工农联盟为基础的人民民主专政"的国家方案,它"不必搞资产阶级的议会制和三权鼎立",而是"建立民主集中制的各级人民代表会议制度"。[11]

可见,《论人民民主专政》一文,是以较长时间的理论酝酿为基础的,是对近百年来历史经验总结的升华。

"自从一八四〇年鸦片战争失败那时起,先进的中国人,经过千辛万苦,向西方国家寻找真理",但"帝国主义的侵略打破了中国人学西方的迷梦",只有找到了马克思列宁主义,中国的面目才起了变化。于是,"西方资产阶级的文明,资产阶级的民主主义,资产阶级共和国的方案,在中国人民的心目中,一齐破了产。资产阶级的民主主义让位给工人阶级领导的人民民主主义,资产阶级共和国让位给人民共和国"。

在《论人民民主专政》一文中,毛泽东首先界定了"人民"一词的内涵,他说:"人民是什么？在中国,在现阶段,是工人阶级,农民阶级,城市小资产阶级和民族资产阶级。"[12]继而论证了"对人民内部的民主方面和对反动派的专政方面,互相结合起来,就是人民民主专政"。他强调:"人民民主专政需要工人阶级的领导。因为只有工人阶级最有远见,大公无私,最富于革命的彻底性"。人民民主专政的基础是工人阶级、农民阶级和城市小资产阶级的联盟,而主要是工人和农民的联盟,因为这两个阶级占了中国人口的百分之八十到九十,反帝反封建和推翻国民党反动统治,主要靠这两个阶级的力量,由新民主主义到社会主义的过渡也主要依靠这两个阶级的联盟。只有地主阶级和官僚资产阶级以及代

---

[10] 毛泽东:《在新政治协商会议筹备会上的讲话》,载《毛泽东选集》(第4卷),人民出版社1991年版,第1463~1464页。

[11] 毛泽东:《在中共中央政治局会议上的报告和结论》,载《毛泽东文集》(第5卷),人民出版社1996年版,第136页。

[12] 毛泽东:《论人民民主专政》,载《毛泽东选集》(第4卷),人民出版社1991年版,第1475页。

表这些阶级的国民党反动派及其帮凶们,才是专政的对象。毛泽东特别强调:"总结我们的经验,集中到一点,就是工人阶级(经过共产党)领导的以工农联盟为基础的人民民主专政。这个专政必须和国际革命力量团结一致。这就是我们的公式,这就是我们的主要经验,这就是我们的主要纲领。"[13]

文章还阐明了人民民主专政政权对内对外的基本政策,回答了人民群众迫切需要明了的基本策略问题,并且指明了人民民主专政所肩负的历史使命。

《论人民民主专政》发表在新中国成立前夕,它规划了建设新中国的伟大构想,阐明了即将建立的新中国的根本性质和社会各阶级在国家中的地位,统一了各革命阶级、派别、团体的思想认识,为新政治协商会议的召开和《共同纲领》的制定,作了理论准备和政策准备。

1949年9月17日,召开了新政协筹备会第二次全体会议,正式决定新政协的名称为"中国人民政治协商会议",通过了《中国人民政治协商会议组织法(草案)》《中华人民共和国中央人民政府组织法(草案)》和《中国人民政治协商会议共同纲领(草案)》(以下简称《共同纲领(草案)》),准备提请中国人民政治协商会议第一届全体会议审议。

《共同纲领(草案)》在周恩来主持下,广泛征求各方面的意见,进行反复讨论和修改,可以说凝结了集体的智慧,是民主与集中相结合的产物。

1949年9月21日,中国人民政治协商会议第一届全体会议在北平正式开幕。出席会议的代表来自45个单位及特邀人士,共662人。会议宣布:在普选的全国人大召开之前,由中国人民政治协商会议代行全国人大的职权。9月22日,周恩来向大会作了《〈中华人民共和国政治协商会议共同纲领〉草案的起草经过和特点》的报告,并根据讨论意见作了最后修改。9月29日,大会一致通过了《中国人民政治协商会议共同纲领》,共七章,六十条。10月1日,中央人民政府委员会接受《共同纲领》为中央人民政府的施政方针。

《共同纲领》序言明确阐明:"中国人民解放战争和人民革命的伟大胜利,已使帝国主义、封建主义和官僚资本主义在中国的统治时代宣告结束。中国人民由被压迫的地位变成新社会新国家的主人,而以人民民主专政的共和国代替那封建买办法西斯专政的国民党反动统治,中国人民民主专政是中国工人阶级、农民阶级、小资产阶级、民族资产阶级及其他爱国民主分子的人民民主统一战线的政权,而以工农联盟为基础,以工人阶级为领导。"《共同纲领》第一条进而规定:"中华人民共和国为新民主主义即人民民主主义的国家,实行工人阶级领

---

[13] 毛泽东:《论人民民主专政》,载《毛泽东选集》(第4卷),人民出版社1991年版,第1480页。

导的、以工农联盟为基础的、团结各民主阶级和国内各民族的人民民主专政"。"一切勾结帝国主义、背叛祖国、反对人民民主事业的国民党反革命战争罪犯和其他怙恶不悛的反革命首要分子"及"一般的反动分子、封建地主、官僚资本家"是专政的对象。

《共同纲领》第十二条规定："中华人民共和国的国家政权属于人民。人民行使国家政权的机关为各级人民代表大会和各级人民政府。各级人民代表大会由人民用普选方法产生之。各级人民代表大会选举各级人民政府。各级人民代表大会闭会期间,各级人民政府为行使各级政权的机关。"第十三条规定："中国人民政治协商会议为人民民主统一战线的组织形式","在普选的全国人民代表大会召开以前","执行全国人民代表大会的职权","在普选的全国人民代表大会召开以后";"就有关国家建设事业的根本大计及其他重要措施,向全国人民代表大会或中央人民政府提出建议案"。

人民代表大会制度完全不同于西方国家的议会制度,它是在总结革命根据地政权建设经验的基础上,形成和发展起来的。既具有中国国情的特色,又表现出了广泛的民主。

《共同纲领》第十五条规定,各级政权机关一律实行民主集中制,人大向人民负责并报告工作;人民政府委员会向人大负责并报告工作。可见,全国人大是最高权力机关,行使立法权。政务院是中央人民政府委员会的执行机关,行使行政权。至于军事权,由中央人民政府人民革命军事委员会行使。司法检察权,分别由最高人民法院和最高人民检察署行使。国家机关职权上只有分工,不存在"分权"关系。

《共同纲领》第五十一条规定："各少数民族聚居的地区,应实行民族的区域自治,按照民族聚居的人口多少和区域大小,分别建立各种民族自治机关。"这一规定表明,新中国实行的是单一制的国家结构形式,中央人民政府是全国唯一的中央政府,《共同纲领》是全国唯一的临时宪法。这种国家结构形式,在中国有着悠久的历史传统,是符合国情的最佳选择。

《共同纲领》规定,人民依法享有选举权和被选举权(第四条),经济利益及私有财产权(第三条),以及妇女享有与男子平等的权利(第六条)。人民还享有思想、言论、出版、集会、结社、通讯、人身、居住、迁徙、宗教信仰及示威游行的自由权(第五条)。同时,保障华侨的正当权益(第五十八条)和守法的外国侨民的合法权益(第五十九条)。

此外,还规定国民均有保卫祖国、遵守法律、遵守劳动纪律、爱护公共财产、应征公役兵役和缴纳赋税的义务(第八条)。

《共同纲领》第二十六条规定："经济建设的根本方针,是以公私兼顾、劳资两利、城乡互助、内外交流的政策,达到发展生产、繁荣经济之目的。"还分别规定了国营经济、合作社经济、国家资本主义经济的性质、地位和国家应采取的政策(第二十八条、第二十九条、第三十一条)。对于"有利于国计民生的私营经济事业,人民政府应鼓励其经营的积极性,并扶助其发展"(第三十条)。但是,"凡属有关国家经济命脉和足以操纵国民生计的事业,均应由国家统一经营"(第二十八条)。

此外,还对土地改革、发展农林渔牧业、工业、交通、商业、合作社及金融、财政、税收等政策,作了具体规定(第二十七条、第三十四条至第四十条)。

《共同纲领》第四十一条规定："中华人民共和国的文化教育为新民主主义的,即民族的、科学的、大众的文化教育。"这是文化教育的总方针。第四十二条规定："提倡爱祖国、爱人民、爱劳动、爱科学、爱护公共财物为中华人民共和国全体国民的公德。"

此外,还对发展自然科学、社会科学、文学艺术、教育、体育、卫生、新闻出版等作了具体规定(第四十三条至第四十九条)。

《共同纲领》第九条规定："中华人民共和国境内各民族,均有平等的权利和义务。"第五十条规定,"中华人民共和国境内各民族一律平等,实行团结互助",成为各民族友爱合作的大家庭。此外,还具体规定各少数民族聚居地区实行区域自治,各少数民族有发展其语言文字、保持或改革其风俗习惯及宗教信仰的自由。政府应帮助各少数民族发展政治、经济、文化、教育事业(第九条、第五十条至第五十三条)。

《共同纲领》第十一条规定："中华人民共和国联合世界上一切爱好和平、自由的国家和人民,首先是联合苏联、各人民民主国家和各被压迫民族,站在国际和平民主阵营方面,共同反对帝国主义侵略,以保障世界的持久和平。"

对于国民党政府与外国政府所签订的各项条约和协定,新中国将本着上述原则加以审查,或承认,或废除,或修改,或重订;在平等互利、互相尊重领土主权的基础上,建立外交关系。

《共同纲领》是马列主义国家观和法律观与中国争取民主政治的斗争实际相结合的产物。它体现了新民主主义和人民民主专政的历史性要求,是中国近半个世纪以来宪法法制运动的历史经验的科学总结,是在中国共产党领导下,全国各民主党派、各人民团体和各族、各界人民代表共同制定的新中国纲领,所以它是"统一战线的纲领,是照顾到四个朋友的纲领",是一个"划清敌友界线的纲领"。[14]

《共同纲领》又是一部具有根本大法性质的临时宪法。毛泽东于1950年6月14日，在中国人民政治协商会议第一届全国委员会第二次会议的开幕词中指出："我们有伟大而正确的共同纲领以为检查工作讨论问题的准则。共同纲领必须充分地付之实行，这是我们国家现时的根本大法。"[15]《共同纲领》的颁布实施，使国家活动的方方面面有了宪法性的依据，巩固和推动了人民民主专政的政权建设和法制建设，恢复和发展了国民经济，实现了社会稳定，因此得到广大人民的衷心拥护，成为各革命阶级、阶层团结奋斗的政治基础，和全国人民共同遵守的宪政纲领。

鉴于《共同纲领》制定颁行之时，资产阶级民主革命的任务还没有完成，因此从实际出发，没有提出社会主义的奋斗目标，周恩来在《关于〈共同纲领〉草案起草的经过和纲领的特点》的报告中，对此作了专门解释。他说："社会主义是全中国人民的奋斗目标，这是毫无疑问的，之所以没有把社会主义的前途写入《共同纲领》是因为当时的条件还不成熟，民族资本主义还有它的历史任务，过早地提出来不仅会乱了资产阶级的阵脚，而且可能使一部分人把前途当作现时的政策，导致'左'倾错误。""现在暂时不写出来，不是否定它，而是更加郑重地对待它。"[16]可见，《共同纲领》是一部带有过渡性的建设新民主主义中国的大宪章。实践证明，《共同纲领》的内容比较完整地体现了新民主主义，符合当时中国社会和国家的实际情况，因而起到了临时宪法的历史作用，为1954年全国人大的召开，和中华人民共和国宪法的制定奠定了重要的基础。

三、《宪法》——以《共同纲领》为基础又是它的发展

1. "五四宪法"制定的背景与过程

《共同纲领》的贯彻实施，极大地激发了全国人民建设国家的积极性，共产党的领导威信和政策权威空前提高，从而在短短的三年时间，胜利地完成了土地改革、抗美援朝、镇压反革命等重大任务；国民经济基本恢复，文化教育事业得到迅速发展，人民民主专政的政权更加巩固。1952年12月，中共中央提出过

---

[14] 董必武：《关于人民政协共同纲领的讲演》，载《董必武政治法律文集》，法律出版社1986年版，第139页。

[15] 新华时事丛刊社辑：《中国人民政治协商会议第一届全国委员会第二次会议》，新华书店1950年版，第1~2页。

[16] 北京政法学院国家法教研室编印：《中华人民共和国宪法参考资料选编》（第一分册），1981年版，第69页。

渡时期的总路线和总任务——逐步实现国家的社会主义工业化,逐步完成国家对农业、手工业和资本主义工商业的社会主义的改造。全国人民以极大的政治热情投身于社会主义革命和社会主义建设中去。随着国内形势的发展,召开全国人大和制定宪法的条件逐渐成熟。

《共同纲领》规定:"在普选的地方人民代表大会召开以前,由地方各界人民代表会议逐步地代行人民代表大会的职权";"凡在军事行动已经完全结束、土地改革已经彻底实现、各界人民已有充分组织的地方,即应实行普选,召开地方的人民代表大会。"在此期间,毛泽东对召开各界人民代表会议,加速民主建政,作出了一系列重要指示,他说:"必须将这种市的县的各界人民代表会议看成是团结各界人民,动员群众完成剿匪反霸,肃清特务,减租减息,征税征粮,恢复与发展生产,恢复与发展文化教育直至完成土地改革的极重要的工具。"[17]他强调:"人民政府的一切重要工作都应交人民代表会议讨论,并作出决定。必须使出席人民代表会议的代表们有充分的发言权,任何压制人民代表发言的行动都是错误的。"[18]

1952年12月24日,中国人民政治协商会议第一届全国委员会常务委员会第四十三次会议开幕,周恩来代表中共中央提议,由中国人民政治协商会议向中央人民政府建议,根据《中央人民政府组织法》第七条第十款规定的职权,召开全国人大会议和地方各级人大会议,并进行起草宪法草案等工作,以进一步巩固人民民主,充分发挥人民群众参加国家建设事业和管理国家事务的积极性。中共中央的提议得到了与会代表的一致赞同。

1953年1月13日,中央人民政府委员会举行第二十次会议,会上经过讨论,中央人民政府委员会通过了《关于召开全国人民代表大会及地方各级人民代表大会的决议》,决定于1953年召开由人民普选产生的乡、县、省(市)各级人民代表大会,然后在此基础上召开全国人民代表大会。会议还决定,成立以毛泽东为主席的宪法起草委员会、以周恩来为主席的选举法起草委员会。

1953年3月1日以中央人民政府命令公布实施《选举法》,邓小平在当时指出:"选举法是中国人民在毛主席和中国共产党领导下,从长期艰难困苦的斗争中获得的一种胜利果实。""如果说我们国家正开始的第一个五年建设计划标志着我国经济、文化发展的新阶段,那么,选举法的颁布正标志着我国人民民主政

---

[17] 毛泽东:《充分注意并开好市县各界人民代表会议》,载《毛泽东文集》(第6卷),人民出版社1999年版,第22页。

[18] 毛泽东:《为争取国家财政经济状况的基本好转而斗争》,载《毛泽东文集》(第6卷),人民出版社1999年版,第71页。

治发展的新阶段。"[19]

1953年至1954年,在全国范围内进行了中国历史上第一次规模空前的普选工作,广大人民群众和基层干部受到一次真正的民主政治的洗礼,从而焕发了前所未有的民主意识和参政热情。

1954年3月23日,宪法起草委员会举行第一次会议。毛泽东主持会议并代表中共中央向会议提出宪法草案初稿。宪法起草委员会完全接受了中共中央提出的宪法草案初稿,并决定将宪法草案分发政协全国委员会、各大行政区、各省市领导机关和各民主党派、各人民团体的地方组织进行讨论。后又经过多次讨论、修改,1954年6月16日,《人民日报》公布了宪法草案,掀起了在全国广大城乡全民宪法草案大讨论的热潮。前后历时近三个月,有1.5亿多人参加讨论,提出了1,180,420条修改、补充意见和建议,为提请全国人大审议前的最后一次修改提供了重要基础。9月15日至28日,一届全国人大一次会议在北京中南海怀仁堂隆重开幕。毛泽东在开幕词中说:"我们这次会议具有伟大的历史意义。这次会议是标志着我国人民从一九四九年建国以来的新胜利和新发展的里程碑,这次会议所制定的宪法将大大地促进我国的社会主义事业。"[20] 刘少奇在会上作了《关于中华人民共和国宪法草案的报告》。9月16日下午至9月18日下午,大会讨论宪法草案和刘少奇的宪法草案报告。9月20日下午,以全票通过对宪法草案的表决,当日,大会主席团发布《中华人民共和国全国人民代表大会公告》:"中华人民共和国宪法已由中华人民共和国第一届全国人民代表大会第一次会议于一九五四年九月二十日通过,特予公布。"[21]

2. "五四宪法"的主要内容

"五四宪法"由序言和总纲,国家机构,公民的基本权利和义务,国旗、国徽、首都等四章组成,共一百零六条。对于宪法中载有序言的结构形式,宪法学家张友渔作了说明,他说:"我们之所以要有序言是因为我们正处在过渡时期,有些必须规定在宪法里的东西不便写成条文。宪法的基本任务,即国家在过渡时期的总任务,和实施宪法的条件(如统一战线、全国人民的团结、各民族的团结、国际团结)都不便写成条文……不如放在序言里容易说得清楚,说得透彻。另外,如宪法产生的背景、革命胜利的过程、外交政策等也都不便写成条文,放在

---

[19] 邓小平:《关于〈中华人民共和国全国人民代表大会及地方各级人民代表大会选举法〉草案的说明》,载刘政等主编:《人民代表大会工作全书1949~1998》,中国法制出版社1999年版,第113页。

[20] 毛泽东:《为建设一个伟大的社会主义国家而奋斗》,载《毛泽东文集》(第6卷),人民出版社1999年版,第349~350页。

[21] 《中华人民共和国全国人民代表大会公告》,载《党的文献》1997年第1期。

序言里更恰当些。规定在序言里的东西,虽然不写成条文,但也具有宪法的作用。"

序言部分着重阐明了过渡时期的总任务和总路线,即逐步实现国家的社会主义工业化,逐步完成对农业、手工业和资本主义工商业的社会主义改造。"五四宪法"提出了建设社会主义的目标,以及实现这一目标的国内外条件,这是《共同纲领》中所不具备的,因而是对《共同纲领》的重大发展。

关于国体。"五四宪法"第一条规定:"中华人民共和国是工人阶级领导的、以工农联盟为基础的人民民主国家。"第十九条规定:"中华人民共和国保卫人民民主制度,镇压一切叛国的和反革命的活动,惩办一切卖国贼和反革命分子。国家依照法律在一定时期内剥夺封建地主和官僚资本家的政治权利,同时给以生活出路,使他们在劳动中改造成为自食其力的公民。"

关于政体。"五四宪法"第二条规定:"中华人民共和国的一切权力属于人民。人民行使权力的机关是全国人民代表大会和地方各级人民代表大会。全国人民代表大会、地方各级人民代表大会和其他国家机关,一律实行民主集中制。"

关于国家结构。"五四宪法"第三条规定,"中华人民共和国是统一的多民族的国家";"各民族一律平等";"各少数民族聚居的地方实行区域自治。各民族自治地方都是中华人民共和国不可分离的部分"。

关于经济制度。"五四宪法"确认中国的四种经济形式:国家所有制即全民所有制、合作社所有制即劳动群众集体所有制、个体劳动者所有制和资本家所有制,并且分别规定了国家对四种经济形式的政策。第五条至第十条"五四宪法"在经济制度中明确提出,用计划经济指导国民经济的发展和改造。通过解放和发展生产力,不断改善和提高人民的物质生活和文化生活水平。(第十五条)

关于国家机构。"五四宪法"规定,全国人大是最高国家权力机关,是行使国家立法权的唯一机关,每届任期四年,每年举行一次全体会议。(第二十一条、第二十二条、第二十四条、第二十五条)其职权是:修改宪法、制定法律、监督宪法的实施;选举或罢免国家主席、副主席,最高人民法院院长,最高人民检察院检察长,决定或罢免国务院总理、国务院组成人员,决定或罢免国防委员会副主席、委员;审查和批准国家的预算和决算;批准省、自治区、直辖市的划分;决定大赦;决定战争与和平的问题;以及全国人大认为应当由它行使的其他职权(第二十七条、第二十八条)。全国人大常委会是全国人大的常设机关,对全国人大负责并报告工作(第三十条、第三十三条)。

"五四宪法"规定,国家主席、副主席由全国人大选举产生。"对外代表中华人民共和国,接受外国使节;根据全国人民代表大会常务委员会的决定,派遣和召回驻外全权代表,批准同外国缔结的条约";"统率全国武装力量,担任国防委员会主席";"在必要的时候召开最高国务会议,并担任最高国务会议主席"。(第四十一条至第四十三条)

"五四宪法"规定,国务院即中央人民政府,是最高国家权力机关的执行机关,由总理、副总理若干人、各部部长、各委员会主任、秘书长组成。"总理领导国务院的工作,主持国务院会议。副总理协助总理工作。"(第四十七条至第五十条)

"五四宪法"规定,民族自治地方的自治机关依照宪法和法律规定的权限行使自治权。(第七十条)

"五四宪法"规定,最高人民法院、地方各级人民法院、专门人民法院行使审判权。人民法院独立进行审判,只服从法律。(第七十三条、第七十八条)

"五四宪法"规定,最高人民检察院对于国务院所属各部门、地方各级国家机关、国家机关工作人员和公民是否遵守法律,行使检察权。地方各级人民检察院和专门人民检察院,依照法律规定的范围行使检察权。(第八十一条)

关于公民的基本权利和义务。"五四宪法"规定的权利与自由较为广泛,如平等权、选举权与被选举权、言论、出版、集会、结社、游行、示威、宗教信仰、人身及居住和迁徙的自由。此外,还规定了隐私权、劳动权、休息权、物质帮助权、文化教育权等等。在义务方面规定中国公民应当遵守宪法和法律、爱护和保卫公共财产、依法纳税、服兵役的义务。(以上均见"五四宪法"第三章)

3."五四宪法"的特点

(1)中外制宪历史经验的总结。刘少奇在《关于中华人民共和国宪法草案的报告》中指出,我们提出的宪法草案,是中国人民一百多年以来英勇斗争的历史经验的总结,也是中国近代关于宪法问题的历史经验的总结,"又是中华人民共和国成立以来新的历史经验的总结","而且是国际社会主义运动的产物"。

"五四宪法"不仅注意纵向(本国历史)经验的总结,也注意横向(外国法制历史)经验的吸收。例如,"五四宪法"的结构就接近于苏联1936年宪法的结构。关于总纲、国家机构和公民的基本权利和义务三章的某些条文,也参考了苏联和东欧人民民主国家的有关规定。对于西方资本主义国家的制宪经验和各式各样的宪法,在"五四宪法"起草过程中也进行了参考和比较。毛泽东说:"我们对资产阶级民主不能一笔抹杀,说他们的宪法在历史上没有地位。"[22]

---

[22] 毛泽东:《关于中华人民共和国宪法草案》,载《毛泽东选集》(第5卷),人民出版社1977年版,第127页。

由于"五四宪法"认真总结本国经验,因此在国体、政体、民族问题、经济问题上都充分表现了中国特色、民族特色。同时也注意参照国外的立宪经验,但以总结中国经验为主,兼取各国经验为辅。

(2)以《共同纲领》为基础,又是它的发展。如前所述,《共同纲领》是一个符合中国实际,建设新民主主义国家的纲领。在它实施的五年中,充分发挥了临时宪法的作用,国家和社会都发生了巨大变化。从1950年起,在短短三年里基本完成了土地改革及其他改革,铲除了封建剥削制度,恢复了被帝国主义和国民党反动派所破坏的国民经济,实行了发展国民经济的第一个五年计划,并取得了显著成就。所以毛泽东说,我们的宪法草案,"总结了历史经验,特别是最近五年的革命和建设的经验"。[23]

由于《共同纲领》已被实际生活证明是合乎中国实际情况的,因此,"五四宪法"以《共同纲领》为基础,同时又是它的发展。譬如,明确规定了"一化三改"的总任务和建设社会主义社会的目标;将权利、自由的主体界定为"公民",而不是《共同纲领》所界定的"人民",从而扩大了"五四宪法"所保护的权利主体的范围。

"五四宪法"第七十二条特别规定:"各上级国家机关应当充分保障各自治区、自治州、自治县的自治机关行使自治权,并且帮助各少数民族发展政治、经济和文化的建设事业。"该条使我国的民族区域自治制度进一步完善,对团结全国各族人民共同建设社会主义起了重要作用。

(3)贯穿民主原则和社会主义原则,注意原则性和灵活性的结合。毛泽东指出,我们的宪法"原则基本上是两个:民主原则和社会主义原则。……人民民主的原则贯穿在我们整个宪法中。"社会主义原则也同样贯穿于整个宪法之中。他说:"宪法中规定,一定要完成社会主义改造,实现国家的社会主义工业化。这是原则。"[24]

中华民国时期,无论是北京政府还是南京政府,虽然在宪法上规定了公民的权利,但与此同时又设置条款加以限制,或另立单行法,从实际上取消人民依法享有的权利。"五四宪法"所确认的人民民主是一种极为广泛的民主,民主的主体不仅包括工农劳动人民,还包括"可以合作的非劳动人民",主要是民族资产阶级。由"五四宪法"所确认的人民民主专政,是一个"以中国共产党为领导

---

[23] 毛泽东:《关于中华人民共和国宪法草案》,载《建国以来毛泽东文稿》(第4册),中央文献出版社1990年版,第501页。

[24] 毛泽东:《关于中华人民共和国宪法草案》,载《建国以来毛泽东文稿》(第4册),中央文献出版社1990年版,第502~503页。

的各民主阶级、各民主党派、各人民团体的广泛的人民民主统一战线"的政权，人民民主原则是贯穿于整个宪法之中的最基本的原则。

在制定"五四宪法"时，我国正处于过渡时期，即由新民主主义社会向社会主义社会过渡时期。因此，"五四宪法"不仅巩固了我国革命的成果和中华人民共和国成立以来政治上、经济上的新胜利，还反映了国家在过渡时期的根本要求和广大人民建设社会主义的共同愿望。它通过确认各种经济政策保证了社会主义方向，并且规定了建设社会主义的道路。宪法序言部分明确宣告："国家在过渡时期的总任务是逐步实现国家的社会主义工业化，逐步完成对农业、手工业和资本主义工商业的社会主义改造。"

正是由于坚持人民民主原则和社会主义原则，才决定了"我们的宪法是新的社会主义类型，不同于资产阶级类型"。[25]

然而由于我国幅员辽阔、人口众多，各地区、各民族发展不平衡，整个社会还处于从新民主主义社会到社会主义社会的过渡时期，所以，在我国进行社会主义革命和建设，不能采取"一刀切"的办法，而是要充分照顾到各方面的特点。这就需要把原则性和灵活性紧密地结合起来，这种灵活性是为了更好地贯彻原则性，实现宪法所规定的各项制度。毛泽东指出，"五四宪法"草案另一个重要特点是"正确地恰当地结合了原则性和灵活性"。[26] 譬如，"社会主义全民所有制是原则，要达到这个原则就要结合灵活性。灵活性是国家资本主义，并且形式不是一种，而是'各种'，实现不是一天，而是'逐步'"。[27]

再如，在少数民族问题上，"它有共同性，也有特殊性。共同的就适用共同的条文，特殊的就适用特殊的条文"。

我国有五十六个民族，有的少数民族还处于原始社会末期，有的依然实行农奴制度，各民族间经济文化发展极不平衡。作为在全国范围内适用的宪法，必须考虑到少数民族的特点，因地制宜，才能保证宪法民主原则和社会主义原则的实现。宪法序言特别申明："国家在经济建设和文化建设的过程中将照顾各民族的需要，而在社会主义改造的问题上将充分注意各民族发展的特点。"

毛泽东指出，"我们的这个宪法，是社会主义类型的宪法，但还不是完全社

---

[25] 毛泽东：《关于中华人民共和国宪法草案》，载《毛泽东选集》（第5卷），人民出版社1977年版，第127页。

[26] 毛泽东：《关于中华人民共和国宪法草案》，载《建国以来毛泽东文稿》（第4册），中央文献出版社1990年版，第504页。

[27] 毛泽东：《关于中华人民共和国宪法草案》，载《毛泽东选集》（第5卷），人民出版社1977年版，第128页。

会主义的宪法,它是一个过渡时期的宪法",[28]"我们的各种办法,大部分是过渡性质的",[29]大概可以管十五年左右。[30]

4. "五四宪法"的历史地位及评价

"五四宪法"以毛泽东"人民民主专政"的理论为指导,以《共同纲领》为基础,是中国宪法史上第一部社会主义类型的宪法,也是新中国法制建设初期的一个标志性成果。

"五四宪法"规定了中国社会主义革命和建设的方向与道路,规定了中华人民共和国的基本原则和各项政治制度,对于巩固人民民主专政政权,促进社会主义经济发展,团结全国各族人民进行社会主义革命和建设,发挥了积极的推动和保障作用。

"五四宪法"从整个制定过程来看,采取了从实际出发,实事求是的科学态度。毛泽东说:"搞宪法是搞科学。我们除了科学以外,什么都不要相信。"[31]

"五四宪法"的颁行,极大地提高了广大民众的宪法意识和国家观念,是否遵守宪法被看作是衡量政治觉悟的尺度,广大人民以国家主人翁的姿态,积极投身于各项建设事业。特别是民主法制建设取得了明显的进展,全国人大常委会适应经济、政治、社会、文化发展的需要,制定了一批重要的法律和法令。各级各类执法机关和司法机关逐步建立,辩护制度、公证制度开始实施,司法制度也逐步走向正规化建设。人民民主法制为中国各项建设事业的成功,作出了应有的贡献。

但是,1955 年由于胡风上书而引发的全国范围的肃反运动,是对"五四宪法"最初的冲击。1957 年发动的全国性"反右派斗争",更是对"五四宪法"的严重践踏。此后,"左"的思想逐渐取得统治地位,"五四宪法"所确立的正确原则和制度受到批判。法律虚无主义取代了初期的法制观念,人治思想取代了曾经被认为是克制腐败的重要方法的民主制度。就这样,"五四宪法"被尘封起来。这不是偶然的。

首先,"五四宪法"存在不可忽视的理论缺陷。当时占统治地位的法学理

---

[28] 毛泽东:《关于中华人民共和国宪法草案》,载《建国以来毛泽东文稿》(第 4 册),中央文献出版社 1990 年版,第 506 页。

[29] 毛泽东:《在宪法起草委员会第一次会议上的插话(节录)》,载《党的文献》1997 年第 1 期,第 9~12 页。

[30] 毛泽东:《关于中华人民共和国宪法草案》,载《建国以来毛泽东文稿》(第 4 册),中央文献出版社 1990 年版,第 505~506 页。

[31] 毛泽东:《关于中华人民共和国宪法草案》,载《毛泽东选集》(第 5 卷),人民出版社 1977 年版,第 131 页。

论,是法律从属于政治,政治是前提,因而不可能提出"依宪治国"或"依法治国"的思想。相反,依法治国被作为资产阶级的法律观点加以批判。如果说,在中国封建时代,法律被视为"治国之具",中国存在悠久的法律工具主义的观念,那么在新中国,仍然有法律工具主义的烙印。

其次,"五四宪法"作为国家的根本大法,对于以宪法来限制和约束政府权力的机制、监督宪法实施的措施、公民基本权利的宪法保障等都缺乏应有的规定。这就存在一个潜在的危机,一旦政治形势和任务发生变化,必然会影响宪法的稳定性,损害宪法的权威和价值,使其成为赘物。历史的悲剧性发展正是如此。

最后,在共产党具有绝对威信,人民政府被认为代表一切人民利益的历史背景下,"五四宪法"没有也不可能规定为防止权力滥用而限制和约束政府权力的条款与机制;没有也不可能建立完善的宪法监督体制和追究政府与官员违宪责任的程序;没有也不可能通过宪法的途径来解决侵犯公民基本权利的问题。由此决定"五四宪法"在保障权利、限制权力方面,未能起到应有的作用。一旦形势变化,法律虚无主义便首当其冲地指向宪法,以致"五四宪法"在形式上存在的价值也丧失了。